本书为国家社会科学基金一般项目"抗战时期西南国防经济建设的工役研究"（批准号：13BZS055）结项成果

Research on the Labor Service of National Defense Economic
Construction in Southwest China during the Period of the War of
Resistance Against Japan

# 抗战时期西南国防经济建设的工役研究

张 莉◎著

人民出版社

# 目　录

# 绪　　论

　　本书中的"工役"是国家战时集中管制、应用人力资源的重要实现途径之一。笔者是在多年查阅大量档案、文献资料,并构思写作的过程中,才渐由表及里、由深浅入深地认识"工役"。在摸索中,又进一步意识到在浩瀚的学术大海中,目前对"工役"的区域专题研究还较缺乏。本书围绕研究主题,分时期、有重点地分析已有的研究成果,在此基础上,指出"工役"研究中的薄弱环节,并依据档案、文献、书籍、报刊等资料,提出笔者的主要观点、创新所在及理性认识。

## 第一节　选题缘由及研究意义

### 一、选题缘由

　　国家统制、调用劳动力,在以农业为主的中国悠远传承。《诗经·豳风·七月》中,就描述了西周时期运用民间劳动力的实情。"嗟我农夫! 我稼既同,上入执宫功:昼尔于茅,宵尔索绹,亟其乘屋,其始播百谷。"①《诗经·王

―――――――――――

① 褚斌杰注:《诗经》,人民文学出版社1999年版,第159页。

风·君子于役》则反映了春秋时期兵役和徭役给服役家人造成的痛苦。"君子于役,不知其期。"①孔子在《论语·学而》中提出"使民以时"②的政治主张。《礼记·王制》进一步具体规定"用民之力,岁不过三日"③。这些有关使用民力的思想,为历代封建统治者遵循、力行。

因民力之用在中国与国家基建、农业生产、财政收支息息相关。故徭役是历代王朝重视实施的基本国策之一,并依实改进、完善。

《秦律·徭律》中关于徭役的规定甚多。秦制规定:一般劳动人民年15岁始服役,60岁老免。一生中须为正率1年,屯戍1年,每年还要为更卒1个月。④ 除此之外,还有大量的额外徭役,有的甚至不计役期。秦朝大规模征发徭役,修阿房宫、兴骊山墓、筑长城、开灵渠、戍边塞等,无不征用民力。据统计,秦代全国人口约2000万人,而每年被迫服役的不下200万人,以致男丁不足,又征女丁。⑤ 西汉初期,统治者执行轻徭薄赋、奖励生产、与民休息的政策,因而社会经济迅速发展。隋朝在推行均田制的基础上,沿袭了北朝以来的租调力役制度。民年18成丁,开始纳租调服徭役。开皇三年(583)将18岁成丁改为21岁成丁,徭役由每年30日减为20日,调绢1匹(4丈)减为2丈。⑥ 隋代徭役制最重要的特点是以庸代役的出现。隋代的封建剥削,力役仍占首要地位。唐在承隋制的基础上,颁布均田令和租庸调法。唐前期仍具有中国封建社会前期的特点——重役轻税。唐中后期,租庸调被两税法所取代。宋代役法有职役和徭役两种。明朝张居正改革赋役制度,推行"一条鞭法",规定"一岁之役,官为金募,力差则计其工食之费,量为增减;银差则计其

---

① 褚斌杰注:《诗经》,人民文学出版社1999年版,第74页。
② [宋]朱熹集注,顾美华标点:《四书》,上海古籍出版社1995年版,第63页。
③ 陈浩注:《礼记》,上海古籍出版社1987年版,第73页。
④ 白寿彝等主编:《中国通史》(第四卷,上册),上海人民出版社2004年版,第228页。
⑤ 白寿彝等主编:《中国通史》(第四卷,上册),上海人民出版社2004年版,第230页。
⑥ 史念海主编:《中国通史》(第六卷,上册),上海人民出版社1997年版,第698页。

交纳之费加以增耗"①。在沿袭明制的基础上,清代变革赋役制度。清初的赋税制度,原分田赋和丁徭两项征收。"田赋"就是土地税。"丁徭"即丁(成年男子)每年为国家负担一定的无偿徭役,也就是丁税。"田赋"和"丁徭"作为正赋是国家的主要收入。康熙五十一年(1712),决定"盛世滋丁,永不加赋"②。雍正元年(1723)逐步实行"摊丁入亩"政策,以后基本上在全国范围内推行。

综上研究,中国封建社会的徭役以土地为轴心,兼顾提高农业生产与征用劳动力,而不断进行现实的打磨、调整,以期达到国家财政收入最大化而支出最小化,但不妨碍提高农业生产,此系劳力的合理使用。

进入近代,中国在国际舞台上被卷入半殖民地的急流漩涡中。内部困厄于捉襟见肘的财政赤字和严重的自然灾情;外部面临列强尤其是日本,急剧地对中国鲸吞蚕食,新形势下,"多用民力,少用民财"的工役自被大力提倡,以进行国民经济建设和国防备战。

1934 年 4 月 12 日,蒋介石先后电令苏、浙、豫、鄂、皖、赣、闽、湘、陕、甘、晋、冀、鲁、察、绥、宁夏等省区,历行人民服工役办法。1934 年 12 月 2 日,蒋介石通令在全国实行工役(时俗称征工),并强调施行工役的重要性、有效性。"今我生产落后,经济疲敝……则施行工役,实最为对症之良剂。是以中正自本年秋间以来,即迭电各省,令速规定办法,赶紧实施。第此事创制伊始,欲求行之有效,则必各省各县有通盘之计划,各县有适当之步骤,不骛高远粉饰之虚谈,而以实事求是,不断努力以赴之,乃确能使地方人民,交获其益。"③并要求各县接到电令 2 个月内,将拟定施工程序,列成表格,详报南昌行营,以凭考核为要。④ 此项电令可以说奠定了我国国民工役的基础。⑤

① 《明史》卷七八《食货二》,查阅于国家图书馆南区古籍部,无出版信息。
② 《清圣祖实录》卷 249,查阅。
③ 社会部劳动局编印:《人力动员法规汇编》,1943 年版,第 80 页。
④ 社会部劳动局编印:《人力动员法规汇编》,1943 年版,第 82 页。
⑤ 梁桢:《国民工役》,商务印书馆 1941 年版,第 30 页。

　　1935 年 4 月 25 日,蒋介石通令,各省府妥拟人民服工役办法。"我国复兴之前途,实以努力建设,厚培国力为最急。而建设百端,尤赖我举国民众,各本所能,各尽厥职,通力合作,乃能加速其效率,完成其任务……应自本年起,各省人民凡届成年者,每年至少须服工役三日,其实施办法及需要,由各省府依据地方情形及社会习惯,妥为拟订,切实遵行。而要以不妨农事为第一要义。"①1935 年 5 月 12 日,蒋介石通令鄂、豫、湘、皖、赣等省府实施人民服工役,提出不求量多而在普遍,不求速效而在有恒。"各省政府于每年度开始前,应通盘筹划,斟酌地方实际情形,预定施工程序,权衡缓急,抉择应治事业种类,分期督课,逐步推行。所治事业,不求量多而在其普遍,不求速效而在其有恒。"②同月,电令川、黔、滇等省一体遵办。1935 年 8 月 9 日,蒋介石电各省政府及各地民众,提出国民经济建设八项初步举措,其中以提倡征工为首。1935 年 9 月 4 日,蒋介石通令各省市军政官员规定 1935 年冬应征工服务,时间自 1935 年 11 月起至 1936 年 3 月底止。通令中规定,冬令征工服务办法九条,要求各省市驻在之军政官员督同所属,切实遵照办理,并强调工役"实当今施政最要之急务",因"财力原不可以骤裕,而人力则我所优为"③。1936 年 8 月 12 日,委员长行营颁布《川黔两省义务征工实施方案》,详细规定了有关工役事项。

　　各省(市)奉南京国民政府之令,大力推行工役,征用民工修筑水利工程和公路。正如时任国民政府财政顾问的阿瑟·思·杨格所言,"战前中国筑路工程也由农民们在农闲季节承担"④。当时英国在华商务参赞在他的报告里面也写道:"筑路时常使用强制劳动(征发民工制度已经在 16 个省内施

---

　　① 社会部劳动局编印:《人力动员法规汇编》,1943 年版,第 82 页。

　　② 社会部劳动局编印:《人力动员法规汇编》,1943 年版,第 83 页。

　　③ 社会部劳动局编印:《人力动员法规汇编》,1943 年版,第 84 页;四川地方银行经济调查部编印:《四川经济月刊》第四卷第三期,1935 年 9 月出版,第 1 页。

　　④ [美]阿瑟·思·杨格:《一九二七至一九三七年中国财政经济情况》,陈泽宪、陈霞飞译,中国社会科学出版社 1981 年版,第 359 页。

行）；道路建筑在从农民那里得来。"①江西、福建、浙江、江苏等省市为此制定征用民工筑路的法规、计划，并取得了明显的实效，如《江苏省征工筑路颁给奖状办法》《江苏省建筑公路征工实施细则》《福建省之公路建设》《闽省积极完成公路纲计划》。江西1932年至1934年征工完成的公路，达一万数千华里，而每里所费不过二三千元。②

1937年日本蓄意发动全面侵华战争后，工役更被广泛应用，因为"战时征用劳力，系救亡图存之有效方法"③。时任军政部长和参谋总长的何应钦认为，千头万绪的抗战工作，概括言之，不外人力、财力、物力三者的总决赛。而三者之中，尤以人力为首。盖有人力即无财无物，亦可以创造运用。若无人力虽有财有物，亦无所用。兵役工役者，即集中人力之制度，实施起来，所谓人民动员也，故推行兵役、工役之制度，实为抗战当务之急。④ 此中缘由，正如当时记者西奥多·怀特所言，对于经济落后、装备低劣的中国政府来说，唯一资源是它的人民。⑤ 时人也主张，"工役是抗战胜利之保证，与兵役是平等政策"⑥。"于是征工服役，已成为国家的要政，几于兵役相等了。"⑦为此，抗战时期，当局制定、颁布并实施相应的政策、法规，而规范、完善工役有关事宜。

1937年7月12日，国民政府公布《军事征用法》第一条规定"陆海空军于战事发生或将发生时，为军事上紧急之需要，得依本法征用军需物及劳力"⑧。

① ［美］阿瑟·思·杨格：《一九二七至一九三七年中国财政经济情况》，陈泽宪、陈霞飞译，中国社会科学出版社1981年版，第360页。

② 四川省档案馆·四川省特种工程征工处，全宗号116，案卷号145，第7页，未公开出版。

③ 重庆市档案馆·北碚管理局，全宗号0081，目录号1，案卷号132，第9页；重庆市档案馆·四川省第三区行政督察专员公署，全宗号0055，目录号5，案卷号7，第24页，未公开出版。

④ 何应钦讲：《兵役与工役》，1940年版，未公开出版，原件存于重庆图书馆民国文献阅览室，也可见国家图书馆南区缩微文献阅览室，第3页。

⑤ ［美］西奥多·怀特、安娜·雅各布：《风暴遍中国》，王健康、康元非译，解放军出版社1985年版，第13页。

⑥ 梁桢：《国民工役》，商务印书馆1941年版，第7页，未公开出版。

⑦ 四川省档案馆·四川省特种工程征工处，全宗号116，案卷号145，第7页。

⑧ 重庆市档案馆·重庆市政府，全宗号0053，目录号2，案卷号1223，第4页；秦孝仪主编：《中华民国重要史料初编——对日抗战期间》（第四编）第三册，中国国民党中央委员会党史委员会，1988年，第337页；《军事征用法》，四川公路局总务处编查股编印：《四川公路月刊》第十九期，1937年7月30日出版，第73页。

依此,1937 年 7 月 17 日国民政府公布专项中央法规——《国民工役法》。同年 8 月 11 日,行政院训令西南省政府:自 1937 年度起,征工服役事宜应即遵照该法规定办理。①《国民工役法》第一条规定"国家为经济建设及救灾防患之必要,得于平时或非常时期征工役"②。在南京沦陷,国民政府迁往武汉之际,蒋介石于 12 月 17 日发表告国民书,说"中国持久抗战,其最后决胜之中心,不但不在南京,抑且不在各大都市,而寄于全国之乡村,与广大强固之民心"③。对于中国持久作战的深厚力量,清末著名的英国理财家赫德,曾于归国后做书就做了高远的判定,说是"中国农村的潜力,为任何资本国家所不及,任何侵略中国的国家,经过时间的溶化,亦必为中国所吞灭"④。战时在华美籍人士,深刻看到日本人"注意到中国沿海工业只是初步发展,也在地图上标明了新铁路的位置。但是中国的力量不是在城市,而是在人民的心中"⑤。

1938 年 3 月,国民党临时全国代表大会宣言,特别强调"抗战之胜负不但取决于兵力,尤取决于民力"⑥。4 月,临时全国代表大会决议通过《中国国民党抗战建国纲领》,提出本着"有钱者出钱,有力者出力"的原则,政府为争取民族生存之抗战而动员全国民众。⑦ 为加紧抗战各省的征工事项,同年 6 月 23 日国民政府军事委员会根据《军事征用法》,制订《战时军事机关或部队征

---

① 四川省档案馆·四川省民政厅,全宗号 54,目录号 1,案卷号 1297,第 392 页,未公开出版。

② 四川省档案馆·四川省民政厅,全宗号 54,目录号 6,案卷号 7404,第 71 页;成都市档案馆·成都市政府,全宗号 38,目录号 12,案卷号 1650,第 3 页;《国民工役法》,《四川省政府公报》第九十二期,1937 年 9 月 11 日出版,第 37 页;四川省训练团编印《工役法令》,1940 年版,第 18 页。

③ 中国第二历史档案馆·国防部史政局和战史编纂委员会,全宗号七八七,案卷号 932,第 98 页,缩微胶卷号:16J-0125;《扫荡报》1937 年 12 月 17 日,第二版;《华西日报》1937 年 12 月 17 日,第二版;曹聚仁、舒宗侨编著:《中国抗战画史》,中国书店 1988 年版,第 140 页。

④ 曹聚仁、舒宗侨编著:《中国抗战画史》,中国书店出版 1988 年版,第 81 页。

⑤ [美]西奥多·怀特、安娜·雅各布:《风暴遍中国》,王健康、康元非译,解放军出版社 1985 年版,第 56 页。

⑥ 曹聚仁、舒宗侨编著:《中国抗战画史》,中国书店 1988 年版,第 142 页。

⑦ 秦孝仪主编:《中华民国重要史料初编——对日抗战期间》(第四编)第一册,中国国民党中央委员会党史委员会 1988 年版,第 50 页。

用民夫暂行办法》。在武汉失守之后,蒋介石终于认清了,中国反攻的基础,只在于丰富的人力以及组织民众的效率这一事实,比推动机械化还要来得重要。① 1938年9月,著名军事家和政治家蒋百里发表《抗战一年之前因与后果》,强调中国国防的方针:"不根据于贵族帝王,而根据于人民"②。

　　1940年2月,委员长成都行辕订颁《四川省非常时期征工服役暂行办法》。1941年12月23日,国民党第五届中央执行委员会第九次全体会议宣言中,提出当前要政有四端,其中之一为加强实施动员,发挥战时人力、物力。对于国民普服工役之义务,亦当作切实有效之规定,以期人民对国家担负之平均,确立战时坚强持久之力量。③ 同日,会议还通过了《加强国家总动员实施纲领案》。纲领首句则为:现代战争,乃国家总力之决斗,必须集结全国任何一人一物,悉加以严密组织与合理运用,使成为一坚强之战斗体系,以保持战力之雄厚,贯彻战争之胜利。④ 1942年3月29日,国民政府颁布《国家总动员法》,目的是在战时"集中力量运用全国之人力物力,加强国防力量,贯澈(今:彻)抗战"⑤。同年6月颁布《国家总动员法实施纲要》和《妨害国家总动员惩罚暂行条例》。

　　抗日战争时期,国防工役主要应用于整修公路、抢修机场、构筑防御工事的国防工程。因现实中,当局意识到"修筑交通、建设国防,事事均须利用伟

---

　　① 〔美〕埃德加·斯诺:《为亚洲而战》《斯诺文集》(3),新民译,新华出版社1984年版,第147页。

　　② 蒋百里著,黄萍荪编:《蒋百里先生文选》,新阵地图书社1940年版,第264页;蒋百里:《蒋百里(方震)先生文集》,文海出版社1971年版,第274页。

　　③ 荣孟源主编:《中国国民党历次代表大会及中央全会资料》(下册),光明日报出版社1985年版,第736页。

　　④ 秦孝仪主编:《中华民国重要史料初编——对日抗战期间》(第四编),战时建设(三),中国国民党中央委员会党史委员会1988年版,第266页;杨树标等编:《中国国民党历次会议宣言决议案汇编》(第三分册),浙江省中共党史学会编印1985年版,第255—256页。

　　⑤ 中国第二历史档案馆·国民政府,全宗号一,案卷号1189,第4页,缩微胶卷号:16J-2273,未公开出版;重庆市档案馆·北碚管理局,全宗号0081,目录号4,案卷号1780,第76页,未公开出版;社会部劳动局编印:《人力动员法规汇编》,1943年,第1页;四川省动员委员会编行(成都):《四川动员》1942年创刊号,1942年版,第46页。

大的无穷尽用的民力来完成"①。故战时,政府推行国防工役,办理交通、机场、防御等工程,以增强有限的防御能力。此项工程每每需时急迫,而规模又相当宏大。若雇工办理,无论政府有无财务,即同时需要巨万劳力,亦属无法招致,"故征工服役,实已成既定国策之一,不容变更"②。

随着战局变化,为增强经济实力,工役于 1942 年开始转向以地方经济建设为主。故 1943 年 12 月 4 日国民政府颁布《国民义务劳动法》而废止《国民工役法》,规定征用民工办理筑路、水利、自卫、地方造产及其他地方公共福利事业事项③,主旨"为完成地方自治,增进地方造产,以奠立建国之基础"④。因为"欲国力之充实,必须求建设事业之发达,而一切建设皆需大量之劳力。至战时之劳力,尤关作战之胜效,国家之存亡。故东西各国,对于各种建设事业、救灾防患、国防工事、战时劳役等,大都规定国民有服工役之义务。我国的法规定人民有服兵役工役之义务。现值抗战当中,兵役固为当务之急,而工役亦至为重要"⑤。1944 年时任行政院兼院长的蒋介石强调,国民义务劳动"应与兵役同等重视"⑥。1945 年 5 月 17 日国民政府第六次全国代表大会通过《农民政策纲领》,规定在农村推行义务劳动,提倡农村公共建设。⑦

可见,在中国,工役是增强国防和经济的有效可行措施之一。追根溯源于

---

① 四川省档案馆·四川省特种工程征工处,全宗号 116,案卷号 145,第 7 页,未公开出版。

② 四川省训练团编印:《工役法令》,1940 年版,第 1 页。

③ 《国民义务劳动法》,重庆《大公报》1943 年 12 月 5 日,第三版;四川省档案馆·四川省民政厅,全宗号 54,目录号 6,案卷号 7970,第 10 页,未公开出版;四川省档案馆·四川省民政厅,全宗号 54,目录号 6,案卷号 7975,第 88 页,未公开出版。

④ 四川省档案馆·四川省民政厅,全宗号 54,目录号 6,案卷号 7977,第 26 页,未公开出版;《推行义务劳动法——政院提示注意事项八点,已通令各省市政府遵办》,重庆《大公报》,1944 年 1 月 7 日,第二版。

⑤ 何应钦讲:《兵役与工役》,1940 年版,未公开出版,原件存于重庆市图书馆民国文献阅览室,也可见国家图书馆南区缩微文献阅览室,第 9 页。

⑥ 四川省档案馆·四川省民政厅,全宗号 54,目录号 8,案卷号 10480,第 1 页,未公开出版。

⑦ 杨树标等编:《中国国民党历次会议宣言决议案汇编》(第四分册),浙江省中共党史学会编印 1985 年版,第 43 页。

其"平时可以促进国家建设,战时尤以增强抗战力量"①。工役的主体力量——广大农民是抗战时期的实际撑持者,也是建国时期的奠基石。② 正如记者西奥多·怀特后来著述,指出"1939 年到 1941 年间,重庆的脉搏和战时全民族的力量一起跳动。匆忙的客人容易错误地认为重庆本身是强大的,民族力量是由此产生而传到乡下的。然而事实恰恰相反,战时中华民族力量在于千百万农民的力量,正是农民的意志和力量才使重庆受到了感染,重庆本身并没有什么了不起的。战争的真正力量在于遍布全国的繁星般的农村"③。他进一步阐释,农村的农民"提供了粮食和人力这两样必需品……他们提供的人力,被政府征募去送往前线修筑公路和搬运军需品。一切最重要的事情,无论是军事的还是政治的,都让农民来解决。这些身穿蓝色或灰色衣衫的农民为抗战竭尽全力。部队的移动,美国空军所需机场的建筑,防空设施和运输的组织,这一切都可以归结为一个问题,即要多少农民为之劳动,要多少大米来应付危机"④。抗战初期,毛泽东就高瞻远瞩地提出,"战争的伟力之最深厚的根源,存在于民众之中"⑤。"民力和军力相结合,将给日本帝国主义以致命的打击。民族战争而不依靠人民大众,毫无疑义将不能取得胜利。"⑥"工役"就是发动民众,支持民族战争的一种具体方式。散居于广大农村的民众是中国抗战的力量源泉,虽然犹如遥看近却无的草色。

　　战时工役的实施以四川较为凸显,因其价值战前、战中天壤之别使然。四

① 四川省档案馆·四川省民政厅,全宗号 54,目录号 6,案卷号 7404,第 8 页,未公开出版;四川省档案馆·四川省民政厅,全宗号 54,目录号 6,案卷号 7678,第 55 页或 57 页,未公开出版;四川省档案馆·四川省民政厅,全宗号 54,目录号 8,案卷号 10480,第 1 页,未公开出版。

② 中国第二历史档案馆·国民政府,全宗号一,案卷号 2422,第 181 页,缩微胶卷号:16J-2425,未公开出版。

③ 〔美〕西奥多·怀特、安娜·雅各布:《风暴遍中国》,王健康、康元非译,解放军出版社 1985 年版,第 17 页。

④ 〔美〕西奥多·怀特、安娜·雅各布:《风暴遍中国》,王健康、康元非译,解放军出版社 1985 年版,第 69 页。

⑤ 《毛泽东选集》第二卷,人民出版社 1991 年版,第 511 页。

⑥ 《毛泽东选集》第二卷,人民出版社 1991 年版,第 347 页。

川偏处西陲,自古蜀道险阻。故全民族抗战爆发前,南京国民政府确定以四川为民族复兴的根据地后,就令四川省政府征调大量民工服工役,进行国民经济建设和国防备战,尤其是赶修省际公路,虽主观上出于政治目的,但客观上有限地开发了经济发展。

抗日战争期间,"自武汉失守以后,四川成了正面战场的政治、军事、财政、经济的中心"①。蒋介石在兼理川政期间,1939年10月15日发表《告川省同胞书》,强调四川在抗战中的地位与责任。他"以为御侮建国,皆当以四川之开发与整理为基础。……今日之四川,不仅为抗战最后胜利之所资,实为中国兴亡之所系也"②。14年抗战,凭借全国上下同心同德,尤其是四川丰富人力、物力的支持,我国终获最后胜利。诚如1946年4月30日国民政府"五五还都令"上所说:"回念在此八年中,敌寇深入,损失重大。若不依恃我西部广大之民众,与凭借其丰沃之地力,何以克奠今日胜利宏基!而四川古称天府,尤为国力之根源;重庆襟带双江,控驭南北,占战略之形势;故能安度艰危,获致胜利。其对国家贡献之伟大,自将永光史册,奕叶不磨。"③"四川为抗战根据地,四川同胞在抗战期间输财输力之多,为全国各地之冠。"④内地广大的中国,在抗战期间负荷了沉重的战争负担,其中尤以四川为最。无论人力、物力,四川的贡献都首屈一指。⑤ 而工役则是人力贡献的重要方式之一。所以,四川工役的规模、时效性在特殊的时代背景下较为典型。

"七七事变"后,日本利用其陆海空的现代化装备,在"速战速决"的战略方针下,迅速占领了中国华北、华东和华中的大片富庶地区。国民政府根据双

①　《感谢四川人民》,重庆《新华日报》1945年10月8日。

②　周开庆:《民国以来之四川省政组织》,《四川文献》(季刊第二十期),1980年9月30出版,第20—21页。

③　华生:《四川与建国七十年》,《四川文献》(季刊第二十四期),1981年10月1日出版,第2页。

④　蒋介石:《蒋主席莅临成都,辞别并慰勉四川同胞》,重庆《大公报》1946年4月26日。

⑤　许倬云:《战前与战时社会的比较》,许倬云、丘宏达主编:《抗战胜利的代价——抗战胜利四十周年学术论文》,台北联合报社1986年版,第92页。

方国情,在战略上采取以"空间换取时间"的原则,急剧进行战线内缩。1937年11月20日国民政府发表宣言,宣布正式迁都重庆。1938年1月西南省主席刘湘病逝于汉口。1938年12月蒋介石率军委会辗转移驻重庆。1939年2月军事委员会委员长重庆行营结束,另于成都、西昌设委员长行辕。1939年9月西南省政府改组,由蒋介石兼理主席,以贺国光兼任省府秘书长,实即由贺代为主持省府政务。1940年11月13日行政院举行第四九〇次会议,通过西南省政府改组案。同年11月18日张群就职西南省主席,至1947年5月四川省政府再改组。① 事实上,中国对日抗战时,西南是完整的,是陪都所在地,是大后方的中坚区域,以西北各省为左翼,西南各省为右翼,其中有甘肃和云南二省,居于国际交通的孔道,在军事上尤有利害关系。②

　　抗战时期,国防工程建设急需征调大量民工,故西南省政府倾力工役事宜,以遵命依限完成而配合战局。首要之事则是配合中央法规,制定、颁布、实施地方性的工役法规。1940年2月委员长成都行辕订颁《西南省非常时期征工服役暂行办法》。4月西南省征工委员会正式成立。西南省政府在工作报告中指出其宗旨,"即在顾恤民艰,酌用民力民资"③。1941年1月西南省征工委员会改组为西南省征工事务管理处,并制定《西南省征工事务管理处组织规程》。1942年3月4日西南省政府颁布《修正西南省非常时期征工服役暂行办法》,5月公布《西南省各县市服役民工免缓役实施办法》,10月公布《西南省各县(市)编订工役壮丁名册轮流服役办法》《西南省国防工程征工各县(市)服役员工抚恤治疗埋葬等费支领办法》《西南省各县(市)办理国防工程工役各级人员奖惩办法》《西南国防工程征工各县(市)办理代役金实施办法》和《修正西南省征工事务管理处组织规程》等重要工役法规。抗战重心的

---

① 周开庆:《民国以来之四川省政组织》,《四川文献》(季刊第二十期),1980年9月30出版,第47页。
② 吴相湘编著:《第二次中日战争史》(上册),综合月刊社1973年版,第468页。
③ 四川省档案馆·四川省政府征工事务管理处,全宗号116,案卷号524,第131页,未公开出版。

转移伴之而来的便是中国经济重心的大转移。这迫使国民政府必须迅速确定战时大后方经济建设方针,推行地方建设工役,以供给前后方所需。因为战争的胜利有赖于军事,更有赖于经济;经济的发展,即必以人民的劳力为基础。因此,依据《国民工役法》和《国民工役法施行细则》,1942 年 11 月 24 日川府特颁布《西南省各县(市)地方建设征工服役暂行办法》。为达成建立乡镇,完成新县制的使命,1943 年 6 月特制定《西南省各县市局推行工役注意事项》。所有各县市局 1943 年度应行推进的工役事项,经由省府于审编《各县市局三十二年度施政计划》时,分别列入。同年 10 月颁发《工役实施要点》,明白指示有关事项。对于地方建设工役,除列入年度施政计划中,四川省政府还制颁《西南省各县市局三十三年度工役实施要点》和《西南省各县市局三十四年度国民义务劳动实施要点》。

基于上述史实,笔者在查阅大量档案、文献、书籍、报刊后,认为工役的推行在全民族抗战的胜利中发挥了其独特的时效,但学术界对工役的区域研究成果存在些许微盲点。正如有关学者言"虽说把抗日战争发掘到了民众的水平,但没能充分展开,这是我们今后抗日战争研究的课题"[①]。为此,结合现实中的民工现象,反思有关战时民工的情况,"工役"问题吸引了笔者强烈的探究之心。

笔者实地到国家图书馆、中国第二历史档案馆、四川省档案馆、贵州省档案馆、云南省档案馆及相应省的图书馆、陕西省档案馆查阅有关工役的资料,实际情况是四川地区较完整、详细;而贵州省、云南省资料零散、稀少;陕西省无(原主观上想进行比较研究)。

故本书以抗战时期为时间跨度,以西南为空间区域,研究国防经济建设的工役。对此研究,有两方面的意义。

---

① [日]池田诚编著:《抗日战争与中国民众——中国的民族主义与民主主义》,杜世伟、梁作新译,求实出版社 1989 年版,第 222 页。

## 二、研究意义

### （一）选题跨学科，具有一定的学术价值和创新意义

本选题从民工的角度来研究工役对战争的作用，着重研究和探讨的是西南省府奉国民政府之令，征调民工服工役，进行国防、经济建设，以支持抗日战争。这本身既是一个历史学课题，也是一个国防学、经济学、社会学课题，实是交叉学科的结晶体。据笔者多年收集到的有限资料，学术界除笔者的硕士、博士论文及发表的直接相关论文外，鲜有同类的研究。因此，从这个意义上来说，本项目具有一定程度的学术价值和创新意义。

抗战时期的工役被推行应用于工业、农业、国防、交通运输、经济、社会等各个方面，是比较广泛的。对每个领域的深入研究，都是艰巨的。由于时间、精力和个人水平的有限，笔者主要以战时亟须的国防工程为切入点，以作工民工为主体力量，选取了与战争直接相关的一些重要基建进行分析研究，对于与战争需求不是十分突出的工役情况，如军事人力运输，工役中的石工、兵工、狱工、劳工，本书没有进行专题研究。

### （二）运用了多学科的研究方法，具有一定的理性认识深度

抗战时期的工役涉及历史学、社会学、国防学、经济学等学科。因此，笔者在研究过程中，既注重史料的收集和挖掘，又注重理论的应用和探讨，运用了有关学科的一些研究方法，而具有一定的理性认识深度。

但因为本书选取了与战争需求直接相关的建设进行研究，很多内容是以前史学界较少研究的。所以，书中用了不少篇幅对当时的情况进行描述，同时由于笔者对亲自收集到的第一手资料的特殊情愫及能力、精力的有限性，使实证有余而理论深度不够。

（三）采用了大量原始档案，资料较为扎实

学术研究的推陈出新，不仅在于研究角度的变化以及理论与方法的创新，也在于资料的创新、发现、整合和利用，因为"研究必须充分地占有材料"①。史料之于史学，犹如皮之于毛的关系。"皮之不存，毛将焉附？"笔者在研究过程中感到，与本选题有关的资料既浩瀚，又稀薄。一方面，有关第二次世界大战、抗战方面的文献国内外颇丰；另一方面，涉及国家军事的材料十分有限，公开出版的书籍和数据很少，所以主要依靠档案。笔者到南京、北京、成都、重庆，查阅了中国第二历史档案馆、南京图书馆、国家图书馆、西南省档案馆、西南省图书馆、成都市档案馆、重庆市档案馆、重庆图书馆的图书和档案资料，掌握了大量第一手资料，为本选题的研究提供了宝贵的、坚实的史料基础。

但笔者在查阅资料的过程中发现，有关工役的统计资料较多，也有缺失、遗漏，并且对同一事件有不同的记载。同时，有关档案资料目前有的不能调阅。故在一定程度上，客观条件使得资料不够全面、准确。所以，研究成果没有达到主观希望的全面、准确。同时，已经收集到的资料在有限的时间、精力、学识内，难以用心研读完，更没达到娴熟挖掘运用。所以，虽尽力而为，但研究仍存在遗憾。

# 第二节　学术回顾和研究述评

国家为达到战争胜利的目的，举国家得以利用之人的、物的、有形、无形之一切资源，而且为合理的经济的运用，使在军事上一切要求，得完全充实无缺，而达到任务，包括思想、产业、金融、人力四个方面的动员。② 这里所谓的"动员"，不仅需要所使用的人力、物力之数量，有最高度之增加，而且需要人力物

---

① 《马克思恩格斯文集》第 5 卷，人民出版社 2009 年版，第 21 页。
② 蓝谓滨：《抗战人力动员论》，新村出版社 1937 年版，第 1—2 页。

力之利用,尽可能地合乎经济原则。① 可见,人力动员是统制人力,集中人力,有计划地善用人力,以利军事活动。工役则是人力动员的重要实现途径之一。所以,与工役有关的问题也就进入了人们的研究视野中。

## 一、国外工役的研究成果及其述评

欧美和日本的工役是政府对劳工即工厂劳动力的统制、利用。这是其发达的工业经济的必然反映。所以,对国外工役进行研究的对象为劳工。了解对国外工役的研究成果,有助于全面地认识工役。

### (一) 第一次世界大战

《德国工役制度》②一书,详细地介绍了德国工役的组织、作用、机构、法规,并指出德国工役的特色"为解决失业问题之一法"③,目的是"使德国青年在国家社会主义精神之下,了解国民团结及工作实质之义,尤其是使对于手工一事,加以相当重视"④。《德国劳动动员》⑤介绍了兴登堡计划与全体劳动动员运动,第一次欧战时的劳动服务制度,战后的自动劳动服务制度,纳粹统治下的强迫劳动服务制度,劳动服务的事业范围等。《德国工役问题之分析》⑥一文,分析了第一次世界大战中德国工厂用工机构、组织、制度上存在的问题。《德国工役法》⑦一文,介绍了第一次世界大战中德国工役法的内容。《各国战时工役》⑧一文,介绍了德、意、英等国第一次世界大战中工厂劳工制度。

---

① 魏布罗克:《劳力供给与国防》,张永懋译,正中书局 1943 年版,第 1 页。
② [德]何思曼(Hussmann):《德国工役制度》,王光祈译,中华书局 1936 年版。
③ [德]何思曼(Hussmann):《德国工役制度》,王光祈译,中华书局 1936 年版,第 69 页。
④ [德]何思曼(Hussmann):《德国工役制度》,王光祈译,中华书局 1936 年版,第 72 页。
⑤ 方秋苇:《德国劳动动员》,军政部陆军经理杂志社 1942 年版。
⑥ 吴之翰:《德国工役问题之分析》,《国讯》1934 年第 81 期。
⑦ 《德国工役法》,王光祈译,《新中华》1935 年第 3 卷第 22 期。
⑧ 李从:《各国战时工役》,《汗血月刊》1936 年第 8 卷第 2 期。

（二）第二次世界大战

《德国劳动服务制度》①叙述什么是劳动服务制度、劳动服务制度的基本问题及劳动服务制度史的考察、劳动服务的教育课题，并对当时各国劳动服务制度的现状和各国劳动服务研究做了介绍。罗伯《世界各国劳动服务》②着重介绍第二次世界大战中希特勒德国的劳动服务，兼及其他国家。《日本统制经济概要》③详细介绍了日本统制经济的范畴及情况。该书在生产力扩充问题的劳动统制中，讲述国民征用是针对工场劳动力。《劳力供给与国防》④从国防工业生产角度，论述战时或紧急时期劳力供给问题，并介绍加拿大、法国、德国、英国、日本、美国等国在第二次世界大战中实施的工厂劳力动员办法。《美国国家动员计划》⑤介绍美国国家动员计划形成的各阶段，计划中的宣传检查，军队、工业劳力和企业等的动员，物价统制，以及计划的执行方法等。《战时日本》⑥收入有关研究日本的 12 篇文章，其中 1 篇《日本劳动力统制问题》涉及的是军需工业劳动力统制的政策。《各国国家总动员概观》⑦概括地从军事角度，介绍了美、英、德、意、日第一次世界大战、第二次世界大战侧重第二次世界大战动员法的制订、总动员体制和设施。书中人力动员的对象是兵役和工厂劳动力。唐道五的《日本战时兵役与工役之研究》⑧一文，介绍了日本的兵役与工役，工役的对象指的是工厂劳工。

---

① ［日］下松桂马：《德国劳动服务制度》，张云汉译，中华民国留日同学会 1940 年版。
② ［德］罗伯兹：《世界各国劳动服务》，杨昌溪译，青年书店 1940 年版。
③ ［日］波多野鼎：《日本统制经济概要》，舒贻上译，国立华北编译馆 1943 年版。
④ 魏布罗克：《劳力供给与国防》，张永懋译，正中书局 1943 年版。
⑤ T.A.Bidwell：《美国国家动员计划》，吴泽炎编译，国防研究院 1945 年版，藏于重庆图书馆民国文献阅览室。
⑥ 杜宇：《战时日本》，三一出版社 1942 年版。
⑦ 邝松光：《各国国家总动员概观》，国民图书出版社 1944 年版。
⑧ 唐道五：《日本战时兵役与工役之研究》，《役政月刊》1945 年第 1 卷创刊期。

## 二、中国工役的研究成果及其述评

中国本来是一个农业国家,农民占全国人口约 80.5%,与欧美各国农民所占的人口数量,适成反比例。① 被征者多系贫苦大众。② 可见,中国工役的主体力量是占人口绝对多数的农民。

### (一) 民国时期的研究成果

#### 1. 1937 年前

全民族抗战爆发前,中央大力提倡义务工役(也称征工)。因此,南京国民政府控制各地奉行政令,实行工役,征调民工修筑公路和水利工程。此时期的工役研究大多以工程为对象,强调运用义务民力的必要性和重要性。这些研究成果对于了解工役的发展脉络多有助益,是笔者深入研究的基础。

《各省市征工服役办法大纲》③是政府颁行推行工役,征用民工的纲领性文件。虽然不是研究成果,但对本书写作有一定的资料参考价值。1935 年冬至 1936 年 4 月,成渝路线上的永川县征集民工 3.8 万余名整理公路。沈鹏的《永川县义务征工整理成渝公路工作汇编》④一书,围绕整理成渝公路,记述有关征用民工的事宜,如编配民工、筹划食宿、训练技术监工。此书对本文行文结构有重要的启发作用。《江苏省征工筑路颁给奖状办法》《江苏省建筑公路征工实施细则》《二十三年度江苏省各县征工筑路之成绩》⑤、主要研究的是征用民工修筑道路办法、成绩。《工程周刊》编写的《征工与水利》《闽省征工

---

① 张国瑞:《开发资源与四川新经济建设》,四川导报社 1939 年版,第 152 页。
② 四川省档案馆·四川省民政厅,全宗号 54,目录号 2,案卷号 1711,第 206 页,未公开出版。
③ 《各省市征工服役办法大纲》,《道路月刊》1936 年第 52 卷第 2 期。
④ 沈鹏:《永川县义务征工整理成渝公路工作汇编》,四川省第三区行政督察专员公署,1936 年,未公开出版,收藏于重庆档案馆。
⑤ 《江苏省征工筑路颁给奖状办法》、《江苏省建筑公路征工实施细则》、《二十三年度江苏省各县征工筑路之成绩》,《江苏建设》1935 年第 2 卷第 9 期。

造林》《从导淮入海工程得到的征工经验》3 篇文章①,介绍征用民工植树造林、兴修水利取得的成效、经验。吴文华的《闽西南区公路视察经过》《闽北公路四大干线》《闽省公路建设概况》3 篇文章②,以公路为写作对象,略提到筑路者的人数和来源。郑嘉福的《我国历史上义务征工沿革考》、贺国光的《为义务征工告各县长书》和田东波的《关于义务征工》3 篇文章③,介绍的是义务征工的历史演变、重要性及原则、方法。刘郁樱的《征工筑路是训政期间底迫切工作》④一文强调征工筑路的重要性。

### 2. 1937—1949 年

据 1937 年 7 月 17 日颁布的《国民工役法》的规定,工役的数额配赋概按各地人口数量,则农村人口实为征调的主要来源。⑤ 抗战时期,工役的研究成果在强调征用民工重要性的基础上,探讨以民工为核心的操作性问题,如民工的组织、管理、待遇。这时期的法规、著作、文章是需要借鉴的重要研究成果。

中国国民党中央执行委员会宣传部编印的《劳动服务与工役宣传纲要》⑥一书,从国民总动员的角度,主要针对农民,在政策层面宏观介绍我国现行劳役制度、如何加紧推行劳动服务与工役。该书对了解工役的政策有重要意义。

---

① 《征工与水利》,《工程周刊》1935 年第 4 卷第 5 期;《闽省征工造林》,《农学》1935 年第 1 卷第 4 期;《从导淮入海工程得到的征工经验》,《江苏省政建设月刊》1936 年第 3 卷第 10 期。后两篇文章作者不详,原件存于重庆图书馆民国文献阅览室。

② 吴文华:《闽四川区公路视察经过》,《道路月刊》1934 年第 45 卷第 3 期;《闽北公路四大干线》,《道路月刊》1936 年第 50 卷第 2 期;《闽省公路建设概况》,《道路月刊》1936 年第 51 卷第 1 期。后两篇文章作者不详,原件存于重庆图书馆民国文献阅览室。

③ 郑嘉福:《我国历史上义务征工沿革考》,《统一评论》1935 年第 1 卷第 6 期;贺国光:《为义务征工告各县长书》,《西北问题》1936 年第 2 卷,第 1—2 期;田东波:《关于义务征工》,《保甲训练》1937 年第 2 卷,第 3、4 期。

④ 刘郁樱:《征工筑路是训政期间底迫切工作》,《道路月刊》1929 年第 29 卷第 1 期。

⑤ 陈洪进、周扬声:《各省农村劳力征调概况》,农林部农产促进委员会印行 1943 年版,第 1 页。

⑥ 中国国民党中央执行委员会宣传部编印:《劳动服务与工役宣传纲要》,原件存于重庆图书馆民国文献阅览室,1939 年。

梁桢著的《国民工役》①一书,论述我国国民工役的意义,工役史演变,工役内容与实施、进展情况,并介绍国外平时与战时的国民工役。书中指出工役的社会性、经济性、政治性及军事性。该书对抗战时期的工役研究有较大参考价值。《工役法令》②概论了征工服役、规定了民工能率、人数及管理要点。《兵役与工役》③在分别介绍兵役、工役的基础上进行了比较:现况,区分、规定、征集、奖励以及工役的有关知识。《兵役与工役,民政类》④侧重于兵役有关问题之际,也介绍了广东省征用民工的情况。陈洪进、周扬声的《各省农村劳力征调概况》⑤在调查统计资料的基础上,采用比较研究法,对征兵与征工进行了三个方面的内容研究:征调情况、被征者情况、劳力征调对农业生产的影响。该书主要从社会学的角度研究农村劳动力的征调情况,对本书思路的开展有一定的启示作用。《征工筑路实施方法》⑥以数学计算的方法,提出筑路民工的组织与工作分配、工效与合理报酬、器材估计等,并介绍了筑路常识概述;广西壮族自治区征用民工办法实施程序等。该书作者是实际主持公路修建的工程师,所以他从工程的角度,研究了如何优化配置劳动力的问题。贵州省地方行政干部训练委员会编印的《工役》⑦一书,较为详细地以该省民工为民力开发、运用为对象,介绍了国民工役的意义、贵州省奉行的工役法令、整理工役的计划、实施工役的程序、役工的管理及待遇、工役成绩的考核。该书对本书的开展有很大的启发、借鉴意义。龚学遂的《中国战时交通史》⑧对抗战时期中

---

　①　梁桢:《国民工役》,商务印书馆 1941 年版。
　②　四川省训练团编印:《工役法令》,1940 年,未公开出版,收藏于四川省档案馆。
　③　何应钦讲:《兵役与工役》,1940 年,未公开出版,原件存于重庆图书馆民国文献阅览室,也可见国家图书馆南区缩微文献阅览室。
　④　广东省地方行政干部训练团编印:《兵役与工役,民政类》,1942 年,未公开出版,原件存于重庆图书馆民国文献阅览室,也可见国家图书馆南区缩微文献阅览室。
　⑤　陈洪进、周扬声:《各省农村劳力征调概况》,农林部农产促进委员会印行 1943 年版。
　⑥　周日朝:《征工筑路实施方法》,正中书局 1946 年版。
　⑦　贵州省地方行政干部训练委员会编印:《工役》,1942 年,未公开出版,原件存于重庆图书馆民国文献阅览室。
　⑧　龚学遂:《中国战时交通史》,商务印书馆发行 1947 年版。

国交通运输业的发展进行了较为详尽的介绍。此书对于了解工役在公路修筑方面的实效有一定的参考意义。

梁桢的《实施征工之商榷》和《征工——动员人力方法之一》、彭先蔚的《征工服役在抗战时期的重要性》、林良桐的《论非常时期的工役》,这几篇文章①强调征工在战争中的重要性。陈柏心的《县政建设中征工服役与工作竞赛的实施》②从激励机制方面论述提高民工工作效率的方法——竞赛。邓祖禹的《现阶段的工役问题》③从民工的征集、管理、经理、卫生方面,宏观上大略指出了存在的客观问题。宋裴如④介绍了"各国劳动力编制政策"。朱通九在其著作《战时经济问题》⑤中,涉及"战时劳动统制",对象是工厂工人。台湾方面,秦孝仪在主编的《革命文献》第101辑⑥中反思了战时人力动员概况。这些文章、著作给笔者不同角度、层次的启示。

以上的研究成果与本书直接有关,对写作思路的形成具有重要启迪。同时,众多的经济方面的文献对本书写作助力不浅,因工役在一定程度上是当时社会经济的一个外现。如财政部财政年鉴编纂处系统编纂的《财政年鉴》(上、中、下),及《财政年鉴续编》和《财政年鉴第三编》及国民政府主计处统计局编辑的《岁计年鉴》(第一、二、三集)。《中外经济年报》和《中外经济年报》(第二回),中华年鉴社编的《中华年鉴》,国民政府主计处统计局编的《中华民国统计提要》(民国二十四年辑)、《中华民国统计提要》(民国二十九年辑)、《中华民国统计提要》(民国三十六年辑),行政院编纂的《国民政府年

---

① 梁桢:《实施征工之商榷》,《农村建设》1938年第1卷第1期;梁桢:《征工——动员人力方法之一》,《四川周刊》1938年第1卷第6期;彭先蔚:《征工服役在抗战时期的重要性》,《抗战军人》1939年第10期;林良桐:《论非常时期的工役》,《今日评论》1940年第4卷第8期。

② 陈柏心:《县政建设中征工服役与工作竞赛的实施》,《训练月刊》1941年第2卷第6期。

③ 邓祖禹:《现阶段的工役问题》,《新四川旬刊》1941年第1卷第11期。

④ 宋裴如:《宋裴如文集》,海峡学术2006年版。详见该书第六辑。

⑤ 朱通九:《战时经济问题》,世界书局1940年版。

⑥ 秦孝仪:《革命文献》第一〇一辑,中国国民党中央委员会党史料编纂委员会出版1984年版。

鉴》(第二回),西南省政府统计处编的《西南省生产统计》(民国二十六年至三十七年九月,第四期)民政厅统计室造送材料及西南历年县市地方概算编制的《西南省各类情况(民国二十九年至三十四年)》,主计部统计局编辑的《中华民国统计年鉴》《战时经济问题与经济政策》《财政年鉴》,严中平等编的《中国近代经济史统计资料选辑》等。这些资料①对本书研究工役的有关情况提供了非常重要的文献资料。

　　此外,还有一部分以劳工(工厂劳动者)为对象的工役研究成果。黄嗣崇的《战时工役制度》②一书,讨论我国战时工役制度中有关组织、制度方案、女工、童工、工时、工资、工人福利、劳资协调等问题,并分别介绍德、英、法等国的战时工役制度与劳动管理。朱通九的《战时劳动统制》③一书分析我国劳动力的状况,说明战时劳动统制原则、战前准备及实施步骤等。该书从宏观上阐述人力动员的有关问题。杜冰的《战时工役问题之研究》④一文,介绍了战争中我国工役制度方式、利用女工、童工及工厂工作时间及工资。这类研究成果的对象与本书不同,但有助于客观地整体了解工役。

-----

　　① 四川省训练团编:《四川省财政近年概况》,1940;张肖梅:《四川经济参考资料》,中国国民经济研究所 1939 年版;张肖梅主编:《中外经济年报》,中国国民经济研究所 1939 年版;张肖梅主编:《中外经济年报》(第二回),中国国民经济研究所 1940 年版;中华年鉴社编:《中华年鉴》(上、下册),中华年鉴社 1948 年版;国民政府主计处统计局编:《中华民国统计提要》(民国二十四年辑);国民政府主计处统计局编:《中华民国统计提要》(民国二十九年辑);国民政府主计处统计局编:《中华民国统计提要》(民国三十六年辑);行政院编纂:《国民政府年鉴》(第二回),1944 年,未公开出版,查阅于江苏省图书馆;四川省政府统计处:《四川省生产统计》(民国二十六年至三十七年九月,第四期),1948 年版;民政厅统计室造送材料及四川历年县市地方概算编制:《四川省各类情况(民国二十九年至三十四年)》;主计部统计局编辑:《中华民国统计年鉴》,中国文化事业公司发行 1948 年版,未公开出版,查阅于江苏省图书馆。王亚南:《战时的经济问题与经济政策》,光明书局 1938 年版。严中平等编:《中国近代经济史统计资料选辑》,中国社会科学出版社 2012 年版。
　　② 黄嗣崇:《战时工役制度》,汗血书店 1936 年版。
　　③ 朱通九:《战时劳动统制》,独立出版社 1940 年版。
　　④ 杜冰:《战时工役问题之研究》,《前锋》1941 年第 9、10 期。

### （二）20世纪70年代至今的研究成果

这时期出版的大量抗战时期的文献资料是本书研究的重要基石。如秦孝仪主编的《中华民国重要史料初编——对日抗战时期》第四编的《战时建设》（三）；中国第二历史档案馆编的《中华民国史档案资料汇编》第一编第五辑，财政经济（七）；中国第二历史档案馆编的《中华民国史档案资料汇编》第二编第五辑，财政经济（五）、（八）、（十）；沈雷春编的《中国战时经济志》；荣孟源主编的《中国国民党历次代表大会及中央全会资料》、杨树标等编的《中国国民党历次会议宣言决议案汇编》（一至四分册）、沈云龙主编的《近代中国史料丛刊正编、续编、三编》等。这些资料①是研究战时经济、社会、政策提案及工作报告的重要文献。

同时，有不少大陆和台湾出版的有关史实、经济、外交、军事等方面著作。如李竹溪等编著的《近代西南物价史料》，中国第二历史档案馆、西南联合大学经济研究所编的《中国抗日战争时期物价史料汇编》，何思眯著的《抗战时期美国援华史料》，王正华的《抗战时期外国对华军事援助》，王建朗的《抗战初期的远东国际关系史》，朱斯煌编的《民国经济史》，周天豹、凌承学主编的《抗日战争时期西南经济发展概述》，西南地区文史资料协作会议编的《抗战时期西南的交通》，西南省档案馆编的《抗日战争时期西南省各类情况统计，《抗日战争时期国民政府财政经济战略措施研究》课题组编著的《抗日战争时期国民政府财政经济战略措施研究》，秦孝仪主编的《总统蒋公思想言论总

---

① 秦孝仪主编：《中华民国重要史料初编——对日抗战期间》（第四编·战时建设），中国国民党中央委员会党史委员会1988年版；中国第二历史档案馆编：《中华民国史档案资料汇编》（第一编，第五辑），财政经济（七），江苏古籍出版社1994年版；中国第二历史档案馆编：《中华民国史档案资料汇编》（第二编，第五辑），财政经济（五）、（八）、（十），江苏古籍出版社，1997年版；沈雷春：《中国战时经济志》，文海出版社1985年版；荣孟源主编：《中国国民党历次代表大会及中央全会资料》（上、下册），光明日报出版社1985年版；杨树标等编：《中国国民党历次会议宣言决议案汇编》（一至四分册），浙江省中共党史学会编印1985年版。

集》(一至四十卷),薛光前主编的《艰苦建国的十年(民国十六年至民国二十六年)》和《八年对日抗战中之国民政府(一九三七年至一九四五年)》,中国第二历史档案馆编的《抗日战争正面战场》,国防部史政局编的《中日战争史略》,何应钦的《八年抗战之经过》和《何上将抗战期间军事报告》(上、下册)等。这些著作①从不同角度,给笔者研究工役提供了资料来源。

与本书关系相对来说较近的研究成果,主要是以工程为核心,附带涉及工役中的民工情况,如人数、县份,待遇、管理、损失、痛苦,是笔者在进一步研究中需要参考的重要资料。如王立显的《西南公路交通史》(上册)②一书,以"公路"为研究对象,涉及有关工役的问题,如抗战前"义务征工制"下民工的征用人数、待遇、管理等。该书有关工役的内容分散,但对本书写作有极其重要的参考价值。周开庆的《西南与对日抗战》一书,在第三节③"战时征工与特种工程之完成",重点介绍了1943年12月至1944年5月四川省为赶修轰炸机场和驱逐机场,前后征用29县、50万民工的情况。论述到工粮之事,民工工作成效,管理机构的设置,并极力赞誉民工的贡献。这节为本书写作提供

①　李竹溪等编著:《近代四川物价史料》,四川科学技术出版社1986年版;中国第二历史档案馆、四川联合大学经济研究所编:《中国抗日战争时期物价史料汇编》,四川大学出版社1998年版;何思眯:《抗战时期美国援华史料》,国史馆印行1994年版;王正华:《抗战时期外国对华军事援助》,环球书局1987年版;王建朗:《抗战初期的远东国际关系史》,东大图书股份有限公司1996年版;朱斯煌编:《民国经济史》,文海出版社有限公司1984年版;周天豹、凌承学主编:《抗日战争时期四川经济发展概述》,四川大学出版社1988年版;四川地区文史资料协作会议编:《抗战时期四川的交通》,云南人民出版社1992年版;四川省档案馆编:《抗日战争时期四川省各类情况统计》,西南交通大学出版社2005年版;《抗日战争时期国民政府财政经济战略措施研究》课题组编著:《抗日战争时期国民政府财政经济战略措施研究》,西南财经大学出版社1988年版;秦孝仪主编:《总统蒋公思想言论总集》,中国国民党中央委员会党史委员会1984年版;薛光前主编:《艰苦建国的十年(民国十六年至民国二十六年)》,正中书局1971年版;薛光前主编:《八年对日抗战中之国民政府(一九三七至一九四五年)》,台湾商务印书馆1978年版;中国第二历史档案馆:《抗日战争正面战场》,江苏古籍出版社1987年版;国防部史政局编:《中日战争史略》,正中书局1968年版;何应钦:《八年抗战之经过》,金文图书有限公司1982年版;何应钦:《何上将抗战期间军事报告》(上、下册),文星书店1962年版。
②　王立显主编:《四川公路交通史》(上册),四川人民出版社1989年版。
③　周开庆:《四川与对日抗战》,商务印书馆1971年版,第258—267页。

了重要的参考资料。周开庆的另外两部著作《民国川事纪要》(上、下册)①对西南工役的情况提供了重要的背景参考资料。温贤美主编的《西南通史》第七册②第六节略提及民工赶修公路和机场这一史实。西南地区文史资料协作会议编的《抗战时期西南的交通》③一书,以公路、航运、铁路、航空、驿运为核心,在论述工程修建时提到民工的人数、损失、痛苦。虽然这些内容极零散、浅显。

另外,还有不少研究成果多是略提到工役中征用的民工人数。如西南省人民政府参事室、西南省文史研究馆编的《抗日战争时期西南大事记》,吴相湘编著的《第二次中日战争史》,周勇的《西南抗战史》,中国人民政治协商会议西南地区文史资料协作会议编的《西南民众对抗战的贡献》,李仕根编著的《西南抗战档案研究》,黄友凡、彭承福等著的《抗日战争中的重庆》,谭刚著的《抗战时期大后方交通与西部经济开发》,前田哲男著,王希亮译的《从重庆通往伦敦、东京、广岛的道路——二战时期的战略大轰炸》,费正清著,孙瑞芹、陈泽宪译的《美国与中国》,许倬云、丘宏达主编的《抗战胜利的代价——抗战胜利四十周年学术论文》,西南省档案馆编的《川魂——西南抗战档案史料选编》,巴巴拉·塔奇曼著,陆增平译的《史迪威与美国在华经验》等。这些著作④给笔者

---

① 周开庆:《民国川事纪要》(民国纪元前一年至二十五年)(上册),四川文献月刊社1974年版。周开庆:《民国川事纪要》(民国廿六年至三十九年)(下册),四川文献月刊社1972年版。

② 温贤美主编:《四川通史》(第七册),四川大学出版社1994年版。

③ 四川地区文史资料协作会议编:《抗战时期四川的交通》,云南人民出版社1992年版。

④ 四川省人民政府参事室、四川省文史研究馆编:《抗日战争时期四川大事记》,华夏出版社1987年版,第12、25、182页;吴相湘:《第二次中日战争史》(下册),综合月刊社1974年版,第604—606页;周勇:《四川抗战史》,重庆出版社2006年版,第375—377页;中国人民政治协商会议四川地区文史资料协作会议编:《四川民众对抗战的贡献》,贵州人民出版社1992年版,第15页;李仕根编著:《四川抗战档案研究》,四川交通大学出版社2005年版,第121—122页;黄友凡、彭承福等:《抗日战争中的重庆》,西南师范大学出版社1986年版,第41页;[日]前田哲男:《从重庆通往伦敦、东京、广岛的道路——第二次世界大战时期的战略大轰炸》,王希亮译,中华书局2007年版,第356—363页;[美]费正清:《美国与中国》,孙瑞芹、陈泽宪译,商务印书馆1971年版,第261页;许倬云:《战前与战时社会的比较》,许倬云、丘宏达主编:《抗战胜利的代价——抗战胜利四十周年学术论文》,台北联合报社1986年版,第223—225页;[美]巴巴拉·塔奇曼:《史迪威与美国在华经验》(1911—1945)(下册),陆增平译,商务印书馆1985年版,第597页。谭刚:《抗战时期大后方交通与西部经济开发》,中国社会科学出版社2013年版。四川省档案馆编:《川魂—四川抗战档案史料选编》,西南交通大学出版社2015年版,第602—603页。

以一定的启示。

　　除了著作外,还有一些以工程为写作对象的文章。如胡越英的《川西 B—29"特种工程"研究》①硕士学位论文,研究"特种工程"修建的缘起和修建的过程以及此工程的利用与影响。在修建过程中,探讨了民工的管理、待遇、工粮款的动作及征用民工与当年农业的关系。该文的关键词之一为"征工",所以对工程修建的民工研究也算较多,但文章的研究主题是"特种工程",而不是"征工"。不过,该文对本书的研究有较大的启发。席亚兵的《寻访 60 年前的"特种工程"》、刘桢贵的《抗战时期西南"特种工程"修建始末》、赵勇的《滇缅路——二次世界大战远东交通大动脉》、盛星辉的《抗日时期的芷江机场》、向国双的《概述抗日战争中的芷江机场》,张泰山的《抗日战争时期湖北后方国统区民众负担考察》一文中,论述劳役负担时,提到修筑机场和公路、破坏公路和乡村小道征用民工的人数。这些文章以工程,如"特种工程"、滇缅路、芷江机场为研究对象,而略提及征用民工的人数。

　　由上可见,众多研究者在论述工程时,附带略提到有关推行工役的情况,较多的是显而易见的民工人数。但是关于在工役中如何征调大量的民工,对众多的民工怎样进行管理、工役中的经费和待遇是如何的,并没有一人仔细深入研究下去。因为他们的研究焦点是推行工役建筑的工程,而不是工役中的主体劳动者。

　　以工役中的主体劳动者为对象,融合历史学和国防学、经济学、社会学角度进行研究的成果,目前主要是笔者的硕士学位论文、博士学位论文和几篇拙作(详见本书后的参考文献)。《抗战时期西南征用民工探析》一文,从政府在实施工役中,对民工的征用、管理、待遇、经费展开剖析,是本文拓展的蓝本。《抗战时期西南国防工程建设征用民工的待遇》《抗战时期西南国防工程建设征用民工情况探析》《抗战时期西南国防工程建设征用民工的经费》《抗战前

---

① 　胡越英:《川西 B—29"特种工程"研究》,四川大学 2000 年硕士学位论文。

期西南国防工程征用民工的经费来源》《抗战时期西南地方建设征用民工》《抗战前期国民政府征调民工机制研究——以构筑西南国防工程为视角》《抗战时期国防工程中民工的经费来源研究——以修筑西南机场为例》《抗战前期国防工程中的劳务费连行机制研究》《抗战前期大后方的国防工役研究》。这些文章主要围绕国防工程工役中的民工,从不同角度如待遇、经费、征调、地方建设、国防工程建设进行研究。这些论文虽是零散、局部、片面的,但是本书深入、全面、系统研究的重要基石。

最后,有关日本方面的资料[①],对本书研究有一定的参考。

综上所述,有关工役的研究成果,无论空间是国内还是国外,对象是工程、劳工还是民工,都为本项目的研究提供了丰富多样的资料信息源。但以抗战时期工役中的中国独特主体力量——民工为视角,主要从历史学和国防学角度进行区域专题研究的成果,除笔者井底之蛙的拙作,在浩瀚的学术研究中,由于某些原因,同类研究成果较稀薄。因此,笔者认为,本研究既有一定的研究基础,又具有广阔的开拓空间,因而具有一定的学术价值和创新意义。

----

① [日]井上清:《南洋与日本》,黄率真译,中华书局 1913 年版,此书实露日本早已觊觎东南亚,侵华后"南进"是蓄谋已久。[日]陆奥宗光:《A Secret Document about the Sino-Japaneese War》《日本侵略中国外交秘史》(原名《塞塞录》),商务印书馆 1933 年第一版。[日]近卫文磨:《日本政界三十年》(近卫手记),高天原、孙识齐译,上海国际文化服务社,1948 年 4 月初版。[日]重光葵:《日本侵华内幕》,陈鹏仁译,台北黎明文化事业股份有限公司 1984 年版。[英]欧脱荚:《日本的透视》,董之学译,上海生活书店 1948 年版。[日]吉田裕:《昭和天皇与战争责任》,陈鹏仁译,台北水牛出版社 2001 年版。[日]藤原彰:《日本侵华内幕》,陈鹏仁译,台北水牛图书出版事业有限公司 1996 版。[日]江口圭一:《日本帝国主义研究:以侵华战争为中心》,周启乾、刘锦明译,世界知识出版社 2002 年版。[日]冈村宁次:《冈村宁次回忆录》,稻叶正夫编,中华书局 1981 年版。[日]丸山真男:《现代政治的思想与行动:兼论日本军国主义》,林明德译,台北联经出版事业公司 1984 年版。日本防卫厅防卫研究所战史室编,齐福霖译,宋绍柏校:《中国事变陆军作战史》第一卷第二分册,中华书局 1981 年版。[美]时代生活丛书编辑:《疯狂的岛国》(Japan at War),唐奇芳译,北京中国社会科学出版社 2004 年版。[美]约翰·托兰:《日本帝国的衰亡》,郭伟强译,新华出版社 1982 年版。[美]赫伯特·比克斯:《真相——裕仁天皇与侵华战争》,王丽萍、孙盛萍译,新华出版社 2004 年版。[日]日本防卫厅防卫研究所战史室编:《中华民国史资料丛稿、译稿》》,中华书局 1985 年版。

# 第三节　相关概念界定与主要内容

## 一、相关概念界定

### （一）"工役"的含义

国民在达到了法定年龄时，按照法律的规定，为国家或团体的公共建设而提供己身的体力。在国民方面说，就是"服工役"；在政府或主办这种工役的机关方面说，就是"征工"。①"工役为人力之总动员，重要建设，均须赖以推动。"②工役为完成抗建伟业之原动力，为组训民众之有效方案。③

可见，本书的"工役"，从本质上来说，是国家运用超经济强制的职能，管制利用国民劳动力的一种具体、特殊的方式。

### （二）"民工"的含义

本书的"民工"是政府依战时军需民用，而有目的、有计划、有组织地强制征调而服工役的农民。现今的"民工"可划分为一般民工和"智力型"民工。一般民工主要来自农业；"智力型"民工主要来自工、商、科、文、教等诸多领域。通常意义上的民工指的是农民工。中国古时力役者、文中的"民工"和现今狭义的"民工"主体成分都是农民，但因时代不同，存在根本区别。前两者是国家对农民实行普遍的人身奴役，其工作范围、待遇标准由政府以行政命令的形式规定。现今"民工"的劳动力本质上是商品：民工自主选择从事的工

---

① 梁桢:《国民工役》,长沙商务印书馆1941年版,第1页。
② 贵州省地方行政干部训练委员会编印:《工役》,1942年,第3页,未公开出版,收藏于重庆图书馆。
③ 重庆市档案馆·四川省第三区行政督察专员公署,全宗号0055,目录号3,案卷号254,第39页,未公开出版;四川省档案馆·四川省民政厅,全宗号54,目录号6,案卷号7975,第101页,未公开出版。

作,其待遇标准除有政策规定外,更大程度上是受市场调节。

### （三）"四川"的范围界定

本书运用分析归纳法,选择抗战时期西南相对典型的四川,研究西南国防、经济建设工役,这主要原因是四川地位:战前边缘,战后中心,而使得其在国防经济工役方面较突出。具体细节,分别在相应章节有翔实探析。

抗日战争爆发后,蒋介石为分化四川军阀势力,于1939年将今甘孜、阿坝、凉山、雅安诸地区划为战时筹建的"西康省",同时改重庆为直辖市,与四川省平级。为不使政区变动影响对这一时期四川工役进行整体考察,本书所涉及的四川范围包括四川省、西康省和重庆市三个行政区域。

## 二、主要内容

本书以新挖掘、梳理出的大量有关工役的档案、文献资料为砥柱,研究抗战时期西南国家国防和地方建设的工役情况。文章把工役置于第二次世界大战尤其是中日战事变化、并结合当时中国社会状况以及地域社会自身的情况,从不同角度、层次进行分析。本书认为,工役在大局上一定程度上实现了预期目的:国防上有限地配合了战斗任务亟须、经济上有限地把注了国家实力,因而在取得全民族抗战的胜利中发挥了其独特的作用。

第一章,研究全民族抗战爆发前的西南国防经济建设工役概况。战前,面对极度困窘的财力,国民政府1935年在全国大力倡导工役,进行国民经济建设和国防备战。同年因确立西南为民族复兴的根据地后,西南省政府奉南京国民政府令,为准备抗战而实施工役,征调大量民工赶修以川黔、川陕、川鄂、川湘为主的省际重要公路干线。赶修的公路在军事、政治、经济上旋即发挥了极其重要的作用。

第二章,研究抗战前期西南推行国防工役整修公路。全民族抗战爆发后,中国东部、中部急剧沦陷,物资、人员等急迫向内地转运,交通尤其是当时快速见效的公路运输迫在眉睫。故整理战前仓促开通的公路,并赶修新公路成为西南抗战前期国防工役的当务之急。

第三章,研究抗战时期西南推行国防工役抢修机场。随着中国政治、经济重心西移,受国内兵力、资源及中国西部地势限制,日本随之而来则是由地面进攻,改为空中轰炸。中国则实行工役抢修战前西南国防工程的短板:机场。

第四章,研究抗战时期西南推行国防工役构筑防御工事概况。

第五章,评析抗战时期西南国防工程的应时性和相应问题。

第六章,研究抗战时期西南国防工役的征调机制。

第七章,研究抗战时期西南国防工役的管理机制。众多民众集聚,是如何管理以建筑国防工程的。

第八章,深入剖析抗战时期西南国防工役的款粮收入:主干来源、影响及其问题。战争加剧了中国从中央到地方的财政困难。故对此问题的研究,尤显重要。

第九章,研究抗战时期西南国防工役的劳务费运行机制。国防工役根源上能实行,实质上是人力资源的发挥。而得以激活则有赖于劳务费。故本章进一步深入剖析国防工役的经济动力对人力资源的开发。

第十章,研究抗战时期西南经济建设工役。主要从战时国防工役为何转向地方经济建设的原因分析,如何转型则从征调、管理机制具体探索,而民工应征、官吏管理的经济动力则深入研究经费来源和待遇。研究地方经济建设工役取得怎样实效及其背后的问题是什么。

第十一章,结语,对第一至第十章内容进行概括和提炼,并思索现实启示。

## 第四节　文献资料与研究方法

### 一、文献资料

本书研究所依据的主要是档案(注:胚胎资料,不是出版物)及有关历史资料（注：不是现在公开出版物），来自中国南京第二历史档案馆、西南省档案馆、重庆市档案馆和成都市档案馆。笔者在档案馆中尽力查阅了能够获得的大量卷宗，主要从以下浩瀚的档案中析出：（一）中国第二历史档案馆收藏的档案："国民政府"，全宗号一；"国民政府行政院"，全宗号二和全宗号二（3）；"国防部史政局和战史编纂委员会"，全宗号七八七。（二）四川省档案馆收藏的档案："四川省民政厅"，全宗号54，共有9目，共11730卷；"四川省政府秘书处"，全宗号41，共有4目，共10603卷；"四川省财政厅"，全宗号59，共有5目，共11673卷；"四川省特种工程征工处"，全宗号116，共有151卷；"四川省建设厅"，全宗号115；"四川省公路局"，全宗号130，共有7目，有12820卷；以及四川省档案馆收藏的部分历史资料。（三）重庆市档案馆收藏的档案："北碚管理局"，全宗号0081，共有10目；"重庆市政府"，全宗号0053，共有29目；重庆市参议会档案，全宗号0054；"重庆市工务局档案"，全宗号0067。（四）成都市档案馆收藏的档案："成都市政府"，全宗号38；"四川省第一区行政督察专员公署"，全宗号134。

本书研究中还参阅了大量论著、报刊文章和有关学位论文。它们将在文后参考文献中逐一列出。这些资料来源于中国国家图书馆、江苏省图书馆、四川省图书馆、南京大学图书馆、四川大学图书馆、四川师范大学图书馆、重庆市图书馆、厦门大学图书馆、厦门大学台湾研究院资料室、厦门大学南洋研究院资料室。

## 二、研究方法

历史唯物主义史观是本书的脊髓。在此指导思想下，书中对区域社会经济史进行个案研究，而主要采用了区域史、微观分析、实证分析和规范分析等历史学研究的基本理论与方法，同时亦借鉴、运用研究主题涉及的有关学科的某些理论和方法。

民众是战争胜利之本。恩格斯说:"赢得战斗胜利的是人而不是枪。"①这里的人是平民大众,即工人和农民。② 这是本书写作的出发点和落脚点。任何历史现象都必须放在当时的历史条件下去分析和研究,因为恩格斯说:"每一历史时期的观念和思想也同样可以极其简单地由这一时期的生活的经济条件以及由这些条件决定的社会关系和政治关系来说明。"③这样才能得出比较客观的结论。所以,在写作中,本书把四川工役放在第二次世界大战尤其是中日战争,并结合当时世界、中国社会生活、经济状况以及地域社会当时的实际情况,力图多角度依据事实,立体、深入地分析和研究,以管中窥豹,而不是单薄地以事论事。

宏观的整体性的研究只有建立在微观的具体性的研究基础之上,才有可能更接近于真实。也就是说,区域性的微观的具体的研究非常有助于对宏观总体的把握,因为一般潜在于个别之中。正如列宁所言:"真理总是具体的。"④所以,运用区域史、微观分析的研究方法,实现对整体的认识是可取的。本书在行文叙事上,以文献和统计资料进行背景叙述,使四川在全国有一个具体的定位;写作中,将微观与宏观、局部与整体相结合,在反映共性的同时,突现区位个性。

实证是史学的基础方法。"历史是证据的科学",它"与称作历史证据的东西有着特殊的联系"⑤。史学的证据就是真实的史料。无史料即无"证据",无"证据"亦就无所谓史学。所以,以事实判断为基础的实证分析是本书研究过程中遵循的核心方法。同时,本书的研究也运用了以价值判断为基础的规范分析方法。因为,对四川工役的评价自然要涉及价值判断的问题。这里的关键是要在实证分析的基础之上,作出比较合乎实际的实事求是的价值

---

① 《马克思恩格斯全集》第 15 卷,人民出版社 1963 年版,第 232 页。
② 《马克思恩格斯全集》第 18 卷,人民出版社 1964 年版,第 325 页。
③ 《马克思恩格斯全集》第 19 卷,人民出版社 1963 年版,第 122—123 页。
④ 《列宁选集》第 1 卷,人民出版社 2012 年版,第 592 页。
⑤ 杨豫、胡成:《历史学的思想和方法》,南京大学出版社 1996 年版,第 220 页。

判断。在价值判断中,离不开辩证方法的运用。所以,本书在评价工役时,既有肯定的理解,又有否定的理解。

　　本书研究涉及档案中的图表、数字、样本较多。所以,行文中还大量采用了统计学、经济学的计量分析法,尽可能地将历史事实、现象量化,或将一些史实图表化,集文字表达与数字图表于一体,以便直观、简洁而又有说服力地论证问题。

# 第一章　全民族抗战爆发前的西南国防经济建设工役概况

全民族抗战爆发前,面对极度困窘的财力和日本对中国领土的大肆蚕食,国民政府在全国提倡多用民力,少用民财的工役,进行国民经济建设和国防备战。

工役的推行以四川较为特殊。因为 1935 年国民政府加强了对四川各省的控制,并宣布以四川为民族复兴的根据地。为此,国民政府在四川省进行抗战准备,成效显著的当属公路。四川省政府奉令,前后征调"250 万人"①以上服工役,赶修各线公路,尤其以川黔、川陕、川鄂、川湘②4 条省际公路干线为重。赶修的公路旋即显示了极其重要的国防、政治和经济价值。

---

① 周开庆:《四川与对日作战》,商务印书馆 1971 年版,第 258 页。
② 对于四大公路干线,有两种说法。第一种:蒋介石的讲演中为川黔、川陕、川湘、川滇,见《辞别川省凯旋南京——蒋主席在蓉话别词》,重庆《大公报》1946 年 5 月 2 日,第二版;周开庆著承蒋介石之说,见周开庆:《四川与对日作战》,台湾商务印书馆 1971 年版,第 258 页。第二种:四川公路局局长魏军藩的文中为川黔、川陕、川鄂、川湘,见魏军藩:《四川四大国道建筑之回顾及其使命》,四川公路局总务处编查股编印:《四川公路月刊》第十一期,1936 年 11 月 30 日出版,第 7—17 页;王立显、刘承学、李昌源承魏军藩之说,见王立显主编:《四川公路交通史》(上册),四川人民出版社 1989 年版,第 93 页。刘承学、李昌源主编:《中国公路史》(第一册),人民交通出版社 1990 年版,第 222 页。笔者依据档案资料,采取魏氏之说。

## 第一节 工役实施的社会背景

### 一、严重的财政赤字

严重的财政赤字是实施工役的经济压力。财政为国民经济的枢纽;金融则系财政的活塞,也可以说是整个经济体系的动力。但健全的财政与金融必须建筑于健全的经济基础之上,所以不健全的中国经济必然反映出不健全的中国财政与金融,如脆弱、赤字。

中国财政的脆弱表现为税收对象的穷困和地域分布的不平衡。中国财政收入最大的来源是关税、盐税和统税。三税的收入合计占全国财政的最大比例。以1928—1935年的实数比较起来,最多达总收入的88.2%,最少达66.6%。若将债款收入不计,则关、盐、统三税在总收入中所占比率大约为90%。[1] 就关、盐、统三税的性质和类别而论,都是属于消费的间接税。依据租税原理(负担与转嫁),其负担是归在一般平民阶级,而中国的平民,大多数都是贫民。再就关、盐、统三税的地域分配而论,沿海各省区如冀、鲁、江、浙、闽、粤6省,占全国总额的80%,长江流域中上游区如皖、赣、湘、鄂、川5省占全国总额的15%,黄河区如豫、陕、晋、察绥5省占全国总额的3%,四川区如桂、黔、滇3省占全国总额的2%。此种现象为我国经济重心偏沿海的反映。[2]

赤字是中国财政的另一个非常鲜明的特点。中国财政自民国成立、全民族抗战爆发前,收入和支出没有一年是平衡的。每年的不足数额,都是拿公债来弥补。统计自1927年至1935年12月,国民政府及各省市所发行的公债总

---

[1] 张克林:《中国生存论》,新新印刷社1936年版,第91页。

[2] 张克林:《中国生存论》,新新印刷社1936年版,第92页。

额上达 16100 万元。[①] 1933 年岁入 68041 余万元,而岁出合计 82892 余万元(其中军备费 41560 万元,占总支出的 50%;债务费 24184 余万元,占总支出的 36%,两项合计占总支出的 86%),不敷 14851 余万元。[②] 1934 年中央支出预算为 91821 万元,虽比 1933 年增加不少,而 1935 年却更达 95715 万元,超出同年度的收入总额 22000 余万元。中央财政的危机更加深刻化了。[③] 1936 年 7 月南京国民政府明令公布实施的《民国二十五年度国家岁入岁出总预算》中,岁入约 75382 万元,岁出约 75406 万元,[④]则赤字据官方数字则约为 24 万元。各省地方财政多搜刮一空,如四川省在 1933 年田赋已预征至 1945 年。[⑤]

赤字的主要原因则是庞大的军费开支。1932 年 12 月 20 日第四届中央执行委员会第三次全体会议通过《集中国力挽救危亡案》,规定军费预算,"以国库总收三分之一为标准"[⑥]。但事实上,国民政府有关军事的开支,平均约占每年总预算的 90%,公债发行额在 1927—1936 年的 9 年达到了 202000 万元。[⑦] 可用于建设的经费,实在太少。1927—1937 年,大约有预算总额的 1/8 用于建设。1927—1937 年的复成长率的数字是电力 9.4%;近代化的交通 8.4%—17.1%,而空中交通根本是无中生有;工业 5.6%;银行存款 15.9%。[⑧]

---

① 张克林:《中国生存论》,新新印刷社 1936 年版,第 93—94 页。

② 四川地方银行经济调查部编印:《四川经济月刊》第一卷第一期,1934 年 1 月出版,第 56—57 页。

③ [日]溪田峰太郎:《中国经济的现势及其动向:中国经济情报,一九三六年上半期》,胡一声译,上海现世界社 1936 年版,第 142 页。

④ 《新中华》第四卷第十四期,1936 年 7 月 25 日出版,第 79 页。

⑤ 魏颂唐:《中国财政现状及其前途》,《新中华》第一卷第三号,1933 年 2 月 10 日出版,第 6 页。

⑥ 杨树标等编:《中国国民党历次会议宣言决议案汇编》(第二分册),杭州浙江省中共党史学会编印 1985 年版,第 76 页。

⑦ 日本历史研究会编:《太平洋战争史》第一卷,金锋等译,商务印书馆 1959 年版,第 106 页。

⑧ 薛光前主编:《艰苦建国的十年(民国十六年至民国二十六年)》,台北正中书局 1971 年版,第 118 页。

当时中国财政的典型缩影为四川财政,因其"无时不在拮据挣扎之中,牵罗补屋,颇费经营"①。1932 年度国家补助费概算内加列补助四川省地方政府经费 100 万元。② 1935 年度四川省共计联合收入约 628 万元,支出合计约 7224 万元(其中军务费约 429 万元)。收入、支出相抵,计全年年底实不敷约 94 万元。中央向中央银行透支 500 万元,并另由专案善债押款内拨借 100 万元,两共 600 万元,垫付去讫,而另筹应发军费约 34 万元。③ 1936 年四川新预算,虽经中央核准增加为 8000 余万元,但收支相抵,尚差欠 1000 余万元。④ 在四川省财政预算中,时任财政厅厅长刘航琛曾言,"军费约占全部预算的二分之一,自然是比较庞大一点,但是,是事实上又绝对没有其他方法可以减少"⑤。

## 二、国民经济建设运动

国民经济建设运动是实施工役的现实动因。"说到建设,便非实地的动力不可,——不拿钱来建设,就该拿人来工作。"⑥在极度困窘的财政中,国民政府推行"多用民力,少用民财"的义务工役进行国民经济建设。于是,义务征工服役为完成国民经济建设运动之基本工作。⑦ 而国民经济建设运动不独

① 刘航琛:《一年来之四川财政》,《四川经济月刊》第七卷第一、二合期,第 58 页。
② 中国第二历史档案馆·国民政府,全宗号一,案卷号 6112,第 194 页,缩微胶卷号:16J-2681,未公开出版。
③ 张肖梅编著:《四川经济参考资料》,中国国民经济研究所,1939 年版,第三章"财政",C61 页。对于四川省 1935 年财政收支有不同的说法。第一种说法:1935 年 2 月新省政府成立时,曾编全省收支概算,其收入估计为 8100 万元,支出为 8300 万元,不敷为 200 万元。资料来源于财政部四川财政特派员公署编印:《四川财政概况》,1936 年版,第 2 页。第二种说法:1935 年四川省财政收支另一数字:共收约 6280 万元,共支约 7224 万元,约不敷 944 万元。资料来源于《二十四年度川财政收支状况》,重庆中国银行:《四川月报》第九卷第三期,1936 年 9 月出版,第 63 页。
④ 重庆中国银行编印:《四川月报》第九卷第一期,1936 年 7 月出版,第 69 页。
⑤ 刘航琛:《财厅对廿五年度川省财政之报告》,重庆中国银行编印:《四川月报》第九卷第一期,1936 年 7 月出版,第 64 页。
⑥ 张铁僧:《四川义务征工筑路问题》,四川公路局总务处编查股编印:《四川公路月刊》第七期,1936 年 7 月 31 日出版,第 4 页。
⑦ 四川省档案馆·四川省民政厅,全宗号 54,目录号 6,案卷号 7638,第 120 页,未公开出版。

关系经济恐慌之解救与国民生计之安裕,并且还关系国家富力之发扬与国防基础之巩固。其重要程度,不亚于国防军事。[1] 因为,全民族抗战爆发前,中国的经济早已在世界经济萧条的漩涡中苦苦挣扎。当时著名经济学家千家驹指出,在农村,无论其为人间天堂著称的江浙,沃野千里的四川,产米富庶的赣皖湘鄂,或边僻之区的陕甘云贵,无不表现一幅灾民流亡图。[2]

1931 年 9 月 25 日国民政府成立全国经济委员会,11 月 17 日特制定国民生计建设六大方针。首要的方针就指出,国民经济之意义,在政治上与经济上,均渐次成为世界经济中之组织成分。[3] 1932 年 3 月成立国防设计委员会(资源委员会的前身),特别注重国防经济与经济的关系。1934 年 1 月 23 日第四届中央执行委员会第四次全体会议通过《确立今后物质建设根本方针案》,其主要目的即在使国防中心与经济中心相配合。为达到此目的,提出,"确定国民经济之中心,于富有自然蓄积并不受外国商业金融支配之内地",进行各业发展,如交通上"尤须首先完成西向之干线,使吾国于海口外,尚有不受海上敌国封锁之出入口"。该方针案进一步明确提出"于经济中心区附近不受外国兵力威胁之区域,确立国防军事中心地"[4]。国民政府竭力多方拓展国民经济建设途径。为加速巩固国防经济基本条件,适应战时要求,扩大影响,1934 年 12 月 2 日蒋介石通令在全国实行工役,认为工役"促进建设,复兴经济"[5]。该通令奠定了我国国民工役的基础。[6]

1935 年国民政府加快了国民经济建设的步伐。1935 年 2 月蒋介石在川

---

① 中国问题研究会编:《中国战时经济问题》,上海中国问题研究会,1936 年版,第 116 页。

② 千家驹:《中国经济的挣扎》,《新中华》第四卷第十三期,1936 年 7 月 10 日出版,第 116 页。

③ 国防部史政局编:《中日战争史略》(上册),正中书局 1968 年版,第 55 页。

④ 国防部史政局编:《中日战争史略》(上册),正中书局 1968 年版,第 57 页;荣孟源主编:《中国国民党历次代表大会及中央全会资料》(下册),光明日报出版社 1985 年版,第 228 页;吴相湘:《第二次中日战争史》(上册),台北综合月刊社 1973 年版,第 329 页。

⑤ 社会部劳动局编印:《人力动员法规汇编》,1943 年版,第 82 页。

⑥ 梁桢:《国民工役》,长沙商务印书馆 1941 年版,第 30 页。

联合扩大总理纪念周上,指出"今日为政之要,在能善用人民之劳力,即国家经济之动力……善用人民之劳力,征工即为运用民力最重要之方法"①。1935年4月1日蒋介石在贵阳发起国民经济建设运动,引导全国人民一致努力于救亡求生的基本工作,在谈话中曾为郑重声明:"此国民经济建设运动乃以振兴农业,改良农产,保护矿产,扶助工商,调节劳资,开发道路,发展交通,调整金融,流通资金,促进实业为宗旨。"②1935年4月25日通令各省府妥拟人民服工役办法。他强调工役是"努力建设,厚培国力"而实现我国复兴之要策,并指出"要以不妨农事为第一要义。"③5月12日通令鄂、豫、湘、皖、赣等省府实施人民服工役。1935年8月8日,蒋介石电各省政府及各地民众,倡导国民经济建设运动,提出八项举措,其中以提倡征工为首。"此为国民经济一切建设之本,而于水利、交通关系尤切。"④1935年9月4日通令省市军政长官规定二十四年冬令征工服役办法,提出了9条办法大纲,并要求"各省市驻在之军政长官督同所属,切实遵照办理。要之利用固有劳力,举办切要事业,对于国民经济之建设,所关实大"⑤。1935年10月14日蒋介石发表《国民经济建设运动之意义及其实施》的演讲,提出8项实施要项,第四项为提倡征工。"赞助政府实施征工制度,鼓励民众参加义务劳动,尤以开发交通道路、修治水利、培植森林、开辟垦地为征工之基本工作。"⑥1935年11月5日第四届中央执行委员会第六次全体会议通过《努力生产建设,以图自救案》。自救办法共有11条,其中之一为"采用征工制度",规定"国内壮丁自二十岁至五十五

①　四川地方银行经济调查部编印:《四川经济月刊》第三卷第二期,1935年2月出版,第119页。
②　沈雷春编:《中国战时经济志》(19),台北文海出版社1985年版,第1页。
③　社会部劳动局编印:《人力动员法规汇编》,1943年版,第82页。
④　袁惠常编:《蒋中正总统档案:事略稿本》(32),台北国史馆编印2008年版,第187页;谭熙鸿:《十年来之中国经济》(上册),中华书局印行1948年版,第7页。
⑤　社会部劳动局编印:《人力动员法规汇编》,1943年版,第85页;四川地方银行经济调查部编印:《四川经济月刊》第四卷第三期,1935年9月出版,第2页。
⑥　张其昀主编:《先总统蒋公全集》第一册,台北中国文化大学中华学术院1984年版,第1015页;周美华编:《蒋中正总统档案:事略稿本》(33),台北国史馆编印2008年版,第550页。

岁,对于国家与地方建设事业,每年应尽义务工作三日,于农隙时为之。……凡中央与地方举办事业,与公共利益有关,或供人民公用者,均得适用征工办法"①。1935年11月12—23日国民党在南京举行第五次全国代表大会。大会宣言提出10项建设国家之计,其中第四项为"裕经济以厚民生"之策,主张发展交通、提倡义务劳动。发展交通,必须便利大量货物之运输,达到时间迅速,运输低廉,保护周到之目的,而后方足成为完善之交通网,以适应国计民生之需要。货物交通之建设,尤难于思想交通与人体交通之建设,必须全国上下全力以赴之。劝农垦荒,造森林,开矿产,奖畜牧,励渔业,因天时、地利、人事之宜,别本末先后、轻重缓急之道,以期一切兴举,有利于全国而无损于地方,有功百世而无害于现代。提倡义务劳动,恢复吾国社会协作之良规,整治地方产业之初步建设,用以劳教之手段,达救济民生之目的。② 1935年12月4日,制定《确立国民经济建设实施计划大纲》,其中实施计划原定28条。计划大纲提出了发动人力进行国民经济建设。生产之要素为人力、地力、资力及组织力。今欲谋原有生产事业之持续,及未来生产行动之发展,必须人力、地力、资力、组织力予以配置与运用,使成为有系统有组织有意识有计划之活动。人力为生产之重要因素,建设国民经济,应将社会全部人力为有计划之动员。凡壮年男女均有服务劳动之义务,并视各地实际需要,规定其应行服务之时期。国民经济之建设,应以整个民族为目标,在目前国际情况之下,尤应审度各地交通地理之形势,凡基本工业之创办,重大工程之建筑,均须择国防后方之安全地带而设置之。③

---

① 荣孟源主编:《中国国民党历次代表大会及中央全会资料》(下册),光明日报出版社1985年版,第269页;杨树标等编:《中国国民党历次会议宣言决议案汇编》(第二分册),杭州浙江省中共党史学会编印1985年版,第141页。

② 荣孟源主编:《中国国民党历次代表大会及中央全会资料》(下册),光明日报出版社1985年版,第295—296页。

③ 杨树标等编:《中国国民党历次会议宣言决议案汇编》(第二分册),杭州浙江省中共党史学会编印1985年版,第246—247页;国防部史政局编:《中日战争史略》(上册),台北正中书局1968年版,第57—58页。

1935 年 11 月四川省主席刘湘在训令中写道:"我国缺乏之经济能力,非利用全民力量,不足以赴事功而宏建设。"①川府特制颁《四川省人民服工役实施办法大纲》。明确规定工役的目的,"努力建设,厚培国本,普遍使用全省人民力量,以完成复兴民族之任务"。工役的种类分交通、水利、农林、卫生、防御工事及其他公益事项。工役的使用原则:用于当地;用于地方公益事业;用于容易完成或可分年、分段容易完成的工作。② 该年全川已举办工役的县份共 85 县,计征工 750 余万工。③

1937 年 2 月 19 日第五届中央执行委员会第三次全体会议通过蒋介石提出的《中国经济建设方案》。方案中提出经济建设的目标有两个:一为充实国防需要;二为提高民众生活。④ 在经济建设内容中规定,发展交通事业。⑤ 同日也通过了《关于国防经济建设案》,要点中提出"统制劳工及励行劳动服务,以期速成建设计划"⑥。但很快,"七七事变"爆发,日本的战争机器碾碎了中国经济建设的蓝图,但反映了中国运用民力,进行国民经济建设的构想。

## 三、国防备战

国防备战是实施工役的时局需求。20 世纪 30 年代初,各国积极为重新分配世界而进行激烈的军备竞赛,以争夺殖民地和海外市场。中国对外求自

---

① 重庆市档案馆·四川省第三区行政督察专员公署,全宗号 0055,目录号 5,案卷号 344,第 4 页,未公开出版。

② 重庆市档案馆·四川省第三区行政督察专员公署,全宗号 0055,目录号 3,案卷号 254,第 100 页,未公开出版。

③ 《川廿四年度征工统计》,重庆中国银行编印:《四川月报》第十卷第四期,1937 年版 4 月出版,第 354 页。

④ 杨树标等编:《中国国民党历次会议宣言决议案汇编》(第二分册),杭州浙江省中共党史学会编印 1985 年版,第 294 页。

⑤ 杨树标等编:《中国国民党历次会议宣言决议案汇编》(第二分册),杭州浙江省中共党史学会编印 1985 年版,第 296 页。

⑥ 杨树标等编:《中国国民党历次会议宣言决议案汇编》(第二分册),杭州浙江省中共党史学会编印 1985 年版,第 305 页。

存,不得不进行国防备战。而国防备战基地的选择则是首要的问题,因这决定工役实施的地点、内容、方式等。

日本巧妙地利用西方国家的分裂与冲突,在亚洲推进自己的利益与征服。中国的领土在日本的吞噬下,犹如海滨遭到波涛冲刷的沙土峭壁,急剧塌陷。

1931年日本关东军策动"九一八事变",将中国东三省从其主体上割下。日本战前长达十年之久任驻中国的重要外交官重光葵在战后的回忆录中,抱怨当时的关东军,"如脱缰之马,发狂似地猛跑,事件不断在扩大"①。但关东军对于日本基本国策绝未"脱缰",而且恰恰是在这个国策之缰的鞭挞之下,才在中国领土上"发狂似地猛跑"。

1932年1月,日军发动了对上海的军事进攻。1933年2月,日本侵占内蒙古东部地区。3月初,进犯长城的冷口、古北口、喜峰口等处。1934年4月,日本情报部长天羽英二关于对中国的国际援助问题发表非正式谈话,宣称"帝国是维护东亚和平的唯一基石,负有完全责任,因此我们一天也不应该忘记这一点"②。这击碎了华盛顿条约精心设计的远东结构,公开了日本独霸东亚的野心。1935年,日本中国驻屯军策动了"华北自治运动",提出所谓"冀察自治"。1936年8月7日,日本内阁五相(首相、外相、陆相、海相、藏相)会议决定《国策的原则》,制定"帝国鉴于国内外的形势,认为帝国应该确立的根本国策是在外交国防密切配合之下,在确保帝国在东亚大陆上的地位的同时,向南洋发展"③。依据上述扩张方针,日本政府疯狂地进行扩军备战。

面对日本的侵略,国民政府不得不进行国防备战。

---

① 〔日〕重光葵:《日本侵华内幕》,齐福霖等译,解放军出版社1987年版,第65页。

② 日本历史学研究会编:《太平洋战争史》(第一卷),金锋等译,商务印书馆1959年版,第241页;复旦大学历史系日本史组编译:《日本帝国主义对外侵略史料选编(1931—1945)》,上海人民出版社1975年版,第158页。

③ 日本历史学研究会编:《太平洋战争史》(第二卷),金锋等译,北京商务印书馆1963年版,第226页;复旦大学历史系日本史组编译:《日本帝国主义对外侵略史料选编(1931—1945)》,上海人民出版社1975年版,第134页。

1932 年 12 月 20 日第四届中央执行委员会第三次全体会议通过《集中国力挽救危亡案》,提出确立国防计划,"在最低限度自卫的国防上为一切必要之设备"①。

1935 年中央把国防根据地的建设转向四川各省。蒋介石指示:"对倭应以长江以南与平汉线以西地区为主要线,以洛阳、襄樊、荆宜、常德为最后之线,而以川黔陕三省为核心,甘滇为后方。"

在四川各省中,国民政府又以四川为重。1935 年 1 月国民政府军事委员会委员长行营参谋团由贺国光率领,抵达重庆。康泽的别动队也到达重庆。同月四川财政特派员公署在重庆成立。② 1935 年 3 月 4 日蒋介石在重庆出席四川党务特派员办事处扩大纪念周,发表题为《四川应作复兴民族之根据地》的演讲。他认为,"就四川地位而言,不仅是我们革命的一个重要地方,尤其是我们中华民族立国的根据地,无论从哪方面讲,条件都很完备;人口之众多,土地之广大,物产之丰富,文化之普及,可说为各省之冠"③。1935 年 9 月蒋介石在四川峨眉军训团演讲《现代国家的生命力》和《全国总动员要义》。他提出现代国家的生命力是教育、经济、武力。其中经济的要素是劳力、土地和资本。经济方面最初的具体办法就是国民经济建设运动。武力最基本、最简易、最要紧的就是劳动、服务,特别是征工制度。现代国家的特质,从国防的观点来讲,就是全国人、财、物的总动员。④ 1935 年 10 月 6 日,蒋介石在成都出席四川省党部扩大总理纪念周,发表题为《建设新四川之要道》的训话。他说,

---

① 杨树标等编:《中国国民党历次会议宣言决议案汇编》(第二分册),杭州浙江省中共党史学会编印 1985 年版,第 76 页。

② 重庆市地方志编纂委员会总编辑室编著:《重庆大事记》,科学技术文献出版社重庆分社 1989 年版,第 140 页。

③ 秦孝仪主编:《总统蒋公思想言论总集》(第十三卷),台北中国国民党中央委员会党史委员会 1984 年版,第 113 页;张其昀主编:《先总统蒋公全集》第二卷,台北中国文化大学中华学术院 1984 年版,第 958 页。

④ 蒋总统集编辑委员会:《蒋总统集》(第一册),台北国防研究院 1960 年版,第 906—910 页。

"四川是中国的首省:四川山河雄壮奇伟,气温之温和畅适,物产之富饶丰盛,均为各省所罕见。四川又有伟大悠久的水利工程,得以减少水旱灾荒,而成为天府之国。四川人口达五千多万,约占全国人口总数八分之一,民性勤劳优秀,文化根基特别深厚,实在是中国首屈一指的省份,天然是复兴民族的最好根据地"①。同日在成都行辕对四川各高级将领发表讲演,题为《四川治乱为国家兴亡的关键》,指出"今后的外患,一定日益严重……只要我们四川能够稳定,国家必可复兴!"②

　　11月22日第五次全国代表大会通过《在国难严重时期应集中一切力量充实国防建设》方案,提出"巩固国防,充实军备,为现代国家争生存所最注目之事件"③。1935年12月4日第五届中执会第一次全会通过《确定国民经济建设实施计划大纲案》,规定"重大工程之建筑,均须择国防后方之安全地带而设置之"④。《民国廿五年度国防计划大纲草案》提出我国国防的性质为自卫,指导思想是"准备一天必有一天之成绩,建设一点国防,国防上必收一点之功效"⑤。为迅速发挥最大的国防力,根据国情而将全国分为四区,一曰抗战区,二曰警备区,三曰绥靖区,四曰预备区。各区据其特情,努力建设,循序推进,以建设有机体的国防。各区应含的省份为:(1)抗战区:察哈尔、绥远、河北、山西、山东、河南、江苏、浙江、福建、广东;(2)警备区:安徽、江西、湖南、广西;(3)绥靖区:甘肃、陕西、四川;(4)预备区:陕西、四川、湖北、湖南、广西、

　　① 秦孝仪主编:《总统蒋公思想言论总集》(第十三卷),台北中国国民党中央委员会党史委员会1974年版,第463页。

　　② 秦孝仪主编:《总统蒋公思想言论总集》(第十三卷),台北中国国民党中央委员会党史委员会1984年版,第480页。

　　③ 杨树标等编:《中国国民党历次会议宣言决议案汇编》(第二分册),杭州浙江省中共党史学会编印1985年版,第187页。

　　④ 周开庆著编辑:《经济问题资料汇编》,台北京华书局1967年版,第43页;杨树标等编:《中国国民党历次会议宣言决议案汇编》(第二分册),杭州浙江省中共党史学会编印1985年版,第247页。

　　⑤ 中国第二历史档案馆·国防部史政局和战史编纂委员会,全宗号七八七,案卷号1968,第5页,缩微胶卷号:16J-0154,未公开出版。

江西、云南、新疆、青海、西藏、西康。在抗战区内,为适合防卫之要求,并国情上之关系,又分为防卫区:察冀晋绥、山东、江浙、福建、粤桂。在抗战区内,为适合防卫之要求,并国情上之关系,又分为防卫区。① 可见,华北、沿海省份既为抗战区又为防卫区;四川既为绥靖区也为预备区。"四川据长江上游,山川险固,民物富庶,自古论中国形势,都以四川为首,荆襄为胸,吴越为尾。"②

四川东北为大巴山脉,正东为巫山山脉,东南为武陵山脉及娄山山脉,西及四川为大雪山与大凉山。四川的地形天然的为优越之地,所谓易守难攻。蒋介石在1935年就认为"现在要救亡复兴,当以稳定四川、统一长江,以巩固国本为第一要着!"③抗战中,蒋介石道出了以四川为后方根据地,即以四川为国民政府的基础的战略原因。"敌如入川,至少须三年时间。此为敌人的时间所不许可。我军节节抵抗,诱其深入内地,于我抗战愈有利。"④这是蒋介石在战争中采取以"空间换时间"的重要理由,也是其坚信中国一定能取胜的重要依据。19世纪德国著名军事家克劳塞维茨就指出,"时间的要素,同为交战双方所必需;但综合当时利弊,彼此较量而互相抵消,可能期待时间的利益方面,显然是属于被侵略者。时间的本身,即可能会带来一个变局"⑤。

所以,在全民族抗战爆发前的两年,国民政府加强了对四川经济、军事、政治等命脉的控制。1935年7月16日蒋介石电令中央银行重庆分行组建国省

① 中国第二历史档案馆·国防部史政局和战史编纂委员会,全宗号七八七,案卷号1968,第5—6页,缩微胶卷号:16J-0154,未公开出版。
② 秦孝仪主编:《总统蒋公思想言论总集》(卷十三),中国国民党中央委员会党史委员会1984年版,第471页。
③ 秦孝仪主编:《总统蒋公思想言论总集》(卷十三),中国国民党中央委员会党史委员会1984年版,第480页。
④ 秦孝仪主编:《总统蒋公思想言论总集》(卷十四),中央党史会1984年版,第656页。
⑤ [德]克劳塞维茨:《战争论》(上册),杨南芳等译校,陕西人民出版社2001年版,第229页。

联合金库,所有四川国省税收,自是日起悉数解缴该库。1935 年 9 月 10 日蒋介石布告收销四川地钞及收兑四川杂币办法,定期实施。四川货币渐与全国统一。1935 年 11 月 1 日,国民政府军事委员会委员长重庆行营正式成立(由驻川参谋团改组)。1935 年 11 月 8 日重庆行营经理委员会成立,此后川中各军军需、整理建设、人事教育均由该会办理。① 这样,行营成了蒋介石控驭四川的军事枢纽。1936 年 9 月交通部四川公路局一总段在重庆成立。1936 年 12 月四川各路军编为第六路军。刘湘任川康绥靖主任,兼第六路军总司令。② 1937 年 4 月 16 日刘湘让出重庆,同月下旬中央军进驻重庆。③ 1937 年 7 月 6 日,川康军事整理委员会在重庆开会,主任委员何应钦在致辞时指出:四川乃国家唯一的根据地,川康军队有急需提前整理的必要。他希望今后中央与地方精诚团结,以做民族复兴的基础,最好做到川康军国家化。④

　　1937 年 11 月 19 日蒋介石在南京国防最高会议说:"如果没有像四川那样地大物博、人力众庶的区域作为基础,那我们对抗暴日,只能如'一·二八'时候将中枢退至洛阳为止,而政府所在地,仍不能算作安全。……到了二十四年进入四川,这才找到了真正可以持久抗战的地方。所以从那时起,就致力于实行抗战的准备。"⑤准备的突出表现则是实行工役,征用民工赶修公路。

---

① 重庆市地方志编纂委员会总编辑室编著:《重庆大事记》,科学技术文献出版社重庆分社 1989 年版,第 143—144 页。

② 重庆市地方志编纂委员会总编辑室编著:《重庆大事记》,科学技术文献出版社重庆分社 1989 年版,第 148—149 页。

③ 重庆市地方志编纂委员会总编辑室编著:《重庆大事记》,科学技术文献出版社重庆分社 1989 年版,第 152 页。

④ 吴相湘编著:《第二次中日战争史》(上册),综合月刊社 1973 年版,第 413—414 页。

⑤ 秦孝仪主编:《总统蒋公思想言论总集》(第十四卷),国民党中央党史委员会 1974 年版,第 653 页。

## 第二节　工役的实施情况

在1934年的通令中,蒋介石就指出,时下工役最急之务为征工筑路。[①]当时在华英国商务参赞在他的报告里面写道:"筑路时常使用强制劳动(征发民工制度已经在十六个省内施行);道路建筑则从农民那里得来。"[②]新建的公路大部分在华中和西北,最初的修建公路重点是上海地区附近的各省,随后扩展到华中各省。这些既是全国生产发达,也是政府的控制力量最强的地带。[③]

随着中央势力渗入四川之后,打破蜀道之难的局面成为政府当务之急。1935年中央历次决议,以四川各省,尤以四川一省,物产富庶,及应开展交通。[④]由于军事关系,公路建设功效与碉堡相埒,故南京国民政府大力赶修毗连四川各省的联络公路。[⑤]"决定在三年之内,要完成川黔、川陕、川湘、川鄂四大公路干线。……以四川的人力财力,不到两年时间,就将这些建设计划提早完成实现了。"[⑥]各路完工后,依实际情形征调民工进行整理。此等工程"与此后支持抗战有莫大之关系"[⑦]。当时驻军川陕线上之四十一军军长孙震,后来回忆说:"自政府抗战决策,既定以四川为唯一根据地后,作战动力,首要在交通,因此政府决定建筑川陕公路、川滇公路、川湘公路、川黔公路,四大辐射动脉。除工程师、监督人员由中央派出外,所需劳工在川境者,均征用沿线四

---

① 社会部劳动局编印:《人力动员法规汇编》,1943年版,第81页。

② [美]阿瑟·恩·杨格:《一九二七至一九三七年中国财政经济情况》,陈泽宪、陈霞飞译,中国社会科学出版社1981年版,第360页。

③ [美]阿瑟·恩·杨格:《一九二七至一九三七年中国财政经济情况》,陈泽宪、陈霞飞译,中国社会科学出版社1981年版,第358—359页。

④ 周开庆:《民国川事纪要》(民国纪元前一年至二十五年)(上册),四川文献月刊社1974年版,第649页。

⑤ 重庆中国银行编印:《四川月报》第七卷第五期,1935年11月出版,第151页。

⑥ 蒋介石:《辞别川省凯旋南京——蒋主席在蓉话别词》,重庆《大公报》1946年5月2日。

⑦ 周开庆:《四川与对日作战》,商务印书馆1971年版,第258页。

川同胞参加。以当时毫无近代机械工具可资利用,而开山辟岭,凿滩架桥,其艰难十倍于现在一切所有建筑之公路。终以同胞胼手胝足之精力,冒险犯难之精神,粒粒血汗,率能于不到两年之时间,完成上项四大艰巨之工程。"①

所以,下面考察四川实行工役,征调民工赶修、整理上述四大公路干线的情况,以研究工役的有关问题,从而探究成就背后的具体操作方法。

## 一、征工时间和区域

征工时间规定,"应以不妨碍农事为原则,但遇与军事有关系之紧急工作,不在此限"②。依此条例,则征工时间由军事需要而定。征工筑路的区域为筑路路线经过之县境。③ 如四川首次大规模征工修建的公路始自川黔公路。川黔公路在川境经过巴县、江津、綦江。巴县、江津征调民工25000名,綦江7000名。1935年2月26日正式开工,6月15日依限完成工程。④ 江津用52万工,巴县91万工,綦江110万工。⑤ 川黔路由成都至贵阳,全程计长980公里,其在川境者,有620公里。⑥

## 二、征工对象

征工对象为征工区域内人民,为18岁以上、45岁以下的壮丁。被征为路

---

① 周开庆:《四川与对日作战》,商务印书馆1971年版,第258—259页。
② 四川省档案馆·四川省建设厅,全宗号115,目录号2,案卷号3604,第208页,未公开出版;重庆市档案馆·北碚管理局,全宗号0081,目录号1,第2页,未公开出版;四川公路局总务处编查股编印:《四川公路月刊》第八期,1936年8月31日出版,第77页;《川黔两省义务征工实施方案》,《四川省政府公报》第五十五期,1936年9月1日出版,第65页。
③ 四川省档案馆·四川省建设厅,全宗号115,目录号2,案卷号3604,第216页,未公开出版。
④ 周开庆:《民国川事纪要》(民国纪元前一年至二十五年)(上册),四川文献月刊社1974年版,第590页。
⑤ 四川地方银行经济调查部编印:《四川经济月刊》第三卷第六期,1935年6月出版,第215页;重庆中国银行编印:《四川月报》第六卷第六期,1935年6月出版,第162页。
⑥ 胡焕庸:《国防后方的四川》,《四川边疆》1938年第1期(创刊号),第14页。

工者,如抗不应征,由县长依法严行惩办。但有五种情形可免征。①在校学生,及现任学校教职员;②现任政府官吏;③现役军人;④确患重症,经许可登记之医生证明的人;⑤确系单丁,有赡养家室之责,靠劳力收入以资生活,经邻里五家以上证明的人。① 事实上,正如蒋介石视察川滇黔后指出,"所征尽是贫苦人民"②。为保障劳力的充足供应,基层严密户籍管理,加强人口控制。各甲调查该甲民工,并编造民工名单2份,1份存查,1份送联保主任转呈。区长抽查无误后,各区署根据名册造具民工统计表,呈报县政府存转。县政府编定番号,令各区照规定组织民工。③ 为修筑川陕公路,国民政府制定并实施《川陕公路义务征工筑路施行纲要》。纲要规定应征对象,"凡义务征工区域内全人口,除老幼残废妇女外,均有应征之义务,不得违抗"。④ 川陕公路在川境沿线所经过的各县,"征用义务民工共计17万人:绵阳15000人,梓潼2万人,剑阁5万人,昭化2万人,广元5万人,苍溪1万人,江油5000人"⑤。1935年9月15日开工,11月19日开始通车,工程不过36天。"川陕路全程长820公里,在四川境内计长413公里。"⑥

① 四川省档案馆·四川省建设厅,全宗号115,目录号2,案卷号3604,第216页,未公开出版;《四川省政府修筑公路征用民工暂行条例》,《四川省政府公报》第三期,1935年3月21日出版,第55页;张肖梅编著:《四川经济参考资料》,上海中国国民经济研究所,1939年版,第二十四章"经济法规",X111页。

② 蒋介石:《巡视川滇黔感想》,天津《大公报》1936年5月6日。

③ 四川省档案馆·四川省建设厅,全宗号115,目录号2,案卷号3604,第208页,未公开出版;重庆市档案馆·北碚管理局,全宗号0081,目录号1,第3页,未公开出版;四川公路局总务处编查股编印:《四川公路月刊》第八期,1936年8月31日出版,第78页;《川黔两省义务征工实施方案》,《四川省政府公报》第五十五期,1936年9月1日出版,第66页。

④ 《川陕公路义务征工筑路施行纲要》,《四川省政府公报》第二十三期,1935年10月11日出版,第54页;《川陕公路义务征工筑路施行纲要》,四川公路局总务处编查股编印:《四川公路月刊》创刊号,1936年1月31日出版,第19页。

⑤ 《川陕路视察记》,四川公路局总务处编查股编印:《四川公路月刊》第六期,1936年6月30日出版,第105页。

⑥ 胡焕庸:《国防后方的四川》,《四川边疆》1938年第1期(创刊号),第14页。

### 三、办理程序

各省政府、各行政督察区及县政府每年应将该管境内应兴办的工程,拟具计划书,按照计划书,规定征工区域,预为支配民工。支配的程序应先尽最高机关所指定的工作,次为省政府,再次为本县。征用民工,由各级政府于开工前1个月以命令之。① 具体分析修筑国防公路的办理程序。公路总局管理处或工程处估计各县应做的土方石方数,在开工前10日,书面通知该管县长。通知书内附带估计应需民工大概人数及开工、完工的日期,各县应征民工名额。各县县长接到通知书后,按照公路总局管理处或工程处所估该县就摊做的土方石方数目,就全县应征壮丁人数,平均分配。县长组织该县征工筑路委员会。征工筑路委员会负责向各乡镇征派民工。各城市镇乡绅董上报被征民工数目,由县长在开工前5日,送交公路总局该区管理处或工程处。② 县长斟酌工程情形与应征民工居住地点的远近,将民工分为若干组,派定组长,指定工作地段,通知公路总局管理处或工程处,并令征工筑路委员会监督各城市镇乡绅董于开工前率民工前赴指定的地段,听候点验,实行工作。③ 在开工前,各县筑路委员会推举各乡公正绅董若干人,送请县政府委充管工员,分驻各区,受该会及公路总局管理处或工程处的指挥监督,办理该管区内征工筑路各事宜。各县征工筑路委员会关于路工进行事宜,随时与公路总局各区管理处或工程处,协商办理。各县征工筑路委员每月应造具工作报告表,并将会议

① 四川省档案馆·四川省建设厅,全宗号115,目录号2,案卷号3604,第208页,未公开出版;重庆市档案馆·北碚管理局,全宗号0081,目录号1,第3—4页,未公开出版;四川公路局总务处编查股编印:《四川公路月刊》第八期,1936年8月31日出版,第78页;《川黔两省义务征工实施方案》,《四川省政府公报》第五十五期,1936年9月1日出版,第66页。

② 四川省档案馆·四川省建设厅,全宗号115,目录号2,案卷号3604,第217页,未公开出版;《四川省政府修筑公路征用民工暂行条例》,《四川省政府公报》第三期,1935年3月21日出版,第55—56页。

③ 《修正四川省政府修筑公路征用民工暂行条例》,《四川省政府公报》第四期,1935年4月1日出版,第41—42页。

记录呈报公路总局查核。① 可见，为办理工役中民工的征调，公路总局管理处或工程处、县长、县筑路征工委员会、各乡镇形成临时的相互联系、相互牵制的关系。

## 四、工作分配

各县应征民工名额，由各县县长按照公路总局管理处事工程处所估该县应做土方、石方数目，就全县应征之壮丁人数，平均分配，轮班工作，但每人每一次的工作日数，最多不超过 15 日。满足 15 日后，应即暂免征用，尽先换班尚未轮班的壮丁接替工作。如 1 县应征壮丁均已轮班工作，而该县所应做之土方石方尚未完竣时，应由该县县长按照平均分配、轮班工作原则，酌定每一壮丁应再征用之日数，重行征用，以完竣土方石方为度。各县应做的土方石方，均以方数为准，不论人数。② 各区管理处或工程处指派监工员考核、指导该区内各组民工的工作。③ 民工的最大工作量"应按每日每人所能工作之工程数量，以十五乘之"④。《川陕公路义务征工筑路施行纲要》规定：凡民工所担负工作，须一气呵成，不得半途换。⑤《川黔两省义务征工实施方案》（1936

① 《四川省政府各县征工筑路委员会组织条例》，《四川省政府公报》第三期，1935 年 3 月 21 日出版，第 58 页。

② 四川省档案馆·四川省建设厅，全宗号 115，目录号 2，案卷号 3604，第 216—217 页，未公开出版；《四川省政府修筑公路征用民工暂行条例》，《四川省政府公报》第三期，1935 年 3 月 21 日出版，第 55 页；张肖梅编著：《四川经济参考资料》，中国国民经济研究所 1939 年版，第二十四章"经济法规"，X111 页。

③ 《修正四川省政府修筑公路征用民工暂行条例》，《四川省政府公报》第四期，1935 年 4 月 1 日出版，第 42 页。

④ 四川省档案馆·四川省建设厅，全宗号 115，目录号 2，案卷号 3604，第 208 页；重庆市档案馆·北碚管理局，全宗号 0081，目录号 1，第 2 页；四川公路局总务处编查股编印：《四川公路月刊》第八期，1936 年 8 月 31 日出版，第 77 页；《川黔两省义务征工实施方案》，《四川省政府公报》第五十五期，1936 年 9 月 1 日出版，第 65 页。

⑤ 《川陕公路义务征工筑路施行纲要》，四川公路局总务处编查股编印：《四川公路月刊》创刊号，1936 年 1 月 31 日出版，第 19 页；《川陕公路义务征工筑路施行纲要》，《四川省政府公报》第二十三期，1935 年 10 月 11 日出版，第 54 页。

年8月)规定,民工工作应按每人每日平均工作量,按土石方数或其他工程数量,平均分派,做完为止。征调民工做某项工作,必须一次呵成,不得采用轮派办法,以免发生互相推诿,延长工时之弊。①

1936年黔江县在修筑川湘路时,各乡民工均照户口多少摊定路段里数,分段工作。② 綦江修筑川湘公路时,工程段与綦江筑路委员会协同分配工程,按照全县40联保的大小,工程之难易分为40单位。③ 涪陵助彭工程的分配:按照涪陵区所征民工大队之多寡,斟酌工程难易将担修的23、25(24工区已合并)、26等3区,分为5大段,120小段,各负担修的责任。其土方数为30万公方,石谷方数为12万公方。④ 第一次调120大队挖填路基,第二次调80大队,锤碎石做路面,均限1个月完成。⑤

## 五、派工方法

在以户口为基准的条件下,征工县份在派工上采取不同的方式。

1935年綦江征工筑路委员会为修筑川黔公路,因地制宜地变通征工。征调民工先以全县壮丁总额计算,征足民工25000名。应抽壮丁几成,再以各乡镇所辖壮丁为标准,摊派其应征之数。各乡镇也依此标准摊派于团甲。⑥ 在

① 四川省档案馆·四川省建设厅,全宗号115,目录号2,案卷号3604,第208页,未公开出版;重庆市档案馆·北碚管理局,全宗号0081,目录号1,第4页;《川黔两省义务征工实施方案》,四川公路局总务处编查股编印:《四川公路月刊》第八期,1936年8月31日出版,第78页;《川黔两省义务征工实施方案》,《四川省政府公报》第五十五期,1936年9月1日出版,第66页。

② 四川省档案馆·四川省民政厅,全宗号54,目录号6,案卷号7636,第9页,未公开出版。

③ 四川省档案馆·四川省民政厅,全宗号54,目录号6,案卷号7636,第73页,未公开出版。

④ 四川省档案馆·四川省民政厅,全宗号54,目录号6,案卷号7637,第119页,未公开出版。

⑤ 四川省档案馆·四川省民政厅,全宗号54,目录号6,案卷号7636,第131页,未公开出版。

⑥ 四川省档案馆·四川省民政厅,全宗号54,目录号7,案卷号10051,第31页,未公开出版。

建筑川湘公路时,该县照代工办法,出工则不出米,出米则不出工:①以每一镇或一乡为单位,以户口及资产为准则,②共调全县各镇民工12000名。③

1935年璧山补修川黔公路重要路段——成渝公路之初,估计所担负工程约需民工10万日,加2计算为12万日。就全县壮丁约7万人中,除去单丁、赤贫之家1万人,以所余6万人分为甲、乙、丙三等,计甲等约1万人,乙等约2万,丙等约3万人。算出列于甲等者应服役6万日,即每人该服役6日。乙等者共应服役36000日,即每人约服役2日。丙等者共应服役24000日,即每人约服役1日。如遇人数多于工作日数之时,得轮番征调。④

1936年黔江县为修筑川湘路,依据1935年省府委员调查户口壮丁名册,征调民工。⑤

1936年渠县为整修县境内的川鄂公路,按照户口,全县共征民工13万多名,除以代金雇工自代外,平均每日调集民工8820名。⑥

1937年4月至5月,为整理川鄂路,广安奉令征集1万名民工。该县以保为单位(共有1143保⑦,每保征壮丁约75名,分3期7次调用)。⑧

① 四川省档案馆·四川省民政厅,全宗号54,目录号8,案卷号10792,第62页,未公开出版;四川省档案馆·四川省民政厅,全宗号54,目录号6,案卷号7637,第72页,未公开出版。
② 四川省档案馆·四川省民政厅,全宗号54,目录号8,案卷号10792,第65页,未公开出版。
③ 四川省档案馆·四川省民政厅,全宗号54,目录号8,案卷号10792,第68页,未公开出版。
④ 四川省档案馆·四川省民政厅,全宗号54,目录号7,案卷号9904,第143页,未公开出版。
⑤ 四川省档案馆·四川省民政厅,全宗号54,目录号6,案卷号7635,第9页或第78页,未公开出版。
⑥ 四川省档案馆·四川省民政厅,全宗号54,目录号7,案卷号9902,第3页,未公开出版。
⑦ 四川省档案馆·四川省民政厅,全宗号54,目录号6,案卷号7562,第195页,未公开出版。
⑧ 四川省档案馆·四川省民政厅,全宗号54,目录号6,案卷号7632,第99页,未公开出版。

## 六、名额依据

原则上,征调民工名额与土石方数、路线长度成正向关系。我们从以下具体公路的人数配额上进行深入分析。

1936 年 3 月 21 日四川省公路局局长魏军藩呈省主席刘湘,有关川湘、川鄂路土方民工数目一览(见表 1-1)。

**表 1-1　四川公路局川鄂路各县土方及民工数一览**

| 县别 | 渠县 | 大竹 | 梁山 | 万县 |
|---|---|---|---|---|
| 长度(公里) | 25.44 | 51.89 | 115 | 1 公里余 |
| 土方数(公方) | 402950<br>(另石方 40710) | 890809<br>(另石方 163009) | 1317690 | — |
| 开工日期 | 15/2 | 25/2 | 16/2 | 未 |
| 工作时间 | 25 日 | 25 日 | 30 日 | — |
| 应需民工数 | 8060 | 16604 | 27800 | 约 1500 |
| 实到民工数 | 8000 | — | 18800 | — |

资料来源:四川省档案馆·四川省民政厅,全宗号 54,目录号 7,案卷号 9922,第 73 页,未公开出版。

从表 1-1 可以看出,1936 年修筑川鄂路的渠县、大竹、梁山依土方而分配应征民工数目。从列出的数字中(暂不把万县列入分析中,因该县缺失项较多,可比性较小),渠县土方数最少为 402950 公方(另石方 40710 公方),担修路线也最短为 25.44 公里,2 月 15 日开工,作工 25 天,应需民工也最少为 8060 名(每工每日以 2 土方计,共需 201490 工。[1] 大竹土方数为 890809 公方(另石方 163009 公方),担修路线为 51.89 公里,2 月 15 日开工,作工 25 天,应需民工 16604 名。梁山土方数最多为 1317690 公方,担修路线也最长为 115 公里,2 月 16 日开工,作工 30 天,应需民工也最多为 27800 名。同年年底川鄂公路通车。1937 年 4 月至 5 月为整理川鄂路,公路局派员到公路沿线的县

---

[1]　四川省档案馆·四川省民政厅,全宗号 54,目录号 7,案卷号 9902,第 3 页,未公开出版。

份,会同商讨,照简渠路分期征工表,所列该县每期工作算明公方总数,并照规定的工作效率,算明每期需要民工总工数,以每 1 名工作工 1 月为准,算明每次征调民工总名数。如所征调之民工,作工期间可较 1 月加长,则民工额可减少,如须较 1 月缩短,则民工额加多。① 则第 1 期征调民工:遂宁 24000、简阳 14000、资阳 400、乐至 11400、蓬溪 11000、南充 11000、广安 10000、岳池 5000、渠县 37500。②

1936 年 1 月底川湘公路全线动工。公路局规定的各县土方及民工数目见表 1-2。

表 1-2　四川公路局川湘路各县土方及民工数一览

| 县别 | 綦江 | 南川 | 涪陵 | 彭水 | 黔江 | 酉阳 | 秀山 |
|---|---|---|---|---|---|---|---|
| 长度<br>(公里) | 38.04 | 81 | 100 | 146.60 | 85.58 | 158.21 | 81.532 |
| 土方数<br>(公方) | 696377<br>(另石方<br>13692) | 49634<br>(另石方<br>16200) | 2100935<br>(另石方<br>304811) | 330000 | 1200000 | 2200000 | 1300000 |
| 开工日期 | 25/12 | 5/1 | 28/1 | 31/1 | 15/12 | 28/1 | 30/12 |
| 工作时间 | 以 20 日计 | 以 20 日计 | 以 1 月计 | 以 1 月计 | 以 1 月计 | 以 1 月计 | 以 1 月计 |
| 应需民工数 | 37000 | 23390 | 69000 | 70000 | 20000 | 35000 | 22000 |
| 实到民工数 | 10000 | 13000 | 30000 | 50000 | 2000 | 30000 | 20000 |

资料来源:四川省档案馆·四川省民政厅,全宗号 54,目录号 7,案卷号 9922,第 74 页,未公开出版。

由表 1-2 可见,土石方数、路线长度即工程量是征调名额的重要依据,但不是唯一的标准。彭水应征民工最多 70000 名,但该县做的土方数 330000 公方,在表 1-2 中 7 县只多于南川 49634 公方,但筑路长度较长,为 146.60 公里,7 县中位居第二。酉阳分配的土方数最多,为 2200000 公方,修筑的路线也最长,为 158.21 公里,但所征的民工数却并不多,为 35000 名,只比黔江、秀

---

① 四川省档案馆·四川省民政厅,全宗号 54,目录号 6,案卷号 7632,第 10 页。
② 四川省档案馆·四川省民政厅,全宗号 54,目录号 6,案卷号 7632,第 41、42、48、55、62 页。

山、南川多。酉阳所做的土方数是彭水的近 7 倍,但征调人数却是彭水的一半,虽工作时间相同。从表 1-2 还可看出,实到民工数是远远少于应需民工数。如黔江实到 2000 人,而应需 20000 人,实到数是应需数的 1/10。涪陵实到 30000 人,而应需 69000 人,实到数是应需数的 1/4。綦江实到 1 万人,应需 37000 人,实到数是应需数的 1/3 弱。1937 年 1 月 15 日川湘路通车,无偿使用民工近 2000 万工日。[①] 川湘路在四川省境内长 698 公里。[②] 该路全长 3400 余公里,由川境之綦江,直通湘境之茶洞,经过川湘滇黔桂 5 省。[③]

## 第三节　工役的机构设置和人员管理

### 一、机构设置

战前,四川省并没有专管工役的机构。主办工役是民政厅、建设厅、公路局职责范围内的事项。各县筑路委员会和相应工程机关是临时负责工役的机构。民政厅、建设厅、公路局、各县筑路委员会和相应工程机关协商共同办理工役。如 1936 年,建厅主办涪陵派送 2 万名民工帮助彭水修筑川湘公路。公路局负责民工的工作分配、管理。在彭水的民工粮食供给,购运、管理发放,由民、建两厅派员与路局工程人员商妥办理。公文由民厅主办。款米管发、民工管理、安抚等事由民、建两厅派员会同工程在段人员妥协办理。[④]

各县筑路委员会是临时专职办理工役的重要机构。为此,四川省政府 1935 年 3 月公布《四川省政府各县征工筑路委员会组织条例》(第六次省务会

①　王立显主编:《四川公路交通史》(上册),四川人民出版社 1989 年版,第 110 页。

②　魏军藩:《四川四大国道建筑之回顾及其使命》,四川公路局总务处编查股编印:《四川公路月刊》第十一期,1936 年 11 月 30 日出版,第 14 页。

③　薛次华:《三年半以来之四川公路》,交通部编印:《抗战与交通》第六十六期,1941 年 8 月 16 日出版,第 1120 页。

④　四川省档案馆·四川省民政厅,全宗号 54,目录号 6,案卷号 7637,第 38—39 页。

议通过）。1937 年 4 月四川公路局制颁《四川公路局各县筑路委员会组织大纲》。两法详细规定了县筑路委员会的组织、职权。公路局修筑公路，就路线经过之各县组织筑路委员会。如 1935 年 9 月，国民政府行营令四川省政府迅速赶修筑川湘公路，11 月川湘公路沿线各县筑路委员会次第成立。① 各县筑路委员会的名额规定 12 名至 20 名，由各县长召集地方团体及各乡绅董开会举定后，呈请公路局委任。各县筑路委员会以各县县长、建设局局长、财政局局长、商会主席及公路局工程处所长、各区管理处处长为当然委员。各县筑路委员会设主席 1 人，由该县长兼任（公路局委任），设常务委员 1 人，由委员推举，呈报公路局备案。②

各县遵照规定组织筑路委员会，并在内部组设不同的职能部门。

为修筑川黔公路，綦江征工筑路委员会内分总务、财务、粮食、工具 4 组。③ 昭化县在川陕路开工前筹设筑路委员会，内设总务、财务、工具 3 股。④ 秀山川湘公路筑路委员会分为 6 股：总务、土地、财务、民工、经理、调解。民工股办理征用民工与管理、监督事宜。经理股管理民工的工作、膳宿，调解争议、纠纷。⑤ 1936 年 9 月涪陵县组织成立助彭（水）筑（路）委（员）会，内设总务、财务、征工、交际、采买、运输、散放 7 股。⑥ 各设股长 1 人、委员 2 人，特在江口设驻段办事处及工粮散放股。处设主任，股设股长，各负职责。主任月支 30 元；委员 1 人，月支 20 元；办事员 1 人，月支 15 元；公差 2 名，各月支 7 元。散放股长月支 30 元；委员 1 人，月支 30 元；事务员 3 人，各月支 15 元；工役 2

---

① 王立显主编：《四川公路交通史》（上册），四川人民出版社 1989 年版，第 107 页。
② 四川省档案馆·四川省建设厅，全宗号 115，目录号 2，案卷号 3604，第 214—215 页；《四川省政府各县征工筑路委员会组织条例》，《四川省政府公报》第三期，1935 年 3 月 21 日出版，第 57—58 页。
③ 四川省档案馆·四川省民政厅，全宗号 54，目录号 7，案卷号 10051，第 31 页。
④ 四川省档案馆·四川省民政厅，全宗号 54，目录号 7，案卷号 9897，第 55 页。
⑤ 四川地方银行经济调查部编印：《四川经济月刊》第四卷第六期，1935 年 12 月出版，第 37 页。
⑥ 四川省档案馆·四川省建设厅，全宗号 115，目录号 2，案卷号 3571，第 80 页。

人,各月支 7 元。公费每月 30 元。① 县筑路委员会的职权主要有:负责民工的征用、监督;领发民工的伙食、津贴;解决民工的工作、膳宿地点等。各县征工筑路委员会委员均为名誉职,除供给伙食及必要旅费外,不得有其他开支。各县征工筑路委员会办事成绩,由省府建设厅及公路总局随时考核,分别奖惩。县筑路委员于经过该县之公路完成之日起,限 1 个月将所有事务结束清楚,即行撤销。②

## 二、人员管理

在设置办理工役机构的同时,加强对人员即在事人员和民工的管理。

### (一) 在事人员

工役在事人员包括行政督察专员、县长、区长、筑路委员及各下级办理征工人员及各省建设厅或公路局所委派之各级工程技术人员。③ 对其管理的主要法规有四川省政府 1935 年 3 月公布《四川省政府各县办理征工筑路人员考成条例》(第六次省务会议通过)。1936 年 11 月川府奉军事委员长行营颁发《办理义务征工在事人员奖惩规则》,同年 12 月国民政府行政院公布《各省市国民工役工作成绩考核及奖惩办法》。

《四川省政府各县办理征工筑路人员考成条例》。该条例对办理征工筑路事宜的各县县长、征工筑路委员会委员、及各县绅董规定奖励、惩戒种类和事实。如县长的奖励有嘉奖、记功、给奖章、升调;惩戒有申诫、记过、减俸、撤职。奖励事实有:(1)办理路工,督率有方,措施得当;(2)全段路工,在期限内兴工;(3)征工如期足额;(4)全段路工依限完竣。惩戒事实有:(1)办理乖

---

① 四川省档案馆·四川省民政厅,全宗号 54,目录号 6,案卷号 7637,第 117—118 页。
② 四川省档案馆·四川省建设厅,全宗号 115,目录号 2,案卷号 3604,第 214—215 页;《四川省政府各县征工筑路委员会组织条例》,《四川省政府公报》第三期,1935 年版,第 57—59 页。
③ 四川省档案馆·四川省建设厅,全宗号 115,目录号 2,案卷号 3604,第 211 页。

方,屡起纠纷;(2)奉令查复及饬办事件,延不遵办;(3)征工不力;(4)玩视路政,屡逾兴工期限;(5)督促不力,屡逾竣工期限;(6)假借路政,营私舞弊。委员、绅董的奖励、惩戒种类和事实与县长大同小异。①

《办理义务征工在事人员奖惩规则》和《各省市国民工役工作成绩考核及奖惩办法》规定了奖惩细则。在事人员的奖励分为嘉奖、记功、记大功、给奖章、晋级、升迁。惩罚分申诫、记过、大过、罚薪、降级、撤职。记功各三次为一大功,记大功二次者给奖章,三次者晋一级。记过各三次为一大过,记大过二次者罚俸,三次者降级。晋级与降级,记功与记过,申诫与嘉奖,得互相抵销。征工人员在下列情形下分别奖励:能与工程人员切实合作,事前计议详尽,执行严密周到;能将义务征工意义,宣传周到,使民工彻底了解,踊跃工作;组织严密,全境民工于开工日期,能完全到工工作;征工筹备事项,为分配工作、管理办法、民工组织等,均能计划周详,布置完善,不致中途发生变故,影响工程进行;对于民工之卫生清洁等项,能顾意周到;指导得法,使各种工程均能适合标准;异常勤奋督率有方,能提前竣工;能依限期完工。工程人员有下列事实之一,得分别奖励:能与办理征工人员切实联络,尽力指导,使工程进行顺利;在未开工前,能将施工应准备事项(如订定各种施工桩标志,分配民工担任地段等)布置完善;在未开工前,能将全部工程数量,精确计算分配适当;指导得法,使民工将有遵循,民工工作效率增加,因之能在限期前完工;办事勤慎,能按照工程设计标准,指导民工修筑完成,因而行车安全无阻。② 如川湘公路西阳段第一段办事处委员龚惠卿、李采之于应征数目外,尚多征民工 2000 名,担修路段提前完成,两人准予记功一次。第三段办事处委员何柏材、何开基应征民工均能足数,两人予传令嘉奖。③

--------

① 四川省档案馆·四川省建设厅,全宗号 115,目录号 2,案卷号 3604,第 220 页,未公开出版;张肖梅编著:《四川经济参考资料》,上海中国国民经济研究所 1939 年版,第二十四章"经济法规",X113 页。

② 四川省档案馆·四川省建设厅,全宗号 115,目录号 2,案卷号 3604,第 211—212 页。

③ 四川省档案馆·四川省民政厅,全宗号 54,目录号 6,案卷号 7635,第 50 页。

在事人员有下列情形之一时,分别惩罚:不能与工程人员切实合作,致工程进行发生障碍;缺乏宣传,致使民工对工作保持观望;未能按照规定日期开工,或开工时,民工到工不足额;管理无力,致工作期间故障丛生,因而时作时辍;未将民工照规定组织工作,又未妥为分配,致工地秩序紊乱;派定上路督工无故不到,致民工工作错误,或怠惰;借故推诿,致误开工或完工时期;随民工任意工作,致工程不合规定而发生错误;办事因循,督率不力,致工程一再逾限。惩罚的类别有申诫、记过、大过、罚薪、降级、撤职。办理征工在事人员,如有违抗命令,侵蚀公款,虐待民工,苛扰乡间,及延误工程情节重大者,除依规撤职外,还要送军法庭,或司法机关依法科罚。① 如 1935 年南川县在修筑川黔公路时,应征民工未照额征足。国民政府军事委员会委员长行营依据《各县办理征工筑路人员考成条例》第五条及第十一条的规定,对该县县长"先予记过一次,以示惩戒,并限于文到三日内遵照令,募足民工五千名送綦工作"②。1936 年情报员上报情报处:在修筑川湘及补修川黔两公路时,綦江县府通令规定派款办法。凡甲等乡镇照 3 年粮额征收,乙等及灾区乡镇照两年粮额征收。北渡乡联保主任蔡觉民擅敢违法浮派。借修川湘路每保勒派银100 元,计 13 保,共收款 1300 元,仅调民工 300 名,每名每日给伙食费 0.15元,作工仅 10 余日,需款不过五六百元,被其鲸吞半数,有账可查。嗣奉令补修川黔路该主任擅自摊派。凡自耕农收谷 13 石,即派米 7 斗;收租 1 石及押金 100 元者,均派米 1 斗。全县 13 保,共派米 1000 余石,照市价折合银 20000余元。该主任收据及各保租佃清册现存联保办公处可查。本乡担任修补公路仅 2 公里,共有民夫 460 名,每名日给伙食 0.12 元。1935 年年底至 1936 年 2月,以 2 月工程计算,亦不过需银 3000 余元。该主任竟浮派 20000 元之巨。

---

① 四川省档案馆·四川省建设厅,全宗号 115,目录号 2,案卷号 3604,第 211—213 页;《办理义务征工在事人员奖惩规则》,《内江县政旬刊》1936 年第 10 期,第 7—9 页。

② 四川省档案馆·四川省民政厅,全宗号 54,目录号 7,案卷号 10026,第 76 页。

批文:交民政厅转令该管县府查实,撤职究办。①

## (二) 民工

工役管理机构的设置和工役在事人员的奖惩,出发点都是为了管理民工。民工的管理是在组织编制的基础上进行的。

1935 年《川陕公路义务征工筑路施行纲要》规定民工的编制:民工每 30 人编为 1 小队,设队目 1 人率领;每 3 小队为 1 大队,设队长 1 人率领,每 2 大队设管工员 1 人率领。队目、队长由乡镇长担任,管工直接受筑路委员会或该会所设该办事处指挥。民工由各管工员、队长、队目层层管理,并受工程人员的指挥监督。② 在修筑川陕公路时,昭化全县户口 21000 余家,应征民工 20000 人,系普遍应征。民工按规定编制。管工员、队长、队目由区长、联保主任、甲长或其他资深公务人员分别兼任,均系无给职。③

在实际中,各县有现实的变通之举。

綦江在修筑川黔公路时,征足民工 25000 名,编为 625 组。每组 40 人,内设组长负食宿之责,采买 1 人负给养之责,伙夫 1 名负炊爨之责,实行工作。④ 綦江奉令建筑川湘公路,所征民工以每 10 人为一班,设班长 1 人;每三班编为一队,设队长 1 人,火夫 2 名,共为 33 人。每三队编为一大队,设大队长 1 员,共为 100 人。不足三队时,两队以上仍设大队长 1 人,不足两队时,附于有关之大队以资统率。各乡镇征调民工在二大队以上者每二大队设管工员 1 人,代表联保主任。⑤ 四大队以上者除照设管工员外,另设总管工员 1 人,代表联

① 四川省档案馆·四川省民政厅,全宗号 54,目录号 8,案卷号 10792,第 82 页。
② 《川陕公路义务征工筑路施行纲要》,四川公路局总务处编查股编印:《四川公路月刊》第一卷第一期,1936 年 1 月 31 日出版,第 19 页;《川陕公路义务征工筑路施行纲要》,《四川省政府公报》第二十三期,1935 年 10 月 11 日出版,第 54 页。
③ 四川省档案馆·四川省民政厅,全宗号 54,目录号 7,案卷号 9897,第 64 页。
④ 四川省档案馆·四川省民政厅,全宗号 54,目录号 7,案卷号 10051,第 31 页。
⑤ 四川省档案馆·四川省民政厅,全宗号 54,目录号 8,案卷号 10792,第 69 页。

保主任。① 省府令涪陵代征民工 20000 人,送往彭水工作。② 民工之组织:以 50 人为一小队,设小队长 1 人;2 小队为一大队,设大队长 1 人,总计每大队作工共 90 人,给养 1 人,伙夫 6 人,合大小队长 100 名。此次筑路基共调 120 大队。③ 1935 年 11 月巴县奉四川公路局、四川省第三区行政督察专员公署之命,义务征工补修已成公路。该县召开筑路会,议决全县征调民工 60000 人,以保为单位(全县 1500 保),编制成队。④

1936 年 8 月,四川省政府依照委员长行营颁布施行的《川黔两省义务征工实施方案》规定编组民工。各保按照各保民工人数,以 30 人为一组,分为若干组,余数不足 30 人在 15 人以上者,仍设一组,15 人以下者,酌量并入其他任何一组,组设组长 1 人,由保长就甲长中选派兼任。保长兼充分队长,统率该保各组。区长或联保主任兼充队长,统率该区各分队,县长兼充大队长,统率该县各队。⑤

在编制的基础上,对民工主要进行工作上的管理。

川黔公路巴县段对民工的管理规定:(1)工作时间,每日天明由组长率领民工赴指定地点工作,天黑收工,不得迟到早退。(2)每日休息 4 次,每次以 20 分钟为限。(3)工作因病或因事不能工作,或因特别事故返家,须报工程处得到准许。不得隐匿潜逃。违者惩戒。⑥

川湘公路黔江段于 1935 年 12 月开工,县长任总队长,各区长为大队长,

① 四川省档案馆·四川省民政厅,全宗号 54,目录号 6,案卷号 7637,第 73 页。

② 重庆中国银行编印:《四川月报》第九卷第二期,1936 年 8 月出版,第 319 页;四川省档案馆·四川省民政厅,全宗号 54,目录号 6,案卷号 7636,第 131 页。

③ 四川省档案馆·四川省民政厅,全宗号 54,目录号 6,案卷号 7637,第 118 页;四川省档案馆·四川省民政厅,全宗号 54,目录号 6,案卷号 7636,第 131 页。

④ 四川省档案馆·四川省民政厅,全宗号 54,目录号 6,案卷号 7638,第 98 页。

⑤ 四川省档案馆·四川省建设厅,全宗号 115,目录号 2,案卷号 3604,第 208 页,未公开出版;重庆市档案馆·北碚管理局,全宗号 0081,目录号 1,第 3 页,未公开出版;四川公路局总务处编查股编印:《四川公路月刊》第八期,1936 年 8 月 31 日出版,第 78 页;《川黔两省义务征工实施方案》,《四川省政府公报》第五十五期,1936 年 9 月 1 日出版,第 66 页。

⑥ 《川报》,1935 年 4 月 7 日,第 1 版。

各乡长为中队长,各保长为分队长,甲长为组长。各队外,又由路委会选派督工员,会同监督民工。① 该县所修路段分3段,每段设管工员3人,并设段办事处,负管理指挥全责。② 涪陵助彭民工的管理。除大小队长各负该队之责任外,由涪陵五区各派得力区员1人,为督工员,设督工办事处,有办事员2人,小工2人。分设各级区民工工作地段,负责解决民工一切纠纷,督促工程,考查勤惰并与工程处会同指导工作。③ 涪陵助彭民工在管理上,以涪陵县区为单位,每区各设督工员1人,办事员2人,小工2人,单独管理民工一切纠纷,督率勤惰并随时协工程处共同指导工作,以期节省民力,经济时间,提前完成。④ 川湘公路系国防事为重要。国民政府令徐源泉总司令所属部队,分驻该路沿线,该司令兼负督修责任,并分布驻军切实掩护员工工作。⑤ 实则,对民工实行军事化管理、监督。

1937年3月在整理简渠公路时,民工分队长按照酌定民工工作地点、人数,按日恪遵分配到工,并应每日填送民工到工日报表1份,当日送交该区段区监工查考。区监工接到分队长所送民工到工日报表,应即会同该管分队长尽力抽查到工人数,将所查情形跟同批准表上,如有应行改良之件,立即告知该分队长照办。每监工区有区监工2人。区监工应按日用复写法填具工作日报表2张,以1张连同各分队长所送到工日报表迳送工段,以1张分送该管工务员查考。工程段据日填报造工作旬报报公路局。⑥

除工作管理外,还实施奖惩。1936年黔江县为修筑川湘路,规定民工如能努力勤奋,早日完成者,除呈请上级奖励外,并由该县筑路委员会酌给奖品。

---

① 四川省档案馆·四川省民政厅,全宗号54,目录号6,案卷号7636,第50页。
② 四川省档案馆·四川省民政厅,全宗号54,目录号6,案卷号7636,第94页。
③ 四川省档案馆·四川省民政厅,全宗号54,目录号6,案卷号7637,第119页。
④ 四川省档案馆·四川省民政厅,全宗号54,目录号6,案卷号7636,第132页。
⑤ 四川省档案馆·四川省民政厅,全宗号54,目录号6,案卷号7635,第90页。
⑥ 四川省档案馆·四川省民政厅,全宗号54,目录号6,案卷号7632,第17页。

其忽视玩延,贻误期限者,照章惩罚。① 涪陵助彭民工在奖惩上,以涪陵5区,分为5段,各段各设民工办事处1所。随时监督民工之勤惰。每段工作先由县段会同区段从实预算土方石谷方各若干,以5区民工之多寡,工程之难易,酌量分配,统限1月底完成。如勤慎将事漏夜赶筑或十数天、20天完成者,仍以1月口食发给,并予斟酌议奖。倘有偷懒不力图耗工粮,一经查出,决以怠工论罪并饬赔公款,以示惩戒。②

## 第四节　工役的经费来源和经济激励措施

### 一、工役的经费来源

#### (一) 国库拨款

国库拨款是工役经费的主体,其方式是工程经费(包含工役所需款项)和地方财政。

1935年3月12日蒋介石手谕四川省主席刘湘:"川黔公路应赶速确定办法,不可再行犹豫……兹准照赣省办法,中央补助该路经费为40%,预计为30万元,其余60%款项务望省府于此3日内确定的款按期照拨,进行无论如何困难,务望办到,勿再延缓。"③川黔路完竣后,巴县估计24.2千元,已用22万元;江津估计15.6万元,已用11.1万元;綦江估计8.38万元,已用4万元。3县用款均连民工用款(用足355000元)在内,3县合计共用7.31万元。此外因接济工食,垫支用款,约1万元,总共用8.5万元(原定9.3万余元)。④

---

① 四川省档案馆·四川省民政厅,全宗号54,目录号6,案卷号7636,第9页。
② 四川省档案馆·四川省民政厅,全宗号54,目录号6,案卷号7636,第132页。
③ 王立显主编主编:《四川公路交通史》(上册),四川人民出版社1989年版,第93—94页。
④ 四川地方银行经济调查部编印:《四川经济月刊》第三卷第六期,1935年6月出版,第215页;重庆中国银行编印:《四川月报》第六卷第六期,1935年6月出版,第162页。

工程费川陕路 13.7 万余元,川鄂路 11.2 万余元。①

川湘路设黔秀总段和綦彭总段。黔秀总段所属之秀山工程费预算 26 万元,酉阳 12 万元,黔江 48 万元,总计约 200 万元②。綦彭总段所属之綦江段工程费核算 15 万元,南川 35 万元,涪陵 5 万元,彭水 17 万元,总计约 27 万元。③ 则该路工程总费为 47 万元左右。④

川黔路成渝段、川陕路成绵段、川鄂路简渠段经费来源,多为变卖公庙会产款及附加粮捐。川黔路巴綦、川陕路绵广、川鄂路渠万各段及川湘全段经费全由军事委员会委员长行营所拨的四川善后公债。"这些款项实则皆直接、间接取之于民。"⑤对此,下文深入展开。

### (二) 地方筹款

国库所拨奖金过低,民工伙食不敷,地方筹款弥补,为各县办理工役事项之通病。⑥ 县府须斟酌就地筹措款项时,其筹措应先行呈报省府核准。⑦ 征工各县主要采取的筹款方式有征收代役(工)金、摊派款粮、借款。

### 1. 征收代役(工)金

代役金的征收原则有相关的政策规定,但具体的操作方法由各县筑路委员会决定。1936 年 8 月委员长行营颁发《川黔两省义务征工实施方案》(以下简称《方案》)。《方案》第七条规定,被征民工如有不能亲身工作者,得雇工自

---

① 《四川公路概况》,《四川月报》第十卷第三期,1937 年 3 月出版,第 239 页。关于川陕路工程费,另一说为"共支 1269429 元",源于《道路月刊社》编辑:《道路月刊》,上海中华全国道路建设协会印行,第五十卷第三号,1936 年 6 月 15 日出版,第 32 页。

② 四川省档案馆·四川省民政厅,全宗号 54,目录号 6,案卷号 7637,第 127 页。

③ 四川省档案馆·四川省民政厅,全宗号 54,目录号 6,案卷号 7637,第 130 页。

④ 关于川湘路经费另一说为 558 万余元,《四川公路概况》,《四川月报》第十卷第三期,1937 年 3 月出版,第 239 页。

⑤ 魏军藩:《四川四大国道建筑之回顾及其使命》,四川公路局总务处编查股印:《四川公路月刊》第十一期,1936 年版,第 14 页。

⑥ 四川省档案馆·全宗号 54,目录号 7,案卷号 10026,第 109 页。

⑦ 四川省档案馆·四川省民政厅,全宗号 54,目录号 6,案卷号 7632,第 10 页。

代,或缴代工金。其金额由县政府酌量规定,征收、保管、动支手续由省政府规定。① 依此规定,同年公布施行《修正义务征工收支代工金暂行规则》《四川省各县义务征工收支代工金暂行规则》,进一步详细规定了征收代工金事项。代工金的金额,每工每日征取若干,得视各县生活状况酌量规定;但最高额以0.3元为限。各县应出代工金的民工及其折取金额,由当地保甲长册报该管区署,转报筑委会或财委会,呈由县府核定,榜示周知。各县区署征取的代工金应缴由县府发交筑委会或财委会保管,按照各工段民工的需要分别配发。事后公开报销,呈由县府榜示,并汇报省府备查。征取代工金由县制发三联取据,一联给予缴款民工,余两联分存县府及区署备查。②

在《川陕公路义务征工筑路施行纲要》中规定,凡应征而不能独自工作的民工,得出代金雇工自代。代金数目由各县筑路委员会酌量各县情形,开会决定后公布,呈公路局备案。③ 1937年6月璧山县为整理川黔公路遂璧段而征调民工,规定"富室有不愿工作者,得自请强壮勤能之人代工,或自请其佃户代工。其代工费定每日0.3元,由雇工人按工先算给代工。如系佃户代工,亦可在应纳租谷或佃金内坐扣"④。

**2. 摊派款粮**

摊派款粮大多由征调民工的县、乡镇自行决定具体办法。

① 四川省档案馆·四川省建设厅,全宗号115,目录号2,案卷号3604,第208页,未公开出版;重庆市档案馆·北碚管理局,全宗号0081,目录号1,第3页,未公开出版;四川公路局总务处编查股编印:《四川公路月刊》第八期,1936年8月31日出版,第77—78页;《川黔两省义务征工实施方案》,《四川省政府公报》第五十五期,1936年9月1日出版,第65页。

② 四川省档案馆·四川省建设厅,全宗号115,目录号2,案卷号3604,第222页,未公开出版;重庆市档案馆·四川省第三区行政督察专员公署,全宗号0055,目录号5,案卷号7,第50页,未公开出版;四川公路局总务处编查股编印:《四川公路月刊》第十期,1936年出版,第27页。

③ 《川陕公路义务征工筑路施行纲要》,四川公路局总务处编查股编印:《四川公路月刊》创刊号,1936年1月31日出版,第19页;《川陕公路义务征工筑路施行纲要》,《四川省政府公报》第二十三期,1935年出版,第54页。

④ 重庆市档案馆·四川省第三区行政督察专员公署,全宗号0055,目录号5,案卷号7,第56页,未公开出版。

黔江为修筑川湘公路,摊派民工食米:一律以收益为出米标准,收谷百挑,出米 1 石,以此推算。[1] 或上户每收租 10 硕,出米 6 斗[2]。

川湘公路关系国防交通至为重要。该路经过的彭水县因地瘠人稀,对于征工极感困难。省府令涪陵代征民工 2 万人,送往彭水工作。涪陵助彭民工每工每日给伙食费 0.2 元,共需费用 12 万元。此项费用,按照各县田赋征额等级,摊筹补助费:合川 2 万元,铜梁、开县各 1.6 万元,垫江、丰都、开江、长寿、忠县各 1.3 万元。[3] 川湘公路酉阳县筑路委员会预算约需 2 万元[4]。依《四川公路局各县筑路委员会组织条例》第九条规定,各县筑路委员会的经费由该县自筹的款开支,成立时造具预算书呈请公路局核准。[5] 酉阳县建设费项每月收入不过百元,实不足以资挹注,遂向 46 乡镇各摊筹 9.2 千元。因各镇乡义务征工,指定分段筑路,担负已极繁重,其余 10.8 千元令当地商会酌量客籍富商资本大小,分别担任。[6] 各客籍商帮分别摊筹:清溪 2.8 千元、小河 2 千元、龙滩 4.8 千元、龙潭 1.2 千元。摊筹款项合计 2 万元。[7] 彭水在修筑川湘公路时,摊派工米。能自带食粮的民工一律自备,如系赤贫则由各乡富户分别担负,其征收方法由县府规定:每人每月天秤净重粮食 70 斤,全县一致。粮食不及 20 挑,免予担负;所收 24 挑者,担负赤贫粮食 1 人;34 挑担,负赤贫粮2 人。[8]

1936 年綦江修筑川湘公路时,按照粮额摊派,以 1 年半为限,并参酌动产与不动产,全县共筹 4.5 万元。联保主任斟酌,县府核准后,自制票据,由联保

---

① 四川省档案馆·四川省民政厅,全宗号 54,目录号 6,案卷号 7636,第 51 页,未公开出版。

② 四川省档案馆·四川省民政厅,全宗号 54,目录号 6,案卷号 7636,第 94 页,未公开出版。

③ 重庆中国银行编印:《四川月报》第九卷第二期,1936 年 8 月出版,第 319—320 页

④ 四川省档案馆·四川省建设厅,全宗号 115,目录号 2,案卷号 3571,第 27 页。

⑤ 四川省档案馆·四川省建设厅,全宗号 115,目录号 2,案卷号 3604,第 214 页。

⑥ 四川省档案馆·四川省建设厅,全宗号 115,目录号 2,案卷号 3571,第 27—28 页。

⑦ 四川省档案馆·四川省公路局,全宗号 115,目录号 2,案卷号 3571,第 32—34 页。

⑧ 四川省档案馆·四川省民政厅,全宗号 54,目录号 6,案卷号 7637,第 104—105 页。

统收统支。① 同年,綦江整理川黔公路,征调民工 1.2 万人,需做 70 余万工,食米需 9 万余元。规定各镇乡一律照粮垫派款。甲等镇乡暂派粮垫 3 年,乙等(瘠苦及灾情较重者)镇乡暂派粮垫 2 年半。各联保主任给联二票据,再由筑路委员会制发票据。② 并规定,各镇乡应出食米各就管属范围内摊派。③

此外,还有借款方式。如涪陵县征工帮助彭水修筑川湘公路时,因款不济急,1936 年奉省财建电令,向省行息借(月息 0.014)2 万元,以随粮附加征足填还。同时,向县金库借 2750 元,福和商号借 4119 元。3 项共借入 26869 元。④ 1937 年本应依期归还。"第因粮税缓征,呈准之随粮,附加三万元"⑤。

## 二、经济激励措施

战前工役在待遇上有两种方式:(甲)给价征工,(乙)义务征工,前者征用民工,是给予工资或伙食费;后者征用民工,不给工资和伙食费,并且民工自备粮食和携带工具。⑥ 战前全国主要实行义务征工。"我们的人力比任何国家伟大,利用我们固有的特长——人力来补救我们的缺点——穷。这是贤明政治家应采用的方策。义务征工的制度,所以就应运而生了。"⑦战前全国尤其四川地区公路的修筑中,义务征工制被广为推行。诚如抗战中交通部部长张嘉敖在第二次国民参政会上所言,"四川各省公路,以远处边陲,中央财力有限,在抗战前协助甚少"⑧。

---

① 四川省档案馆·四川省民政厅,全宗号 54,目录号 6,案卷号 7637,第 72—73 页。
② 四川省档案馆·四川省民政厅,全宗号 54,目录号 8,案卷号 10792,第 71 页。
③ 四川省档案馆·四川省民政厅,全宗号 54,目录号 8,案卷号 10792,第 65 页。
④ 四川省档案馆·四川省建设厅,全宗号 115,目录号 2,案卷号 3571,第 84—85 页。
⑤ 四川省档案馆·四川省建设厅,全宗号 115,目录号 2,案卷号 3571,第 80 页。
⑥ 四川省档案馆·历史资料,第九册,胡嘉诏:《义务征工之要缔》,第 5 页。
⑦ 四川省档案馆·历史资料,第九册,胡嘉诏:《义务征工之要缔》,第 3 页。
⑧ 张嘉敖:《抗战中之交通建设》(上),交通部总务司编印:《抗战与交通》第十三期,1939 年 1 月 1 日出版,第 254 页。

川黔路对民工实行给价（即给伙食费）。① 在路应役民工所需伙食，每名每日给 0.2 元，实支 0.15 元，以 0.05 元作医药、伤亡、抚恤及其他各费。②

1935 年 8 月，蒋介石特电令四川省主席刘湘，规定征工办法，"为川省实行义务工役之始基，也即今后建设事业，多用民力，少用民财之重要表示"③。普通工具由民工自带，特种工具由公路局采办。食宿由民工自行料理。④ 此后，川鄂路、川湘路也实行义务工役。国民政府军事委员会委员长行营 1935 年 11 月电四川省政府，转饬川湘公路沿线各县按照义务征工办法征集民工，分段兴修。四川公路局成立工段负责办理。⑤ 川鄂公路川境路线自渠县起，经大竹、梁山、万县而入鄂境。1936 年 3 月国民政府军事委员会委员长行营指令四川公路局，转饬渠县、大竹、梁山、万县 4 县县长遵照义务征工办法，征工修筑。⑥ "对于是项民工，绝对不给代价，并须自备食粮，卧具及工具，上路工作，直至工程告竣，始准回家。"⑦

但为加快工程进度，应事实所需，国民政府不得不实行了多种激励民工的经济措施。

（一）拨发（赶工）奖金

1935 年 9 月 8 日奉军委会委员长行营颁发《川陕公路义务征工奖励办法》。奖励分两种即特别奖金和普通奖金。特别奖金规定，凡各县被征民工，在规定限期以前，每县之一组，最先完成其工作，经工段验收，合于工程标准，

---

① 四川省档案馆·四川省公路局，全宗号 130，目录号 1，案卷号 288，第 7 页。

② 四川省档案馆·四川省民政厅，全宗号 54，目录号 7，案卷号 10051，第 38 页。

③ 重庆中国银行编印：《四川月报》第七卷第二期，1935 年 6 月出版，第 155 页。

④ 四川地方银行经济调查部编印：《四川经济月刊》第六卷第一期，1936 年 7 月出版，第 34 页。

⑤ 四川省档案馆·四川省民政厅，全宗号 54，目录号 6，案卷号 7637，35 页。

⑥ 四川省档案馆·四川省民政厅，全宗号 54，目录号 6，案卷号 7684，第 46 页。

⑦ 张铁僧：《四川义务征工筑路问题》，四川公路局总务处编查股编印：《四川公路月刊》第七期，1936 年 7 月 31 日出版，第 9 页。

除普通奖金外,得给予特别奖金1000元。遇有一组以上同时完成的情况,由工段段长会同县长酌量分配。① 为提高民工工作效率,同年10月29日,修正增加原规定普通奖金数额。每挑土1公方,绵阳给予奖金0.005元;梓潼0.01元;剑阁、昭化、广元0.02元;每石方1公方,绵阳给予奖金0.02元;梓潼0.04元;剑阁、昭化、广元0.08元。为使民工得实惠,规定在事人员若克扣中饱,一经察觉,定予严惩不贷。②

1935年11月巴县奉命义务征工补修已成公路。为收速效,预算民工奖金约需800元。筑路委员会商决在县本年度总准备费项下拨支。③

为鼓励民工努力工作及督促民工在限期以前完成工作,国民政府军事委员会委员长行营1935年12月5日颁发《川湘公路义务征工发给赶工奖金医药抚恤费及工具购置办法》,1936年3月7日颁发《川鄂公路义务征工发给赶工奖金医药抚恤费及工具购置费办法》(两法的内容相同)。两路由各段工程处处长会同县长拟定赶工奖金方法,费用由公路局按照标准发给:县境公路全长在25公里以下时,发1000元;在25公里以上,每增25公里或不足25公里时,均加发1000元。④ 为限期完成川湘公路,行营补助黔江赶工奖金5000元。该县对此奖金的分配:提3000元做赶填涵洞及难工之奖金,由县府路委会及工段会同考察,斟酌分配;提1000元奖励过去成绩较好之民工,由县府路委会及工段考核分配;其余1000元作未完工程之奖金,由县府路委会及工段会同考核发给限完成之各乡民工。⑤

---

①　四川省档案馆·四川省公路局,全宗号130,目录号3,卷9776,第32页,未公开出版;《川陕公路义务征工奖励办法》,四川公路局总务处编查股编印:《四川公路月刊》创刊号,1936年1月31日出版,第21页。

②　四川公路局总务处编查股编印:《四川公路月刊》创刊号,1936年1月31日出版,第2页。

③　四川省档案馆·四川省民政厅,全宗号54,目录号6,案卷号7638,第98页。

④　四川省档案馆·四川省民政厅,全宗号54,目录号6,案卷号7684,第48页,未公开出版;四川省档案馆·四川省民政厅,全宗号54,目录号6,案卷号7635,第11页;四川公路局总务处编查股编印:《四川公路月刊》创刊号,1936年1月31日出版,第22页;四川地方银行经济调查部编印:《四川经济月刊》第五卷第四期,1936年4月出版,第31页。

⑤　四川省档案馆·四川省民政厅,全宗号54,目录号6,案卷号7636,第97页或129页。

（二）采用以工代赈

除直接拨发（赶工）奖金外，还采用以工代赈方式激励民工。

因旱灾，1937 年 5 月省府令对简阳、乐至、遂宁、苍溪、南充、岳池、广安、渠县以工代赈方式征调民工整理川鄂公路，按方发给津贴[1]，每公方发洋 0.1 元。[2] 省府向路局领得后，发各县府分配。[3] 整理川鄂公路共征用了民工 87080 名，共发奖金 72169 元，每名平均约 0.8 元。整理路程长度决定征工人数和奖金数。遂宁整理路程最长为 90 公里，征用人数最多为 23600 名，奖金为 4.8 万元，平均每人约 0.5 元。资阳整理路程最短为 1 公里多，征用人数最少为 400 名，奖金也最少为 809 元，平均每人为 0.5 元。遂宁、资阳都低于总体每人平均奖金数。广安整理 65 公里，征用 1 万名民工，奖金为 1.4 万元，平均每人 1.4 元，高于总体平均水平 0.6 元。可见，各县整理川鄂路每工所得奖金是不同的。

以工代赈的措施激发了民工的积极性。遂宁提前 3 天完工，民工每人余奖金 0.6 元以上。广安规定半月完工，实际缩短为 10 日，民工每人可余奖金 0.6 元。[4]

（三）补给食米工价

粮食是民工待遇中极其重要的问题。

义务征工虽规定所征民工自备口粮，但征调的民工多系贫农，不能自备食米[5]，并且 1934 年和 1936 年两年四川省的灾情极为严重。1934 年因旱灾，涪

---

① 四川省档案馆·四川省民政厅，全宗号 54，目录号 6，案卷号 7632，第 94 页。

② 四川省档案馆·四川省民政厅，全宗号 54，目录号 6，案卷号 7632，第 99 页。

③ 重庆中国银行编印：《四川月报》第十卷第四期，1937 年 4 月出版，第 356 页。

④ 四川省档案馆·四川省民政厅，全宗号 54，目录号 6，案卷号 7632，第 87 页。

⑤ 四川省档案馆·四川省民政厅，全宗号 54，目录号 8，案卷号 10792，第 37 页。

陵收成约一成;酉阳纵横数百里,尽成焦土。綦江山泉俱竭,田禾尽枯。①
1935 年由于大灾之后,许多地方没有播种,形成春荒。1936 年又遭干旱,收成
短少,米价飞涨。② 1935 年 3 月四川省第五次省务会议通过的《四川省政府
修筑公路征用民工暂行条例》规定民工工作时伙食津贴的办法。县市政府
斟酌地方情形,随时规定土石方单价,呈请公路总局核准。③ 依民工所做成
土方石方数给予伙食津贴。各组民工工作土方石方数量,由各工区管理处
或工程处每 5 天验收 1 次,并按照公路局核定的土石方单价核实发给伙食
津贴。④

　　川湘路沿线各县地多贫瘠,人民食粮备感缺乏⑤。如 1936 年,涪陵全县
联保主任呈省府文中,写到"草根、树皮、观音泥等亦供不应求"⑥。县府严令
四乡尽量征集。搜刮虽空,仍不敷 3 万民工月余口食。⑦ 黔江天旱,秋收仅及
二、三、四成。⑧ 黔江来作工之民每日只食两餐,还是吃的稀饭及玉麦者极多,
以致受冻受饿之哀声,朝夕盈野,惨不忍睹。这直接导致了白蜡园之事变。⑨
事变平息后,省府 1936 年 5 月 16 日令四川公路局、黔江县县政府,"对于民工

---

　　① 甘典夔:《一九三四年和一九三六年两年四川灾情述要》,四川省省志委员会编印:《四
川文史资料选辑》(第三辑),1962 年版,第 141 页。

　　② 甘典夔:《一九三四年和一九三六年两年四川灾情述要》,四川省省志委员会编印:《四
川文史资料选辑》(第三辑),1962 年版,第 148 页。

　　③ 四川省档案馆·四川省建设厅,全宗号 115,目录号 2,案卷号 3604,第 217 页,未公开出
版;《四川省政府修筑公路征用民工暂行条例》,《四川省政府公报》第三期,1935 年 3 月 21 日出
版,第 56 页;张肖梅:《四川经济参考资料》,上海中国国民经济研究所 1939 年版,第二十四章
"经济法规",X111 页。

　　④ 四川省档案馆·四川省建设厅,全宗号 115,目录号 2,案卷号 3604,第 218 页,未公开出
版;《四川省政府修筑公路征用民工暂行条例》,《四川省政府公报》第三期,1935 年 3 月 21 日出
版,第 57 页;张肖梅:《四川经济参考资料》,上海中国国民经济研究所 1939 年版,第二十四章
"经济法规",X112 页。

　　⑤ 四川省档案馆·四川省民政厅,全宗号 54,目录号 6,案卷号 7637,第 61 页。

　　⑥ 四川省档案馆·四川省民政厅,全宗号 54,目录号 6,案卷号 7635,第 56 页。

　　⑦ 四川省档案馆·四川省民政厅,全宗号 54,目录号 6,案卷号 7635,第 57 页。

　　⑧ 四川省档案馆·四川省民政厅,全宗号 54,目录号 6,案卷号 7636,第 112 页。

　　⑨ 四川省档案馆·四川省民政厅,全宗号 54,目录号 6,案卷号 7635,第 78—79 页。

之待遇务须深切注意,酌予改善"①。

川湘路关系川湘两省交通、军运均极重要。为此,国民政府军事委员会委员长行营核发补助费15.5万元:补助费款额规定为:綦江、秀山、涪陵2县各5000元;南川、黔江2县各1.5万元;彭水、酉阳2县各4万元;涪陵协助彭水筑路部分3万元;共计补助费15.5万元。此项补助费在国民政府军事委员会委员长行营公路建设费项下开支,由四川省政府转饬四川公路局迳向本行营公路监理处具领转发,并核实报销。此项补助费的核发应由四川省政府、四川公路局及行营公路监理处分别派员会同,前往该路,与各区行政督察专员及各县县长详商有效办法,并监督发放,务使民工亲沾实惠,庶款不虚糜,功归实际。② 在领取行营补助费的同时,各县向公路局呈限期完成公路的切结。为使民工得到实惠,行营派川湘路督察员确核发放数目。涪增工部分(注:涪陵增调2万民工帮助彭水修筑川湘公路)至低需15万元:行营已贴3万元,省府筹贴9万元、准备3万元(均由府统筹)。③

民工有此津贴,始努力赶筑。④ 酉阳县政府领取民工补助费4万元后,取得正式印领,并由该酉阳县兼县长、兼路委会主席赵鹤,及该会委员龚礼之、黄秉钺等缮具负责,分期完成切结。⑤ 与切结事实结得:川湘公路酉阳段民工工程无石工障碍部分一律限10月底完成通车。至桥涵及石方未完部分之路面工作,俟石工于10月底完成后,即日工作,限11月15日以前完成。如逾期不完,愿受最严厉之处分,中间不虚,切结是实。⑥ 黔江领得补助费后,民工食米除自备外,每名每日补助米2合半。⑦ 同时,黔江县长向公路局呈10月底完

① 四川省档案馆·四川省民政厅,全宗号54,目录号6,案卷号7635,第74页。
② 四川省档案馆·四川省民政厅,全宗号54,目录号6,案卷号7637,第36页。
③ 四川省档案馆·四川省民政厅,全宗号54,目录号6,案卷号7637,第38—39页。
④ 张肖梅编:《四川经济参考资料》上海中国国民经济研究所1939年版,第七章"铁道、公路",G13页。
⑤ 四川省档案馆·四川省民政厅,全宗号54,目录号6,案卷号7637,第134页。
⑥ 四川省档案馆·四川省民政厅,全宗号54,目录号6,案卷号7637,第136页。
⑦ 四川省档案馆·四川省民政厅,全宗号54,目录号6,案卷号7636,第96或126或129页。

成工程的切结。① 行营补助綦江5000元,又该县应领赶工奖金1200元,共6200元。分配为特别奖金500元,补助未完工程,民工伙食费5400元,准备金300元。特别奖金以300元奖励已完工的联保成绩最优异,其余200元作为以后成绩最优异的奖金。② 綦江县府规定每工给米1升,③补助普通民工伙食费,按照现有工程所需工数,以每工0.12元计算,由县府工段会同发放。上路后5日发放一次,当场按各联保所差工数算明公布。④

涪陵助彭民工的粮食大部分在涪陵购买,小部分在江口添购,统由助彭筑路委员会采买,股主办。每石价值为23元至28元。每石重量大秤净重400斤。由涪陵运江口之运费,每石2.4元或2.5元。由涪陵运江口之米于办事处有公路局派来之督察员单伯俊住江口监视一切,发米亦遵照涪陵会议,民工每人每日领米5合,菜钱0.03元,由散放股统收统支,督工员协助之。以大队为单位,由涪陵县府准备三联单据,注明人数之多寡、口粮之分量。领取时,以各工区区长查核、盖章。领款、领米人、经理人均须同时负责盖章。路近者5日一发,路远者10日一发。所有三联票据,将以一份呈省府,一份呈县府,一份作为存根。⑤

1936年涪陵代征民工20000人,送往彭水修筑川湘公路。为鼓励民工努力工作,助彭筑路委员会采取了现实的物质激励方法。同到段作工之各大队民工各领米及菜蔬30日,如未到30日而担负之工作即行完毕者,则所余之米及菜钱仍由该队各民工领足。故工作十分努力,并加开夜工,竟有在15日内完成其任务者。自开工日(9月25日)起至完工日(11月9日)止,发米数量

---

① 四川省档案馆·四川省民政厅,全宗号54,目录号6,案卷号7636,第128页。

② 四川省档案馆·四川省民政厅,全宗号54,目录号6,案卷号7637,第76页。

③ 四川省档案馆·四川省民政厅,全宗号54,目录号8,案卷号10792,第38页。

④ 四川省档案馆·四川省民政厅,全宗号54,目录号6,案卷号7637,第77页;四川省档案馆·四川省民政厅,全宗号54,目录号8,案卷号10792,第71页。

⑤ 四川省档案馆·四川省民政厅,全宗号54,目录号6,案卷号7636,第131—132页;四川省档案馆·四川省民政厅,全宗号54,目录号6,案卷号7637,第119—120页。

之统计:在30日以内工作完毕之民工食米共发1735.89石,菜钱10409.34元;超出30日完工之民工食米共发69.145石,菜钱1469元;返乡民工口食米共发39.59石。查此米系发工作30日,以外者每人发米半升,其未有30日者即将剩余之米及菜钱作为路费,未加发米。①

梁山县修筑县境内的川鄂公路段。因民工极贫,生活困难,特征1年粮税补助,计每土方给伙食费0.05元。②

川陕路沿线剑昭广等县人民以迭遭天灾人祸及过去屡次修碉筑路,民间尽藏,搜罗殆尽。1936年春夏之间,民工以缺乏食粮,多以糟糠、树皮、草根为食,不堪一饱。剑昭广等县人民实已筋疲力尽,疲惫不堪。6月连日大雨,历时数月之艰巨工程几毁于一旦。③公路局奉国民政府军事委员会委员长令整理川陕公路。各县应修土方:绵阳为11308公方,梓潼为12005公方,剑阁为22497公方,昭化为8571公方,广元为75421公方。以民工每名日作1公方计算。④因该路关系军事交通至巨,1936年12月国民政府军事委员会委员长行营令赶速征工修筑所有被水冲毁及未完的土方工程,限于12月15日以前一律到段,并限15天完成。因川陕路沿线各县民生凋敝,行营规定每方给民工津贴0.08元,列入整理费内支拨⑤(整理费是179738.08元⑥)。省府也令公路局斟酌当地生活情形,规定整理川陕公路应征民工的伙食津贴,⑦毋得再以义务征集为要⑧。公路局实际令绵广段各县义务征工办理125000公方,每公方发给津贴伙食费0.10元,合计为12500元。⑨具体情况见表1—3。

---

① 四川省档案馆·四川省民政厅,全宗号54,目录号6,案卷号7637,第122页。
② 重庆中国银行编印:《四川月报》第八卷第二期,1936年2月出版,第35页。
③ 四川省档案馆·四川省民政厅,全宗号54,目录号7,案卷号9922,第118—119页。
④ 四川省档案馆·四川省民政厅,全宗号54,目录号7,案卷号9922,第172页。
⑤ 四川省档案馆·四川省民政厅,全宗号54,目录号7,案卷号9922,第173页。
⑥ 四川省档案馆·四川省民政厅,全宗号54,目录号7,案卷号9922,第193页。
⑦ 四川省档案馆·四川省民政厅,全宗号54,目录号7,案卷号9922,第149页。
⑧ 四川省档案馆·四川省民政厅,全宗号54,目录号7,案卷号9922,第129页。
⑨ 四川省档案馆·四川省民政厅,全宗号54,目录号7,案卷号9922,第195页。

表 1-3　川陕路绵广段各县境内灾毁土方数量应征人数工作日期

| 县别 | 公里 | 土方数量<br>（公方） | 应征人数<br>（名） | 规定开工<br>日期 | 工作<br>日期 | 应得奖金<br>（元） |
|---|---|---|---|---|---|---|
| 绵阳 | 40 | 3250 | 220 | 候令 | 10 | 325 |
| 梓潼 | 40 | 3750 | 250 | | | 375 |
| 剑阁 | 100 | 22460 | 750 | 11.20 | 20 | 2246 |
| 昭化 | 23 | 8667 | 580 | 12.1 | 10 | 866.7 |
| 广元 | 74 | 86873 | 2900 | 11.20 | 20 | 8687.3 |
| 共计 | 277 | 125000 | 4700 | | | 12500 |

资料来源：四川省档案馆·四川省民政厅，全宗号 54，目录号 7，案卷号 9922，第 196 页。

## （四）补贴医药抚恤费

在《川湘公路义务征工发给赶工奖金医药抚恤费及工具购置办法》和《川鄂公路义务征工发给赶工奖金医药抚恤费及工具购置费办法》规定，凡被征民工因公伤亡或患病，由各县县长按标准发给药品或抚恤费。抚恤费方面：因公受伤致残废者 30 元；因公受伤致死者 50 元，另给埋葬费 15 元；因公病亡者 30 元，另给埋葬费 15 元。此项费用由公路局按照各县征工人数，每万民工发给 500 元，由各县具报实销；如不足时，应由各县自行筹补。①

1936 年 1 月 6 日发《川陕公路义务民工死亡抚恤办法》，规定：管工员暨民工大队长因公身故者给予一次恤金银 40 元；队目因公身故者给予一次恤金银 30 元；民工因公受伤顿时身故者给予一次恤金银 20 元，烧埋费 6 元；民工

① 四川省档案馆·四川省民政厅，全宗号 54，目录号 6，案卷号 7684，第 48—49 页，未公开出版；四川省档案馆·四川省民政厅，全宗号 54，目录号 6，案卷卷号 7635，第 11—12 页，未公开出版；《川湘公路义务征工发给赶工奖金医药抚恤费及工具购置办法》，四川公路局总务处编查股编印：《四川公路月刊》创刊号，1936 年 1 月 31 日出版，第 23 页；《川湘公路义务征工发给赶工奖金医药抚恤费及工具购置办法》，四川地方银行经济调查部编印：《四川经济月刊》第五卷第四期，1936 年 4 月出版，第 32 页。

因公受伤身故者给予一次恤金银 10 元,烧埋费 6 元;民工因病身故者无论在工地在途均给烧埋费银 6 元。恤金由死亡者之遗族承领。[①] 在发放医药抚恤费时,也依照《修正四川公路局路工伤亡抚恤规则》第二条规定办理,即公路局按每万人发给 500 元,实报实销,不足之数由各县筹备。[②] 如苍溪、江油修筑川陕路时民工的抚恤办理即采用此办法。[③] 涪陵助彭民工之伤亡抚恤:查第一至五区民工共计死亡 27 人,各给安埋费 10 元,其余重伤被石打断手足者 10 余人,各给医药费 5 元至 10 元。[④]

此外,还有补助工具购置费。民工除农具外,鹰嘴、铁锤等均非农家所有,应由各征工县份准备。费用平均每公里不得超过 50 元,按各县境的长度计算,由公路局发给,实报实销。[⑤]

## 第五节　工役的实际效果和问题

台湾著名史学家吴相湘中肯地指出,全民族抗战揭幕的两年内,"四川军民确实已做了许多建设大后方的工作"[⑥]。其中实施工役,征调民工新修、整理的各段公路中,尤以"四大公路"干线的成效较为突出。战前修建的川黔、川陕、川鄂、川湘 4 条省际公路干线,新增里程为 1930 公里,从而沟通了与邻省相连接的陆上交通。至此连同前防区时期所建盆地内部的 2700 公里公路,

① 四川省档案馆·四川省民政厅,全宗号 54,目录号 7,案卷号 9922,第 21 页。

② 《修正四川公路局路工伤亡抚恤规则》,沈鹏:《永川县义务征工整理成渝公路工作汇编》,四川省第三区行政督察专员公署编印,1936 年版,第 68 页,收藏于重庆市档案馆。

③ 四川省档案馆·四川省民政厅,全宗号 54,目录号 7,案卷号 9922,第 92 页。

④ 四川省档案馆·四川省民政厅,全宗号 54,目录号 6,案卷号 7637,第 121 页。

⑤ 四川省档案馆·四川省民政厅,全宗号 54,目录号 6,案卷号 7684,第 48 页,未公开出版;四川省档案馆·四川省民政厅,全宗号 54,目录号 6,案卷号 7635,第 11 页,未公开出版;《川湘公路义务征工发给赶工奖金医药抚恤费及工具购置办法》,四川公路局总务处编查股编印:《四川公路月刊》创刊号,1936 年 1 月 31 日出版,第 23 页,收藏于四川省档案馆。

⑥ 吴相湘编著:《第二次中日战争史》(上册),台北综合月刊社 1973 年版,第 412 页。

已初步构成了四川的公路交通网。① 为修筑"四大公路"干线,各县自筹的民工伙食费及筑委会办公费,无从统计,而民工劳力的消耗,"更有无量之价值,尤为四川民众对于国家交通建设之特殊贡献,实为任何人不敢淹没之事实"②。民众的贡献直接通过"四大公路"的作用体现出来。

首先,巩固国防。四川为复兴中华民族的根据地,即国防的最后防线。而欲使此国防最后线得以日趋巩固,自赖民力、武力为后盾。而民力的保养、武力的应用配备,舍交通莫属。四川因铁路正待建筑,目前四川对于国防上之运输,除水空外,战时当推此四大国道。

川黔公路是连接川黔两省的近代交通线,是四川省陆上对外交通的第一条公路干线。此路位于四川中部,纵贯四川公路的东线,起于成都,终于贵阳,中经简阳、资中、内江、荣昌、永川、重庆、綦江、桐梓、遵义、息烽等县,由黔省公路可通滇桂两省。川陕路位于四川北部,由成都经绵阳、剑阁、广元、宁羌、汉中、宝鸡到西安。由陕省公路可通豫、皖、鲁、苏等省而达浦口。川鄂路位于川东北,由成都经小川北各县,直达万县,与长江上游,由水路以通鄂省。川湘路位于川东南,由川黔路之綦江,经南川、涪陵、彭水、酉阳各县,以达秀山之茶洞,与湘省公路连接,并由黔江分线与鄂省公路之咸丰段连接,由湘省公路可达闽赣,由鄂赣两省公路直达南京。③ 在战时,4大公路干线确实在军事上,对北战场、南战场及滇缅战场发生效用之伟大,实在不可以言语形容,这是大家知道的。④

---

① 四川地区文史资料协作会议编:《抗战时期四川的交通》,云南人民出版社1992年版,第125页。

② 魏军藩:《四川四大国道建筑之回顾及其使命》,四川公路局总务处编查股编印:《四川公路月刊》第十一期,1936年11月30日出版,第15页;川康建设杂志社发行:《川康建设》第1卷第二、三期合刊,1943年8月出版,第92页。

③ 魏军藩:《四川四大国道建筑之回顾及其使命》,四川公路局总务处编查股编印:《四川公路月刊》第十一期,1936年11月30日出版,第16页;川康建设杂志社发行:《川康建设》第一卷第二、三期合刊,1943年8月出版,第92页。

④ 蒋介石:《辞别川省凯旋南京——蒋主席在蓉话别》,重庆《大公报》1946年5月2日,第二版。

如战时四川与西北的往来皆须经过川陕公路。[①]

其次,推进政治统一。公路是促进统一的因素。公路给予政府人员特别是政府的军事力量以更大的机动能力;中央政府拥有比地方所有为多的车辆。这是南京国民政府战前赶修四川公路的重大现实动机,即打破地方军阀势力割据、渗透中央对地方的统治。

四川防区制下的20多年的军阀混战,一定程度与交通不便有关。1933年刘湘控制了四川,在中央的协助之下1935年于重庆成立四川省政府并任省主席。四川政治从割据的防区制向统一的局面迈进。在交通上,铁路因造价成本较高,而尚未成功;水运因川江水流湍急且只能沿江开发,水道因循旧航线。四大国道在川境贯通30余县,并可由重庆直通南京。这样,政策的推行、政令的传达均可以转送自如。故四大国道,不仅可为推进四川政治的工具,且可为改进中国政治之利器。[②]

最后,发展经济。虽然公路是在军事和政治的动机下修建,而不是出于经济上的理由,但客观上在一定程度上推动了经济的动态发展。

1935年7月四川公路局改组成立,8月奉行营电令将川黔、川鄂、川湘、川陕等路统一营业。1935年7月至1936年1月四川公路局营业进款客运64172.06元,货运6158.92元,邮运90847.38元,其他25467.98元,总计186646.34元。1936年7月后因军事运输调用车辆,进款稍减。1936年2月至8月营业进款客运915078.46元,货运134196.87元,邮运158218.73元,其他69.749.71元,合计1277243.77元。[③] 在营业进款中,客运进款数远高于货运进款数,9倍以上。综观路局统一营业以来,客运尚称发达,货运甚为寥

① 蒋君章:《四川经济地理》,重庆商务印书馆1945年版,第334页。
② 魏军藩:《四川四大国道建筑之回顾及其使命》,四川公路局总务处编查股编印:《四川公路月刊》第十一期,1936年11月30日出版,第16页;川康建设杂志社发行:《川康建设》第一卷第二、三期合刊,1943年8月出版,第92页。
③ 张肖梅编:《四川经济参考资料》,上海中国国民经济研究所1939年版,第七章"铁道公路",G15页。

落,①货运只占总运量的 15%。②"目前中国经济之恐慌状态,四川经济之枯窘现象为国人所共知。"③并且四川对外贸易长期处于入超的状况。云南省1932 年入超额达 1100 多万元,以后每年都有几百万元的入超,到 1935 年入超额为 530 多万元。广西壮族自治区 1935 年入超额为 1700 多万元,1936 年入超额为 630 余万元。四川省每年入超也在 1000 余万关两左右,1935 年为1230 余万关两。④ 在这种情况下,公路在货运方面营业额的低微是必然的。

实施工役而征调民工整修公路取得成效的背后也存在着现实的问题,凸显为法规的无效、地方的重负和应征者的痛苦。

首先,法规的无效。《办理义务征工在事人员奖惩规则》中规定,办理征工在事人员如侵蚀公款情节重大者,除依规定的最重惩罚办理外,并送军法庭,或司法机关依法科罚。⑤ 但现实中,违禁之事并不鲜见。

有许多地方,征集民工,主办者将全部工程提高巨大估工,用以分配义务劳动者,又将每天工钱估低,以钓引义务劳动者,使义务劳动者不愿出工而出钱,主办者收集金钱以雇贱价之工,则出入之间,腰缠万贯。官吏士绅与乡镇长,"借是以渔利者,岂无人哉"⑥。1935 年南川修筑川黔公路,调集民工 5000余人赴綦江作工。建设科长、科员前往督工,乘机亏吞路款共 13 项,计 8000余元。民工代表向省府具控此案。县长受贿自释,将案撤销。⑦ 1935 年年底,

① 《道路月刊社》编辑:《道路月刊》,上海中华全国道路建设协会印行,第五十一卷第三号,1936 年 10 月 15 日出版,第 29 页。
② 王立显主编:《四川公路交通史》(上册),四川人民出版社 1989 年版,第 304 页。
③ 魏军藩:《四川四大国道建筑之回顾及其使命》,四川公路局总务处编查股编印:《四川公路月刊》第十一期,1936 年 11 月 30 日出版,第 16 页;川康建设杂志社发行:《川康建设》第一卷第二、三期合刊,1943 年 8 月出版,第 92 页。
④ 周天豹、凌承学主编:《抗日战争时期四川经济发展概述》,西南师范大学出版社 1988 年版,第 283 页。关于四川省入超的另一说法,四川省"每年货物的入超逾二千万元",见宪文:《开发四川》,《新中华》第二卷第十三期,1934 年 7 月 10 日出版,第 1 页。
⑤ 四川省档案馆·四川省建设厅,全宗号 115,目录号 2,案卷号 3604,第 213 页。
⑥ 蓝谓滨:《抗战人力动员论》,新村出版社 1937 年版,第 29 页。
⑦ 四川省档案馆·四川省民政厅,全宗号 54,目录号 7,案卷号 10026,第 168 页。

为补修川黔成渝各路,巴县计 6 万名,江北 2 万名。原定办法,公家供给伙食,民工自备工具,无偿服役。但江巴各乡征工,称此次公家不供伙食,每 10 户派工 1 人至 4 人,估派乡民负担伙食。各乡不同,有派每户 0.6 元者,有多派至 1.2 元者,依户强迫征收。由甲长(即什长)收解保长(即百长),保长解乡公所,乡解县。估派不发给收据。巴县(除重庆市)计 60 余万户,江北县约 30 万户,估派之数,殊不可惊。①

1936 年 11 月 13 日第三十四师政训处长刘琦生呈涪陵建筑川湘公路征工派款的弊端。保甲组织不健全,对户口壮丁无确实统计。户口异动亦无登记。征工亦不能做详细计划,具体推行。地方政府奉到征工筑路令后,基于保甲不健全,本不能做具体的详细计划,敷衍塞责。明则转令遵办,而不负责监督,暗则唆使派款,雇工漫无限制,致区保甲得以漫无标准的征工派款。县长限令森严,则又严逼索,不问派征数额之当否。声言雇工,借以匆派款额。而雇工多少又不宣布,致有拉夫充工,夫逃,重派工款之现象。派款既无标准,手续又极不清。联保直派直收,保长分派分收,极形紊乱。收款无据,用款则又不公布。派款既无标准,自可随意摊派。私戚友谊因可借以庇护,使担负不均。这样,可借以获酬,肥充个人私囊。②

其次,地方的重负。政府规定工役主办单位为路线经过县份。这在实际中有失公允,而给主办县份带来沉重的负担。

綦江为川黔、川湘两路的交点。1935 年綦江更番征调民工达 25000 余人次(而实际可堪任劳役者三四万人),修筑川黔公路,因赶工误农而歉收。③ 1936 年綦江县呈述办理工役筑路的重荷。创修川黔路,綦江除领得路款外,尚垫支洋 3.7 万余元,至今无着。2 次川湘工程及半,已耗食米 3 万余元,预算将来完成非 6 万元不济事。3 次培修川黔,令派民工 6 万人,自非 12 万元不敷开

---

① 四川省档案馆·四川省民政厅,全宗号 54,目录号 6,案卷号 7638,第 106 页。
② 四川省档案馆·四川省民政厅,全宗号 54,目录号 6,案卷号 7637,第 158—159 页。
③ 四川省档案馆·四川省民政厅,全宗号 54,目录号 8,案卷号 10792,第 3 页。

支。总计 3 次路费在 22 万元以上。綦江单供正杂各税，全年亦仅十数万元而止。① 时任建设厅长卢作孚在呈省主席刘湘的文中也指出，似此连番修补，征用民工，胡有已时！该县荒旱之余，自难胜任。但对现状，省府也只是转建设厅呈文，令四川公路局摊派适当，不致妨及春耕，以恤民力而利推行。②

黔江县素称瘠苦，田少山多，年仅产米 4 万硕左右，不足供全县 10 余万民口食，贫户、下农兼食杂粮。1935 年因遭旱灾，收获大歉，加以军队之采购、石工之消耗，各乡谷米搜买殆尽。1936 年征调民工修筑川湘公路，出米代工者皆收尽而携粮于役者无粮可携。且当工作紧张之际，值此青黄不接之时，工食既无所措，疫痢又复流行。饿殍、病夫所在皆是。③ 修路（川湘路）9 月耗款 30 万元以上，以全年正粮 6000 余元计已达 50 年粮税。④

最后，应征者的痛苦。应征者本人及其家庭因服工役而承受了沉重的痛苦，甚至付出了生命。

义务征工虽规定征工对象是面向全体民众，但又制定征收代役金，则实际上"弱者贫者长期工作，影响所及，大背义务征工之本旨"⑤。四川省政府主席刘湘在呈国民政府"行政院院长"蒋介石文中，实陈实行义务征工诚属困难，"其最苦者尤为数口仰给生活于单丁，及极贫无力自备口食者。一旦被征，全家失所依"⑥。

在川黔公路修建时，死亡不少于 1000 人，而死者只给埋葬费 6 元。⑦ 川黔公路修建期间（注：1935 年 2—6 月）重庆市的平均米价约为每市担值国币 6.64 元。⑧ 可见，民工死亡抚恤费还不能购买到 1 市担大米，命价如此菲薄。

---

① 四川省档案馆·四川省民政厅，全宗号 54，目录号 8，案卷号 10792，第 39 页。
② 四川省档案馆·四川省民政厅，全宗号 54，目录号 8，案卷号 10792，第 34 页。
③ 四川省档案馆·四川省民政厅，全宗号 54，目录号 6，案卷号 7636，第 46 页。
④ 四川省档案馆·四川省民政厅，全宗号 54，目录号 6，案卷号 7636，第 112 页。
⑤ 四川省档案馆·四川省民政厅，全宗号 54，目录号 7，案卷号 9904，第 142 页。
⑥ 四川省档案馆·四川省民政厅，全宗号 54，目录号 8，案卷号 10792，第 32 页。
⑦ 王立显主编：《四川公路交通史》（上册），四川人民出版社 1989 年版，第 98 页。
⑧ 张国钧：《四川省粮食问题之分析》，川康建设杂志社发行：《川康建设》第一卷第二、三期合刊，1943 年 8 月出版，第 26 页。

1936年7月黔江县县长龙光祖呈主席刘湘,陈述"黔江县为限期完成川湘公路,民力疲惫已达极点。应征民工因壮丁不足,致征妇孺疲劳过度,时有死亡"①。在修筑川湘公路时,各县反映征工筑路,不分男女老幼,不问农事闲忙,一段工成千人饮泣,万家破产。应征民工进行了反抗,突出的是川湘路上的白腊园事件和川陕路上的魏城事件。

工役在实施中虽存在不容忽视的客观问题,但在大局上调用了短期内急需集中使用的大量劳动力,在战前国民经济建设和国防备战中取得了明显的时效。征用民力赶修的公路很快显示出其在军事、政治、经济方面的重大功能,尤其在不久爆发的战争中对于疏运人员、抢运物资发挥了极其重要的作用。

战争爆发不久,1937年10月,军政部支务防密令征集民工协同构筑国防工事。各省国防工事区域异常辽阔,仅用部队构筑,不独官兵不敷分配,且非短少时间所能竣,乃为期迅速完成计,应由各省政府在工事区内,各县征集民工帮同构筑,并由驻在之军事机关负责指导。②

四川省自1935年起,即利用工役,完成国防工程多处,收效甚巨。1939始有关于动员统计数字可查。③ 所以,据不完全统计,在抗战期间,四川共计征调民工达119万余人,参加70多处国防工程的修建(见表1-4)。

表1-4　抗战时期四川省办理国防工程各年度征工情况比较④

| 年度 | 动员县数(人) | 动员人数(人) | 完成工程项目(个) |
| --- | --- | --- | --- |
| 1939 | 47 | 78300 | 8 |

① 四川省档案馆·四川省民政厅,全宗号54,目录号6,案卷号7636,第59页。
② 重庆市档案馆,重庆市政府全宗号0053,目录号14,案卷号35,第2页。
③ 四川省档案馆·四川省特种工程征工处,全宗号116,案卷号11,第31页。
④ 对于战时国防工程工役征用民工的人数,有不同的说法。如《感谢四川人民》,《新华日报》1945年10月8日,第二版提到"服工役的人民总数在三百万人以上";张群1945年10月10日发表《开国与建国大业中之四川》,谓"为建筑空军基地及军事交通工程而应征之民工,凡一百五十余万人",见周开庆:《四川与对日抗战》,台湾商务印书馆1971年版,第258页。此处的数字是笔者依据所查的档案资料计算所得,但缺乏1937年、1938年、1943年的统计资料,所以不完全,表1-4只能大体上反映国防工程工役的推行情况。

| 年度 | 动员县数(人) | 动员人数(人) | 完成工程项目(个) |
|------|------------|------------|----------------|
| 1940 | 87 | 258714 | 20 |
| 1941 | 71 | 265294 | 20 |
| 1942 | 51 | 50540 | 13 |
| 1944 | 33 | 419295 | 11 |
| 1945 | 15 | 125400 | 4 |
| 总计 | 304 | 1197543 | 76 |

资料来源:1939—1942 年见四川省档案馆·四川省征工事务管理处,全宗号 116,案卷号 11,第 49 页;1944—1945 年见四川省档案馆·四川省民政厅,全宗号 54,目录号 6,案卷号 7678,第 98、122 页;1944 年资料也可见四川省档案馆·历史资料:《四川省政府三十三年度政绩比较表》,第 15 页。

从 1-4 表可以看出,抗战时期四川国防工程建设中,共计动员县数累计达 304 个,1940 年动员县数最多达 87 县;动员人数总计 1197543,1944 年最多为 419295 人;完成工程项目总计 76 个,1940 年和 1941 年分别完成 20 个。

# 第二章 抗战前期西南推行
## 国防工役整修公路

第一章从不同角度研究了全民族抗战爆发前四川省政府奉南京国民政府之命,实施工役,征调大批民工,赶修川黔、川陕、川鄂、川湘四大省际公路干线。这些路段战前已大体建成通车。但是,在修建时,限于经费,限期赶工,只图快,未求好,名虽通车,实际上便道、便桥、窄路、陡坡、急弯比比皆是。载重受限,行车困难。当时的四川公路局局长魏军藩直陈:"完善之公路固不可得,即比较顺利行车之路线,亦复难求。"①

全民族抗战爆发后,大量人口、器材、物资亟待抢运,公路设施与运输不相适应的矛盾十分突出。1937 年 7 月,行政院、军事委员会、全国经济委员会、军政部、交通部、铁道部及川、滇、黔、湘各省当局,在南京集会,商讨改进四川公路交通办法。南京国民政府、军事委员会发布训令,四川省已成各线,关系均属重要。现值农民秋收已过,及应于农闲时期,沿线各县政府,应分别义务征工,彻底整理完善,以省国币而利行车。② 1938 年 3 月,在武汉召开的国民党临时全国代表大会,提出了《抗战建国纲领》,作为国民党政府战时"施政的

---

① 王立显主编:《四川公路交通史》(上册),四川人民出版社 1989 年版,第 158 页。

② 四川省档案馆·四川省建设厅,全宗号 115,目录号 1,案卷号 871,第 47 页。

根本方针"。纲领提出,"整理交通系统,举办水陆空联运,增筑铁路公路,加辟航线"①。5 月,国民政府军事委员会委员长行营令四川省政府征工筑路。"现值非常时期。后方公路交通,关系前方军事,必须在最短时间内迅速完成,方能应付军事需要。唯欲达到是项目的,舍征工筑路而外,实无其他方法可行。"②自武汉放弃,广州失陷以后,铁运水运受阻,出入海口,全被封锁,此后内地物资之流通,出入货物之运输,以及前后方之联络补给,不得不仰赖于公路。③ 日本提出,"中国事变进入长期持久阶段后,切断中国和各国联系的补给联络线问题,成了我国对华战略上的首要问题"④。这样,西南公路飞升为重要交通命脉。

遵照国民政府的训令,四川省政府征用大批民工,整理旧有公路干线,并辟修新路。

# 第一节　整理公路概况

## 一、川鄂公路

1937 年 11 月国民政府迁都重庆,武汉 3 镇的交通便利,就形成战时的军事和政治中心。同月,四川省公路局电令川鄂公路沿线各县立即征调民工,切实整理改善。因为川鄂公路为国营公路 12 大干线中京川公路之西段。本线

---

①　杨树标等编:《中国国民党历次会议宣言决议案汇编》(第二分册),浙江省中共党史学会编印 1985 年版,第 341 页;陈传钢编:《动员纲领与动员法令》,武汉新知书店出版 1938 年版,第 3—4 页;沈雷春编:《中国战时经济志·中国战时的经济政策》(19),台北文海出版社 1985 年版,第 9 页。

②　四川省档案馆·四川省民政厅,全宗号 54,目录号 6,案卷号 7404,第 3 页;重庆市档案馆·四川省第三区行政督察专员公署,全宗号 0055,目录号 5,案卷号 7,第 61 页。

③　国防部史政局编:《中日战争史略》(下册),台北正中书局 1968 年版,第 484 页。

④　日本防卫厅研究所战史室:《中国事变陆军作战史》(第三卷第一分册),田琪之译,宋绍柏校,中华书局 1981 年版,第 38 页。

与长江并行,在运输上可略补长江之不足,[1]且为四川、长江中游之唯一旱道。[2] 渠县、大竹、梁山征调了约 6 万人。[3]

大竹县为整理川鄂公路,1938 年 4 月 25 日—8 月,前后征调民工 32 万余人,完成碎石 21912.3 公方、土方 18635.73 公方,粗砂 7638 公方、石谷 4754.58 公方、铺压 50.92 公里,其他整理路肩边沟、路基等。乐至县遵令整理川鄂公路,计全线长 55 公里,初步整理路基。1937 年 4 月 15 日开工,依工程处规定,征集民工 1.1 万余人,于 8 日内完工。计作工 9 万余个。同年 5 月,调民工 3500 余人,搬运碎石,旋即奉令停工。1938 年 3 月令复工,征调民工继续搬运、锤碎,分别铺压。于 8 月 6 日将全路铺压完成。先后征调民工 1.03 万余人、作工约 40 万个[4]。

## 二、川黔公路

川黔公路所经地区,矿藏丰富、柑橘、烟叶等经济作物驰名全国,可为国家提供大量战略物资。同时,这条干线经贵阳到昆明,接通滇缅公路,从而沟通国际交通运输。因此,国民政府视其为战时交通运输的命脉,特令四川省政府对该路彻底整修。该路沿线的巴县、綦江及邻近县 1938 年征调约 10 万民工整修。[5] 抗战时期,国民政府通过这条公路干线,获得大量来自海外的援华物资。

## 三、川湘公路

抗战军兴,四川东面的川湘公路已成四川各省后方交通唯一干道,可沟

---

① 蒋君章:《四川经济地理》,重庆商务印书馆 1945 年版,第 331 页。
② 沈雷春编:《中国战时经济志·中国战时的交通建设》(19),台北文海出版社 1985 年版,第 14 页;张肖梅主编:《中外经济年报》(第二回),上海中国国民经济研究所 1940 年版,第 38 页。
③ 杨实主编:《抗战时期四川的交通》,云南人民出版社 1992 年版,第 132 页。
④ 四川省档案馆·四川公路局,全宗号 130,案卷号 2914,第 3—9 页。
⑤ 杨实主编:《抗战时期四川的交通》,云南人民出版社 1992 年版,第 132 页。

通华中地区的交通运输。沦陷区的大批难民、机关团体和工商器材及各项物资,多从这种干线撤至大后方。战争爆发后,该路每日通行车辆由二三十辆突增至二三百辆,车辆载重亦由一二吨增至六七吨,更有特种车辆,载重达 13 公吨,以前之工程设施,实不足应付非常之需要。为谋该路工程改进,增加运输交通起见,于 1938 年 1 月设立四川公路运输管理局,以主其事。① 1938 年 9 月,四川省民政厅厅长胡次威下令整理川湘公路,征调民工酉阳 29850 名,涪陵 1 万名,南川 1952 名,彭水 7500 名,黔江 11380 名,秀山 4000 名,合计 64682 名。② 全线"土方达 1000 万立方米,石方 260 万立方米,桥梁有 200 条座,工程至为艰巨。民工苦干,在不到一年时间内即告完成"③。

## 第二节　新修公路情况

随着战局的日益展开,后方运输急于星火,交通建设尤其公路亟须付诸实施。1938 年 6 月,交通部在拟定的交通方案中指示,非常时期四川公路应"逐渐补充"并"增进开发之速度",以达到在经济上"减少因工具缺乏或海口封锁之困难",在政治上"而与中央更密切之联系"。④ 所以,在征用大量民工整理已成公路的基础上,四川省政府又奉令,推行国防工程工役,以征用大批民工赶修重要省际公路。以"配合军事,把握时机,加强军民运输与通讯"⑤。在众多的公路中,比较重要的有川滇东路、乐西公路、川康公路。下面进一步探讨

---

①　交通总务司编印:《抗战与交通》第六十六期,1941 年 8 月 16 日出版,第 1130 页。
②　四川省档案馆·四川省民政厅,全宗号 54,目录号 6,案卷号 7404,第 126 页。
③　杨实主编:《抗战时期四川的交通》,云南人民出版社 1992 年版,第 133 页。
④　中国第二历史档案馆编:《中华民国史档案资料汇编》(第二编),第五辑,财政经济(十),江苏古籍出版社 1997 年版,第 5 页。
⑤　秦孝仪主编:《中华民国重要史料初编——对日抗战期间》(第四编)第四册,台北中国国民党中央委员会党史委员会 1988 年版,第 963 页。

这些公路征用民工修筑的情况,以了解国防工程工役的推行情况。

## 一、川滇东路

川滇公路是战时大后方的交通大动脉,分为东、西两线,东线尤其重要。川滇东路自四川隆昌向南至泸县南岸蓝田坝,经川之纳溪、江门、叙永,黔之赤水河、毕节、赫章、威宁、哲觉,滇之宣威、沾益、曲靖而达昆明,全线计长 974.7 公里。自里程方面言之,川滇线较为经济,较之由重庆经贵阳而至昆明之路线"一千四十八公里者,减少二百三十三公里"[①]。1938 年 2 月,重庆行营命令 3 月 10 日开工。3 月初四川公路局设总段工程处于泸州,以江大源为总段长,下设隆泸、纳溪、叙北、叙南、古蔺 5 个路段,沿公路的县同时成立筑路委员会,负责组织民工。[②] 1938 年 3 月 28 日,省府颁行《四川民工公路局修筑川滇东路工程施工细则》。依据"本路征工办法,以各县征工修筑各县辖境路段为原则"[③],因而计划征调泸县 2 万人,隆昌 6500 人,叙永 40400 人,合江 10530 人,纳溪 5720 人,古宋 5100 人,古蔺 45000 人,合计 133250 人。[④] 该工程于同年 7 月正式开工。隆昌、泸县帮助叙永修筑,因出代工金未征工。富顺帮助古蔺修筑,因出代工金未征工。所以,实际征用人数是不足 133250 名。在公路沿线各县民工的努力下,川滇公路东段四川境内共计征用民工 13 万余人,于 1939 年 8 月正式建成通车,1940 年 2 月全部完成,全长 969 公里,为四川、西北联络要线。[⑤]

---

① 周健民:《川滇东路之管理与运输》,《交通建设》1943 年第 1 卷第 11 期,第 32 页。
② 王立显主编:《四川公路交通史》(上册),四川人民出版社 1989 年版,第 145 页。
③ 四川公路局总务处编查股编印:《四川公路月刊》第三卷第四号,1938 年 4 月 30 日出版,第 25 页。
④ 四川省档案馆·四川省民政厅,全宗号 54,目录号 6,案卷号 7404,第 126 页。
⑤ 秦孝仪主编:《中华民国重要史料初编——对日抗战期间》(第四编)第三册,台北中国国民党中央委员会党史委员会 1988 年版,第 963 页。

## 二、乐西公路

乐西公路自四川之乐山经峨眉、富林、农场、大桥、冕宁至西昌,长525公里。全线所经地段,约3/4为崇山峻岭,地形奇险,高度相差2400余公尺,石方之巨大、工程之困难,在全国各公路中首屈一指。① 1938年冬,随着战局变化,铁路海运均被切断,外援物资改由缅甸进口。乐西公路可北接成乐、成渝两路,南联滇缅公路以通缅甸,构成战时外援物资内运的一条干线。当时,由重庆经内江至乐至,比绕走成都缩短190公里,由乐西公路连接滇缅公路,比川滇东路更为便捷。② 急辟此路的现实原因是严峻的时局:日军已深入湘、桂、黔省,狂炸重庆,情势十分紧急。

1939年勘测,1940年春间开始施工,计全线有土方800万公方。③ 交通部主办修筑乐西公路开始于1939年8月,结束于1941年9月,费时2年余,预算达12000万元上下。④ 早在1939年6月,西昌行辕电请西康省政府征调"汉工19000人,彝工24000人"。⑤ 四川省政府令乐山、峨眉、峨边等21县征调民工82700名,分三期进行:1939年10月5日—1940年10月19日、1940年10月20日—1941年1月31日、1941年3月10日—1941年7月11日。工程处内设总务、设计、施工、材料、会计5课科,于富林、西昌各设1办事处。全路分为8个总段29个分段。为赶办桥梁与路面工程,另设立桥工事务所3所,路面工程事务所1个。处务由总工程师专负全责。⑥

1940年四川省政府令定征工县份:"乐山县6500名、峨边县2000名、井

① 中国第二历史档案馆·国民政府行政院,全宗号二,案卷号9166,第142—143页,缩微胶卷号:16J-1434。
② 王立显主编:《四川公路交通史》(上册),四川人民出版社1989年版,第148页。
③ 中国第二历史档案馆·国民政府行政院,全宗号二,案卷号9166,第144页,缩微胶卷号:16J-1434。
④ 四川省档案馆·四川省征工事务管理处,全宗号116,案卷号27,第44页。
⑤ 王立显主编:《四川公路交通史》(上册),四川人民出版社1989年版,第149页。
⑥ 四川省档案馆·四川省征工事务管理处,全宗号116,案卷号27,第23页。

研县 1000 名、屏山县 300 名、峨眉县 3500 名、犍为县 4000 名、荣县 1500 名、威远县 1200 名。"①动员各县出动先后不一。乐西路工艰期久,人民视为畏途。奉令作工,无一县不多征人数,结果中途逃亡甚多,及到达工地每不足征调之额。② 计第一期征 10 县 2 万人,第二期征 21 县计 4.27 万人,第三期征 11 县计 2 万人,总计 3 期新征续征为 21 县,共征民工 8.27 万人,其中第一二两期 6.27 万名中间,曾抽调 3/10 民工为运输队及服杂务,约计 1.88 万名,又于工程紧急时间,各县自动征调赶工及补充,统计不下 4 万人。工程处以非令征之筑路民工系属自动补充逃额与赶工,不予列入到工人数内,实际征调 8 万余人,动员已在 12 万人以上。③

动员各县出动先后不一。各期征调情形如表 2-1 所示。

表 2-1　征调县份及人数

| 县份 | 第一期(人) | 第二期(人) | 第三期(人) | 合计(人) |
| --- | --- | --- | --- | --- |
| 乐山 | 6500 | 5800 | 3000 | 15300 |
| 峨眉 | 3500 | — | — | 3500 |
| 峨边 | 2000 | — | — | 2000 |
| 犍为 | 4000 | 2500 | 3000 | 9500 |
| 屏山 | 300 | 2000 | 500 | 2800 |
| 荣县 | 1500 | 3000 | 500 | 5000 |
| 井研 | 1000 | 1500 | — | 2500 |
| 资中 | 400 | — | — | 400 |
| 资阳 | 400 | — | — | 400 |
| 内江 | 400 | — | — | 400 |

---

① 四川省档案馆·四川省政府征工事务管理处,全宗号 116,目录号 1,案卷号 455,第 39 页;四川省档案馆·四川省征工事务管理处,全宗号 116,案卷号 455,第 40 页。
② 四川省档案馆·四川省征工事务管理处,全宗号 116,案卷号 27,第 33 页。
③ 四川省档案馆·四川省征工事务管理处,全宗号 116,案卷号 27,第 32 页。

续表

| 县份 | 第一期（人） | 第二期（人） | 第三期（人） | 合计（人） |
|------|------------|------------|------------|-----------|
| 仁寿 | — | 6400 | — | 6400 |
| 洪雅 | — | 4000 | — | 4000 |
| 马边 | — | 1000 | — | 1000 |
| 宜宾 | — | 3000 | 500 | 3500 |
| 眉山 | — | 6000 | 2500 | 8500 |
| 彭山 | — | 2500 | — | 2500 |
| 青神 | — | 1500 | 1500 | 3000 |
| 丹棱 | — | 1500 | 1500 | 3000 |
| 蒲江 | — | 2000 | 1500 | 3500 |
| 名山 | — | — | 3000 | 3000 |
| 夹江 | — | — | 2500 | 2000 |

资料来源：四川省档案馆·四川省特种工程征工处，全宗号116，案卷号27，第31—32页。

在公路修筑期间，1940年1月蒋介石即严令交通部："乐西公路务于本年12月完成，否则照军事违命误期认罪。"时隔2月，即当年3月，蒋介石又下手令："乐西公路务于本年6月底以前完成。其筑路进度须于每星期详报一次，所筑各路之工作，应以此路为中心，其他公路不妨暂缓。"可见，修筑乐西公路的紧迫性。于是，全路进入紧张赶工阶段。本路沿线层峦叠嶂，险工多处，艰苦异常如岩窝沟、宰牛坪。[①] 交通部公路总管理处处长赵祖康，在主持通车典礼中，沿途所见所闻，感全民抗日热忱之高涨，谓乐西公路之建成，实为汉、彝同胞血汗之结晶。乃立一纪念碑于川康两省交界处之蓑衣岭上。碑中央书刻"蓝缕开疆"4个大字，赵并题词。文曰："蓑衣岭当川康来往要道，海拔2800余米，为乐西公路所必经，雨雾弥漫，岩石险峻，施工至为不易。本年秋祖康奉命来此督工，限期迫切，乃调集本处第一大队石工并力以赴，期月之间，开凿工

①　王立显主编：《四川公路交通史》（上册），四川人民出版社1989年版，第150页。

峻,蚕丛鸟道,顿成康庄,员工任事辛劳,未可听其湮没,爰为词勒石,以资纪念。"①

## 三、川康公路

川康公路自成都经双流、新津、邛崃、名山、雅安、天全、泸定而至康定,全长 374 公里。1940 年 11 月全线打通。川康公路雅天段由该路工程处定于1938 年 5 月 20 日开工,经第十七区行政督察专员公署斟酌沿线各县壮丁多寡、距离远近分配征工数,计雅安、天全各 12000 名,名山 7000 名,荥经、汉源各 4000 名,芦山 3000 名。雅安、芦山、天全所征民工数为全县壮丁数的 1/2;名山、荥约、汉源为全县壮丁数的 1/3。② 1939 年西康省政府依据军事委员会委员长行营调集雅安、芦山、荥经、汉源、泸定 5 县 24000 名民工,修筑川康公路乾竹段(乾海子至冷竹关)。③

## 四、西祥公路

西祥公路自西昌起,至滇境祥云之下庄街,与滇缅公路相衔接,是战时国际运输的捷径。1940 年 8 月,交通部奉蒋介石手令:"由西昌经会理、江驿、龙街、大姚而达祥云之公路,应积极进行,限期完成。"交通部当即派员踏勘。同年 12 月,西康省政府设立西祥公路民工管理处。在应征县设路工督催专员,又在西昌、会理两县设立驻工组组长,征调民工为汉人,西昌 11000 人,会理19000 人,冕宁、盐源、越西各 2500 人,盐边 1000 人,宁南 600 人,共 39100 人。10 月,交通部设西祥公路工程处,处长由滇缅铁路局局长杜镇远兼任。11 月组队测量,12 月开工,至次年 6 月全线打通。军委会运输统制局委托西昌行

---

① 《乐西公路半月刊》第 5 期(民国三十年三月一日),第 1 页。
② 四川省档案馆·四川省民政厅,全宗号 54,目录号 6,案卷号 8019,第 114 页。
③ 《征工修筑乾竹段路基工程实施大纲》,《西康省政府公报》第二期,1939 年 2 月 28 日出版,第 114 页。

辖于 8 月 11 日在西昌主持通车典礼。据《康导月刊》报道,当时西康省主席刘文辉,对西祥公路的成就,倍加赞扬。他说:"西祥公路是值得我们赞许的,路线选择妥当,全部路线都是在经济区域和政治区域中发展,而且都能避开危险的地带,减低峻急的坡度,也都是能够接近各交通的和交通的据点,整个宁属资源分布地区,可以说与这条公路的距离,并不很远。将来开发宁区,建设经济,繁荣社会,振兴实业,这条公路定是很大的关键,这是西祥公路的第一特色。"①

## 第三节　整修公路的实效和问题

全民族抗战前期,四川推行国防工程工役而整修的公路,划归四川公路区域。"抗战军兴,四川公路已成为后方唯一之交通命脉,举凡物资之供应,人口之移动,咸惟本路是赖。"②在运输业务上,"军品为首要,公物次之,商货又次之","公建商车附搭旅客"。③ 如川滇公路通车后,所有北上车辆,均载运进口兵资或航油。1941 年 11 月缅甸战局告紧,南下车辆,大部分为赶运出国部队及军火。货运大半运由昆明出口货物,以复兴公司的桐油为主。滇缅路截断后,则仅有棉纱、烟叶等南下。因车数不多,时有损坏,且燃料限制,则采用空便货车,附搭旅客。据统计,1940 年川滇东路军运 4518 吨、货运 5271 吨;1941 年军运 6765 吨、货运 3946 吨、客运 3372 人;1942 年军运 10907 吨、货运 3808 吨、客运 30632 人。④ 从吨位上,军运物资高于货运量。大局上,"该路可谓之川滇两省直接交通之要道,并为抗战建国之生命线也"⑤。下面

① 《西康省刘主席训词》,《康导月刊》1945 年版,第 1—2 页。
② 四川省档案馆·历史资料:《三年来之四川公路》(民国二十七年至二十九年),第 88 页。
③ 《四川公路概述》,《全国公路展览会特刊》1944 年第 1 卷第 1 期,第 13—14 页。
④ 苏从周:《最近三年来之川滇东路概况》,《交通建设》1943 年第 1 卷第 3 期,第 105—106 页;龚学遂:《中国战时交通史》,上海商务印书馆发行 1947 年版,第 138 页。
⑤ 周健民:《川滇东路之管理与运输》,《交通建设》1943 年第 1 卷第 11 期,第 32 页。

从整体上分析推行国防工程工役,在整修公路方面取得的三个方面的显著实效。

## 一、抢运军需物资

"公路运输数年来,致其全力于军事之运用,可告无罪。"[1]

川滇东路初通车时,北上车辆均运进口军品或航空汽油,历时数载。期间,利用回空车酌办客运及包裹运输与整批货运。1940 年军运 4518 吨、货运 5271 吨。1941 年军运 6765 吨、货运 3946 吨、客运 3372 人。1942 年军运 10907 吨、货运 3808022 吨、客运 30632 人。[2]

1938 年 3 月,四川运输处即沿川黔、川湘两线公路运输兵工器材,以及航委会油料、零件和其他军用物资。据统计,从 1938 年通车起,至次年 7 月底止:渝筑段货运重量 4530 吨,渝沅段 98 吨。[3] 1939 年 8—12 月,货物运量统计为:重庆区 1792.9 余吨,南川区 85.7 余吨。[4] 其中,抢运湘西入川的钨锑、大米 2000 吨。[5]

1940 年,滇缅公路、滇越铁路被日军封锁,四川调集 1000 多辆公商汽车,沿渝筑昆、渝泸县两条公路干线抢运积存在昆明的军品。同时,抽调汽车由川陕公路抢运苏联援华物资和向苏联出口的茶叶、羊毛、矿石等外贸物资。仅汽油每月运输就达 15 万加仑。同年 11 月,越、缅解禁,回程货物有与美易货的钨砂,和与苏易货的矿产、羊毛、砖茶。1941 年 7 月以后,公路运输改隶运输统制局,皆以运送军用物资为主。至 1942 年 5 月,缅甸战事迫近我国境,又集中汽车抢运国防物资。1940 年至 1942 年,川黔线抢运物资 8 万多吨,泸昆线抢运物资 4.1 万吨,川湘线抢运物 2 万吨。[6] 由于国际运输线被封锁,而国内

---

① 龚学遂:《中国战时交通史》,商务印书馆 1947 年版,第 141 页。
② 龚学遂:《中国战时交通史》,商务印书馆 1947 年版,第 138 页。
③ 四川省档案馆·历史资料:《三年来之四川公路》(民国二十七年至二十九年),第 48 页。
④ 四川省档案馆·历史资料:《三年来之四川公路》(民国二十七年至二十九年),第 49 页。
⑤ 杨实主编:《抗战时期四川的交通》,云南人民出版社 1992 年版,第 146 页。
⑥ 杨实主编:《抗战时期四川的交通》,云南人民出版社 1992 年版,第 146 页。

存料渐形枯竭,公路运输在抗战时期步入最艰苦、最繁重的阶段。1943 年 9
月,有急需军品 4000 吨运往西北。由重庆起运,有 2800 吨,系各战区弹械及
通信器材。1944 年 6 月,衡阳困守。400 辆车由重庆装运紧急军品至独山,赶
济湘、桂前线需用。并继续征车 600 辆,由渝装运紧急军品 1800 吨,赴独转
湘,于 8 月底运清,及由渝运送部队赴独山驰援①。

　　1945 年 3 月,应美军要求运输 6000 吨物资至芷江、恩施、梁山。8 月,又
抢运 2000 吨军用物资至各战区。②

## 二、疏运人员

　　因应时局,交通当局"在军事第一之原则下,兼谋客运、货运"。③ 故 1937
年交通部订定《货车附搭旅客办法》。1938 年四川政府公布《利用各军用公用
大客车余吨位售票输送旅客暂行办法》。据此,1938 年川黔线渝筑段 6 月 17
日至当年年底,疏运旅客人数 67251,延人公里 5457706 公里④。

　　1938 年,四川开行了沟通湘、桂、黔、滇、陕的公路客运线路,有渝筑、渝
沅、泸昆、川陕等线路。同年 10 月因武汉、广州战事吃紧,大量人员往大后方
流入。表 2-2 以 1939 年 8—12 月的四川片区的客运情况,具体分析四川的
公路客运。

表 2-2　客运统计(自 1939 年 8 月起至 12 月止)⑤

| 类别\区名 | 人数 | | 延人公里（公里） | 行李包裹重量（公斤） | 进款（元） |
|---|---|---|---|---|---|
| | 全票（张） | 半票（张） | | | |
| 沅陵区 | 46074 | 582 | 5893416 | 267097 | 399267.68 |
| 贵阳区 | 15458 | 244 | 8047908 | 287488 | 584662.11 |

---

①　龚学遂:《中国战时交通史》,商务印书馆 1947 年版,第 126 页。
②　杨实主编:《抗战时期四川的交通》,云南人民出版社 1992 年版,第 137 页。
③　交通部总务司编印:《抗战与交通》第五十七、五十八期,第 996 页。
④　《川黔公路近况》,查阅于南京大学图书馆。
⑤　四川省档案馆·历史资料:《三年来之四川公路》(1938 年至 1940 年),第 47 页。

续表

| 区名 / 类别 | 人数 | | 延人公里（公里） | 行李包裹重量（公斤） | 进款（元） |
|---|---|---|---|---|---|
| | 全票（张） | 半票（张） | | | |
| 昆明区 | 3666 | 112 | 2192254 | 84091 | 185553.68 |
| 重庆区 | 144814 | 957 | 9295069 | 196293 | 481672.16 |
| 南川区 | 11148 | 108 | 1213839 | 62265 | 82616.02 |
| 柳州区 | 20614 | 276 | 4373915 | 187486 | 335155.34 |
| 总计 | 241774 | 2279 | 31016401 | 1084720 | 2068926.99 |

从表2-2可以看出，从售票（全票、半票）数目统计来看，四川地区（重庆区、南川区）共为157027张，占总数244053张的64%强；无论从全票，还是半票来看，战时陪都所在的重庆区的人数最多，分别为144814张和957张；从里程来看，重庆区也最多为9295069公里，故营业额也最多为481672.16元。可见战时整修的四川地区的公路在客运上，特殊形势中，居四川片区翘楚。

1941年4月，行政院公布《各路军公商运货汽车附搭旅客办法》，规定利用空驶、空座和载重不足吨位附搭旅客。1941年，川陕公路开办旅客联运，由重庆经成都至广元，换车与西北各路联运。川境内段改为由重庆经璧山、绵阳至广元。1943年，开行了重庆至洛阳、重庆至兰州（经广元）的跨省客运。同年12月，又开行了重庆至贵州独山、重庆至宝鸡的旅客联运。1943年8月，川滇东路正式行驶客车，分为通车与区间车两种。1943年间客运约32400人①。

据统计，1938年至抗日战争结束，四川省的客运完成量约900万人次。②

## 三、运输物资

赶修的公路，在抢运军用物资的同时，也利用回空车辆，装运民生必需

---

① 龚学遂：《中国战时交通史》，商务印书馆1947年版，第139页。
② 杨实主编：《抗战时期四川的交通》，云南人民出版社1992年版，第148页。

的物资,如棉花、食盐。1938 年 6 月 17 日至当年年底,川黔线渝筑段货运重量 1035 吨(如桐油、药材)、延吨公里 906056 公里、进款 344463 元。① 川滇东路,货运利用回空车辆装运。以民生必需者为限,棉花、食盐占大部,消耗品如非土产,则拒绝接运。1943 年,货运 2300 余吨;1944 年则偏重于货运方面。②

为提高运输效率,当局采用公路联运,取得了重要成效。如川滇东路叙永至泸州一段,有水路可通。利用水运,则可省公路运程 94 公里。③ 1939 年民生公司开办此路水陆联运。1943 年 3 月,民生公司与四川运输处订立水陆联运合约。双方专门联运兵工署、航空委员会的军品、弹药和贸易委员会的进口货物,出口则为外贸物资。

川滇水陆联运对沟通重庆的四川国际孔道,支持抗战和经济建设,有着十分重要的意义。④ 1942 年交通部成立川湘川陕水陆联运总管理处,并改组川湘联运处及嘉陵江运输处。1943 年 1 月至 8 月,计川湘联运处统计至 8 月 20 日为止,嘉陵江运输处统计至 8 月 10 日止,运货 43325 公吨。其中:(1)军米 19812 公吨;(2)食盐 11188 公吨;(3)棉花 3802 公吨;(4)矿品 2868 公吨;(5)砖茶 1180 公吨;(6)水泥 1130 公吨;(7)兵工器材 555 公吨;(8)汽油 426 公吨;(9)铜元 357 公吨;(10)部料 78 公吨;(11)其他物资 1929 公吨。平均月运 5417 公吨。据报 1—6 月收支概数,计营业收入 48719029 元,支出 44524805 元,每月收支数 800 万元。⑤

推行国防工程工役整修的公路,当时政府的初衷是配合军事、战局需求。

① 《川黔公路近况》,未公开出版,查阅于南京大学图书馆。
② 龚学遂:《中国战时交通史》,商务印书馆 1947 年版,第 139 页。
③ 交通部总务司编印:《抗战与交通》第三十四、三十五期,第 568 页。
④ 杨实主编:《抗战时期四川的交通》,云南人民出版社 1992 年版,第 315 页。
⑤ 任显群:《川湘川陕货运业务及川湘鄂区旅客联运概况》,四川协会(南京):《四川建设》第一卷第十期,1943 年 10 月出版,第 9 页;交通部出版物委员会编印:《交通建设》,第一卷第十期,1943 年 10 月出版,第 9 页。

但客观上,一定程度开发公路沿线地区的经济、社会发展,而促进了边疆地区经济的进步。如川滇东路起点站泸县农作物、农村副业丰富。如大曲美酒,名闻全省,年产 457000 多市斤,本地销量只有 2800 多市斤,运出之酒量有428000 多市斤。① 叙永为永宁河水运之终点。四川运黔之盐,于此舍舟登陆。故商场市面,尚称繁盛。② 乐西公路的起点县乐山为四川黄丝出产之地,年销缅甸、印度等地,达三四百万元。峨眉县盛产白蜡,亦为地方特产,其蜡虫来自西康。关于药材、木材方面,川康两省均富。泸沽之磁铁矿,据专家估计,蕴藏在 3000 余万吨,为全国最大的磁铁矿。会理之铜、煤、锌矿等,蕴藏丰富,自昔为产铜名区。就经济价值而言,乐西公路"可为我国西部一重工业之根据地,在抗战建国中占重要之地位。"③川康公路,除了在四川的一部分之外,大部分的,都绵延在西康的崇山峻岭、高原地带中。此路是战时西康交通的一大动脉,由成都直达康定。西康出产甚丰,如豆、麦、茶、药、蔬及牛、羊、鹿、麝之类,常有大量运销省外,尤以矿产如金、银、锡、铜及硫磺、石棉等,藏量最富,即毛巾、绢、铁器、陶器等各手工业,亦颇为发达。其由川运销各货,亦仰给甚多。④

## 第四节　取得实效的原因

国防工程工役得以推行并取得一定实效,在很大程度上缘于大量农民的应征。"以中国地域之广大,欲普遍筑路,自非发动全民力量,迎头赶筑,不足

①　周健民:《川滇东路之管理与运输》,《交通建设》1943 年第 1 卷第 11 期,第 34 页。
②　林文英:《川滇公路纪行》,交通部总务司编印:《抗战与交通》第三十四、三十五期,第 567 页。
③　赵祖康:《视察乐西川中两公路之观感》,交通总务司编印:《抗战与交通》第四十四、四十五期,1940 年出版,第 327 页。
④　杨得任:《川康公路纪要》,交通总务司编印:《抗战与交通》第四十四、四十五期,1940 年出版,第 833 页。

以应抗战需要。"①事实上"应征之人,悉为谨厚之农夫"②。那么战时农民应征的原因是什么? 主要有两个方面的因素。

## 一、强烈的民族主义精神

战争的性质是由其政治目的决定。"战争不仅是一种政治行为,而且是一种真正的政治工具,是政治交往的继续,是政治交往通过另一种手段的实现。"③1937 年 9 月 21 日蒋介石在接受法国《巴黎晚报》记者采访时,指出"日本军队大规模侵略中国之用意,无非欲图消灭中国整个民族生存;吾人应付方针,亦当以整个民族生存为目的"④。并以此呼吁民众"拼全民族的生命,以求国家生存"⑤。战后日本正视战争的性质。1938 年 6 月在《关于处理中国事变的根本方法》中,昭和研究会中国问题研究所一针见血指出"这次事变,……从中国方面的观点来说,是一种殖民地的解放战争、民族自卫战争"⑥。

19 世纪著名军事家克劳塞维茨睿智地指出,战争中"物质的因素和作用不过是本质的刀柄,精神的因素和作用才是贵重的金属,才是真正的锋利的刀刃"⑦。20 世纪著名军事家鲁屯道夫将军也强调,战争中民族精神力量的重

---

① 康时振:《公路交通之现状及其建设》,交通建设季刊社编印:《交通建设季刊》创刊号,1941 年版,第 67 页。

② 四川省档案馆·四川省征工事务管理处,全宗号 116,案卷号 16,第 5 页。

③ [德]克劳塞维茨:《战争论》(上册),杨南芳等译校,陕西人民出版社 2001 年版,第 25 页。

④ 中国第二历史档案馆·国防部史政局和战史编纂委员会,全宗号七八七,案卷号 932,第 376 页,缩微胶卷号:16J-0125。

⑤ 中国第二历史档案馆·国防部史政局和战史编纂委员会,全宗号七八七,案卷号 932,第 68 页,缩微胶卷号:16J-0125,未公开出版;蒋总统集编辑委员会编:《蒋总统集》(第一册),台北国防研究院 1960 年版,第 962 页;秦孝仪主编:《总统蒋公思想言论总集》(第十四卷),台北中央党史会 1984 年版,第 583 页。

⑥ 复旦大学历史系日本史组编译:《日本帝国主义对外侵略史料选编(1931—1945)》,上海人民出版社 1975 年版,第 264 页。

⑦ [德]克劳塞维茨:《战争论》(上册),杨南芳等译校,陕西人民出版社 2001 年版,第 163 页。

要性。一国的国防力量,植根于其民族中。国防力为民族中的一种成分,视其民族的物理力、经济力及精神力的大小,而全体性战争中的国防力的大小依赖于这些要素的整合。其中尤以精神力为重要,所以使民族武力一致团结者,为精神力;所以能在为争民族生存之全体性战争中支持日久者,视其精神力。[1]这种精神力在战争中突出表现为民族主义。

基于此,著名军事家蒋百里在战争初期就铿锵宣扬中国必胜的根源。战争的目的在于屈服敌人的意志,屈服一个将军的意志,使他放弃抵抗,这是可能的。屈服一个政府的意志,使他改变政策,这是可能的;但要屈服一个民族永生存求自由的意志,这在古今中外都是不可能的。就中日战争来说,抗战乃我们民族决心的表现。若论日本能屈服中华民族的意志,这是没有历史的常识。[2]

日本狂野的侵略战争,激发了中国民众强烈的民族主义精神。所以,出现了民工应征、做工的一些积极场面。如1938年在修筑川滇东路,时值抗战初起,在"抗战建国,人人有责,地无分东四川北中,人无分工农兵学商,有钱出钱,有力出力"的号召下,广大人民群众同仇敌忾,热血沸腾,视川滇东路为抗日运输的生命线,以修路报国为己任,一声令下,即奔赴工地。1938年3月2日组建工程处的命令到达,先遣测量队由周忠谟率领,3日成行,处工作人员7日到达泸县,8日即在沱江渡口泸县一带,破土开工。由于军事需要,行营限当年10月通车,工期不足8个月。只得边勘测,边筹建队伍,边施工。到5月,从隆昌到赤水河全线280公里,5个段分29个工区全线铺开。各县民工先后上路,招雇的石工也进入工地。整个建设工地的高峰时期,民工达20万人,石工也不下2万人,士气旺盛,进展神速,虽预算

---

① [德]鲁屯道夫(Von General Ludendorf):《全民族战争论》,张君劢译,上海中国国民经济研究所1937年版,第11页。

② 蒋百里:《蒋百里先生抗战论文集》,《大公报》西安分馆编印1939年版,第14页;蒋百里著、黄萍荪编:《蒋百里先生文选》,永安(福建)新阵地图书社1940年版,第239页;蒋百里著:《蒋百里(方震)先生文集》,台北文海出版社1971年版,第253页。

被大量削减,民工奖金过少,生活困难,而且各县要求增发补助费均未解决。① 交通部公路总管理处处长赵祖康,在主持乐西公路通车典礼中,沿途所见所闻,感全民抗日热情之磅礴,谓乐西公路之建成,实为汉、彝同胞血汗之结晶。乃立一纪念碑于川康两省交界处之蓑衣岭上。碑中央书刻"蓝缕开疆"4个大字。

　　抗战中,民工为公路的整修付出了血汗,甚至生命。"这些身穿蓝色或灰色衣衫的农民为抗战竭尽全力。"②乐西公路全线自然环境特殊,工程甚为艰巨。如四川和西康边界处有一个"马蹄"形的山谷,150英尺深,名叫峡崖谷。从谷的这边到那边,切石桩在开动之前,需耗费半天工夫去定位它。在悬崖之上,那些工人既不能找寻安全地点躲藏,又得在高空忍受极锐利的狂风和冰雹的侵袭。在崖上工作的时候,就有40个工人跌入谷中,葬身其底了。③ 川康公路雅天段地势险恶,工作不易,民工伤亡,在所难免,各县中以天全死亡最多,计41名,芦山最少,只1名。④ 但这些只是官方记载的数字。1938年5月至1939年5月古蔺县奉令修筑川滇东路公路县境内约70公里路段,民工数目在3万以上,又兼气候炎热,难免疾疫流行,不无死亡情事。且石工浩大,民工因伤残废,亦在所难免⑤。

## 二、政府的高压强制措施

　　民工应征的原因,除了精神上的民族主义外,政府的高压强制也是极其重要的因素。从以下三个角度分析。

　　首先,从中央到地方有关强征的法规。全民族抗战爆发不久,1937年7

　　① 王立显主编:《四川公路交通史》(上册),四川人民出版社1989年版,第145—146页。
　　② [美]西奥多·怀特、安娜·雅各布:《风暴遍及中国》,王健康、康元非译,解放军出版社1985年版,第69页。
　　③ 沈铮:《乐西公路建筑经过》,《旅行杂志》1941年第15卷第10期,第49页。
　　④ 骆美轮:《川康公路工程进行概况》,《康导月刊》1939年第1卷第7期,第29页。
　　⑤ 四川公路局,全宗号130,目录号2,案卷号3083,第31、52页,未公开出版。

月 12 日国民政府公布的《军事征用法》第二十三条规定,应征人无正当理由,拒急(今:绝)供给征用之劳力时,得强制征用之。① 该法第五十七条规定,应征人无正当理由而拒绝或怠于应征者,处 1 月以下之拘役或 100 元以下之罚金;其教唆他人拒绝或怠于应征者,亦同。② 依此,1937 年 7 月 17 日国民政府公布《国民工役法》第二十三条规定:人民无故对于对工役抗不应征者,得由乡镇区长报由县市政府强制执行,或处以每日 1 元以下之罚金。③ 依《军事征用法》,1938 年 6 月 23 日国民政府军事委员会颁行《战时军事机关或部队征用民夫暂行办法》第八条规定,被征民夫不得拒绝应征。第十四条规定,派员监征远地民夫。④

依据中央政府的法令,四川省政府制定了相应的地方性法规。1937 年 9 月 24 日川府训令颁发《四川省各县市民力统制实施办法》和《全国总动员四川省各县市户口调查整顿保甲长及协助征工实施方案》,两法都规定强制征调。《四川省各县市民力统制实施办法》规定,各县地方长官,应与军队保持密切联系,尽量供给军队为国防上所需之相当劳力。当情势万分急

---

① 重庆市档案馆·重庆市政府,全宗号 0053,目录号 2,案卷号 1223,第 6 页,未公开出版;《军事征用法》,《四川公路月刊》第十九期,1937 年 7 月 30 日出版,第 76 页。

② 重庆市档案馆·重庆市政府,全宗号 0053,目录号 2,案卷号 1223,第 9 页,未公开出版;《军事征用法》,《四川公路月刊》第十九期,1937 年 7 月 30 日出版,第 80 页。

③ 中国第二历史档案馆·国民党中央秘书处,全宗号七一一,目录号 4,案卷号 406,第 419 页,未公开出版;四川省档案馆·四川省民政厅,全宗号 54,目录号 6,案卷号 7404,第 73 页,未公开出版;成都市档案馆·成都市政府,全宗号 38,目录号 12,案卷号 1650,第 5 页,未公开出版;《国民工役法》,《四川省政府公报》第九十二期,1937 年 9 月 11 日出版,第 39 页,何应钦讲:《兵役与工役》,1940 年,未公开出版,原件存于重庆图书馆民国文献阅览室,也可见国家图书馆南区缩微文献阅览室,第 11 页;四川省训练团编印:《工役法令》(1940 年),第 22 页,未公开出版,收藏于四川省档案馆。

④ 四川省档案馆·四川省民政厅,全宗号 54,目录号 6,案卷号 7404,第 18 页,未公开出版;重庆市档案馆·四川省第三区行政督察专员公署,全宗号 0055,目录号 2,案卷号 316,第 66 页,未公开出版;重庆市档案馆·北碚管理局,全宗号 0081,目录号 2,案卷号 91,第 26 页,未公开出版;《战时军事机关或部队征用民夫暂行办法》,《四川省政府公报》第一百二十四期,1938 年 8 月 1 日出版,第 12 页。

迫之际，无其他手段补充劳力之缺乏时，得施行强制分配。①《全国总动员四川省各县市户口调查整顿保甲长及协助征工实施方案》规定，保甲内被征用人，接到通知，如有隐匿规避情事，保甲长应即前往开导，如有不遵照，即密报征用机关，强制执行。②《国民义务劳动法》第二十条规定，对于义务劳动无故不应征者，由主管官署直接强制行之。第二十二条规定，不依法应征召之缓免者（注：缓免者指缓免兵役者），科以 2 年以下有期徒刑或拘役。③

1942 年 6 月 4 日行政院令四川省政府，抗征罚锾为每日 4 元至 10 元④。

其次，机构的完善和吏治的强化。抗战初期，征调民工之事由民政厅、建设厅办理。为保障战时民力的频繁征用，1940 年的《四川省非常时期征工服役暂行办法》规定设置专门负责工役的省征工委员会，而征工区域设置临时的县征工委员会。四川省政府为统筹征工事务而求便捷处理起见，1941 年特改组四川省征工委员会为四川省征工事务管理处。四川省征工事务管理处设主任 1 人，秉承建设厅长之命，并商承民政厅长及财政厅长之指导总理务处。依据《四川省征工事务管理处组织规程》，四川省征工事务管理处设秘书室及督导组、总务组。⑤

吏治的强化通过奖惩办理人员而实现。工役的重要法规对此做了规定，

---

①　四川省档案馆·四川省民政厅，全宗号 54，目录号 3，案卷号 7918，第 91 页，未公开出版；重庆市档案馆·北碚管理局，全宗号 0081，目录号 9，案卷号 1014，第 75 页，未公开出版；周开庆：《民国川事纪要》（民国廿六年至三十九年）（下册），台北四川文献月刊社 1972 年版，第 26 页。

②　重庆市档案馆·北碚管理局，全宗号 0081，目录号 3，案卷号 570，第 9 页；四川省档案馆·四川省民政厅，全宗号 54，目录号 6，案卷号 7918，第 89 页。

③　四川省档案馆·四川省民政厅，全宗号 54，目录号 6，案卷号 7970，第 11 页，未公开出版；四川省档案馆·四川省民政厅，全宗号 54，目录号 6，案卷号 7975，第 89 页，未公开出版；《国民义务劳动法》，重庆《大公报》，1943 年 12 月 5 日，第三版。

④　四川省档案馆·四川省政府征工事务管理处，全宗号 116，案卷号 230，第 166 页。

⑤　四川省政府秘书处法制室编印：《四川省现行法规汇编》（第二册），第 721 页，未公开出版，查阅于南京大学图书馆。

如《军事征用法》(1937 年 7 月)、《国民公役法》(1937 年 7 月)、《国民工役法施行细则》(1937 年 10 月)、《各省市国民工役工作成绩考核及奖惩办法》(1938 年 8 月)、《四川省非常时期征工服役暂行办法》(1940 年 2 月)、《修正四川省非常时期征工服役暂行办法》(1942 年 3 月)、《四川省各县(市)办理国防工程工役各级人员奖惩办法》(1942 年 10 月)。在众多的法规中,尤以《四川省各县(市)办理国防工程工役各级人员奖惩办法》较为详细、规范。办理工役各级人员,主要包括县(市)政府办理征工各级人员、民工各级队长及办事人员。奖励有 4 种:记功、记大功、嘉奖、晋级。规定了 8 种奖励情形,如:奉到上级征调命令后,确能遵照规定,依限将民工编组健全,送达工地。办理人员符合奖励条款,则被并入年终考绩案办理。平时,主管机关官员随时详述有特殊功绩应记大功人员的确实事迹,报由省政府转送铨叙部核定,再由省政府予以嘉奖。惩罚有 4 种:记过、记大过、降级、免职。惩罚情形大致与奖惩情形相反。① 如 1938 年綦江县县长张征瑞在翻修改造川黔公路中,因"督率有方,成绩卓著",获交通部奖章 1 枚。②

1940 年 3 月,四川省兼理主席蒋中正、民政厅长胡次威,批复四川公路局呈文:为呈报整理川鄂公路沿线各县筑路出力人员考绩表。核准给予前遂宁县兼县长罗玺等 14 员准各予记功 1 次,前万县兼县长闵永渡等 17 员,准各予传令嘉奖。随令检发核定奖叙表 1 份。第九、十、十一、十二各区行政督察专员、公署暨渠县、大竹、梁山、万县、南充、岳池、广安、乐至、遂宁、蓬溪各县政府,分别知照,并分转知照。③

最后,实施强制征用民工。虽然省政府"关于征工问题,均系根据民政厅统计各县壮丁数字,比较摊派,俾不至过于劳疲及有偏枯不均之弊"④。但根

---

① 重庆市档案馆·北碚管理局,全宗号 0081,目录号 4,案卷号 1640,第 2—3 页;四川省档案馆·四川省征工事务管理处,全宗号 116,案卷号 22,第 184—185 页。

② 杨实主编:《抗战时期四川的交通》,云南人民出版社 1992 年版,第 221 页。

③ 四川省档案馆·四川公路局,全宗号 130,案卷号 2914,第 78 页。

④ 四川省档案馆·四川省征工事务管理处,全宗号 116,案卷号 524,第 131 页。

基上,以保甲户口编制不健全,征调壮丁每失平允。①

各地方基层保甲长"对豪强者,既不敢认真分派,即其自己之亲族子弟,每有徇情祖护之事。遂偏向贫苦无告之人民。一派再派,形同拉夫。其不公不平,使奸使诈之弊,随地皆有"②。如兴文县壮丁原仅万人,除已申送及待送的甲级壮丁并残弱不堪服役者外,实数不过六七千人。1940 年担负建筑 51华里江兴支路,实已精疲力竭。1940 年 2 月第一次动役人数已达 4600 人之多,其每人作工时间率在 50 晴天以上。8 月复工,又征调 3000 人从事赶筑,历时几十日。上项规定,无论征工数及每工作工数均已远超《四川省非常时期征工服役暂行办法》的规定。③ 新西公路经过威远望集乡。1942 年 4 月,正当播种插秧农忙时节,加以征送兵员,而该县长及该乡长违令强迫征工,武断已极。④

## 三、社会的正向支持

1940 年修筑乐西公路,所征民工宜宾达 700 余人,其余应征各县亦均能依照派额,如限到达工地。据各督导员报告,宜宾富绅捐助民工棉背心 800件、西药两挑、中药 500 斤。青神、屏山两县民工出发时,地方人士亦有赠给盐、椒、药草之举。⑤

综上分析,国防工程工役在实际推行中虽存在问题,但大体上符合了时局所需。因在大局上,工役的推行解决了国防工程在短期内高强度集中使用大量民力的紧急需求,取得了显著成效,在全民族抗战的胜利中闪耀着独特的光芒。从历史微观的层面上,国防工程工役实则具体彰显了强大的民力。

---

① 四川省档案馆·四川省政府征工事务管理处,全宗号 116,案卷号 227,第 7 页。
② 四川省档案馆·四川省征工事务管理处,全宗号 116,案卷号 17,第 7—8 页。
③ 中国第二历史档案馆·国民政府行政院,全宗号二,案卷号 8384,第 116 页,缩微胶卷号:16J-1408。
④ 中国第二历史档案馆·国民政府行政院,全宗号二(3),案卷号 3644,第 257 页,缩微胶卷号:16J-2061。
⑤ 四川省政府征工事务管理处,全宗号 116,目录号 1,案卷号 455,第 109 页。

# 第三章　抗战时期西南推行
## 国防工役抢修机场

## 第一节　推行时局现实

### 一、日本既定战略轰炸是推行国防工役的燃眉时局

1937 年 11 月国民政府机构迁往四川重庆。1938 年 10 月广州、武汉相继失守,国民政府地面部队西移。11 月日本陆军部制定《陆军作战指导纲要》,提出:"要积极进行航空作战,特别要在制压敌人的战略、政略中心的同时,尽力消灭敌人航空战斗力量。"①至年底,袭川敌机 35 架、投弹 199 枚②。

1939 年中国空军根据地西移四川。日本"大陆命第三百六十三号"的战略方案规定"适时进行航空进攻作战,压制和搅乱敌之战略及政治中心,同时防止敌人重建空军"③。据《四川各地二十八年空袭损害统计表》,该年总计

---

① 日本防卫厅防卫研究所战史室编:《中国事变陆军作战史》(第二卷第二分册),田琪之译,中华书局 1980 年版,第 69 页。
② 四川省档案馆·四川省防空司部,全宗号 180,目录号 2,案卷号 2930,第 6 页。
③ 日本防卫厅研究所战史室:《中国事变陆军作战史》(第三卷第一分册),田琪之译,中华书局 1981 年版,第 4 页。

日机 126 批、913 架、投弹爆炸 5743 枚①,"以企图消灭我空军力量,以减少其本身威胁"②。

1940 年日军制定的《陆海军关于 101 号作战协定》规定:陆海军航空部队紧密协同进攻内地。为此,首先压制敌之军事、政治中心的航空势力,然后摧毁其重要设施。预定自 5 月中旬起约 3 个月时间。第一期主要是对重庆方面作战;第二期主要是对成都方面作战。③ 据《四川各地二十九年空袭损害统计表》,本年总计日机 46 批、4667 架、投弹爆炸 13495 枚④。

战争爆发前,四川国防建设是极其有限的。《民国廿五年度国防计划大纲草案》将各省预划为抗战区、警备区、绥靖区、预备区。四川被列为绥靖区、预备区。⑤ 在国力资源紧张的实情下,四川国防建设是薄弱的。1937 年10 月,军政部支务防密令征集民工协同构筑国防工事。各省国防工事区域异常辽阔,仅用部队构筑,不独官兵不敷分配,且非短少时间所能竣,乃为期迅速完成计,应由各省政府在工事区内,各县征集民工帮同构筑,并由驻在之军事机关负责指导⑥。同时,因为"敌机四出轰炸中国飞机场,蓄意破坏中国空军根据地。除已由空军前敌指挥部令各场长随时迅速设法修垫外,各省市县政府应即切实协助各场长立谋修复,以利戎机"⑦。随着战局变化,面对日本压制性的轰炸,省府推行国防工役,征调民工,赶修机场,迫在眉睫。

---

① 四川省档案馆·四川省防空司令部,全宗号 180,目录号 1,案卷号 1727,第 1—4 页;四川省档案馆·四川省防空司令部,全宗号 180,目录号 2,案卷号 2930,第 6—9 页。

② 航空委员会防空监部编印:《二十八年度全国空袭状况之检讨》,第 31 页,收藏于中国第二档案馆。

③ 日本防卫厅研究所战史室:《中国事变陆军作战史》(第三卷册第二分册),田琪之、齐福霖译,中华书局 1983 年版,第 32—33 页。

④ 四川省档案馆·四川省防空司令部,全宗号 180,目录号 1,案卷号 1727,第 5—11 页。

⑤ 中国第二历史档案馆·国防部史政局和战史编纂委员会,全宗号七八七,案卷号 1968,第 5—6 页。

⑥ 重庆市档案馆·重庆市政府,全宗号 0053,目录号 16,案卷号 35,第 2 页。

⑦ 成都市档案馆·成都市政府,全宗号 38,目录号 12,案卷号 1209,第 113 页。

## 二、严重的财政赤字是推行国防工役的国内经济现实

全民族抗战以前,"每年国库支出已由 7 亿余元扩至 11 亿余元,其亏短之数,恒在 2 亿元以上"①。抗战爆发后,从 1937 年"七七事变"开始,到 1938 年年底,日本侵占了中国 1/3 的土地,农业生产的 40%,工业生产能力的 92%。②税源大半丧失,而开支又骤增。随着战事的持久,中央财政赤字飞跃上升。1939 年收支相抵不敷之数达 21 亿余元③,1940 年亏短之数达 40 亿元以上④。

中央严重的财政赤字典型体现于四川省财政。战前,四川财政处于混乱、短亏之中。抗战军兴,亏短加剧。如 1937 年度上半年预算执行结果,仍因收少支多,半年度内造成 660 余万元之巨亏。⑤ 1938 年四川省财政情形几陷于绝望的境地。中央由国库在 1938 年度内补助省库 300 余万元。其余不敷之数,即以整理固有税收为弥补。⑥ 1939 年度收支不敷 1400 余万元⑦,1940 年度四川地方概算收支不敷过 3021 万元。⑧

---

① 《孔祥熙关于 1937—1939 年财政实况的密报》(上),《民国档案》1992 年第 4 期,第 22 页。

② 张公权:《中国通货膨胀的历史背景和综合分析》(一九三七——一九四九年),《工商经济史料丛刊》(第一辑),北京文史资料出版社 1983 年 6 月第一版,第 139 页。

③ 江苏省中华民国工商税收史编写组、中国第二历史档案馆编:《中华民国工商税收史料选编》(第一辑·下册),南京大学出版社 1996 年 5 月第一版,第 1832 页。

④ 江苏省中华民国工商税收史编写组、中国第二历史档案馆编:《中华民国工商税收史料选编》(第一辑·下册),南京大学出版社 1996 年 5 月第一版,第 1851 页。

⑤ 叶宗高:《四川财政之检讨》,中央银行经济研究处编:《中央银行经济汇报》第二卷第一、二期(抗战三周年纪念专号),1940 年 7 月 7 日出版,第 217 页。

⑥ 四川省财政厅,全宗号 59,目录号 2,案卷号 2271,第 112 页,未公开出版;中央银行经济研究处编:《中央银行经济汇报》第二卷第一、二期(抗战三周年纪念专号),1940 年 7 月 7 日出版,第 79 页。

⑦ 四川省财政厅,全宗号 59,目录号 2,案卷号 2271,第 177 页,未公开出版;汉口《大公报》,1938 年 12 月 23 日,第三版;《川省财政概况与改进计划》,四川省政府财政厅厅长甘绩镛 1939 年 2 月 11 日向四川省党训班之讲述,第 35 页,未公开出版,收藏于中国第二历史档案馆。

⑧ "四川西康两省一九三六年——一九四一年地方经费",中国第二历史档案馆·国民政府,全宗号一,案卷号 602,第 159 页;尹文敬:《整理地方财政方案——再谈四川财政》,财政评论社编印:《财政评论》第五卷第一期,1941 年 1 月出版,第 70 页。

### 三、深厚的历史传承和现实丰富的劳力是推行国防工役的可行性客观条件

《论语·学而》中的"使民以时"①和《礼记·王制》的"用民之力"②的政治主张为中国历代统治者所传承。全民族抗战爆发前,国民政府就大力倡导"多用民力,少用民财"的征工,进行国民经济建设和国防备战工程建设。战事军兴,"政府认为,由于中国是一个从事现代战争的不发达国家,像大批征用劳工这样的原始方法的使用是必须的"③。因为,对于经济落后、装备低劣的中国政府来说,唯一资源是它的人民。④ 事实上,"任何国家倘从事战争或准备抵御侵略,即须集合其全部人力物力以赴,此为现代战争所要求者"⑤。现实中,"战时征用劳力,系救亡图存之有效方法"⑥。这突出表现于征工赶修机场。抗战开始后,航空委员会在各省修筑机场,多由地方政府征民工兴办。⑦ "于是征工服役,已成为国家的要政,几于兵役相等了。"⑧

## 第二节　民工的配额和应用

### 一、民工的配额

国防工程所需民工数,通常由主办工程机关依工程量而核定。如1939年

---

① ［宋］朱熹集注,顾美华标点:《四书》,上海古籍出版社1995年版,第63页。

② 陈浩注:《礼记》,上海古籍出版社1987年版,第73页。

③ ［美］易劳逸:《蒋介石与蒋经国》(一九三七——一九四九),王建朗、王贤知译,中国青年出版社1989年版,第71页。

④ ［美］西奥多·怀特、安娜·雅各布:《风暴遍中国》,王健康、康元非译,解放军出版社1985年版,第13页。

⑤ 魏布罗克:《劳力供给与国防》,张永懋译,重庆正中书局1943年版,第1页。

⑥ 重庆市档案馆·北碚管理局,全宗号0081,目录号1,案卷号132,第9页;重庆市档案馆·四川省第三区行政督察专员公署,全宗号0055,目录号5,案卷号7,第24页。

⑦ 四川省档案馆·四川省建设厅,全宗号115,目录号6,案卷号12012,第65页。

⑧ 四川省档案馆·四川省征工事务管理处,全宗号116,目录号5,案卷号145,第7页。

12月,航空委员会根据空军第一路司令部勘报,梁山机场挖填方数而确定应征民工数。该项工程填土计有11647公方、挖方44844公方。此项巨大挖填数量,需征调民工9000名,方足以敷分配。航空委员会函四川省政府,颁布征调命令。四川省令梁山3000名,开江、垫江、大竹3县各2000名。①

工程机关核定民工总数后,公函省府核定后,下令征用民工。抗战时期,四川省办理工役"按现有壮丁额数配征"。专员王锡圭电四川省政府:新津机场扩修部分工程,需工3000名。省府接电文后,核定:新津600名、大邑500名、彭山500名、眉山600名、仁寿800名。而下令遵照,并限11月15日到达新津机场工作。②

1938年6月颁行的《战时军事机关或部队征用民夫暂行办法》第七条规定,在一地区征集较多数民夫时,须分批施行。每批征集数目,不得超过当地壮丁数量的1%。③ 随着国防工程建筑的增多,且时间的紧迫,劳力的需要量激增。故1940年2月委员长成都行辕订颁的《四川省非常时期征工服役暂行办法》第七条规定:征工服役以县为单位,每次征工人数以不超过全县现有壮丁数1/5为原则。④ 如1940年酉阳、黔江、彭水3县奉令征工,协筑秀山机场。黔江县甲、乙两级壮丁数为22689人。依照委员长成都行辕订颁《四川省非常时期征工服役暂行办法》第七条规定,应征民工4537人,令征2000名,是规定比额摊征之半数。⑤ 同年涪陵县奉令征调2500名民工,前赴白市驿机场修筑场址。该县有壮丁11.2万人,除兵役约3万人外,有8万余壮丁。依据

---

① 四川省档案馆·四川省建设厅,全宗号115,目录号6,案卷号12015,第143页。

② 四川省档案馆·四川省民政厅,全宗号54,目录号3,案卷号8283,第147页。

③ 四川省档案馆·四川省民政厅,全宗号54,目录号6,案卷号7404,第18页;重庆市档案馆·四川省第三区行政督察专员公署,全宗号0055,目录号2,案卷号316,第66页;重庆市档案馆·北碚管理局,全宗号0081,目录号2,案卷号91,第26页;《战时军事机关或部队征用民夫暂行办法》,《四川省政府公报》第一百二十四期,1938年8月1日出版,第12页。

④ 中国第二历史档案馆·国民政府行政院,全宗号二,案卷号8384,第10页;四川省档案馆·四川省公路局,全宗号130,目录号3,案卷号5280,第64页;四川省档案馆·四川省建设厅,全宗号115,目录号1,案卷号1771,第16页。

⑤ 四川省档案馆·四川省征工事务管理处,全宗号116,案卷号200,第99—100页。

非常时期征工服役暂行办法定第七条之规定而配额。① 壮丁数是配额征工县民工数最基本、最重要的依据,但不是唯一的,还有其他现实因素。如距离机场远近、兵役、工役等。

一县的民工数确定后,要落实于基层,才能成为现实。基层在壮丁数的基础上,多样摊派民工数。如按保、按区等。如按保分配民工数。1938 年 3 月 5 日合江县奉令征民工 1000 名,到广阳坝机场作工。该县属 702 保,每 2 保征送民工 2 名。② 1939 年成都县按保征调民工 600 名,赴温江皇天镇修筑机场③。1940 年乐至县奉令征调民工 2000 名,修筑双流马家寺机场。民工按照每镇乡保数之多少,每保摊派 4 名。计全县 596 保,共计 2384 名,摊派足额。④ 按区分配民工数。1939 年广汉县奉令征调民工 1500 名,扩修太平寺机场。民工征调数额按区分配:第一区 550 名、第二区 500 名、第三区 450 名。⑤ 1939 年仁寿县奉令征调民工 3300 名,扩修新津机场。该县按区分配:第一区 560 名,第二区 500 名,第三区 600 名,第四区 440 名,第五区 700 名,第六区 500 名,共组 6 个区队,编为 33 中队。⑥

## 二、民工的应用

大体上,遵循法规,征调民工,赶修机场。1937 年 7 月至 1939 年 6 月四川征用民工修筑的国防工程 31 项,其中机场 11 处。扩修的机场有梁山、成都凤凰山、重庆广阳坝、新津、遂宁;新修的机场有庆符、三台、华阳太平寺、重庆白市驿、双流双桂寺、温江黄天坝;整修的机场有凤凰山、广阳坝未完工程。本书

---

① 四川省档案馆·四川省征工事务管理处,全宗号 116,案卷号 187,第 61 页。
② 四川省档案馆·四川省民政厅,全宗号 54,目录号 3,案卷号 7763,第 84 页。
③ 四川省档案馆·四川省民政厅,全宗号 54,目录号 1,案卷号 1578,第 67 页。
④ 四川省档案馆·四川省征工事务管理处,全宗号 116,案卷号 209,第 67 页。
⑤ 四川省档案馆·四川省建设厅,全宗号 115,目录号 6,案卷号 12014,第 80—83 页。
⑥ 四川省档案馆·四川省建设厅,全宗号 115,目录号 6,案卷号 12015,第 7 页;四川省档案馆·四川省民政厅,全宗号 54,目录号 1,案卷号 1578,第 75 页。两档案资料对仁寿县征调民工情况,略有出入。本书选择的是建设厅档案记载的。

选择扩修新津机场、新修双桂寺机场,具体论述民工的征调和应用。1938 年中央航空委员会电催四川省政府开工扩修新津机场。所有该场,工程师估计明确,每日需精壮民工5000,限1月完成,并已定期于9月25日开工。由省府将工程所需民工,就新津、邛崃、大邑、蒲江、彭山、眉山、仁寿7县酌量分摊征调。各县民工分配数额:新津 700、邛崃 800、大邑 700、蒲江 500、彭山 700、眉山 700、仁寿 1000;共征调7县、5000名民工。①

1938 年 12 月 25 日为开工赶修双流城外双桂寺机场,中央航空委员会电请四川省政府,征调民工赶筑。省政府遵照电文"每日需民工2万人工作",分配于附近各县。第一区6县征调民工7600名,具体配额为:双流1700、成都800、温江1400、新繁500、新都400、华阳2800;第二区1县:简阳5000;第十三区4县征调民工7400名,具体配额为:广汉1400、金堂3000、德阳1800、什邡1200。并分别电饬,照数征齐。②

1938 年 12 月 25 日为开工赶修双流城外双桂寺机场,中央航空委员会电函四川省政府,发征工命令,征调民工赶筑。省府下令第一区6县征调民工7600名,具体配额为:双流1700、成都800、温江1400、新繁500、新都400、华阳2800;第二区1县:简阳5000;第十三区4县征调民工7400名,具体配额为:广汉1400、金堂3000、德阳1800、什邡1200。③

1939 年 9 月 11 日,航空委员会空军第一总站公函四川省政府,为扩修温江机场请代征调民工。省政府查酌各县所有保甲及壮丁数额、过去征工次数多寡情形分配,令由温江、灌县、崇庆、彭县、崇宁、大邑、郫县、成都、新津、新都、新繁11县,共征民工7700名,限于10月5日到达温江皇天坝机场报到,听候指派工作,以利军事(见表3-1)。④

---

① 四川省档案馆·四川省民政厅,全宗号 54,目录号 3,案卷号 8282,第 45—46 页;四川省民政厅,全宗号 54,目录号 4,案卷号 10542,第 46 页。
② 四川省档案馆·四川省民政厅,全宗号 54,目录号 1,案卷号 1632,第 1—7 页。
③ 四川省档案馆·四川省民政厅,全宗号 54,目录号 1,案卷号 1632,第 1—6 页。
④ 四川省档案馆·四川省民政厅,全宗号 54,目录号 4,案卷号 10882,第 8—9 页。

表3-1　扩修温江皇天坝机场各县派征民工数额一览①

| 序号 | 县别 | 派征民工数额（人） |
|------|------|--------------------|
| 1 | 温江 | 450 |
| 2 | 灌县 | 1100 |
| 3 | 崇庆 | 1500 |
| 4 | 彭县 | 1200 |
| 5 | 崇宁 | 300 |
| 6 | 大邑 | 1100 |
| 7 | 郫县 | 700 |
| 8 | 成都 | 300 |
| 9 | 新津 | 500 |
| 10 | 新都 | 300 |
| 11 | 新繁 | 250 |
| — | 合计 | 7700 |

　　1940年完成的七处机场由30县征调民工52900人修建。1939年11月至1940年7月的邛崃桑园镇机场原征名额为15000人：郫县900、崇庆2400、大邑2400、邛崃4300、眉山2000、青神8000、夹江2000。1939年10月至1940年2月的华阳太平寺机场原征名额9900人：华阳2100、成都400、双流500、新都300、广汉1500、德阳1600、什邡1600、金堂2900。1940年5月至1940年7月乐至征调2000人，修建双流马家寺机场。1939年10月至1940年5月的温江皇天坝机场原征名额5000人：灌县1300、彭县2000、新繁400、崇宁700、温江600。1940年5月至1940年9月安岳征调2000人修建华阳中兴场机场。1939年12月至1940年10月的梁山机场，原征名额9000人：开江、大竹、垫江各2000、梁山3000。1939年10月至1940年5月的新津机场原征名额为

---

　　① 四川省档案馆·四川省民政厅，全宗号54，目录号4，案卷号10882，第12页。

10000 人:新津 700、仁寿 3300、简阳 5300、彭山 700。①

　　1941 年新修的机场有 6 单位,动员 21 县,已征调和拟征调 134500 民工。1941 年 1 月 8 日开工的新津特种工程原征名额为 106500 人:简阳 13720、邛崃 12850、金堂 13250、新都 8250、彭县 10600、温江 7600、双流 400、新繁 6220。达县河市坝机场 2 月 5 日成立工程处,由巴中征调 2000 人、营山 5000 人修建。西充征工 2000、南充征工 4000,于 1941 年 2 月开始修建南充都尉桥机场。筹备大足登云桥机场征调 15000 人:安岳 4000、潼南 3000、永川、荣昌、铜梁、大足各 2000。已由航委会函知,准备征调为合江菜坝机场、彭水机场。②

　　1942 年国防工程总动员人数为 50540,机场为 34460,占总数的 68%;公路 15500,占总数的 31%;防御工事为 580,占总数的 1%。③ 可见,机场建筑征用民工人数最多。航空委员会主办修筑的机场工程有:简阳周家坝、合江荣坝、大足登云桥、松潘漳腊、抢修各机场旧时工程。简阳周家坝机场征用简阳民工 4000 名。④ 合江荣坝机场征用 3 县民工:合江 1500 名,江津 2000 名,泸县 300 名,总计 3800 名。⑤ 安岳、潼南、荣昌、永川、铜梁、大足 6 县民工 30500 名修筑大足登云桥机场,1943 年 4 月底完成。⑥ 松潘征调 500 人修筑该县漳腊机场。⑦ 抢修各机场旧时工程征用民工人数为 12960⑧。

　　在修筑的 33 处空军基地中,集中大规模征用民工,是为 1943 年 12 月至 1944 年 5 月修筑 B29 型机群基地(又统称"特种工程"),即新津、邛崃、彭山、

　　① 四川省档案馆·四川省征工事务管理处,全宗号 116,案卷号 476,第 65—66 页。
　　② 四川省档案馆·四川省政府征工事务管理处,全宗号 116,案卷号 476,第 67 页。
　　③ 四川省档案馆·四川省政府征工事务管理处,全宗号 116,案卷号 11,第 82 页。
　　④ 四川省档案馆·四川省特种工程征工处,全宗号 116,案卷号 11,第 36 页。
　　⑤ 四川省档案馆·四川省特种工程征工处,全宗号 116,案卷号 11,第 38 页。
　　⑥ 《四川省政府施政报告》(卅一年五月至卅二年五月),四川省政府秘书处,全宗号 41,目录号 4,案卷号 9240,第 17 页。
　　⑦ 四川省档案馆·四川省特种工程征工处,全宗号 116,案卷号 11,第 36 页。
　　⑧ 四川省档案馆·四川省特种工程征工处,全宗号 116,案卷号 11,第 38 页。

广汉建立 4 处轰炸机基地；成都、温江、德阳等地建立 5 处战斗机基地。民工来源于成都附近 29 县，如第一区的新繁、灌县、彭县、崇宁等；第二区的简阳、仁寿等。在工程进行中"民工不免有伤病遣散，又得陆续增补，前后统计，共达 50 万人"①。因人力实为浩大，本书只列出 4 处轰炸机场的原配民工人数。新津机场配额民工数为：新津 8160、新繁 5460、郫县 9480、华阳 18000、灌县 15000、崇宁 5000。邛崃机场配额民工数为：邛崃 12650、名山 4800、大邑 9120、蒲江 3960、崇庆 18040、洪雅 6000、丹棱 4000。彭山机场配额民工数为：彭山 7620、眉山 15720、温江 8520、仁寿 29300、夹江 2000。广汉机场配额民工数为：广汉 13200、德阳 9480、什邡 9720、新都 6000、金堂 23520、罗江 10000。②

1944 年 12 月至 1945 年 11 月，新修泸县机场、扩修梁山机场、协修湖北来凤机场，共 3 处。泸县机场 1945 年 3 月底开工，5 月底完成跑道，征用民工 86000 名，民工分别来自泸县、富顺、隆昌、江津、荣昌、合江、叙永。第七区行政督察专员组织民工管理处，并兼任处长负责主持有关征用的一切事情。③ 泸县特种工程民工管理处 4 月 1 日，以机场限期紧急，原征 46000 人不敷应用，加增 40000 人：荣昌征 6000 名、江津征 14000 名、合江 8500 名、

---

① 周开庆：《四川与对日作战》，台湾商务印书馆 1971 年版，第 260 页。对于此次工程的征用人数，还有其他说法：蒋介石在 1944 年 6 月 17 日发给四川省临时委员会的电报中提到"去冬以来，发动五十余万之同胞，修筑多数机场"，见《蒋委员长电勉川临参会：川省同胞肩负抗战重荷，最近修筑机场贡献尤伟》，重庆《大公报》1944 年 6 月 18 日，第三版；美国工程师凯纳逊当时语中国中央社记者，谓"当时调用之中国工人，数目达五十万之多"。见周开庆：《四川与对日作战》，台湾商务印书馆 1971 年版，第 262 页；美国哥伦比亚公司前驻重庆特派员司徒华 1944 年 4 月 16 日在华盛顿播讲，称"此等庞大之机场，系由四十三万中国农民所建立"，见《历史上又一奇迹——中国农民数十万人手建机场，担负了世界最重飞机的重量》，重庆《大公报》1944 年 6 月 18 日，第二版。还有"四川省从当地各县区聚集了四十五万民工"之说，见［美］巴巴拉·塔奇曼：《史迪威与美国在华经验》(1911—1945)(下册)，陆增平译，商务印书馆 1985 年版，第 597 页；四川省档案馆·四川省政府征工事务管理处，全宗号 116，案卷号 93，笔者据第 204、215 页计算，征工人数为 309250 人。考虑逃亡，伤病等因素，本书选择"五十万人"之说，实是 50 万人次。

② 四川省档案馆·四川省特种工程征工处，全宗号 116，案卷号 93，第 43 页。

③ 四川省档案馆·四川省民政厅，全宗号 54，目录号 6，案卷号 7678，第 125 页。

叙永征 6500 名。① 梁山机场征工名额共为 35000 名,由 42 工程处与各区专署接洽。第九区忠县、万县各分配 5000 名;第十区梁山 5430 名,大竹 6430 名,垫江 3140 名;第十五区达县 6000 名,开江 4000 名。② 民工作工 2100000 个。第十区行政督察专员组织民工管理处,并兼任处长负责主持有关征用的一切事情。协修湖北来凤机场,征调黔江民工 3900 人,作工 156000 个。③

1944 年 12 月至 1945 年 11 月,新修泸县机场、扩修梁山机场、协修湖北来凤机场,共 3 处。

泸县机场 1945 年 3 月底开工,5 月底完成跑道,征用民工 86000 名,民工分别来自泸县、富顺、隆昌、江津、荣昌、合江、叙永。第七区行政督察专员组织民工管理处,并兼任处长负责主持有关征用的一切事情。④ 泸县特种工程民工管理处 4 月 1 日,因机场限期紧急,原征 46000 人不敷应用,加增 40000 人:荣昌征 6000 名、江津征 14000 名、合江 8500 名、叙永征 6500 名。⑤ 时值农忙,因军令下达,一开工即有 80% 民工报到。⑥

梁山机场征工名额共为 35000 名,由 42 工程处与各区专署接洽。第九区忠县、万县各分配 5000 名;第十区梁山 5430 名,大竹 6430 名,垫江 3140 名;第十五区达县 6000 名,开江 4000 名。⑦ 民工作工 2100000 个。第十区行政督察专员组织民工管理处,并兼任处长负责主持有关征用的一切事情。协修湖北来凤机场,征调黔江民工 3900 人,作工 156000。⑧

① 四川省档案馆·四川省民政厅,全宗号 54,目录号 7,案卷号 9392,第 110 页。
② 四川省档案馆·四川省民政厅,全宗号 54,目录号 6,案卷号 8655,第 189 页。
③ 四川省档案馆·四川省民政厅,全宗号 54,目录号 6,案卷号 7678,第 126 页。
④ 四川省档案馆·四川省民政厅,全宗号 54,目录号 6,案卷号 7678,第 125 页。
⑤ 四川省档案馆·四川省民政厅,全宗号 54,目录号 7,案卷号 9392,第 110 页。
⑥ 许倬云、丘宏达主编:《抗战胜利的代价——抗战胜利四十周年学术论文》,台北联合报社 1986 年版,第 223 页。
⑦ 四川省档案馆·四川省民政厅,全宗号 54,目录号 6,案卷号 8655,第 189 页。
⑧ 四川省档案馆·四川省民政厅,全宗号 54,目录号 6,案卷号 7678,第 126 页。

事实上,征送到场的民工数是动态的变数,与配额数常有出入,但配额数是民工编组、管理、经费收支的原则参数。

从表3-2可见,现有人数,有的高于原送人数,如大邑县、眉山县、仁寿县;彭山、新津、邛崃、蒲江则相反,即现有人数少于原送人数。

**表3-2　1938年四川第一区征工扩修新津机场,航空委员会**
**修筑新津机场民工工作状况①**

（1938年9月26日至10月11日）

| 征送市县 | 彭山 | 大邑 | 新津 | 眉山 | 邛崃 | 蒲江 | 仁寿 |
|---|---|---|---|---|---|---|---|
| 原送人数(人) | 600 | 700 | 700 | 700 | 800 | 500 | 1000 |
| 现有人数(人) | 548 | 957 | 647 | 820 | 574 | 458 | 1152 |

据航空委员会修筑新津机场民工工作状况表,自开工第六次土方验收表②。1938年11月9日至11月15日在机场部分县份民工人数情况如表3-3所示。

**表3-3　1938年11月部分县份民工人数**

| 征送市县 | 原送人数(人) | 现有人数(人) |
|---|---|---|
| 新津 | 700 | 216 |
| 邛崃 | 800 | 1000 |
| 蒲江 | 500 | 498 |
| 仁寿 | 1000 | 1695 |

从表3-3可见,现有人数和原送人数最多县为仁寿。实际人数超出配额,邛崃超出200名、仁寿超出695名。到场后,民工减少最多为新津县。

后文将在相应章节内容深入具体研究民工增减的原因。

---

① 四川省档案馆·四川省民政厅,全宗号54,目录号3,案卷号8282,第6页。
② 四川省档案馆·四川省民政厅,全宗号54,目录号4,案卷号10880,第12页。

## 第三节　民工的编组和管理

### 一、民工的编组

县政府将各区应征壮丁编组成队后,再行率赴工地工作。① 故 1938 年广汉县额征民工 1400 名,依省府规定,则是应按民工每百人编一中队之规定,为 14 中队、42 小队。为便于指挥起见,该县以行政区域分三区,即由每区设一区队部。②

民工编组的系统:一总队(一县)—区队(两中队)—中队(三小队)—小队(每百人)。编组的内容:民工每百人为一中队,每中队分三小队。两中队以上为一区队(区队应以不割裂同属一行政区域民工为原则)。全县为一总队。全县设总队长 1 人(县长或主管科长担任)。总队部设总队附 1 人、技士 1 人(县府技士担任),事务员、会计员、录事各 1 人,传令、公差共 2—4 名。伙夫 1 名。各区队设区队长 1 人(区长或区员担任),录事 1 人,传令 1 名。每中队设中队 1 人(社训队长或队附担任),特务长 1 人。每小队设小队长 1 人。③

在修筑具体的机场工程中,民工的编组有的完全遵循规定,如 1939 年《修筑温江皇天坝飞机场各市县征调民工须知》乙项对民工队组织的规定。有的则是规定基础上有变通。如《新津飞机场各县民工领队报到须知》规定:各县到场民工应设总队长 1 员,以统率之。以下设区队长、中队长、小队长各若干

---

① 中国第二历史档案馆·国民政府行政院,全宗号二,案卷号 8384,第 16 页;四川省档案馆·四川省公路局,全宗号 130,目录号 3,案卷号 5280,第 67 页;四川省档案馆·四川省建设厅,全宗号 115,目录号 1,案卷号 1771,第 20 页。

② 四川省档案馆·四川省民政厅,全宗号 54,目录号 1,案卷号 1634,第 439 页。

③ 四川省档案馆·四川省征工事务管理处,全宗号 116,案卷号 449,第 29 页;四川省档案馆·四川省民政厅,全宗号 54,目录号 6,案卷号 7404,第 169 页;重庆市档案馆·四川省第三区行政督察专员公署,全宗号 0055,目录号 5,案卷号 103,第 267 页;四川省档案馆·四川省建设厅,全宗号 115,目录号 6,案卷号 12012,第 35 页。

员。30 人为 1 小队,3 小队为 1 中队,3 中队为 1 区队,总队则以县为单位。①
1939 年遂宁县政府奉令扩修遂宁机场。此项民工总队编组系以 50 人为 1 小
队,3 小队为 1 中队。每区调集民工无论数额多寡,均编为 1 区队。5 区队为
1 总队,计所有民工为 5000 人。② 1940 年航空委员会西川机场建筑委员会督
修温江、新津、邛崃、太平寺 4 机场。规定民工每百名编为 1 中队,每中队设分
队长 3 员、特务长 1 员、中队长 1 员;按县属区,每区设区队长、录事各 1 员;全
县设 1 总队,县长兼任总队长。③

## 二、民工的管理

编组后,对民工主要从工作和纪律上进行管理。工作上有原则规定和细
则规定,纪律上实行军事化。

《修筑飞机场各县征调民工须知》原则上规定了对民工的工作管理内容。
民工到达机场由总队部按所到人数向工程处领用标记,填写队别号码,并到工
程处加盖钤记,发给各民工佩戴。竣工后,由总队部收集缴还工程处,以昭慎
重。民工住宿地点由工程处筹备分配,指定各县备用,无须自行搭盖工棚。各
级队长应完全服从各管长官之命令、指挥,分负管理所属民工之责;并受工程
处之指挥,负督工责任,不得诿却敷衍。各县民工作工之区应按照工程处划定
地区,分别进入。每日工作及休息时间应遵照工程处之规定,不得迟到早退。
遇必要时,并须延长时间或加赶夜工。民工在工作时间不得偷闲嬉笑,贻误工
作,违则严惩。④《四川省非常时期征工服役暂行办法》第二十六条规定,各县

---

①　四川省档案馆·四川省民政厅,全宗号 54,目录号 3,案卷号 8282,第 47 页。四川省民
政厅,全宗号 54,目录号 4,案卷号 10542,第 47 页。

②　四川省档案馆·四川省民政厅,全宗号 54,目录号 1,案卷号 2154,第 10 页。

③　四川省档案馆·四川省民政厅,全宗号 54,目录号 3,案卷号 7334,第 78—80 页。

④　四川省档案馆·四川省征工事务管理处,全宗号 116,案卷号 449,第 29—30 页;四川省
档案馆·四川省民政厅,全宗号 54,目录号 6,案卷号 7404,第 169—170 页;重庆市档案馆·四川省
第三区行政督察专员公署,全宗号 0055,目录号 5,案卷号 103,第 267—268 页;四川省档案馆·
四川省建设厅,全宗号 115,目录号 6,案卷号 12012,第 35—36 页。

之民工工作应照每人每日工作能率,按土石方数量或其他工程数量平均分派,以一气做成为原则,不得采用轮派办法以免推诿延误。①

除原则规定外,具体工程又有细则规定。

1938 年《新津飞机场各县民工领队报到须知》②规定:各县民工住宿地点及作工工区均须按照划定地区,分别进入;凡到机场作工民工须佩戴标记。此项标记由各县民工总队部按所到人数领用,自行填写真实姓名,交由主管工程机关加盖钤记后,转发佩戴,以昭郑重,并同时领用小队、中队、区队、总队旗帜。

为督修温江、新津、邛崃、太平寺 4 个机场,航空委员会西川机场建筑委员会 1940 年 1 月第四次委员会议制定并通过第五案附件,并公函四川省政府。该附件详细规定了对民工工作的管理办法。如民工工作详细分配,应由总队部所设之技士、由工程处派员协助,按工程处分配土方等工程妥为平均分配,由各中队依照预计工作日数,所分工程数量,与民工多寡之配合,尤须妥为斟酌,调度得宜,督促民工努力工作,期增效率。每增民工 500 人,应增设督察员 1 人,以便督察所属民工队工作。工程处所派各工区监工人员应协助所管之民工中队长分配工作及指导分配挖土及填土工人数目,并督察各分队长,除休息时间外,不准民工怠工。③

纪律上,对民工实行军事化管理。《战时军事机关或部队征用民夫暂行办法》第二十一条规定,民夫征集后,关于纪律、裁判事项适用现役军人之规定。④ 依此蓝本规定,主办工程机关在管理民工中,配置军队。如 1938 年修

---

① 中国第二历史档案馆·国民政府行政院,全宗号二,案卷号 8384,第 19 页;四川省档案馆·四川省公路局,全宗号 130,目录号 3,案卷号 5280,第 67 页;四川省档案馆·四川省建设厅,全宗号 115,目录号 1,案卷号 584,第 21 页。

② 四川省档案馆·四川省民政厅,全宗号 54,目录号 3,案卷号 8282,第 47 页。

③ 四川省档案馆·四川省民政厅,全宗号 54,目录号 3,案卷号 8284,第 15—16 页。

④ 四川省档案馆·四川省民政厅,全宗号 54,目录号 6,案卷号 7404,第 19 页;重庆市档案馆·四川省第三区行政督察专员公署,全宗号 0055,目录号 2,案卷号 316,第 66 页;重庆市档案馆·北碚管理局,全宗号 0081,目录号 2,案卷号 91,第 26 页;《战时军事机关或部队征用民工暂行办法》,《四川省政府公报》第一百二十四期,1938 年 8 月 1 日出版,第 12 页。

筑白市驿机场时,机场建筑委员会规定,对民工实行军事管理,非奉令特许,民工不得擅自离开工作地点。工作场所呈请行营拨宪兵一排,驻扎场地,维持秩序。① 1939 年 10 月航空委员会西川机场建筑委员会颁布《建筑机场工程处组织简章》,明确规定当地驻军担任机场工程处警卫部队。② 1941 年修筑白市驿机场时,空军第一路司令部特请四川省政府调派保安队一个分队,分设盘查哨,随时盘查,严密警卫,以防民工逃跑。③ 1945 年扩修梁山机场。机场警卫场内系由航特旅担任,场外由海军陆战队第二团担任。④ 有时设置临时专职机构。在修筑凤凰山机场、皇天坝机场中,组织机场警戒区各保联合办公处,办理机场附近治安保卫事宜。⑤

虽然实行高压的军事化管理,但是应服国防工役期间的民工逃亡仍是管理中的瓶颈。如,1938 年眉山县奉令扩修新津机场,9 月 30 日开工,10 月 27 日完工。此次作工 28 日。据时兼眉山县县长王锡圭呈称:各区私逃民工 540 名。⑥

对此,主办机关、征工县份多方采取多种实际措施,进行防范、制止、堵塞国防工役实施中出现的现实问题。

1938 仁寿县奉令征民工,开赴新津修筑机场。第一期从 10 月 6 日起,至 11 月 16 日,征调民工共 2200 名,为监视周到起见,仍设总队附 2 员,区队长 5 员,月各支 20 元。⑦ 第二期从 11 月 16 日起至 12 月 12 日止,督工全用班长制;每日分早午点名 2 次,按照民工实到人数发给伙食。逃亡者当日能

---

① 重庆市档案馆·北碚管理局,全宗号 0081,目录号 3,案卷号 437,第 6 页。

② 成都市档案馆·成都市政府,全宗号 38,目录号 12,案卷号 1208,第 14 页;四川省档案馆·四川省民政厅,全宗号 54,目录号 1,案卷号 1579,第 316 页。

③ 四川省档案馆·四川省政府征工事务管理处,全宗号 116,案卷号 280,第 40 页。

④ 四川省档案馆·四川省民政厅,全宗号 54,目录号 1,案卷号 2083,第 22 页。

⑤ 四川省档案馆·四川省民政厅,全宗号 54,目录号 1,案卷号 1580,第 516—517 页。

⑥ 四川省档案馆·四川省民政厅,全宗号 54,目录号 3,案卷号 8283,第 200 页。

⑦ 四川省档案馆·四川省民政厅,全宗号 54,目录号 4,案卷号 10880,第 73 页。

发觉。①

1938 年 12 月简阳县奉令征调民工 5000 名,赶修双流双桂寺机场。开工前,县府召集各机关法团会议,制定《简阳县民工修筑双流机场补充办法》。该办法规定:由区署送往机场中,及工作后逃走民工,决严厉处罚之。② 为加强对民工的管理,民工总队部,增设会计及书记各 1 人,庶务、录事各 2 人。③

1939 年广汉县奉令征调民工 1500 名,扩修太平寺机场。通过由区署切实验送、集中管理,分区工作办法,以资防止逃亡。④

1939 年 3 月什邡县县长赵玉林上呈,报告对待民工逃亡采取的措施。修筑双流双桂寺机场,什邡县原派民工数额为 1200 名。到达机场验收人数为 1093 名。嗣因屡次逃亡,为补送足额及赶筑工程起见,曾经该县召集各区长及联保主任,举行临时紧急会议决定,除逃亡额数由各联保自行补足外,并增派 712 人前往赶修。所有增派民工于 2 月 3 日陆续到齐。经工程处验收,先后共 1600 名在案。⑤

1940 年三台县征工修筑双流机场,因民工逃亡甚多,不得不昼夜派工警戒。⑥

1940 年永川县奉令额征 1200 名民工,修筑白市驿机场。为加强管理,该县由各乡镇公所派分队长负责外,并须遵照层峰命令,切实优待民工家属,使其能安心工作。优待办法应由各保未出丁之家筹集食米,每月每民工 1 名给米 2 斗或谷 1 市石,交由其家属承领。各民工受优待后,仍私逃者,应由该管

---

① 四川省档案馆·四川省民政厅,全宗号 54,目录号 4,案卷号 10880,第 89—90 页。
② 四川省档案馆·四川省民政厅,全宗号 54,目录号 1,案卷号 1632,第 132 页。
③ 四川省档案馆·四川省民政厅,全宗号 54,目录号 1,案卷号 1632,第 134 页。
④ 四川省档案馆·四川省建设厅,全宗号 115,目录号 6,案卷号 12014,第 83 页。
⑤ 四川省档案馆·四川省民政厅,全宗号 54,目录号 1,案卷号 1633,第 331 页。
⑥ 四川省档案馆·四川省征工事务管理处,全宗号 116,目录号 164,第 210—211 页。

分队长呈报主管乡镇公所。其家属所领优待米或优待谷追还,并将逃工捕送县府。[1]

为补充服役期间,逃亡民工,基层在事员一般事前就超额征调民工,以候补。

1940 年 4 月 4 日,乐至县奉令征调民工 2000 名,修筑双流马家寺机场。县长召集地方人士开会,决议全县 596 保,每保 4 人,共征民工 2384 名。[2]

补征补送。此法为 1941 年修筑新津特种工程的新繁、双流、新津、温江等 11 县较集中、典型采用。因逃亡过多,配征之数远远超过额征之数。如,新都额征民工 6000 名,县令加征到 8550 名。新繁额征民工 4500 名,县令配征 6336 名。[3]

1941 年金堂奉令征调民工 9000 名,往新津机场作工。已逃亡过多,须随时补充。故所征之数已超过应征之额数千。[4]

因白市驿机场关系拱卫陪都,至为重要且紧急。1941 年 3 月 30 日,空军第一路司令部特制定《航空委员会修筑白市驿机场工程处防止逃工暂行办法》[5],并交四川省政府备查,以期严密管理、增进工作效率。该暂行办法共有十三条,第三条内容:凡征送民工在中途脱逃者,应由领队人员查明逃工姓名,表报县府,令饬原征工各保仍将该逃工押解来场,担任工作。如二次中途脱逃,或不回本乡者,即报请县府通缉归案,予以监禁。第六条规定:第六条规定、各县在场民工如一次逃跑在 10 人以上时,应即处分该管中分队长,分记过、罚薪、撤职 3 项,由本处按情节严重决定之。第九条规定:民工住地附近应利用因雨停工时间,挖掘露天防空壕,每一壕至多以容纳 50 人为限,并应弯曲

---

①　四川省档案馆·四川省政府征工事务管理处,全宗号 116,案卷号 524,第 144 页。
②　四川省档案馆·四川省政府征工事务管理处,全宗号 116,案卷号 209,第 14 页。
③　四川省档案馆·四川省民政厅,全宗号 54,目录号 4,案卷号 9528,第 11、15 页。
④　四川省档案馆·四川省民政厅,全宗号 54,目录号 4,案卷号 9528,第 44 页。
⑤　四川省档案馆·四川省政府征工事务管理处,全宗号 116,案卷号 280,第 39—40 页。

疏散,不可挖成直线,或数壕连接一起,以备夜间空袭躲避之用。此特尤须严防民工乘隙逃跑。第十二条规定:各县在场工作民工,如已达到规定之标准能率45倍,即每1民工做到3米9市斗时,应即准予遣回,另行征调接替,以免工作日久,精神疲劳,易起逃跑之念。

1944年新津机场,由第一民工管理处请特三团于交通部设盘查哨,严防民工逃亡。并由华阳民工总队部制备服役证,以为将来缓役之凭证。逃亡民工,尽先送服兵役。十三工程处奖给民工纸烟,用资慰劳。①

1945年江津县奉令征工19000人,修筑泸县机场。《江津县政府奉令修筑泸县机场征工暂行办法》第十条规定:所征民工如有逃亡,缉获后送交民工总队部,转送工程处依法治罪。《江津县政府奉令修筑泸县机场征工补充暂行办法》第八条规定:各乡镇征送民工在工地如有逃亡,仍责成如数克日补送,即不另支集中费及来程旅费。②

1945年5月2日军事委员会工程委员会第四十三工程处、四川省泸县特种工程民工管理处第五次联席会报上,提出不定时抽点清点民工人数。③

1945年垫江县奉令征集民工3500名,扩修梁山机场。到场民工一律实施军事管理,分层负责。每日上午开工及午后收工,各队分别点名,填具报告表,层转查核,并随时由大队部或总队部派员抽查。如有不实,以各级负责人虚报贪污,交军法议处。民工到达工区逃亡者,比照逃亡兵役论罪。④

1945年为修泸县特种工程,机场配备警卫人员长官46员、士兵530人,以加强管理。⑤

---

① 四川省档案馆·四川省政府征工事务管理处,全宗号116,目录号1,案卷号403,第87页。
② 四川省档案馆·四川省民政厅,全宗号54,目录号3,案卷号8434,第148—149页。
③ 四川省档案馆·四川省民政厅,全宗号54,目录号1,案卷号1899,第24页。
④ 四川省档案馆·四川省民政厅,全宗号54,目录号1,案卷号2081,第191页。
⑤ 四川省档案馆·四川省民政厅,全宗号54,目录号1,案卷号1899,第7页。

# 第四节 推行实效

各省民众应征建筑空军基地及军事交通工程的贡献,也和前线战士的功劳不相上下。[1] 此功劳在一定程度上体现了西南国防工程工役的推行时效,机场主要有三个方面的推行时效。

## 一、培训飞行员

全民族抗战爆发后,中国空军飞行员数量太少的现实凸显。因此国民政府不得不尽快培养飞行人才,以解决战争之急需。1938 年夏天,抗日战争进入紧张阶段,为了早日修好空军士校太平寺机场,迅速培育空军战士,补充前线,蒋介石手令航空委员会、四川省政府、成都行辕限期半年完成太平寺机场的勘测、修建到交验使用,不得延误。机场工程由于民工发扬爱国主义精神,辛勤地忘我劳动,以及勘测设计施工各方面的配合,仅半年时间,就完全建成,经验收合格交付空军士校使用。1938 年年底,教练学生飞行用的"弗力提"飞机××架,即在机场降落,保证了空军士校学生飞行教练的学习。[2] 1939 年为提高对日空军陆战队的作战技能,各机场警卫部队在太平寺、凤凰山、皇天坝、新津、双流、邛崃 6 个机场,分区分期举行防空演习。[3] 1942 年,中国第一个滑翔机场在重庆市北碚建成。这座机场主要为空军培养初级飞行员。

---

① 吴相湘编著:《第二次中日战争史》(*The Second Sino-Japanese War—— 1931-1945*)下册,台北综合月刊社 1974 年版,第 604 页。

② 晏嘉陵、郝孝贤:《忆成都建立空军军士学校及太平寺飞机场概况》,中国人民政治协商会议四川省成都市委员会文史资料研究委员会编印:《成都文史资料选辑》(总第十一辑),1985年版,第 156 页。

③ 四川省档案馆·四川省防空司令部,全宗号 180,目录号 1,案卷号 1439,第 8 页。

## 二、增进地空防御能力

地面防御能力的增进则是增配机场兵力和国防工事。如第三行政区机场建筑委员会修筑白市驿机场于 1938 年 10 月至 1939 年 6 月大部完成,又扩修于 1939 年 12 月开工至 1940 年 8 月底。1940 年 7 月,重庆卫戍总司令部为强加白市驿机场炮火威力起见,令饬野炮第十一团第二营原令其驻广阳坝之一连,改开白市驿北之赖家坝附近位置,并向赖家坝以南地区选定阵地,以能于必要时对白市驿机场降落之日机发挥最大威力。[①] 1940 年,各机场增派驻兵力,以增强对日机轰炸的防御力。具体情况见表 3-4。

表 3-4　1940 年各机场应行加强警卫兵力及派部队番号一览

| 省别 | 驻地 | 站名 | 增兵力 | 增派部队番号 |
|---|---|---|---|---|
| 四川省 | 成都凤凰山 | 空军第六八站 | 步兵 2 连 | 二十五补训处 |
| | 成都太平寺 | 空军临时总站 | 机枪 1 连 | 二十五补训处 |
| | 重庆白市驿 | 空军第二总站 | 机枪 1 连 | |
| | 重庆广阳坝 | 空军第六四站 | 步兵 1 连 | |
| | 梁山 | 空军第三总站 | 机枪 1 连 | 第一补训处 |
| | 温江 | 空军第一总站 | 步兵、机枪各 1 连 | 一三七师 |
| | 双流 | 空军第五五站 | 步兵、机枪各 1 连 | 一三七师 |
| | 宜宾 | 空军第二四站 | 已足 | 新十八师 |
| | 邛崃 | 空军第三五站 | 步兵 2 连另 2 排 | 保安处 |
| | 遂宁 | 空军第一二四站 | 步兵、机枪各 1 连 | 新九师 |

资料来源:此表是笔者依据档案第 111 页和 128 页内容编制。"各处防空部队之调配文电(1940 年)",中国第二历史档案馆·国防部史政局和战史编纂委员会,全宗号七八七,案卷号 16975,缩微胶卷号:16J-807。

1941 年 4 月 15 日完成加强重庆白市驿机场附近国防工事,如半永久重

---

　① "各处防空部队之调配文电(1940 年)",中国第二历史档案馆·国防部史政局和战史编纂委员会,全宗号七八七,案卷号 16975,缩微胶卷号:16J-807,第 138 页。

机枪掩体共 13 座、野战用重机枪掩体共 1 座、高射重机枪掩体 10 座、半永久轻机枪掩体共 51 座、野战用轻机枪掩体共 21 座、轻迫击炮掩体共 10 座、轻迫击炮弹道掩蔽部共 10 个等。① 同年 7 月 31 日,日机 130 架,由鄂分五批袭川。第一批 30 余架、第二批 27 架、第三批 27 架、第四批 18 架、第五批 27 架,先后侵入重庆市空。"经我高射部队猛烈射击,敌机队形凌乱,在市区内外仓皇投弹数百枚,向东逸去。"②8 月 30 日,日机 200 余架,分 10 批,出鄂陕经川东北袭川。第三、四、五、六、七批各 27 架,先后侵入重庆市上空,"经我高射炮部队猛烈射击,仓皇在市郊××等地盲目投弹,我损害甚微"③。

空中防御能力的增进则是机场为中国空军迎击并出击日机提供了最基本的军事设施。如 1937 年年底,中国空军进驻梁山机场。1938 年 9 月,苏联援华志愿空军飞机九架飞抵梁山机场,帮助中国抗日 1 年多。苏联空军和中国空军多次联手进攻轰炸日军机场、军事设施,并入侵日机,歼日机多架。1940 年 5 月 20 日,日军重轰炸机 24 架,由鄂西向川境进扰。在梁山西北一带,"我某地战斗机××架,早已侦悉,遂升空出击"。梁山空战,我军全部凯旋,而日机"前后共击落七架"。④ 5 月 28 日,我某轰炸队由某处飞往湖北安陆轰炸敌军。当我机群飞达安陆上空时,见日本汽车千余辆排列路旁,及数千正忙于修筑工事之日军。"我各健儿乃集中投下大量重磅炸弹。敌军不及逃避,均在仓库及汽车被焚大火中烧毙。我英勇健儿见任务已达,皆安全飞返原防。"⑤

---

① "重庆卫戍区白市驿机场附近国防工事种类位置说明表(1941.5—1941.6)",中国第二历史档案馆·国防部史政局和战史编纂委员会,全宗号七八七,案卷号 3406,缩微胶卷号:16J-0184,第 13—28 页或第 44—62 页。

② 《中央日报》1941 年 7 月 31 日,第三版;重庆《大公报》1941 年 7 月 31 日,第二版。

③ 《中央日报》1941 年 8 月 31 日,第二版;重庆《大公报》1941 年 8 月 31 日,第二版;《申报》1941 年 8 月 31 日。

④ 重庆《大公报》1940 年 5 月 21 日,第二版;重庆《新华日报》1940 年 5 月 23 日,第二版。

⑤ 重庆《新华日报》1940 年 5 月 29 日,第二版。

### 三、支持盟军作战

支持盟军作战的典型机场为 B29 型机群基地。1943 年 8 月,美国空军部队拟订麦特洪计划(Matterhon),即从中国成都起飞的 B29 型轰炸机特种部队轰炸日本。1944 年 6 月 15 日夜,该计划付诸实施。轰炸目标为八幡。八幡为日本钢铁工业中心,所产钢铁占全国钢铁总数的 1/5,所有炼钢的钢铁炉,占全国的 67%。轰炸该地之重要,由此可见。① 这一炸,一方面给日本国民心灵上以莫大的打击,另一方面给正在艰苦抗战的中国军民以无限的鼓舞。因为这是"盟国第一次从中国基地直接攻击日本,也是历史上最长距离的空中轰炸的首开纪录。到这一年年底止,从成都出动的 B29 型机队对日本本土及日军占领地共计投下了炸弹 3623 吨"②。同时,"特种工程"也击碎了日本抽调"几乎包括了在华兵力中野战兵团的全部"③兵力,而企图实现"1 号作战"的核心目的即"摧毁敌空军之主要基地,制止敌军空袭帝国本土"④。因为,侵华日军已深切意识到美国制空权的优势,很大程度上是因为"美空军在中国四川一带确立了坚固据点,其战力也逐次增强"⑤。1945 年 2 月日军费尽力气占领了桂林、柳州、遂川和赣州的机场群,但是美军已经杳无踪迹。美国远程轰炸机主力 B29 型机取代了 B25 型机,其空军基地已内迁到四川省成都市郊外。日本的忧虑终成为现实:美机从中国远距离空袭日本本土。"故我四川同胞,不惟在我抗战史上克尽其国民之天职,无愧为贯彻胜利之基础;即在全

---

① 周开庆:《四川与对日抗战》,台湾商务印书馆 1971 年版,第 265 页。
② 吴相湘:《第二次中日战争史》,台北综合月刊社 1973 年版,第 889 页。
③ 日本防卫厅防卫研究所战史室:《中华民国史资料丛稿·译稿——1 号作战之一:河南会战(上)》,天津市政协编译委员会译,中华书局 1982 年版,第 7 页。
④ 日本防卫厅防卫研究所战史室:《中华民国史资料丛稿·译稿——1 号作战之一:河南会战(上)》,天津市政协编译委员会译,中华书局 1982 年版,第 26 页。
⑤ 《大本营陆军部》摘译:《日本军国主义侵华资料长编》(中),四川人民出版社 1987 年版,第 794 页。

世界反侵略战争之阵容中,也具有卓越光荣之贡献。"①

国民政府推行国防工程工役的目的在于完成战斗任务。② 由上面分析可知,宏观上,此项工役达到了目的。目的实现的方式则是大量、频繁地征农民服役。四川省"为完成各项国防建设而征用工役之繁,实为其他各省所鲜见"③。这使农民超负荷地疲于应征。"征工服役概为贫民担负,一役再役,几无休期。"④如温江附近(二三百里内)之10余县,自1938年9月起至1939年9月,因修筑凤凰山、太平寺、新津、双桂寺及皇天坝等处机场工程,征调民工每县应征最少2次,多至5次以上。此外,关于整修公路征工服役尚未计及。力役频繁,民力劳止。近准空军军士学校公函,以修筑太平寺机场延伸工程,请川府征调民工。目前收获登场。军事、建设同时需用大量民力,匪特不敷分配。因温江机场亟待扩修,省府令温江、灌县、崇庆、彭县、崇宁、大邑、郫县、成都、新津、新都、新繁11县,共征民工7700名,限于同年10月5日赶赴机场报到。⑤ 此情虽属实,但"抗战时期,军事第一。对于国防工程,无论如何困难,均应加倍努力,以利戎机"⑥。

## 第五节　取得实效的原因

由上面分析可知,西南国防工程工役的推行,在大局上取得了一定及时实效,其根本原因在于大量农民的应征。"应征之人,悉为谨厚之农夫。"⑦促使

---

① 《蒋委员长电勉川临参会:川省同胞肩负抗战重荷,最近修筑机场贡献尤伟》,重庆《大公报》1944年6月18日,第三版。
② 重庆市档案馆·四川省第三区行政督察专员公署,全宗号0055,目录号3,案卷号254,第39页;四川省档案馆·四川省民政厅,全宗号54,目录号6,案卷号7975,第101页。
③ 四川省档案馆·四川省政府征工事务管理处,全宗号116,案卷号464,第132页。
④ 四川省档案馆·四川省政府征工事务管理处,全宗号116,案卷号455,第110页。
⑤ 四川省档案馆·四川省民政厅,全宗号54,目录号8,案卷号10882,第6—7页。
⑥ 重庆市档案馆·北碚管理局,全宗号0081,目录号4,案卷号918,第11页。
⑦ 四川省档案馆·四川省征工事务管理处,全宗号116,案卷号16,第5页。

农民应征的主要力量是威武不屈的民族气节和恩威并重的政策措施。

## 一、威武不屈的民族气节

威武不屈的民族气节是西南国防工程工役推行取得时效的重要精神力量。19 世纪著名军事家克劳塞维茨睿智地指出,战争中"物质的因素和作用不过是本质的刀柄,精神的因素和作用才是贵重的金属,才是真正的锋利的刀刃"①。民族气节属于精神因素源于战争的性质,而战争的性质是由政治目的决定。战争本身的政治目的本质上并不是攻城略地、歼灭敌军,而是使战败国屈从于战胜国的意志。② 日本近卫公爵说:"日本唯一的目的是把中国击至屈膝。"③日本荒木大将在 1938 年 7 月 7 日的演讲中说:"我们的方针是彻底击灭抗日的中国,一直到它放下武器不能再起为止。"④中国人民则以生命进行这场民族自卫战。"保卫我祖宗遗传下之疆土。是土也,我衣于是,我食于是,我居于是,我祖宗之坟墓在焉,妻子之田园在焉。苟欲夺此土者,则是夺我生也,则牺牲其生命与之宣战。"⑤

在修筑机场中,民工付出了生命。如 1940 年,航空委员会修筑白市驿机场工程处造呈 4 月日机 2 次袭白各县民石工死伤报表。表列民工死亡数为:巴县 279 人、璧山 187 人、大足 126 人、铜梁 470 人、荣昌 374 人、永川 325 人、峡区 84 人,合计 1845 人。受伤人数:巴县 37 人。⑥ 抗战中,民工无声无息地倒下了,但他们是战争实际撑持者的较底层社会力量。

---

① [德]克劳塞维茨:《战争论》(上册),杨南芳等译校,陕西人民出版社 2001 年版,第 163 页。

② [美]汉斯·摩根索:《国家间政治权力斗争与和平》,徐昕等译,北京大学出版社 2006 年版,第 33 页。

③ [美]埃德加·斯诺(Edgar Snow):《为亚洲而战》《斯诺文集》(3),新民译,新华出版社 1984 年版,第 147 页。

④ 张效林译:《远东国际军事法庭判决书》,北京群众出版社 1986 年版,第 152 页。

⑤ 蒋百里:《蒋百里(方震)先生文集》,台北文海出版社 1971 年版,第 48 页。

⑥ 重庆市档案馆·北碚管理局,全宗号 0081,目录号 4,案卷号 918,第 21 页。

## 二、恩威并重的政策措施

恩威并重的政策措施是国防工程工役推行取得时效的另一重要力量。

"恩"主要指政府依现实而实施的优惠政策和务实物质待遇。

优惠政策突出的表现是被征调修建机场县份的壮丁可免、缓服兵役,因为"征兵征工同时举办,民力实已不胜负荷"①。两相权衡,在特定情况下,只有择一。虽然1939年11月4日,时任四川省政府兼理主席蒋介石代电秀山凌县长,指示"查兵役及机场工程均属抗战紧急要政,并无轻重区分"②。

1940年服工役修筑白市驿机场者,可缓兵役。③ 故1940年3月2日四川省政府令渝酉师管区,在白市驿机场进行期中,由该部审酌情形,量予展缓涪陵县征兵,俟工程完毕,再行如额征补在案。④ 1940年,秀山、涪陵奉令征工。征工期内,该两县应征兵额,奉四川省军管区司令部准缓,征工竣,应照数补征。⑤

1941年四川新津建修特种工程,由成都附近10余县、民工10万余人担任。遵照国民政府军事委员会委员长蒋介石1940年12月手令,洽机渝电,"成都附近机场新筑跑道之工程浩大,务加紧进行。最好分昼夜工,轮班工作。凡服该机场工役之县份,如能如期完成工作,则准明年1年内不在该县征兵。请用各种方法奖励,促成为要"⑥。而特免征工各县本年度兵役1年。⑦ 因而1941年,双流县征工建修新津机场。因未落后,得免征后1年,计总额为

① 重庆市档案馆·四川省第三区行政督察专员公署,全宗号0055,目录号5,案卷号149,第26页;四川省档案馆·四川省政府征工事务管理处,全宗号116,案卷号464,第22页。

② 四川省档案馆·四川省建设厅,全宗号115,目录号6,案卷号12013,第90页。

③ 重庆市档案馆·北碚管理局,全宗号0081,目录号4,案卷号296,第2页、第4页。

④ 四川省档案馆·四川省政府征工事务管理处,全宗号116,案卷号187,第48页。

⑤ 四川省档案馆·四川省政府征工事务管理处,全宗号116,案卷号187,第117页。

⑥ 四川省档案馆·四川省政府征工事务管理处,全宗号116,案卷号518,第37页。

⑦ 四川省档案馆·四川省政府征工事务管理处,全宗号116,案卷号236,第5页;重庆市档案馆·四川省第三区行政督察专员公署,全宗号0055,目录号5,案卷号149,第56页;四川省档案馆·四川省民政厅,全宗号54,目录号8,案卷号10695,第56页。

2040 名;每名每年发优待 4 次,每次 2 石,全年总数应为 16000 余市石。①

1942 年 5 月四川省政府制发《四川省各县市服役民工免缓役实施办法》,在法律上给予服役国防工程的民工以免缓役的法定优惠政策保障。航空委员会核准施行的《修筑机场须知》总则第七条:办理征工各县工作期,应由专署请求免派兵役,以免不能兼顾。②

比较集中免兵役的情形,体现于 1944 年赶修机群的各县,见表 3-5。

表 3-5  四川省特种工程征工各县应免兵额③ （单位:人）

| 机场名 | 县名 | 民工人数 | 1944 年度实征兵役数 | 每民工 5.5 名作工 100 日抵免兵役 1 名数 | 抵免后尚应征兵额 | 超出兵数 |
|---|---|---|---|---|---|---|
| 新津机场 | 新津 | 8160 | 1464 | 1113 | 351 | — |
| | 新繁 | 5460 | 984 | 745 | 259 | — |
| | 郫县 | 9480 | 1704 | 1293 | 411 | — |
| | 华阳 | 18000 | 3186 | 1964 | 1222 | — |
| | 灌县 | 15000 | 2689 | 846 | 1843 | — |
| | 崇宁 | 5000 | 832 | 282 | 550 | — |
| 合计 | 六县 | 61100 | 10859 | 6243 | 4616 | — |
| 邛崃机场 | 邛崃 | 12650 | 2256 | 2415 | — | 159 |
| | 名山 | 4800 | 864 | 916 | — | 52 |
| | 大邑 | 9120 | 1644 | 1742 | — | 98 |
| | 蒲江 | 3960 | 720 | 756 | — | 36 |
| | 崇庆 | 18040 | 3612 | 3444 | 168 | — |
| | 洪雅 | 6000 | 1524 | 982 | 542 | — |

---

① 四川省档案馆·四川省民政厅,全宗号 54,目录号 4,案卷号 9528,第 87 页。
② 四川省档案馆·四川省政府征工事务管理处,全宗号 116,案卷号 187,第 25 页。
③ 四川省档案馆·四川省档案馆,全宗号 116,案卷号 93,案卷标题:《四川省特种工程征工各县县长座谈会、各机场开工日期、征调民工统计表、注意事项、四川省征总处关于征工的训令》(1944 年),第 202—204 页。

续表

| 机场名 | 县名 | 民工人数 | 1944年度实征兵役数 | 每民工5.5名作工100日抵免兵役1名数 | 抵免后尚应征兵额 | 超出兵数 |
|---|---|---|---|---|---|---|
| | 丹棱 | 4000 | 744 | 655 | 89 | — |
| 合计 | 七县 | 58570 | 11364 | 10910 | 799 | 345 |
| 彭山机场 | 彭山 | 7620 | 1368 | 1455 | — | 87 |
| | 眉山 | 15720 | 2852 | 3002 | — | 170 |
| | 温江 | 8520 | 1536 | 1627 | — | 91 |
| | 仁寿 | 29300 | 7080 | 5594 | 1486 | — |
| | 夹江 | 10000 | 1328 | 1110 | 218 | — |
| 合计 | 五县 | 71160 | 14144 | 12788 | 1704 | 348 |
| 广汉机场 | 广汉 | 13200 | 2376 | 2448 | — | 72 |
| | 德阳 | 9480 | 1804 | 1759 | 45 | — |
| | 什邡 | 9720 | 1752 | 1803 | — | 51 |
| | 新都 | 6000 | 1416 | 1277 | 139 | — |
| | 金堂 | 23520 | 4776 | 4362 | 414 | — |
| | 罗江 | 10000 | 1383 | 1110 | 273 | — |
| 合计 | 六县 | 71920 | 12507 | 12759 | 871 | 123 |
| 凤凰山机场 | 成都 | 4500 | 1416 | 958 | 460 | — |
| 彭家场机场 | 彭县 | 6000 | 3252 | 1146 | 2106 | — |
| 双桂寺机场 | 双流 | 6000 | 1464 | 1277 | 187 | — |
| 总计 | 27县 | 279250 | 56008 | 46081 | 10743 | 816 |

注:抵免后尚应征兵数与超出兵数系每民工5.5名作工100日抵免兵役1名数与1944年实征兵役数相减而得。

1944年遂宁县征调北固、南强、玉峰、永兴、西宁、龙凤6乡,各征调民工200人,赶筑加强遂宁机场作战工程。征工6乡应征壮丁准予免征1期。①

———————

① 四川省档案馆・四川省民政厅,全宗号54,目录号1,案卷号2155,第28—29页。

1945年四川省政府奉军事委员会电,而征调泸县、富顺、隆昌、荣昌、合江、叙永、江津7县,动员民工86000人,赶筑泸县机场。因该场工艰限迫,兵役部转四川省军管区司令部核准:征工县份照所作总工数计算,以每550个工,抵免兵额1名,在本年82%内抵扣。①

1945年垫江县奉令征集民工3500名,扩修梁山机场。《垫江县三十四年征工扩修梁山机场实施办法》规定,参加此次特种工程得力民工,明年征兵特准缓役②。

应服国防工役的民工除依法享受免、缓服兵役、工役优惠政策外,有时得到政府发放的应时务实物质福利。

1937年成都县扩修凤凰山机场,征调民工,通常人数均在2000人以上,有时加至3000余人。时间经过4个月。该民工等概系义务,只给伙食。为收效迅速,并限日完成一定工程起见,时任县长陈诗每次预定奖励。或奖以猪肉,或资以卷烟,以示鼓励。其开支数目,合计973.618元,分之于众,仍属无多,收效极为宏大。③

1938年1—7月璧山县征工修筑重庆广阳坝机场。杂支合计288.79元,其中奖励民工牙祭费118元④,占了41%。

据《大邑县民工总队部造报修筑新津飞机场支出经费计算书》⑤(1938年12月造)第一次修筑新津机场,该县奖励费用支出情况见表3-6所示。

表3-6　大邑县奖励费用支出情况⑥

| 第一目本县奖励 | 418.980元 | |
|---|---|---|
| 第一节猪肉 | 328.900元 | 奖励民工牙祭3次 |

①　四川省档案馆·四川省民政厅,全宗号54,目录号3,案卷号8434,第70、113、115页。
②　四川省档案馆·四川省民政厅,全宗号54,目录号1,案卷号2081,第191页。
③　四川省档案馆·四川省民政厅,全宗号54,目录号4,案卷号9438,第170—171页。
④　四川省档案馆·四川省民政厅,全宗号54,目录号3,案卷号7763,第22—23页。
⑤　四川省档案馆·四川省民政厅,全宗号54,目录号4,案卷号10880,第59—62页。
⑥　本表是摘编自《大邑县民工总队部造报修筑新津飞机场支出经费计算书》,源于四川省档案馆·四川省民政厅,全宗号54,目录号4,案卷号10880,第72页。

| 第二节草鞋 | 51 元 | |
|---|---|---|
| 第三节月饼 | 30.080 元 | 中秋节奖励各民工月饼 |
| 第四节特奖 | 9 元 | 民工小队长 3 人,督工尽职,成绩优异,各奖励 3 元 |

从表3-6可见该县在此次国防工程修建中,给予了一定现实的应时福利待遇。

1938年至1939年成都县奉令征调800名民工,修筑双桂寺机场。县府以工程浩大,为求增加工作效率起见,故每周给予牙祭1次,每人4两,以资鼓励。所有增支项是犒赏牙祭,费洋359.85元。幸得提前完成,并蒙航委会赠送"完工冠军"锦标,工程处犒赏酒肉。①

1938年大邑县两次征工修筑新津机场,支付民工物质奖励如猪肉、草鞋和月饼共去洋600余元(注:516.6+94.2=610.8)。②

1938年11月1日至12月12日蒲江县征工修筑新津机场。为奖励民工,总部购买猪肉2次、给奖金3次,总支出149.13元。③

1939年3月至同年6月,彭山县修筑温江皇天坝机场工程,奖励费166.2元。包含二节支出项目。第一节犒赏支出80.1元。工程期间,3月30日犒赏每名民工猪肉0.6斤,共计民工112名,其犒赏猪肉267斤,每斤0.3元。第二节奖金支出。机场土方工程奉令限于4月10日正午完成,7日、8日、9日加赶夜工,3夜工作民工每日每人奖洋0.05元,累计共有民工1722名,奖金支付86.1元。④

1939年12月20日至1940年7月12日,三峡实验区奉令征工修筑白市驿机场。民石工应征服役,每人每月给慰劳金8元,由区征工委员会统筹办

① 四川省档案馆·四川省民政厅,全宗号54,目录号1,案卷号1634,第465页。
② 四川省档案馆·四川省民政厅,全宗号54,目录号4,案卷号10880,第62、84页。
③ 四川省档案馆·四川省民政厅,全宗号54,目录号4,案卷号10888,第154页。
④ 四川省档案馆·四川省民政厅,全宗号54,目录号1,案卷号1580,第376页。

理,其款则向士绅募集①。

1940 年,成茂师管区司令部照建修双流机场,三台县民工人数,每名配发军服 1 套②。

1941 年温江县奉令征调民工 5500 人赶修新津特种工程,时值农历年关。时任县长李世丰令该县机关法团、学校及热心士绅,分别进行募捐。同时令财委会筹措款项,备置酒肉。县长乘此旧历年前,率领慰劳人员,赴新津工区,分别加以慰问,予以精神及物质上的鼓励,以期增进工作效率。③

1944 年四川省政府对于所有参与赶修"川西特种工程"的民工均各配发布料 1 身。④ 因赶修期正值中国传统农历春节,征工各县奉令年节慰劳民工。新繁、郫县、华阳、崇宁、邛崃等 16 县慰劳民工现金及各种物品折合现金,总计 861.9664 万元。照以上各县民工总数 17.6378 万名平均分摊,每 1 民工可得慰劳金 48.748 元。各县慰劳民工除发给现金外,则多系猪肉、火酒、纸烟、茶叶、草鞋、药品、蔬菜、食盐等。慰劳代表除机关首长外,多数为乡镇民代表及士绅。⑤

表 3-7  丹棱县建修邛崃特种工程慰劳民工情形调查⑥

(1944 年 5 月 3 日)

| 慰劳团体 | 慰劳代表身份姓名 | 慰劳物品 | 分配情形 |
|---|---|---|---|
| 参议会  党部 | 议长彭序东<br>书记长吴春华 | 草鞋 | 每民工 1 双 |
| — | — | 国币 | 每民工 30 元 |
| 总队部 | 总队长 | 国币 | 每民工 5 元至 10 元 |
| — | — | 草鞋 | 每民工 1 双 |

---

① 四川省档案馆·四川省政府征工事务管理处,全宗号 116,案卷号 524,第 146 页。
② 四川省档案馆·四川省政府征工事务管理处,全宗号 116,案卷号 164,第 169 页。
③ 四川省档案馆·四川省政府征工事务管理处,全宗号 116,案卷号 518,第 194—195 页。
④ 四川省档案馆·四川省政府征工事务管理处,全宗号 116,案卷号 332,第 32 页。
⑤ 四川省档案馆·四川省政府征工事务管理处,全宗号 116,案卷号 328,第 120—121 页。
⑥ 四川省档案馆·四川省政府征工事务管理处,全宗号 116,案卷号 81,第 58 页。

　　"威"主要是指政府的高压法令和实际强征民工,及对办理人员的奖惩。《军事征用法》第二十三条规定,应征人无正当理由,拒急(今:绝)供给征用之劳力时,得强制征用之。① 依《军事征用法》而制定的《战时军事机关或部队征用民夫暂行办法》第八条规定,被征民夫不得拒绝应征。② 依据中央政府的法令,四川省政府制定了相应的地方性法规。1937 年 9 月 24 日川府训令颁发《四川省各县市民力统制实施办法》和《全国总动员四川省各县市户口调查整顿保甲长及协助征工实施方案》,两法都规定强制征调。为征足民工,征工县份派兵征调。如 1941 年 2 月彭水县奉令修建秀山机场。该县遵照至少每乡镇征送 500 人,而分派员兵驰赴各乡镇守催征送。③ 基层经办人员甚至用绳索捆绑民工,省政府不得不下令禁止。如 1940 年省府电令崇宁县政府征工时,"禁用绳索牵绑"。④ 四川省征工事务管理处在 1941 年度 2 月施政报告中提出,对于 1941 年新津特种工程"为增加工作效率计,已电催各县星夜补充逃亡及缺额民工,并责令各县保甲人员缉拿逃亡民工惩办"⑤。

　　为促成基层人员征足民工,而对相关官员采用相应实质性的措施。

　　1940 年至 1941 年修筑秀山机场中,黔江县前县长杨彦芳因循延误,而追加处分,彭水县县长柯仲生以相当惩处,彭水县府教建科长谭裕昌言论荒谬,撤职究办,以儆疲顽。⑥ 1941 年酉阳、黔江、彭水、秀山 4 县修筑秀山机场。酉阳挖方如限完成,故县长冯英记大功 1 次。黔江前任县长杨彦芳贻误工程,记大过 1 次。秀山县长沈天如、彭水县长柯仲生督导不力,各记过 1 次。彭水县

　　① 重庆市档案馆·重庆市政府,全宗号 0053,目录号 2,案卷号 1223,第 6 页;《军事征用法》,《四川公路月刊》第十九期,1937 年 7 月 30 日出版,第 76 页。

　　② 四川省档案馆·四川省民政厅,全宗号 54,目录号 6,案卷号 7404,第 18 页;重庆市档案馆·四川省第三区行政督察专员公署,全宗号 0055,目录号 2,案卷号 316,第 66 页;重庆市档案馆·北碚管理局,全宗号 0081,目录号 2,案卷号 91,第 26 页;《战时军事机关或部队征用民夫暂行办法》,《四川省政府公报》第一百二十四期,1938 年 8 月 1 日出版,第 12 页。

　　③ 四川省档案馆·四川省民政厅,全宗号 54,目录号 1,案卷号 1999,第 266 页。

　　④ 四川省档案馆·四川省政府征工事务管理处,全宗号 116,案卷号 171,第 54 页。

　　⑤ 四川省档案馆·四川省政府征工事务管理处,全宗号 116,案卷号 476,第 50 页。

　　⑥ 四川省档案馆·四川省民政厅,全宗号 54,目录号 1,案卷号 1999,第 319—320 页。

第三科长谭裕昌藐视法令,并予撤职。①

1941年3月,四川省征工事务管理处公布兴修白市驿机场征工各县奖惩情形:据沈专员寝电,以白市驿机场璧山县县长王仕悌征工努力,请予记功1次;武胜县长蒋煮玩忽急命令,请予记过1次。等情,经查,属实。业经照准,指饬知照。又据三区专员沈鹏鱼电,以白市驿机场各县县长玩忽国防工程,延不依额送足民工到场,请予分别(原档看不清)等情。查各县到场民工仅及原额4%。该县县长袁守成(作者注:时任泸县县长)、邻水县前县长王元极各予记大过1次。大足县长彭心明、铜梁县长黄强中、长寿县长卢超勋、荣昌县长张孟才、永川县长孙健诚各记过1次。② 酉阳、秀山、彭水、黔江4县共应征送民工11000人,修筑秀山机场工程。至1941年2月未遵限征足额。因而,各县长被记过1次。③

同时国防工程在战时尤其紧要。倘有延误,军法治罪。征调民工其责任根源在县府与区乡镇长。省府依令下传县府。县府则下令辖区基层人员。如1941年2月1日秀山县府召开会议,由各乡镇长出具切结,限期完成。④

这样一来,基层出现强征民工情况。

征调中,民工人数不齐,难应功令。官吏恐遭军法,因而四出催送。民间畏避如石壕。⑤

1939年11月丹棱奉令征工1200名,辟修邛崃机场。民工在县城编队后,开赴机场。工作处派自卫队、壮丁队,押送弹压。⑥

在征募壮丁时,对于捆绑现象,1940年蒋介石手令,"以后征募壮丁,如再

① 四川省档案馆·四川省民政厅,全宗号54,目录号1,案卷号1998,第207页。
② 四川省档案馆·四川省政府征工事务管理处,全宗号116,案卷号476,第99—100页。
③ 四川省档案馆·四川省政府征工事务管理处,全宗号116,案卷号476,第51页。
④ 四川省档案馆·四川省民政厅,全宗号54,目录号1,案卷号1998,第188页。
⑤ 四川省档案馆·四川省民政厅,全宗号54,目录号1,案卷号1999,第387页。
⑥ 四川省档案馆·四川省建设厅,全宗号115,目录号6,案卷号12014,第14、90页。

有用绳索牵绑者,一经查报,即将其征募人员以及其主管长官一并严惩"①。

但现实中,强征依然。1941年为赶筑秀山机场,秀山县府及军运代办所职员分头守催征调民工。② 同年温江县奉令征调民工5500人赶修新津特种工程。时任县长李世丰会同驻县督导员尹全孝不分昼夜,严厉督催;并加派县府得力职员分赴各镇乡守催坐索。该县长上呈"情状之紧张,诚为历年所无"③。同年彭县奉令征调民工8000人,赶筑新津机场跑道及扩场工程。该县规定,民工有逃亡或征而不到者,送县府惩办。④

虽然高压强制,但征募仍出现困难。1942年,新都县征工修筑新津特种工程。唯其时先值农历年关,后近农忙栽种,督征与督催人员一再令由县府职员、地方绅耆分头担任,坐地守调,仍感困难。⑤

依上分析研究,强征的原因主要有两个方面。战时赶筑的机场常是国防特急工程,限期异常迫切。中国在军备、武器落后的情况下,只得发挥人力优势。特殊的时局决定工程的急迫性。这是强征民工毋庸赘言的现实原因。为依限赶筑机场,重要措施之一则是对行政官吏奖惩力度的加大。如1945年3月19日四川省泸县特种工程民工管理处第四次会议加大了惩戒力度。县长办事不力,应予申诫,并责饬该县长切实查明。指导员督办不力者,记大过;乡镇长征调民工一人未到者,监禁;到半数者,记大过;到而未齐者,记过。征工委员会申诫。⑥ 此现象的出现,实为燃眉时局使然。1945年2月27日,四川省政府就令第七区行政督察专员兼保安司令公署,泸县、富顺、隆昌县限期完成泸县机场,以该项工程关系军事至巨,亟待加速完成;倘有延误,军法

① 四川省档案馆·四川省政府征工事务管理处,全宗号116,案卷号501,第89页。
② 四川省档案馆·四川省民政厅,全宗号54,目录号1,案卷号1998,第188—189页。
③ 四川省档案馆·四川省政府征工事务管理处,全宗号116,案卷号518,第193—194页。
④ 四川省档案馆·四川省政府征工事务管理处,全宗号116,案卷号518,第231页。
⑤ 四川省档案馆·四川省民政厅,全宗号54,目录号4,案卷号9528,第12页。
⑥ 四川省档案馆·四川省民政厅,全宗号54,目录号1,案卷号1899,第70页。

139

治罪。①

在特殊时局下,出现特定情景。1941 年华阳县奉令征送民工 8000 名建筑新津机场。该县按保平均征调,并分别现役、待役两种。现役 8000 人赴场工作,待役在乡候命,随时补充。② 秀山机场因系国防特急工程,为依限完成即 1941 年 3 月底,同年 2 月 15 日黔江县奉令补征民工,为此每保增调人数以 45 名至 50 名为原则,愈多愈好。依照区乡保编足。所有区乡保队队长均亲身率领,前往赶筑。③

综上研究,在全民族抗战中,国防工程工役的推行是以大量民力超强度地征用为基础,甚至民工的生命为代价,但正是工役的推行,才使急需的国防工程在短期内完成,配合了战局,在战争中发挥了重要作用,因为赶修的国防工程宏观上达到了完成战斗任务的目的。国防工程工役得以推行并取得显著实效的史实,实则具体展现了在民族生存面临极大威胁之际,政府与民众在大局上的向心性和民力的顽强性。

---

① 四川省档案馆·四川省民政厅,全宗号 54,目录号 3,案卷号 8434,第 139—140 页。

② 四川省档案馆·四川省政府征工事务管理处,全宗号 116,案卷号 518,第 80 页。

③ 四川省档案馆·四川省民政厅,全宗号 54,目录号 1,案卷号 1998,第 153 页。

# 第四章 抗战时期西南推行国防工役构筑防御工事概况

## 第一节 推行背景

中国军政部在"七七事变"以前,以南京为中心,逐次向国境线分区、分期陆续构筑国防工事。战前工事的构筑集中于经济发达的沿海、日军兵力集中的华北和国民政府力量重心的华东。陕甘宁青区、湘鄂赣皖区、广西区、滇黔区和川康区划为警备区。[①] 可见,抗日战争全面爆发前,大后方的国防工事是非常薄弱的,因四川和西北两区早经公认为是对日抗战的最后根据地。[②]

武汉会战后,国民政府即以重庆为战时陪都,用为指挥中枢。1938年12月14日军事委员会拟修正《作战计划草案第一号》,分析"战局侧重四川,敌对四川用兵,预料绝不深入",而"采缓进政策"。[③] 于是,最要战术"就是先要坚筑足资防守的最低标准工事,然后赶紧逐次加强"[④]。乃于1939年3月成

---

① 何应钦:《何上将抗战期间军事报告》(上册),台北文星书店1962年版,第18页。
② 吴相湘编著:《第二次中日战争史》(上册),台北综合月刊社1973年版,第293页。
③ 中国第二历史档案馆编:《抗日战争正面战场》(上),南京江苏古籍出版社1987年版,第24页。
④ 蒋介石:《敌人战略政略的实况和我军抗战获胜的要道》(1937年8月18日讲),张其昀主编:《先总统蒋公全集》(第一册),台北中国文化大学、中华学术院编印1984年版,第1074页。

立宜巴区要塞,设第一、第二两总台,下辖 4 个台,以石牌、庙河、泄滩、牛口为安装阵地,配备舰炮及野山炮 55 门,另于红花套高一直属台,装舰炮 4 门,迄10 月,又成立巴万区要塞,设第三、第四两总台,下辖 5 个台,以万流、青山洞、巫山、奉节、云阳为安装阵地,配备舰炮及野山炮 47 门,另于第一、第二两总台,各配烟幕 2 队,第三总台配烟幕 1 队,复设川江漂雷队,辖 6 个分队,配属于石牌、庙河、泄滩、牛口、巫山、万县 6 个要区,并将舰艇分驻于宜昌、巴东、万县、重庆各地。1940 年 6 月,宜昌失陷后,我荆河雷区坚强,敌舰无法突破,川江防务尚未受威胁利诱。[1]

1941 年 11 月 8 日珍珠港事件至 1942 年 3 月底的 4 个多月中,日本军队占领了东南亚广大地区和西太平洋、南中国海全部美、英空军、海军基地,重创美国太平洋舰队和英国远东舰队,夺取了海空控制权。1942 年 9 月 3 日,参谋总长以"大陆指"的形式下达了 5 号作战(注:进攻四川)准备纲要。同年 12 月,不得不停止了进攻重庆的准备工作。原因之一是,太平洋上瓜达尔卡纳尔战役的失败已经明显,不能不对此做应急准备,同时苏军在斯大林格勒的胜利,也使日军感到还有加强关东军的必要。

1944 年 4 月日本对中国发动"一号作战"(中国也称为"豫湘桂战役"),很快占领了中国大片的领土。1945 年 1 月 22 日大本营下达进攻四川的"大陆指"命令。但 11 月以太平洋上的塞班岛为基地的美军 B29 轰炸机对日本本土的袭击,迫使日军不得为保卫本土,面对最后的血战,不可能再对中国发动军事进攻。这样,日本的"大陆指"命令在现实中很快破灭。

日本对四川的地面军事进攻计划虽然未能付诸实施,但其动向,却迫使重庆国民政府构筑防御工事,增强防御力量。

---

[1] 国防部史政局编:《中日战争史略》(下册),台北正中书局 1968 年版,第 458 页。

## 第二节　在重要工事中的推行情况

1937年10月—1938年10月建筑黛溪要塞。省府令要塞附近第三区和第九区有关县份征调民工。各县配额：巫溪、开县各400名，云阳300名，奉节200名，巫山、江北、巴县各100名，合计1600名。① 1940年8月2日军令部第一厅拟《拱卫行都交通破坏计划》，规定方针为"以三峡及其南北连山地为中心，破路清野，将常德、石门、五峰、青岩沟、庙江与山歇马、河南、襄樊之线之阵地以前，概略东西向道路彻底破坏，阻敌西进。对大巴山阵地前至汉白公路（不含）间所有道路一律彻底破坏，使三峡北正面形成绝对障碍地带，限制敌人行动，准备于夔门以东长江南岸歼灭敌人"②。破坏区域为巫山、巫溪、城口、万源、大巴山阵地前至汉白公路（不含）间所有道路。③

1940年军令部拟定的《拱卫行都作战计划》和1943年《拱卫陪都作战计划及附图》中提出作战方针，"以拒敌入川之目的，应始得确保三峡。以为作战轴心，并凭依三峡及其南北连山地，破路清野，加强地形之险固，并用正面加强抵抗，及节节侧击，遮断敌人补给线，歼减进犯之敌于三峡南北连山地带"④。为达到此方针，则沅陵、恩施、建始、奉节、白河各附近，及黔江、万县、

---

① 四川省档案馆·四川省民政厅，全宗号54，目录号6，案卷号7404，第124页。

② 中国第二历史档案馆·国防部史政局和战史编纂委员会，全宗号七八七，案卷号2916，第2页，缩微胶卷号：16J-0175；中国第二历史档案馆·国防部史政局和战史编纂委员会，全宗号七八七，案卷号2922，第15页，缩微胶卷号：16J-0175。

③ 中国第二历史档案馆·国防部史政局和战史编纂委员会，全宗号七八七，案卷号2916，第2页，缩微胶卷号：16J-0175；中国第二历史档案馆·国防部史政局和战史编纂委员会，全宗号七八七，案卷号2922，第16页，缩微胶卷号：16J-0175。

④ 中国第二历史档案馆·国防部史政局和战史编纂委员会，全宗号七八七，案卷号2916，第2页，缩微胶卷号：16J-0175；中国第二历史档案馆·国防部史政局和战史编纂委员会，全宗号七八七，案卷号2922，第2页，缩微胶卷号：16J-0175。

安康各附近,扼水陆交通,构筑纵深野战坚固工事。①

1942 年第六战区司令交通部征用万源、城口、巫溪民工破坏大巴山交通（巫溪至万源）,"使敌人不能充分利用"②；长江上游边防司令部征用云阳、万县、忠县、丰都、涪陵、长寿修筑云涪江防工事（云阳至涪陵）；第六战区司令部征用涪陵 480 名民工修筑世忠乡要塞（涪陵）；第六战区司令部征用 100 名奉节民工修筑三斗坪防御工事（奉节）③。当年,国防工程征用四川民工总数为50540 名,防御工事征用人数占 1%。④ 但这只是官方公布的数字,并不完全确凿,因为防御工事征用的民工数涉及军事机密,没有全部翔实地公布。

在防御工事中,工程比较重要的是川东大巴山脉防御阵地。

1938 年 11 月,四川省政府开始修筑大巴山脉防御工事。川康绥靖主任邓锡侯,副主任潘文华设置东北两正面指挥部监督办理大巴山设防工程。川康绥靖署主持修筑大巴山脉防御阵地,核定征调民工万县 2000 名、巫山 1500名、奉节 1000 名、城口 500 名、广元 600 名、万源 600 名、通江 300 名、南江 400名、巫溪 500 名,九县共征民工 7400 名。⑤ 1939 年 2 月大巴山设防军事委员会另有计划,各县已征民工下令遣散,但抗战中又不时征调民工进行整修。

---

① 中国第二历史档案馆·国防部史政局和战史编纂委员会,全宗号七八七,案卷号 2916,第 2 页,缩微胶卷号:16J-0175;中国第二历史档案馆·国防部史政局和战史编纂委员会,全宗号七八七,案卷号 2922,第 8 页,缩微胶卷号:16J-0175。

② 中国第二历史档案馆编:《中华民国史档案资料汇编》,第二编,第五辑,财政经济（十）,江苏古籍出版社 1997 年版,第 5 页。

③ 四川省档案馆·四川省特种工程征工处,全宗号 116,案卷号 11,第 40 页。

④ 四川省档案馆·四川省特种工程征工处,全宗号 116,案卷号 11,第 35 页。

⑤ 四川省档案馆·四川省民政厅,全宗号 54,目录号 6,案卷号 7404,第 128 页。

# 第五章　评析抗战时期西南国防工役的应时性和相应问题

## 第一节　应时性

国防工程工役之目的在于完成战斗任务。[1] 从前面的具体分析,整体上看,此项工役达到了目的,同时其时令性也较为鲜明,因国防工程的兴废从根本上是受制于瞬息变幻莫测的战局、时局及当局政令。

1938 年 3 月,国民政府在临时全国代表大会通过《在抗倭战争中必须举国一致,一切建设以军事为中心,以期完成国军建设案》。该案强调,慎重使用构成国力的人力,以适应"国家至上,民族至上"之要求,而达成"国防第一、军事第一"之任务。[2] 为达到要求、完成任务,方案提出以军事为中心的心理、物质、社会、政治建设。其中政治建设,提出劳动服务之彻底施行,使每一国民之劳力,以最经济之运用,尽瘁于军事建设之完成,而不致虚耗。[3] 但瞬息万

---

[1]　重庆市档案馆・四川省第三区行政督察专员公署,全宗号 0055,目录号 3,案卷号 254,第 39 页;四川省档案馆・四川省民政厅,全宗号 54,目录号 6,案卷号 7975,第 101 页。

[2]　荣孟源主编:《中国国民党历次代表大会及中央全会资料》(下册),光明日报出版社1985 年版,第 492 页。

[3]　荣孟源主编:《中国国民党历次代表大会及中央全会资料》(下册),光明日报出版社1985 年版,第 493 页。

变的战事使应时构筑的国防工程不能充分发挥效能。四川地区领军人在指出现实问题的基础上,提出改变策略。"查年来各处所构筑国防工事,多不能适应作战需要,徒增地方负担与人民痛苦。此后野战工事及办永久工事,除第一线防卫即行应用者而外,应停止预行构筑。俟守部队到达后,必要时始行构筑。"①虽然主观上提出了解决之策,但事实上问题仍无法回避地客观存在。下面主要以较具代表性的甘川公路和川西"特种工程"为例,剖析国防工程工役的时令性。

甘川公路计划由兰州经临洮、岷县、西固等县直下成都,长860公里。公路的修筑时而"急如星火",时而又"奉命停修",反复多次,在国民政府时期,并未修通。决定兴筑此路,是出于这样的考虑:1939年日军已侵占四川部,隔黄河窥伺陕西。当局以甘川公路处于腹地,如陕西发生战争,此路仍可维持运输,从而保证四川与西北地区交通,玉门汽油也可继续南运;特别是由昆明、贵阳、重庆、成都等地北上兰州,走甘川公路,比由川陕、西兰两路,缩短行程270余公里,路捷费省;修通后,还为苏联援华物资的运输创造了条件。② 并且本路有联络西北公路中心与四川公路中心之效,与川陕路有相同之作用,而安全则过之。由此原因而列入国际交通线。1939年2月,交通部以"库款省办"方式,交由四川公路局负责施工。次年5月,四川公路局设甘川公路工程筹备处于成都,8月1日正式成立工程处于江油。正当紧张赶工之际,"珍珠港事件"发生,因战线拉长,日本对陕西的威胁已有缓和。此路就不显得急迫,加之当局财政困难,便决定停工。此路局开工仅1年,所作工程有限,而耗资已219万元,半途而废,人力、财力,几同虚掷。③

机场的实用价值也受制于战局的变化,尤其是随美军军事进展之需要而陆续加建或毁弃。如由川人血汗所凝成的B29远程轰炸机的基地,因美军战

① 重庆市档案馆·北碚管理局,全宗号0081,目录号4,案卷号3260,第4页。
② 王立显主编:《四川公路交通史》(上册),四川人民出版社1989年版,第154页。
③ 王立显主编:《四川公路交通史》(上册),四川人民出版社1989年版,第156页。

线的推进,旋即无须使用。1944 年 7 月 15 日美军占领被日本称作"绝对国防圈"太平洋上的塞班岛,迅即建筑航空基地。11 月 24 日自该基地出动 B29 最初轰炸东京。此后,日本的主要都市与工业基地便都成了塞班岛 B29 的轰炸目标。[①] 1944 年后半年大部分在华美国飞机已从中国大陆离去。

## 第二节　相应问题

国防工程工役,虽取得了及时成效,在分析研究其时令性特征基础上,进一步挖掘由此带来的客观问题:人财的损耗,地方民力、财力的重负和农民的痛苦。

简阳 1937 年调修凤凰山机场,1938 年调修双桂寺机场,1939 年又调修凤凰山机场和新津机场。每次动众数千,需时数月。至 1939 年年底,民财除各保受损不计外,财会尚挪垫万余元。民力除壮丁 1 万名以上外,农村工食每日 0.7 元,几乎无人可雇。四川省政府令简阳:将派征扩修新津机场民工 5300 名,克日征足送达赶筑,勿误为要。[②]

1938 年至 1939 年四川省第四区所辖各县已征工役者,计第一期修筑新津机场有邛崃、大邑、彭山、眉山、蒲江,担任第二期扩修者有大邑、彭山、眉山。担任修筑川康公路天雅段有名山,担任川康南龙段者有邛崃、蒲江、丹棱、夹江、洪雅,担任修筑温江机场者有大邑、眉山、彭山。向未征工者,仅青神小县而已,其他多属 2 次或 3 次,人力、财力损耗甚巨,深感竭蹶。各县开凿河堰,次第兴工,或兴建县道,培修公路,几无月无季不有工役。[③]

地方不堪人财损耗,四川省政府对此晓以大义,辅以命令。1938 年崇庆县奉命建筑太平寺机场,征调民工 1500 名,历时 3 月。民工因衰弱疾病往返

---

①　[日]古屋奎二:《蒋介石秘录》(第四卷),湖南人民出版社 1988 年版,第 369 页。

②　四川省档案馆·四川省建设厅,全宗号 115,目录号 6,案卷号 12013,第 88—89 页。

③　四川省档案馆·四川省民政厅,全宗号 54,目录号 3,案卷号 8283,第 9—10 页。

更替,计总数在3000人以上。代工金之担负计1200多元。1939年四川省政府令崇庆县征调民工3000名建筑温江皇天坝机场。同年1月,时任县长郝墨壮呈请豁免。2月四川省政府电令"现值非常时期,国防建设极为重要。所请免予征工之处,应毋庸议。仍迅遵电,如额征齐,依限到达工作,毋稍延误为要"①。

国防工役给地方民力带来重负。

邛崃县1938年奉令修筑新津机场及川康公路南龙段,先后动员民工2万余人,伤亡数百人,病者以千数计。民力十分疲敝(今:惫)②。

温江附近(二三百里内)之10余县,自1938年9月起至1939年9月,因修筑凤凰山、太平寺、新津、双桂寺及皇天坝等处机场工程,征调民工每县应征最少2次,多至5次以上。此外,关于整修公路征工服役尚未计及。力役频繁,民力劳止。③

四川省第三区自1938年至1941年4月,奉令修筑国防工事,已经完成者,有白市驿机场、川黔公路,正在修筑中者,汉渝公路竹渝段、沿江工事、大中坝机场、抢修白市驿机场,即将修筑者,大足登云桥机场。本区各县征调民工,3年以来,迄未稍息。国民政府军事委员会委员长蒋介石面谕第三区行政督察专员沈鹏,令其限期完成大中坝、白市驿两机场。而登云桥机场工程较巨,计有石方有42万余方、土方有60余万方,需用民石工在2万名以上,限期150晴天竣工。期限尤为迫促。势非调集附近各县大量民工,不克达成任务。④

1939年3月23日,四川省政府回复航空委员会,无力协助西康省雅安扩场工程,因"似此国防紧要建设工役频繁,即就本省情形而论,已极感不敷

---

① 四川省档案馆·四川省民政厅,全宗号54,目录号1,案卷号1578,第17—22页。
② 四川省档案馆·四川省民政厅,全宗号54,目录号3,案卷号8283,第8—9页。
③ 四川省档案馆·四川省民政厅,全宗号54,目录号8,案卷号10882,第6—7页。
④ 重庆市档案馆·四川省第三区行政督察专员公署,全宗号0055,目录号5,案卷号149,第26—27页;四川省档案馆·四川省政府征工事务管理处,全宗号116,案卷号464,第22页。

分配"①。

面对此情,1941 年时任四川省主席张群呈国民政府军事委员会委员长蒋介石,请准施行四川省制定的《四川省各县市服役民工免缓役实施办法》。理由之一是四川省办理非常时期征工服役之工作期限,多因工程之需要每次常在 2 月以上,甚至 5 月、6 月不等。理由之二是国家对于人民力役之要求已超出法定限期数千倍,较之现服兵役之将士及服务国家之公务员,均不少。② 得以 1942 年 5 月公布实施。

应服国防工役的农民及其家庭直接承受因工役而带来的痛苦。"征工服役概为贫民担负,一役再役,几无休期。"③各地征工,民工之苦、病、死亡全不注意,甚被征而倾家荡产,去不复还。④

1938 年江北、巴县、璧山、铜梁、合川、合江等 10 县民工 2 万余人,修筑重庆广阳坝机场。合江县先后在广阳坝死亡者,达 60 余人之多(因病返回,在中途而故者,不在此数)。铜梁、合川、璧山等县死亡人数较合江县为多。⑤

1938 年 11 月四川省征调民工 2 万名,帮筑西康省境川康公路南龙段工程,以及办理运输粮秣,总计动员民工近 4 万名。1939 年 2 月始行全部完成,而民工因伤病、死亡已达 400 余人。⑥ 1941 年 8 月 3 日,国民参政会川康建设期成会万县办事处蓝天一查报酉阳、秀山、黔江、彭水征调民工情形:于 1940 年 3 月以后,秀山机场征工至年底止,共送害 6000 余人。1941 年 3 月以前,又送 1.2 万余人,指数超过各年兵额,共合 40 余倍。民工征调过多,乡农深感出力耗时、垫钱死亡之累。又复逃避一部,以致酉秀黔彭四县并不甘兵役之苦,而独于民工征调颇有怨言。民间甚至出现抗征事件,彭水县万足乡抗征民工

---

① 四川省档案馆·四川省民政厅,全宗号 54,目录号 3,案卷号 8283,第 41 页。
② 四川省档案馆·四川省政府征工事务管理处,全宗号 116,案卷号 464,第 133 页。
③ 四川省档案馆·四川省征工事务管理处,全宗号 116,案卷号 455,第 110 页。
④ 四川省档案馆·四川省民政厅,全宗号 54,目录号 1,案卷号 1999,第 388 页。
⑤ 四川省档案馆·四川省民政厅,全宗号 54,目录号 3,案卷号 7763,第 3 页。
⑥ 四川省档案馆·四川省民政厅,全宗号 54,目录号 3,案卷号 8283,第 40 页。

纠众戕杀自卫队班长。①

为补偿国防工役给地方造成的负面影响,承办县及应征者得到一定补偿、优惠待遇。如1941年双流县建修新津机场工程,因未落后,得免征后一年。计总额为2040名,每名每年发优待四次。每次2石,全年总数应为1.6万余市石。《双流县政府三十年度建修新津机场工程报告》中,做了远景权衡"假定以抗战再继续两年,共节损之谷为3.2万余市石。而此项免役壮丁之增加生产,总数当非小数。更无待论。故就地方实质计算,实有相当代价,其在国防上之代价则不言而喻矣"②。

虽然国防工程工役是依时而推行,不容置辩地存在虚耗及给服役民工造成痛苦之弊端。但大局上,国防工程工役的推行,当时能在短期内集中征用大量劳动力,赶筑工程,以解决民用军需,尤其是战局急需,在全民族抗战的胜利中发挥了一定的作用,实则微观具体彰显了民众抗战力量及其在战争中的贡献。

① 四川省档案馆·四川省民政厅,全宗号54,目录号1,案卷号1999,第386—387页。
② 四川省档案馆·四川省民政厅,全宗号54,目录号4,案卷号9528,第86—87页。

# 第六章 抗战时期西南国防工役的
## 征调机制研究

　　"任何国家倘从事战争或准备抵御侵略,即须集合其全部人力物力以赴,此为现代战争所要求者。"①如何集合人力? 这就需要有相应的征调机制,以达到工役的原则。国防工程工役的推进原则为迅速、经济和确实;地方建设工役推进的原则为光荣化、普遍化、生产化。本章进一步研究众多的民力是如何被征调的,即工役的征调机制。

## 第一节 征调机构和程序

　　《国民工役法》第十条规定,县(市)政府每年于实施工役前 3 个月,拟订全部工役计划及预算书,并附各项工程计划图表,递呈该管省政府核定,转送内政部备案。直隶于行政院的市迳送内政部备案。② 中央、省市政府或事变

---

① ［德］魏布罗克(Pierre Waelbroeck):《劳力供给与国防》,张永懋译,正中书局 1943 年版,第 1 页。

② 四川省档案馆·四川省民政厅,全宗号 54,目录号 6,案卷号 7404,第 71—72 页;成都市档案馆·成都市政府,全宗号 38,目录号 12,案卷号 1650,第 3—4 页;《国民工役法》,《四川省政府公报》第九十二期,1937 年 9 月 11 日出版,第 38 页;四川省训练团编印:《工役法令》,1940 年 4 月出版,第 19—20 页。

发生地的地方行政长官,发布非常时期征工役的命令。①

　　因战争的特殊性,战时军事机关或部队也有权直接下令征调民工。这类机构有军事委员会、委员长行营、军政部、海军总司令部、航空委员会、绥靖公署、战区司令长官司令部、集团军总司令部、卫戍总司令部、江防总司令部。《军事征用法》规定各机构具有征用权限的长官:一、陆海空军总司令;二、军政部长、海军部长、航空委员会委员长;三、陆军总司令、总指挥、军长、师长、独立旅旅长;四、海军舰队司令、分遣舰长、陆战队独立旅旅长;五、要塞或要港司令;六、空军区司令指挥官;七、兵站总监。②

　　其他各机关或部队征调民工时须事前拟订计划,计划内列人数、地区、日期等,送呈上述机关或部队,不得自行派索民工。接受呈请的机关或部队核准后,转行征调地有关的行政机关。③ 1942年3月公布施行的《修正四川省非常时期征工服役暂行办法》第五条规定:征调民工服役工程机关,应将工程计划、工程图表、预定完工日数、所需民工总数,于开工前1个月,送达省政府,由省政府于开工前1个月,以命令行之。但对特种紧急工程,不在此限。④ 实际

----

　　① 四川省档案馆·四川省民政厅,全宗号54,目录号6,案卷号7404,第72页;成都市档案馆·成都市政府,全宗号38,目录号12,案卷号1650,第5页;《国民工役法》,《四川省政府公报》第九十二期,1937年9月11日出版,第39页;四川省训练团编印:《工役法令》,1940年4月出版,第21页;何应钦讲:《兵役与工役》,1940年版,未公开出版,原件存于重庆图书馆民国文献阅览室,也可见国家图书馆南区缩微文献阅览室,第11页。

　　② 重庆市档案馆·重庆市政府,全宗号0053,目录号2,案卷号1223,第4页;秦孝仪主编:《中华民国重要史料初编——对日抗战期间》(第四编)第三册,台北中国国民党中央委员会党史委员会1988年版,第338页。

　　③ 四川省档案馆·四川省民政厅,全宗号54,目录号6,案卷号7404,第18—19页;重庆市档案馆·四川省第三区行政督察专员公署,全宗号0055,目录号2,案卷号316,第66页;重庆市档案馆·北碚管理局,全宗号0081,目录号2,案卷号91,第26页;《战时军事机关或部队征用民工暂行办法》,《四川省政府公报》第一百二十四期,1938年8月1日出版,第12页。

　　④ 中国第二历史档案馆·国民政府行政院,全宗号二,案卷号8384,第28—29页,缩微胶卷号:16J-1408;四川省档案馆·四川省建设厅,全宗号115,目录号2,案卷号3604,第98页;四川省档案馆·四川省特种工程征工处,全宗号116,案卷号20,第5页;四川省档案馆·四川省特种工程征工处,全宗号116,案卷号145,第42页;重庆市档案馆·北碚管理局,全宗号0081,目录号4,案卷号1642,第5页。重庆市档案馆·四川省第三区行政督察专员公署,全宗号0055 目录号2,案卷号316,第66页。成都市档案馆·四川省第一区行政督察专员公署,全宗号134,目录号5,案卷号278,第5页。

下令征调民工的是工程所在地的省政府。

征用民工程序简言之:征用机构公函征用地省政府。省政府则下征工令予县政府,县政府下令所属乡镇联保。

为扩修成都机场,航空委员会1937年9月电四川省政府,请饬成都市政府征调机场附近县份的民工。成都市政府令成都、华阳两县及省会警察局征工。①

为疏散在白市驿机场的飞机、减少空袭损害,据航空委员会呈,1939年7月29日国民政府军事委员会密令四川省政府,迅速征工赶赴白市驿展长机场。②

1939年7月航空委员会电四川省政府:分饬双流、温江两县政府各征调民工1000名。于7月17日以前,到达各机场报到,听候指挥工作。③ 征调程序:航空委员会(主办机关)公函省政府,省政府令县政府征调民工。

1939年因扩修温江机场,急需征用民工。9月10日航空委员会空军第一总站函四川省政府,请令征调机场附近县份的民工。省政府令温江、灌县、崇庆、彭县、崇宁、大邑、郫县、成都、新都、新繁、新津11县,共征民工7700名,限于10月5日赶赴机场报到,听候指派工作。④ 航空委员会西川机场建筑委员会于1939年年底兴办第一期工程,计有太平寺、皇天坝、新津、邛崃四处机场。航委会函请四川省政府令邛崃、夹江、崇庆等县共派民工39900名。⑤ 1939年11月西川机场建筑委员会函请四川省政府,电令邛崃、大邑、郫县、崇庆、夹江、眉山、青神征调15000名民工,修筑邛崃机场。⑥ 1944年为赶修梁山机场

---

① 成都市档案馆·成都市政府,全宗号38,目录号12,案卷号1208,第13页。

② 四川省档案馆·四川省政府征工事务管理处,全宗号116,案卷号449,第5页。

③ 四川省档案馆·四川省民政厅,全宗号54,目录号1,案卷号1633,第339页。

④ 四川省档案馆,全宗号54,目录号8,案卷号10882,第6—7页。

⑤ 成都市档案馆·四川省第一区行政督察专员公署,全宗号134,目录号5,案卷号184,第51页。

⑥ 成都市档案馆·四川省第一区行政督察专员公署,全宗号134,目录号8,案卷号99,第43页。

跑道而征调 9 万工民夫,航委会函请四川省政府转饬梁山县政府办理。①

1944 年四川省政府移送遂宁空军第一二四站代电,转令遂宁县政府征调民工 1200 名,赶筑加强遂宁机场作战工程。该县征调北固、南强、玉峰、永兴、西宁、龙凤 6 乡,各征调民工 200 人,依限于 4 月 8 日中午如数到达机场开工。② 此征调流程图:主办机关—省政府—县政府。

为规范地方征工,1939 年 12 月时任四川省主席蒋介石令发《修正改进征工意见》,对此做了进一步的规定。无论何项事项有关军事工程征用民工,均应由主办工程机关将征调民工人数、服役日期、担任各项工程数量,分别详细拟具工役计划,概须送由四川省政府转饬各县征工,以资划一而明统属。纵遇施工地点因交通阻隔或距省垣过远而工程紧急,迫不及待时,准予一面交由当地县政府征调,另一面仍须送原省府备案③,呈请补行核准④。

战时国防工程因其特殊紧要性,主办机构依规定的程序办理。

主办修筑国防军事的工程机关,在工程开工 1 个月前,通知省征工委员会。通知内容有:工程计划及其地点或路线;民工工程的种类、数量及各项平均运距;需调民工数额;主办该项工程的工程处所及主管人;开工竣工日期。省征工委员会接到通知后,立即分配各县应征调的民工数额,限期将应征民工如数送到工地,计算民工到达工地的里数及所需的旅费,派督导委员出发指导。办理征调民工的有关事项后,省征工委员会函复工程机关。征工各县收到省征工委员会的通知后,立即成立县征工委员会。县征工委员会依额分配征调数目,依区保人数编队。保甲长收到县征工委员会的命令后,将本保甲内

---

① 四川省档案馆·四川省民政厅,全宗号 54,目录号 8,案卷号 10697,第 72、109 页。

② 四川省档案馆·四川省民政厅,全宗号 54,目录号 1,案卷号 2155,第 28—29 页。

③ 四川省档案馆·四川省民政厅,全宗号 54,目录号 6,案卷号 7404,第 154 页;成都市档案馆·成都市政府,全宗号 38,目录号 12,案卷号 1651,第 43 页;成都市档案馆·四川省第一区行政督察专员公署,全宗号 134,目录号 5,案卷号 278,第 41 页。

④ 何应钦讲:《兵役与工役》,1940 年,未公开出版,原件存于重庆图书馆民国文献阅览室,也可见国家图书馆南区缩微文献阅览室,第 11 页。

应出壮丁数目,遵照《军事征用法》的征用次序和编订的名册,指名呈报征用机关,领到通知,分发各被征用人。县征工委员会派定各级负责人员,编制支付预算,并呈送省征工委员会审核。县征工委员会备文通知工程处,注明负责经领款项及各级负责人员,随即派员与工程机构接洽。省征工委员会所派督导委员,会同工程处负责人,及县征工委员会,或县府指派人员,在开工前调查米粮价格并认定米价,复算民工到达工地以规定旅费数目。工程处拨发民工食米所需要的工款及旅费,交由县征工委员会或其代表预备食米,并归垫民工赴工的旅费。督导委员、工程处人员和县征工委员划分民工工作地段,准备民工住所,确定民工上路及到工地程序和日期。工程开工后,三方人员随时指导民工工作,对于工程数量及运距,尤须确实计算,以提高民工工作效能。工程进行中,民工工作,由三方人员,每 5 日检查 1 次,计方付价,制成民工工作效能统计;每 10 日将工程进度、到工人数、完成工作数量、已领工款、平均工作效能各表;呈送省征工委员会备查。此项表式,由省征工委员会规定颁发。民工每次所领待遇,由各县负责领工人员填表两份,一份在工地公布,以示大公;另一份送县征工委员会存查,以作审核计算的根据。工程将完工时,由工程处所,拨发民工回程旅费,并准备验收结清工款。工程完竣时,由工程处所验收,并结清民工应得工价及旅费。清结时,由县征工委员会,指定负责人,同工程处所人员,当众分发率领返县。县征工委员会将竣工时期及验收结束情形,呈报省征工委员会备查。[①]

可见,程序反映了征调民工在事实上是实行一种以县为单位的征工包办制。[②] 围绕民工的征调(见图 6-1),工程处(或主持国防工程的机关)、省征工委员会、县征工委员会形成相互联系、相互制约的权责关系。县政府负第一层

---

① 四川省档案馆·四川省特种工程征工处,全宗号 116,案卷号 16,第 14 页;重庆市档案馆·四川省第三区行政督察专员公署,全宗号 0055,目录号 5,案卷号 119,第 57 页;成都市档案馆·成都市政府,全宗号 38,目录号 12,案卷号 1651,第 47—48 页。

② 成都市档案馆·四川省第一区行政督察专员公署,全宗号 134,目录号 8,案卷号 124,第 10 页。

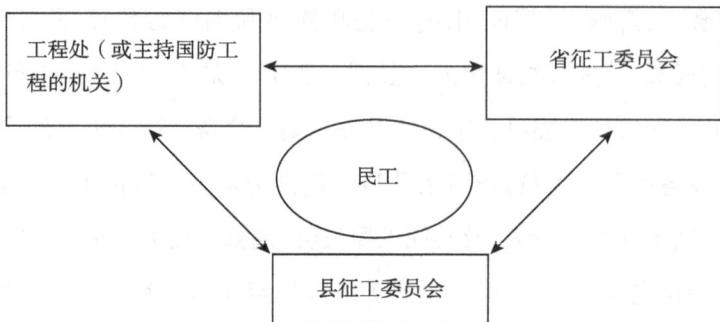

图 6-1　工役征调的程序

注:本图是笔者根据档案文字资料内容自制。

责任,专署负第二层责任,工程机关及省政府负最后监督考核之责。[1]

　　抗战时期,四川省辟扩各机场工程,划为重庆及成都两区。所有各区所辖机场,分由当地最高军事机关主持及地方政府办理。[2]

# 第二节　征调原则和方法

## 一、征调民工的原则

### (一)工事范围和指导方针

　　工役应用的工事范围,有关法令作了具体规定。这是推行工役的前提条件。《国民工役法》第二条规定,平时工役的公共事业限于以下工事:自卫、筑路、水利和造林。非常时期工役的情形有两类:一类是非常时期的自卫工事;另一类是水火灾、虫灾、地震及其他重大灾难之防卫及救护。[3]《四川省地方

　　① 重庆市档案馆·四川省第三区行政督察专员公署,全宗号 0055,目录号 3,案卷号 254,第 33 页;四川省档案馆·四川省民政厅,全宗号 54,目录号 6,案卷号 7975,第 92 页。
　　② 四川省档案馆·四川省建设厅,全宗号 115,目录号 6,案卷号 12013,第 90—91 页。
　　③ 四川省档案馆·四川省民政厅,全宗号 54,目录号 6,案卷号 7404,第 71 页;成都市档案馆·成都市政府,全宗号 38,目录号 12,案卷号 1650,第 3 页;《国民工役法》,《四川省政府公报》第九十二期,1937 年 9 月 11 日出版,第 37—38 页;四川省训练团编印:《工役法令》,1940 年,第 18—19 页。

建设征工服役暂行办法》第二条规定,主要有自卫工事、道路工事、水利工事、造林工事、垦荒工事、灾患防护以及其他公共造产事业。①《四川省三十二年度实施国民工役办法大纲》规定,各县市局举办工事的范围,依照《国民工役法》的规定外,得因事实需要,以增加粮食生产,举办驿运及抗战军人家属代耕各项,分别替代。但须事后专案呈报备查。② 四川省政府在 1943 年 6 月制定的《四川省各县市局推行工役注意事项》规定,地方建设的工程有:筑路(县乡道路之兴筑与培修)、水利(小型水利如塘堰沟渠等之修筑)、自卫(碉堡与防空壕洞等之修筑)、造林、公共造产、垦荒、灾患防护。工作的范围有:土方或石谷方之挖填运倾;砂石之采运捶碎;场面或路面之铺筑滚压;木铁砖瓦等器材及粮食之运输;林木及农作物之种植收割;荒熟山地之开垦耕耘;其他义务劳动可能担任之工作。③《国民义务劳动法》第三条规定,义务劳动的事项有:筑路、水利、自卫、地方造产及其他地方公共福利事业事项。④

办理工役的指导方针为:(1)顾及民生。每次不超过现有壮丁人数的1/5,每年征调不超过 2 次,农忙时节停征。(2)减少人民骚扰。每年每人工作不超过 60 标准工。(3)以工代赈。征调要求服役的灾荒名称。(4)平均劳逸。规定免缓役办法,制订轮流服役办法,征调未服工役名称。(5)减少跋涉。征调距工地最近的民工。(6)规定服役限度,则征调务求征调单位数目。⑤

为兼顾民食生产所需劳力,主办机构及当局实施兼顾措施。1939 年温江皇天坝机场全部土方完成后,旋因春耕在即。因春耕为民生大计,在不贻误工

---

① 四川省档案馆·四川省征工事务管理处,全宗号 116,案卷号 22,第 145 页。

② 四川省档案馆·四川省特种工程征工处,全宗号 116,案卷号 11,第 8 页。

③ 重庆市档案馆·四川省第三区行政督察专员公署,全宗号 0055,目录号 3,案卷号 254,第 36 页;四川省档案馆·四川省民政厅,全宗号 54,目录号 6,案卷号 7975,第 98—99 页。

④ 四川省档案馆·四川省民政厅,全宗号 54,目录号 6,案卷号 7970,第 10 页;四川省档案馆·四川省民政厅,全宗号 54,目录号 6,案卷号 7975,第 88 页;《国民义务劳动法》,重庆《大公报》1943 年 12 月 5 日,第 3 版。

⑤ 四川省档案馆·四川省特种工程征工处,全宗号 116,案卷号 11,第 34 页。

程原则下,似应稍予体恤。航空委员会建筑西川机场委员会主任委员钱大钧于同年4月30日,通令各民工总队部将应留民工数额减少,俾不失农时。计新津50名、仁寿200名、温江300名、彭山50名、华阳200名、大邑200名、崇庆150名、郫县300名、灌县250名,共1700名。① 1940年蒋介石手令,自9月5日至25日止,除各机场工人壮丁仍须照旧服务外,其余征兵征工在此期间应即停征。再从9月26日起,方得再征。② 故1940年四川省政府令征工协修秀山机场的黔江县:除在机场服役民工仍照常工作外,已奉征工命令集中者,自9月5日起,至24日止,停征20日,俾民工借以收获稻谷,用为民食。③

　　一般来说,各县征调民工数额则系就预算工程数量及限期为分配,参酌其他因素。下文以1940年、1941年分别抢南充都尉坝机场、修新津机场为个案,具体研究四川省政府如何确定征工县份及配额,以理解征调原则和方法的实际应用情况。

　　四川省征工事务管理处主任柳维垣呈建设厅长陈筑山核转主席张群:航空委员会1940年12月支代电:为请征工6000人:南充县民工4000人、西充县民工2000人,建筑南充都尉坝机场,并转饬该区专署,会同组织工程处。④南充机场征调计划依据详见表6-1。

表6-1　南充机场征调计划依据　　　　(单位:人)

| 距机场公里 | 行政区 | 县别 | 壮丁数 | | 兵役 | 工役 | 可征调名额 | 拟征名额 | |
| --- | --- | --- | --- | --- | --- | --- | --- | --- | --- |
| | | | 民政统计 | 廿九年本府统计 | | | | 计划(1) | 计划(2) |
| 40 | 11 | 南充 | 117787 | 80000 | 20565 | 无 | 11800 | 6000 | 4000 |
| 60 | 11 | 西充 | 45481 | 35507 | 9947 | 无 | 5100 | | 2000 |

① 四川省档案馆·四川省民政厅,全宗号54,目录号1,案卷号1579,第195—196页。
② 四川省档案馆·四川省政府征工事务管理处,全宗号116,案卷号501,第89页。
③ 四川省档案馆·四川省政府征工事务管理处,全宗号116,案卷号494,第108页。
④ 四川省档案馆·四川省政府征工事务管理处,全宗号116,案卷号307,第27—28页。

| 距机场公里 | 行政区 | 县别 | 壮丁数 | | 兵役 | 工役 | 可征调名额 | 拟征名额 | |
|---|---|---|---|---|---|---|---|---|---|
| | | | 民政统计 | 廿九年本府统计 | | | | 计划(1) | 计划(2) |
| 60 | 11 | 武胜 | 55095 | 29196 | 9364 | 白市驿1500名，未完 | 2400 | | |
| 60 | 11 | 蓬安 | 51429 | 38432 | 1421 | 无 | 6000 | | |
| | | | | | | | 合计 | 6000 | 6000 |

注:1. 以机场为中心,距机场近之县份尽先征调;

　2. 计划(2)系根据以往经验,一县待征调在5000名以上者,再管理其效率,故分为二县。

依据有关原则及规定,四川省政府"批示:照第二计划办理"。

建筑新津机场跑道及扩场工程定自1941年1月1日开工,限3月底完成。

根据四川省航委会计划:实需工作人数6.1万名。四川省政府加征:10%炊事杂务工夫6100名、11%运粮民工6400名、5%之病工补充民工3000名,共计7.65万名。为征足额,而制定此次工程征调原则①:

1. 以机场为中心,距离中心较近之县份尽先征调。

2. 虽距离中心较近之县份,如已有乐西公路征工者,暂不征调,以免影响该路工程。

3. 征调名额根据本会1940年度工役分配调查数字为准,排除兵役人数。

4. 各县可征调之数额在2000名以下者,不征,以免单位过多,难以管理。

5. 各县可征调之数额如在1万名以上者,其最高额征14000名。

6. 每县征调尾数为100名,不满100名者删除。

7. 曾经征调担任其他工程之数额应在可调数额内扣除,但工程如在1940年度6月底以前完成者不扣。

8. 征调名额以全县壮丁总数(除现役兵役工役数)1/3为标准。县单位可

---

① 四川省档案馆·四川省政府征工事务管理处,全宗号116,案卷号518,第28—29页。

少。每县出额可多。如能依额征足,踊跃出动,漏夜赶筑,如限完工,即遵令全准免 1941 年度兵役。

依此,制定特种工程征工计划依据(见表 6-2)。①

表 6-2　特种工程征工计划依据　　　　　　　(单位:人)

| 距离公里 | 行政区 | 县市 | 壮丁数 | 兵役 | 工役 | 拟征调民工名额 | | |
|---|---|---|---|---|---|---|---|---|
| | | | 民厅统计 | 四川航委会统计 | | | 第一案 | 第二案 |
| 20 | 1 | 新津 | 24846 | 24846 | 4738 | 新机 600,6 月完;成津 300,8 月完 | 6500 | 5500 |
| | 1 | 双流 | 19834 | 未报 | 增加 4000 | 太机 500,6 月完;抢队 500 未完 | 5000 | 4500 |
| 40 | 1 | 温江 | 23645 | 22550 | 3564 | | 5500 | 4500 |
| | 1 | 华阳 | 61551 | 未报 | 暂扣 11000 | 太机 2000 未到;太机 1700,6 月完 | 10000 | 8000 |
| | 4 | 彭山 | 22966 | 13760 | 5412 | 乐西 2500 未完 | | |
| | 4 | 眉山 | 56165 | 51434 | 4562 | 乐西 6000 未完 | | |
| 60 | | 成都市 | 62829 | 未报 | 暂扣 12000 | | | |
| | 1 | 成都 | 22243 | 11922 | 9989 | | | |
| | 1 | 郫县 | 31539 | 未报 | 暂扣 6000 | 邛机 900 完、成灌 2000 完 | 6000 | 6000 |
| | 1 | 崇庆 | 65893 | 54406 | 12420 | 王场 4000 未到 | | |
| | 1 | 大邑 | 39521 | 35593 | 6498 | 王场 2500 未到 | | |
| | 4 | 邛崃 | 60058 | 52451 | 11398 | 邛崃 4300,7 月完 | 9000 | 6000 |
| | 4 | 蒲江 | 21850 | 7215 | 5720 | 乐西 2200 未完 | | |
| | 4 | 丹棱 | 14503 | 10806 | 1524 | 乐西 1500 未完 | | |
| | 4 | 青神 | 21555 | 15520 | 6414 | 乐西 1500 未完 | | |
| | 2 | 仁寿 | 153333 | 153353 | 35551 | 乐西 6400 未完 | | |
| | 1 | 新都 | 26475 | 24799 | 增扣 4799 | 川陕 1500,6 月完 | 6000 | 5600 |

① 四川省档案馆·四川省政府征工事务管理处,全宗号 116,案卷号 518,第 31—32 页。

续表

| 距离公里 | 行政区 | 县市 | 壮丁数 | 兵役 | 工役 | 拟征调民工名额 | | |
|---|---|---|---|---|---|---|---|---|
| | 1 | 崇宁 | 14485 | 9104 | 4949 | 成灌1500,6月完 | | |
| | 1 | 新繁 | 15956 | 15081 | | | 4500 | 4500 |
| 80 | 4 | 夹江 | 25558 | 15971 | 3901 | 邛场3200,6月完 | | |
| | 4 | 名山 | 19945 | 19945 | 4890 | 川康5834,1月完 | | |
| | 2 | 简阳 | 148287 | 未报 | 暂扣35000 | 成龙2300未完;5300,6月完 | 14000 | 13000 |
| | 13 | 金堂 | 83485 | 69092 | 6100 | 太机2900,6月完 | 10000 | 8000 |
| | 1 | 彭县 | 58194 | 57731 | 7644 | 皇机2000,5月完 | | 8000 |
| | 1 | 灌县 | 51019 | 38208 | 6238 | 皇机5000,5月完、成灌5500,6月完 | | 7600 |
| | 2 | 井研 | 26588 | 11101 | 5692 | 乐西1500未完 | | |
| | | | | | | 合计 | 76500 | 76500 |

注:
(1)彭山、蒲江、丹棱、青神不足2000名,且乐西路工程未完,不拟征调;
(2)眉山、仁寿乐西路工程未完,不拟征调;
(3)成都市留备修筑凤凰山机场,不拟征调;
(4)成都、崇宁不足2000名,拟留备修筑凤凰山机场,不征;
(5)崇庆、大邑担修王场机场工程未完,不拟征调;
(6)夹江留修乐西公路补充,拟不征调;
(7)名山、灌县留修川康路补筑工程,拟不征调;
(8)井研不足2000名。

实际征调县份和人数见表6-3。

表6-3　实际征调县份和人数①

| 序号 | 县份 | 征调数(人) |
|---|---|---|
| 1 | 新津 | 5500 |
| 2 | 双流 | 5000 |
| 3 | 温江 | 5500 |

① 四川省档案馆·四川省政府征工事务管理处,全宗号116,案卷号518,第35页。

续表

| 序号 | 县份 | 征调数（人） |
|------|------|------------|
| 4 | 华阳 | 8000 |
| 5 | 新繁 | 4500 |
| 6 | 彭县 | 8000 |
| 7 | 邛崃 | 9000 |
| 8 | 简阳 | 10000 |
| 9 | 金堂 | 9000 |
| 10 | 新都 | 6000 |
| 11 | 郫县 | 6000 |
| | 总计 | 76500 |

## （二）实行时间和征调区域

工役的实行时间，有关重要法令皆规定以不妨碍农时为原则。

《国民工役法》第十一条规定，实施工役时期应在农隙、工余或假期举行，由该管县市政府酌量当地情形决定。① 1938 年 3 月 30 日中国国民党中央执行委员会在临时全国代表大会第二次会议通过《非常时期经济方案》。方案强调了战时农业和农民的重要性。我国以农立国，农业生产是一切生产之基础。在此非常时期，前方抗战所需，后方生活所资，均将取给于此。是以农民农事，在经济上之地位，较平时尤为重要。所以，国家必须安定农民的生活。"农民为直接生产者，必先使之生活安定，庶可提高其生产之效率，是以各地农村之秩序，必须尽力维持，且为培养农村，毋害农事起见，各地方办理征兵征工，均当力避苛扰，使安耕植，要以前方作战与后方生产相辅并进不相

---

① 四川省档案馆·四川省民政厅，全宗号 54，目录号 6，案卷号 7404，第 72 页；成都市档案馆·成都市政府，全宗号 38，目录号 12，案卷号 1650，第 4 页；《国民工役法》，《四川省政府公报》第九十二期，1937 年 9 月 11 日出版，第 38 页；四川省训练团编印：《工役法令》，1940 年，第 20 页。

妨害为主旨。"①《四川省非常时期征工服役暂行办法》第六条规定,征工服役的时间以不妨碍农事为原则,但遇有紧急工程不在此限。②《修正四川省非常时期征工服役暂行办法》第九条规定,征工役的时期以不妨碍农事为原则。四川省农忙时间为上季自 5 月 10 日起至 6 月 20 日止,下季自 8 月 20 日起至 9 月 20 日止。③ 在此期间,除特种紧急工程外,其他工程概不征调。④《四川省各县(市)地方建设征工服役暂行办法》第十五条规定,实施工役的时间除救灾、防患紧急事项外,以不妨碍农时为原则。服役人员以在每日 8 小时工作时间内完成规定能率的工作为准则。凡超过或不及规定能率者,得增减所服役日数。⑤ 但实际执行中,多背于规定。如 1944 年因温江至崇庆道路破坏,四川省政府令崇庆县政府征集民工整修。该县在 1944 年下季农隙时期修筑,民工作息时间每日午前 7 点至 12 点,午后 1 点至 6 点。⑥ 民工实际作工时间长达 10 个小时。《国民义务劳动法》第六条规定,义务劳动应于农暇、业余或

①　杨树标等编:《中国国民党历次会议宣言决议案汇编》(第二分册),浙江省中共党史学会编印 1985 年版,第 374—375 页;秦孝仪主编:《中华民国重要史料初编——对日抗战期间》(第四编)第三册,台北中国国民党中央委员会党史委员会 1988 年版,第 121—122 页;国防部史政局编:《中日战争史略》(上册),台北正中书局 1968 年版,第 64 页。

②　中国第二历史档案馆·国民政府行政院,全宗号二,案卷号 8384,第 10 页,缩微胶卷号:16J-1408;四川省训练团编印:《工役法令》,1940 年,第 8 页。

③　对于四川省的农忙时间有不同的规定。第一种规定:上季 4 月 23 日至 6 月 1 日,下季 8 月 25 日至 9 月 23 日,见四川省档案馆·四川省民政厅,全宗号 54,目录号 4,案卷号 10825,第 84 页;重庆市档案馆,四川省第三区行政督察专员公署,全宗号 0055,目录号 3,案卷号 254,第 3 页。第二种规定:上季为芒种前后共 35 日,下季秋分后 25 日,见成都市档案馆·成都市政府,全宗号 38,目录号 12,案卷号 1651,第 45 页;成都市档案馆·四川省第一区行政督察专员公署,全宗号 134,目录号 5,案卷号 278,第 60 页。

④　中国第二历史档案馆·国民政府行政院,全宗号二,案卷号 8384,第 31 页,缩微胶卷号:16J-1408;四川省档案馆·四川省建设厅,全宗号 115,目录号 2,案卷号 3604,第 99 页;四川省档案馆·四川省特种工程征工处,全宗号 116,案卷号 145,第 43 页;四川省档案馆·四川省特种工程征工处,全宗号 116,案卷号 20,第 6 页;重庆市档案馆·北碚管理局,全宗号 0081,目录号 4,案卷号 1642,第 5—6 页;《修正四川省非常时期征工服役暂行办法》,《四川省政府公报》第二百九十九期,第 7 页。

⑤　四川省档案馆·四川省特种工程征工处,全宗号 116,案卷号 22,第 147 页。

⑥　成都市档案馆·四川省第一区行政督察专员公署,全宗号 134,目录号 5,案卷号 97,第 109 页。

假期举办。①

实际是农忙时节缓征。为推行征工顺利,并顾农事计,1940 年四川省政府规定自本年 5 月 16 日起至 6 月 19 日止。为本年上季农忙期间,准予在此期内缓征工役,一俟期满,仍须如额征送,以期兼顾。②

在区域上,国防工程公路为路线经过之县全境③;机场由机场所在地邻近各县会同办理④;防御工事就地或较近地方⑤。《战时军事机关或部队征用民夫暂行办法》(1938 年 6 月 23 日国民政府军事委员会颁行)第五条规定,征用民夫以就地征用为原则,不足时得由邻近行政区征用。需用多数民夫时,应在多数行政区内分别征集。⑥ 1938 年为修筑广阳坝机场征调民工,行营以广阳坝为中心,凡四周相距 200 华里左右之县,均应各征工千名,加入工作。合此标准者,计巴县、江北、永川、璧山、合川、铜梁、涪陵、长寿、邻水、江津、荣昌、合江 12 县。⑦ 1938 年航空委员会主持修筑华阳县太平寺机场。需用民工由四川省政府就机场附近县份成都、华阳、双流、彭县、灌县、温江、新都、新繁、崇宁、崇庆、郫县征调。⑧ 1940 年航空委员会特订《非常时期各县抢修机场民工大队组织暂行办法》第六条规定,所挑选的民工为"在机场附近,确能于三小

---

① 四川省档案馆·四川省民政厅,全宗号 54,目录号 6,案卷号 7970,第 10 页;四川省档案馆·四川省民政厅,全宗号 54,目录号 6,案卷号 7975,第 88 页;《国民义务劳动法》,《大公报》1943 年 12 月 5 日。

② 四川省档案馆·四川省政府征工事务管理处,全宗号 116,案卷号 187,第 22 页;四川省政府征工事务管理处,全宗号 116,案卷号 200,第 28 页。

③ 四川省档案馆·四川省建设厅,全宗号 115,目录号 2,案卷号 3604,第 216 页。

④ 四川省档案馆·四川省民政厅,全宗号 54,目录号 6,案卷号 8654,第 67—68 页。

⑤ 中国第二历史档案馆·国防部史政局和战史编纂委员会,全宗号七八七,案卷号 2916,第 24 页,缩微胶卷号:16J-0175。

⑥ 四川省档案馆·四川省民政厅,全宗号 54,目录号 6,案卷号 7404,第 18 页;重庆市档案馆·四川省第三区行政督察专员公署,全宗号 0055,目录号 2,案卷号 316,第 66 页;重庆市档案馆·北碚管理局,全宗号 0081,目录号 2,案卷号 91,第 26 页;《战时军事机关或部队征用民夫暂行办法》,《四川省政府公报》第一百二十四期,1938 年 8 月 1 日出版,第 12 页。

⑦ 重庆市档案馆·四川省第三区行政督察专员公署,全宗号 0055,目录号 5,案卷号 148,第 163 页。

⑧ 四川省档案馆·四川省民政厅,全宗号 54,目录号 2,案卷号 1710,第 47、88—89 页。

时内可以集合之居民"①。抗战后期,因梁平机场不能供 B29 巨型飞机的起降,应美国要求,国民政府军事委员会第五工程处 1945 年负责扩修。四川省政府命令梁平周围的万县、开江、达县、大竹、垫江、忠县,梁平共 7 个县,征调民工 5 万,担任劳役。②

对于地方建设工役的征工区域,《四川省地方建设征工服役暂行办法》第五条规定,凡年满 18 岁至 45 岁之男子,每人每年均有在本乡镇服 3 日义务工役,及在本县(市)服 15 日以内给养工役的义务。在本籍以外,有职业者就于职业所在地服工役。③《国民义务劳动法》第十一条规定,劳动地点以其服务者之本乡镇为限。其在本乡镇以外,有职业者,应在其职业所在地参加。④ 如 1943 年井研县征调民工,修筑县道。近路基 15 里之乡镇民工应征,15 里以外者准缴 3 日代役金。⑤

对征调时间和区域在作了基本原则规定的基础上,同时也制定了应急之策。如 1937 年 7 月 12 日国民政府公布的《军事征用法》第五条、第六条的规定。第五条规定,军事征用应视征用标的之性质,人民之便利及地方之供给力,适宜划分区域行之。第六条规定,实施征用之时期及区域,由最高军事机关决定之,但遇战机紧迫,不及由其决定时,有征用权者得先行决定,呈请补行核准。⑥《四川省非常时期征工服役暂行办法》《修正四川省非常时期征工服役暂行办法》《四川省地方建设征工服役暂行办法》等又规定在征工服役之时

① 四川省档案馆·四川省特种工程征工处,全宗号 116,案卷号 34,第 7 页。
② 熊伯庚:《美蒋在梁平修建机场罪行》,四川省省志委员会编印:《四川文史资料选辑》第十辑,1963 年版,第 182 页。
③ 四川省档案馆·四川省特种工程征工处,全宗号 116,案卷号 22,第 145—146 页。
④ 四川省档案馆·四川省民政厅,全宗号 54,目录号 6,案卷号 7970,第 10 页;四川省档案馆·四川省民政厅,全宗号 54,目录号 6,案卷号 7975,第 88 页;《国民义务劳动法》,重庆《大公报》1943 年 12 月 5 日,第 3 版。
⑤ 四川省档案馆·四川省民政厅,全宗号 54,目录号 8,案卷号 10618,第 227、228 页。
⑥ 重庆市档案馆·重庆市政府,全宗号 0053,目录号 2,案卷号 1223,第 4 页;《军事征用法》,《四川公路月刊》第十九期,1937 年 7 月 30 日出版,第 74 页。

间,遇紧急工程时,不受妨碍农时之限制。

### (三) 征调对象和人数分配

因为有限的人力资源,现实中由于工役、兵役、农业生产所需,必出现地方民力紧张需求状况。抗日战争不久,1938 年四川省政府电函成都航空委员会,就指出温江附近各县本年迭次征工,负担机场工程已感困疲。加之各县抽调壮丁送服兵役人数均不少,民力尤感缺乏。[①]

1939 年璧山县奉令修筑白市驿机场,规定民工 1500 名,经时半余年以上。至民工现已遵奉,限期 4 月底全部完工,集中全力征调民工 1500 名,加速赶修。此时人力财力均已困弊,实难兼顾其他工役。再加上本县乙级壮丁仅 1.1 万余名,除已经送各部队 1000 名,暨现正在机场作工 1500 名外,所余仅 1 万名左右。以此有限民力,耕种全县 50 余万亩之广湖耕地,实已感觉人力不敷分配。1941 年 2 月 7 日奉重庆卫戍总司令部,令配定本县民工 400 名、石工 200 名,于 3 月 10 日以前送指定地点,向该工区部队长官报到。况当此春耕时节,再抽调他往,减少耕种人力,将来对于粮食生产不无重大影响。1941 年 3 月 27 日第三区行政督察专员公署转璧山县政府呈请免征公文予省政府。省政府以事关修筑国防工程,变更征调恐影响工事。令该县仍"应勉力遵办,所请免征一节,应毋庸议"[②]。

1940 年 3 月第三区专署电饬涪陵征调民工 2500 名,前赴白市驿机场修筑场址。征兵征工固同属目前要政,但值此农忙期间,两者同时并举,自有穷于应付之苦。[③]

梁山人口仅 286587 人,除老弱及妇女外,原有甲级壮丁 15048 人,乙级壮丁 16467 人,共计 31515 人。年来征送入营者已达 5 万,而自动服役者尚不在

---

① 四川省档案馆·四川省民政厅,全宗号 54,目录号 4,案卷号 10882,第 1—2 页。
② 四川省档案馆·四川省政府征工事务管理处,全宗号 116,案卷号 450,第 46、48 页。
③ 四川省档案馆·四川省政府征工事务管理处,全宗号 116,案卷号 187,第 25—26 页。

内。加以机场所在地之故,尚有十余乡镇奉令组织抢修队,随时准备抢修被炸机场,冻结壮丁 3000 人。每年虽有适龄丁壮增加,但仍远不及年应征调之数。1944 年征实奉令,星夜运输,使用民工 120 余万人,始能竣事。同年扩修机场一次,即耗民工 15 万人以上。1945 年于紧急征兵声中,奉令再度扩修机场。而运粮劳役,迄未稍缓。力役重重,疲惫已甚,不堪再劳。时任四川省主席张群电梁山县长赵秉钺,"扩修机场运粮均属急要,亟应勉体时艰,兼筹妥为配备,切实办理为要"①。

军事、建设同时需用大量民力,地方劳力不足以分配时,地方政府感到难以承受、束手无策。为协调人力紧张供需问题,对工役对象、配额上作了基本原则规定。

四川省征工委员会于 1940 年 6 月 12 日提交第一次委员会议决议:征工"以征调乙级壮丁(36 岁至 48 岁)为原则,必要时征调甲级壮丁(18 岁至 36 岁),但不得妨碍征兵"②。在满足兵源前提下推行国防工役。此原则在《兵役法》《军事征用法》《国民工役法》《战时军事机关或部队征用民夫暂行办法》《四川省非常时期征工服役暂行办法》《修正四川省非常时期征工服役暂行办法》《四川省地方建设征工服役暂行办法》《四川省各县市服役民工免缓役实施办法》《国民义务劳动法》等重要法令中皆有明文规定。

如战时中央重要法规:《军事征用法》第十四条规定,年满 20 岁未逾 45 岁,身体健全之男子,为军事上必需之服务,得征用之,但不适用于正在服兵役者。③

---

① 四川省档案馆·四川省民政厅,全宗号 54,目录号 1,案卷号 2081,第 17—21 页。

② 重庆市档案馆·北碚管理局,全宗号 0081,目录号 4,案卷号 900,第 2 页;重庆市档案馆·四川省第三区行政督察专员公署,全宗号 0055,目录号 5,案卷号 142,第 82 页;四川省档案馆·四川省特种工程征工处,全宗号 116,案卷号 17,第 86 页;成都市档案馆·四川省第一区行政督察专员公署,全宗号 134,目录号 5,案卷号 278,第 113 页。四川省政府征工事务管理处,全宗号 116,案卷号 187,第 113 页。

③ 重庆市档案馆·重庆市政府,全宗号 0053,目录号 2,案卷号 1223,第 5 页;《军事征用法》,《四川公路月刊》第十九期,1937 年 7 月 30 日出版,第 75 页。

1937 年 7 月 17 日国民政府公布的专项法规:《国民工役法》第四条规定:年满 18 岁至 45 岁之男子,除本法另有规定外,每年均有服工役 3 日之义务。①

1938 年 6 月 23 日国民政府军事委员会颁行《战时军事机关或部队征用民夫暂行办法》第四条规定:征用民夫以不妨碍兵役为主,就兵役年龄内(31 岁至 45 岁)之壮丁征集之。第十条规定不得征用的八类人员:现任公务员;学校教职员或学生;外国领事馆雇用人员有依条约应免征者;在服兵役中者;独立经营农工商,因征用而致营业事项无法维持者;因被征用而家属之生活难以维持者;身体衰弱及疾病不堪劳役者;本身事业对于所在地之民众有重大贡献,而为当地民众所不可缺少者。②

1942 年 3 月四川省政府颁布实施的《修正四川省非常时期征工服役暂行办法》第六条规定,尽先征调乙级壮丁为原则,但对特种紧急工程之征调,不在此限。征调甲级壮丁时,对于中等待征之壮丁,不得征服工役。在征服工役期间,中等之壮丁应即遗回,改服兵役。③《四川省地方建设征工服役暂行办法》第十一条和《四川省各县市服役民工免缓役实施办法》第四条都承袭了此条规定。《国民义务劳动法》第十九条规定,于同年内受军事征用法之人力征

① 中国第二历史档案馆·国民党中央秘书处,全宗号七一一,目录号 4,案卷号 406,第 419 页;四川省档案馆·四川省民政厅,全宗号 54,目录号 6,案卷号 7404,第 71 页;成都市档案馆·成都市政府,全宗号 38,目录号 12,案卷号 1650,第 3 页。

② 四川省档案馆·四川省民政厅,全宗号 54,目录号 6,案卷号 7404,第 18 页;重庆市档案馆·四川省第三区行政督察专员公署,全宗号 0055,目录号 2,案卷号 316,第 66 页;重庆市档案馆·北碚管理局,全宗号 0081,目录号 2,案卷号 91,第 26 页;《战时军事机关或部队征用民夫暂行办法》,《四川省政府公报》第一百二十四期,1938 年 8 月 1 日,第 12 页。

③ 中国第二历史档案馆·国民政府行政院,全宗号二,案卷号 8384,第 29 页,缩微胶卷号:16J-1408;四川省档案馆·四川省建设厅,全宗号 115,目录号 2,案卷号 3604,第 98 页;四川省档案馆·四川省特种工程征工处,全宗号 116,案卷号 145,第 42 页;四川省档案馆·四川省特种工程征工处,全宗号 116,案卷号 20,第 6 页;重庆市档案馆·北碚管理局,全宗号 0081,目录号 4,案卷号 1642,第 5 页;《修正四川省非常时期征工服役暂行办法》,《四川省政府公报》第 299 期,第 6—7 页。

用者,免除义务劳动。①

依据原则,各工程在征服工役时,又作了具体规定。如 1939 年航空委员会建筑西川机场制定的《修筑飞机场各县民工须知》,规定"征调民工名额按国民兵役法之规定,就所属保甲内适龄男子之精壮者遴选足额"②。1938 年万县、达县、剑阁、奉节等县奉绥靖主任公署令,征调民工构筑大巴山脉防御工事。四川省政府令各县征调民工,务以不妨碍兵役为原则,其已经中签抽调之壮丁应仍服兵役,不得借工规避。③ 四川省征工委员会于 1940 年 5 月复军管区司令部函:"军政总命令,甲级壮丁不得应征工役,甲级壮丁既为战时现役兵源,自不能征为工役"④。同年航空委员会制定《非常时期各县抢修机场民工大队组织暂行办法》规定,所征民工"身体强壮,年在 20 岁以上,40 岁以下之男子"⑤。但又规定工役"并尽先征调乙级壮丁为原则,但对特种紧急工程之征调,不在此限"⑥。

关于征用次序,《军事征用法》第十五条和《战时军事机关或部队征用民夫暂行办法》第九条都作了相同的原则规定。我们就摘录《战时军事机关或部队征用民夫暂行办法》的规定内容:(1)无职业者应先于有职业者;(2)年少者应先于年老者;(3)人口较多之户应先于较少者。⑦

---

① 四川省档案馆·四川省民政厅,全宗号 54,目录号 6,案卷号 7970,第 11 页;四川省档案馆·四川省民政厅,全宗号 54,目录号 6,案卷号 7975,第 89 页;《国民义务劳动法》,重庆《大公报》1943 年 12 月 5 日,第 3 版。

② 四川省档案馆·四川省民政厅,全宗号 54,目录号 3,案卷号 7404,第 169 页。

③ 四川省档案馆·四川省民政厅,全宗号 54,目录号 8,案卷号 10596,第 52 页。

④ 四川省档案馆·四川省特种工程征工处,全宗号 116,案卷号 17,第 4 页。

⑤ 四川省档案馆·四川省特种工程征工处,全宗号 116,案卷号 34,第 7 页。

⑥ 中国第二历史档案馆·国民政府行政院,全宗号二,案卷号 8384,第 29 页,缩微胶卷号:16J-1408;四川省档案馆·四川省建设厅,全宗号 115,目录号 2,案卷号 3604,第 98 页;四川省档案馆·四川省特种工程征工处,全宗号 116,案卷号 20,第 5 页;四川省档案馆·四川省特种工程征工处,全宗号 116,案卷号 145,第 42 页;重庆市档案馆·北碚管理局,全宗号 0081,目录号 4,案卷号 1642,第 5 页。

⑦ 四川省档案馆·四川省民政厅,全宗号 54,目录号 6,案卷号 7404,第 18—19 页;重庆市档案馆·四川省第三区行政督察专员公署,全宗号 0055,目录号 2,案卷号 316,第 66 页;重庆市档案馆·北碚管理局,全宗号 0081,目录号 2,案卷号 91,第 26 页;《战时军事机关或部队征用民夫暂行办法》,《四川省政府公报》第一百二十四期,1938 年 8 月 1 日,第 12 页。

在实际征调中,征工各县在原则的基础上,变通对象。如 1938 年秋,四川省政府令饬仁寿县征调民工 800 人,参加扩建新津机场工程。该县规定征工对象:一为缓征壮丁;二为青壮年妇女;三为有一定劳动力的其他男女。严禁征调老弱和未成年的儿童。① 1941 年武胜奉命扩修白市驿机场,先后征集民工 3000 名,童叟并征,轮番更调送足。② 1944 年,为赶修 B29 型轰炸机机场,征工对象除缓征壮丁外,"姑准征调一部女工,另行编队"③。

在征工人数上,四川省规定"征工服役以县为单位,每次征工人数以不超过全县壮丁总额五分之一为准则"④,且"每年不超过两次"⑤。

1940 年酉阳、黔江、彭水 3 县奉令征工,协筑秀山机场。黔江县甲、乙 2 级壮丁数为 22689 人。依照《四川省非常时期征工服役暂行办法》所订"每次不得超过全县壮丁五分之一"之规则,应征民工 4537 人,令征 2000 名,是规定比额摊征之半数。⑥

1940 年涪陵县奉令征调 2500 名民工,前赴白市驿机场修筑场址。该县有壮丁 11.2 万人,除兵役约 3 万人外,有 8 万余壮丁。依据非常时期征工服役暂行办法定"每次征工人数,以不超过全县现有壮丁数五分之一"之规定,而配额。⑦ 此为遵照法规而按壮丁人数配额。

---

① 黄维德:《忆仁寿县征工参加修建新津、黄田坝机场经过》,中国人民政治协商会议四川省成都市委员会文史资料研究委员会编印:《成都文史资料选辑》(总第十一辑),1985 年版,第 171 页。
② 四川省档案馆·四川省政府征工事务管理处,全宗号 116,案卷号 464,第 114 页。
③ 四川省档案馆·四川省特种工程征工处,全宗号 116,案卷号 75,第 31 页。
④ 中国第二历史档案馆·国民政府行政院,全宗号二,卷 8384,第 10 页,缩微胶卷号:16J-1408;四川省训练团编印:《工役法令》,1940 年,第 8 页。
⑤ 中国第二历史档案馆·国民政府行政院,全宗号二,案卷号 8384,第 29 页,缩微胶卷号:16J-1408;四川省档案馆·四川省建设厅,全宗号 115,目录号 2,案卷号 3604,第 98 页;四川省档案馆·四川省特种工程征工处,全宗号 116,案卷号 20,第 5 页;四川省档案馆·四川省特种工程征工处,全宗号 116,案卷号 145,第 42 页;重庆市档案馆·北碚管理局,全宗号 0081,目录号 4,案卷号 1642,第 5 页。
⑥ 四川省档案馆·四川省政府征工事务管理处,全宗号 116,案卷号 200,第 99—100 页。
⑦ 四川省档案馆·四川省政府征工事务管理处,全宗号 116,案卷号 187,第 61 页。

但有时现实非为法规所限定。1940 年,双流县征工八次,总额实达 1 万余名,约计已超数,而非 1/5 超过规定范围。①

西康省规定"不超过全县现有壮丁数三分之一"②。但在实际征调中,民工配额与原则规定有出入。川康公路雅天段由该路工程处定于 1938 年 5 月 20 日开工,经第十七区行政督察专员公署斟酌沿线各县壮丁多寡、距离远近分配征工数,计雅安、天全各 1.2 万名,名山 7000 名,荥经、汉源各 4000 名,芦山 3000 名。雅安、芦山、天全所征民工数为全县壮丁数的 1/2;名山、荥约、汉源为全县壮丁数的 1/3。③ 因征兵征工同时举办,民力实已不胜负荷。④ 1940 年 6 月四川省征工委员会第一次委员会议上提出:比照甲、乙级壮丁年龄的范围,估计甲乙壮丁人数的比例,将各县乙级壮丁每次应服工役的人数改为不超过 50%。⑤ 如 1944 年秀山县壮丁数字为 3.7318 万人,连同 40 岁至 50 岁的男子计算,共有可发动的人为 5.9709 万人,根据《发动法》规定一次动员 1/3 人数,则该县可动员 2 万人修筑该县机场。⑥ 1945 年垫江县奉令征集民工 3500 名,扩修梁山机场。应征民工按人口比例配赋。⑦

可见,名额分配是以人数的多寡为基本依据。除此以外,具体运作中,唯能征足额,在遵循基本原则基础上,方式灵活多样。办理县份实际中,有按户、工作量、镇、乡、保、区、贫富等因素而定,甚至采用抽签的方式,再看各具体的重要工程的征工人数是如何确定的,以具体理解现实纷繁复杂的配额情况。

---

① 四川省档案馆·四川省政府征工事务管理处,全宗号 116,目录号 1,案卷号 157,第 32—37 页。

② 《西康省政府公报》第 44 期,1940 年 11 月 20 日,第 35 页。

③ 四川省档案馆·四川省民政厅,全宗号 54,目录号 6,案卷号 8019,第 114 页。

④ 重庆市档案馆·四川省第三区行政督察专员公署,全宗号 0055,目录号 5,案卷号 149,第 26 页。

⑤ 四川省档案馆·四川省特种工程征工处,全宗号 116,案卷号 17,第 5 页。

⑥ 四川省档案馆·四川省民政厅,全宗号 54,目录号 6,案卷号 8654,第 100 页。

⑦ 四川省档案馆·四川省民政厅,全宗号 54,目录号 1,案卷号 2081,第 190 页。

1938 年修筑白市驿机场时,航空委员会和第三区协商,指定征工各县:巴县、江北、江津、合川、铜梁、大足、永川、荣昌、璧山、綦江,以壮丁多寡为比例,按保摊派。所满 18 岁至 45 岁之壮年男子,除责任公务员、学校教职员、在校肄业学生及有废疾不胜工役者,免服役外,不分贫富均须一律应征服役,其因事故或职务关系不能服役者改征代役金。被征壮丁无故抗不应征者,由联保公处报由区长强制执行或处以每日 0.3 元至 0.5 元之罚金。① 每保先行抽调健全合格壮丁 1 人,不得以老弱幼小及有嗜好者充数,如被剔除至 3/10 以上,除饬令限期补送外并须自行赔偿民工往返旅食费及受严厉之处分。各县政府收到征工命令后,须于半月内督饬各县联保将应征壮丁编造名册,由区署申送县府编队。② 则修筑白市驿机场第三区各县征调民工分配数为:巴县 1008 名,江北、江津、合川各 882 名,铜梁、大足、永川、荣昌、璧山各 504 名,綦江 378 名,合计 6552 名。③

1938 年铜梁县各区派足民工 1000 名,携带工具,修筑重庆广阳坝修筑机场。④

1938 年 12 月修筑双流机场。成都县奉令征调民工 800 名,该县令各区克日按保征调。⑤ 同一时期,简阳县奉令征调民工 5000 名,征工方法:每保征调民工 4 名,应先征壮丁多者,如壮丁数相同,则以家较富者充之。⑥

1939 年蒲江县修筑川康公路南龙段,征调民工 4800 多名,该县壮丁数为 31805 名⑦,则征调数约为壮丁总数的 7%,符合规定。

1939 年 1 月 27 日,什邡县为补征送足赶筑双流机场民工,召开临时紧急

---

① 重庆市档案馆·北碚管理局,全宗号 0081,目录号 3,案卷号 437,第 3 页。
② 重庆市档案馆·北碚管理局,全宗号 0081,目录号 3,案卷号 437,第 4 页。
③ 重庆市档案馆·北碚管理局,全宗号 0081,目录号 3,案卷号 437,第 12 页(原始档案合计数为 6678 名,经核算实际数据总为 6552 名——编者注)。
④ 四川省档案馆·四川省民政厅,全宗号 54,目录号 3,案卷号 7763,第 120 页。
⑤ 四川省档案馆·四川省民政厅,全宗号 54,目录号 1,案卷号 1632,第 26 页。
⑥ 四川省档案馆·四川省民政厅,全宗号 54,目录号 1,案卷号 1632,第 131 页。
⑦ 四川省档案馆·四川省民政厅,全宗号 54,目录号 6,案卷号 7634,第 8 页。

会议。议决除逃亡及欠送民工，由各区署照额补充外，每保并增派民工 2 名。以全县 356 保计，共增民工 712 名，于当年 2 月 3 日前，到达机场。①

1939 年金堂县担负双流机场工程原 4 万余方，后因温江民工调走，又外加 3 万余方，共计为 7 万余方。县长即电各区各联保，每保增派 2 名，以全县 732 保计算，可增民工 1464 人②。

1939 年眉山县奉令征工 2000 名，修筑邛崃机场。该县按区配额：第一区 300 名、第二区 400 名、第三区 500 名、第四区 400 名、第五区 400 名③。

1939 年修筑温江皇天坝机场。眉山县第一区 205 名、第二区 332 名、第三区 347 名、第四区 362 名、第五区 354 名，共计民工 1600 名。仁寿县第一至六区各送 500 名民工，共 3000 名，集中转送。④

1939 年 2 月 3 日开工修建温江县皇天坝机场。经航空委会建筑西川机场委员会第二次会议议决，先由温江征工 2000 名、崇庆征工 3000 名、新津征工 800 名，修建初步工程，余俟旧历年后正月初十开工，增调成都市、成都县、彭县、仁寿、大邑、眉山等县民工加入工作在案。除温江、崇庆、新津征工命令已经发布外，其余续征各县应征工额，曾于开会时，兹根据各县市保数及距机场途程之远近，拟定分配工额见表 6-4。⑤

表 6-4　各县市保数、工数

| 县市别 | 保数 | 里程 | 每保工数 | 应征工数 | 备注 |
|---|---|---|---|---|---|
| 成都市 | 216 个 | 约 50 里 | 约 5 名 | 1000 名 | 该市之保数较各县大一倍 |
| 成都县 | 226 个 | 约 50 里 | 约 4 名 | 900 名 | |
| 仁寿县 | 1161 个 | 约 180 里 | 约 2 名 | 2000 名 | 该县距离过远 |

① 四川省档案馆·四川省民政厅，全宗号 54，目录号 1，案卷号 1633，第 176 页。
② 四川省档案馆·四川省民政厅，全宗号 54，目录号 1，案卷号 1632，第 167 页。
③ 四川省档案馆·四川省建设厅，全宗号 115，目录号 6，案卷号 12015，第 63 页。
④ 四川省档案馆·四川省民政厅，全宗号 54，目录号 1，案卷号 1578，第 60、73—75 页。
⑤ 四川省档案馆·四川省民政厅，全宗号 54，目录号 1，案卷号 1578，第 10 页。

续表

| 县市别 | 保数 | 里程 | 每保工数 | 应征工数 | 备注 |
|--------|------|------|---------|---------|------|
| 彭山县 | 283 个 | 约 100 里 | 约 3 名 | 800 名 | |
| 眉山县 | 555 个 | 约 140 里 | 约 3 名 | 1600 名 | |
| 大邑县 | 442 个 | 约 100 里 | 约 3 名 | 1200 名 | |
| 总计 | | | | 7500 名 | 连前共派 13500 名 |

1940 年扩修白市驿机场,工程处按照各县人口总数以 3‰为比例征调民工[1],则征工各县名额,计永川 2400 人、荣昌 2000 人、铜梁 2400 人、大足 2400 人、璧山 2000 人、三峡实验区 400 人。民工占总数 85%,石工占 15%。[2] 1940 年四川省第三行政督察区奉令辟修大中坝、旧市坝两机场,抢修白市驿机场。民工分配计划:白市驿约 8000 人,由巴县、江北、邻水、永川、璧山、长寿、涪陵、泸县等县及三峡实验区担修;大中坝约 5000 人,由江津、綦江、合江、南川等县担任。依照人口总数比例摊派。征调民工以年满 18 岁至 45 岁之壮年男丁,除现任公务员、学校教职员、在校肄业学生、出征军人家属及有痼疾者免服工役外,凡各保内壮丁之精壮者,均得征调服役,如无正当理由,不得拒绝征调。[3]

1940 年永川县奉令额征 1200 名民工,修筑白市驿机场。该县按保摊派,每保征送民工 3 名。[4]

1941 年 12 月资阳县奉令征工修筑简阳周家坝机场。遵照规定,应以尽先征调乙级壮丁为原则,以保为单位,全县共有 762 保。征工 1500 名。[5]

1941 年修筑大足登云桥机场,其人数规定见表 6-5。

---

① 重庆市档案馆·北碚管理局,全宗号 0081,目录号 4,案卷号 294,第 54 页。

② 重庆市档案馆·北碚管理局,全宗号 0081,目录号 4,案卷号 294,第 4 页。

③ 重庆市档案馆·北碚管理局,全宗号 0081,目录号 4,案卷号 294,第 126 页。

④ 四川省档案馆·四川省政府征工事务管理处,全宗号 116,案卷号 524,第 144 页。

⑤ 四川省档案馆·四川省政府征工事务管理处,全宗号 116,案卷号 431,第 43、67 页。

表6-5　辟修大足登云桥机场征工计划草案书　　　（单位：人）

| 距离公里 | 县别 | 壮丁人数 | 兵役 | 工役 | | |
|---|---|---|---|---|---|---|
| | | 建设厅调查 | | 地点 | 可征人数未超过壮丁人数1/5 | 拟征人数 |
| 20 | 大足 | 30583 | 13983 | 白市驿 | 2120 | 2000 |
| 40 | 铜梁 | 23145 | 17017 | 白市驿 | 3398 | 2000 |
| 40 | 荣昌 | 31189 | 13178 | | 3601 | 2000 |
| 60 | 永川 | 43127 | 12121 | 白市驿 | 6081 | 2000 |
| | 潼南 | 52941（民政统计） | | | | 3000 |
| | 安岳 | 98650 | 21987 | 中兴场 | 13332 | 4000 |
| | 璧山 | 42554 | 8884 | 白市驿 | 6634 | |
| | | | | | 合计 | 15000 |

资料来源：四川省档案馆·四川省特种工程征工处，全宗号116，案卷号117，第14页。

从表6-6可以看出，可征人数大多占壮丁人数的10%以上，没超过规定的20%。如可征人数占壮丁人数的比例：璧山为16%，铜梁为15%，潼南和安岳约为14%，荣昌约为12%，大足为7%。拟征人数少于可征人数，一般低于1000多人。两者相差最多的是安岳为9332人。从规定上看，工役劳力的征调没有引起当地所需人力资源的紧张局势。

1941年，巴中县奉调2000民工，修筑达县河市坝机场。工额分配：该县计分四区、386保。第一区配额600名，第二区700名，第四区700名，第三区因以往汉渝路出工较多，故未配额。各保因户口不同，由3名、4名、5名不等。[①]

1941年彭县奉令征调民工8000人，赶筑新津机场跑道及扩场工程。以保为单位，以壮丁人数为对象。计全县548保，分为两总部。甲级457保，每保征工16名，共征民工7312名。乙级91保，每保征民工8名，共应征民工

_____

① 四川省档案馆·四川省政府征工事务管理处，全宗号116，案卷号152，第89—90页。

728 名,尚多 30 名。后因人口、地面关系问题,实际共计征民工 8000 名。①

1941 年郫县奉令征送民工 6000 名建筑新津机场。除郫筒镇共征 500 名外,其余 5500 人由 12 乡镇照现有保数分派,每保征派 20 人,以壮丁及门户为对象。②

1941 年长寿县奉令扩修白市驿机场,按照本县乡镇保数,摊征民工共计 2980 名③。

1941 年邻水县奉命补征民工,修筑白市驿机场。该县以所属 216 保计算,每保征调 1 名。④

1941 年为赶筑秀山机场,彭水县府令每镇乡至少征送 500 人⑤。

1945 年 3 月 30 日江津县奉征民工 1.9 万人到泸县修筑特种工程。全县各乡镇一律征工,其配赋以人口为标准,并斟酌各乡镇特殊情形配定之。各乡镇应选年在 18 岁以上,50 岁以下,身体强健而无不良嗜好有力工作之男丁。⑥

但实际征调数与规定配额时有动态的差异。如 1938 年 11 月至 1939 年 6 月修筑白市驿机场时的人数变动。征工县包括永川、实验区、江北、江津、巴县、大足、璧山、合川、铜梁、荣昌、綦江。1938 年 12 月 1 日至 10 日各日规定应到民工数为 7981 人,各日实到民工数分别为 6206 人、6274 人、6281 人、6353 人、6451 人、6495 人、6632 人、6662 人、6693 人、6643 人。⑦ 可见,民工实到人数低于应到人数。相同的县份 1939 年 1 月 1 日至 10 日各日规定应到民工数也为 7981 人,各日实到民工数分别为 9409 人、9813 人、10364 人、10368 人、10483 人、10775 人、10749 人、10841 人、10705 人、10587 人⑧,民工实到人数远

---

① 四川省档案馆·四川省政府征工事务管理处,全宗号 116,案卷号 518,第 231 页。
② 四川省档案馆·四川省政府征工事务管理处,全宗号 116,案卷号 518,第 88 页。
③ 四川省档案馆·四川省政府征工事务管理处,全宗号 116,案卷号 280,第 5 页。
④ 四川省档案馆·四川省政府征工事务管理处,全宗号 116,案卷号 280,第 19 页。
⑤ 四川省档案馆·四川省民政厅,全宗号 54,目录号 1,案卷号 1998,第 199 页。
⑥ 四川省档案馆·四川省民政厅,全宗号 54,目录号 3,案卷号 8434,第 148 页;重庆市档案馆·四川省第三区行政督察专员公署,全宗号 0055,目录号 5,案卷号 148,第 79 页。
⑦ 四川省档案馆·四川省民政厅,全宗号 54,目录号 8,案卷号 10695,第 107—116 页。
⑧ 四川省档案馆·四川省民政厅,全宗号 54,目录号 8,案卷号 10696,第 78—95 页。

多于应到人数。

　　1944 年 1 月四川省政府令金堂县征调民工 26520 名,修筑广汉机场。该县按本县各保年派兵役名额,加 5 倍征集(征工 5 名,豁免兵役配额 1 名)计,每保应征 53 名。①

　　除了依据行政区划单位配置民工数外,还采取民间普遍接受的抽签。

　　1939 年 12 月 20 日至 1940 年 7 月 12 日,三峡实验区奉令征工修筑白市驿机场。民工系就各保年富力强之壮丁举行抽签。中签者,即应征服役,每 3 月掉换 1 次。②

　　1942 年安岳县奉令征调民工 2800 名修筑大足机场,各保抽签征调。③

## 二、征调民工的方法

### (一) 编订壮丁名册

　　战争中"因前方战事,正在剧烈进行,所有统制民力事项,均应切实规划"④,内政部颁布《关于民力编制应行办理事项》《全国总动员关于户口调查整顿保甲及协助征工方案》(1937 年 8 月 9 日)。因民力统制"事关战时要政"⑤,1937 年 9 月 24 日四川省依内政部所颁法规,制颁《四川省各县市民力统制实施办法》和《全国总动员四川省各县市户口调查整顿保甲长及协助征工实施方案》(两法规 1937 年 11 月 8 日呈国民政府军事委员会委员长行营)。联保主任及保甲长负责办理乡村地方户口调查。区署管理户籍的区员负监督、指导之责。保甲长将本保甲内壮丁人数,按户调查清楚,并造具壮丁名册,内容包括姓名、年龄、住址、有无职业及与其家庭关系如何、技能、同户共

---

①　四川省档案馆·四川省政府征工事务管理处,全宗号 116,案卷号 79,第 11 页。
②　四川省档案馆·四川省政府征工事务管理处,全宗号 116,案卷号 524,第 146 页。
③　四川省档案馆·四川省政府征工事务管理处,全宗号 116,案卷号 234,第 176 页。
④　四川省档案馆·四川省民政厅,全宗号 54,目录号 6,案卷号 7918,第 110 页。
⑤　四川省档案馆·四川省民政厅,全宗号 54,目录号 6,案卷号 7918,第 111 页。

有壮丁若干人。① 注意调查,分别统计,俾得随时征调,以供军事上之需要。②

　　四川为全国人口最多的省份,除了昭觉、盐边两县外,共计 52085011 人。③ 为征调民力,四川省政府编订了《二十六年份各县市户口统计表》《二十六年份各市县保甲统计》和《廿六年份各县市壮丁统计》。

　　各县应服工役的壮丁,由县政府令乡镇公所督同各甲于事前制定壮丁名册,以甲为单位。凡属适龄壮丁,不分贫富,应一律依其出生年月次序,编订该甲壮丁名册,按甲榜示公布,并将所编甲、乙壮丁数目,逐级实报县府统计备查。每年应编报 1 次。④ 保甲长呈报区署所填壮丁名册。区署依照名册,分别统计,汇造全区壮丁调查统计清册及全区壮丁分类调查统计表各 2 份,呈报市县政府。市县政府将各区册表,汇成全市县壮丁调查统计清册及全市县壮丁调查分类统计表,以一份存案,另一份呈报省政府备查。⑤ 壮丁如有死亡、迁徙时,该管保长则遵照《四川省各县户口异动登记办法》第十一条至第十三条的规定,办理壮丁异动。此项名册,如遇主管人员更调时,应专案移交方便保管。⑥ 乡镇公

---

　　① 四川省档案馆·四川省民政厅,全宗号 54,目录号 6,案卷号 7918,第 88 页;重庆市档案馆·北碚管理局,全宗号 0081,目录号 3,案卷号 570,第 8—9 页;重庆市档案馆·重庆市政府,全宗号 0053,目录号 9,案卷号 1014,第 51 页。

　　② 四川省档案馆·四川省民政厅,全宗号 54,目录号 3,案卷号 7918,第 90 页;重庆市档案馆·北碚管理局,全宗号 0081,目录号 3,案卷号 570,第 6 页;重庆市档案馆·重庆市政府,全宗号 0053,目录号 9,案卷号 1014,第 63 页;周开庆:《民国川事纪要》(民国廿六年至三十九年)(下册),台北四川文献月刊社 1972 年版,第 26 页。

　　③ 重庆中国银行编印:《四川月报》第十一卷第三期,1937 年 9 月出版,第 189 页。

　　④ 中国第二历史档案馆·国民政府行政院,全宗号二,案卷号 8384,第 29—30 页,缩微胶卷号:16J-1408;四川省档案馆·四川省建设厅,全宗号 115,目录号 2,案卷号 3604,第 98—99 页;四川省档案馆·四川省特种工程征工处,全宗号 116,案卷号 20,第 5—6 页;四川省档案馆·四川省特种工程征工处,全宗号 116,案卷号 145,第 42—43 页;重庆市档案馆·北碚管理局,全宗号 0081,目录号 4,案卷号 1642,第 5 页;《修正四川省非常时期征工服役暂行办法》,《四川省政府公报》第二百九十九期,1939 年出版,第 7 页。

　　⑤ 重庆市档案馆·北碚管理局,全宗号 0081,目录号 3,案卷号 570,第 9 页;重庆市档案馆·重庆市政府,全宗号 0053,目录号 9,案卷号 1014,第 67 页。

　　⑥ 四川省档案馆·四川省特种工程征工处,全宗号 116,案卷号 22,第 111 页;重庆市档案馆·四川省第三区行政督察专员公署,全宗号 0055,目录号 3,案卷号 254,第 64 页;《四川省各县(市)编订工役壮丁名册轮流服役办法》,《四川省政府公报》第三百四十九期,第 10 页。

所按规定,常备民工总队,以便随时集中,迅速动员。① 如 1944 年度北碚管理局下季农隙征工,办理北碚市政未完工程。各保民工编组为甲乙两级。以年力富强者编为甲级,调作北碚市政建设工程;较弱者编为乙级,备作本镇乡公共建设工程。各镇乡应将各保甲乙级民工先行分别造册,呈局厅候征调。甲级民工较多,则以抽签订之。②

为保证壮丁名册编订的有效性和可操作性,国民政府加强了基层行政组织。互为表里的保甲制和新县制正是达到此目的重要措施。

1938 年 3 月 31 日国民党临时全国代表大会通过《改善保甲制度确定本党以保甲组训民众之政策,促进地方自治以完成训政而利抗战案》。该案提出,"现当国家民族千钧一发之时,欲保障抗战之胜利,必须全体民众总动员协同作战,欲全体民众能总动员以协同抗战,必须将全体民众加以组织,欲组织全体民众,必须用保甲制度"③。1938 年 12 月 5 日,蒋介石亲自制定的《四川省施政纲要》颁布,内有九项要旨。其中实行新县制是国民党统治基层组织的最后形成和完备的一项举措。在《四川省施政纲要》中,关于"地方自治"条又规定:"鼓励党员从事地方自治工作,由省党部限期登记,会同省府,甄别核用,依照《县各级组织纲要》,分任地方自治工作。"④

1939 年 6 月 8 日军事委员会公布《县各级组织纲要实施办法》。第十条规定,乡(镇)长、副乡(镇)长指导、督率各保保长,按照新编成之保户口册,将 20 岁以至 35 岁之壮丁编成甲级壮丁名册,36 岁至 45 岁之壮丁编成乙级壮丁名册,再按甲乙级壮丁名册分别召集甲乙级壮丁,编成保之甲乙级壮丁队。⑤

---

① 四川省档案馆·四川省特种工程征工处,全宗号 116,案卷号 22,第 147 页。
② 重庆市档案馆·北碚管理局,全宗号 0081,目录号 4,案卷号 3260,第 19—20 页。
③ 杨树标等编:《中国国民党历次会议宣言决议案汇编》(第二分册),浙江省中共党史学会编印 1985 年版,第 370 页。
④ 周开庆:《民国川事纪要》(民国二十六年至三十九年)(下册),四川文献研究社 1972 年版,第 85 页。
⑤ 秦孝仪主编:《中华民国重要史料初编——对日抗战期间》(第四编)第二册,中国国民党中央委员会党史委员会 1988 年版,第 1963 页。

1939年9月颁布了《县各级组织纲要》。这是较前变化最大的,它将县按土地面积、人口、经济等不同状况划分为一等至六等,在县以下实行区(县之辅助机关),代表县政府督导乡(镇)。乡(镇)下设保甲制。以每十户甲,十甲为一保。所有保甲、区乡(镇)长、县长等基层行政人员,都规定任职资格。"非甄别训练合格人员不得委用。"区长"指挥地方警察所,乡(镇)长任中心学校校长和壮丁队长"①。这样,在基层组织,保甲、乡镇长和县长乃集行政、警察、教育权于一身。该项"新县制",1940年3月1日在四川各地普遍推行,此后推行到整个国统区。这样保证国民党的政令能在基层传播。

王亚南先生曾深刻地分析,国民政府利用新县制,推行保甲制度而动员农村人力。"但一个产业不发达的国家,它的人力、物力主要在农村。要把在农村安土重迁而松懈惯了的人民,动员到战斗行列中,要把他们分散的零星的物资,汇集为支持战争的物质手段,单从技术上讲,那已经是一件异常困难的事。如其把我们的农村社会生产关系,即土豪劣绅依着保甲组织行使支配的统治情形加以考虑,那么,要农民透过多重压迫与束缚的关系看出民族的利益,要他们在土豪劣绅的多方捉弄下,向民族战争贡献其生命和仅有的资产,那自然是更不容易了。"易则不易,然而蒋介石政权正是以保甲制度为其基础结构的,舍此而外动员农民或全民自觉自动起来参加抗战,"那就等于解除自己的武装"。结果,以原来的政治结构更加扩大到基层农村,推行战时政策。"在推行过程中,无论由农村到都市,统统是由一部分人,或一部分有权有势的人,强制另一部分人为民族、为战争贡献出他们的生命和仅有的财产,而强制者自己,却不但借此保全了生命财产,而且还借此捞到了发财和扩大权势的机会。"②这正是抗战时期在四川省得以演变发展的过程。"通过实行新县制,四川省的行政系统从上到下发生了巨大变化,与国民党中央党政系统逐渐相适

① 延安时事问题研究会编:《抗战中的中国政治》,上海人民出版社1961年版,第28页。
② 王亚南:《中国官僚政治研究》,中国社会科学出版社1981年版,第180—181页。

应而且一体化了。"①这就保障了政府对基层劳动力的调控。

### （二）实行轮流换班或同时服役

各甲壮丁名册是基层各级组织统计、分配工役的准则。各县（市）一遇征调命令，即由该县政府按照各区乡镇保甲统计的壮丁，分配其应征的人数，轮次征调服役，并按级公布。凡适龄壮丁，除依法令准予免缓服役者外，概须顺次轮服工役。② 各保奉到命令后，依照名册的次序，并查点以前服役之多少，轮流分派。③《战时军事机关或部队征用民夫暂行办法》第七条规定，在一地区征集较多数民夫时，须分批施行。每批征集数目，不得超过当地壮丁数量的1%。④ 地方建设征工，动员时采轮流服役办法，分别施工，以免工事范围太小，不能同时容纳多人。⑤ 民工工作已做足每日能率之45倍时，以仍调原征工县份民工换班为原则。⑥ 1944年梁山县征调民夫修筑机场，规定民夫每工作半个月调换1次。⑦

---

① 谢本书、牛鸿宾：《蒋介石和四川地方实力派》，河南人民出版社1990年版，第231页。

② 中国第二历史档案馆·国民政府行政院，全宗号二，案卷号8384，第29—30页，缩微胶卷号：16J-1408；四川省档案馆·四川省建设厅，全宗号115，目录号2，案卷号3604，第98—99页；四川省档案馆·四川省特种工程征工处，全宗号116，案卷号20，第5—6页；四川省档案馆·四川省特种工程征工处，全宗号116，案卷号145，第42—43页；重庆市档案馆·北碚管理局，全宗号0081，目录号4，案卷号1642，第5页；《修正四川省非常时期征工服役暂行办法》，《四川省政府公报》第二百九十九期，1939年出版，第7页。

③ 四川省档案馆·四川省特种工程征工处，全宗号116，案卷号17，第8页。

④ 四川省档案馆·四川省民政厅，全宗号54，目录号6，案卷号7404，第18页；重庆市档案馆·四川省第三区行政督察专员公署，全宗号0055，目录号2，案卷号316，第66页；重庆市档案馆·北碚管理局，全宗号0081，目录号2，案卷号91，第26页；《战时军事机关或部队征用民夫暂行办法》，《四川省政府公报》第一百二十四期，1938年出版，第12页。

⑤ 重庆市档案馆·四川省第三区行政督察专员公署，全宗号0055，目录号3，案卷号254，第37页；四川省档案馆·四川省民政厅，全宗号54，目录号6，案卷号7975，第99页。

⑥ 四川省档案馆·四川省特种工程征工处，全宗号116，案卷号17，第58、87页；重庆市档案馆·北碚管理局，全宗号0081，目录号4，案卷号900，第2页；重庆市档案馆·四川省第三区行政督察专员公署，全宗号0055，目录号5，案卷号142，第82页；成都市档案馆·四川省第一区行政督察专员公署，全宗号134，目录号5，案卷号278，第113页。

⑦ 四川省档案馆·四川省民政厅，全宗号54，目录号8，案卷号10697，第72、109页。

　　1938 年为修筑白市驿机场公路,四川省政府令长寿县征工 1000 名。长寿县有 532 保,每保原准备壮丁 1 人,分为两期申送。① 凡非依法令准许免役或缓役的壮丁,均须按顺序轮流服役。依名次应服工役的壮丁,如因临时有显著的疾病,乡医师负责证明确不能工作,及职业关系不能亲身服役,而自愿缴纳代役金,均得顺次下推 1 人递补。②

　　1943 年 2 月至 3 月金堂县动支 1943 年度道路桥梁费 5200 元,遵照征工服役办法令饬各乡镇轮流征调乙级壮丁 420 名,每乡镇 30 人编组 1 队,修筑 18 公里县道。③ 同年兴文县 2 月 2 日至 4 月 2 日征调各乡镇壮丁 3500 名,轮流服役,修筑兴富公路 7 公里;6 月 1 日至 8 月 2 日征调各乡镇壮丁 2.25 万名,轮流服役,整修乡道 45 公里;9 月 24 日至 11 月 10 日征调各乡镇壮丁 2500 名,轮流服役,修筑公路 50 公里。④

　　1944 年汶川县征调 3874 名民工整修乡道、606 名民工开垦公有荒地、504 名民工种植树木,采取轮流服役。⑤ 同年射洪县在农隙时期,每乡镇征调 30 人,在每乡镇修筑 5 公里路;每乡镇征调 15 人,整修、开凿塘堰 852 口;每乡镇征调 25 人,在每乡镇植树 5000 株;每保征调 20 人,在全县修筑操场 449 个(各保修筑一个)。各乡镇、各保轮流征调。⑥

　　1945 年武隆县征调各乡镇民工,轮流服役,举办牲畜、养鱼、筑路、垦荒、造林工事。1240 名民工,从事 18 乡镇公共牧产棚栏、畜种等;4950 名民工,建凿公共鱼塘引水道 18 立方公尺;5140 名民工整修县道及乡村道路 2708 公

　　① 四川省档案馆·四川省民政厅,全宗号 54,目录号 8,案卷号 10695,第 90—91 页。
　　② 四川省档案馆·四川省特种工程征工处,全宗号 116,案卷号 22,第 111—112 页;重庆市档案馆·四川省第三区行政督察专员公署,全宗号 0055,目录号 3,案卷号 254,第 64—65 页;《四川省各县(市)编订工役壮丁名册轮流服役办法》,《四川省政府公报》第三百四十九期,1942 年出版,第 10 页。
　　③ 四川省档案馆·四川省民政厅,全宗号 54,目录号 8,案卷号 10618,第 198 页。
　　④ 四川省档案馆·四川省民政厅,全宗号 54,目录号 8,案卷号 10543,第 104—105 页。
　　⑤ 四川省档案馆·四川省民政厅,全宗号 54,目录号 8,案卷号 10952,第 88、89 页。
　　⑥ 四川省档案馆·四川省民政厅,全宗号 54,目录号 8,案卷号 10953,第 175 页。

里;4976 名民工垦辟公共荒地 130 市亩;2806 名民工辟建宜林地区森林 5.4 万株。①

轮流换班服役的方式并不是通用的唯一方法,也有 1 次征调,直至完工即同时服役。如 1938 年隆昌、泸县、纳溪、叙永及古蔺 5 县征调民工,修筑川滇东路。《四川民工公路局修筑川滇东路工程施工细则》规定,工作经派定后,民工应一气呵成,不得轮班替换。②《四川省非常时期征工服役暂行办法》第二十六条规定,各县之民工工作应照每人每日工作能率,按土石方数量或其他工程数量平均分派,以一气做成为原则,不得采用轮派办法以免推诿延误。③ 1943 年 3 月 5 日至 15 日,兴文县各乡镇各征调 50 人、共 2000 人同时植树,共 6 万株;11 月 3 日至 12 日,全县各乡镇各征调 238 人,同时开垦所辖境内荒地 48 市亩。④

两种服役方式——同时或轮流,由各县(市)依实际工事情况决定。1944 年峨边可动员服役民工 5930 人。3 月 5 日至 7 日征调 1300 名民工轮流服役,植树 1300 株;7 月 15 日至 20 日征用 3200 人同时服役,修筑 370 公里道路;水利 3 月 17 日至 22 日征调 2400 名民工,轮流服役,11 月 8 日至 13 日征调 2900 名民工同时服役,共完成 3 万立方公尺的水利。⑤ 实际征用民工人数为 9800,远高出可动员服役民工人数,因其充分采用了两种不同的征调办法。

### (三) 实施免缓役

民工免缓役的主要依据是其所做的工作量。民工担任的标准工数超出各

---

① 四川省档案馆·四川省民政厅,全宗号 54,目录号 7,案卷号 10274,第 15 页。

② 《四川民工公路局修筑川滇东路工程施工细则》,四川公路局总务处编查股编印:《四川公路月刊》第三卷第四号,1938 年 4 月 30 日出版,第 26 页。

③ 中国第二历史档案馆·国民政府行政院,全宗号二,案卷号 8384,第 19 页,缩微胶卷号:16J-1408。

④ 四川省档案馆·四川省民政厅,全宗号 54,目录号 8,案卷号 10543,第 104—105 页。

⑤ 四川省档案馆·四川省民政厅,全宗号 54,目录号 8,案卷号 10954,第 4 页。

县(市)人口总数 2 倍半,各县(市)征调单位在工程限期内专案呈请缓征兵役。工程完竣,民工仍依额配征兵役。征调甲级壮丁服工役时,中等待征的壮丁不得征服工役,若征调了即遣回改服兵役。各县(市)各级民工队部,在规定期间内,民工继续服役满每人每日标准能率 45 倍,该队部的民工可缓兵役 6 个月,同时免工役 1 年半;工作满每人每日标准能率 60 倍,可缓兵役 1 年,同时免工役 1 年半。如遇特殊情况,工作日期延长,每多作 15 个标准效率工,民工缓兵役及免工役的期限,递增 6 个月。各县(市)各级民工队部,在规定期内完成指定的工程后,应即报工务管理委员会或工务处派工作人员验收。如所作工程确已达到每一民工工作标准效率的 45 倍时,可报请省政府派员同县(市)政府、工务委员会或工务处按照所报的服役民工名册,按名点发缓役及免役证明书。点发人员同县(市)政府分别造具清册,呈报省政府查核。嗣后,各县(市)抽调兵役或征调兵役时,对于各缓役及免役的民工,不得再抽调。缓兵役民工在缓役期满后,如未经继续应征工役,而年龄适合兵役规定,仍应参加兵役抽签,依法应征兵役。服役民工办理免役或缓役,应由承办征工的县(市)政府,于应征民工出发后,造具民工名册,呈报省政府查核。名册内应注明各个民工所属的区乡镇保甲户籍及年龄、住址、职业等项。服役民工壮丁依照规定缓服兵役及免服工役,发给缓服兵役证明书及免服工役证明书。不合兵役年龄的免役民工仅发给免服工役证明书。缓服兵役及免服工役的民工时间均自各队部担修工程完竣之日起同时计算。各县(市)各级民工队部服役民工的缓服兵役及免服工役,除按照规定的工作量外,各民工须以在各队部继续服役自工程开始至竣工时止,未间断(因病及受伤除外)为限,中途逃亡或到队服务不满 30 日,不在此列。各县(市)政府依照规定制发的缓役及免役证明书,以每次奉令征调的民工总额为限。①

① 四川省档案馆·四川省特种工程征工处,全宗号 116,案卷号 18,第 7—8 页;重庆市档案馆·四川省第三区行政督察专员公署,全宗号 0055,目录号 3,案卷号 254,第 85—87 页;《四川省各县市服役民工免缓役实施办法》,《四川省政府公报》第三百一十四期,1942 年出版,第 6—8 页。

除了超过规定的工作量外,还有其他情况实施免缓服役。《国民工役法》第五条规定:肢体残废、心神丧失或有痼疾不胜工役者,免服工役;第六条规定:现任公务员、学校教职员及肄业学生,得免服工役。①《战时军事机关或部队征用民夫暂行办法》第十一条规定不得征用的人员:现任公务员;学校教职员及学生;外国使领事馆雇用人员及依约应免征者;在服兵役者;独立经营农工商因征用而致营业事项无法维持者;因被征用而家属的生活难以维持者;身体衰弱及疾病不堪劳役者;本身事业对于所在地的民众有重大贡献而为当地民众所不可缺少者。② 1939年仁寿县奉省令征调民工参加新建皇天坝机场。县府规定,应征民工如本人走了,其家中确无劳动力者,可予缓征。③ 1943年10月至1944年4月万县举行"国民劳动服务水利季节",在此期间,全县18岁以上50岁以下的健壮男子均须服役,每人每年不超过15日为限,超出15日以上按雇工给价。如被征入伍及穷苦壮丁因服役而影响家庭生计的男子,可酌予缓役或免役。④《四川省各县(市)地方建设征工服役暂行办法》第七条规定:肢体残废、心神丧失、有痼疾的农民出具医生诊断书或2人以上的证明书,经保甲长查明属实后,免服工役;第八条规定:现任公务员、学校教职员及肄业学生得免服工役;第十条规定:应服工役期间,因患疾病或有婚丧的壮丁,可延服役。事后或下次工役时补足应服工役日数。⑤《国民义务劳动法》

① 四川省档案馆·四川省民政厅,全宗号54,目录号6,案卷号7404,第71页;成都市档案馆·成都市政府,全宗号38,目录号12,案卷号1650,第3页;《国民工役法》,《四川省政府公报》第九十二期,1937年出版,第38页;四川省训练团编印:《工役法令》,1940年版,第19页。
② 四川省档案馆·四川省民政厅,全宗号54,目录号6,案卷号7404,第19页;重庆市档案馆·四川省第三区行政督察专员公署,全宗号0055,目录号2,案卷号316,第66页;重庆市档案馆·北碚管理局,全宗号0081,目录号2,案卷号91,第26页;《战时军事机关或部队征用民夫暂行办法》,《四川省政府公报》第一百二十四期,1938年出版,第12页。
③ 黄维德:《忆仁寿县征工参加修建新津、黄田坝机场经过》,中国人民政治协商会议四川省成都市委员会文史资料研究委员会编印:《成都文史资料选辑》(总第十一辑),1985年版,第173页。
④ 四川省档案馆·四川省民政厅,全宗号54,目录号7,案卷号9421,第197页。
⑤ 四川省档案馆·四川省特种工程征工处,全宗号116,案卷号22,第146页。

第十八条规定,在征召期内,若有疾病或婚丧大故者,得延缓服务,于事后补足。[①] 农忙时期不下征工令,征调新工;已下征工令而未赴工地者准其俟农忙期过后再行征调;斟酌工程性质是否急要,如非最急要者即酌量减少或暂停。[②]

### (四) 宣传动员

为推行工役,调动民工应征的积极性,政府进行了宣传活动。动员县市局各级组织的公务员、中心学校及国民学校教师学生及地方士绅等就各种集会场期、公共场所及出版物作口头、文字或艺术之宣传。一般社会宣传要点:"宣扬工役义、解释工役法令、劝导协助推行、鼓励踊跃服役。对服役民工宣传要点:服行工役,乃国民应享之权利,亦国民应尽之义务;服行工役,乃协助前方抗战,致力后方建国之工作;服行工役乃'人人为我,我为人人'之光荣行为;不能尽劳动之义务,不配享生活之权利;惟集体劳动方能发挥伟大效力。"[③]

1938年秋,仁寿县征调民工,参加扩建新津机场工程。省令着重指出,这次征工要与征兵一样,分层召开会议,做好动员工作。要使各县人民群众懂得"天下兴亡,匹夫有责",发扬"国家至上、民族至上"(当年总动员口号之一)的爱国精神,同仇敌忾,踊跃应征。在动员大会上,仁寿县政府特别强调:我们征工修建机场,等于在前方打日本,是我们仁寿县的无上光荣。当场就有不少

① 四川省档案馆·四川省民政厅,全宗号54,目录号6,案卷号7970,第11页;四川省档案馆·四川省民政厅,全宗号54,目录号6,案卷号7975,第89页;《国民义务劳动法》,重庆《大公报》1943年12月5日。

② 四川省档案馆·四川省特种工程征工处,全宗号116,案卷号17(补充页码);四川省档案馆·历史资料:《四川省现行法规汇编》(第二册),四川省政府秘书处法制室编印1940年版,第727页;成都市档案馆·成都市政府,全宗号38,目录号12,案卷号1651,第45页;成都市档案馆·四川省第一区行政督察专员公署,全宗号134,目录号5,案卷号278,第60页。

③ 重庆市档案馆·四川省第三区行政督察专员公署,全宗号0055,目录号3,案卷号254,第34页;四川省档案馆·四川省民政厅,全宗号54,目录号6,案卷号7975,第94—95页。

人说:"他们应征当兵的,去前方拼命抗日;我们在后方修建机场、流点汗水,同样是义不容辞的。"这样,群众懂得修机场意义重大,征工工作便顺利完成。同年9月下旬,该县民工如期到达新津机场。① 1944年为征调民工赶修川西"特种工程",省政府特制颁《四川省卅三年征工修筑特种工程宣传大纲摘要》,宣传工程的意义和作用,以及民工应征后所能得到的益处。此次特种工程是打败敌人,提早实现最后胜利的重要国防工程。本年为同盟国总反攻之事要,在反攻中准保胜利,必需建立强大空军,建立空军必需赶筑广大机场。服工役为人民应尽之义务,与完粮、当兵同等光荣。后方流汗作工的民工与前方浴血奋战的将士功绩无异,勋劳同等。修筑机场可使人民生命、财产、祖宗坟墓保证安全,保证减免无由牺牲。②

## 第三节　民工的组织和编制

### 一、政策规定

县政府将各区应征壮丁编组成队后,再行率赴工地工作③,因民工的组织、编制事关管理、经费和劳务费及紧急工程的完工。所以,有关工役的重要法令,逐渐对民工的组织编制作出相应规定。

1937年7月17日公布的《国民工役法》第十六条规定,应服工役人民,乡镇区各自成队,以乡镇区长为队长,分任指导之责。④

---

① 黄维德:《忆仁寿县征工参加修建新津、黄田坝机场经过》,中国人民政治协商会议四川省成都市委员会文史资料研究委员会编印:《成都文史资料选辑》(总第十一辑),1985年版,第172页。

② 四川省档案馆·四川省特种工程征工处,全宗号116,案卷号69,第54页。

③ 中国第二历史档案馆·国民政府行政院,全宗号二,案卷号8384,第17—18页,缩微胶卷号:16J-1408;四川省训练团编印:《工役法令》,1940年,第16页。

④ 四川省档案馆·四川省民政厅,全宗号54,目录号6,案卷号7404,第72页;成都市档案馆·成都市政府,全宗号38,目录号12,案卷号1650,第4页;《国民工役法》,《四川省政府公报》第九十二期,1937年出版,第38—39页。

1940年2月委员长成都行辕订颁《四川省非常时期征工服役暂行办法》第二十五条详细规范了服役民工的组织编制。服役民工应由县政府将各区应征壮丁编组成队后再行率赴工地工作,其编制从系统和内容两方面进行了规定。系统为"某某"县总队—"第某"区队—"某某"联队—"某某"分队。内容:分队以1保内之应征民工组合之,其人数自30名至50名,其不足30名者得以2保或3保合并组成之,设分队长1人,由保长兼任管带该分队内之民工。联队以1联保内之分队组成之,设联队长1人,由联保主任兼任,统率该联保内各分队,但1联保内应征人数不足3分队时得与他联保合并编组之。区队以1区内之联队组成之,设区队长1人,由该区区长兼任,统率该区内各联队。总队以一县境内之区队组成之,设总队长1人,由县长兼任统率该县各区队。①

1942年3月颁行《修正四川省非常时期征工服役暂行办法》,第二十九条规定,服役民工的编制系统:"某△"县总队—"第△"大队—"第△"中队—"第△"分队—"第△"班。内容:以原乡保区域,每12人为1班(班长1人,由甲长担任,仍与民工同样工作);3班左右编为1分队(分队长1人,由保长兼任,或选员派充),1保不足1分队就由数保合并组成;3分队左右(最多不超过5分队)编为1中队(中队长1人,由乡镇长兼任,或选员派充),1乡镇不足1中队就由数乡镇合并组成。1区内的中队组成大队,设大队长、副大队长各1人,由区长兼任。1个县的大队组成总队,设总队长、副总队长各1人,由县长兼任总队长,统率本县各民工队。②《四川省各县(市)地方建设征工服役

①　中国第二历史档案馆·国民政府行政院,全宗号二,案卷号8384,第16—17页,缩微胶卷号:16J-1408;四川省档案馆·四川省公路局,全宗号130,目录号3,案卷号5280,第66—67页;四川省档案馆·四川省建设厅,全宗号115,目录号1,案卷号1771,第20—21页。

②　中国第二历史档案馆·国民政府行政院,全宗号二,案卷号8384,第43—44页,缩微胶卷号:16J-1408;四川省档案馆·四川省建设厅,全宗号115,目录号2,案卷号3604,第102—103页;四川省档案馆·四川省特种工程征工处,全宗号116,案卷号20,第9—10页;四川省档案馆·四川省特种工程征工处,全宗号116,案卷号145,第47—48页;重庆市档案馆·北碚管理局,全宗号0081,目录号4,案卷号1642,第9页。

暂行办法》第二十四条规定,各县(市)常备民工总队之组织,应按照《修正四川省非常时期征工服役暂行办法》第二十九条之规定办理之。①

1943年1月征工事务管理处特编制《四川省三十二年度实施国民工役办法大纲》,规定各县市局1943年依法应报国民工役的男子,应由各县市局就省颁《各县(市)编订工役壮丁名册轮流服役办法》所编订的壮丁名册,将服役人数编组成队。同年9月底止,各县市局当备民工总队,已据报成立者,计开江等13县,共辖73大队,369中队,1875分队,队员43.0958万人。至成都等129县市局,刻正严催赶编中,各县抢修机场民工大队,已据报组织成立者,计梁山等8县,共10大队,队员4800人,另有广元等14县,计19大队。②

1944年1月针对征调修筑川西B29机场的民工,省政府特制颁《四川省特种工程征工各县民工队组织及管理通则》。凡征工修筑特种工程各县民工队的组织及管理,悉依本通则办理。征工各县,每县设民工总队部,直辖若干大队,每大队分设4中队,每中队分设4分队,每分队分设4班,每班12人(班目、副班目在内)。分队不及4班者,分别并入同中队之各分队;中队不及4分队者,分别并入同大队之各中队;大队不及4中队者,分别并入同总队之各大队。各级民工队之编制应尽量保持原征工之区乡镇保等单位,以便管理指挥。各级民工队设置员额,规定为:(1)总队部。总队部设总队长1人,由县长兼任;副总队长1人,由县长选择富有军事管理及工程经验的人员兼任或专任;总队附1人至3人(全县民工在10大队以下,设1人;10大队以上不及20大队,设2人;20大队以上设3人)。技士1人至3人,会计员1人,会计助理员1人至3人,事务员3人至5人,雇员2人至4人,司号长1人,传达长1人,司号及传令共2人至6人,公役5人至7人,炊事3人至5人。(2)大队。每大队设大队长1人,大队副1人,中医师2人,事务员2人,雇员1人,司号及传令3人,公役2人,炊事1人。(3)中队。每中队设中队长1人,分队长4人,

---

① 四川省档案馆·四川省特种工程征工处,全宗号116,案卷号22,第148页。
② 四川省档案馆·四川省政府秘书处,全宗号41,目录号4,案卷号9238。

特务长1人,事务员1人,雇员1人,传令1人,工役3人,炊事2人。① 这样建立层层节制的组织形式。

依此规定,各机场民工的征调及组织规定情况,见表6-6。

表6-6　四川省特种工程征工各县民工人数和组织

| 机场别 | 县别 | 三十二年度兵额 | 每兵1名配征民工5名数 | 编组队数 | | | |
|---|---|---|---|---|---|---|---|
| | | | | 大队 | 中队 | 分队 | 班 |
| 新津机场(由第一民工管理处指挥监督) | 新津 | 1632 | 8160 | 10 | 42 | 170 | 680 |
| | 新繁 | 1092 | 5460 | 7 | 28 | 113 | 455 |
| | 郫县 | 1896 | 9480 | 12 | 49 | 197 | 790 |
| | 华阳 | 3600 | 18000 | 23 | 93 | 375 | 1500 |
| | 灌县 | 3000 | 15000 | 15 | 50 | 112 | 520 |
| | 崇宁 | 1000 | 5000 | 9 | 36 | 160 | 630 |
| 邛崃机场(由第二民工管理处指挥监督) | 邛崃 | 2530 | 12650 | 16 | 65 | 263 | 1054 |
| | 名山 | 960 | 4800 | 6 | 25 | 100 | 400 |
| | 大邑 | 1824 | 9120 | 11 | 47 | 190 | 760 |
| | 蒲江 | 792 | 3960 | 5 | 20 | 82 | 330 |
| | 崇庆 | 4008 | 18040 | 23 | 93 | 375 | 1503 |
| | 洪雅 | 1200 | 6000 | 7 | 31 | 125 | 500 |
| | 丹棱 | 800 | 4000 | 5 | 20 | 83 | 333 |
| 彭山机场(由第三民工管理处指挥监督) | 彭山 | 1524 | 7620 | 9 | 39 | 158 | 635 |
| | 眉山 | 3144 | 15720 | 20 | 81 | 327 | 1310 |
| | 温江 | 1704 | 8520 | 11 | 44 | 177 | 710 |
| | 仁寿 | 7860 | 29300 | 38 | 152 | 610 | 3441 |
| | 夹江 | 2000 | 10000 | 23 | 70 | 310 | 610 |

---

① 四川省档案馆·四川省特种工程征工处,全宗号116,案卷号52,第29页。四川省政府征工事务管理处,全宗号116,案卷号488,第53页;四川省档案馆·四川省民政厅,全宗号54,目录号3,案卷号8434,第142页。

续表

| 机场别 | 县别 | 三十二年度兵额 | 每兵1名配征民工5名数 | 编组队数 | | | |
|---|---|---|---|---|---|---|---|
| | | | | 大队 | 中队 | 分队 | 班 |
| 广汉机场（由第四民工管理处指挥监督） | 广汉 | 2640 | 13200 | 17 | 68 | 275 | 1100 |
| | 德阳 | 1896 | 9480 | 12 | 49 | 197 | 790 |
| | 什邡 | 1944 | 9720 | 12 | 50 | 202 | 810 |
| | 新都 | 1200 | 6000 | 7 | 31 | 125 | 500 |
| | 金堂 | 5304 | 23520 | 30 | 122 | 490 | 1960 |
| | 罗江 | 2000 | 10000 | 24 | 82 | 240 | 670 |
| 彭家场机场 | 彭县 | 1200 | 6000 | 7 | 31 | 125 | 500 |
| 双桂寺机场 | 双流 | 1200 | 6000 | 7 | 31 | 125 | 500 |
| 凤凰山机场 | 成都 | 1584 | 4500 | 5 | 23 | 93 | 375 |

资料来源：四川省档案馆·四川省特种工程征工处，全宗号116，案卷号93，第43页。

由表6-6可以看出：新津、邛崃、彭山、广汉机场都设有总队，彭家场机场，双流彭家场，成都凤凰山机场直属民工总队，受征工总处指挥。为了加快工程进度，有的县还进行了第二次征工。如崇庆第二次征调2000人，彭山、眉山、温江、仁寿各再次征调105人。此外，3月20日至4月30日修筑绵阳、简阳2机场。2县共征调3万人，做工120万方（工程总量为150万方）。[1]

随着战事的减少，役政重心由国防工程转向地方建设。因此，四川省政府在1944年3月通饬各县市局，限1个月内将原有常备民工总队改组为国民义务劳动服务总队。据呈报改组完成规定者计有32个总队，计队员101.2747万人；抢修机场民工大队据报，加强组织及新组完成者共36队，队员14409人。[2] 同年6月制定的《四川省各县市局推行工役注意事项》，在工役组织方面作了进一步的规定。各县市局应将现有全体壮丁于本年秋季前组成各县市局之常备民工总队，其编制系统："某某"县（市局）民工总队—"第几"大队—

---

① 四川省档案馆·四川省特种工程征工处，全宗号116，案卷号93，第87页。

② 四川省档案馆·历史资料：《四川省政府三十三年度政绩比较表》，第14页。

"某某"乡(镇)中队—"第几"分队—"第几"班。编制内容:(1)就原有保甲组织,以一甲为一班,设班长1人,由甲长任之(仍与民工同样工作)。一保为一分队,设分队长1人,由保长任之。(2)就原有乡镇组织,以一乡镇为一中队,设中队长1人,由乡镇长任之。(3)就原有之自治区,以一自治区为一大队,设大队长1人,由区长或县指导员任之。(4)以一县市局为一总队,设总队长、副总队长各1人,由县长兼任总队长,副总队长由县长遴派,统率该县市局各级民工队。(5)各县市局民工总队为一个经常之组织,平时仍各安已业,一遇征调即迅速动员。① 简言之,各县将该县所有甲乙两级壮丁,就原有自治及行政组织,以一甲为一班,一保为一分队,一乡(镇)为一中队,一自治区为一大队,一县为一总队,一律加以编组成立。②

## 二、具体实施

上面从主要法令、规章的演变,分析了民工组织编制的原则规定,具体国防工程在规章制度下,有相应实际对民工的编队。

### (一) 公路

为了尽快修筑川滇公路以应非常时期军运,1938年,四川公路运输管理局与四川省第七区行政督察专员公署,联合制定了《交通部四川公路运输管理局川滇东段隆赤段整补公路征工采集砂石办法》。四川公路局根据工程处所算各工段需要的实际数量,以及每人每日平均工作能力,预定工作日数,核定各工段应征人数及开工完工日期,分行各县政府从事征调。各县政府依期开始征调民工时,将各段民工人数编为若干段组(每段10组,每组10人为标

---

① 重庆市档案馆·四川省第三区行政督察专员公署,全宗号0055,目录号3,案卷号254,第33页;四川省档案馆·四川省民政厅,全宗号54,目录号6,案卷号7975,第92—93页。
② 行政院编纂:《国民政府年鉴》(第二回),1944年,第八章"四川省",第6页,查阅于江苏省图书馆。

准),选当地区署为段长和保甲人员为组长。段长、组长分别内外负责编调、督促本段民工并督率前往工场,承包分配的工作。① 在规定的基础上,泸县将本县征调民工 2 万名民工进行编制:规定每 10 人为一班,班设班长;每三班设为一组,组设组长;三组为一分队;三分队至五分队为一联队。综合全区各联队为一区队,各设队长 1 人。②

1938 年《军事委员会委员长行营征集民工修筑川康公路实施办法》规定,各保应照各保人数以 30 人为一组,组分为若干组,若数在 15—30 人设一组,15 人以下者均量并入其他任何一组。组设组长 1 人,由保长就甲长中选派兼充。合一保之各组为一小队,由保兼充小队长。合一联保之各小队为联队,由联保主任兼充联队长。合一区之各联队为一区队,由区队长兼充区队长。合一县之各区队为一总队,由县长兼充总队长。各队自制队旗,以资识别,其大小式样由县政府规定。③ 雅天、南龙两段情形特殊:在山头部分缺乏饮料,山半则砍柴汲水均有困难,山下沿河地带则缺乏燃料,故对于炊事须多费人工。如每组编制定为 30 人,除砍柴汲水之人数外,实际工作者无几,故改定为每 40 人为一组,余数不足 40 人者,酌量并入其他任何一组,以 30 人做、20 人办理炊事,余则照旧编制。④

1939 年 8 月至 1941 年 9 月修筑乐西公路。各县征集民工列组总队部,各委建设科长、区长、指导员或警佐代理总队长职务。组织情形及不一致。有照规定编制者,有废区队直辖联队者,多数以数保人数组一分队,有队以下设两班或三班。各视征工之多少,组织联队、分队之多寡。⑤ 凡在乐西路筑路之各县,在工地多以联队为单位,如有十个联队即将担任之工区分为十段,各修一

① 四川省档案馆·四川省民政厅,全宗号 54,目录号 8,案卷号 10628,第 50 页。
② 中国第二历史档案馆·国民政府,全宗号一,案卷号 6646,第 50 页,缩微胶卷号:16J-2706。
③ 四川省档案馆·四川省民政厅,全宗号 54,目录号 6,案卷号 8019,第 121—122 页。
④ 《征工修筑乾竹段路基工程实施大纲》,《西康省政府公报》1939 年第 2 期。
⑤ 四川省档案馆·四川省特种工程征工处,全宗号 116,案卷号 27,第 32 页。

段,比肩推进。如全部将完只剩一段尚难完竣,即集中完工各队民工,为之抢筑。①

1939 年崇宁县征调 1600 名民工修筑彭宝路面。全县民工组织为一总队,设总队长 1 人,由征工会议举出,县府加委,并设副总队长 1 人、医官 1 人、书记 1 人,以资协助所有民工、工程、经费。全部事宜均由总队部管理。总队之下分设区队,设区队长 1 人,由区长提请县政府委任。区队之下辖五中队,每中队辖四分队,每分队连分队长编定 40 名。中队长及分队长由联保主任提请区署,转请县政府核委之。②

(二) 机场

1937 年 9 月至 1938 年 1 月扩修成都凤凰山机场。依《征用民工实施规则》的规定,民工应以 30 人为一组,组设组长 1 人;三组为一队,队设队长 1 人;队以上设总队长 1 人。郫县征送 1200 名,应分 40 组,设组长 40 人;分 13 队,设队长 13 人;此外设总队长 1 人。并参酌规定,以 40 人为一组,计 30 组,设组长 30 人;三组为一队,计 10 队,设队长 10 人。③ 广汉县规定征调 1200 名:按照全县 582 保每保派征 2 名,共征 1164 名,并由城厢附近征集 36 名。为便于统驭,在遵照规定的基础上,该县特以四中队增编为一大队,全县三大队编为一总队。各队、组各设队长或组长 1 人统率。④ 彭县民工编制在 1937 年 11 月 23 日以前四个大队,第一、二、三大队各辖 4 个中队,唯第四大队辖 2 个中队,共计 15 个中队。每中队队长 1 员,组长 3 员,民工 96 名。自 11 月 24 日,增加民工后,仍为 4 个大队,而每大队则辖 5 个中队,共计 20 个中队。每

---

① 四川省档案馆·四川省特种工程征工处,全宗号 116,案卷号 27,第 34 页。
② 成都市档案馆·四川省第一区行政督察专员公署,全宗号 134,目录号 8,案卷号 98,第 87 页。
③ 四川省档案馆·四川省民政厅,全宗号 54,目录号 6,案卷号 7749,第 50 页。
④ 四川省档案馆·四川省民政厅,全宗号 54,目录号 6,案卷号 7749,第 54 页。

个中队队长一员,组长四员(轮流以一员办理给养,三员督率作工),民工 150
名。其特务组系遵规定选派少数民工留作修理工作之编制。① 华阳县实际作
工人数 3225。奉令之初,征集民工 2300 名(该县第一区民工 1196 名,第二区
1104 名),分别编队,并组织县总队部。嗣因工程浩大,时限迫促,1937 年 10
月 15 日即行增调县属第三、四两区,以均劳逸。除第一区编组七中队(每个
中队民工 99 名),其余第二、三、四等区,各编组六中队,总计 25 个中队,实际
作工民工 2475 名。11 月 5 日,即行增加民工,并规定每中队为 129 名,全县共
25 个中队。②

1938 年新津、邛崃、大邑、蒲江、彭山、眉山、仁寿 7 县征工,每日 5000 名,
扩修新津机场。《新津飞机场各县民工领队报到须知》规定:各县到场民工应
设总队长一员,以统率之。以下设区队长、中队长、小队长各若干员。30 人为
一小队,三小队为一中队,三中队为一区队,总队则以县为单位。③ 具体县份
又有变通之策略。1938 年眉山奉命征调精壮民工 700 名修筑新津机场。该
县长依县计分 5 区,为便利管工计,爰编民工为 5 个区队。区队以下直辖小
队。每小队计民工 36 名至 50 名。④

1938 年秋,四川省政府令饬仁寿县征调民工 800 人,参加扩建新津机场
工程。征工名额,按全县 6 个区分配,第三、四、五、六区各 150 人;第一、二两
个区各 100 人。全县共计 800 人,编为 6 个区队。1939 年 1 月,仁寿县又奉省
令:征调民工 1000 人,参加新建皇天坝机场。名额分配:第一、二、四、六 4 个区
各 150 名,第三、第五 2 个区各 200 名,共 1000 名。编为 6 个区队,20 个分队。⑤

　① 四川省档案馆·四川省民政厅,全宗号 54,目录号 8,案卷号 10702,第 29 页。
　② 四川省档案馆·四川省民政厅,全宗号 54,目录号 8,案卷号 10702,第 45—46 页。
　③ 四川省档案馆·四川省民政厅,全宗号 54,目录号 3,案卷号 8282,第 47 页。
　④ 四川省档案馆·四川省民政厅,全宗号 54,目录号 3,案卷号 8282,第 70 页。
　⑤ 黄维德:《忆仁寿县征工参加修建新津、黄田坝机场经过》,中国人民政治协商会议四川
省成都市委员会文史资料研究委员会编印:《成都文史资料选辑》(总第十一辑),1985 年,第
172—173 页。

1938 年 12 月四川省政府令双流、华阳、成都、新都、温江、新繁、广汉、德阳、金堂、什邡、简阳 11 县,共征调民工 2 万名,赶筑双流双桂寺机场。以 100 人为一中队,二至三中队为一大队,全县为一总队。①

1938 年修筑太平寺机场,各县到场民工设总队长 1 员,以下分设区队长、中队长、小队长,各若干员。30 人为一小队,三小队为一中队,三中队为一区队,总队则以县为单位。② 双流县分为三行政区,十四联保。各区区长分任区队长,联保主任分任中队长,以便节制指挥。与省政府规定设大队长 2 员、中队长 8 员、分队长 23 员,名额稍有出入,但就核定月支津贴 468 元计,本县作工 2 月又 2 旬,比例应支 1248 元。紧缩开支,仅实支 1130.45 元,虽队长名额比较增加,而津贴数目尚无超出。③

1938 年修筑白市驿机场时,征工各县民工编组以县为单位,每县征调民工编组若干大队,以 504 人为一大队,126 人为一中队,42 人为一分队,10 人为一班,每分队以 2 人为伙夫,每大队辖 4 中队,每中队辖 3 分队,每分队辖 4 班,均属本会总队部,受总队长附监督指挥。④ 仁寿县 1938 年 10 月 4 日至 11 月 16 日修筑新津机场。各级民工队长设置规定总队附 1 员,区队长 5 员,中、小队长共 67 员。⑤ 因民工增加人数,该县增设管理人员,其实配额数为总队附 2 员,区队长仍照规定即 5 员,中队长 20 员,小队长 60 员。⑥

1938 年铜梁县政府为修筑重庆航空站机场,征调民工 1000 名。民工依组编,照军事部勒层层节制,其组织办法:设大队长 1 员,由县政府委任,负督率全县民工工作及管理,暨交涉一切事宜;设中队长 10 员,由各区区长检选,有军事常识人员委任,负各队民工服役及管理;各中队设分队长 3 员,由各区

① 四川省档案馆·四川省民政厅,全宗号 54,目录号 1,案卷号 1632,第 70 页。
② 四川省档案馆·四川省民政厅,全宗号 54,目录号 7,案卷号 9020,第 25 页。
③ 四川省档案馆·四川省民政厅,全宗号 54,目录号 2,案卷号 1710,第 163—164 页。
④ 重庆市档案馆·北碚管理局,全宗号 0081,目录号 3,案卷号 437,第 4—5 页。
⑤ 四川省档案馆·四川省民政厅,全宗号 54,目录号 8,案卷号 10880,第 71 页。
⑥ 四川省档案馆·四川省民政厅,全宗号 54,目录号 8,案卷号 10880,第 76 页。

区长指派,有军事常识人员充任,协助该中队长督率该分队民工服役及管理;各分队编定民工 33 名,以各乡镇身体健全毫无嗜好,年在 18 岁以上 50 岁以下之壮丁充任,编列册式另订。大队长设大队办公处,聘任书记 1 员,由大队长选充,负办理内务及一切文件之撰拟、清缮。中队由中队长请委司务长 1 员,负各中队民工伙食费用之收支及办理一切文件。①

1939 年遂宁县政府奉令扩修遂宁机场。此项民工总队编组系以 50 人为一小队,三小队为一中队。每区调集民工无论数额多寡,均编为一区队。五区队为一总队,计所有民工为 5000 人。②

1939 年 2 月航空委员会建筑西川机场委员会第三次会议议决制颁《修筑飞机场各县征调民工须知》。该须知规定了民工队组织:民工每百人为一中队,每中队分三小队。两中队以上为一区队(区队应以不割裂同属一行政区域民工为原则)。全县为一总队。全县设总队长 1 人(县长或主管科长担任)。总队部设总队附 1 人、技士 1 人(县政府技士担任),事务员、会计员、录事各 1 人,传令、公差共 2 名至 4 名。伙夫 1 名。各区队设区队长 1 人(区长或区员担任),录事 1 人,传令 1 名。每中队设中队 1 人(社训队长或队附担任),特务长 1 人。每小队设小队长 1 人。③ 遵循此项规定,《修筑温江皇天坝飞机场各市县征调民工须知》对民工队组织作出了同样规定。依照规定,奉令修筑温江机场的眉山县,对各区应征民工进行编制。

由表 6-7 可见,眉山县对征集起来的民工,编制标准是以行政区域的区为主干,但大体上是遵守规定而编制民工。

---

① 重庆市档案馆・四川省第三区行政督察专员公署,全宗号 0055,目录号 5,案卷号 148,第 115 页。

② 四川省档案馆・四川省民政厅,全宗号 54,目录号 1,案卷号 2154,第 10 页。

③ 重庆市档案馆・四川省第三区行政督察专员公署,全宗号 0055,目录号 5,案卷号 103,第 267 页;四川省建设厅,全宗号 115,目录号 6,案卷号 12012,第 35 页;四川省民政厅,全宗号 54,目录号 6,案卷号 7404,第 169 页。

表6-7　眉山县奉令修筑温江机场各区应征民工数及编制队数统计①

| 区别 | 区队数（个） | 中队数（个） | 小队数（个） | 民工数（人） |
|---|---|---|---|---|
| 第一区 | 1 | 2 | 6 | 205 |
| 第二区 | 1 | 3 | 10 | 332 |
| 第三区 | 1 | 3 | 10 | 347 |
| 第四区 | 1 | 4 | 11 | 362 |
| 第五区 | 1 | 4 | 11 | 354 |
| 合计 | 5 | 16 | 48 | 1600 |

1939年德阳县奉命征调民工共1800名修双流机场。该县把征调的民工，共编54小队、18中队、6区队。②

1939年，四川省政府颁发由航空委员会因建筑西川机场而召开第三次会议制定的《修筑飞机场各县征调民工须知》。依须知，民工每百人为一中队，每中队分三小队，两中队以上为一区队（区队应以不割裂同属一行政区域民工为原则），全县为一总队。全县设总队长1人（县长或主管科长担任）；每区队设区队长1人（区长或区员担任），录事1人，传令1名；每中队设中队长1人（社训队长或队副担任），特务长1人；每小队设小队长1人。③

1940年四川省第三行政督察区奉令辟修大中坝、旧市坝2机场，抢修白市驿机场。各级民工队部的编组为民工每百人为一中队，每中队分五班，两中队以上者为一区队（区队长应不割裂同属一区民工为原则），全县为一总队，设置总队部。总队部设总队长1人（由县长或主管科长担任），总队附1人，技士1人（由县府技士担任）。事务员会计录事各1人，传令公差各2名至4名，伙夫1名。各区队设区队长1人（区长或区员担任），录事1人，传令1

---

① 四川省档案馆·四川省民政厅，全宗号54，目录号1，案卷号1578，第60页。
② 四川省档案馆·四川省民政厅，全宗号54，目录号1，案卷号1633，第262页。
③ 四川省档案馆·四川省民政厅，全宗号54，目录号3，案卷号7404，第169页；重庆市档案馆·四川省第三区行政督察专员公署，全宗号0055，目录号5，案卷号103，第267页。

名,每中队设中队长 1 人,特务长 1 人,班长 1 人(识字且工作努力的民工担任班长)。①

1941 年为修筑大足登云桥机场,各县民工编队规定:民工队部设 1 总队,下辖大队(每大队约有民工 500 人),每大队辖 4 个中队(每中队约有民工 125 人),每中队辖 3 个分队,每分队辖 3 个班,每班由民工 33 人或 34 人组成。大队数由各县征调民工不同而有异。大足、荣昌、铜梁、永川各征调 2000 人,大队为 4 个;潼南征调 3000 人,大队为 6 个、安岳征调 4000 人,大队为 8 个。②

1941 年 1 月 1 日开工建筑新津机场跑道及扩场工程定,限 3 月底完成。为依限竣工,对应服本次国防工役的民工,进行编队(见表 6-8)。

表 6-8　特种工程征工各县运输及作工民工编队一览③

| 类别／县别 | 征调人数 | 实地作工人数 | 伤亡病工补充人数 | 运输中队 | 作工队数 | | | | | |
|---|---|---|---|---|---|---|---|---|---|---|
| | | | | | 总队 | 大队 | 独立大队 | 中队 | 独立中队 | 分队 |
| 新津 | 5500 | 3840 | 508 | 6 | 1 | 5 | | 20 | | 80 |
| 双流 | 5000 | 4032 | 584 | 2 | 1 | 5 | | 20 | 1 | 84 |
| 温江 | 5500 | 4416 | 508 | 3 | 1 | 5 | 1 | 23 | | 92 |
| 华阳 | 8000 | 6528 | 896 | 3 | 1 | 8 | | 32 | 2 | 136 |
| 邛崃 | 9000 | 7296 | 936 | 4 | 1 | 9 | | 36 | 2 | 152 |
| 郫县 | 6000 | 4800 | 624 | 3 | 1 | 6 | | 24 | 1 | 100 |
| 新繁 | 4500 | 3648 | 468 | 2 | 1 | 4 | 1 | 19 | | 76 |
| 新都 | 6000 | 4800 | 624 | 3 | 1 | 6 | | 24 | 1 | 100 |
| 金堂 | 9000 | 7296 | 936 | 4 | 1 | 9 | | 36 | 2 | 152 |
| 简阳 | 10000 | 8256 | 976 | 4 | 1 | 10 | 1 | 42 | | 172 |
| 彭县 | 8000 | 6528 | 896 | 3 | 1 | 8 | | 32 | 2 | 136 |

①　重庆市档案馆·北碚管理局,全宗号 0081,目录号 4,案卷号 294,第 128 页。

②　四川省档案馆·四川省特种工程征工处,全宗号 116,案卷号 117,第 16、19、22、25、28、31 页。

③　四川省档案馆·四川省政府征工事务管理处,全宗号 116,案卷号 518,第 44—45 页。

续表

| 类别＼县别 | 征调人数 | 实地作工人数 | 伤亡病工补充人数 | 运输中队 | 作工队数 | | | | | |
|---|---|---|---|---|---|---|---|---|---|---|
| | | | | | 总队 | 大队 | 独立大队 | 中队 | 独立中队 | 分队 |
| 合计 | 76500 | 61440 | 7956 | 37 | 11 | 75 | 3 | 308 | 11 | 1280 |
| 备考 | 温江、新繁、简阳独立大队辖三个中队 | | | | | | | | | |

附记：

一编队标准：实地作工数约为征调人数8/10，即4/5，杂役及病工补充人数。以运输队约为征调人数2/10，即1/5，但为便利运输起见，各县运输队数之多寡，间有较上述比例数酌量增减者。

二编制：每县设总队一，大队若干。每大队辖4中队，每中队辖4分队，每分队辖4班，每班民工12人（班目1人在内）。运输队之编制以中队为单位，仍辖4分队。每分队辖4班，分班民工12人（班目1人在内）。

三编余零数：凡依上项规定编制后，所余零数是设置中队，受第一大队之节制。如此项零数有3个中队，即设一独立大队，以统率之，仍隶属于总队部。

四运输队编制：运输队之编制暂以中队为单位，仍辖4分队。每分队辖4班，每班民工12人（班目1人在内）。但表6-9所规定各县运输队之队数，将来如不敷用时，得随时呈请增加，以运输事务减少，得酌量减设。拨归各该县作工队部，参加修筑特种工程。

从表6-9可见，民工编制由大到小的单位系统为总队、大队、中队、分队。

表6-9　四川省泸县特种工程征工各县民工编队①

| 担任县别 | 征调人数 | 编制队数 | | | | |
|---|---|---|---|---|---|---|
| | | 总队 | 大队 | 中队 | 分队 | 班 |
| 泸县 | 20000 | 1 | 26 | 104 | 417 | 1667 |
| 富顺 | 16000 | 1 | 21 | 83 | 333 | 1333 |
| 隆昌 | 10000 | 1 | 13 | 52 | 208 | 833 |
| 合计 | 46000 | 3 | 60 | 239 | 958 | 3833 |

虽原则上对参与工程修建而下令征服工役县份，作了民工编队，但具体到实际中，在原则基础上，依特殊情形，民工编制也有基本变通之举。

---

① 四川省档案馆·四川省民政厅，全宗号54，目录号3，案卷号8434，第55页。据四川省档案馆·四川省民政厅，全宗号54，目录号1，案卷号2083，第12—13页。第一次征工县份及配额有另一说法：需征民工35000人。配额：梁山5430、大竹6430、垫江3140、达县6000、开江4000、万县5000、忠县5000。两档案资料对民工编制记载同。

为编制参与修筑川西 B29 轰炸机场的几十万民工,省政府根据《四川省特种工程征工各县民工队组织及管理通则》,编造了《四川省特种工程征工各县民工人数和组织表》。各县在遵循的基础上,又有具体差异。新都奉令征调 6000人修筑广汉机场。奉厅长之令,自动增加 30%,1944 年 3 月 20 日又增加民工1800 人,共成 7800 人,占全场人数 1/10 弱。除一总队部外,照规定为 7 个大队,31 个中队,111 个分队。因乡镇不能割裂,实际以 2 乡合编 1 大队,保多者任大队长,少者任大队副。对外是 1 个番号,对内是 2 个单位。大队副实际同于大队长。因人数过多,添有 1 独立中队,实际为 32 个中队,115 个分队。① 郫县 1944年 1 月 12 日成立征工委员会并组织民工总队部,征调民工 9480 人,于同月 22日全部出发到新津特种工程工地。全县 276 保中,每保征调 36 名。有街保者每保调民工 2 班;无街保者或街保不足一保者仍每保调 3 班,共编定 790 班。每班 12 人,每分队 4 班,每中队 4 分队。则共有 196 个分队,49 中队,12 大队,1 特务队。② 各级队长、事务人员及传达、炊事均在征调民工配额以外。③四川省特种工程征工总处颁发各县民工编队表,规定简阳县为第四直属民工总队,应征民工 1500 名,共编 19 个大队、78 个中队、312 个分队。但该县乡镇辖地广狭不一,人口悬殊,历年整编保甲,均仍旧不清。为便于监督、考核,第4 直属民工总队部呈征工总处处长,请求在遵照"尽量维持乡镇单位"的编队原则上,变更队别编制:应征民工人数就原乡镇区划编组成队,不使过于混合割裂。简阳县计旧有 6 区,各设 2 个大队,共编 12 个大队、100 个中队、308 个分队。④ 征工处长胡次威批文:在不增加经费预算原则下,姑准照办。⑤ 修筑

① 成都市档案馆·四川省第一区行政督察专员公署,全宗号 134,目录号 2,案卷号 181,第52—53 页。

② 成都市档案馆·四川省第一区行政督察专员公署,全宗号 134,目录号 2,案卷号 181,第42—43 页。

③ 成都市档案馆·四川省第一区行政督察专员公署,全宗号 134,目录号 2,案卷号 181,第38 页。

④ 四川省档案馆·四川省特种工程征工处,全宗号 116,案卷号 91,第 40—41 页。

⑤ 四川省档案馆·四川省特种工程征工处,全宗号 116,案卷号 91,第 38 页。

新津机场的郫县县政府奉命依限征调 9480 名民工。为便于管理和施工,总队部下设 12 个大队(以 2—3 个乡、镇为 1 个大队),大队下设 49 个中队,中队下设若干分队。大、中、分队长分别由乡、镇、保、甲长等人员担任。[①] 金堂参加修建广汉机场,配调民工总数为 1.2 万名。当时金堂共辖 41 个乡、镇,分别征调民工组成 41 个大队,每大队设 2—5 个中队,每中队由 180—240 人组成,统由各乡镇保甲在所辖壮丁中指定或轮流到机场作工。[②]

新津等 9 机场关系军用至巨,1944 年 1 月至 5 月分别扩修,新筑完成。如遇场面被炸,须大量修理时,则非立即征集多数民工办理不可。所有原令编组的抢修机场民工大队,其组织人数已不能适应非常亟须。经按事实需要,省政府 8 月拟定《新津等九机场民工抢护队办法要点》,令有关县扩大加强、重新改编成立抢修机场民工大队,以利抢护。新津、邛崃、彭山、广汉 4 大机场所在县各组织民工抢护队 7000 人,连同原有养场队 3000 人,各共 1 万人。成都、双流、绵阳、简阳等 5 小机场所在县各组织民工抢护队 2500 人,连同原有养场队 500 人,各共 3000 人。民工抢护队应依其人数编成总队、大队、中队、分队,由县长兼总队长,邻近机场各区乡镇保甲长兼大、中、分队长,于各机场被敌机轰炸受有损害时,临时调集,实施抢护工作。[③]

1944 年为赶筑 B29 型机群基地,即 4 个轰炸机场和 5 个驱逐机场,省政府令成都、华阳、温江等 29 县,征调民工 30.9250 万名。[④] 如此短期内大规模征用民工,民工的管理则势必加强。为此,省政府特制颁《四川省特种工程征

① 葵章选、张育新:《郫县、崇宁县民工参加修建新津、黄田坝等机场的情况》,中国人民政治协商会议四川省成都市委员会文史资料研究委员会编印:《成都文史资料选辑》(总第十一辑),1985 年,第 166 页。

② 邹睿哲:《忆金堂民工参加修建广汉机场的实况》,中国人民政治协商会议四川省成都市委员会文史资料研究委员会编印:《成都文史资料选辑》(总第十一辑),1985 年,第 185—186 页。

③ 成都市档案馆·四川省第一区行政督察专员公署,全宗号 134,目录号 2,案卷号 181,第 127 页。

④ 四川省档案馆·四川省特种工程征工处,全宗号 116,案卷号 93,据第 204、215 页计算。

工各县民工队组织及管理通则》。依此通则，征工各县，每县设民工总队部，直辖若干大队，每大队分设 4 中队，每中队分设 4 分队，每分队分设 4 班，每班 12 人（班目、副班目在内）。分队不及 4 班者，分别并入同中队之各分队；中队不及 4 分队者，分别并入同大队之各中队；大队不及 4 中队者，分别并入同总队之各大队。各级民工队之编制应尽量保持原征工之区乡镇保等单位，以便管理指挥。① 简言之，民工编制是简明的"四四制"。

1945 年扩修梁山特种工程，需征民工 3.5 万人。配额：梁山 5430 人、大竹 6430 人、垫江 3140 人、达县 6000 人、开江 4000 人、万县 5000 人、忠县 5000 人。② 征工县成立民工总队部，民工按省政府规定"四四制"，分编大、中、分队及班（每班 12 人）。③ 但也有按工程处规定 10 人为一班，四班为一分队，十分队为一大队编制。④ "四四制"即，每 12 名编成一班，四班编成一分队，四分队编成一中队，四中队编成一大队，各县单位编成一总队。计万县合编大队 7 个，中队 28 个，分队 112 个。忠县合编大队 7 个，中队 27 个，分队 108 个。梁山合编大队 7 个，中队 28 个，分队 112 个。大竹合编大队 9 个，中队 34 个，分队 134 个。垫江合编大队 4 个，中队 16 个，分队 64 个。达县合编大队 8 个，中队 31 个，分队 124 个。开江合编大队 5 个，中队 21 个，分队 83 个。7 个总队部合计编成大队 47 个，中队 185 个，分队 737 个。各总队之大、中、分队编制均依照各县乡、镇、保、甲之范围编成，以便管辖，故大小略有出入。⑤

1945 年为短期内修筑泸县机场，对 2 次征用的上万民工分别详细编队

---

① 四川省档案馆·四川省征工事务管理处，全宗号 116，案卷号 52，第 29 页；四川省档案馆·四川省征工事务管理处，全宗号 116，案卷号 488，第 53 页；四川省档案馆·四川省民政厅，全宗号 54，目录号 3，案卷号 8434，第 142 页。

② 四川省档案馆·四川省民政厅，全宗号 54，目录号 1，案卷号 2083，第 12—13 页。

③ 四川省档案馆·四川省民政厅，全宗号 54，目录号 1，案卷号 2081，第 33 页。

④ 四川省档案馆·四川省民政厅，全宗号 54，目录号 1，案卷号 2083，第 22 页。

⑤ 四川省档案馆·四川省民政厅，全宗号 54，目录号 6，案卷号 8655，第 189—190 页。

（见表 6-10）。

表 6-10　四川省修筑泸县特种工程第二次征工各县民工编队①

| 县别 | 征调人数 | 编制队数 | | | | |
|---|---|---|---|---|---|---|
| | | 总队 | 大队 | 中队 | 分队 | 班 |
| 荣昌 | 6000 | 1 | 8 | 31 | 125 | 500 |
| 江津 | 19000 | 1 | 25 | 99 | 396 | 1583 |
| 合江 | 8500 | 1 | 11 | 44 | 177 | 708 |
| 叙永 | 6500 | 1 | 9 | 34 | 136 | 542 |
| 合计 | 40000 | 4 | 53 | 208 | 834 | 3333 |

注:本表各级队班编制办法系按每县设一总队,大、中、分队均采四四制,每班以辖 12 人为原则。但须注意以乡镇保为编队单位,以便管理。

上面 2 个民工编队表是依《泸县特种工程征工简则》规定,各县民工编制依照《修正四川省非常时期征工服役暂行办法》第四章第二十九条办理:每 12 人为一班,三班左右编为一分队,三分队左右（最多不超过五分队）编为一中队。一区内的中队组成大队,一个县的大队组成总队。② 简概:每 12 人为一班,三班左右编为一分队,三分队左右（最多不超过五分队）编为一中队。一区内的中队组成大队,一个县的大队组成总队。

分析表 6-10 和表 6-11,可见各县民工总队按四四制分编中、分队及班,即 12 人为一班,四班为一分队,四分队为一中队,四中队为一大队。③

具体到县份,又有变动。

1945 年 3 月 30 日江津县奉征民工到泸县修筑特种工程。民工大队编组

---

① 四川省档案馆·四川省民政厅,全宗号 54,目录号 3,案卷号 8434,第 62 页。

② 中国第二历史档案馆·国民政府行政院,全宗号二,案卷号 8384,第 43—44 页,缩微胶卷号:16J-1408;四川省档案馆·四川省建设厅,全宗号 115,目录号 2,案卷号 3604,第 102—103 页;四川省档案馆·四川省特种工程征工处,全宗号 116,案卷号 20,第 9—10 页;四川省档案馆·四川省特种工程征工处,全宗号 116,案卷号 145,第 47—48 页;重庆市档案馆·北碚管理局,全宗号 0081,目录号 4,案卷号 1642,第 9 页。

③ 四川省档案馆·四川省民政厅,全宗号 54,目录号 3,案卷号 8434,第 42—43 页;四川省档案馆·四川省民政厅,全宗号 54,目录号 1,案卷号 2081,第 33 页。

时,保持原有乡镇保中分队及班之编制为原则。① 民工编组按"四四制",于总队之下分编,区大中分队及班,每班 12 人。凡每保征定民工 12 人者,即就民工中推举或由保长指定 1 人为班长。其余不满 12 人者,即与邻保民工合编之。1 乡镇征工达 4 班或 4 分队者,即编 1 分队或 1 中队,其不足额者,即与邻乡合编之。中分队长均由该管乡镇长先行遴派,报请民工总队部委充。其应遴派之中分队长名额及区队长、大队长由县府遴委充任之。② 6 区队、15 大队、99 中队、396 分队、1583 班,每班各 12 人,共计民工 1.9 万人。③ 荣昌县于1945 年 4 月 12 日正式开工修筑泸县机场,6 月 8 日全部完成。全县民工 6000名,依照奉颁编制标准,共设 8 个大队。大队长由区长及能力健强之乡镇长与国民兵团后备队长等担任。中队部为便于管理起见,系以乡镇为单位,每乡镇至少成立 1 中队。民工配额较多之乡镇则编为 2 个中队。全县总计 40 个中队,140 分队。中队长以乡镇长兼任为原则,分队长由中队长遴选请委。④

① 重庆市档案馆·四川省第三区行政督察专员公署,全宗号 0055,目录号 5,案卷号 148,第 82 页。

② 重庆市档案馆·四川省第三区行政督察专员公署,全宗号 0055,目录号 5,案卷号 148,第 79 页。

③ 重庆市档案馆·四川省第三区行政督察专员公署,全宗号 0055,目录号 5,案卷号 148,第 84 页。

④ 重庆市档案馆·四川省第三区行政督察专员公署,全宗号 0055,目录号 5,案卷号 148,第 65 页。

# 第七章　抗战时期西南国防
# 工役的管理机制

工役为运用民力,推进急剧工程的战时要政。大量民工被征集之后,如管理不善,因临时多数民工无正规建制,即时有溃散之虞。① 因此四川省政府从机构和人员上强化了工役的管理。

## 第一节　改进管理机构

抗战时期,四川省政府对工役的管理机构,大体上可分为常设机构和临时机构。各类机构的组织结构,如图7-1所示。

在图7-1中,省建设厅、民政厅、公路局、征工事务管理处(由省征工委员会改组)、征工评议委员会是省级常设机构;各县(市)征工筑路委员会、各县(市)征工委员会、各级民工队部,以及针对各国防工程的各工程处是临时机构。各种临时管理机构则是依情况暂时设置的。

---

① 成都市档案馆·四川省第一区行政督察专员公署,全宗号134,目录号8,案卷号124,第10页。

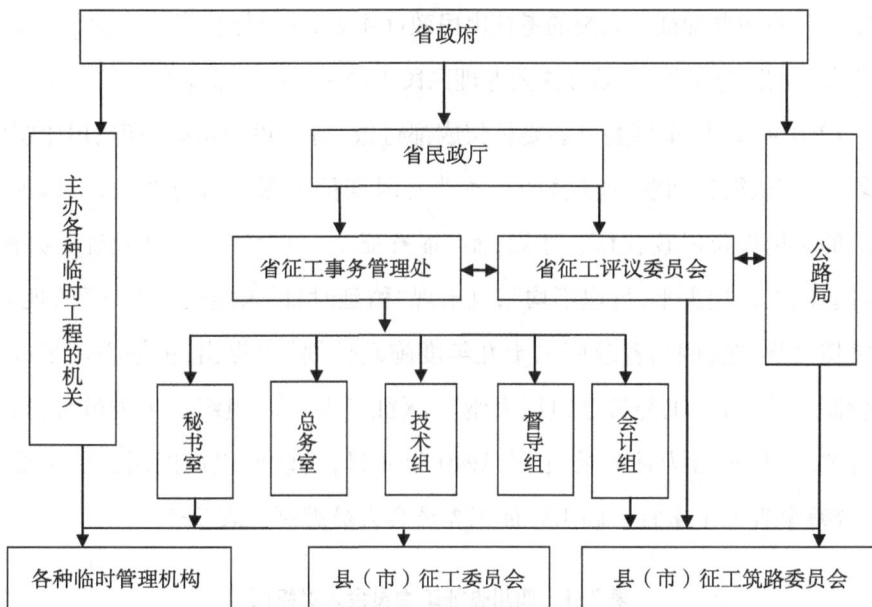

图 7-1 工役管理机构组织

注:笔者整合档案文字内容自制。

## 一、省级常设管理机构

省级常设管理机构重要的有省政府、省民政厅、建设厅、公路局、省征工事务管理处、省征工评议委员会。其中,战时唯一专职常设的重要机构是省征工事务管理处。

全民族抗战前期,民政厅、建设厅签商办理工役,出现"事权相牵,往复递转,旷日持久,贻误堪虞"①的局面。随着战局的急剧变化,征工事项极为紧迫、繁重,亟须妥善统筹解决相关事宜。1939 年,民政厅、建设厅洽商并拟定划分职责办法:(1)各县(市)政府每年对于实施工役的征工人数分配及斟酌缓急区域等事,均由建设厅主办,由民政厅会章;(2)关于工程经费及计划由建设厅主办,由民政厅会章;(3)代工金的征收、准驳、核销由民政厅主办,建设厅

───────────────

① 四川省档案馆·四川省建设厅,全宗号 115,目录号 2,案卷号 3604,第 15 页。

会章;(4)各级办理征工人员的考核由民政厅主办,建设厅会章。建设厅主要办
理非常时期紧急工程,民政厅主要办理国民工役法规定的各项经常工役事件。①

1940年2月,军事委员会委员长成都行辕,特召集四川省政府、川康绥靖
公署等,座谈征工问题,通过《四川省非常时期征工服役暂行办法》。因征用
民工的事情涉及民政、财政、建设,而"本省征工,向无整个计划及统一办法,
故各县民工负担失平,待遇不均",且出现"稽延时日,未能迅赴事功"的现象。
为密切联络,在《四川省政府二十九年度施政计划》中提出,依据委员长成都
行辕制颁的《省征工委员会组织大纲》和《征工办法》,组织征工委员会,指定
各有关厅、处长官为常务委员。② 1940年4月,省政府组设四川省征工委员
会,统筹全省征工事宜。四川省征工委员会人员编制见表7-1。

表7-1　四川省征工委员会人员编制

| 职别 | 员额 | 说明 |
| --- | --- | --- |
| 委员兼主任委员 | 1 | 由省政府兼理主席职位 |
| 委员兼常务委员 | 4 | 由建设、民政、财政三厅厅长与行辕公路监理处处长兼任 |
| 委员 | 10 | 由兼理主席聘任 |
| 秘书 | 2 | 主任秘书1人,秘书1人 |
| 专员 | 3 | 就建设、民政、财政三厅主办征工有关案件之高级职员中聘任 |
| 组长 | 2 | 督导组长1人,总务组长1人 |
| 督导员 | 49 | 专任督导员9人,调用督导员40人 |
| 组员 | 8 | 委派组员7人,调用组员1人 |
| 雇员 | 10 | |

资料来源:四川省档案馆·四川省特种工程征工处,全宗号116,案卷号17,第54页;成都市档案馆·
　　　成都市政府,全宗号38,目录号12,案卷号1651,第60页。

---

① 四川省档案馆·四川省建设厅,全宗号115,目录号2,案卷号3604,第15—16页;成都
市档案馆·成都市政府,全宗号38,目录号12,案卷号1651,第33页。
② 中国第二历史档案馆·国民政府行政院,全宗号二(3),案卷号1031,第460页,缩微胶
卷号:16J-1781;中国第二历史档案馆·国民政府行政院,全宗号二,案卷号4616,第81页,缩微
胶卷号:16J-1241。

1940 年 11 月底结束四川省征工委员会,所有本省征工事项,仍交由民政建设两厅办理,并于两厅酌予增设人员。随着征工事务的急迫,经省政府第四次委员会议决,改组前四川省征工委员会为四川省征工事务管理处。1941 年 1 月 1 日四川省征工事务管理处正式成立,隶属建设厅,专责办理全省征工,以资统筹而期迅捷。1 月 6 日制定《四川省征工事务管理处组织规程》,规定设秘书室及督导、总务两组,并进行了相应的员额编制如秘书、技正兼督导组长、总务组长、督导员。

为了推进对民工的管理,特设具有参议性质的机构:征工评议委员会,并根据《四川省征工事务管理处组织规程》第七、八、九各条之规定,1941 年 3 月 18 日四川省政府公布《四川省征工评议委员会组织规程》。征工评议委员会的成员由下列人员组成:(1)民政、建设、财政三厅厅长;(2)省参议会代表 2 人;(3)有关机关负责人及地方热心征工士绅 7 人至 9 人。前项所列评议员,除建设、民政、财政三厅厅长为当然委员外,至(2)、(3)两项委员应由省征工事务管理处签请四川省政府聘任之。征工评议委员会 3 个月开会一次,必要时由省征工事务管理处签请省政府建设厅后召集临时会议。决议案由征工事务管理处签请省政府核准后,交有关机关执行。其职权:应省政府关于征工事务各项之咨询;听取征工事务各种要政工作报告;提具有关征工事务一切改善之意见。①

1941 年 9 月 5 日行政院公布《修正内政部组织法》。该法第八条第七款已将关于国民工役事项划归民政司职掌。所以,1942 年 2 月 26 日,四川省征工事务管理处由建设厅改隶民政厅。同年第 563 次省务会议上,将有关征工事务之征地、征料、征购工粮及工程等事项,一并划归民政厅管辖,拟定划分标

① 四川省档案馆·四川省特种工程征工处,全宗号 116,案卷号 120,第 21—22 页;重庆市档案馆·北碚管理局,全宗号 0081,目录号 4,案卷号 918,第 19 页;成都市档案馆·四川省第一区行政督察专员公署,全宗号 134,目录号 5,案卷号 278,第 122 页;四川省档案馆·四川公路局,全宗号 130,案卷号 4078,第 7 页。

准五项:(一)关于国防工程及普通工事之工役事项划入民政厅职掌;(二)关于国防工程、公路工程及其他属于国家或社会建设事业征地事项,列入地政局职掌;(三)关于征购工粮事项列入粮政局职掌;(四)关于征料事项,除属于国防工程及公路工程者,由民政厅办理外,余由各主管厅处照旧职掌;(五)关于审核及验收工程事项,仍旧由秘书处、建设厅分别办理。①

## 二、县级临时管理机构

县级临时管理机构,除抗战前对各县筑路委员会已有规定外(详见第一章),抗战中又增设县(市)征工委员会。

县征工委员会是战时县级行政区专门办理与国防军事有关的临时工役机构。征工区域内各县,奉到省征工委员会征工命令后,组织县征工委员会,受省征工委员会的监督、指挥。县征工委员会及办事处均于所担任的工程完毕时撤销。县征工委员会名额,定为9人至17人,以各县县长、民政科长、建设科长、军事科长、有关区区长或区指导员、县党部书记长、财务委员会主任委员、县商会主席,为当然委员,并由县长函聘在县的工程机关代表,及素孚乡望的公正士绅若干人为委员。县征工委员会设主任委员1人,由县长兼任;常务委员3人,由主任委员在委员中指定兼任。因办理会内文书记录及一切会务,设干事1人,由警佐兼任;事务员1人至3人;雇员1人至3人;县长指派县政府财务委员会或其他机关职员兼任。必要时,得临时雇用缮写人员1人,专任其事。县征工委员会的职责主要有:(1)规划本县征工服役的调配管理;(2)调处各乡镇征工服役的纠纷;(3)办理民工服役的动员复员;(4)办理民工食粮的储备管理;(5)办理征工服役的宣传统计;(6)办理民工应得方价旅费奖金承领支付;(7)办理民工服役时的卫生设备及抚恤;(8)办理民工工作的考核促进及各级征工人员的考核奖惩;(9)办理与征工服役有关

---

① 四川省档案馆·四川省政府征工事务管理处,全宗号116,案卷号60,第94页。

的其他事项。县征工委员会每月造具工作报告表,连同会议记录,呈报省征工委员会查核。①

县征工委员会依照规定组设,并在内部设置不同的职能部门。如 1941 年在扩修新津机场时,华阳县征工委员会内设总务、工程、工粮、财务四组,分别协同推进派购工粮之事。② 1944 年为修筑特种工程,各县组建征工委员会。征工委员会设总务、调配、督导、财务等组,每组设组长一人,除财务组长由县长就委员中遴选殷实公正士绅外,余由其他委员分别兼任。总务组的职掌:处理本会日常文书;承办本县征工人员之考核、奖惩;办理本县民工的抚慰及工余娱乐;宣传征工服役;负责会议记录及通报通知;处理其他不属各组事项。调配组的职掌:民工的征调、分配及补充、宣慰;民工的动员及复员;工具、炊具、工棚的补充及规划;其他有关调配事项。督导组的职掌:本县民工动员、复员的督促及指导;工地民工工作的指导及考核;征工给价的协助及指导;关于与民工管理处及工程处之接洽联系事项;各级队部领发工粮、工款及工具、工棚、器材等之指导、考核;办理民工免役、缓役。财务组的职掌:考核、筹备、补给工棚、工具用款;收支工粮工款,编审本县征工用款报销;考核各级队部领发工粮、工款;经管、考核征周转用费。以县长兼主任委员名义对外行文。③

除特设专门临时的县筑路委员会、县征工委员会外,各县政府民政、建设两科会商办理征工事项。④

① 重庆市档案馆·四川省第三区行政督察专员公署,全宗号 0055,目录号 5,案卷号 119,第 61 页;成都市档案馆·成都市政府,全宗号 38,目录号 12,案卷号 1651,第 49—50 页。
② 成都市档案馆·四川省第一区行政督察专员公署,全宗号 134,目录号 8,案卷号 124,第 46 页。
③ 成都市档案馆·四川省第一区行政督察专员公署,全宗号 134,目录号 2,案卷号 181,第 27—28 页。
④ 行政院编纂:《国民政府年鉴》(第二回),1944 年,第八章"四川省",第 6 页(无出版信息,查阅于江苏省图书馆)。

## 三、各种临时机构及其配置临时人员

为了加强对工役的管理,还有各种针对具体国防工程而临时组设的管理机构。在纷繁众多的临时管理机构中,工程、民工、款粮是管理的焦点、重心。如机场款粮管理上,专设督察队。为加强工款的管理,航空委员会政治部、航政处、四川省政府、民建两厅专署及机场建筑委员会各遴派1人,组织成立督察队。督察队轮赴各机场,分别考察所属各机场工程处发给各县民工队部的各项津贴数目以及各民工队部所领工款开支数目,使上级翔实明了工款开支。在所派人员中推定1人为督察队队长,领导本队进行督察工作。督察人员出发工时由各原机关支给旅费。①

办理征工的县份依势设立临时机构以应急。

1938年12月,金堂县奉令征调民工3000名,赴双流修筑机场。该县组织收支委员会,筹集民工伙食补助费、工作用具、炊爨器具及医药杂费等项4万元。②

1941年修筑新津机场。以此次征工关系甚巨,且所费不赀。彭县组织征工救济委员会办理与民工生计有关各事宜。金堂县成立特种工程金堂县民工工作促成委员会,推举士绅21人为委员。复由委员中,推举5人为常务委员,负责办理接济民工各项需要,所有收支款项均由该会主持。华阳成立民工口食救济委员会。③ 1941年华阳县额征8000名民工,建筑新津机场,实际先后征调民工共数11120人。县政府延聘地方士绅,组设征工委员会办理。该会内部分设总务、工程、工粮、财务四组。县府与民工总队部居于监督地位。④

---

① 成都市档案馆·四川省第一区行政督察专员公署,全宗号134,目录号5,案卷号184,第72页。
② 四川省档案馆·四川省民政厅,全宗号54,目录号1,案卷号1632,第55页。
③ 据四川省档案馆·四川省政府征工事务管理处,全宗号116,案卷号237,第11、14、41页,归纳整理。
④ 四川省档案馆·四川省政府征工事务管理处,全宗号116,案卷号237,第41页。

据档案资料归纳：建筑机场时，省政府在机场组设民工管理处，负责征工。民工管理处隶四川省政府，该管理处负责人由机场所在区的行政督察专员兼任处长、机场所在县的县长兼任副处长。征工各县接受管理处指导。即省府—机场民工管理处—征工各县民工队部，形成临时的简易直线分层管理系统。如 1945 年修筑泸县特种工程和扩修梁山特种工程。四川省第七区专员公署成立泸县特种工程民工管理处。该处负与征工有关的征调、设计、指导、考核及与有关机关联系之责。处以下成立各级队部，负民工管理及有关民工一切事宜之责。① 第七区专员刘幼甫兼任处长，泸县县长兼任副处长，并令派金奉筑为泸县特种工程省府督导专员。各县应切实接受其指导。② 第十区专员公署成立梁山特种工程民工管理处。第十区专员霍六丁兼任处长，梁山县长赵秉钺兼任副处长，征工各县应切实接受其指导。③

下文从面到点，具体分析重要工程设置的管理机构。

## （一）公路

### 1. 川鄂公路

1937 年为整理川鄂路简渠段，四川省公路局特设立整理工程段。整理工程段分设若干整理区。整理工程段设段长 1 人，工务员 2 人，工务助理员 1 人，事务员 1 人，监工 2 人，测工、小工若干人；整理区设监工 1 人，小工 1 人。段长承工务处长之命，督饬所属办理全段一切事宜。工务员、工务助理员承段长之命襄理段内一切工程；事务员承段长之命襄理段内一切事务；段属监工承段长之命及工务员或工程助理员之指示办理所担任之整理路线各项工程，区监工承段长之命及该管段内工务员或工务助理员之指示，监理、指挥该管区内

① 四川省档案馆·四川省民政厅，全宗号 54，目录号 1，案卷号 1899，第 34 页。
② 四川省档案馆·四川省民政厅，全宗号 54，目录号 3，案卷号 8434，第 60 页。
③ 四川省档案馆·四川省民政厅，全宗号 54，目录号 1，案卷号 2081，第 24 页。

民工整理路线各项工程。①

### 2. 川滇公路

1938 年泸县修筑川滇公路,路线计长 67 公里。筑路委员会设置 3 个分段办事处,每处设主任 1 人,管工员 3 人,就近督饬工作,并派兼县府主管科长技士,随时上路巡视。②

1939 年西康省政府为管理修筑川滇西路乐西段的民工,特设西康省政府修筑川滇西路乐西段民工管理处。管理处设总务、工务、稽核三股。总务股掌理文书庶务,宣传医药卫生及不属其他各股事宜;工务股掌理督征民工编组、运输、宿食、工具及一切有关工价事宜;稽核股掌理考核民工数量、给养情形,民工勤惰及工资奖金之颁发事宜。管理处设处长 1 人,副处长 1 人,综理处事;秘书 1 人,股长 2 人,股员、事员各若干人,各秉承长官之命,办理一切应办事宜。③

### 3. 川康公路

1938 年军事委员会委员长行营修筑川康公路,令沿路各县组织筑路委员会,以办理征工筑路各项事宜。各县筑路委员会以各县县长、建设科长、财政科长、财务委员会委员长、保安队长、商会主席及本行营公路监理处、川康公路工程处派驻各县征集地段之工程段长为当然委员。除当然委员外,县长召集地方机关、法团及各县绅董开会,举定委员若干。各县筑路委员会主席 1 人,由县长兼任;常务委员 3 人,由委员推举,呈报四川省政府暨本行营备案。各县筑路委员会下设 3 股,即总务、财务、工务。各股设股长 1 人,由常务委员分别兼任,股员若干人,由主席就地方士绅中分别指定。各县筑路委员会之职权:调解公路上的一切纠纷;征用及监督民工;会同工段分配民工工作地段;承

---

① 四川省档案馆·四川省民政厅,全宗号 54,目录号 6,案卷号 7632,第 4 页。

② 中国第二历史档案馆·国民政府,全宗号一,案卷号 6646,第 51—52 页,缩微胶卷号:16J-2706。

③ 《西康省政府修筑川滇西路段乐西段民工管理处组织大纲》,《西康省政府公报》1939 年第 7 期,第 123 页。

领及支付办公费用;承领及支付民工奖金;支配民工食宿地点;指导及管理民工、卫生医药;宣传征工筑路;领发、补充及修理工具。川康公路各县筑路委员会所需办公费,每县由军事委员会委员长行营津贴300元,不敷由县自筹。川康公路各县筑路委员会于该县负责之公路完成日撤销,并于1月内将所有经手事项结束清楚。①

1941年交通部为改善川康公路工程,设置川康公路改善处,隶属交通部公路总管理处。工程处设五课:总务课、工务课、设计课、材料课、会计课,各课分掌不同事务。如工务课填送施工报告、征用民工、分配工作、审核及统计工款等事项。会计课整理审核汇编预决算、审核收支款项等。川康公路改善处于工程完竣时撤销。②

**4.西祥公路**

1940年12月至1941年9月交通部主持修筑西祥公路。工程处设处长1人兼总工程师,由滇缅铁路工程局局长兼任;设副总工程师3人,由滇缅铁路工程局副局长及总段长1人分兼任。处内事务均由路局各课兼办。外段共划分12总段,每段设3分段;另设金沙江桥工处。为便于督工起见,西昌大姚设副总工程师办事处各1处,所有员工均自铁路调充,不另添派。③

### (二)机场

机场修建因军需的急迫要求而突现。因此,为修筑各机场而设置管理机构,势在必行。

1937年9月扩修成都机场。因工程浩大,限期迫促,行营,省府民政、财政、建设三厅及机场共同组织工程处,负责办理。工程处设处长、副处长各1

---

① 四川省档案馆·四川省民政厅,全宗号54,目录号6,案卷号8019,第131—133页。

② 成都市档案馆·四川省第一区行政督察专员公署,全宗号134,目录号8,案卷号100,第237—240页。

③ 中国第二历史档案馆·国民政府行政院,全宗号二,案卷号9177,第50—51页,缩微胶卷号:16J-1435。

人,综理本处对内、对外一切事宜。处长由建设厅厅长兼任,副处长即以机场场长兼任。设总务、工程、会计三股,每股设正、副股长各一人,承处长、副处长之指挥,分别办理本处事务。各股正、副股长由行营及省政府民政、财政、建设三厅,分别派员担任,其分配为总务股正股长(民政厅)、副股长(建设厅);工程股正股长(建设厅)、副股长(建设厅);会计股正股长(行营)、副股长(财政厅)。①

1938 年为修筑华阳县太平寺机场,航空委员会特设工程处(工程结束后即行撤销)办理。华阳县太平寺机场工程处设处长 1 人、副处长 2 人,综理本处期内对外一切事宜。处长由空军军士学校教育长兼任,副处长由航空委员会驻川工程师及成都航空站站长兼任。并设总务、工程、会计三股,每股设股长 1 人,承处长、副处长之指挥,分别办理本处事务。各股股长由航空军士学校派员及航委会驻川工程师兼任之。各股得视事务之繁简设股员若干人,由处长商请各工程机关调派。各机关调派人员均为义务职,但在工作期间得酌给津贴。雇用若干临时雇员,分任监工、缮写及零星杂务。②

为扩修凤凰山机场而设立扩修凤凰山机场工程处。设处长、副处长各 1 人,综理本处对内、对外一切事宜。处长由建设厅厅长兼任,副处长即以机场场长兼任。设总务、工程、会计三股,每股设正、副股长各 1 人,承处长、副处长之指挥,分别办理本处事务。各股正、副股长由行营及省政府民政、财政、建设三厅,分别派员担任,其分配如下:总务股正股长(民政厅)、副股长(建设厅),工程股正股长(建设厅)、副股长(建设厅),会计股正股长(行营)、副股长(财政厅)。③

1939 年 10 月航空委员会西川机场建筑委员会颁布《建筑机场工程处组织简章》和《建筑机场工程处编制表》。工程处直属于航空委员会西川机场建

① 成都市档案馆·成都市政府,全宗号 38,目录号 12,案卷号 1208,第 14 页。
② 四川省档案馆·四川省民政厅,全宗号 54,目录号 2,案卷号 1710,第 47 页。
③ 成都市档案馆·成都市政府,全宗号 38,目录号 12,案卷号 1208,第 14 页。

筑委员会。设处长 1 人，副处长 2 人。处长以本区行政督察专员兼任，总理本
处一切事宜。副处长以航空委员会西川机场建筑委员会派员及当地县长分任
之，协助处长处理一切事宜。督察专员 1 人，即以本场站长兼任，担任本处建议
及督察等事宜(无站长者免设)。设总务股和工务股。总务股设股长 1 人，股员
5 人，承长官之命分掌会计、购置、保管民工登记等事宜。总务股设医官 2 人至 3
人，看护 4 人，承长官之命担任本处人员及全部民工病疾治疗、看护等事宜。总
务股视事实需要，得雇书记 1 人，司书 2 人，承长官之命办理本处一切文电撰拟、
保管，印信案令及收发缮校等事宜。工务股设股长 1 人，工程员 2 人至 4 人，承
长官之命办理本处全部测量、设计、绘制图表、核算及民工登记等事宜。①

表 7-2　建筑(某某)机场工程处编制

| 职别 | | 人数 | 备考 |
|---|---|---|---|
| 处长 | | 1 | 本区行政督察专员兼任 |
| 副处长 | | 2 | 航委会西川机场建筑委员会调兼、当地县长兼任 |
| 督察员 | | 1 | 本场站长兼任，无站者免设 |
| 总务股 | 股长 | 1 | 调用或委用　如委用月支薪 80 元至 100 元 |
| | 股员 | 5 | 调用或委用　如委用月支薪 40 元至 60 元 |
| | 医官 | 2—3 | 聘当地医院医生兼任，月支津贴 20 元至 40 元；如当地无医生兼任，临时委用，月支薪 60 元至 100 元 |
| | 书记 | 1 | 雇用月支薪 60 元 |
| | 司书 | 2 | 雇用月支薪 24 元至 30 元 |
| | 看护 | 4 | 雇用月支饷 12 元至 20 元 |
| | 传达 | 3 | 雇用月支饷 14 元者 1 名，12 元者 2 名 |
| | 号兵 | 1 | 雇用月支饷 12 元 |
| | 公役 | 6 | 雇用月支饷 12 元及 10.5 元各 3 人(职员 5 名共用 1 名) |
| | 炊事兵 | 5 | 雇用 14 元 1 名，12 元 2 名，10.5 元 2 名 |

① 成都市档案馆·四川省第一区行政督察专员公署，全宗号 134，目录号 8，案卷号 99，第 8 页。

| 职别 | | 人数 | 备考 |
|---|---|---|---|
| 工务股 | 股长 | 1 | 调用或委用,如系委用月支薪140元至160元 |
| | 工程员 | 24 | 调用或委用,如系委用月支薪80元至140元 |
| | 监工员 | 10 | 雇用名额暂定10人,视民工多寡增减之,每名月支30元至50元 |
| | 测工 | 4 | 雇用月饷20元至25元 |
| 职员 | | 37 | |
| 士兵 | | 33 | |

资料来源:成都市档案馆·四川省第一区行政督察专员公署,全宗号134,目录号8,案卷号99,第11页;四川省档案馆·四川省民政厅,全宗号54,目录号1,案卷号1579,第316页。

建筑机场工程处系统可用图7-2直观简洁表达。

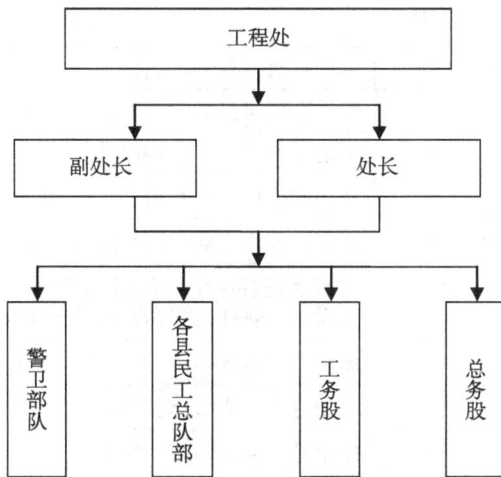

图7-2 建筑机场工程处系统

注:警卫部队即请当地驻军担任之。

资源来源:四川省档案馆·四川省民政厅,全宗号54,目录号1,案卷号1579,第316页。

1944年美国要求国民政府扩修梁山机场,故当局较为重视。6月1日在梁山县政府成立民工管理处,内设总务、财务、调配、督导四组,全权负责指挥各县民工。征工各区成立督导处,管理辖县所征民工。9月15日前各县将所担负之工程完成,民工管理处及各总队部遂于 9 月 30 日宣布撤销。①

### (三) 防御工事

1938 年 11 月至 1939 年 2 月川康绥靖主任公署、四川省政府为统筹大巴山阵地构筑及一切设防之实施便利计,特设大巴山设防联合办公厅。本厅设厅长及副厅长各 1 员,由绥署名参谋长及省政府秘书长分任之,秉承绥署主任、副主任、省政府主席之意旨综理本厅一切事宜。本厅分设第一、第二、第三、第四处,各处设处长 1 员、副处长 1 员或 2 员,受厅长之指导,综理各处职掌事宜,如民工之部署、民工调遣管理、经费之复决算及签发。各处之组织依事务之繁简分为一至四股。② 为修筑太平寺机场,军事委员会航空委员会令成立工程处,设总务股,其内设卫生组(组长 1 人)、民工组(组长 1 人)、执法组(组长 1 人,组员 1 人,总收发员 1 人)。总务股正、副股长以第一区专员及华阳县政府分别担任。各组组长由民政厅遴派员担任。③

### (四) 常设和临时管理机构的配合运行

上文从不同角度有重点地分析了不同类型的管理机构。在现实中,各类管理机构互相配合,才实现了管理目的。现比较抗战初期白市驿机场管理组织和抗战后期川西 B29 轰炸机场的管理组织,更深理解各种管理机构配合,以解决工役中的工程、民工、经费等问题。

1938 年 11 月至 1939 年 6 月,第三区专署奉令修建白市驿机场。第三区专署组织机场建筑委员会,以征工各县县长、专署各科科长为当然委员,专员兼任委员。委员会分设总务、工务、卫生三科及总队部。总务科设正、副科长各 1 人,分设文书、事务、会计三股,各股各设股长 1 人,办事员及书记若干人。

① 四川省档案馆·四川省民政厅,全宗号 54,目录号 6,案卷号 8655,第 188—189 页。
② 四川省档案馆·四川省民政厅,全宗号 54,目录号 8,案卷号 10596,第 79 页。
③ 四川省档案馆·四川省民政厅,全宗号 54,目录号 7,案卷号 9020,第 66—67 页。

工务科设正副、科长各1人,分设民工、监工两股,各股各设股长1人,办事员及书记若干人。卫生科设科长1人,分设医务、司药二股,各设股长1人,医务股设医士及看护士、工役若干人;司药股设药剂师若干人。总队部设总队长1人、总队附1人,特务长1人,下设大队长、中队长、分队长及司书若干人,采军队组织以便严密管理。委员由本会聘定各科科长、股长及办事员等均由本会委任,总队长由主任委员遴选委任,大队长由县长遴选,呈请本会核委之。中队长由区长遴选,呈请县政府核委,报请本会备查;分队长由联保主任遴选报请区署委任。委员会系统形成直线职能型的组织结构(见图7-3)。

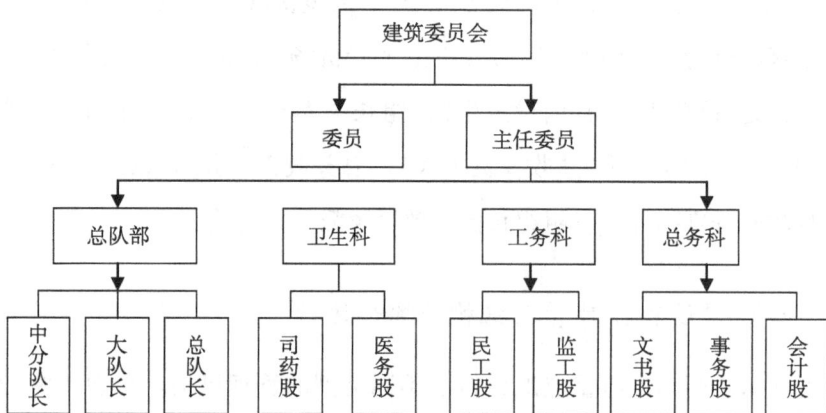

图7-3 白市驿机场建筑委员会组织系统①

1943年年底至1944年5月为管理修筑川西B29轰炸机场的民工,参与主办的机构联合建立了临时的分层、节制的管理系统。因为此次工程的修建关系到太平洋战局的胜败,并且直接决定国民党政府进一步获得美援,所以政府当局十分重视。国民政府主席兼军事委员会委员长蒋介石命令,限期赶办特种工程,保障抗战胜利,如有延误,按军事法治罪。② 军委会工程委员会在

① 重庆市档案馆·北碚管理局,全宗号0081,目录号3,案卷号437,第4页。
② "四川省政府命令",四川省档案馆·四川省特种工程征工处,全宗号116,案卷号93,第35页;"四川省政府命令",成都市档案馆·四川省第一区行政督察专员公署,全宗号134,目录号2,案卷号181,第114页。

220

成都成立驻省办事处,并在各工程所在地分别成立工程处负责主持工程。省政府成立"四川省特种工程征工总处",负责关于征工部分,并与军事委员会、工程委员会驻川办事处、航委会特务旅、川康绥靖公署等机构密切协调配合。① 工程重心为征工总处,由民政厅厅长胡次威兼任处长,第十二区行政督察专员兼副处长。处以下设秘书、会计两室,总务、征调、管理、督导四组。全部职员200余人,内有甄审合格的县长30余人,有14人担任内勤,其余则作督导员,担任外勤。② 为加强民工管理起见,新津、邛崃、彭山、广汉四机场分设第一、二、三、四各民工管理处,其处长由省政府调派现任专员兼任。因限于区域,事实上不能以该管专员兼该管民工管理处处长,同为高级行政长各自划界。③ 第一民工管理处设在新津,由第五区专员柳维垣任管理处长;第二民工管理处设在邛崃,由第四区专员陈炳光任管理处长;第三民工管理处设在彭山,由第一区行政督察员王思忠任管理处长;第四民工管理处则在广汉,由第十四区专员林维干任管理处长。④ 各机场民工管理处长,负责会同有关专署和县政府,组织进行民工的征调、施工和生活管理等。⑤ 各民工管理处秘书、科长以下各级人员均由各民工管理处延长遴派适当人员派用,呈报征工总处备核。各直属民工总队部总队长由征工总处委派,特种工程所在地县长兼任,副总队长及秘书以下各级人员及各级民工队长均由总队长遴选适当人员充任,呈报征工总处备核。⑥ 驱逐机场不设民工管理处,但设有直属民工总队

---

① 四川省档案馆·四川省特种工程征工处,全宗号116,案卷号93,第36页;成都市档案馆·四川省第一区行政督察专员公署,全宗号134,目录号2,案卷号181,第115页。

② 张惠昌、於笙陔:《抗战期间成都地区特种工程与美国空军的援助》,中国人民政治协商会议四川省成都市委员会文史资料研究委员会编印:《成都文史资料选辑》(总第十一辑),1985年,第132页;周开庆:《四川与对日抗战》,台湾商务印书馆1971年版,第260页。

③ 四川省档案馆·四川省特种工程征工处,全宗号116,案卷号52,第15页。

④ 潘光晟:《抗战时期四川特种工程纪实》,《四川文献》1969年第81卷,第11页。

⑤ 强兆馥:《川西四大机场和邛崃机场建筑经过略忆》,中国人民政治协商会议四川省成都市委员会文史资料研究委员会编印:《成都文史资料选辑》(总第十一辑),1985年版,第176页。

⑥ 四川省档案馆·四川省特种工程征工处,全宗号116,案卷号52,第75页。

部,由承建县县长任民工处长。具体设置:成都设直属第一民工总队部,彭县设第二直属民工总队部,双流为第三直属民工总队部,第四直属民工总队部设在简阳,第五直属民工总队部设在绵阳。[①] 5 个民工总队部划归省征工总处直接管辖。各直属民工总队部总队长由征工总处委派,特种工程所在地县长兼任,副总队长及秘书以下各级人员及各级民工队长均由总队长遴选适当人员充任,呈报征工总处备核。[②] 征工各县设立民工总队部,县长兼总队长,另设副总队长辅助之。各县乡镇设民工大队部,由乡镇长兼任大队长,设大队副协助工作。大队以下为中队,中队以下为分队。根据各镇征调民工多少,编为若干中队、若干分队,便于给养管理。[③] "特种工程"的总体管理结构可表示为图 7-4。

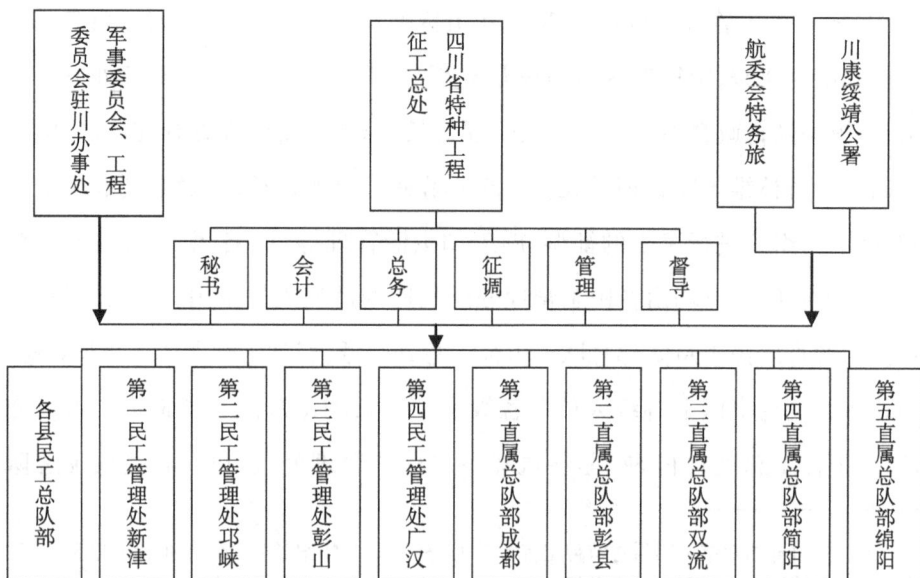

图 7-4　1944 年"特种工程"管理结构[④]

①　曾养甫、张群 1943 年 12 月 25 日致蒋介石函,四川省档案馆·四川省特种工程征工处,全宗号 116,案卷号 139,第 12 页。

②　四川省档案馆·四川省特种工程征工处,全宗号 116,案卷号 52,第 75 页。

③　强兆馥:《川西四大机场和邛崃机场建筑经过略忆》,中国人民政治协商会议四川省成都市委员会文史资料研究委员会编印:《成都文史资料选辑》(总第十一辑),1985 年版,第 177 页。

④　为直观清晰可见,笔者依据档案资料内容,编制 1944 年"特种工程"管理结构图。

民工股负民工征调及民工在工作场所以外一切责任;监工股负民工在工作场所以内一切责任。分工合作,以均劳逸。航委会总站代表负监督工程之责,工程师负设计、绘图、指导等责,军需负经理上审核、指导之责,专员负征工、组织民工,监工迁拆、收地、给价、发收工款及编造全部预计算书类等责。划分事权,各专责成。① 对于各管理机构的人员配置也有规定。各民工管理处处长、副处长由省政府选派行政督察专员及特种工程所在地县长及其他相当人员,分别兼任。秘书、科长以下各级人员均由各民工管理处处长遴选适当人员派用,呈报征工总处备核。各直属民工总队部总队长由征工总处委派特种工程所在地县长兼任,副总队长及秘书以下各级人员及各级民工队长均由该县长遴选适当人员充任,呈报征工总处备核。各县民工总队总队长由征工总处委派各县县长兼任,副总队长以下各级人员及各级队长由各总队长委派,呈报征工总处备查。② 可见,在征工管理机构中,民工征调管理是核心。因为此次工程运用"人力之大,为2000年前修筑长城以来所仅见"③。对于民工规定了各方面的管理事项。1944年2月征工总处在视察广汉机场后召开省参议员第二次座谈会,民管处处长林维干致辞,"此次组织为军事化","关于工程自然是科学的。而管理民工亦须求其合理,即对工程处,对上级均要合理。小处精明,大处合理。合理就是科学"。④ 特种工程的管理在实际中取得了实效。如彭县征调6000人于2月1日到达双流彭家机场,历时从2月4日至4月30日(87日),提前6日完成,所作工数至少在78万以上(规定为618000工)。⑤ 工程的提前完工同管理机制的严密是有很大的关系。

---

① 重庆市档案馆·北碚管理局,全宗号0081,目录号3,案卷号437,第3—4页。

② 四川省档案馆·四川省特种工程征工处,全宗号116,案卷号52,第75页。

③ 美国哥伦比亚公司前驻重庆特派员司徒华1944年4月16日在华盛顿播讲:《历史上又一奇迹——中国农民数十万人手建机场,担负了世界最重飞机的重量》,重庆《大公报》1944年6月18日。

④ 四川省档案馆·四川省特种工程征工处,全宗号116,案卷号37,第50页。

⑤ 成都市档案馆·四川省第一区行政督察专员公署,全宗号134,目录号2,案卷号181,第49—50页。

两机场组织系统的核心是工程,重心是民工,重要内容之一是经费。"特种工程"在管理机构上比白市驿机场更完善、严密、复杂。总的管理机构白市驿机场为第三区组建的机场建筑委员会;川西特种工程为四川省特种工程征工总处,但同时还有川康绥靖公署、航委会特务旅、军事委员会、工程委员会驻川办事处参与管理。白场建筑委员会分设总务、工务、卫生三科及总队部。工程征工总处设两室即秘书、会计,四组即总务、征调、管理、督导。白场为直接专门管理民工设置的有四股(总设七股):监工股、民工股、司药股、医务股,且有总队部。特种工程在工程所在地各设一民工管理处,且在重要征工县份设直属总队部。在经费管理方面,白场设会计股,"特种工程"设会计室。民工股负民工征调及民工在工作场所以外一切责任;监工股负民工在工作场所以内一切责任。分工合作,以均劳逸。航委会总站代表负监督工程之责,工程师负设计、绘图、指导等责,军需负经理上审核、指导之责,专员负征工、组织民工,监工迁拆、收地、给价、发收工款及编造全部预计算书类等责。划分事权,各专责成。①

## 第二节　强化吏治

驭政在于驭吏。在改进管理工役机构的同时,四川省政府加强了对办理工役各级人员的管理。抗战中,办理工役人员的对象为县(市)政府办理征工各级人员;民工各级队长及办事人员。② 四川省考核工役人员比较重要的法规有:《四川省非常时期各县服役民工编队组织纲要》(1940 年 4月)、《四川特种工程委员会工作人员奖惩规则》和《各县民工总队各级职员

---

① 重庆市档案馆·北碚管理局,全宗号 0081,目录号 3,案卷号 437,第 3—4 页。

② 四川省档案馆·四川省特种工程征工处,全宗号 116,案卷号 22,第 184 页;重庆市档案馆·四川省第三区行政督察专员公署,全宗号 0055,目录号 3,案卷号 254,第 24 页;重庆市档案馆·北碚管理局,全宗号 0081,目录号 4,案卷号 1640,第 2 页;《四川省各县(市)办理国防工程工役各级人员奖惩办法》,《四川省政府公报》第三百五十期,第 6 页。

民工奖惩规则》(1941年2月)、《四川省各县(市)办理国防工程工役各级人员奖惩办法》(1942年10月)、《四川省特种工程征工处人事管理规则》(1944年)。除省政府在大局上制定对全省工役办理人员的法规外,办理工役的各县市也依实情制定相应的地方性法规,但必须呈省政府(省政府上呈中央内政部备案)核准后,始得实施。下面,具体分析各法规所体现的管理内容。

## 一、工作管理

工作管理上,主要是明确各级人员的组织配置和工作职责。

为推行役政,由征工委员会遴派督导员分驻重要工地之工程处,对征工业务负责督导,并于法令范围内代表征工委员会处理各项征工纠纷。[①] 如1942年修筑合江菜坝机场,1942年4月至1943年4月征工修筑大足登云桥机场时,省府分别派有督导员驻场督导。[②] 1944年对地方建设工役,县市由省政府于春秋两季派视察人员分头督导,乡镇由县市派员督导。[③]

督导员承总副队长之命,对各中分队部人事上负督察之责,并拟撰填造有关人事上之文稿表册。[④] 其主要职责有:监督《四川省非常时期征工服役暂行办法》规定的实施,如民工的调配、管理、工作效能、待遇、医药抚恤、组织等;指导县征工委员会与工程机关临时商定的补充办法;编制征工服役的统计及报告;办理其他与督导征工有关的事。督导员参加并指导县征工委员会的各项会议。督导员对于征工之进展状况及人的管理、调配,认为有必要改善之处,应随时商请工程机关或县征工委员会予以改善,并呈报省征工

① 四川省档案馆·四川省特种工程征工处",全宗号116,案卷号17,第62—63页。
② 《四川省政府施政报告》(卅一年五月至卅二年五月),四川省档案馆·四川省政府秘书处,全宗号41,目录号4,案卷号9240,第17页。
③ 四川省档案馆·历史资料:《四川省政府三十三年度政绩比较表》,第14页。
④ 成都市档案馆·四川省第一区行政督察专员公署,全宗号134,目录号5,案卷号184,第5页。

委员会备查。督导员接到工程机关,或县政府,或县征工委员会关于征工事件的书面请求时,在不抵触征工法令范围内,得斟酌处治,如遇重要事件,仍应电呈省征工委员会核示。督导员接受工人或民工代表正式请求,会同工程机关或县政府及县征工委员会,处理工程上的事项。督导员按照印发的工作日报表,每三日填报一次,并按日妥善记录;于工作完结时,连同工作总报告书,呈省征工委员会查核。① 如在修建乐西公路时,四川省政府即派督导员委员分赴各县限期催促出工及收购工粮。② 督导员不得擅离指定的工作区域,如确因疾病或重大事项,不能继续执行职务时,须先报请省征工委员会核示。督导员所到地方,除因公接洽外,不得与当地官绅往来应酬;所带员工,不得受人招待,并不得需索车马、收受差费及其他物品。督导员执行职务应确守规定范围,不得干预职权以外之事项。督导员对于省征工委员会交付的密查事件,应严守秘密,不得泄露;凡到一地或离开一地,均须随时具报。督导员如有勤慎将事,卓著成绩者,得由本会报请省政府分别奖叙;如有违法失职行为,经查明属实者,除停职外,并报请省政府依法惩处。③ 对实施基层督导的人员,四川省政府提出理想蓝图的工作原则:接近民工,深入民工;恩威并济,信赏必罚;甘苦与共,以身作则;关怀疾苦,竭诚指导。④

---

① 《四川省征工委员会督导员服务规则》,《四川省政府公报》第一百九十三期,1940 年 6 月 30 日出版,第 22—23 页;四川省档案馆·四川省特种工程征工处,全宗号 116,案卷号 17,第 41—42 页;四川省政府秘书处法制室编印:《四川省现行法规汇编》(第一册),1940 年,第 204—205 页。

② 中国第二历史档案馆·国民政府行政院,全宗号二,案卷号 8384,第 6 页,缩微胶卷号:16J-1408。

③ 《四川省征工委员会督导员服务规则》、《四川省征工委员会督导员服务守则》,《四川省政府公报》第一百九十三期,1940 年 6 月 30 日出版,第 23—24 页;四川省档案馆·四川省特种工程征工处,全宗号 116,案卷号 17,第 42—43 页;四川省政府秘书处法制室编印:《四川省现行法规汇编》(第一册),1940 年,第 204—205 页。

④ 重庆市档案馆·四川省第三区行政督察专员公署,全宗号 0055,目录号 3,案卷号 254,第 35 页;四川省档案馆·四川省民政厅,全宗号 54,目录号 6,案卷号 7975,第 96 页。

为加强工役,1940 年 8 月 21 日川省兼理主席蒋中正公布《四川省政府关于征工服役指导事项(之一)》,提出各征工县(市)之县(市)长在该县(市)政府或地方机关原有职员中择其忠实干练者一人,荐请工程处委充督工员。督工员在工程处办公,由工程处支给津贴,专负本县民工队部与工程处相互间之联系及督催工程的责任。① 凡雇用民工之工程,管理工程段各段应于开工前应就所定该段区工程数量、竣工日期及工人数量,催促各县迅为派足,并取具各民工组担任何桩号、工作详细表,一份存核,一份交各区查照核转。各区应将到工人数、工作时间、工作种类及程序等每日制成日期报表送段,由段编制旬报,每月须填具工程进行状况表,呈报备查。②

县长对于征用民工的责任有:(1)催工、督工及维持秩序;(2)奖惩办理征工的工作人员及民工;(3)解决民工纠纷;(4)民工卫生、防护及抚恤。民工到达工事地点时,由分队长、班长负责指定地点,办理住宿并指示工作方法。③ 各县县长在民工工作期内应会同工程段长或该县段工务员巡视民工工作并加以督励。④ 民工工作效率由各县县长负责督导,如有全县民工平均效率不能达标准者,其县长应受处分。⑤ 如各县办理征工购粮努力赶办乐西公路川境内工程,因此能如期办竣者,县长应予奖励,其所属经办人员并由乐西公路工程处酌给奖金;其不能如期完成者,其县长及所属经办人员应予惩处。⑥ 乐西公路西康省路段"如期完工者,县长及其所属经办人员除照原定办法奖励外,并由交通部特予奖励;如有误期,县长及其所属经办人员应

---

① 四川省档案馆·四川省特种工程征工处,全宗号 116,案卷号 17,第 19 页;成都市档案馆·四川省第一区行政督察专员公署,全宗号 134,目录号 5,案卷号 278,第 98 页;重庆市档案馆·北碚管理局,全宗号 0081,目录号 4,案卷号 900,第 15 页。
② 四川省档案馆·四川省民政厅,全宗号 54,目录号 6,案卷号 7632,第 4 页。
③ 四川省档案馆·四川省建设厅,全宗号 115,目录号 2,案卷号 3604,第 208—209 页。
④ 四川省档案馆·四川省民政厅,全宗号 54,目录号 6,案卷号 7632,第 17 页。
⑤ 中国第二历史档案馆·国民政府行政院,全宗号二,案卷号 8384,第 7 页,缩微胶卷号:16J-1408。
⑥ 中国第二历史档案馆·国民政府行政院,全宗号二,案卷号 8384,第 7 页,缩微胶卷号:16J-1408。

受惩处"。①

各级队长、组长于开工前,会同工段人员,沿线规定各组工作地段并标出示界,详述做法。员工到达时,即上分队长、组长负责指定地点,办理住宿并指示工作方法。工程人员应每日巡视路线,纠正做法。各级队长、组长不得违反。工程完竣时,应由组长报告分队长转报工程监督人员验收。工程监督人员接到报告,应于12小时之内,前往验收。如不合标准,应即指明改做,完成后再行验收。如果无误,应即填发验收凭证,各组取得验收凭证,任务即为完毕,应率全体民工归回原地。② 1939年12月26日,航空委员会西川机场建筑委员会召开第四次委员会,通过《创修或扩修机场各县民工总队部人事经费管理办法》。人事的管理,以军事化为原则;经费的管理,以公开与严实为原则。各级队部采取层级负责制,其权限划分为:(1)总队部。总队长以县长兼任为原则,总揽总队部一切事宜。副总队长以县政府第三科科长兼任为原则,辅助总队长办理总队部一切事宜,总队长离部时,得代行其职权。会计负汇领分发经费之责,对于中队部之收支报销,负指导考核之责,并撰拟填造有关经费上之文件表册,所有总队部每日领到之款及各中队领取之款,应逐笔开列。旧管新收开除实在四程表,张贴于总队部公共易见处所公布之。雇员承办总队部文书表册之收发、保管、缮校事宜。(2)中队部。中队长承总副队长之命,指挥所属各分队长,管理班长、民工。其不受管理者,除情节重大应报请核办外,得直接处分之。雇员承办中队部文书表册之撰拟、填造、收发、保管、缮校事宜。必要时各中队部雇员得集中管理,联合办公。特务长支领中队部经费,统办中队部职雇员工伙食,并按日逐笔开列,旧管新收开除实在四程表两

① 中国第二历史档案馆·国民政府行政院,全宗号二,案卷号8384,第9页,缩微胶卷号:16J-1408。

② 四川省档案馆·四川省建设厅,全宗号115,目录号2,案卷号3604,第209页;重庆市档案馆·北碚管理局,全宗号0081,目录号1,第5页;《川黔两省义务征工实施方案》,四川公路局总务处编查股印:《四川公路月刊》第八期,1936年8月31日出版,第79页;《川黔两省义务征工实施方案》,《四川省政府公报》第五十五期,1936年9月1日出版,第67页。

张,一张张贴公布,另一张报总队部备查。(3)分队长承中队长之命,指挥班长,管理民工。(4)班长承分队长之命,指挥民工。(5)民工受班长之指挥,承做粗细工及特工。[1] 管理民工各级队长分层关系见图7-5。

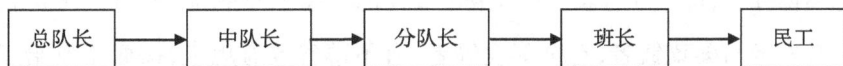

图7-5　管理民工各级队长分层关系

注:笔者梳理档案文字资料内容自制。

各级队长应绝对服从各管长官之命令指挥,分负管理所属民工之责,并受工程处之指挥,负督工责任,不得诿卸敷衍塞责。[2]

民工总队部、各级队长是否切实负责、有无旷职情事,应由民工总队部负责考核,由工程处协助之。于竣工后,由工程处加其考语,报由西川机场建委会转函省政府分别奖惩。民工总队长或总队附应常驻工地,并绝对接受工程及命令及指挥、监督,不得时来时去,或有阳奉阴违事情。民工各级队长依照征工须知规定应负管理、督工之责。此次考查各县民工队长,多未按时齐到机场工区督工,应由省政府严令各县政府转饬各级队长切实遵照,违则从严惩处,绝不宽贷。各县长兼任民工总队长者,应时赴机场督察所属各级队长职员及民工工作勤惰。倘各级队长未遵照职守者,应从严惩处。[3] 华阳民工总队长自开工两月以来,仅到队部四五次,而该总队附与所属各级队长任其擅离职守,中、分队长十之七八不在机场。如此敷衍塞责,虚耗公币,应请省政府申斥。[4] 民工队、各级队长、职员除婚丧大故,得另派人代理及病症外,一

---

[1]　成都市档案馆·四川省第一区行政督察专员公署,全宗号134,目录号5,案卷号184,第5—6页。

[2]　四川省档案馆·四川省民政厅,全宗号54,目录号1,案卷号1578,第12页。

[3]　成都市档案馆·四川省第一区行政督察专员公署,全宗号134,目录号5,案卷号184,第8页。

[4]　成都市档案馆·四川省第一区行政督察专员公署,全宗号134,目录号5,案卷号184,第10页。

律不准请假,违者以旷职论。总队部务须将实到工作人数,及领发款项数目,每5日公告一次。其余各区队、中队必须每5日对所属将领发款项,详细公告一次。而公告数目须包括每5日数目及汇计数目两项,俾所属能彻底明了。倘有不遵办者,即严予惩处。① 实际中,各机场民工总队部,列有民工伙食一项。有发米与柴菜钱者,有全部发钱者,有不遵省政府规定,按雇工发给工资者。各自为政,办法殊不一致,难以稽核,易生流弊。② 总中队部职雇员役之薪饷津贴及办公费,应照规定标准,严实另列行政经费预算书,分别呈由工程处转报西川机场建筑委员会核发,并分呈县政府转报省政府备查。其行政经费不得与土方津贴混合领支,以便考查。③

为确实领导分队伍、严密管理民工,四川特种工程委员会主任张群、兼副主任专员周至柔遵照蒋介石 1940 年 12 月洽渝手令和四川省政府 1941 年 1月训令,于 1941 年 2 月特颁布机场《各县民工总队各级职员服务简则》。简则主要进一步详细规定、强调了民工总队各级队长的职责:负责本级队部职员、民工的管理训练、经理卫生、督导工作,维持纪律。④ 机场民工队各级队长如擅离工地,一经查出,除将是日津贴扣发外,并由空军站知照县政府处罚。站派工程人员指示民工大队工作,民工大队各级人员应受机场负责人之指挥、监督。⑤ 特种工程征工处各组室每月应造具职员姓名职掌表,送呈处长检阅并由秘书室汇造一份,分送各组室存查。每月终,应例行工作总检查一次。除由各组室直

---

① 成都市档案馆·四川省第一区行政督察专员公署,全宗号 134,目录号 5,案卷号 184,第 8 页。

② 成都市档案馆·四川省第一区行政督察专员公署,全宗号 134,目录号 5,案卷号 184,第 9 页。

③ 成都市档案馆·四川省第一区行政督察专员公署,全宗号 134,目录号 5,案卷号 184,第 7 页。

④ 成都市档案馆·四川省第一区行政督察专员公署,全宗号 134,目录号 8,案卷号 124,第 90—92 页。

⑤ 四川省档案馆·四川省特种工程征工处,全宗号 116,案卷号 34,第 24 页;四川省档案馆·四川省特种工程征工处,全宗号 116,案卷号 17,第 24 页;四川省档案馆·四川省民政厅,全宗号 54,目录号 6,案卷号 7611,第 19 页。

属长官就各职员工作情形予以考核,转呈处长复核外,关于各组室工作成绩得互相竞赛,由处长就平日考核,择其最优,酌予奖励。① 民工总队部之组织,如不论征额多寡,而办事人员名额相同,仅未得其平,应照现在编制民工在 500 人以内者即照旧有编制。民工在 500 人应增设督察员 1 人,以便督察所属各民工队工作。② 整理工程段各段区员工非经请假核准,不得擅离职守,请假手续依公路局请假规则办理。③ 1944 年此次特种国防工程限期迫切,关系重大,故在事各级人员应一律以军法部勒令服从。④

在实际中,也有对规定的变通之举。1944 年华阳县在修筑新津机场时,于工地成立民工总队部,总队长由代县长兼任。因本县征调民工人数较多,省颁布总队部编制员额甚少,管理难周,特参照省颁直属总队编制,分设总务、管理、防卫、宣导、会计等股室,及督导员 16 人,以增管理效能。总队部下辖大队23,中队 93(内有独立中队一),分队 376,运输大队二(板车与鸡公车)。所有中分队长人事均由乡镇长保委,大队长由民工总队遴选委派,力求协调,增进工作效率。⑤ 为修筑新津特种工程,郫县 1944 年 1 月 12 日成立征工委员会并组织民工总队部。征工委员会、民工总队部及各大中队组织编制,除依法令规定外,为顾事实需要起见,略有变通。征委会与总队部均于额设员役外,增添设员役,办理事务。⑥

在工作上,也加强对办理人员的素质培训。四川省在指导建设等组中,增设工役课程,训练县征工干部。自 1940 年起至 1942 年止,各县市局曾受工役

① 四川省档案馆·四川省特种工程征工处,全宗号 116,案卷号 57,第 20 页。
② 成都市档案馆·四川省第一区行政督察专员公署,全宗号 134,目录号 5,案卷号 184,第 9 页。
③ 四川省档案馆·四川省民政厅,全宗号 54,目录号 6,案卷号 7632,第 4 页。
④ 四川省档案馆·四川省特种工程征工处,全宗号 116,案卷号 52,第 15 页。
⑤ 成都市档案馆·四川第一区行政督察专员公署,全宗号 134,目录号 2,案卷号 181,第 66 页。
⑥ 成都市档案馆·四川省第一区行政督察专员公署,全宗号 134,目录号 2,案卷号 181,第 75 页。

训练的建设科长、区长及指导员共计 606 人。① 四川省政府在 1943 年 6 月制定的《四川省各县市局推行工役注意事项》,提出训练征工干部。省县干部由省训团统筹训练,在未办理此项训练以前,省训团各种训练应加入工役课程。基层干部由各县市局就其原有训练班所分别训练,在未设训练班所以前应于举行乡镇干部讲习会时讲授工役要点。训练目标:明了工役意义;了解工役法令;具备工程常识;发挥领导作用。② 1944 年各县劳动干部除大队长以上,由省训团于民政、建设两组中,增设义务劳动课程,分别施以训练外,所有中队长以下均由各县县训所加以训练。至服务人民已就改组完竣,各队一般施以机会训练。省级训练不另支经费,至县级训练经费亦留在县训所经费内开支。③

1941 年 2 月 7 日秀山机场工程处第十一次处务会议为改善工程而提出甄别监工员;工程股对监工员应加以技术上之训练,并随时监督指导。④

## 二、加强人事管理

为有效应对官员工作的管理,则配置奖惩、待遇、职务铨叙考核,以严密人事管理。

### (一) 有关法规

1937 年,四川省政府令省会警察局以及崇宁、温江等 19 县,扩修成都凤凰山机场,并将办理此项工程列为该局、县长重要考绩。⑤ 为加强对各县督工人员工作上的管理,第一区行政督察专员特制定《修飞行场各市县督工人员

---

① 四川省档案馆·四川省政府秘书处,全宗号 41,目录号 4,案卷号 9238。
② 重庆市档案馆·四川省第三区行政督察专员公署,全宗号 0055,目录号 3,案卷号 254,第 33 页;四川省档案馆·四川省民政厅,全宗号 54,目录号 6,案卷号 7975,第 93—94 页。
③ 四川省档案馆·历史资料:《四川省政府三十三年度政绩比较表》,第 14 页。
④ 四川省档案馆·四川省民政厅,全宗号 54,目录号 1,案卷号 1998,第 128 页。
⑤ 四川省档案馆·四川省建设厅,全宗号 115,目录号 3,案卷号 4524,第 16 页。

值日表》和《分配任务办法》。①

为督修温江、新津、邛崃、太平寺四机场,航空委员会西川机场建筑委员会1940年1月第四次委员会议制定并通过第五案附件,并公函四川省政府。该附件制定加强对办理人员的管理办法及改革措施。② 实质是通过驭役而强化管理民工,以利工程修建。以下为相关内容:

甲、关于民工队应严厉执行及改革事项

1. 民工总队部、各级队长是否切实负责,有无渎职情事,应由民工总队部负责考核,由工程处协助之。于竣工后,由工程处加具考语,报由西川机场建委会,转请省政府分别奖惩。

2. 民工总队长或总队附应常驻工地,并绝对接受工程处之命令及指导监督,不得时来时去或有阳奉阴违情事。民工各级队长依照征工须知规定,应负管理督工之责。此次考查各县民工队长,多未按时到机场工区督工,应由省政府严令各县政府转饬各级队长,切实遵照,违则从严惩处,绝不宽贷。

3. 民工工作详细分配,应由总队部所设之技士、由工程处派员协助,按工程处分配土方等工程妥为平均分配,由各中队依照预计工作日数,所分工程数量,与民工多寡之配合,尤须妥为斟酌,调度得宜,督促民工努力工作,期增效率。

4. 各县长兼任民工总队长者,应时赴机场督察所属各级队长职员及民工工作勤惰,倘各级队长有擅离职守者,应从严惩处。

5. 民工队各级队长职员除婚丧大故,得另派人代理及疾病外,一概不准请假,违者以渎职论。

6. 省政府令征民工额数,应严令各县长负责,务须一次征齐。如有逃亡,随即补足。老弱民工由总队部切实负责淘汰,报县补征。

---

① 四川省档案馆·四川省建设厅,全宗号115,目录号3,案卷号4524,第30页。

② 四川省档案馆·四川省民政厅,全宗号54,目录号3,案卷号8284,第15—16页。

7.总队部务须将实到工作人数及领发款项数目,每5日公告一次。其余各区中队必须每五日对所属所领款项详细公告一次,而公告数目,须包括本5日数目及汇计数目事项,俾所属能彻底明了。倘有不通办遵者,即严予惩处。

8.考查各县各民工总队部对于民工伙食一项,有发米与柴菜钱者,有全部发钱者,有不遵省政府规定按雇工发给工资者,各自为政,办法殊不一致,难以稽核。为杜流弊,应由总队部照省政府规定,一律发钱,直达各中队,由各中队自理伙食。函请省政府明令统一。

9.民工总队部之组织,如不论征额多寡,而办事人员名额相同,似未得其平,应照现在编制民工在300人以内者,即照旧有编制。以上,每增民工在500人,应增设督察员1人,以便督察所属民工队工作。

10.病工人数,一律以医务所挂号为准,未挂号者,一概剔除,不准列报,以杜谎报之弊。函请省政府通令各县,饬民工队知照。

乙、关于机场工程处严厉执行及改革事项

1.工程处应按各县工作数量,每五日估方1次,发足工款。

2.工程处每日点名,除到场工作人数外,并应将伙夫(每百人5名)、中分队长(折到场人数)、病工(按医务所挂号人数)一并填入日报表,以便查考。

3.工程处每5日应将所发各民工总队工款数目,及各县工作数量,到工人数,连同以前发款总数,工作总数量,到工总人数,详细于各工区所设之公告牌上公告1次。倘不遵办,应予惩处。

4.工程处所派各工区监工人员应协助所管之民工中队长分配工作及指导分配挖土及填土工人数目,并督察各分队长,除休息时间外,不准民工怠工。各中分队长有请求指示时,监工人员不得推诿。

5.工程处应于机场附近设诊疗分所数处,每两千人数左右设治疗所一处,以便民工就近诊治。

6.由工程处为各县工区搭盖临时小席棚一所,以便各总队部督察人员于工作时间内办公之用。搭棚费用,在工棚费项下开支。

1945 年泸县特种工程和梁山特种工程系"委座准美方要求,饬立即兴工,限期完成"。所以,对各级办理人员"倘有延误,应按军法治罪"。① 在此情况下,1945 年四川省第十五区达县、开江奉令扩修梁山机场。该区行政督察专员派公署第三科科长张漱苏常驻工地,督导达、开两县民工工作事宜。②

《四川省非常时期各县服役民工编队组织纲要》第七条规定,服役民工应以早完工、早归家之竞赛原则,促其自动赶工。如原定应作工程需 45 日完工者,果能赶工于 30 日内完工,除照规定支给费用外,并另给民工及管理人员之奖金。一面由县长将管理出力人员报请省政府特予嘉奖。第八条规定,民工队部管理人员对于民工督导不力或管理失当,以致民工惰工,超过规定完工期限时,其各级管理人员应受记过或撤免原职之处分。③

四川特种工程委员会为策励会内外工作人员增进工作效率,免误事机起见,特制定《各县民工总队各级职员民工奖惩规则》和《四川特种工程委员会工作人员奖惩规则》。

《各县民工总队各级职员民工奖惩规则》规定各县民工总队各级职员的奖励有晋升、记升、奖状、奖金、记功、嘉奖、录用。惩罚的种类有停职、降级、罚薪、记过。应受惩罚的事项有:(1)侵蚀工粮、工价或克扣工粮、工价;(2)借势勒索或虐待民工;(3)擅造谣言、煽惑民工;(4)故意使民工逃亡者;(5)不尽职责致工程或民工蒙重大之损失。④

《四川特种工程委员会工作人员奖惩规则》规定特种工程委员会工作人员应奖事项有:(1)办事敏捷因应得宜、恪尽职责;(2)特具专长才能出众、勤劳卓著;(3)遇有特殊事件发生,处置适宜;(4)管理有方,秩序良好,能提高工

---

① 四川省档案馆·四川省民政厅,全宗号 54,目录号 3,案卷号 8434,第 59 页;四川省档案馆·四川省民政厅,全宗号 54,目录号 1,案卷号 2081,第 24 页。
② 四川省档案馆·四川省民政厅,全宗号 54,目录号 1,案卷号 2081,第 196 页。
③ 成都市档案馆·成都市政府,全宗号 38,目录号 12,案卷号 1651,第 71 页。
④ 成都市档案馆·四川省第一区行政督察专员公署,全宗号 134,目录号 8,案卷号 124,第 87—88 页。

作效率;(5)督导得力,使工作顺利进行不误期限;(6)征调民工能如限到齐,应征民工年壮力强及应备之装具配置补充完善;(7)所做工程符合规定;(8)规定应做工程能于依限完成;(9)守法奉公,始终不懈,能达到标准。奖励种类有嘉奖、记功、升级、奖金。委员会各级职员办事勤奋、成绩昭著,合于《规则》应奖事项之一,如非现职人员得由本会荐请四川省政府派任相当职务或由会给以现金奖励。其系现职调用人员,得由工程委员会特别保荐从优奖叙。单位长官随时考核,加其考语,签请主任委员核准照办。征工各县县长及其佐治人员与办理地方自治人员,能加紧工作,如限送齐应征民工,合于《规则》应奖事项之一,由本会按其劳绩荐请四川省政府分别予以奖励或升任其他职务。各级民工队长统率有方,办事稳妥干练,能如限完成工程或提前完成,合于《规则》应奖事项之一,由本会令饬该管县政府褒奖各县民工队各级职员、民工。惩罚的事项有:(1)违抗命令、延误时机;(2)玩忽职守、借词推诿;(3)违法失职,致公家蒙受损害;(4)承办工粮、工具及重要材料违反安宁秩序;(5)疏散不力,致民工牺牲重大;(6)克扣工粮、侵蚀公款、营私舞弊;(7)滥用权威、虐待民工,因而酿成重大事变或致逃亡;(8)侵占公款公物、营私自肥;(9)凭借职权,假公济私牟取其他一切非法利益。惩罚种类有申诫、记过、撤职。工程委员会内外各级职雇人员以及征工各县县长、佐治人员暨地方自治人员、各级民工队长、官佐有违犯惩罚事项,尚未入于刑责范围的,得由会按其轻重,惩罚种类处办,如所犯涉及刑事范围者,即发交本会执法科依法讯办。①

  1942年的《四川省各县(市)办理国防工程工役各级人员奖惩办法》规定了奖励、惩罚的细则。奖励分为记功、记大功、嘉奖、晋级。有八种情事之一的,可分别酌予奖励。(1)于奉到上级征用命令后,克能遵照规定依限将民工编组健全,送达工地;(2)对征工事项办理得法,不贻地方赔累;(3)对于配定之工区,能超过规定能率标准1/5至2/5;(4)管理周密,训练有方,民工无逃

---

① 成都市档案馆·四川省第一区行政督察专员公署,全宗号134,目录号8,案卷号124,第93—95页。

亡;(5)随时注意公共卫生,民工疾病死亡率因得降低;(6)空袭时间,能遵照规定疏散办法,使民工伤害减至最低限度;(7)经营工款工粮,丝毫不苟,经报销审查合格;(8)其他情事足以奖励。办理工役各级人员有以上所列情形之一,则给予奖励,并入年终考绩。平时有特殊功绩记大功的人员,由主管机关长官随时详叙真实事迹,报由省政府转送铨叙部核定,予以嘉奖。惩罚分为记过、记大过、降级、免职。办理人员有重大过失,得依法交付惩戒或移送审判治罪。犯罪条款的具体内容:(1)奉到上级征调命令后,不能依限将民工编组健全,送达工地;(2)对征工事项,办理不良,致贻地方赔累;(3)所选民工,不照规定,而以老弱妇孺充数;(4)督率无方,致民工工作效率过低,不及规定标准;(5)对于民工管理松懈,训练无方,或有虐待情事,致民工逃亡众多,影响工作进行;(6)不注意公共卫生,致民工疾病死亡率增高;(7)空袭时间,不遵规定疏散,致民工伤害巨大;(8)侵蚀公款、工粮,营私舞弊,被告发查明有据;(9)鼓动工潮,恶意宣传及阻挠工程进行;(10)有其他不称职事情。县(市)政府依规定的奖惩细则详叙铨叙合格人员的真实事迹,呈请该管专员公署核转省政府核定施行。①

1943年2月四川省政府公布、四川省民政厅抄发《修正四川省各县(市)办理国防工程各级人员奖惩办法》第六条:惩罚分四种,即记过、记大过、降级、免职。②

1944年的《四川省特种工程征工处人事管理规则》有关奖惩规定:征工处职员迟到或早退连续3次以上者,予以申诫处分,申诫3次予以记过处分,记过3次免职。职员向不迟到、早退而平时工作努力成绩卓著者,得予以奖金或

① 四川省档案馆·四川省特种工程征工处,全宗号116,案卷号22,第184—185页;重庆市档案馆·四川省第三区行政督察专员公署,全宗号0055,目录号3,案卷号254,第24—25页;重庆市档案馆·北碚管理局,全宗号0081,目录号4,案卷号1640,第2—3页;《四川省各县(市)办理国防工程工役各级人员奖惩办法》,《四川省政府公报》第三百五十期,1942年出版,第6—7页。
② 四川省档案馆·四川省民政厅,全宗号54,目录号1,案卷号1298,第4页。

传令嘉奖。①

　　对于办理人员的惩治还有相应的其他法规。1937 年 7 月公布的《国民工役法》第二十四条规定，不依法发布征役命令的在事人员，处 5 年以下有期徒刑。办理工役借口应修工事，擅向居民派捐勒捐的，处 1 年以上 7 年以下有期徒刑，并处 1000 元以下的罚金。办理人员不依法为征役或免役的处分，处 1 年以下有期徒刑或拘役。② 1938 年 6 月国民政府公布《惩治贪污暂行条例》，规定征用民夫从中舞弊者处无期徒刑，或 5 年以上有期徒刑。③ 1942 年 10 月四川省征工事务管理处拟定《四川省地方建设征工服役暂行办法》。该法第二十三条规定，不依法发布征工命令者，处 5 年以下有期徒刑。办理工役人员除违法侵蚀，依法处办外，如有借口应修工事，擅向居民派捐勒捐者，处 1 年以上 7 年以下有期徒刑，并处 1000 元以下的罚金。④ 1943 年 6 月 30 日公布《惩治贪污条例》第三条规定，收募款项或征用土地、民夫、财物从中舞弊者，处死刑、无期徒刑或 7 年以上有期徒刑。⑤ 1943 年 12 月 4 日公布的《国民义务劳动法》第二十一条规定，不依法发布征召之命令者，处 5 年以下有期徒刑。第二十三条规定，举办义务劳动事项之人员，借口应兴工事，擅向人民勒派捐款者，处 1 年以上 7 年以下有期徒刑，得并处 5000 元以下罚金。⑥

　　除了面上普遍适用的法规外，办理县份也制定相应奖惩措施，以配合实行。如《垫江县三十四年征工扩修梁山机场实施办法》规定了对各级办理人

　　① 四川省档案馆·四川省特种工程征工处，全宗号 116，案卷号 57，第 20—21 页。
　　② 四川省档案馆·四川省民政厅，全宗号 54，目录号 6，案卷号 7404，第 73 页；成都市档案馆·成都市政府，全宗号 38，目录号 12，案卷号 1650，第 5 页；《国民工役法》，《四川省政府公报》第九十二期，1937 年出版，第 39 页；何应钦讲：《兵役与工役》，1940 年 4 月印，未公开出版，原件存于重庆市图书馆民国文献阅览室，也可见国家图书馆南区缩微文献阅览室，第 12 页。
　　③ 四川省政府秘书处法制室编印：《战时法规汇编》，1939 年，第 1 页。
　　④ 四川省档案馆·四川省特种工程征工处，全宗号 116，案卷号 22，第 148 页。
　　⑤ 四川省档案馆·四川省特种工程征工处，全宗号 116，案卷号 57，第 36 页。
　　⑥ 四川省档案馆·四川省民政厅，全宗号 54，目录号 6，案卷号 7970，第 11 页；四川省档案馆·四川省民政厅，全宗号 54，目录号 6，案卷号 7975，第 89 页；《国民义务劳动法》，重庆《大公报》1943 年 12 月 5 日。

员的具体奖惩,以加强对民工的管理。各级队长办理特种工程成绩优异者,发给奖状奖章。地方公职出缺,应优先派用。各乡成绩优异者,其乡长兼中队长,除一般奖励外,并报请省政府记功备查。小队工程办理不善不及标准者,其负责长官量情记过或撤职。情节重大者,以贻误战机,交军法议处。办理特种工程贪污舞弊者,送执法监部严办。各乡考绩考核由总队部办理之。①

(二) 实际执行情况

**1.奖励**

(1)公路

1937 年在整理川鄂公路简渠段时,省政府考察各县管理,及工作效率,以定各县办理之成绩,及自县长以下各级人员之奖惩。②

1938 年整理川湘公路时,綦江一县所担工程较任何县为繁重而能成绩较优。国民政府军事委员会委员长行营令省政府传令嘉奖该县县长黎师韩,以资鼓励。③ 同年,綦江整修川黔公路,因时任县长张征瑞"督率有力,成绩卓著",获交通部奖章一枚。④

1943 年邻水县承办川陕公路汉渝路竹渝段路面工程,发动民工,提前于 1944 年 1 月完成。省主席张群核准第十区行政督察专员兼保安司令呈,奖叙在事各员,如统管民工的县长兼民工总队长,指导与监督民工工作的指导员等人。⑤

(2)机场

1938 年修筑太平寺机场时,各机关调派人员担任工程处各职。航空委员会呈民政厅,奖该厅视察员宋南轩,并从优奖叙,因其"于民工组事务调度有

---

① 四川省档案馆·四川省民政厅,全宗号 54,目录号 1,案卷号 2081,第 191 页。
② 四川省档案馆·四川省民政厅,全宗号 54,目录号 6,案卷号 7632,第 10 页。
③ 四川省档案馆·四川省民政厅,全宗号 54,目录号 7,案卷号 10051,第 5 页。
④ 谢开:《重庆的公路交通》,四川地区文史资料协作会议编:《抗战时期四川的交通》,云南人民出版社 1992 年版,第 221 页。
⑤ 四川省档案馆·四川省民政厅,全宗号 54,目录号 7,案卷号 9899,第 99—102 页。

方,倍亟勤劳"。① 该机场新都民工总队部队长(县长兼任)因督导有方,提前竣工记功1次;双流民工总队部队长因所征民工每日工作人数,较派征名额多16%,记功1次。两县总队附传令嘉奖。② 彭县因如限完成修筑太平寺机场,该民工总队长记功1次,其余在事努力各员由该县政府分别传令嘉奖。③

1938年11月7日省政府转航空委员会西川机场建筑委员会公函,令灌县政府即予撤换,并严议处该县民工总队附罗于松,因其虚报民工名额,并不受工程处指挥,有违功令,玩忽职守。并回呈省政府办理情况。④

1939年在修筑三台县刘家岩新机场时,工程处处长黄绶(第十二区专员兼任)、副处长郑献微(三台县县长兼任)仅征调三台一县民工6000名,即于一个月内依限完成,且实支3万多元(原定预算4万元),"费省工速"。时任四川省主席王赞绪令第三区行政督察专员公署对二人嘉评,并"各予记功1次,以资鼓励"。⑤ 1939年12月第三区开工修筑大中坝机场,至1940年3月江津县将担任工段全部完成,因该县长青伟督工有方,时任兼理主席蒋介石"予以嘉奖"。⑥

遂宁县1939年2月1日开工修筑遂宁机场,规定45个晴天完工。因顺利进行,尚未延误,时任县长罗玺因修筑机场办理得力,记功1次;秘书吴超然传令嘉奖,以资鼓励。罗玺分别传谕嘉奖有功各员。⑦

1939年,眉山县征工修筑温江皇天坝机场。1939年10月,四川省政府令眉山县政府:该县民工总队长潘光晟领导有方、勤劳卓著,技士朱绍曾指导有方、备极勤奋,准予各记功1次;区长姚治征工足额、工具齐全,准传令嘉奖,以

---

① 四川省档案馆·四川省民政厅,全宗号54,目录号2,案卷号1710,第136页。
② 四川省档案馆·四川省民政厅,全宗号54,目录号2,案卷号1709,第493—497页。
③ 四川省档案馆·四川省民政厅,全宗号54,目录号2,案卷号1711,第221—222页。
④ 四川省档案馆·四川省民政厅,全宗号54,目录号4,案卷号10882,第25—29页。
⑤ 重庆市档案馆·四川省第三区行政督察专员公署,全宗号0055,目录号5,案卷号90,第87页。
⑥ 四川省档案馆·四川省民政厅,全宗号54,目录号6,案卷号8654,第39页。
⑦ 四川省档案馆·四川省民政厅,全宗号54,目录号1,案卷号2154,第116页。

资鼓励。① 同时令新都县政府:准予对新都县政府科员李太林记大功 1 次,以资鼓励,因其督率民工备筑双流、温江等处机场工作,均能提前完成。②

1939 年 11 月 4 日温江皇天坝机场被炸。第一区区长王国潘、主任区员焦智鹏等调集民工于 2 日间抢修完成。故省政府准由该府,分别传令嘉奖,以昭激励。③

1939 年 12 月 15 日省政府令灌县县政府:该府技士熊恭伦先后督修太平寺、皇天坝两处机场,尽力职守,著有成绩。准予记功 1 次,以资激励。④

1940 年省政府案准温江皇天坝机场工程处呈文,传令嘉奖征工努力、督导有方的温江、崇宁、新繁等县长,并给予优议叙,以资鼓励。⑤

1940 年 9 月,四川省政府对办理修筑新津机场的工作人员进行奖惩:注销简阳县长张瑞征的记大过处分,彭山县长杨维中记功 1 次,仁寿县长吴大猷、新津县长赵宗炜、彭山民工总队附黄建源、仁寿民工代总队长刘玉成、总队附袁作孚等五人,予传令嘉奖,以资激励。⑥ 省政府作出这些奖惩,则是依据报送的工作业绩情况。1940 年 7 月,航空委员会西川机场建筑委员会函转新津工程处,有关新津机场工程处各县民工工作成绩表及工作人员名册(见表 7-3、表 7-4)⑦,函请四川省征工委员会分别奖惩。

表 7-3　各县工作成绩比较

| 县别 | 工作成绩 | 考语 |
| --- | --- | --- |
| 彭山县 | 优 | 完成最先,效率亦大 |
| 仁寿县 | 平 | 效率平平 |

① 四川省档案馆·四川省民政厅,全宗号 54,目录号 1,案卷号 1579,第 347 页。
② 四川省档案馆·四川省民政厅,全宗号 54,目录号 1,案卷号 1579,第 351—352 页。
③ 四川省档案馆·四川省民政厅,全宗号 54,目录号 1,案卷号 1580,第 443—444 页。
④ 四川省档案馆·四川省民政厅,全宗号 54,目录号 1,案卷号 1580,第 448 页。
⑤ 四川省档案馆·四川省民政厅,全宗号 54,目录号 8,案卷号 10882,第 201 页。
⑥ 四川省档案馆·四川省民政厅,全宗号 54,目录号 2,案卷号 3659,第 13—15 页。
⑦ 四川省档案馆·四川省民政厅,全宗号 54,目录号 2,案卷号 3659,第 25—26 页。

续表

| 县别 | 工作成绩 | 考语 |
|------|---------|------|
| 新津县 | 平 | 到工整齐,效率平平 |
| 简阳县 | 劣 | 起初惰怠,最后补救 |

表7-4　各县民工队部工作努力与不努力人员

| 县别 | 职别 | 姓名 | 工作情形 | 考语 | 备考 |
|------|------|------|---------|------|------|
| 彭山县 | 县长兼总队长 | 杨维中 | 负责 | 用人得当,督饬有方 | 曾经本处报会,请准该县长传令嘉奖在案 |
| | 总队附 | 黄建源 | 努力 | 布置得当,监工严密 | 曾经本处报会,请准该县长传令嘉奖在案 |
| 仁寿县 | 县长兼总队长 | 吴大猷 | 调遣有方 | | |
| | 代理总队长 | 何海然 | | | 中途调职 |
| | 代理总队长 | 刘玉成 | 赏罚精严明,计划周详 | | 接代何海然 |
| | 总队附 | 袁作孚 | 努力 | 协助有方,始终不息 | |
| 新津县 | 县长兼总队长 | 赵宗炜 | 负责 | 宽严相济,督率有方 | 常到工场指挥 |
| | 代理总队长 | 李信之 | | | 总队附何蒲钦代 |
| | 总队附 | 何蒲钦 | 负责 | 能力薄弱 | 缺乏工程常识 |
| 简阳县 | 总队长 | 张瑞征 | 负责 | 用人不当,知非求改 | 记过一次,已请撤销 |
| | 代理总队长 | 李炊午 | 玩忽 | 赏罚不明,措施无方 | 未至完工,即调职 |

　　1941年扩修白市驿机场时,因工程浩大,原征工名额,不能如限完成。航空委员会呈准在三区专署加征江北县民工600名。江北县长许协揆自动加大征额,送到机场民工1200名。此举"实为征工以来所仅见",故记功1次。①

---

　　① 重庆市档案馆·四川省第三区行政督察专员公署,全宗号0055,目录号5,案卷号90,第101页。

1941 年为扩修新津机场,新津县太平镇应征民工 664 人。该镇长因征调得力,被传令嘉奖。①

1941 年邛崃县征工修筑新津机场。完工后,经特种工程委员会考绩,认为第一努力,县长汪仲夔以专员存记。②

1941 年 1 月至 4 月,彭县征工修筑新津特种工程。因县政府征调民工迅速,特委会传令嘉奖。③

1943 年省主席张群核准重庆航空委员会主任周至柔呈文:梁山县长黄乃安、议长文赞丞因征工抢修机场有功,依据《四川省各市县办理国防工程工役各级人员奖惩办法》第五条第一款的规定,给予 2 人各记功 2 次,并传令嘉奖梁山县在事出力的科长、技士及第一、第二抢修机场民工大队、各级队长,以昭激励。④

1944 年遂宁县奉令征工铺筑遂宁机场。因征调迅速,如限完成,省政府下令:该县长彭心明一员,准予记功 1 次。该科长张翼翔、科员陈骏昌两员各予传令嘉奖,以昭激励。⑤

1944 年 12 月 24 日,四川省征工事务管理处第二民工管理处呈四川省特种工程征工总处:所属民工队得提超超工出力人员奖金统计表,以鼓励前方各级民工队管理人员及后方各级征工出力人员勇气,提高其工作效能。

表 7-5　邛崃机场各县民工队各级参加超工出力
人员提扣超超工奖金数目统计⑥

| 项目<br>县别 | 共做超超工数 | 应领超超工<br>奖金数额(元) | 各级参加超工出力人员<br>得提奖金数额(元) |
|---|---|---|---|
| 邛崃 | 285830.97 | 22294815.66 | 8917926.264 |

---

① 成都市档案馆·四川省第一区行政督察专员公署,全宗号 134,目录号 8,案卷号 124,第 27 页。

② 四川省档案馆·四川省民政厅,全宗号 54,目录号 4,案卷号 9528,第 62 页。

③ 四川省档案馆·四川省民政厅,全宗号 54,目录号 4,案卷号 9528,第 100 页。

④ 四川省档案馆·四川省民政厅,全宗号 54,目录号 8,案卷号 10697,第 28 页。

⑤ 四川省档案馆·四川省民政厅,全宗号 54,目录号 1,案卷号 2155,第 36 页。

⑥ 四川省档案馆·四川省民政厅,全宗号 54,目录号 3,案卷号 7477,第 132 页。

续表

| 项目<br>县别 | 共做超超工数 | 应领超超工<br>奖金数额（元） | 各级参加超工出力人员<br>得提奖金数额（元） |
|---|---|---|---|
| 大邑 | 206942.23 | 16141493.74 | 6456597.576 |
| 名山 | 173387.41 | 13524219.8 | 5409687.92 |
| 蒲江 | 130771.30 | 10161153.88 | 4064461 |
| 洪雅 | 129875.21 | 10130266.8 | 4052106.552 |
| 丹棱 | 105179.50 | 8204001.00 | 3281600.400 |
| 崇庆 | 539612.06 | 42089240.68 | 16835890 |
| 总计 | 1571598.68 | 122545191.56 | 49018269.712 |

注：各级参加赶工出力人员得提奖金数额系根据本机场结账会议第五项决议案，在超超工每工加给奖
金78元数内提扣40%（此项决议系根据本机场第五次赶工会议提议及4月26日各县总队长提议
案后，决经呈奉  四川省政府民五字第2144号指令核准有案）。

1944年12月为奖励赶修机场有功人员，四川省在铨叙厅领发奖章42座，褒15张，国民政府颁民勋章5个。[1] 金堂奉令修筑广汉机场。该县民工总队第十一大队长为楼贤乡副乡长。该乡配征工额1060名。该大队长如期足额调集民工，且配备工具比较齐全，故被传令嘉奖。[2] 据第二民工管理处处长呈报的《邛崃机场各县民工工作进度报告表》，丹棱县民工工作能率达到123%，为此次特种工程各县民工工作效率之冠。征工总处传令嘉奖该总队长。[3] 崇宁县提前完成新津机场的承修任务，除得超工奖外，温江专署又电令该县县长兼民工总队长李世丰率领全体民工支援温江，修筑彭山机场。崇宁民工到达彭山机场，所修工程又提前完成，被评为第一。温江县付给崇宁民工的工资，大约四五十万元（约值米2万斤），后来上面奖给崇宁县长李世丰一座高约八寸的银杯。[4]

---

① 四川省档案馆·四川省特种工程征工处，全宗号116，案卷号142，第60页。
② 四川省档案馆·四川省特种工程征工处，全宗号116，案卷号52，第80—81页。
③ 四川省档案馆·四川省特种工程征工处，全宗号116，案卷号52，第173页。
④ 葵章选、张育新：《郫县、崇宁县民工参加修建新津、黄田坝等机场的情况》，中国人民政治协商会议四川省成都市委员会文史资料研究委员会编印：《成都文史资料选辑》（总第十一辑），1985年，第165页。

### 2. 惩罚

1939 年春,川康公路工程处自处长以下多人,被控贪污。1941 年揭案时,1 人病死狱中,8 人被枪决,8 人判刑。①

在扩修温江皇天坝机场时,灌县民工总队附虚报民工人数。该县政府 1939 年遵照省政府令,将其撤换,并从严议交。② 该县民工总队误延工程,工作效率平均每人每日仅达 0.3 公方稍强,工程无人负责。为此,1939 年 12 月 26 日航空委员会西川机场建筑委员会召开第四次委员会,请省政府严惩。同时,在会议上,也请省政府严令申斥什邡县。因该县不遵省规定征工办法办理,而私自规定雇工办法,致中途民工逃亡甚多。③

1939 年 12 月第三区开工修筑大中坝机场,至 1940 年 3 月合川、綦江民工尚未完成 50%。因两县长"征工不力,工作迟缓",故"各予申诫,以示劝惩"。④

1940 年什邡县县长李先谋征工修筑皇天坝机场,被省政府令文申斥。因其不遵守规定办法办理,以致中途民工逃亡甚多,妨碍工程进行,实属忽视要政。华阳民工总队长自开工两月以来,仅到队部四五次。而该总队附对于所属各级队长,任其擅离职守。中、分队长十之七八不在机场。省政府对该总队长予以申诫。⑤

为督修温江、新津、邛崃、太平寺机场,航空委员会西川机场建筑委员会 1940 年 1 月第四次委员会议制定并通过第五案附件。该附件详细规定了《关于民工队应严厉执行及改革事项》,加强了对办理人员的管理。如民工总队部、各级队长是否切实负责,有无渎职情事,应由民工总队部负责考核,由工程

---

① 王立显主编:《四川公路交通史》(上册),四川人民出版社 1989 年版,第 138 页。
② 四川省档案馆·四川省民政厅,全宗号 54,目录号 8,案卷号 10882,第 25 页。
③ 成都市档案馆·四川省第一区行政督察专员公署,全宗号 134,目录号 5,案卷号 184,第 10 页。
④ 四川省档案馆·四川省民政厅,全宗号 54,目录号 6,案卷号 8654,第 39 页。
⑤ 四川省档案馆·四川省民政厅,全宗号 54,目录号 3,案卷号 8284,第 7—8 页。

处协助之。于竣工后,由工程处加具考语,报由西川机场建委会,转请省政府分别奖惩。各县长兼任民工总队长者,应时赴机场督察所属各级队长职员及民工工作勤惰,倘各级队长有擅离职守者,应从严惩处。① 依照规定,什邡县县长、华阳民工总队长被省政府令文申斥。②

1941 年金堂、新繁、郫县、新都、邛崃征调民工修筑特种工程。省主席张群、建设厅厅长陈筑山核准四川特种工程委员会函,分别议处该五县县长,因其征工不力,逾期尚未送足。金堂原派民工额为 9000 名,欠送 1065 名。省政府核准给予该县长记过 2 次。新繁原派额为 4500 名,欠送 1016 名,予该县长申诫处分。郫县原派额为 6000 名,欠送 310 名;新都原派额为 6000 名,欠送 390 名;两县县长各予记过一次。邛崃原派额为 9000 名,欠送 280 名,该县长受申诫处分。③

1943 年在修建达县机场时,营山县民政科长舒雪阳亏挪余款 3.1 万元,借保脱逃而被通缉。④ 何玉书代表参议会任梁山特种工程(1945 年)万县征工委员会财务组组长,所有该会经费、米粮之收支及公物采购与给养等事宜,均由该组长负责。在该项工程结束后,结余经费 4000 余万元。⑤ 何玉书侵用公款 200 万元,吞没 300 余万元。专员准予押进并布告。1946 年移送法院核办。⑥

1944 年在修筑川西特种工程时,郫县、彭山两县民工欠额及逃亡过多,管理松懈,效率低微。两县县长各记过 1 次,并补齐欠送及逃亡民工。⑦

政府对办理人员工作、绩效管理的强弱在很大程度上取决于管理费。如

---

① 四川省档案馆・四川省民政厅,全宗号 54,目录号 3,案卷号 8284,第 15 页。

② 四川省档案馆・四川省民政厅,全宗号 54,目录号 3,案卷号 8284,第 7—8 页。

③ 成都市档案馆・四川省第一区行政督察专员公署,全宗号 134,目录号 8,案卷号 124,第 132—133 页。

④ 四川省档案馆・四川省民政厅,全宗号 54,目录号 8,案卷号 11114,第 208 页。

⑤ 四川省档案馆・四川省民政厅,全宗号 54,目录号 7,案卷号 9015,第 158 页。

⑥ 四川省档案馆・四川省民政厅,全宗号 54,目录号 7,案卷号 9015,第 175 页。

⑦ 四川省档案馆・四川省特种工程征工处,全宗号 116,案卷号 52,第 110 页。

依据 1944 年《民工管理处及直属总队部组织规程》规定,兼任人员成数既高,预算所列待遇又低;调用的人员原住所距工地均在数十里或七八里以上,赶工期间必须在处队食宿。但所给津贴不敷伙食,随时来往,不胜跋涉。故兼任人员多数不能按时办公,甚而偶然一到即去。① 对于办理人员的管理费问题,将在第九章深入探讨。

此外,对官员进行职业培训。1941 年 6 月 28 日四川省征工评议委员会第二次会议议决,令调第一至六区及第十一区共 64 县一设治局,未经训练之民政科长、建设科长、技士、区长保送或就民政、建设两科之高级科员,每县调训 2 名,共计 130 名,附入省训练团第七期,于本年 9 月初开始专受征工训练。②

## 第三节　严密管理民工细则

管理机构的改进和办理人员管理的加强,其目的都是管理民工。民工在编制(请参阅第三章第三节的内容)的基础上接受各种管理,核心是工作,重要管制是纪律、辅以激励(物质和精神)。

### 一、工作

工作上,规定工作时间、最大工作限度和监督措施。

《国民工役法》规定,工役时间每日以 8 小时为限。③《非常时期各县抢修机场民工大队组织暂行办法》规定,民工每日工作以 10 小时为度,如超过规

---

① 四川省档案馆·四川省特种工程征工处,全宗号 116,案卷号 52,第 109 页。
② 四川省档案馆·四川省政府征工事务管理处,全宗号 116,案卷号 464,第 47—56 页。
③ 四川省档案馆·四川省民政厅,全宗号 54,目录号 6,案卷号 7404,第 72 页;成都市档案馆·成都市政府,全宗号 38,目录号 12,案卷号 1650,第 4 页;《国民工役法》,《四川省政府公报》第九十二期,1937 年出版,第 38 页;四川省训练团编印:《工役法令》,1940 年,第 20 页。

定时间,由站负责人通知。① 各区管理处或工程处指派监工员考核、指导该区内各组民工的工作。②

最大工作限度,抗战中四川省政府规定"民工每人每年负担之工作以不超过其每日所能工作能率之 45 倍"③;西康省"民工每人每年负担之工作,以不超过其每日所能工作能率之 60 倍为范围"④(注:民工每人每日所能工作的能率,请参阅第六章第二节内容)。但在具体的工程中又略有不同的规定。如 1937 年为整理川鄂公路简渠段,四川省政府颁布《各县准备征工应办事项》。该事项规定,民工工作照最高效率每 2 名民工每日可做完土公方 3 方,每 4 名民工每日可做完石谷公方 3 方,每 8 名民工每日可做完路面 3 平方米(路面每平方米约合 0. 2 公方)。⑤

对民工的工作监督内容是比较多的。民工得到命令时如因病不能到工,非事前自行觅定代理人并向大中队部呈准后,不得擅自不到。民工非因重大事故不得请假。民工如有违法情事,应由民工大队部报请县政府自处理,其涉及刑事范围者并应送县,交军法审判。⑥ 民工如有迟到或不到情事,应由各级队长分别警告、罚薪、拘役并呈,由大队部转报县政府备查。⑦

各工程对民工的工作监督在具体措施上又是不同的。

铜梁县 1937 年 12 月 1 日各区乡同时一律开工修筑塘堰,至 1938 年 2 月底完成。征调人工采取"义务征工""业食佃工""业食民工"三原则办理。联保主任兼大队长,精干保长兼中队长,保长兼分队长,甲长兼组长,层次监督,

---

① 四川省档案馆·四川省特种工程征工处,全宗号 116,案卷号 34,第 8 页。

② 《修正四川省政府修筑公路征用民工暂行条例》,《四川省政府公报》第四期,1935 年出版,第 42 页。

③ 中国第二历史档案馆·国民政府行政院,全宗号二,案卷号 8384,第 11 页,缩微胶卷号:16J-1408;四川省训练团编印:《工役法令》,1940 年,第 8 页。

④ 《西康省政府公报》第四十四期,1940 年 11 月 20 日出版,第 35 页。

⑤ 四川省档案馆·四川省民政厅,全宗号 54,目录号 6,案卷号 7632,第 10 页。

⑥ 四川省档案馆·四川省民政厅,全宗号 54,目录号 6,案卷号 7612,第 3 页。

⑦ 四川省档案馆·四川省民政厅,全宗号 54,目录号 6,案卷号 7611,第 141 页。

依照估计工程开凿新堰。工程完毕后,由中分队长邀集县政府或区署派员复查。①

1938年,隆昌、泸县、纳溪、叙永及古蔺5县征调民工,修筑川滇东路。各县筑路委员会、督工人员督促区联保署管理到路工作的民工。民工工作由工程人员指导并监督进行。管工人员及各级队长,切实遵照指示,转令民工遵办,不得任意违背,妨碍工作进行。②

1938年修筑白市驿机场时,各县民工编队后,以县为单位,在机场划定工作地段,受监工员之监督指挥。③ 监工人员应切实稽核所管工区内民工有无缺空工,工作是否努力。其迟到怠工者,应一面严向该县民工队长催促警告,一面呈报主管长官惩处;其工作勤奋进行迅速者,并应鼓励,以资激励。监工人员每日将工作人员人数及工程成绩,填入日报表,报告监工股,汇送工务科转报备核。④ 各民工之换替期间,除病假婚假丧假外,以不准事假为原则,但于必要时得准其自行觅人代替。总队部应置考勤簿,所有职雇人员均应按时划到划退。各中队部应置民工点名簿,其点名应会同监工员为之,并将民工实到名额一面公布,一面报由总队部汇列公布之。土方之分配以中队为单位,由工程处于事前制定平面图,纵剖面图,及分配表,令发给各总队部层递督饬遵办。总队部应随时考察各中队进度,并设法增加其效率。⑤ 民工内部工作详细分配,应由总队部所设之技士传回工程处派员协助,按工程处分配土方等工程,妥为平均分配,由各中队依照预计工作日数所分工程数量,与民工多寡之配合,尤须妥为斟酌调度得宜,督促民工努力工

① 重庆市档案馆·四川省第三区行政督察专员公署,全宗号0055,目录号5,案卷号11,第142—143页。

② 《四川民工公路局修筑川滇东路工程施工细则》,四川公路局总务处编查股编印:《四川公路月刊》第三卷第四号第一百二十四期,1938年4月30日出版,第25页。

③ 重庆市档案馆·北碚管理局,全宗号0081,目录号3,案卷号437,第5页。

④ 重庆市档案馆·北碚管理局,全宗号0081,目录号3,案卷号437,第8页。

⑤ 成都市档案馆·四川省第一区行政督察专员公署,全宗号134,目录号5,案卷号184,第6页。

作,期增效益。① 工程处每日点名,除到场工作人数外,并应将伙夫(每百人五名),中、分队长(按到场人数),病工(按医务所挂号人数)一并填入日报表,以便考查。工程处每五日应将所发各民工总队工款数目,及各县工作数量、到工人数连同以前发款总数量,到工总人数,详细于各工区所设之公告牌上公告一次,倘不遵办,应予惩处。工程处所派各工区监工人中应协助所管各民工中队长分配工作及指导分配挖土及运土工人数目,并督饬各分队长。除休息时间外,不准民工怠工。各中、分队长有请求指示时,监工人员不得推诿。②

1939年因军需而征调民工扩修新津机场。平均每五百民工雇用监工一人,外雇测工四人,分任测量、监造、指导、纠正民工工作。③

1943年9月,江津县建筑津柏公路。路线经过乡镇征调的民工照总队、大队、中队组织。总队长由县长兼任,副总队长由建设科长兼任,总队附由区长指导员技士兼任。大队长由乡长兼任,大队附由乡队附兼任。中队长由保长兼任,中队附由保队附兼任。分队长由甲长兼任(二甲合编为一分队,两甲长分任正副分队长)。概尽义务,不支薪津。大队即以乡镇名称为番号(如高牙乡民工大队),中分队视各乡保甲多寡,顺序编制之。每中队自制一市尺正方白色队旗,一面上书某某乡民工大队第某某中队等字。各大、中、分队长负管理、维护民工及指挥、监督工作之责,副总队长、总队附亦须常在工作地点,指挥、监督并处理一切纠纷。④

此外,民工也被施以素质训练。《四川省政府三十三年度工作计划》规定,服役民工已就业经编组成队者,一律施以机会训练。⑤《四川省各县市局

---

① 成都市档案馆·四川省第一区行政督察专员公署,全宗号134,目录号5,案卷号184,第8页。

② 成都市档案馆·四川省第一区行政督察专员公署,全宗号134,目录号5,案卷号184,第9页。

③ 成都市档案馆·四川省第一区行政督察专员公署,全宗号134,目录号8,案卷号99,第8—9页。

④ 重庆市档案馆·四川省第三区行政督察专员公署,全宗号0055,目录号5,案卷号130,第26页。

⑤ 四川省档案馆·四川省政府秘书处,全宗号41,目录号4,案卷号9238。

推行工役注意事项》对训练规定,平常时期,民工以中队或分队为单位,就各乡镇中心学校或保国民学校实施训练,或于国民月会讲解工役法令,代替训练。服役时期,就服役地点,实际工作中施以军事及技术训练。训练目标:加强国家民族意识及爱护乡土观念,使之成为坚强之战士;养成负责任、守规律、明礼仪、知廉耻之习尚,使之成为健全之公民;增进工作效能,使之成为优秀之劳动者;提高技术水准,使之成为积极之生产者。①《射洪县三十三年度国民义务劳动举办工事实施办法》规定,在施工时期,应由县政府派员会同乡镇公所集合民工,举办纪念周或讲演,借此训练。② 1944 年机场抢修队员施以特殊训练和紧急动员演习。③

## 二、纪律

纪律上,有关工役的重要基本法规皆明令对应征民工实行军事管理。《战时军事机关或部队征用民夫暂行办法》第二十一条规定,民夫征集后,关于纪律、裁判事项适用现役军人之规定。④《四川省各县(市)地方建设征工服役暂行办法》第二十五条规定,县(市)政府对于服役人民,应采军事管理制,并随时调派适当人员担任工程指导,实施适宜训练及宣传、抚慰工作。⑤《四川省各县市局推行工役注意事项》规定,民工应实行军事管理。⑥

在具体工程中,主办机构遵循了此项法令,有的还在管理人员中,配置军

---

① 重庆市档案馆·四川省第三区行政督察专员公署,全宗号 0055,目录号 3,案卷号 254,第 33—34 页;四川省档案馆·四川省民政厅,全宗号 54,目录号 6,案卷号 7975,第 94 页。
② 四川省档案馆·四川省民政厅,全宗号 54,目录号 8,案卷号 10953,第 180 页。
③ 四川省档案馆·历史资料:《四川省政府三十三年度政绩比较表》,第 14 页。
④ 四川省档案馆·四川省民政厅,全宗号 54,目录号 6,案卷号 7404,第 19 页;重庆市档案馆·四川省第三区行政督察专员公署,全宗号 0055,目录号 2,案卷号 316,第 66 页;重庆市档案馆·北碚管理局,全宗号 0081,目录号 2,案卷号 91,第 26 页;《战时军事机关或部队征用民工暂行办法》,《四川省政府公报》第一百二十四期,1938 年 8 月 1 日出版,第 12 页。
⑤ 四川省档案馆·四川省特种工程征工处,全宗号 116,案卷号 22,第 148 页。
⑥ 重庆市档案馆·四川省第三区行政督察专员公署,全宗号 0055,目录号 3,案卷号 254,第 36 页;四川省档案馆·四川省民政厅,全宗号 54,目录号 6,案卷号 7975,第 99 页。

队人员。

1938 年修筑白市驿机场时,机场建筑委员会规定,对民工实行军事管理,非奉令特许,民工不得擅自离开工作地点。工作场所呈请行营拨宪兵一排,驻扎场地,维持秩序。①

1938 年修筑大巴山脉防御阵地时,民工由到达集中地点至调动地点工作区,有关工作时间、施工方式、器材使用和住宿地点,必须遵照指挥员的命令及工事指导员的指导。②

1939 年 10 月因军需而征调民工扩修新津机场。工程处在工场设立警卫队,由当地驻军担任,以维持工场秩序。③

1941 年扩修新津机场,因此次特种工程在国防工程上有特别重要性,故各县民工总队部的组织以国民兵团副团长任副总队长、军事科科长任总队附。④ 抢修机场民工大队部负责机场民工的管理。⑤ 民工大队采用军事管理,遵县政府之命令、机场负责人之指挥,担负抢修工作。⑥

1945 年 4 月到 5 月,江津县奉令征工,到泸县建筑特种工程。做工期间,民工实行军事管理。⑦

虽然在纪律方面,对民工实行高压强制的军事管理,但仍存在民工逃亡之事。民工逃亡原因主要有五个方面。

---

① 重庆市档案馆·北碚管理局,全宗号 0081,目录号 3,案卷号 437,第 6 页。
② 四川省档案馆·四川省民政厅,全宗号 54,目录号 6,案卷号 7723,第 54 页。
③ 成都市档案馆·四川省第一区行政督察专员公署,全宗号 134,目录号 8,案卷号 99,第 8 页。
④ 成都市档案馆·四川省第一区行政督察专员公署,全宗号 134,目录号 8,案卷号 124,第 8 页。
⑤ 四川省档案馆·四川省特种工程征工处,全宗号 116,案卷号 34,第 8 页;四川省档案馆·四川省特种工程征工处,全宗号 116,案卷号 17,第 25 页;四川省档案馆·四川省民政厅,全宗号 54,目录号 6,案卷号 7611,第 23 页。
⑥ 四川省档案馆·四川省民政厅,全宗号 54,目录号 6,案卷号 7611,第 141 页。
⑦ 重庆市档案馆·四川省第三区行政督察专员公署,全宗号 0055,目录号 5,案卷号 148,第 52 页。

（一）应征和做工出于强迫

被征民工事实上属于强迫,故工作时民工之逃亡为最普遍之现象。①（民工应征出于强迫,具体内容请参阅第一章第四节、第七章第三节的内容）为此,各工程有相关的具体规定。

1938 年颁布的《修筑白市驿机场各县民工监工须知》规定,民工如有私逃时,得按名册向该县队长追索复工,并饬其呈报该县政府惩处。② 为防止民工逃亡,征工各县又采取了更为详细的措施。如北碚管理局制定《征工修筑白市驿机场计划大纲》,规定民工在服役期间如有中途逃亡情事,应责成各县大队长负责补充。③ 1938 年铜梁县政府征调民工 1000 名,修筑重庆空军站机场,特制定《铜梁县政府征调民工修筑重庆航空站飞机场暂行办法》,其规定,各队民工编队后,非有重大事故,一律不准请假,如有未经准假擅行离去或乘机逃逸者,照军法拟办,并且保甲长受连带处分。④ 1938 年 11 月至 1939 年 2 月在修筑大巴山脉防御阵地工事时,民工如有逃跑由该管县长补充。⑤

1940 年嘉陵江三峡实验区署为扩修白市驿机场,特制定《补救逃工善后办法》。办法的具体内容:服工役者,可缓兵役;私逃归来者即不得缓兵役;逃工缉回者只能得半数慰劳金,其余半数须赔出没收作资金,但本人只能将功补过,亦可同样得奖;工作一日后即可完成,务劝导私逃工友须坚忍最后一时;石工之慰劳金可按土工加一倍或多至一倍半以上发给;私逃归来者限于本月八日以前,缉送到署;为有徇情舞弊故纵逃工者,查出严办。⑥ 三峡实验区署黄

---

① 四川省档案馆·四川省民政厅,全宗号 54,目录号 2,案卷号 1711,第 205 页。
② 重庆市档案馆·北碚管理局,全宗号 0081,目录号 4,案卷号 296,第 8 页。
③ 重庆市档案馆·北碚管理局,全宗号 0081,目录号 3,案卷号 437,第 7 页。
④ 重庆市档案馆·四川省第三区行政督察专员公署,全宗号 0055,目录号 5,案卷号 148,第 116 页。
⑤ 四川省档案馆·四川省民政厅,全宗号 54,目录号 8,案卷号 10596,第 6 页。
⑥ 重庆市档案馆·北碚管理局,全宗号 0081,目录号 4,案卷号 296,第 2、4 页。

榠镇规定:各联保征调民工时,每人都有保人负责,今后私逃,各镇就饬保人交人,除按退还慰劳金外,并予以惩罚。①

1941 年大足县为修筑登云桥机场,令该县各镇征送民工,并特制定《大足县政府修筑登云桥机场各县镇征送民工要则》,规定了逃工惩处办法。主要惩罚措施有两项,即解场或监禁和追回优待金。凡在途中脱逃之民工应由领队人员造具处工表报请县政府令饬原征工保甲押解到场工作,如 2 次逃亡或不回本乡者即报请县政府通缉归案,予以监禁。在场逃亡者同样惩处。逃亡之民工除仍须押解到场工作或通缉归案监禁外,并向其家属追回已领之优待金以资惩戒,但已到场工作者得免予追回。②

1941 年在扩修新津机场时,四川特种工程委员会规定,民工如有潜逃回籍,应由负责各中队队长报由该管,各层队长分报本会民工总管理处及本县政府查究,并列入尽先应征兵役名册内,另由各县转报兵役机关备查。③

在 1944 年修筑川西 B29 轰炸机场时,征工总处制定了《四川省特种工程征工各县民工队组织及管理通则》和《四川省特种工程民工逃亡惩罚办法》。各级民工队实行军事管理。民工到工退工,均应由各级队长负责率领,采取有效方法,防止逃亡。各级队长于每日开工前及收工后,应清点民工人数,层报民工管理处查核。④ 民工初次逃亡经捕获后,严加看管并延长其工作时间或利用休息时间勒令工作,加罚劳役时间以该民工逃亡时间为准。民工再度逃亡经捕获后立即送服兵役。民工逃亡 1 名,应由该管总队部责成原征送乡镇转饬该管保甲补送民工 5 名,所有集中费及来程旅费一并责由该管保甲负担。民工如有逃亡,由该管总队部责成该管分队长会同分队其他民工代为补足,其工作不另给工资。各级民工队长对所属民工应实行军事部勒严格管理,如有

---

① 重庆市档案馆·北碚管理局,全宗号 0081,目录号 4,案卷号 296,第 31 页。
② 四川省档案馆·四川省特种工程征工处,全宗号 116,案卷号 117,第 93 页。
③ 成都市档案馆·四川省第一区行政督察专员公署,全宗号 134,目录号 8,案卷号 124,第 61 页。
④ 四川省档案馆·四川省特种工程征工处,全宗号 116,案卷号 52,第 31—32 页。

逃亡应分属受连带处分。① 在修筑新津机场工期中,为防范民工私逃等事件,郫县县长李之青亲自下令:"每日民工来回途中须有中队长、分队长随行监视,排成双行纵队,不得零乱嘈杂其他事情。"②修筑彭山机场的彭山县,为防止民工逃亡,各队实行连坐互视法。③

1945 年《泸县特种工程江津县征工补充暂行办法》规定,各乡镇征送民工在工地如有逃亡,仍责成如数克日补送,即不另支集中费及来程旅费。④ 江津特制颁《江津县政府奉令修筑泸县机场征工暂行办法》,规定所征民工如有逃亡缉获后,送交民工总队部,转送工程处依法治罪。⑤

对民工的逃亡,除采取高压手段外,也实施一些实惠的临时措施。如1939 年仁寿县在新建皇天坝机场时,为避免民工逃亡,规定在春耕夏收农忙中,凡缺乏劳动力的修机场民工的家庭,要分保、分甲派人帮助,抢收抢种。⑥1941 年大足县政府在遵照相关法规的基础上,为保障本县机场工程的顺利完成,10 月特制定《大足县政府修筑登云桥机场各县镇征送民工要则》。规定服役民工的家庭优待。在场工作民工,各乡镇公所应所收代役金,按名每月给予优待金 60 元。代役金不足时,根据三区专署颁发《奉令修筑本区各机场计划大纲》甲总则第六条之规定,向富绅摊派发给,务使民工赡家之费有着,能安心服役。⑦

---

① 四川省档案馆·四川省特种工程征工处,全宗号 116,案卷号 52,第 105、143、147 页。

② 葵章选、张育新:《郫县、崇宁县民工参加修建新津、黄田坝等机场的情况》,中国人民政治协商会议四川省成都市委员会文史资料研究委员会编印:《成都文史资料选辑》(总第十一辑),1985 年,第 169 页。

③ 四川省档案馆·四川省特种工程征工处,全宗号 116,案卷号 69,第 53 页。

④ 重庆市档案馆·四川省第三区行政督察专员公署,全宗号 0055,目录号 5,案卷号 148,第 83 页。

⑤ 重庆市档案馆·四川省第三区行政督察专员公署,全宗号 0055,目录号 5,案卷号 148,第 80 页。

⑥ 黄维德:《忆仁寿县征工参加修建新津、黄田坝机场经过》,中国人民政治协商会议四川省成都市委员会文史资料研究委员会编印:《成都文史资料选辑》(总第十一辑),1985 年,第 173 页。

⑦ 四川省档案馆·四川省特种工程征工处,全宗号 116,案卷号 117,第 92 页。

### （二）频繁的敌机空袭

受地形、兵力的限制，在武汉会战后，日陆军无力再向中国内陆山地推进，转而采取战略轰炸。

机场及公路为敌机轰炸目标，再加多数民工聚集工作，尤易引起敌机之侵袭。若不预谋疏散措置，前途危险。不仅已到民工遭受无谓牺牲，即未集之民工视为畏途。[1]（日本的轰炸情况，详见第二章第一节内容）据官方的不完全统计，抗战期间，四川遭受敌机轰炸而负伤的人数总计为26010人、死亡总数为22519人，其中1939—1941年伤亡人数较多。1939年、1940年和1941年负伤人数分别为8330人、9344人和7990人；1939年、1940年和1941年死亡人数分别为9311人、7763人和5287人。[2]从各年伤亡百分数来看，较多的也是1939—1941年。1939年负伤百分数增为35.9%，死亡百分数增为34.5%；1940年负伤百分数为32.1%，死亡百分数为41.3%；1941年负伤百分数为30.7%，死亡百分数为23.5%。[3]可见，1939年、1940年为空袭受祸最为严重的两年。1940年省政府令发《服役民工空袭时间疏散办法》。工程机关会同各民工总队部预先于工程区域附近五华里左右觅定相当地点及隐蔽处所，就民工总额妥为分配以备全体民工于空袭时前往疏散。总队部应令民工利用休息时间各于分配疏散地点，自行挖筑简易防空壕洞，以资掩蔽。空袭警报发出后，民工总部下令各级队长分别率领各队民工（以分队或20人为单位）挨次向各分配地点实行疏散。民工到达疏散地区后，再由各队长下令各民工就地散开，并利用地势地物切实掩蔽。同时各队长须密切注意各民工行动，严防乘机逃走。民工遇有逃避不及或因抢护工程以致伤亡者，除遵照《非常时期征

---

① 重庆市档案馆·四川省第三区行政督察专员公署，全宗号0055，目录号5，案卷号142，第99页。

② 四川省政府统计处编印：《四川统计月刊》第五号，成都商务印书馆1946年版，第4页。

③ 四川省政府统计处编印：《四川统计月刊》第五号，成都商务印书馆1946年版，第5页。

工服役暂行办法》第十八条二、三两款规定办理外,工程处医药人员应设法尽先救护,免有重大牺牲。警报解除后,各级队长应率领所管民工,于40分钟内完全回到工场并向总队部报告该队人数及疏散经过。总队部如发现该管民工有逃亡情事,得分别轻重予以惩罚。工程机关及民工总队部应将每次警报发出及解除时间并民工回队总数分别予以登记,以为事后核算民工待遇之根据。关于防空常识平时应由工程机关、民工队长、督导员明白告诫,临时切实纠正。①

《服役民工空袭时间疏散办法》是省政府统筹全局规定的一般通行之原则,其实地详细具体措施由各县政府及各总队长、各级干部,查酌当地实际情形更作适当周详之准备部署。所以,1940年续修白市驿机场时,对于空袭时民工疏散办法作了进一步补充规定。各县政府、各民工总队部、各工程处及各防空监视哨所相互间之防空情报应切实联络,并将传递警报之各种通信方法及信号(如打锣、敲钟、吹号、挥旗)无须斟酌,需要详细约定,设置完善。必要时并于机场附近高地添设防空监视哨,由各民工总队部轮番派人监视,直接补助警戒。各县政府与情报机关及各民工总队部遇有空袭,应立即依照所定通行方法及传号,迅速通知各工场地点。各民工总队部应切实计划,查照民工之队班数目,分别划定疏散区域,其方法采取逐层梯形疏开形式,为四层:第一层为四路,第二层为八路,第三层为十六路,第四层则全体散开。各机场民工应向机场附近四周约二三华里起层次疏散。各公路民工应向公路两旁约二三华里起层次疏散。各种工具应安放平顺并掩蔽,不得任意抛掷,暴露目标。各民工总队部、各工场地点于上述各项防空工作办理完竣后,应举行一次至三次预行演习。务使警报来时,各民工均能按照预定步骤疏散,不致拥挤、凌乱、叫嚣。民工举行预行演习时所费时间,准照空袭停工

---

① 四川省政府秘书处法制室编印:《四川省现行法规汇编》》(第二册),1940年,第725页;四川省档案馆·四川省特种工程征工处,全宗号116,案卷号17,第22、38页。

办法办理。①

1944 年在扩修梁山机场时,空袭警报后之疏散规定:(1)疏散地区。忠县、万县全部民工及达县民工之一部向西北方五华里外疏散。开江全部民工及垫江、梁山、达县民工之各一部向东面沙坝及土桥子一带疏散。大竹全部民工及梁山、垫江民工之各一部向护城寨方向疏散。但必须离机场 2 公里以外,俾策安全。(2)疏散时务须整队出场,不得紊乱或个别行动。(3)疏散与复原均不得利用疏散道(即马路)前进,以免妨害飞机及汽车之活动。(4)在空袭警报发出后,始行疏散(即以梁山防护闸之警报器为准),但须梁山防护闸用电话通知,总督工奏号。(5)复原以解除警报号音为准。②

虽然对空袭时民工的安全规定了详细的应对措施。但据调查,各县政府及各民工总队部多未切实执行。所以,民工"一遇空袭即不免临时仓皇逃散,酿成重大之牺牲"。③ 据呈文,1940 年 4 月日本飞机两次袭击重庆白市驿机场,民工死亡 1845 人,石工死亡 100 人;同年 5 月死伤逃亡 1636 余人。④ 同年 12 月兼理主席张群发布《四川省政府关于征工服役指导事项(之二)》。该指导事项制定"警报联系与防空演习",强调空袭时民工安全之法。"各工程地段与工程处民工总队部及所在地县政府相互间之情报联络与通讯方法,应由工程处与民工总队部切实规划,依照各种疏散办法,认真奉行,并须不时举行演习以免临时慌乱,致受无谓之牺牲。"⑤

---

① 重庆市档案馆·北碚管理局,全宗号 0081,目录号 5,案卷号 142,第 98—100 页。

② 四川省档案馆·四川省民政厅,全宗号 54,目录号 6,案卷号 8655,第 5 页。

③ 重庆市档案馆·四川省第三区行政督察专员公署,全宗号 0055,目录号 5,案卷号 142,第 98—99 页。

④ 重庆市档案馆·北碚管理局,全宗号 0081,目录号 4,案卷号 918,第 20—21 页。

⑤ 四川省档案馆·四川省特种工程征工处,全宗号 116,案卷号 17,第 87 页;重庆市档案馆·北碚管理局, 全宗号 0081,目录号 4,案卷号 900,第 3 页;重庆市档案馆·北碚管理局,全宗号 0081,目录号 5,案卷号 142,第 82 页;成都市档案馆·四川省第一区行政督察专员公署,全宗号 134,目录号 5,案卷号 278,第 114 页。

## （三）低劣的待遇及生活环境

空袭直接威胁到民工的生命,而工粮则直接关系到民工的生存。四川偏处西隅,农业保持自给自足状态。战争中,大量难民涌入大后方,尤其四川为多。1940 年春夏天气亢旱,秋收甚歉。该年米粮产量为 44511 千市担,而需要量为 68994 千市担,则不足 24483 千市担。[①] 此时存粮消耗渐空,米价接连上涨。涨势则一直持续到抗战结束。征用民工,皆乡间下力之贫民。因待遇菲薄,物价高涨,本身食量亦大,不但无余资钱养家口,即本身亦难得温饱。故皆裹足不前,逃亡亦大。[②]

1938 年 11 月开始修筑白市机场,民工每名每日仅伙食 0.15 元。因当时物价昂贵,所购食品不能果腹,"遂致私逃、怠者弊丛生"。[③] 1938 年航空委员会修筑重庆空军站机场,因粮食供不应求,物价飞涨,民工仅日食两餐,加以空袭威胁,时疫蔓延。各县民工相率逃亡。[④] 1940 年三峡实验区扩修白市驿机场,第一期(1、2 月)私逃及借假潜逃民石工共有 156 人。[⑤] 第二期(4—6 月,3 月没有记录)共征 400 人,私逃及借假潜逃民石工共有 244 人。[⑥]

古宋、兴文两县 1940 年奉令征调大批民工协修川滇公路江兴支路。因地势多山,工程艰巨,生活增高,如"米价实达五元左右,盐炭两宗突飞高涨"[⑦],而工程处规定每土方价给工资 0.2 元,数千民工每日所得难求一饱。[⑧] 川滇

---

① 张国钧:《四川省粮食问题之分析》,川康建设杂志社发行:《川康建设》1943 年第一卷第二、三期合刊,第 25 页。

② 重庆市档案馆·四川省第三区行政督察专员公署,全宗号 0055,目录号 5,案卷号 149,第 138 页。

③ 重庆市档案馆·北碚管理局,全宗号 0081,目录号 4,案卷号 296,第 129 页。

④ 重庆市档案馆·四川省第三区行政督察专员公署,全宗号 0055,目录号 5,案卷号 148,第 165 页。

⑤ 重庆市档案馆·北碚管理局,全宗号 0081,目录号 4,案卷号 296,第 54—60 页。

⑥ 重庆市档案馆·北碚管理局,全宗号 0081,目录号 4,案卷号 296,第 61—70 页。

⑦ 四川省档案馆·四川省民政厅,全宗号 54,目录号 7,案卷号 9995,第 21 页。

⑧ 四川省档案馆·四川省民政厅,全宗号 54,目录号 7,案卷号 9995,第 8 页。

公路管理处以土方加价影响预算,而未准省政府土方单价增为 0.4 元之议。民工因伙食无着,纷纷潜逃,无法制止。①

1945 年 5 月 24 日国民参政会经济建设策进会驻宜宾视察员曾善麋呈军政部:泸县修筑机场以来,民工生活痛苦不堪。粥内参糠,食不一饱。宿地污湿,睡不成眠,恶臭之气远达四周,以致病者日多,死亡者众。民工咸思逃逸。②

(四) 艰巨的工程

1938 年在修筑川康公路二郎山工程时,天全县征筑路及运输民工 1 万人。因工程异常艰苦,应征者多方逃避,数不及半。开工不久,山上晴雨无常,疫疬流行,加上生活艰苦,每天都有死人。但当局不顾一切,逼迫民工在高寒冰雪中作工。民工相继逃跑。③

郫县 1944 年征调民工修筑新津机场。所负担的工程量是按原定人员名额(9480 名)确定的。分配给郫县的挖、填、采、运各个工程量为 53.8713 万方,折工 66.6367 个。每个民工按 74 个工作日计算,应付出 701520 个工,应作效率工为 66.6444 万个,全靠民工用体力去完成巨大的土方,劳动强度相当大。为了能按期完工,除采取增派民工(首批民工总数的 30%)外,还用夜晚加班的办法赶修。有的民工由于劳动强度大,生活艰苦,结果私逃之事时有发生。整个工期就有 432 名民工逃走。④

(五) 年关、农忙时节

建设国防工程,若遇此时节,服役民工则易逃亡,且征调也较难。1941 年

① 四川省档案馆·四川省民政厅,全宗号 54,目录号 7,案卷号 9995,第 56 页。
② 四川省档案馆·四川省民政厅,全宗号 54,目录号 1,案卷号 1900,第 53 页。
③ 王立显主编:《四川公路交通史》(上册),四川人民出版社 1989 年版,第 134 页。
④ 葵章选、张育新:《郫县、崇宁县民工参加修建新津、黄田坝等机场的情况》,中国人民政治协商会议四川省成都市委员会文史资料研究委员会编印:《成都文史资料选辑》(总第十一辑),1985 年,第 166—167 页。

修筑新津特种工程的新都、新繁、双流、新津、温江、金堂等 11 县,因民工逃亡过多,出现随送随逃、随逃随送,致使县中督催与督征人员者复不绝于县乡与机场之道路,费时甚久。民工数量上,配征之数远远超过额征之数。很大程度上则是因遇此特殊时期。如新都奉令征工之初,即依省颁办法办理。民工由县城点验出发,尚能如限到达工区。唯其时先值旧历年关,后近农忙栽种,征送虽多,逃亡甚众,补征补送,均未满足征额。而督征与督催人员一再令由县府职员、地方绅耆分头担任,坐地守调,仍感困难。① 同时期修筑此机场的其他县份也出现类似问题。

上文为研究而归类的原因,只是具体工程中,民工逃亡相对突出的因素。事实上,实为多方因素共同作用,而引起民工逃亡。如 1940 年至 1941 年酉阳、黔江、秀山、彭水奉令赶筑秀山机场。1940 年割谷与年关时,黔江、秀山、彭水民工逃亡尽净。1941 年开工时,每方仅得方价 0.48 元,以致民工不得一饱,纷纷逃亡。②

## 三、激励措施

工作、纪律上除进行强制的硬性管理外,也采取一些柔性的激励措施,并取得了一定的实效。

### (一) 奖惩和竞赛

#### 1.公路

1938 年,隆昌、泸县、纳溪、叙永及古蔺五县征调民工,修筑川滇东路。某单位民工在限期内,最先完成而成绩复优者,除应领津贴外,得由工段转呈,上

---

① 四川省档案馆·四川省民政厅,全宗号 54,目录号 4,案卷号 9528,第 12 页。
② 四川省档案馆·四川省民政厅,全宗号 54,目录号 1,案卷号 1998,第 214 页。

峰传令嘉奖或特给奖章、奖金等。①

崇宁县奉省政府令,征调民工 1600 名,于 1939 年 1 月 5 日至 2 月 5 日义务修筑彭宝路面。考核:各中、分队长及民工工作成绩由总队长、区队长详为考核,分别酌予奖惩。情形重大者应呈报县政府核办。工作比赛奖励以分队为单位,除雨天外,每日每区队各奖猪肉 10 斤,由总队长给予。各区隐工作成绩最优之一分队承领此项奖励,费用即在所领津贴内开支。各必须临时经费如抚恤、医药等费由总队长核准,事务处取据照发,事竣粘件呈报。②

1938 年军事委员会委员长行营为增加工作效率,鼓励修筑川康公路民工,颁布《军事委员会委员长行营修筑川康公路民工筑路奖惩条例》。1939 年西康省政府二十三次省务会议特制定《西康省征工筑路民工奖惩规则》。两法的内容相同。民工的奖励分三种:甲、津贴,依照《西康省建筑公路征工实施办法》(以下简称《筑路实施办法》)第十五条之规定办理,即民工所填挖之土石谷方,捶碎、搬运之碎石粗砂及铺压路面,得分别按照方数及里程,给予伙食津贴,其每公方及每公里应给之津贴单价,经工程处斟酌地方情形规定,由省政府核查后县办理。乙、奖金,各县至多以国币 500 元为限。丙、名誉奖励,如优秀旗纪念品之类。民工的惩罚也为三种:甲、申诫,警告或斥责;乙、禁闭,至多以两日为限;丙、罚工延长其作工时间,但最多以 10 日为限。除津贴外,有下列情形之一,可分别奖励:各县之一小队或一联队,在规定限期以前先完成其工作,经工段验收合格者(数小队同时竣工者同时给奖);一小队或一人工作成绩特别优良,经工段及筑路委员会评定足为他队或他人之模范者;工作特别努力。有下列事实之一者,应分别惩罚:违反《筑路实施办法》第二十九、三十一、三十三及三十四条规定;未经请假私逃;抗不到工;故意怠工;破坏他

---

① 《四川民工公路局修筑川滇东路工程施工细则》,四川公路局总务处编查股编印:《四川公路月刊》第三卷第四号,1938 年 4 月 30 日出版,第 26 页。

② 成都市档案馆·四川省第一区行政督察专员公署,全宗号 134,目录号 8,案卷号 98,第 89 页。

人工作;滋事生非;醉酒赌博;聚众械斗。民工之奖惩事项,由筑路委员会(以下简称"筑委会")及各级队长负责办理。其奖金事项,应同工段人员酌量情形,就额定奖金内,商洽办理,由工程处呈报省政府备查。其惩罚事项,惩罚者由各级队长负责办理,报告各级升官考查,重大者,除报告县长依照本规则惩罚外并交司法机关依法办理。办理民工奖惩人员,如有呈报不实,奖罚不公舞弊徇私或侵吞奖金者,核实惩办。关于民工之奖惩,其情形重大者,应于竣工后函县政府呈报省政府查核。① 同年时任川省主席刘湘令泸定、汉源、芦山、荥经县政府,颁民工筑路优胜锦旗,因以上各县征调民工建筑艰巨的雅康公路,在限期内完成。②

### 2. 机场

1937 年 9 月 23 日至 1938 年 1 月 15 日,扩修凤凰山机场。工程处宣布,以规定人数收方给奖,完工越快越好,以致多数县份对于规定之民工数额已不复墨守,均暗增人数,并有增到规定人数 5 倍以上。各县因此竞争,工程大有进展。即行华阳县增加民工,并规定每中队为 129 名,全县共 25 个中队,实际作工人数达 3225 名以上。工程处一再宣示,工程属征工包工制,且国防工程需要,至为迫切。在场各县俱暗中增加民工人数,已属普遍现象。③

1937 年 4 月到 1944 年 1 月的 7 年中,崇宁民工在参加修建太平寺和桑园两个机场时,进度、质量均获第一,支援修建彭山机场又获第一,参加修筑凤凰山、皇天坝、新津三处机场又名列第二。每次完成任务优异,受到了奖励。④

1938 年崇庆征调民工,修筑成都太平寺机场。为提高工作效率,该县按

① 四川省档案馆·四川省民政厅,全宗号 54,目录号 6,案卷号 8019,第 129—130 页;《西康省征工筑路民工奖惩规则》,《西康省政府公报》1939 年第 7 期,第 121—122 页。
② 《西康省政府公报》第五期,1939 年 5 月 31 日出版,第 110—111 页。
③ 四川省档案馆·四川省民政厅,全宗号 54,目录号 8,案卷号 10702,第 45—46 页。
④ 葵章选、张育新:《郫县、崇宁县民工参加修建新津、黄田坝等机场的情况》,中国人民政治协商会议四川省成都市委员会文史资料研究委员会编印:《成都文史资料选辑(总第十一辑)》,1985 年,第 165 页。

民间雇工习惯,以"牙祭"(笔者注:四川方言——吃肉)奖励民工,而开支224.08元。[①] 成都华西坝齐鲁大学师生出于爱国热忱,组织义务医疗队到太平机场,夜以继日,不辞劳苦地救死扶伤,减少了民工的痛苦和死亡。[②]

1938年《修筑白市驿机场民工施工管理细则》中规定,监工员随时考查民工工作之勤惰。其勤奋者,准予提早休息;特别出力者,予以记分,每百分给资金0.1元;其惰工者,得延长其工作时间,或禁止参加娱乐,以示惩罚。[③]

1939年仁寿县在修建温江皇天坝机场时,改善民工伙食。每人每餐平均半斤米下锅,小菜要有油,每个星期打"牙祭"一次,每人猪肉半斤,并选举公正的人担任采购和监厨。民工异口同声说:"只要队上关心我们,让大家吃得饱,挖的多挖几锄,担的跑快一点"。由于措施妥当,调动了民工的积极性,于6月下旬便将全场土方工程基本完成。[④]

1940年扩修白市驿机场,嘉陵江三峡乡村建设实验区征调民工200名,每名发给慰劳金24元。[⑤] 同年,第二次征收机场民工慰劳金时,黄桷镇实征调84名,每名发给慰劳金22元,共计发洋1848元[⑥];文星镇承领民工慰劳金计法币1460元,38名民工散发法币692元,尚余768元。[⑦]

为增进工作效率起见,四川特种工程委员会主任张群、兼副主任专员周至柔1941年2月特颁布《各县民工总队各级职员民工奖惩规则》。规定民工的奖励种类有免兵役、缓兵役、尽忠民族奖牌、嘉奖;惩罚的种类有立正、禁闭、诫

① 四川省档案馆·四川省民政厅,全宗号54,目录号2,案卷号1711,第172、213页。
② 晏嘉陵、郝孝贤:《忆成都建立空军军士学校及太平寺飞机场概况》,中国人民政治协商会议四川省成都市委员会文史资料研究委员会编印:《成都文史资料选辑》(总第十一辑),1985年,第155页。
③ 重庆市档案馆·北碚管理局,全宗号0081,目录号3,案卷号437,第9页。
④ 黄维德:《忆仁寿县征工参加修建新津、黄田坝机场经过》,中国人民政治协商会议四川省成都市委员会文史资料研究委员会编印:《成都文史资料选辑》(总第十一辑),1985年,第174—175页。
⑤ 重庆市档案馆·北碚管理局,全宗号0081,目录号4,案卷号295,第122—123、117页。
⑥ 重庆市档案馆·北碚管理局,全宗号0081,目录号4,案卷号295,第58页。
⑦ 重庆市档案馆·北碚管理局,全宗号0081,目录号4,案卷号295,第86页。

斥、充额外工役、优先拨付兵役。①

1941年新津特种工程限期极严,特委会民工管理处为求如限完工起见,经与工程处商订工作竞赛办法公布实施。第一次举行结果超过规定标准者为简阳、彭县、邛崃三县。第二次为简阳、新都、邛崃、温江、新繁五县,并照规定办法,分别给奖,以资鼓励。②

为增强工作效率,激起民工之工作兴趣起见,1943年1月18日合江机场工程处发泸县、江津两县民工工资。泸县计1536人,每人发给工资5元,共计7680元。江津406人,每人发给工资10元,共计4060元。③ 同时发给江津总队工作竞赛奖金共计8000元。同年2月1日,发给泸县总队民工第二次工作竞赛奖金,共计1万元④。

荣昌县于1945年4月12日正式开工修筑泸县机场,6月8日全部完成。该县所作机堡三座,直如平地筑山。据工区预计须六月半始能完成,经严督各级负责人员及各队民工,并特悬重奖激励(每一机堡悬奖10万元),于5月23日、24日两日先后完成。据工程处评论,时间迅速,工作亦佳,实属难得,空前之事。⑤

对于民工的奖惩,以1944年修筑川西B29轰炸机机场较为典型,下面详细分析如何运用竞赛之法,通过奖惩民工,以提高工作效率。

为策励各处队工作效率,以应军事急需,1944年2月16日四川省特种工程征工总处特制定《四川省特种工程工作竞赛奖惩办法》,详细规定了竞赛项目、实施方法。

---

① 成都市档案馆・四川省第一区行政督察专员公署,全宗号134,目录号8,案卷号124,第87—89页。

② 四川省档案馆・四川省政府征工事务管理处,全宗号116,案卷号476,第51页。

③ 四川省档案馆・四川省政府征工事务管理处,全宗号116,案卷号225,第188页。

④ 四川省档案馆・四川省政府征工事务管理处,全宗号116,案卷号225,第201页。

⑤ 重庆市档案馆・四川省第三区行政督察专员公署,全宗号0055,目录号5,案卷号148,第69页。

工作的竞赛项目(总分100分)有:民工实到成数及集中速度(以同一时间计算其集中成数);民工质素优劣;民工队组织及干部是否健全;民工管理是否严密有效;民工工作效率之高低(以平均每民工每日所作公方计算);民工携带工具及用具是否符合规定;民工住所及防护设备是否完备;民工伙食经费是否得法;民工训导及抚慰是否认真有效;民工卫生是否注意。

竞赛的实施办法。"民工实到成数及集中速度"为20分;民工工作效率为40分;其余各项各为5分。竞赛单位分为三级。第一级部队竞赛,第二级大队竞赛,第三级中队竞赛。各级竞赛统由各民工管理处组织工作竞赛考评委员会。以民工管理处长为主任委员,聘请工程处长为副主任委员,并委派副处长及管理、配给、卫生、防护、宣导各科科长,各民工部队长及省派督导员为委员,负责考核评判各级竞赛及决算总成绩之责。

各级竞赛成绩在70分以上者,按照名次分别予以团体奖励及个人奖励。一、团体奖励:第一名颁给冠军荣誉旗(红色)1面,授时鸣炮(以火炮代)100响;第二名颁给亚军荣誉旗(黄色)1面,授旗时鸣炮50响;第三名颁给殿军荣誉旗(蓝色)1面,授旗时,鸣炮20响。各种荣誉旗于初赛时颁给。优胜者保存,悬挂至复赛后,重行依照前项标准改颁,至决赛时,始为最后之获得。凡受奖励之各级民工队队长及在事特别出力人员,按照各人劳绩分别予以下列之奖励:甲、奖金。于每月终复赛成绩评定后,分别给予下列之奖金:(1)甲等(80分以上成绩)大队长200元,中队长150元,分队长100元,民工每名12元;(2)乙等(70分以上成绩)大队长150元,中队长120元,分队长80元,民工每名10元;(3)丙等(60分以上成绩)大队长100元,中队长80元,分队长50元,民工每名7元;(4)丁等(不及60分者)不发奖金。个人奖励除甲项标准发给奖金外,于决赛成绩确定后,呈请上级机关分别于下列之奖励:升级、加俸、奖励、警章、记大功、记功、嘉奖。工作竞赛于决赛总成绩核定后,其能提前完工成绩优异者,除以上之团体奖励及个人奖励外,并呈请上级机关照甲等加给奖金1次。各总队每次竞赛成绩评判核定奖励后,应由民工管理处召开隆重颁奖仪式,以资激励,大、中队竞赛给奖,由各总队分别举行。总队竞赛荣誉旗用主席名义,由征工总处制发;大队竞赛荣誉旗用征工总处处长名义,由各民工管理处或直属总队部制发;中队竞赛荣誉旗用民工管理处处长或直属总队长名义,由总队部制发。惩罚旗及警告牌由民工管理处及直属总队部制发各级竞赛成绩不及 60 分者分别予以团体惩罚及个人惩罚。团体惩罚:甲、最劣者在其部队门首树黑底白字旗一面,上书"知耻奋起"四字(以 5 日为限);乙、其余不足 60 分者,在其队部悬一警告牌,上书"急起直追"四字。个人惩罚:凡受惩罚之各级民工队队长及工作特别不力人员,按照各人过失轻重,分别予以撤职、降级、罚俸、记大过、记过、申诫。工作竞赛于决赛成绩核定,其不能如限完工,成绩最劣者,除以上惩罚外,以后赶工所用之费用,自行负担,其因工作延误,影响军用者,并依军法治罪。①

　　竞赛日程:(一)竞赛开始日期一律定为 2 月 1 日,2 月初赛,未举行者只于月底举行复赛一次;(二)3、4 两月应一律遵照规定举行初赛及复赛各 1 次。新津机场于 3 月底举行总决赛,邛崃、广汉及彭山机场均于 4 月底举行总决赛。至凤凰山、双桂寺、彭家场三机场如能提前 2 月完工,由于 4 月底举行总决赛。否则延至 5 月 15 日举行;(三)灌县、崇宁、罗江及夹江各县民工应自 3 月 1 日起参加竞赛。② 3 月 5 日至 6 日,征工总处、社会处、青年团共同派员出巡新津、邛崃和彭山机场。新津机场工程处未照五日验方办法办理,以往已做之工,亦未清结,以致竞赛无法举行,奖金亦发。各县均有茫然之感。邛崃机场民工人数共较原征额超出约 2 万人。工作情绪极紧张,工作效率亦高,各县均加做夜工。29 日收方结果,各县平均效率已达 102%,预计今后每 5 日可做 40 万工,8 次收方(即 40 日)即可做完,故不致误限。该机场一切较有秩序,五日会同验方甚确实,竞赛已举行 1 次。丹棱第一次,大邑第二,名山第三,洪雅殿最,荣誉旗已发。彭山机场民工人数:仁寿及彭山迄未到齐,新调之夹江

---

① 四川省档案馆·四川省特种工程征工处,全宗号 116,案卷号 52,第 168—172 页。
② 四川省档案馆·四川省特种工程征工处,全宗号 116,案卷号 52,第 158 页。

县民工,开工之日只到 3000 人,昨日到有 8200 人。以往未确实验方,竞赛未举行,奖金未发。批文:彭山机场在事人员工作不力,此应由该处从严议处。①具体看广汉机场第三月(笔者注:1944 年 3 月)竞赛情况(见表 7-6)。

表 7-6　四川省特种工程广汉机场民工工作第三月竞赛成绩考核总表
(1944 年 5 月 20 日制表)

| 县队别 | 广汉 | 新都 | 什邡 | 德阳 | 金堂 | 罗江 |
|---|---|---|---|---|---|---|
| 民工实到成数、集中速度 | 17.20 | 18.60 | 19.70 | 19.90 | 17.60 | 17.00 |
| 民工质素 | 4.00 | 4.00 | 4.70 | 4.80 | 4.50 | 5.00 |
| 组织、干部 | 4.00 | 5.00 | 4.90 | 4.90 | 4.80 | 5.00 |
| 管理 | 3.00 | 5.00 | 4.50 | 4.80 | 4.60 | 4.00 |
| 工作效率 | 27.20 | 32.00 | 40.00 | 40.00 | 32.00 | 40.00 |
| 工具、用具 | 4.90 | 4.90 | 4.80 | 4.90 | 4.75 | 4.95 |
| 住驻、设备 | 4.30 | 4.25 | 4.45 | 4.35 | 4.55 | 4.25 |
| 宣传及抚慰 | 4.20 | 4.7 | 4.40 | 4.60 | 4.45 | 4.75 |
| 民工卫生 | 4.25 | 4.05 | 4.45 | 4.05 | 4.40 | 3.95 |
| 总分数 | 78.00 | 86.95 | 96.70 | 96.90 | 86.30 | 93.25 |
| 名次 | 6 | 4 | 2 | 2 | 5 | 3 |

资料来源:四川省档案馆·四川省特种工程征工处,全宗号 116,案卷号 129,第 69 页。

工作竞赛推行委员会第三十一次委员会讨论决议:各民工队竞赛结果成绩在 80 分以上,获得本会奖状一张,名列第一成绩在 90 分以上,呈请国防最高委员会加颁奖状。特种工程结束后,呈准国防最高委员会核颁奖状 4 张,由工作竞赛推行委员会转发。该会颁发奖状 19 张、奖章 19 枚。②

工作竞赛除颁发荣誉奖外,并按每人 50 元之标准,由工程委员会成都办事处拨款核发,奖金总数 1396.25 万元。拨发之奖金由各机场竞赛考评委员

① 四川省档案馆·四川省特种工程征工处,全宗号 116,案卷号 52,第 185—186 页。
② 四川省档案馆·四川省特种工程征工处,全宗号 116,案卷号 142,第 44 页。

会专款专户存储于当地银行,存提、核发须经过考评委员会之决议。① 广汉机场工作竞赛奖金,先后准军事委员会第十五工程处拨到法币 348.258 万元。第一、二个月发出 229.228 万元,第三个月发出 119.03 万元(见表 7-7)。第三个月竞赛奖金按民工每名 16 元计算分配。② 可以看出,规定的每人奖金额与实际分配数是有出入的。

表 7-7　四川省特种工程广汉机场各县民工总队部承领
第三个月工作竞赛奖金数目③　　　　　　　(单位:元)

| 县别 | 承领民工奖金数目 |
|---|---|
| 广汉 | 208283 |
| 新都 | 96000 |
| 德阳 | 15168 |
| 什邡 | 152604 |
| 金堂(军校练习团共工) | 16000 |
| 金堂 | 373403 |
| 罗江 | 160000 |
| 制发奖旗 | 32330 |
| 合计 | 1190300 |

注:第三个月竞赛奖金全系按民工每名 16 元计算分配。唯加制什邡、广汉、金堂三县奖旗,呈准在奖金内匀支。因在各县应领数内扣去制旗经费,故表列各县所领数目较按民工每名 16 元之合计数为少。

　　省政府又规定:民工如能于限期前,提前完工,除所有工款仍照所限日数计算全部发给外,再予从优奖励。办理特征工程各级人员及民工,其异常出力或成绩特优者,政府按照前方立功从优奖叙。④ 这项激励措施,极大地提高了民工的工作积极性,从表 7-8 可以看出。

① 四川省档案馆·四川省特种工程征工处,全宗号 116,案卷号 52,第 40 页。
② 四川省档案馆·四川省特种工程征工处,全宗号 116,案卷号 129,第 71 页。
③ 四川省档案馆·四川省特种工程征工处,全宗号 116,案卷号 129,第 73 页。
④ 四川省档案馆·四川省特种工程征工处,全宗号 116,案卷号 69,第 51 页。

表 7-8　第四民管处各民工总队所作标准工超工超超工数量　（单位:人）

| 县别 ＼ 项别 | 标准工 | 超工 | 超超工 |
|---|---|---|---|
| 广汉 | 1295700 | 202236 | |
| 新都 | 588956 | 91943 | 20000 |
| 什邡 | 954108 | 148949 | 50000 |
| 德阳 | 930549 | 145271 | 160000 |
| 金堂 | 2308705 | 360417 | |
| 罗江 | 587030 | 91644 | 220000 |
| 合计 | 666余万 | 104余万 | 45万 |

注:合计原全为数字。

资料来源:四川省档案馆·四川省特种工程征工处,全宗号 116,案卷号 115,第 119 页。

相对标准工而言,超工最多的是金堂,为 360417 人,占标准工的 16%;超超工数量最多的是罗江,为 220000 人,占标准工的 34%。

1945 年梁山、大竹、垫江、达县、开江、万县、忠县七县共额征 3.5 万人,修筑梁山机场,为激发民工积极性而实行工作竞赛。竣工后,民管处根据已经完成之标准工数,排定优劣。第一名"工冠全场"红色绸旗一面,由忠县民工总队部受领。第末名"知耻奋起"黑色布旗一面,由垫江民工总队部受领。① 工程处特制定了标准工率表,以考核各县成绩。

表 7-9 为梁山特种工程民工标准工率②

表 7-9　梁山特种工程民工标准工率

| 工程类别 | | 单位 | 标准工数 |
|---|---|---|---|
| 土方 | 填挖普通土 | 立公方 | 0.8 |
| | 挖坚隔土 | | 1.2 |
| | 挖稀泥 | | 2.4 |

① 四川省档案馆·四川省民政厅,全宗号 54,目录号 1,案卷号 2083,第 48 页。

② 书中表选摘部分,源于四川省档案馆·四川省民政厅,全宗号 54,目录号 1,案卷号 2083,第 59 页。

| 工程类别 | | 单位 | 标准工数 |
|---|---|---|---|
| 土方 | 挖水沟(普通土) | | 1.3 |
| | 铲草皮 | 平公方 | 0.10 |
| | 填土夯实 | 立公方 | 0.50 |
| | 远运土方 | 公方公里 | 3.50 |
| | 远运草皮 | 公方公里 | 2.00 |

## （二）怀柔关心

除直接现实的物质激励措施外,有关机构和社会力量对民工在心理和精神上也进行了一定的怀柔关心。

1937年征调四万余民工,扩修凤凰山机场。华西协合大学召集成都市各大医院医生及护士组织救护队,办理民工的伤病治疗、传染病预防和各种救护事项。救护队办公室、宿舍及交通等项统由扩修机场工程处筹办。① 四川省善团联合会召集成都市各慈善会联合承担1000元药费。② 完工后,在民工将返县之前,建设厅向成都市中央影院借"抗战特辑"全部影片,组织在工场放映,以慰劳民工,并增强抗敌情绪。③

1939年施工新建皇天坝机场期间,民工总指挥部邀请成都曲艺界人士来工地,每晚分县包场,为民工演出。竹琴名手贾树三也曾前来助演。建设厅长何北衡、第一区专员王思忠以及航委会负责人,也曾几次来工地视察工程进度,向民工进行慰问。④

① 成都市档案馆·成都市政府,全宗号38,目录号12,案卷号1662,第1页。
② 成都市档案馆·成都市政府,全宗号38,目录号12,案卷号1662,第6页。
③ 成都市档案馆·成都市政府,全宗号38,目录号12,案卷号1589,第8页。
④ 黄维德:《忆仁寿县征工参加修建新津、黄田坝机场经过》,中国人民政治协商会议四川省成都市委员会文史资料研究委员会编印:《成都文史资料选辑》(总第十一辑),1985年,第175页。

1940年5月到1941年2月扩建新津机场。建场工程中,民工们修筑机场不辞劳苦,干劲很大,表现出后方人民抗日救亡的爱国热情。当时从五津镇到花桥梓的公路边,临时开设的茶、酒幺店子很多,供民工们工作完毕时休息之用。成都戏院和三庆会、三益公的川戏班都先后来五津镇义务演出,慰问民工;成都学生和曲艺演员更是经常前来宣传和献艺;成都智育电影院也来为民工放映电影。一片团结抗日的强烈气氛笼罩着整个机场。①

1944年为赶修川西"特种工程",主办管理机构进行了心理宣传。如特种工程征工处提出宣传中心口号:(1)吃饱三顿饭,做完一天工;(2)大家鼓劲,早日完工,早日回家;(3)不听谣言;(4)不惹事端。② 直属第五民工总队部宣导股制造的宣传口号:"迅速""经济""确实"为特种工程之最高原则;股工役是现代国民的义务;节省私人劳力,贡献国家;劳动服务,无上光荣;阻挠特种工程者即是汉奸;劳动创造武力,保卫大好河山。③ 1944年4月联合国影闻宣传处、教育部川康公路线、社会教育工作队共同前往新津、彭山、邛崃等处民工集中地点,放映电影。④ 第一民工管理处宣导第四队拟赶工歌三首,花鼓词一首,月琴词一首,金钱板词一首,鸡公车队歌一首;代书家信共924封,垫付邮费205元。⑤ 各县也实行了多样的心理、精神鼓励措施。华阳县在修筑新津机场时,为鼓励民工兴趣、增进工作效率,分调该县党团及民教馆人员担任宣导工作,经常编制壁报、图画、歌曲并利用工余时间演唱戏剧、鼓调。⑥ 广汉机场为了鼓舞士气,各民众团体、学校师生,随时到场地宣慰,并举行扩大春节慰

① 新津县政协文史组:《三修新津飞机场》,中国人民政治协商会议四川省成都市委员会文史资料研究委员会编印:《成都文史资料选辑》(总第十一辑),1985年,第158页。
② 四川省档案馆·四川省特种工程征工处,全宗号116,案卷号69,第81页。
③ 四川省档案馆·四川省特种工程征工处,全宗号116,案卷号69,第83页。
④ 四川省档案馆·四川省特种工程征工处,全宗号116,案卷号69,第87页。
⑤ 四川省档案馆·四川省特种工程征工处,全宗号116,案卷号69,第91页。
⑥ 成都市档案馆·四川省第一区行政督察专员公署,全宗号134,目录号2,案卷号181,第67页。

劳民工大会。[1]

1944 年 2 月 17 日至 3 月 15 日,征工总处宣导组巡回宣导电教队经双流、新津、彭山、广汉、新都等六机场放映教育电影 23 次,参观人数 29.39 万人之多,历时 38 日。[2]

# 第四节　管理民工中存在的问题

从以上众多的史料分析,可以看出,抗战时期四川省政府依时局,从管理机构、人员管理上改进、强化了工役的管理机制,在一定程度上达到了"加强督导工作,不使工款虚糜,力求工程速竣"[3]的工役实政目标,但同时也应当看到,管理机制中存在的客观问题。

## 一、管理机构的不健全、松散

工役牵涉民政、财政、工程等方面的内容,往往需要各类管理机构的协调运行。但在实际中,因事关权责和利益,各自为政的管理现象也不乏存在。这反映了管理机构的不健全、松散性。

嘉陵江三峡实验区署民工队长龚肇章 1940 年 1 月 5 日呈区长卢子英,指出管理组织存在的问题给民工造成的痛苦。在修筑白市驿机场时,工程处组织毫不健全。一部分是由专署主持,另一部分是由航委会主持。因之此推彼卸,大家都不负责,开工后还是一团糟,连机场水平都未测出,全部工程,无人明了。各县民工任其调派,时而调修某支路,时而调补某公路,全不顾工友之

---

①　於笙陔:《广汉机场与抗战》,四川地区文史资料协作会议编:《抗战时期四川的交通》,云南人民出版社 1992 年版,第 256 页。

②　四川省档案馆·四川省政府征工事务管理处,全宗号 116,案卷号 81,第 60 页。

③　四川省档案馆·四川省特种工程征工处,全宗号 116,案卷号 11,第 33 页。

痛苦,只显其劳民伤财之本领。①

1945 年扩修梁山机场修建中,管理机构存在的问题较突出。第四十二工程处到梁山后,即征调七县民工 3.5 万名到场。而该处测量工作始行着手,以致民工无工可作,坐耗饷糈。对于各方面未取得联络,如总站及治安、卫生事前毫无接洽,中途往返折腾。民工被迫停候,损失不赀。尤以全部工程之详细计划毫无具体。整个开工月半,犹未妥善。民工枝枝节节而作,作成后,认为不合标准,尽弃前功。改弦易张,枉累之巨,难以数计。按实言之,整个工程究需标准工总数若干,翻修旧跑道又各需标准工若干,按照各县民工人数配合各应划分标准工若干。该处迄无明白公布。虽于 7 月下旬,七县联请工程处宣布各县应作工程种类及所需标准工数表。当经该处签字承认,于 3 日内赶办公布。乃逾期兼旬,竟未践约。唯强令民工盲目工作,一日数变,毫无准绳。②工程处缺乏应有的图表说明。民工作工仅临时指定,常出现拥挤、紊乱、脱节之事。特种工具发不敷用,挖旧跑道,仅用普通锄头。③ 工程处应付失策,与此间航空站及警备指挥部颇多隔间,致无辜民工在场工作时被拘捕或逐驱,影响工作进行颇巨。又工程处对民管处亦不联络。对于规定之联合会报,亦拒不参加,以致许多困难问题无法解决,虽经一再交涉,亦属无效。④

## 二、管理人员的低水平和违规行为

管理人员的低水平造成管理中的混乱无序。1944 年为赶修新津机场,郫县实征调 12323 名民工。郫县所负担的工程量是按原定人员名额(9480 名)确定的。分配给郫县的挖、填、采、运各个工程量为 538713 方,折工 666367个。由于工程艰巨,人员多,加上管理人员水平低,造成工程计划不落实,无法

---

① 重庆市档案馆·北碚管理局,全宗号 0081,目录号 4,案卷号 296,第 35 页。
② 四川省档案馆·四川省民政厅,全宗号 54,目录号 7,案卷号 9015,第 15 页。
③ 四川省档案馆·四川省民政厅,全宗号 54,目录号 6,案卷号 8655,第 74—75 页。
④ 四川省档案馆·四川省民政厅,全宗号 54,目录号 1,案卷号 2083,第 16 页。

统筹安排。①

　　虽然有关重要法规明令禁止管理人员虐待民工。但在管理中,民工受虐待之情事实禁而不止。故1941年2月7日秀山机场工程处第十一次处务会议议决:监工员不得直接处罚民工。过去擅打民工或组队长案件,由处查明惩处。② 1944年扩建邛崃桑园机场工程,主要是扩修跑道、推机道及公路等。跑道、推机道要求深挖一公尺左右,然后铺一层大石,加一层黄泥,又加石灰浆,填平后,用人力拖拉三合土制成的大滚子来回液压,因之劳动强度很大。同时,机场扩建面积,占用了桑园附近大量耕地,以冬水田最多,地势低洼,排水不易,故浸水泥浆很深,要七八公寸之下才是坚实土层,须先挖去上面数层稀泥,才能填土,又全靠手工。锄挖畚运,操作困难。因为"稀泥随锄起落,十挖而不得一锄之效;且运且流,十运而不能收一运之功。民工在溜滑之深入浆泥泞中匍匐而行,情状至惨"。机场主要跑道总长度为5000米,宽100米,工程十分浩大,完全由人工体力操作,虽加班加点,仍然进展缓慢。当时有一位督导员也无法掩饰现实,而向工程处报告说:"民工运石来往一次,在三公里以下,运至十二次或十三次者,计华里百余里……疲惫不堪。"但各级管理民工的队长对民工"驱若牛马,待若豕鹿"。③ 当时创作的民谣生动地描述了管理人员的草粗行为。"手头拿根竹片片,口头含根假纸烟。有的要安逸,有的认真干! 管你民工干不干,腿上一律几鞭鞭! 努力啊努力,修好机场回家园!"④

　　国防工役,当局期以"雄浑之集体劳动,在最低物质条件下,于短期内迅

---

　　① 葵章选、张育新:《郫县、崇宁县民工参加修建新津、黄田坝等机场的情况》,中国人民政治协商会议四川省成都市委员会文史资料研究委员会编印:《成都文史资料选辑》(总第十一辑),1985年,第166—167页。

　　② 四川省档案馆·四川省民政厅,全宗号54,目录号1,案卷号1998,第128页。

　　③ 张永春:《邛崃桑园机场修建纪实》,中国人民政治协商会议四川省成都市委员会文史资料研究委员会编印:《成都文史资料选辑》(总第十一辑),1985年,第181—182页。

　　④ 新津县政协文史组:《三修新津飞机场》,中国人民政治协商会议四川省成都市委员会文史资料研究委员会编印:《成都文史资料选辑》(总第十一辑),1985年,第161页。

速完成重大任务"①。故战时对工役实际支撑载体:民工,只给予了最低基本生存的劳务费:工价、口食、工棚及劳动所需工具。而粗略于其伤病、死亡。

## 三、疏于民工伤病及死亡

1937 年,四川省政府令省会警察局、崇宁、温江等 19 县,扩修成都凤凰山机场。风霜期中,民工操作每日竟达 12 小时。因过分劳累,因而染病者无数,死亡者累之。②

1938 年江北、巴县、璧山,铜梁、合川、合江等十县民工 2 万余人,修筑重庆广阳坝机场。合江先后在广阳坝死亡者,达 60 余名之多(因病返回,在中途而故者,不在此数)。铜梁、合川、璧山等县死亡人数较合江县为多。③

仁寿县第一次征调民工共 2200 名,修筑新津机场支出费用 14170.714 元(1938 年 10 月 6 日起至 11 月 16 日止),其中医药费 26.219 元。④ 比例近 1.9%。

1939 年新津征调 600 名民工修筑机场,全部工程 4000 余工提前完成。唯各级民工在炎天烈日之下,又兼瘟疫流行之时,事前虽有医药准备,但因疫症猛烈,转变难测,往往不及救济,得病就死。⑤

1940 年合川县奉省政府令增派民工赶修重庆机场。工程处卫生股设备不完,民工患病不为医治,直遭归乡。⑥

1940 年彭水县征工修筑秀山机场。秀场设备多不完善,尤以医药缺乏。

---

① 四川省档案馆·四川省民政厅,全宗号 54,目录号 1,案卷号 2081,第 52 页。
② 四川省档案馆·四川省建设厅,全宗号 115,目录号 3,案卷号 4524,第 144 页。
③ 四川省档案馆·四川省民政厅,全宗号 54,目录号 3,案卷号 7763,第 3 页。
④ 四川省档案馆·四川省民政厅,全宗号 54,目录号 4,案卷号 10880,第 73 页。
⑤ 四川省档案馆·四川省民政厅,全宗号 54,目录号 8,案卷号 10888,第 16—19 页。
⑥ 四川省档案馆·四川省民政厅,全宗号 54,目录号 3,案卷号 7763,第 71 页。

民工多罹疾病,一病辄死。①

1945 年《泸县特种工程征工简则》规定民工轻伤留场 3 日以上,经送医生证明不能继续工作者,酌予给费,遣散回籍。②

1945 年扩修梁山机场。梁山特种工程民工管理处先垫 100 万元,以官价向卫生署洽购各种药品及器材,并请卫生署派人来梁协助办理。但事实上,民管处在民工医疗方面的措施,在现实中的作用,微乎其微。7 月 5 日发现真性霍乱,至 7 月 20 日,据官方统计,各县共已死亡 312 人(回家死亡者尚未计入),平均占征调人数千分之九。死亡率之大,至为惊人。③ 各县民工死亡情况详见表 7-10。

表 7-10　梁山特种工程各县民工死亡统计④

| 县别 | 征调人数 | 开工日期 | 截至 7 月 20 日共计工作日数 | 现已死亡人数 | 占征调人数百分比 |
|---|---|---|---|---|---|
| 垫江 | 3140 | 6 月 4 日 | 47 | 43 | 1.4 |
| 梁山 | 5430 | 5 月 29 日 | 53 | 72 | 1.3 |
| 大竹 | 6430 | 6 月 5 日 | 46 | 74 | 1.2 |
| 开江 | 4000 | 6 月 4 日 | 47 | 38 | 1.0 |
| 万县 | 5000 | 6 月 12 日 | 39 | 29 | 0.6 |
| 忠县 | 5000 | 6 月 15 日 | 35 | 29 | 0.6 |
| 达县 | 6000 | 6 月 4 日 | 47 | 27 | 0.5 |
| 合计 | 35000 | | | | 0.9 |

从表 7-10 中可见,七县民工平均死亡率为 0.9%,其中有四县高于此平均率。以垫江死亡率最高为 1.4%。死亡率最低县达县为 0.5%。

① 四川省档案馆·四川省民政厅,全宗号 54,目录号 1,案卷号 1998,第 27—29 页。
② 四川省档案馆·四川省民政厅,全宗号 54,目录号 1,案卷号 1899,第 42 页。
③ 四川省档案馆·四川省民政厅,全宗号 54,目录号 1,案卷号 2083,第 22、39、48、50 页。
④ 四川省档案馆·四川省民政厅,全宗号 54,目录号 1,案卷号 2083,第 50 页。

真性霍乱蔓延甚速,扩修机场民工及民众每日死亡甚众。[1] 据不完全的统计,民工死于疫病的总数在 3000 人以上。[2] 一定程度上,暴露出民工管理中的问题:医疗卫生的粗疏。

---

① 四川省档案馆·四川省民政厅,全宗号 54,目录号 1,案卷号 2084,第 23 页。

② 中国人民政治协商会议四川省委员会、四川省省志编辑委员会编:《四川文史资料选辑》(第十辑),1979 年版,第 182 页。

# 第八章　抗战时期西南国防
# 工役的款粮收入

国防工役得以运行并取得实效的经济动力实维系于款粮收入。本章研究款粮收入的有关问题：来源、影响、弊端，以深入表层探究其实质经济驱动因素。

## 第一节　款粮收入的主干来源

全民族抗战时期，从宏观上，国防工程工役款粮主干来源是中央和地方政府。

1938 年大邑县二次奉令征民工修筑新津机场。二次经费来源于县财委会垫款 4413.88 元、工程处领款 4507.63 元。① 总体上，此次国防工役支出款，中央与地方金额差不多，前者略多。其中第一次核定共计去洋 6172.13 元，除所领工程处土方、水沟价款及民工奖金共洋 3246.56 元外，县财委会垫款 2925.57 元。② 可见，此次工程处款多于地方款。第二次共计去洋 2749.38 元，除实领工程处土方价款洋 1261.07 元外，实不敷洋 1680.07 元，系由县财

---

① 四川省档案馆·四川省民政厅，全宗号 54，目录号 4，案卷号 10880，第 57、82 页。
② 四川省档案馆·四川省民政厅，全宗号 54，目录号 4，案卷号 10880，第 57、66 页。

委会暂行挪垫。① 工程处款少于地方款。1938 年璧山县奉令征工修筑重庆广阳坝机场。民工大队部在重庆航空站机场工程处领款 5231.25 元,收到县财委会拨款 8800 元,收入总额为 14031.25 元。② 地方款多于工程处发款。

1938 年 10 月 1 日至 12 月 15 日,建修旧县机场。邛崃县民工总队部经费收入航空工程处伙食津贴 5842.86 元、县财委会拨款 2396.55 元,合计 8239.41 元。③

1938 年 12 月 20 日至 1939 年 3 月 20 日,金堂县建修双流双桂寺机场,共计 3 个月。所支民工经费为 50770.61 元。收县收支委员会送来法币 33475.12 元、工程处发来工程费 17308.3 元。④

表 8-1　四川省德阳县民工总队部修筑双流双桂寺机场收入计算书⑤

（自 1938 年 12 月 30 日起至 1939 年 3 月 14 日止）　　（单位:元）

| 科目 | 收入数 |
|---|---|
| 第一款　修筑双桂寺经费 | 25918.33 |
| 第一项　收工程处发各项工程费 | 14449.81 |
| 第二项　财委会发来垫款 | 11468.52 |

由表 8-1 可见,1938 年 12 月 30 日至 1939 年 3 月 14 日,德阳县修建双流双桂寺机场。所有各级队长旅食及民工伙食暨一切设备办公费,合计收入款 25918.33 元。其中在工程处领得工程费 14449.81 元,占总收入的 56%;其余由财务委员会拨来垫款 11468.52 元,占总收入的 44%。

1938 年至 1939 年成都县奉令修筑双桂寺机场,支出法币共 10433.71 元,除由工程处发给补助津贴 3941.22 元外,下余不敷 6492.49 元,系由财委会

① 四川省档案馆·四川省民政厅,全宗号 54,目录号 4,案卷号 10880,第 80 页。
② 四川省档案馆·四川省民政厅,全宗号 54,目录号 3,案卷号 7763,第 21 页。
③ 四川省档案馆·四川省民政厅,全宗号 54,目录号 4,案卷号 10888,第 85 页。
④ 四川省档案馆·四川省民政厅,全宗号 54,目录号 1,案卷号 1634,第 517 页。
⑤ 四川省档案馆·四川省民政厅,全宗号 54,目录号 1,案卷号 1633,第 349 页。

垫支。①

表 8-2 大邑县民工总队部造报修筑新津机场
经费收入计算书(1938 年 12 月造)②

| 科目 | 收入计算数(单位:元) |
|---|---|
| 第一款 收入经费 | 6172.13 |
| 第一项 工程处领款 | 3246.56 |
| 第一目 工方价款 | 3139.54 |
| 第二目 奖金 | 106.62 |
| 第二项 财委会垫款 | 2925.57 |
| 合计 | 6172.13 |

由表 8-2 分析研究,1938 年大邑县在承办此次国防工程修建中,收入款
主要来源于工程处转发中央拨款,占收入总数的近 53%;入不敷出份额,则由
该县财委会垫款,占 47%。此表简洁直观反映了国防工役中款收入来源渠
道。而工程处发款额主要依据该所做工程计算所得,即表中所列科目"工方
价款"。此具体内容将在下一章专题深入研究。

1939 年 3 月 24 日,郫县奉令到达皇天坝机场作工。同年 7 月 25 日呈第一
区行政督察专员公署:自开工起至完工止,共用去法币 14185.9 元,除在工程处
领支各项津贴洋 6409.8 元外,其余 7776.15 元,由县财委会垫出支付。③

1939 年 5 月 5 日至 7 月 13 日,德阳县奉令调民工 500 人,整修凤凰山机
场。各项开支用去洋 9584.42 元。在工程处领得各项经费 2387.7 元,本县垫
款 7200 元,共用来洋 9584.42 元。④

1939 年 12 月至 1941 年 7 月,江津县奉令征工修筑大中坝机场。总计实

---

① 四川省档案馆·四川省民政厅,全宗号 54,目录号 1,案卷号 1634,第 464—465 页。
② 四川省档案馆·四川省民政厅,全宗号 54,目录号 4,案卷号 10880,第 66 页。
③ 四川省档案馆·四川省民政厅,全宗号 54,目录号 1,案卷号 1579,第 340 页。
④ 四川省档案馆·四川省民政厅,全宗号 54,目录号 3,案卷号 7334,第 122—123、130—
131 页。

收入各项经费 333913.3 元,除在工程处领支应领工方价款及各项经费 272841.31 元外,县财委会共垫支 49632.51 元,工程处垫支 11439.48 元。县财委会垫款分别在 1940 年、1941 年正式支出。工程处垫款 1941 年正式支出,即在该年度地方经费结余数内拨还。①

1940 年,开江县征调民工扩修梁山机场,承领空军第三总站共支给民工伙食费 17683.65 元。连办公杂支,及各级队长津贴,该县实共垫支 7033.465 元。②

1941 年郫县征工修筑新津机场。承领及地方筹垫款粮两方:入款共 986391.82 元,入米共 4860.452 石。③

1941 年 2 月 25 日至同年 5 月 25 日,宜宾县征调 500 名民工,铺修乐西公路路面工程 25 公里,作 87826 公方。款项由全国公路局支付,转由省补助为 88 万元。同年,征调 660 名民工,填补机场炸弹坑 250 个,作 8250 公方,款项由航委会拨发 5000 元。④

巴县民工总队部第二次担任修筑白市驿机场工程,自 1941 年 3 月起至 1942 年 1 月竣事。工程处拨发经费 567981.5 元,县府实垫 55943.14 元⑤,则共收入 623924.64 元。国库支给占总收入的 91%。

1941 年 1 月至 4 月,新都县在修筑新津特种工程中,概由公家拨垫工款 21.0824 万元,又食米 389 市石 4 斗 6 升 8 合。款粮收支,品迭无余。而地方所垫米款则已全数沦为赔累。⑥

1941 年 1 月至 5 月,金堂县因修建新津机场特种工程,共收入工程总单

---

① 四川省档案馆·四川省民政厅,全宗号 54,目录号 4,案卷号 11148,第 81 页。
② 四川省档案馆·四川省政府征工事务管理处,全宗号 116,案卷号 36,第 52 页。
③ 四川省档案馆·四川省民政厅,全宗号 54,目录号 4,案卷号 9528,第 92 页。
④ 四川省档案馆·四川省政府征工事务管理处,全宗号 116,案卷号 273,第 174 页。
⑤ 四川省档案馆·四川省民政厅,全宗号 54,目录号 4,案卷号 9528,第 155 页。
⑥ 四川省档案馆·四川省民政厅,全宗号 54,目录号 4,案卷号 9528,第 12—13 页。

价计法币 944536.85 元,工粮 7094.18 石。赔累 34 万余元。①

1941 年华阳县征工修建新津机场。由航委会共领款 825999.75 元,共领米 7782.227 单石,共发米 11466.346 单石(内有售出数),共不敷米 3684.119 单石,共垫米 838.72 单石。共买米用款 420629.74 元。垫米一项之来源为积谷米。共垫支款项(即地方负担)529737.25 元。其来源有二:一为筹收周转金 358625.91 元,二为财委会拨垫 171111.34 元。②

1942 年 1 月至 8 月,新繁县征调民工 6336 名,修筑新津机场。地方垫款 260920.06 万元,米 1135 市石 2 斗,全数陷入赔累。③

1945 年泸县机场亟须征用民工 4.6 万名,工粮 4 万市石。工粮配备由泸县特种工程民工管理处及泸县县政府会同军事委员会派驻该机场工程处妥为洽商。④ 开工前后应领款项由民工管理处处长向工程处洽领转发,事后向工程处结算。⑤ 泸县、隆昌县、叙永县、江津县、合江县、荣昌县、富顺县共征 8.6 万名民工,修筑泸县特种工程。7 县重病民工担架费合计 1781.218 万元。此费由四十三工程处凭据拨交民工管理处,再由民工管理处转发各县民工总队部。⑥

1945 年为扩修梁山机场,梁山、开江、大竹等 7 县,征调民工 3.5 万名。粮食部配拨 5 万市石工粮。四川储运局梁山储运分局凭工程处证明单,照数拨发征工各县,如梁山 3.8 万石、大竹 1 万石、达县 2000 石。⑦

微观上,则是由不同级别、不同款目、不同方式来源的款粮交织而成。如 1939 年 10 月 10 日至 1940 年 5 月 14 日,灌县奉令扩修皇天坝、四川两个机

① 四川省档案馆·四川省民政厅,全宗号 54,目录号 4,案卷号 9528,第 30、45 页。

② 四川省档案馆·四川省民政厅,全宗号 54,目录号 4,案卷号 9528,第 91 页。

③ 四川省档案馆·四川省民政厅,全宗号 54,目录号 4,案卷号 9528,第 16、18 页。

④ 四川省档案馆·四川省民政厅,全宗号 54,目录号 3,案卷号 8434,第 139—140 页。

⑤ 四川省档案馆·四川省民政厅,全宗号 54,目录号 1,案卷号 1899,第 30 页。

⑥ 四川省档案馆·四川省民政厅,全宗号 54,目录号 1,案卷号 1900,第 74—75 页。

⑦ 四川省档案馆·四川省民政厅,全宗号 54,目录号 1,案卷号 2083,第 14、39 页。

场,共计作工 156748 个,始将所划工区完成。先后呈准工程处验收,并均呈报钧府各在案。所有款项共为 68021 元,除由工程处各项单价发给,先后共领得 32100 元,核算不敷 32921 元。遵同前修老机场垫款 5050 元,共垫支 40971 元。此项垫支既系呈由县府商同地方士绅向银行、钱庄自借 3921 余元,又由财委会在公款项下设法挪垫 37050 元。①

在错综复杂的工役款粮收入来源上,两大支柱是中央拨款粮和县府垫款粮,本章在县府垫款粮事实的基础上,深入探究款粮的源头和原因、影响,以及存在的问题。

## 一、中央拨款粮

从总体上看,中央以工程经费之名,拨发工款,此为工役款粮来源的主体,由主办机构转发。

抗日战争爆发后,1937 年 7 月 17 日公布的《国民工役法》第十八条规定,征工役、办工事的费用应列入省市政府的地方预算。工事范围涉及数县市则列入省预算。由内政部主办的,列入国家预算。② 1938 年 6 月 23 日国民政府军事委员会颁布《战时军事机关或部队征用民夫暂行办法》。该法第二十一条规定,征用民夫所需经费由征用机关或部队在工程经费内开支。③ 修筑机场,事关国防工程,一切费用应由国库支给。④

这些法规,是战时国防工程工役款粮支给的重要法律依据。具体国防工

---

① 四川省档案馆·四川省政府征工事务管理处,全宗号 116,案卷号 171,第 35 页。

② 四川省档案馆·四川省民政厅,全宗号 54,目录号 6,案卷号 7404,第 72 页;成都市档案馆·成都市政府,全宗号 38,目录号 12,案卷号 1650,第 4 页;《国民工役法》,《四川省政府公报》第九十二期,1937 年出版,第 39 页。

③ 四川省档案馆·四川省民政厅,全宗号 54,目录号 6,案卷号 7404,第 19 页;重庆市档案馆·四川省第三区行政督察专员公署,全宗号 0055,目录号 2,案卷号 316,第 66 页;重庆市档案馆·北碚管理局,全宗号 0081,目录号 2,案卷号 91,第 26 页;《战时军事机关或部队征用民夫暂行办法》,《四川省政府公报》第一百二十四期,1938 年 8 月 1 日出版,第 12 页。

④ 四川省档案馆·四川省民政厅,全宗号 54,目录号 4,案卷号 9528,第 141 页。

役,依此,作出相应具体规定。如1940年的《四川省第三行政督察区奉令修建本区各机场计划大纲》中规定,各机场全部工程费、事务费按照核定预算,由工程处一次向航委会请领汇发。①

1937年11月、1940年1月梁山县先后扩修梁山机场。该县民工担任工程所有工款,系向空军第三总站领取发放。1937年修建机场民工伙食费共计支出42347.45元,至1940年扩修机场民工伙食费计支16530.36元。②

1938年为修筑重庆广阳坝机场,规定民工往来每站旅食及雨天停工,每人给0.15元,医药、伤亡等费均由工程处发给。③

1938年12月27日至1939年2月5日,新都县奉令修筑双流双桂寺机场,领得工程处洋2795.21元,收本县财委会借来洋500元。共收入洋3295.21元。④ 工程处款占总收入的85%、县款为15%。

1939年新都县奉令修筑皇天坝机场。同年3月3日即正式开工,计共作工40日,共收来法币4495.17元,其中共领得工程处前后来土方津贴费、办公费、民工在途伙食费暨各项工程费等法币4232.89元,又本县财务委员会借垫来法币262.28元⑤。则可知,国库支给款占94%、县府垫款为6%。中央拨款在此具体情况中,占该县因承办国防工程而收款的主要份额。

1939年温江县政府奉令修筑双桂寺机场,款收入总额为13180.347元,其中双桂寺工程处收款8935.05元,温江县财委会垫款4245.297元。⑥ 可

---

① 重庆市档案馆·北碚管理局,全宗号0081,目录号4,案卷号294,第131页。
② 四川省档案馆·四川省民政厅,全宗号54,目录号4,案卷号9528,第111—112页。
③ 四川省档案馆·四川省民政厅,全宗号54,目录号3,案卷号7763,第74页。
④ 四川省档案馆·四川省民政厅,全宗号54,目录号1,案卷号1634,第483页。
⑤ 四川省档案馆·四川省民政厅,全宗号54,目录号1,案卷号1580,第514页。
⑥ 四川省档案馆·四川省民政厅,全宗号54,目录号1,案卷号1634,第422页。对此史料,有不同记载。民工总队部先后共计支用洋26441.329元,除工程处拨用洋19523.7元外,实不敷洋6917.629元。由县财委会在本县1938年度结余经费项下,挹注垫支。资料来源于:四川省档案馆·四川省民政厅,全宗号54,目录号1,案卷号1580,第427页。据此则档案资料,则拨款占支出费用近74%。两则资料共同之处是中央拨款在钱财收入中占主要地位。

见,中央下发款占总收入的 68%、县款为 32%。中央依一定标准预算、拨款。
工程款 8935.05 元,包含十目费用,见表 8-3。①

表 8-3　双桂寺工程处收款

| 科目 | 计算数(元) |
|---|---|
| 第一项　双桂寺工程处收款 | 8935.05 |
| 第一目　做机场土方 | 3293.75 |
| 第二目　机场超运费 | 3835.50 |
| 第三目　机场边沟土方 | 241.40 |
| 第四目　累计点工 | 261.80 |
| 第五目　工具消耗 | 352.50 |
| 第六目　铲草津贴 | 72.00 |
| 第七目　因雨暨警报停工津贴 | 117.60 |
| 第八目　拉运石滚津贴 | 20.00 |
| 第九目　往返途程口食津贴 | 205.50 |
| 第十目　各队部办公津贴 | 537.00 |

遵省府令,大邑县民工 1939 年 3 月 2 日至 6 月 7 日,修筑温江皇天坝机
场,开支 17391.87 元,除工程处拨发 9531.88 元外,该县财委会垫支 7859.99
元。② 拨款占支出总数近 55%,垫款为 45%。

1939 年 12 月至 1942 年 1 月,璧山县修筑白市驿机场,各款计收入机场工
款 478258.09 元,借垫财委会周转金 1496 元,合计 479754.09 元。③ 此次款的
收入,工款举足轻重。

1940 年 12 月 23 日至 1941 年 6 月 12 日,华阳县奉令征工,补修太平寺机
场。民工总队部向空军士校新设工程股请领款项开支,因机场各临时总站隶

① 四川省档案馆·四川省民政厅,全宗号 54,目录号 1,案卷号 1634,第 408 页。
② 四川省档案馆·四川省民政厅,全宗号 54,目录号 1,案卷号 1580,第 414 页。
③ 四川省档案馆·四川省民政厅,全宗号 54,目录号 4,案卷号 11148,第 108、111 页。

于该股。实共领得洋 17.3 万元。①

1941 年金堂县征工建修新津机场。共收入工程总单价计法币 944536.85 元,工粮 7094 市石 1 斗 8 升。②

1941 年 1 月至 5 月,新都县在修筑新津特种工程中,工程处对新都县征工各项费用及工款之给,总计款为 755811.8 元,工米为 5916 市石 1 斗 1 升 1 合。③

1941 年 1 月至 9 月,简阳县修筑新津机场特种工程,收特委会发来 1107597.33 元,民间筹垫之周转金 63277 元,县财委会垫 102506 元。④

1941 年西充县奉令征工修筑都尉坝机场。民工总队部先后向机场工程处具领工米 1482 市石,每市石价 302 元,折合洋 449046 元,又领工款 253999.31 元,总计共领款 703045.31 元。除开支各项经费计 702887.44 元外,余洋 157.87 元。⑤

表 8-4　江津县造报修筑大中坝机场收支计算书⑥

| 次数 | 时间 | 县长 | 实支(元) | | |
|---|---|---|---|---|---|
| 第一次 | 1939 年 12 月—1940 年 7 月 | 前任青伟 | 109232.8 | | |
| | | | 工程处发款 | 工程处垫款 | 财委会垫款 |
| | | | 73223.32 | 11439.48 | 24570 |
| | 归还办法 | | | 该县 1941 年地方经费结余数内拨 | 该县 1940 年正式支出 |

---

① 四川省档案馆·四川省民政厅,全宗号 54,目录号 4,案卷号 11148,第 36—38 页。
② 四川省档案馆·四川省民政厅,全宗号 54,目录号 4,案卷号 9528,第 44 页。
③ 四川省档案馆·四川省民政厅,全宗号 54,目录号 4,案卷号 9528,第 11—12 页。
④ 四川省档案馆·四川省民政厅,全宗号 54,目录号 4,案卷号 9528,第 30 页。
⑤ 四川省档案馆·四川省民政厅,全宗号 54,目录号 4,案卷号 11148,第 173—174 页。
⑥ 本表据文字转制,源于四川省档案馆·四川省民政厅,全宗号 54,目录号 4,案卷号 11148,第 81 页。

续表

| 次数 | 时间 | 县长 | 实支(元) | | |
|---|---|---|---|---|---|
| 第二次 | 1940 年 10 月—1941 年 7 月 | 时任罗宗文 | 224680.5 | | |
| | | | 工程处发款 | 工程处垫款 | 财委会垫款 |
| | 归还办法 | | 199617.99 | | 25062.51 |
| | | | | | 该县 1941 年正式支出 |
| 实支合计:333913.3 | | | 工程处发款 | 工程处垫款 | 财委会垫款 |
| | | | 272841.31 | 11439.48 | 49632.51 |

表 8-4 直观简明反映江津县 1939 年 12 月至 1941 年 7 月两次修筑大中坝机场款项来源于二方:主要是工程处发款和垫款,其中又以发款份额较大;次为县财委会垫款。

1939 年 12 月为改进征工,时任四川省主席蒋介石令发《修正改进征工意见》。关于征工修筑机场、国防工事、军事特殊工程等经费,须恪守《战时军事机关或部队征用民夫暂行办法》办理。民工每日工资、往返工资、工作器具、医药抚恤及管理民工所设各级队长的旅食、办公各项费用,由主办工程机关参照四川省民、建两厅改善民工待遇办法及航空委员会《修筑飞机场各县征调民工须知》(1939 年 2 月)标准给资,并分别规定单价或月支数额,统在工程经费内开支,由国库拨给并按规定价额列单,于征工处送由省府转令征工各县遵照。[①] 如 1942 年修筑合江菜坝机场,1942 年 4 月至 1943 年 4 月征工修筑大足登云桥机场时,机场经费由航委会支给。[②] 抢修机场民工大队经费,由航委会各空军站支给。[③]

---

① 四川省档案馆·四川省民政厅,全宗号 54,目录号 6,案卷号 7404,第 154 页;成都市档案馆,全宗号 38,目录号 12,案卷号 1651,第 43 页。

② 《四川省政府施政报告》(卅一年五月至卅二年五月),四川省档案馆·四川省政府秘书处,全宗号 41,目录号 4,案卷号 9240,第 17 页。

③ 《四川省政府三十三年度工作计划》,四川省档案馆·四川省政府秘书处,全宗号 41,目录号 4,案卷号 9238。

首先,了解制定工程费预算的主要依据。工程费预算主要依照当时物价而定。乐西公路和雅富公路追加经费的过程具体反映了工程费预算的制定情况。

乐西公路所需经费概算 1939 年 500 万元,1940 年 400 万元,1941 年949.551 万元,1942 年 1200 万元。[①] 工程预算主要依据米价,而战时米价逐月飞涨,各项工价无不随之高涨。1940 年原预算系照该年 3 月间物价估计编列,当时米价每市斤 0.216 元,10 月涨至每市斤 0.85 元;钢针每市斤 0.3 元,现涨至每市斤 3.5 元;火药每市斤 0.75 元,现涨至每市斤 3 元。各费无不飞涨不已。[②] 故按照 3 月间原编预算,不敷甚巨。此则事实上之困难,无法避免者也。交通部按照打通程度及当时物价情形编列,1940 年第一次追加 160 万元。行政院令中、中、交、农四行按照三五、三五、二、一拨汇成都,交该路领用。[③] 同年第二次追加 197 万元。财政部令中、中、交、农四行按照比例拨给交通部转发应用。150 万元汇乐山,100 万元汇成都,300 万元汇雅安,50 万元分存各地国库分支库,以备该路随时提用。[④] 预算和追加费都包含民工费用。如 1940 年第二次追加数 197 万元内,民工旅食费 75 万元(民工约30000 人,平均行程每日给旅食费 1.6 元,工具费每公里 3000 元。)[⑤]1941年 2 月编制预算时,乐山米价每市斤 1.2 元,逐月飞涨,6 月间已达每市斤 2.5元,且复有继续增长趋势。因受米价影响,各项工价无不随之高涨。[⑥] 3 月 18

---

①　中国第二历史档案馆·国民政府行政院,全宗号二,案卷号 9168,第 11 页,缩微胶卷号:16J-1434。

②　中国第二历史档案馆·国民政府行政院,全宗号二,案卷号 9166,第 144—145 页,缩微胶卷号:16J-1434。

③　中国第二历史档案馆·国民政府行政院,全宗号二,案卷号 9166,第 174 页,缩微胶卷号:16J-1434。

④　中国第二历史档案馆·国民政府行政院,全宗号二,案卷号 9166,第 176 页,缩微胶卷号:16J-1434。

⑤　中国第二历史档案馆·国民政府行政院,全宗号二,案卷号 9167,第 60 页,缩微胶卷号:16J-1434。

⑥　中国第二历史档案馆·国民政府行政院,全宗号二,案卷号 9167,第 109 页,缩微胶卷号:16J-1434。

日院务会议讨论通过追加 25610150 元,12 月行政院第五三二次会议议决,第二次追加 31324917 元。① 乐西公路工程费概算数和追加数则可用下表简明表示。

表 8-5　乐西公路工程费概算数和追加数

| 年份 款项 | 概算核列数（万元） | 追加数（万元） | |
|---|---|---|---|
| | | 第一次 | 第二次 |
| 1939 | 500 | | |
| 1940 | 400 | 1600 | 1970 |
| 1941 | 949.551 | 2561.015 | 3132.4917 |
| 1942 | 1200 | | |

注:笔者依据档案文字内容,自制此表格。

资料来源:中国第二历史档案馆·国民政府行政院,全宗号二,案卷号 9168,第 23 页,缩微胶卷号:16J-1434。

　　1940 年至 1941 年西康省修筑雅富公路。1940 年本路工程费核定为该年 260 万元,1941 年度 167 万元,共计 427 万元。1941 年各种物价莫不陡增暴涨。例如,1940 年 4 月,雅安米价为每斗 8 元左右,火药价为每市斤 1.8 元,钢针价为每市斤 4 元左右。现则米已涨至 50 余元,火药涨至 7 元,钢针涨至 12元。② 按照实际工程数量及上下工价情形,1941 年 6 月西康省主席刘文辉、9月运输统制局先后分别呈请追加雅富公路工程费 800 万元,先以紧急命令拨发 300 万元。行政院在召开第五三四次会议上决议"本年度以紧急命令拨发一百万元",同年 10 月以令财政部垫拨。③

　　其次,分析具体主要工程的工程费及其用于办理工役款项的情况。

---

　　①　中国第二历史档案馆·国民政府行政院,全宗号二,案卷号 9168,第 13 页,缩微胶卷号:16J-1434。

　　②　中国第二历史档案馆·国民政府行政院,全宗号二,案卷号 9175,第 77—78 页,缩微胶卷号:16J-1435。

　　③　中国第二历史档案馆·国民政府行政院,全宗号二,案卷号 9175,第 146—147 页,缩微胶卷号:16J-1435。

### 1. 公路

#### (1) 川鄂公路

1938 年渠县整修川鄂公路。第一期四川公路局拨款 5041.44 元。发放民工奖金 4648.012 元,医药费 341.39 元,安埋旅费 40 元,合计支出 5039.402元,余 2.038 元,移作第二期奖金开支。[1]

#### (2) 川陕公路

1938 年 10 月,国民政府拨款 100 万元,交四川公路局整修川陕公路。[2]1940 年始由交通部设立川陕公路川段改善工程处,拨发改善与养路费共232 万余元(内有 65 万元转入 1941 年度流用),1941 年拨发 659 万余元(内有 30 万元转入 1942 年度流用),1942 年所可使用于改善工程费仅 963万余元。[3]

#### (3) 川湘公路

军政部委托交通部 1940—1941 年主持修建川滇公路江兴支路。原核定预算为 190 万余元,嗣以工款不敷,需追加 208 万余元,合计该路工款总额为398 万余元。除经军政部先后拨发 240 万余元,行政院核准追加 100 万元外,不敷之 58 万余元,经奉行政院令,就军政部兵工建设费及交通部建设费项下匀支。军政部兵工署分担 20 万元。军事委员会运输统制局在东南公路粤段工款未拨之余额内流用 38 万元。[4] 1941 年 5 月 6 日,行政院第五一三次会议核准增加川湘公路改善工程经费 1595184 元。这样加上 1940 年度原奉核定预算的 80 万元,国库共应拨该路改善经费 239.5184 万元(其中一部分用于民

---

① 四川省档案馆·四川省民政厅,全宗号 54,目录号 7,案卷号 9902,第 28 页,未公开出版。

② 四川省人民政府参事室、四川省文史研究馆编:《抗日战争时期四川大事记》,华夏出版社 1987 年版,第 43 页。

③ 四川省档案馆·历史资料:《川陕公路川段两年来改善经过与澈(今:彻)底改善计划之商榷》。

④ 中国第二历史档案馆·国民政府行政院,全宗号二(3),案卷号 2931,第 101—102 页,缩微胶卷号:16J-2000。

工开支)。①

(4)川滇公路

川滇西路自乐山经海棠、越西至西昌一段路线,计长约 500 公里。此路为开发边区、拓取资源、充实抗战力量之最紧急路线。② 国民政府第八次常务会议决议,在追加 1939 年度国家建设事业专款预算内,核定并通过乐西公路所需工款经费 500 万元。③ 1939 年 2 月 16 日,财政部部长孔祥熙回呈行政院,所有川滇西路需用之款在建设费内统筹应用。④ 川滇西路西祥南段(金沙江至镇南)复修工程路基桥涵大致完成,唯路面及轮渡因经费不敷,未能兴办。1944 年 2 月 8 日行政院第六四八次院会准予专案追加 2853 万元,2 月 12 日以紧急命令拨予交通部转发川滇西路管理局。川滇西路金沙江以北路段(内江至金沙江)桥涵系临时式木制,已逾使用年限,不堪载重,路基尚有仅容单车通过之狭道甚多,路面亦有多处损坏不能胜繁重运输。军令部及战区司令长官令川滇西路管理局改善。所需经费原预算 8.4 亿元,交通部核减为 7.1 亿元。行政院以紧急命令令库先拨 0.3 亿元,余额俟计划概算转送到辽后,再继续拨。⑤

川滇东路由重庆行营及成都行辕主持,交由川黔滇三省征工修筑。当时因限期迫促,经费支绌,工程未能适合标准。交通部组设川滇公路管理处,于 1940 年 1 月接收管理。通车后,鉴于该路非彻底改善不能适应大量运输的要

---

① 中国第二历史档案馆·国民政府行政院,全宗号二(3),案卷号 2921,第 243 页,缩微胶卷号:16J-1999。

② 中国第二历史档案馆·国民政府行政院,全宗号二,案卷号 9166,第 5—6 页,缩微胶号:16J-1434。

③ 中国第二历史档案馆·国民政府行政院,全宗号二,案卷号 9166,第 35 页,缩微胶卷号:16J-1434。

④ 中国第二历史档案馆·国民政府行政院,全宗号二,案卷号 9166,第 10 页,缩微胶卷号:16J-1434。

⑤ 中国第二历史档案馆·国民政府行政院,全宗号二(3),案卷号 2858,第 943—947 页,缩微胶卷号:16J-1991。

求。1940 年 5 月交通部部长张嘉敖呈行政院在本年度公路建设专款预算 250 万元外追加。① 国防最高委员会第七十六次常务会核定追加 1941 年度工款 370 余万元。②

（5）西祥公路

西祥公路自西昌起，经会理而达祥云，与滇缅、乐西两路相衔接，为滇西直达西昌、川南之主要干线，可由滇缅路直达川康，不必绕道昆明，为成都、腊戊间公路运输的捷径。1940 年 10 月交通部奉令兴修。本路路基土方约 580 万公方，石方约 234 万公方，约 600 公里。③ 已于 1940 年 12 月先后由滇康两省所属各县征工协修。全线提前于 1941 年 6 月底通车，工程于 9 月底完竣。全部工程经费 0.6 亿元，行政院以紧急命令饬财政部拨发 1940 年度的 0.15 亿元，其余 0.45 亿元列入 1941 年度建设专款。④ 因受工料价格上涨的影响，原列概算 0.6 亿元不敷应支。1941 年 11 月，运输统制局呈请追加。同年行政院第五四〇会议决议通过，并依据《公库法》第十三条规定和国防最高委员会第十七次常务会议《关于颁发紧急命令的决议》，以"急 560"令财政部及国库署垫拨国币 0.1 亿元。⑤

（6）川康公路

1938 年成都行辕主办川康公路建筑工程，同年 5 月开工。1939 年测量后，经核定预算 440 余万元。因工程艰难、人工物价高涨、工程标准提高，原列预算不敷。1940 年 12 月交通部部长张嘉敖呈行政院，请求追加工程经费 230

---

① 中国第二历史档案馆·国民政府行政院，全宗号二，案卷号 9171，第 14 页，缩微胶卷号：16J-1435。

② 中国第二历史档案馆·国民政府行政院，全宗号二，案卷号 9171，第 169 页，缩微胶卷号：16J-1435。

③ 中国第二历史档案馆·国民政府行政院，全宗号二，案卷号 9177，第 51 页，缩微胶卷号：16J-1435。

④ 中国第二历史档案馆·国民政府行政院，全宗号二，案卷号 9177，第 46—47 页，缩微胶卷号：16J-1435。

⑤ 中国第二历史档案馆·国民政府行政院，全宗号二，案卷号 9177，第 63—64 页，缩微胶卷号：16J-1435。

万元。① 1941 年 1 月,行政院下发交通部,关于该院四九七次会议决议:准予追加 21 万元;同时报请国防最高委员会核定并令财政部拨款。② 1941 年 7 月行政院第五二一次会议,通过改善川康公路 1941 年概算估需工程费:除本年度建设专款预算已列 400 万元外,追加 2182.314 万元,并准以紧急命令先拨 1000 万元,分于 7、8 两月内各拨 500 万元。此决议提经国防最高委员会第六十三次常务会审查通过。③ 1942 年度川康公路工款原列 800 万元。1943 年行政院第五七八次会议决议,准予公路保留款内追加 500 万元。④

(7)绵璧公路

绵璧公路系由璧山经遂宁至绵阳,共长 335 公里,为陪都往西北各省之捷径公路。早经通车,以工程标准太低,未铺路面,车辆未能畅通。四川国际路线已知阻碍,西北公路益形重要。运输统制局兼主任何应钦 1942 年 6 月呈行政院追加绵璧公路改善工程经费 836 万元。⑤ 国民政府主计处提出在 1942 年滇缅公路工程费保留数 2555 万元内动支。行政院第五七〇次会议决议"改善工程经费 500 万元,并由院会同运输统制局即派人督修"。⑥

**2. 机场**

1937 年 11 月彭县奉令征收扩修成都凤凰山机场代工金。该县实收代工金洋 204168 元,除归还该县财委会前拨扩修凤凰山机场民工经费不敷垫款

---

① 中国第二历史档案馆·国民政府行政院,全宗号二,案卷号 9182,第 6—7 页,缩微胶卷号:16J-1435。

② 中国第二历史档案馆·国民政府行政院,全宗号二,案卷号 9182,第 21—22 页,缩微胶卷号:16J-1435。

③ 中国第二历史档案馆·国民政府行政院,全宗号二,案卷号 9182,第 100—101 页,缩微胶卷号:16J-1435。

④ 中国第二历史档案馆·国民政府行政院,全宗号二,案卷号 9182,第 158 页,缩微胶卷号:16J-1435。

⑤ 中国第二历史档案馆·国民政府行政院,全宗号二(3),案卷号 2964,第 6—8 页,缩微胶卷号:16J-2003。

⑥ 中国第二历史档案馆·国民政府行政院,全宗号二(3),案卷号 2964,第 27—28 页,缩微胶卷号:16J-2003。

16760.69 元外,计结存洋 3656.11 元。此项结存之款,移作修建太平寺机场民工费用①。

1938 年扩修凤凰山机场时,扩修费新繁县为 7292.345 元,其中工程处发土方津贴 5428.38 元,县府和县财委会借拨公款 1863.965 元②,借拨之款在1937 年度结余经费项下动支③。1938 年 1 月至 10 月江北县建筑广阳坝机场,民工大队部经费由工程处拨款 14398.3 元,县财委会拨款 14349 元,合计为 28747.3 元。④

1939 年航空委员会新津空军第二十四站商请新津县府调派民工 200 名,填补机场水田、整理交通道路。依照《战时军事机关或部队征用民夫暂行办法》规定,开工所需经费 1430 元由第二十四站拨给。⑤ 1941 年再次扩修新津机场,规定开工前民工旅费、医药费、工具补助费、稻草费、营理费平均每千民工约为 1.8 万元。

1939 年征调民工担任建筑白市驿机场工程,其所需各费(预算总数为544100.3 元⑥)由工程经费项下支给。⑦ 参加修筑机场的合川县计收建委会土石方价及津贴银 74794.64 元(共收入银 124739.54 元)。⑧ 璧山县收入方价为 32807.24 元。⑨

1940 年四川省第三行政督察区奉令辟修大中坝、旧市坝两机场,抢修白市驿机场。在《四川省第三行政督察区奉令修建本区各机场计划大纲》中规

① 四川省档案馆·四川省民政厅,全宗号 54,目录号 4,案卷号 9438,第 1—2 页。
② 四川省档案馆·四川省民政厅,全宗号 54,目录号 8,案卷号 10702,第 82—85 页。
③ 四川省档案馆·四川省民政厅,全宗号 54,目录号 8,案卷号 10702,第 79 页
④ 四川省档案馆·四川省民政厅,全宗号 54,目录号 8,案卷号 10421,第 82 页
⑤ 四川省档案馆·四川省民政厅,全宗号 54,目录号 8,案卷号 10888,第 114 页。
⑥ 四川省档案馆·四川省民政厅,全宗号 54,目录号 8,案卷号 10696,第 162 页。
⑦ 四川省档案馆·四川省民政厅,全宗号 54,目录号 8,案卷号 10696,第 147 页。
⑧ 重庆市档案馆·四川省第三区行政督察专员公署,全宗号 0055,目录号 5,案卷号 140,第 170 页。
⑨ 重庆市档案馆·四川省第三区行政督察专员公署,全宗号 0055,目录号 5,案卷号 140,第 179 页。

定,建筑各机场经费除应领方价外,关于民工往返旅费、医药费、伤亡抚恤金、掩埋费、因雨停工伙食、普通工具消耗及民工队部办公等费,由工程处造具预算,均在全部工程费内开支,不再由地方负担。①

资阳县 1943 年修筑周家坝机场时,在航委会简阳机场工程处领得264622.87 元,其中民工总队部的款项包含:民工总方价 150303.92 元,旅食费 63383.34 元(集中费 9901.97 元、来程旅费 27171.93 元、返程旅费 4331.23元),补助费 7471.12 元(工具补助及修理费 4509.12 元,卧草费 2962 元),津贴 10615.36 元(因雨停工津贴 4575.23 元、因空袭停工 1688.88 元、病工休假4331.23 元),薪津 30212.73 元,办公费 2636.4 元。②

重庆军事委员会工程委员会 1945 年征工修筑泸县特种工程,所有各种工程方价及工程管理、工棚、工具、医药、抚恤等费及其他各项,均由工程处照规定发给该场民管处及各县总队部。领用款当由各处部向工程处分别出具正、副印领,工程处即可凭此报请核销。地方政府扩大会议公开审核该县各级民工队部支用款粮后,转报省府核销。③

### 3. 防御工事

1938 年 11 月至 1939 年 1 月,为构筑大巴山脉防御阵地工事,川康绥靖公署征调民工。工作时,民工的伙食津贴由正面指挥部发给。④ 大巴山脉防御阵地工事预算经费合计 2784247.2 元,其中民工费 490193.4 元,兵工津贴及指导官旅费 165647 元。⑤

中央税收之主要来源,为关税、盐税及统税。三者占岁入总额的 80%,占总税收的 90%。⑥ 但战争使重要商埠、产盐区域大半丧失,占中央税收比重最

---

① 重庆市档案馆・北碚管理局,全宗号 0081,目录号 4,案卷号 294,第 127 页。
② 四川省档案馆・四川省民政厅,全宗号 54,目录号 8,案卷号 11115,第 86 页。
③ 四川省档案馆・四川省民政厅,全宗号 54,目录号 8,案卷号 10578,第 49 页。
④ 四川省档案馆・四川省民政厅,全宗号 54,目录号 8,案卷号 10596,第 41 页。
⑤ 四川省档案馆・四川省民政厅,全宗号 54,目录号 8,案卷号 10596,第 45 页。
⑥ 关吉玉:《中国战时经济》,国民政府军事委员会行营印,1936 年版,第 30 页。

大的关盐统三税则大为减少。这就对战时预算收支的平衡,发生了巨大影响。1937年的赤字已占国家支出的37%,至1941年赤字更达81%。[①] 事实上,从抗战开始,国民政府就出现了严重的财政赤字。具体情况见表8-6。

表8-6　抗战期间国民政府的财政收支(1937—1945年)

| 年份 | 现金支出<br>(法币百万元) | 现金收入<br>(法币百万元) | 赤字占支出(%) |
|---|---|---|---|
| 1937 | 2091 | 1314 | 37 |
| 1938 | 1169 | 341 | 71 |
| 1939 | 2797 | 580 | 79 |
| 1940 | 5288 | 1589 | 70 |
| 1941 | 10795 | 2024 | 81 |
| 1942 | 25149 | 6254 | 75 |
| 1943 | 67234 | 20768 | 69 |
| 1944 | 193619 | 61046 | 69 |
| 1945 | 1257733 | 216519 | 83 |

资料来源:Arthur N.Young,*China's Wartime Finance and Inflation 1937-1945*,Cambridge:Harvard University Press,1965,p.20.

从上表所列各年的岁入岁出情况看,战时赤字已达相当程度。自1938年始,财政赤字猛增至71%,尤其是1941年财政赤字更加严重,已占实际支出总额的80%以上。1942—1944年赤字稍减。1945年突增至83%。导致巨额财政赤字的根本原因是战时军费激增,其在财政支出中的比重成倍增长。战前军费开支仅为财政支出总额的30%,而战时军费开支已高达80%以上。[②]

中央财政的窘迫使得工役所需用的款粮开支陷入困境。工役中,实际用款屡屡超过预算,款项常感拮据,请领感到万分困难,或只请得少数又不能及时应急。[③] 征工各县在办理工役中,迫于事实所需,不得不在中央所拨工程经

---

　　① Arthur N. Young, *China's Wartime Finance and Inflation* 1937-1945, Cambridge:Harvard University Press,1965,p.20.

　　② 杨荫溥:《民国财政史》,中国财政经济出版社1985年版,第102页。

　　③ 四川省档案馆·四川省特种工程征工处,全宗号116,案卷号27,第39页。

费内开支外,还在地方财政中开支。《四川省政府三十三年度工作计划》中指出,1944 年推行工役,经费分别在省岁出单位预算经常门临时部分第一款第三项第四目及各县市局地方预算内列支。①

事实上,办理修筑机场的征工县府有些未开工,就谋划弥补不敷之款粮法。如 1938 年 12 月简阳县奉令征调民工 5000 名,赶修双流双桂寺机场。开工前,县府召集各机关法团会议决议:民工途程口食除工程处照数发给外,余由总队部补给②;为解决收方领数不足以供民工伙食,各保暂借垫 10 元,由各联保收缴区署转交机场会计收支③。

## 二、县府垫款粮

地方财政担负着支持地方政府进行地方建设,发展地方各项社会事业的任务。尤其是 1939 年以后,国民政府推行新县制,加强县级政权自治职能,并为此进行财政改革,使地方财政成为县、市自治系统,有一定的地方独立财政权。④ 1941 年第三次全国财政会议,议决财政收支系统分为两类:一为国家系统(包括中央及省),二为自治系统(以县为单位)。1942 年起,省预算编入国家预算之中,省主要收入田赋亦归中央接管。此次财政系统之改革,使中央权力显然加强。⑤

这种财政系统的变化可从四川省进一步理解。战时四川省行政费过于庞大,债务过多,地方营业未能获得相当收益,以致财政枯竭而不能自给⑥,长期

---

① 《四川省政府三十三年度工作计划》,四川省档案馆·四川省政府秘书处,全宗号 41,目录号 4,案卷号 9238。

② 四川省档案馆·四川省民政厅,全宗号 54,目录号 1,案卷号 1632,第 132 页。

③ 四川省档案馆·四川省民政厅,全宗号 54,目录号 1,案卷号 1632,第 134 页。

④ 周天豹、凌承学主编:《抗日战争时期四川经济发展概述》,西南师范大学出版社 1988 年版,第 61 页。

⑤ 国防部史政局编:《中日战争史略》(上册),台北正中书局 1968 年版,第 98 页。

⑥ 中国第二历史档案馆·国民政府,全宗号一,案卷号 602,第 58 页,缩微胶卷号:16J-2206。

挣扎在收不敷支之状态中,以维现状。① 1939 年入不敷出 400 万元。债款收入项下,复列补助费 1030 余万元以资弥补。② 1940 年预算岁入约为 0.68 亿元,岁出 0.9 亿余元,不敷约 0.3 亿元。③ 1942 年起,四川省预算编入国家预算(由原来的国、省、县三级财政改为国家财政、县自治财政两级),地方主要收入划归中央接管。④ 预算系统的变化削弱了省的经济力量而相对加强了县财政的独立性,同时也就意味着县财政支出自负比重的增加。

中央和省财政的困窘使所拨工役经费时有不敷支出。地方军事委员会、行营、航空委员会、各地航空场站、四川省公路局直接会函或县经省府令饬路线所需或工程所在及附近县份征调民工人数,动以千计,服役最少历时 1 月多至 3 月以上,均属战时征调。关于筑路征工惯常视为义务工役,既未发给工资,也未给足口食,只规定由工程机关发给。各种工程的最低单价,名曰奖金以作民工伙食,固不敷用,并规定以所收代役金补充。若再不足后,责由服役民工自带口粮。关于修筑机场国防工事及军事特殊工程多未规定工资,仅按方计给口食。每次各地各项工程单价,高低不一,与征用民工暂行办法所规定一日给"工资 0.3 元之标准均较少"⑤。征用机关在工程经费内,并未支给民工往返费、工具费,及因管理应设的各级队长必需办旅食等费。以致每项工程由工程机关所拨的奖金均属不敷,须由地方另行筹款以资弥补,"较所拨奖金最少超过一倍多至二、三倍以上"⑥。

<hr>

① 四川省训练团编印:《四川省财政近年概况》,1940 年,第 1 页。
② 中国第二历史档案馆·国民政府,全宗号一,案卷号 602,第 116 页,缩微胶卷号:16J-2206。关于四川省 1939 年财政预算另一说法,"川省 1939 年度预算收支不敷一千四百五十余万元,请由国库补助。"见中国第二历史档案馆·国民政府行政院,全宗号二(3),案卷号 1029,第 43 页,缩微胶卷号:16J-1781。
③ 四川省人民政府参事室、四川省文史研究馆编:《抗日战争时期四川大事记》,华夏出版社 1987 年版,第 87 页。
④ 四川省人民政府参事室、四川省文史研究馆编:《抗日战争时期四川大事记》,华夏出版社 1987 年版,第 159 页。
⑤ 四川省档案馆·四川省民政厅,全宗号 54,目录号 6,案卷号 7404,第 97—99 页。
⑥ 四川省档案馆·四川省民政厅,全宗号 54,目录号 6,案卷号 7404,第 97 页。

1937 年 11 月 10 日,建设厅、民政厅召集各专员、县长,商讨扩修机场会议,议决"不敷之款,准予自筹。"①1938 年四川省政府令征工扩修新津机场的 7 县:新津、邛崃、大邑、蒲江、彭山、眉山、仁寿,在征调民工中,未列入预算的经费,如民工集中县城伙食费及民工退回伙食费,就该县民工所作土方应领津贴内遵节开支,如有不敷时,将不敷数目先行报核,就地方公款项下动支,或另筹收代工金,以资弥补。仍于事后检据,册报查核。②

这样,除中央拨付的工程经费外,国防工程工役款粮收入的另一重要来源则是征工县份各种方式的垫款。四川省征工委员会指出,征工垫款为普遍之事。③

1937 年广汉县征工扩修凤凰山机场,垫支 25965.002 元。④

1938 年 11 月 1 日至 12 月 12 日蒲江县征工修筑新津机场。建修机场经费全部支出为 6582.32 元,除在航空工程处领得伙食津贴 3752.01 元,其余不敷 2830.31 元,完全由县财委会就地方科目款项下挪移垫支。⑤

1938 年至 1939 年成都县奉令征调 800 名民工,修筑双桂寺机场。支出法币共 10432.71 元。除由工程处发给补助津贴 3941.22 元外,下余不敷 6492.49 元,系由该县财委会垫支⑥。

1938 年广汉县奉令建修双流双桂寺机场,实支去洋 27486.77 元,除在工程处领得土方洋 10312.69 元外,县财委会在地方各项经费下暂时挪垫支洋 17174.08 元。又 1939 年奉令培修凤凰山机场,实支去洋 2.35 万元,除在工程处领得土方洋 5493.14 元外,实垫支洋 18006.86 元。⑦

---

① 四川省档案馆·四川省民政厅,全宗号 54,目录号 8,案卷号 10702,第 50 页。
② 四川省档案馆·四川省民政厅,全宗号 54,目录号 3,案卷号 8283,第 100 页。
③ 四川省档案馆·四川省政府征工事务管理处,全宗号 116,案卷号 455,第 49 页。
④ 四川省档案馆·四川省民政厅,全宗号 54,目录号 4,案卷号 9438,第 90 页。
⑤ 四川省档案馆·四川省民政厅,全宗号 54,目录号 4,案卷号 10888,第 148—149 页。
⑥ 四川省档案馆·四川省民政厅,全宗号 54,目录号 1,案卷号 1634,第 465 页。
⑦ 四川省档案馆·四川省民政厅,全宗号 54,目录号 1,案卷号 1633,第 475 页;四川省档案馆·四川省民政厅,全宗号 54,目录号 1,案卷号 1634,第 501 页。

大巴山山脉构筑防御工事,所有办理民工工旅各费的征工县份遵令"先行垫支,后由绥署拨款归垫"①。城口县1938年10月奉令征集500名民工修筑大巴山设防工程,1939年3月23日解散民工。城口县在第九区行政督察专员公署领到民工口食、工具两费1500元,挪垫4527.46元。城口县地方财政瘠苦,无力久垫,故多次呈第九区行政督察专员公署恳予转请川康绥靖主任公署核发垫款。第九区行政督察专员闵永濂在1939年8月22日、同年11月两次上呈川康绥靖主任公署,"自应饬令遵照,静候拨发归垫。唯念该县地方瘠苦已极,财政艰窘异常。益以连年迭遭天灾匪祸,情形特殊,所称无力久垫,确属实情,拟恳转请破格予以提前发给"②。为修筑大巴山防御工程,南江县改修南陕、南通、南巴、南广旧道。1939年2月20日,各段以义务征工办法,调集各路民工,自备口食,开始修筑,限3月20日完工报验。工程浩大,所费亦巨,难以完全义务征集办理,南江县为完成任务只得"在地方筹垫款项津贴"③。虽然省政府下令禁止,并令东正面指挥部直接办理民工伙食,但往往是入不敷出。各县所送民工在军队未接收以前,所需宿食费用,应按照原定标准,核实支报预发的款。如果开支超出,先由各县垫上超出数目。四川省政府接到各县报呈而转向川康绥靖署命令归还垫支款。军队接收民工后,民工的伙食由各指挥部发给,"每日每名宿食仅0.35元,委实不足饱腹,且日有逃亡",民厅与绥署会商后改为"每人每日宿食各费增为0.5元",且"60里以上者发给宿费"④。各县府奉川康绥靖署造报民工在途中垫支的伙食及购置石工器具各费支出数据表,并多次呈请核发垫款,"迁延数载"⑤。

---

① 四川省档案馆·四川省建设厅,全宗号115,目录号1,案卷号1228,第86页。
② 四川省档案馆·四川省民政厅,全宗号54,目录号7,案卷号9934,第211页。
③ 四川省档案馆·四川省建设厅,全宗号115,目录号1,案卷号1228,第56页。
④ 四川省档案馆·四川省民政厅,全宗号54,目录号8,案卷号10595,第224页。
⑤ 四川省档案馆·四川省民政厅,全宗号54,目录号8,案卷号10595,第224页。

表8-7　万巫城等九县垫支办理巴山设防民工伙食工具各费数目

| 区别 | 县别 | 预备数(元) | 垫支数(元) |
|------|------|-----------|-----------|
| 九区 | 万县 | 5000 | 13708.19 |
| | 奉节 | 2000 | 6969.00 |
| | 巫山 | 3000 | 6045.87 |
| | 巫溪 | 1000 | 4820.20① |
| | 城口 | 1500 | 4527.46 |
| 十五区 | 万源 | 1800 | 2026.51 |
| | 通江 | 900 | 1666.17 |
| | 南江 | 1000 | 2261.60 |
| 十四区 | 广元 | 1400 | 0 |
| 合计 | | 17600 | 42025 |

资料来源:四川省档案馆·四川省民政厅,全宗号54,目录号8,案卷号10595,第228页。

从表8-7可以看出,征工县份只有广元县没有垫支,其他县份一般垫支数在原定数目的2倍以上,有的甚至4倍多(如巫溪县);而这些县份多地处山区,向来地方经济落后,1942年4月2日民政厅厅长胡次威转发川康绥署的电文,"不能再行请领",各县"就地方款内设法弥补",原因是"各县经费大都向由省款补助,无法可资挹注"②。这样,庞大的挪垫数目就由"均极贫瘠"③的川东征工各县自行设法承担。地方政府"因公赔累"而"债台高筑"④已是屡见不鲜之事。

航空委员会西川机场建筑委员会函请省府令征工各县:工程处发款只能以预算为限。如工款已完,而工程尚未完竣时,应由各县府暂行筹垫。唯经工程人员证明,再行呈报省府归垫办法。⑤ 这样,县府垫款势在必行,且偶有超

---

① 巫溪的垫支数,另一说法为5681.13元,见四川省档案馆·四川省民政厅,全宗号54,目录号8,案卷号10596,第190页。

② 四川省档案馆·四川省民政厅,全宗号54,目录号8,案卷号10595,第224页。

③ 四川省档案馆·四川省民政厅,全宗号54,目录号8,案卷号10596,第54页。

④ 四川省档案馆·四川省民政厅,全宗号54,目录号8,案卷号10595,第155页。

⑤ 四川省档案馆·四川省政府征工事务管理处,全宗号116,案卷号175,第21、59页。

于工程费之时。

　　中央拨付的款粮在工役款粮收入中并不是占绝对主导，只是整体而言的相对主导，也就是说，大局、总体上，中央拨款是国防工役用款来源的主要渠道，但具体情况，则有变化。如 1938 年，德阳县奉令整修凤凰山机场。该县总队部 5 月 1 日至 7 月 14 日，收到由工程处拨来工程费 2387.70 元、由县财务委员会拨发 7196.72 元。① 县财务支付的钱款是工程费的 3 倍。1938 年合川县修筑重庆广阳坝机场。工款收入总数为 24367.6 元：领工程处拨付 8326.3 元（其中土方、石方工价 7782.3 元），占收入总数的 34%；该县财委会拨来款 15000 元和挪用款 1041.3 元，即财委会现实已垫出现款 16041.3 元②，占收入总数的 66%。

　　金堂县 1938 年 12 月 20 日至 1939 年 3 月 20 日，修筑双桂寺机场。县收支委员会送来法币 33475.12 元、工程处发来工程费 17308.3 元。③ 合计收入50783.42 元。则地方款项占总收入 66%、工程费占 34%。

　　1939 年郫县工役修筑皇天坝机场，共用去法币 14185.9 元，除在工程处领支各项津贴 409.84 元外，其余 7776.15 元，由县财委会垫出支付。④ 县财委会垫付的款是所领工程津贴的近 19 倍。

　　1939 年成都县奉令修筑温江皇天坝机场，共支出法币 10611.19 元。除由工程处发给补助津贴 3509.2 元外，余不敷 7101.99 元，系由该县财委会借垫。⑤ 垫款数额是拨款的二倍多。

　　1939 年 11 月 16 日至 1940 年 4 月 15 日，德阳县征工扩修太平寺机场。

---

　　① 四川省档案馆·四川省政府征工事务管理处，全宗号 116，案卷号 207，第 18 页；四川省档案馆·四川省民政厅，全宗号 54，目录号 3，案卷号 7334，第 170 页。

　　② 重庆市档案馆·四川省第三区行政督察专员公署，全宗号 0055，目录号 5，案卷号 148，第 132 页。

　　③ 四川省档案馆·四川省民政厅，全宗号 54，目录号 1，案卷号 1634，第 516—517 页。

　　④ 四川省档案馆·四川省民政厅，全宗号 54，目录号 1，案卷号 1579，第 340 页。

　　⑤ 四川省档案馆·四川省民政厅，全宗号 54，目录号 1，案卷号 1580，第 422 页。

各项支付合计洋6.2万元。除已向工程处领用洋2.1万元外,其余4.1万元,概由县财委会先后挪垫支付。① 可见此次用款,地方垫款多于中央拨款。

1940年征工修筑机场垫款情况见表8-8。

表8-8　1940年征工修筑机场垫款

| 工程 | 县别 | 垫款数(元) |
|---|---|---|
| 白市驿机场 | 邻水 | 150 |
| 秀山机场 | 开江 | 5000 |
| 太平寺机场 | 华阳 | 29000 |
|  | 德阳 | 41000 |
| 皇天坝机场 | 灌县 | 20000余 |
| 新津机场 | 仁寿 | 33000余 |
|  | 简阳 | 50000 |
| 江津大中坝机场 | 合江 | 39000 |
| 华阳中兴场机场 | 安岳 | 800 |
| 双流凤凰山机场 | 金堂、什邡、新津 | 各约5000 |
|  | 德阳 | 7196 |
| 邛崃桑园镇机场 | 崇庆 | 23500 |
|  | 邛崃 | 30000余 |
|  | 大邑 | 10000余 |
|  | 青神 | 7500 |
|  | 夹江 | 17000 |
|  | 郫县 | 10000余 |
| 梁山机场 | 开江 | 7157.86 |
|  | 垫江 | 2125.44 |
| 双流机场 | 三台 | 950000 |

注:本表据不同档案资料归纳自制。

---

① 四川省档案馆·四川省民政厅,全宗号54,目录号3,案卷号7334,第122—123、130—131页。

从表中可见,三台县前后三次征调 7800 余名民工建修双流机场挪垫款最多为 95 万元,垫款最少为修筑白市驿机场的邻水县为 150 元。办理国防工役据不完全统计,各有不同垫款。

1940 年 4 月至 1941 年 4 月绵竹县奉调民工抢修双流双桂寺机场,垫支 28538 元以上。①

表 8-9 1941 年修筑修建新津机场特种工程县份垫款表

| 序号 | 县份 | 垫款(万元) |
|:---:|:---:|:---:|
| 1 | 新繁 | 20 余 |
| 2 | 双流 | 30 余 |
| 3 | 新津 | 60 余 |
| 4 | 温江 | 30 余 |
| 5 | 华阳 | 30 余 |
| 6 | 邛崃 | 30 余 |
| 7 | 郫县 | 40 余 |
| 8 | 新都 | 20 余 |
| 9 | 金堂 | 50 余 |
| 10 | 彭县 | 20 余 |
| 11 | 简阳 | 27 余 |

注:此表是据文字制作。
资料来源:四川省档案馆·四川省民政厅,全宗号 54,目录号 4,案卷号 9528,第 37 页。

从表中可见修该机场的 11 县,垫款至少为 20 余万元,最多为新津县 60 余万元。表中县份,除了垫款,也垫工粮入不敷出份额。双流县征工建修新津机场。借垫粮 2628 石 1 斗 4 升 2 合(折谷 597305 石),应请准在 1941 年度征收积谷时,附征借垫谷 597305 石,以资金归还②。这样,款粮同时筹措。新津县向地方筹借周转金 232031.96 元;向地方筹借周转米 1260 市石;挪借工粮

---

① 四川省档案馆·四川省政府征工事务管理处,全宗号 116,案卷号 260,第 98 页。
② 四川省档案馆·四川省民政厅,全宗号 54,目录号 4,案卷号 9528,第 89 页。

处米 767. 068 市石①。

表 8-10 为 1943 年省民政厅审准省征工事务管理处解决 1939—1942 年征工各县归还垫款的办法。

表 8-10　征工各县垫款及请求退还办法一览表

| 县名 | 修筑机场或公路名称 | 垫支数目（元） | 请求归还办法 |
|---|---|---|---|
| 崇庆 | 桑园镇机场 | 329.06 | 在该县本年度预备费项下动支 |
| 眉山 | 桑园镇机场 | 4481.93 | 在该县地方公款项下抵支（三十一年） |
| 绵竹 | 双桂寺机场 | 7364.16 | 在该县预备费项下动支（三十年） |
| 广汉 | 双桂寺机场 | 17174.08 | — |
| 温江 | 皇天坝机场 | 4650.76 | — |
| 成都 | 皇天坝机场 | — | — |
| 华阳 | 皇天坝机场 | 22403.55 | — |
| 灌县 | 皇天坝机场 | 5121.50 | — |
| 什邡 | 太平寺机场 | 86749 | — |
| 安岳 | 中兴坝机场 | 5663.11 | 在该县二十九年度地方预算结余项下抵支 |
| 双流 | 中兴坝机场 | 6143.2 | 在该县二十八年度地方契税项下抵支 |
| 仁寿 | 新津机场 | 29067.74 | — |
| 合计 |  | 189148.09 | — |

资料来源：四川省档案馆·四川省民政厅，全宗号 54，目录号 7，案卷号 9421，第 64 页。

对于上项征工各县请求归垫办法，省征工管理处进行了审核，并呈请了省政府核准解决办法。1943 年四川省征工管理处移送征工委员会自 1940 年以来积存的关于征工各县会计部分未办的文件给省民政厅。第一批已清理完竣计有崇庆、绵竹等 16 县的征工用款报销。民厅发布《四川省各县征工用款报

---

① 四川省档案馆·四川省民政厅，全宗号 54，目录号 4，案卷号 9528，第 63 页。

销须知》,是在各县输征工之后,现依《须知》来衡量,则各县所责修筑机场及公路用款报销书类,毫无疑问未具全。事隔数年,经办人员多已星散,现任县长也无法交代清楚。双流县修筑凤凰山机场垫支 6143.2 元,请求在该县 1939 年度地方契税项下动支。崇庆县修筑桑园镇机场,垫支 329.06 元,请求在该县 1941 年度预备费项下动支。眉山县修筑桑园镇机场,垫支 4481.93 元,请求在该县 1942 年地方公款项下开支。绵竹县修筑双桂寺机场,垫支 7364.16 元,请求在该县 1941 年预备费项下动支。安岳县修筑中兴场机场垫支 5663.11 元,请求在该县 1940 年度地方预算结余项下开支。广汉县修筑双桂寺机场垫支 17174.08 元。温江、华阳、灌县修筑皇天坝机场分别垫支 4650.76 元、22403.55 元、5121.5 元,什邡县修筑太平寺机场垫支 86749 元。仁寿县修筑新津机场垫支 2906774 元。① 1943 年 6 月 11 日,民厅厅长胡次威签呈省主席张群,"各县本年度结余经费项下动支归垫,用清悬案",得到省府批准。② 而广汉、温江、华阳、灌县、什邡、仁寿"原呈未申请递还者,俟其申请及再余动支归垫"。③ 早在 1940 年省府指令:关于各县征工修场垫用之款,其单价、待遇在征工服役暂行办法实行以前者,准由各县拟具筹还办法,呈报、核准施行。④

如此众多的垫款如何归垫,成为省府、县府共同面临需解决的现实问题。1938 年 11 月 18 日,省府令仁寿县政府,建筑新津机场民工费用,"遇有不敷,须将不敷数目,先行呈报来府,再予酌准,就地方公款项下动支,或另筹代工金,以资弥补"⑤。省政府批准的归垫情况,以 1939 年修筑皇天坝机场为个案分析研究。

---

① 四川省档案馆·四川省民政厅,全宗号 54,目录号 7,案卷号 9421,第 64 页。
② 四川省档案馆·四川省民政厅,全宗号 54,目录号 8,案卷号 11116,第 4 页。
③ 四川省档案馆·四川省民政厅,全宗号 54,目录号 7,案卷号 9421,第 51 页。
④ 四川省档案馆·四川省民政厅,全宗号 54,目录号 3,案卷号 7334,第 82 页。
⑤ 四川省档案馆·四川省民政厅,全宗号 54,目录号 3,案卷号 8283,第 110 页。

表8-11　1939年修筑皇天坝机场县垫款及核准归垫办法

| 县份 | 县财委会垫款（元） | 归垫办法 |
|---|---|---|
| 彭山 | 2566.32 | 动支县第二项预备费 |
| 眉山 | 3884.48 | 动支1939年度预备费 |
| 灌县 | 5121.20 | — |
| 大邑 | 7859.85 | — |
| 温江 | 6917.629 | 动支1938年地方经费结余 |
| 成都 | 7101.99 | — |
| 新都 | 262.28 | 动支1939年度地方预备费 |
| 崇庆 | 3237.95 | 就该县修筑太平寺机场民工代工金余款项下动支归垫 |

注：根据档案内容，概括归纳而制表。

资料来源：四川省档案馆·四川省民政厅，全宗号54，目录号1，案卷号1580。

从表中可见，灌县、大邑、成都县垫款，省府没有具体指示归垫办法。研究基层实施办法，才能深入研究国防工程工役的款粮收入来源。从档案资料归类分析，承办国防工役县份垫款、归垫方式主要有挪用地方经费/公款、储备物（工/公粮米、积谷、军粮）、民间筹资、借款、摊筹、省府核销。

1939年温江县奉令修筑皇天坝机场，县财委会垫支6917.629元。1940年省政府和财政厅核准该县呈：仍照双桂寺例，在1938年度地方经费结余项下支拨归还，以资结束。[1]

1940年垫江县奉令征调民工2000名，赴梁山县扩修机场。因期间延长，民工伙食不敷，曾在垫江财委会借银2125.44元。1941年呈准在该县1940年度地方经费结余项下归还借垫之款。[2]

**1. 地方公款**

地方公款（包含实物：工/公粮米、积谷、地方机关费用、军粮）、粮税和田赋、契税、预备费等。省政府规定"不敷之款，如该县有存余地方公款，自可报

---

[1]　四川省档案馆·四川省民政厅，全宗号54，目录号1，案卷号1580，第460页。

[2]　四川省档案馆·四川省政府征工事务管理处，全宗号116，案卷号275，第5、134页。

请动支。"①

（1）地方经费、公款

为解决急需的款粮，征工县份便捷、迅效的措施便是挪垫地方经费/公款。如 1938 年 12 月广汉县奉令征调民工 1400 名，修筑双桂寺机场。垫支洋17174.08 元。又如 1939 年 4 月奉令征调民工 1500 名，扩修太平寺机场。因于规定工作外，增加工作，故 1940 年 6 月尚未完工。计已垫支洋 4 万余元。以上共垫支洋 7 万余元。全由县财务委员会在各机关应领经费内挪垫。②

1938 年省府密令仁寿县，征调民工 1000 名前往新津机场。时任县长吴金相意识到：如欲依照原限完成，非再增调民工赶工修筑，不能成功。增调民工 500 名。至一切需费，此暂难估计，县长暂行挪款 1200 元，派员携往，以作必要开支。对此，省府"准予备查"③。

1938 年 10 月 1 日至 12 月 15 日，建修旧县机场。邛崃县民工总队部计算收入，除由航空工程处领取民工伙食津贴 5842.86 元外，不足之数由县财委会就地方公款项下拨支 2396.55 元。④

1938 年 12 月至 1939 年 3 月，德阳县奉令建修双流双桂寺机场，所有民工伙食、工作器具及各级队长津贴等费，除在工程处领得土方工价 14449.81 元外，即在地方各项经费项下挪垫 11468.52 元。⑤

1939 年德阳县奉令修建双流双桂寺机场，所需民工伙食及各级队长旅食津贴暨应需工具等费，除先后借用工程处土方价 1.2 万元外，并由时任县长周德修暂在该县地方公款项下挪用 1.3 万元。⑥

---

① 四川省档案馆·四川省民政厅，全宗号 54，目录号 3，案卷号 8283，第 141 页。
② 四川省档案馆·四川省政府征工事务管理处，全宗号 116，案卷号 173，第 71—72 页。
③ 四川省档案馆·四川省民政厅，全宗号 54，目录号 3，案卷号 8283，第 83—86 页。
④ 四川省档案馆·四川省民政厅，全宗号 54，目录号 4，案卷号 10888，第 85 页。
⑤ 四川省档案馆·四川省民政厅，全宗号 54，目录号 1，案卷号 1579，第 342、344 页。
⑥ 四川省档案馆·四川省民政厅，全宗号 54，目录号 1，案卷号 1633，第 256—257 页；四川省档案馆·四川省民政厅，全宗号 54，目录号 1，案卷号 1634，第 371 页。

1939 年 5 月 5 日至 7 月 13 日,德阳县奉调民工 500 人,整修凤凰山机场。各项开支用去洋 9584.42 元。在工程处领得各项经费 2387.7 元,该县挪用地方经费而垫款 7200 元。①

1939 年灌县奉令征调 1300 名民工,修筑皇天坝机场,时值天气严寒,昼短夜长,故每民工不能按月作完一土方工程。兼之物价昂贵,民工伙食逐日增高,致原规定之奖金,不敷甚巨。该县财委会挪垫各机关、学校应领经费 20050 元。② 同年双流县扩修太平寺机场,不敷银 1844.56 元。不敷之数在 1936 年水利经费结存项下挪垫。③ 1941 年新都县奉修新津机场,挪用工粮米 190.734 市石。④ 1944 年温江县永安乡为扩修彭山机场,挪垫公粮米 123.983 市石。⑤

1941 年郫县征工修建新津机场。时任县长曾景林共挪用地方款 161313.18 元,内有平准处二程米余款 62502.3 元、积谷价款 8 万元、财委会地方经费 48810.88 元;暂挪 1940 年积谷米 1647.48 双石。⑥

1944 年温江县奉令担修彭山特种工程,虽征工实为雇用,代工金超出亿元以上。县征工委员会以工程迫切,挪借 1943 年度筹募积谷白米 2000 双石,以资工粮。工款犹不敷用,复将政府价购积谷 1 万市石法币 500 万元全数挪用。⑦

挪用地方经费并以地方经费填还,为省府批准之策。

1940 年垫江县奉令征调民工 2000 名,赴梁山县扩修机场。因期间延长,民工伙食不敷,曾在垫江财委会借银 2125.44 元。1941 年呈准在该县 1940 年

---

① 四川省档案馆·四川省民政厅,全宗号 54,目录号 3,案卷号 7334,第 207、216 页。
② 四川省档案馆·四川省政府征工事务管理处,全宗号 116,案卷号 171,第 17—19 页。
③ 四川省档案馆·四川省政府征工事务管理处,全宗号 116,案卷号 203,第 9 页。
④ 四川省档案馆·四川省政府征工事务管理处,全宗号 116,案卷号 236,第 81 页。
⑤ 成都市档案馆·四川省第一区行政督察专员公署,全宗号 134,目录号 2,案卷号 181,第 125—126 页。
⑥ 四川省档案馆·四川省民政厅,全宗号 54,目录号 4,案卷号 9528,第 92 页。
⑦ 四川省档案馆·四川省民政厅,全宗号 54,目录号 3,案卷号 7477,第 10—11 页。

度地方经费结余项下归还借垫之款。①

1941 年双流县征工建修新津机场。因民工食米不敷,各乡镇借垫周转米折合单石 26281.42 斗(折谷 597305 石),应请准在 1941 年度征收积谷时,附征借垫谷 597305 石,以资归还。② 同年修筑同机场的新繁县挪用积谷,在 1942、1943 两年内征收积谷时,加收归仓。③

地方经费又源于何处。下文对此进一步研究,并深入探究款粮收入。

挪垫地方经费(包含工/公粮米)后,有的征工县份以粮税、田赋、预备费、契税归垫款。

(2)粮税和田赋

粮税和田赋传统上是地方财政收入的支柱。在此特殊需要下,粮税和田赋为解决工役款粮的可靠、平允来源渠道。省府核准不少县府用此财源归垫款。

1939 年广汉县奉令征调民工 1400 人,修筑双流双桂寺机场,所有民工费用全系财委会挪款垫支,计共用 27486.77 元。除在工程处先后领得土方工洋 10312.69 元外,尚垫支洋 17174.08 元。经本年春季行政会议议决,在本年下期粮税(7 月 1 日开征)项下附加归还。全县粮额可靠者计 6940 两。每两附加洋 2.48 元,即可得洋 1717408 元,以之归垫,迅速妥适。④ 广汉县奉令 1938 年建修双桂寺机场及 1939 年整修凤凰山机场,共垫款 35180.94 元。1940 年 1 月开征粮税时,征收局照征收保甲捐办理。以粮税为征收标准,每两粮由征收局代征机场费 5.07 元,以 6940 两计,以资归垫。⑤

---

① 四川省档案馆・四川省政府征工事务管理处,全宗号 116,案卷号 275,第 5、134 页。

② 四川省档案馆・四川省民政厅,全宗号 54,目录号 4,案卷号 9528,第 86、89 页。

③ 四川省档案馆・四川省民政厅,全宗号 54,目录号 4,案卷号 9528,第 19 页。

④ 四川省档案馆・四川省民政厅,全宗号 54,目录号 1,案卷号 1633,第 341—343 页。

⑤ 四川省档案馆・四川省民政厅,全宗号 54,目录号 1,案卷号 1634,第 501—502 页。

1939 年灌县修筑皇天坝机场时,该县财委会垫支民工伙食费 7776. 15 元。在 1940 年下期粮税项下,每粮一两附收 1. 5 元,以 5100 两谷计,约收洋 7650 元,所差甚微,可资归垫。① 什邡县修筑太平寺机场共垫支 86740 元。1940 年 10 月省府核准该县在 1940 年下季田赋项下照垫付实数加收。② 仁寿县在修筑白市驿机场时,借款民工旅食费 2 万元。1942 年 4 月省府准在财政厅兑发该县田赋附加项下如数拨缴,以资清结。③

1939 年 11 月 12 日至 1940 年 8 月 4 日郫县征调民工 900 名,辟修邛崃桑园镇机场。先后共用去法币 86255. 2 元。除在工程处领来工款 75420. 35 元外,其余不敷法币 10834. 85 元,概由县财委会垫付。派代工金,按田摊还。全县田 33 万余亩,每亩附扣洋 0. 03 元。在 1941 年下季田赋项下,由征收局代收归垫。④

1940 年什邡县奉令修筑太平寺机场,计垫支款项约 9 万元。在 1940 年度下季田赋附加项下加收,用资归垫。⑤

(3)预备费

所有作工民工口食、方价向例须作工一旬以上,由工程处验收后,方能发给。在口食、方价未领到前,须由征工县府就地方预备款下垫给民工 10 日伙食。此成为战时办理国防工役县府通则。

1937 年广汉县征工扩修凤凰山机场,不敷经费 4327 元。省府、财政厅、民政厅都批准在 1938 年度县预备费项下动支列报。⑥

1938 年 10 月 4 日至同年 11 月 16 日,仁寿县第一次建筑新津机场,由该

① 四川省档案馆·四川省政府征工事务管理处,全宗号 116,案卷号 171,第 63—64 页。
② 四川省档案馆·四川省政府征工事务管理处,全宗号 116,案卷号 173,第 165、168—169 页。
③ 四川省档案馆·四川省政府征工事务管理处,全宗号 116,案卷号 215,第 21、25 页。
④ 四川省档案馆·四川省政府征工事务管理处,全宗号 116,案卷号 255,第 28—29 页。
⑤ 四川省档案馆·四川省政府征工事务管理处,全宗号 116,案卷号 155,第 19—20 页。
⑥ 四川省档案馆·四川省民政厅,全宗号 54,目录号 4,案卷号 9438,第 87 页。

县地方款内挪移垫付5174.494元。1939年10月18日省府核准在该县1938年度地方预备费项支拨归还。①

1938年征调各县民工建修新津机场。因工程处规定工率过高而单价过低，导致各县县政府均挪垫有相当款项，多至数千元，少至1000余元不等。修筑新津机场工程处召开第三次全体处务会议议决，当经各县民工总队长提出代工金抵补，或各县总预备费项下开支，仍由第一区专员陈志学、第四区专员王锡圭呈请省府核准施行；修筑新津机场工程处向省府证明此实情②。

金堂县修筑双桂寺机场时，借拨财务委员会垫款洋484.3元。在1939年度县预备费项下如数动支归垫。③

1939年3月1日至同年6月15日，彭山县征调民工800名，担任修筑温江皇天坝机场工程。共领得工程处津贴法币6958.34元，实支出法币9524.66元，尚不敷法币2566.32元。④遵照省颁发征调民工须知规定，应由财委会先行垫支。唯以县地方财政艰窘，该会曾垫支1100余元，早已计穷力尽，无法再垫，是以商请时任县长于土膏店牌照费及寒衣捐项下暂行借垫，以供支拂。故财委会挪借1939年秋季土膏店照证费1000元。1939年10月2日，省府下令县府，准同年10月，省政府和民政厅都核准该县垫支修筑温江皇天坝机场民工经费2500余元，在该县地方第二预备费项下动支归还。⑤

1939年眉山县征调民工1600名，担任修筑温江皇天坝机场工程。民工总队部在工程处承领经费共计9617.19元，支出总数为1350167元，不敷3884.48元，系由县财务委员会先行垫款支给。⑥省府准在该县1939年度预

---

① 四川省档案馆·四川省民政厅，全宗号54，目录号4，案卷号10888，第38—41、43—46、74—76页。

② 四川省档案馆·四川省民政厅，全宗号54，目录号3，案卷号8283，第129页。

③ 四川省档案馆·四川省民政厅，全宗号54，目录号1，案卷号1634，第522页。

④ 四川省档案馆·四川省民政厅，全宗号54，目录号1，案卷号1580，第368页。

⑤ 四川省档案馆·四川省民政厅，全宗号54，目录号1，案卷号1579，第353—359页；四川省档案馆·四川省民政厅，全宗号54，目录号1，案卷号1580，第362页。

⑥ 四川省档案馆·四川省民政厅，全宗号54，目录号1，案卷号1580，第397—398页。

备费项下动支归还,以资结束。①

1939 年新都县在修筑温江皇天坝机场时,民工经费不敷 262.28 元。同年 12 月 28 日省府准如数就该县 1939 年度地方预备费项下动支归垫。② 同年因整修凤凰山机场,不敷经费总计 1198.28 元,在县预备费下支拨归垫。③

1939 年什邡县征工修筑双流双桂寺机场。开工之初,县府在预备费项下暂垫 200 元,购置民工总队部器具。④

1941 年广汉县接管机场代工金不敷 9606.8 元,在本年度县预备费项下动支弥补。⑤

1941 年简阳县征工,担修新津特种工程。该县财委会垫款 102506 元,在 1942 年度第二预备金项下开支归垫。⑥

1941 年巫溪县征送巴万要塞石木工人 3 次,垫支旅食各费共计 721 元。1942 年 8 月 25 日,省府核准在该县 1941 年度地方总预算第二预备金项下动支归垫。⑦

1941 年双流县征工建修新津机场。借垫 120245.85 元,请准在 1942 年地方总预备费项下如数动支归垫。⑧

1942 年合江县辟修菜坝机场。在县地方预备费项下垫支 5 万元,以作垫付本县民工 10 日口食周转之用。⑨

通江县征工修筑汉渝公路垫款 1652.11 元,1942 年 6 月 19 日省政府核准

---

① 四川省档案馆·四川省民政厅,全宗号 54,目录号 1,案卷号 1580,第 392—393、395 页。
② 四川省档案馆·四川省民政厅,全宗号 54,目录号 1,案卷号 1580,第 509—511 页。
③ 四川省档案馆·四川省政府征工事务管理处,全宗号 116,案卷号 503,第 53—55 页。
④ 四川省档案馆·四川省民政厅,全宗号 54,目录号 1,案卷号 1632,第 98—100 页。
⑤ 四川省档案馆·四川省政府征工事务管理处,全宗号 116,案卷号 215,第 149 页。
⑥ 四川省档案馆·四川省民政厅,全宗号 54,目录号 4,案卷号 9528,第 23 页;四川省政府征工事务管理处,全宗号 116,案卷号 281,第 194—195 页。
⑦ 四川省档案馆·四川省政府征工事务管理处,全宗号 116,案卷号 242,第 89、94—95 页。
⑧ 四川省档案馆·四川省民政厅,全宗号 54,目录号 4,案卷号 9528,第 89 页。
⑨ 四川省档案馆·四川省政府征工事务管理处,全宗号 116,案卷号 242,第 32—33 页。

在该县地方结余经费或预备金项下动支归垫。①

办理国防工役的县府地方经费/公款无以可垫，有的则变卖谷物，如积谷、公学谷，甚至于军粮，以折现或得粮而应以备急需。

（4）变卖积谷、军粮

1939年11月至1940年8月邛崃县征调民工修筑桑园机场。数千民工食用，日须巨款开支。除向工程处借得一部分，暨由财委会挪垫数千元外，其余不敷之数2万余元，以地方经费支绌异常，无款移垫。各联保挪移积谷约856双市石，共变价20900.01元，得价款送交民工总队部济用。②

1940年12月至1941年6月，华阳县奉令征工，补修太平寺机场。因领款不敷开支，县财务委员会垫款11300元，中和、石羊、永丰等乡军粮余额折价现款4982元（每双市石单价106元，47双市石）。则地方垫款合计16282元。③

1941年南充县都尉坝机场即将开工修筑。同年4月1日南充县行政会议，议决就原存乡镇仓积谷按照市价提取2万市石，供给工食。④

1941年温江县修筑新津特种工程，挪用积谷1200余双市石。⑤

1942年铜梁县担任登云桥机场工程时，民工总队部周转金在没收存谷价款项下拨借。⑥

1944年德阳县奉令修筑特种工程限期迫促，一时无款可供周转，乃经县征工委员会暨参议会会同议决，暂借卖公学谷。1月18日由粮政局康局长于绵阳签发支票，向成都省分行领取此项积谷价款100万元。⑦

1944年，温江县修筑彭山机场。县征工委员会以工程迫切，挪借1944年

① 四川省档案馆·四川省政府征工事务管理处，全宗号116，案卷号242，第82、86—88页。
② 四川省档案馆·四川省政府征工事务管理处，全宗号116，案卷号255，第47页。
③ 四川省档案馆·四川省民政厅，全宗号54，目录号4，案卷号11148，第38—40页。
④ 四川省档案馆·四川省政府征工事务管理处，全宗号116，案卷号307，第244页。
⑤ 四川省档案馆·四川省政府征工事务管理处，全宗号116，案卷号237，第204页。
⑥ 四川省档案馆·四川省政府征工事务管理处，全宗号116，案卷号242，第77页。
⑦ 四川省档案馆·四川省政府征工事务管理处，全宗号116，案卷号395，第29—30页。

度筹募积谷白米 2000 双石,以资工粮。工款犹不敷用,复将政府价购积谷 1 万市石、法币 500 万元全数挪用。①

1945 年新繁县参加新津特种工程,周转款米均未预筹。截至 3 月 25 日止,先后共在县挪用 1944 年度积谷约 800 市石,征借项下 1040 市石,并在上列积谷 800 市石内变卖一部分,以作周转金需用。②

为归垫,县府掘用一切可用资金、钱财。1940 年开江县扩修梁山机场,垫款 7003.8 元。1941 年呈省府,准在本县罚金项下拨支还垫。③ 1939 年省府核准崇庆县呈请:就该县修筑太平寺机场民工代工金余款项下动支归垫建温江皇天坝机场不敷经费,以资结束。④

(5)契税

1938 年 12 月 26 日起至 1939 年 3 月 14 日,双流县征工修筑双流双桂寺机场(奉令征集民工 1700 名)。民工总队部共支洋 27519.1 元正,除机场工程处发来各项津贴 12044.55 元外,实由县财务委员会垫支银 15474.55 元。省府核准在该县 1938 年契税超收项下,如数拨还⑤。同年 12 月温江县政府奉令征工修筑双流双桂寺机场。收入合计 13180.347 元,其中双桂寺工程处收款 8935.05 元、温江县财委会垫款 4245.297 元⑥。工程处款项占总收入的 68%、地方垫款为 32%。因契税超收结余甚巨⑦,省府准如请在该县 1938 年度地方经费总经余项下开支归垫,以资结束⑧。

1939 年温江县政府奉令修筑双桂寺机场,而不敷经费 4245.297 元,省府

---

① 四川省档案馆·四川省民政厅,全宗号 54,目录号 3,案卷号 7477,第 10—11 页。
② 四川省档案馆·四川省政府征工事务管理处,全宗号 116,案卷号 324,第 15 页。
③ 四川省档案馆·四川省政府征工事务管理处,全宗号 116,案卷号 275,第 173 页。
④ 四川省档案馆·四川省民政厅,全宗号 54,目录号 1,案卷号 1580,第 439、441 页。
⑤ 四川省档案馆·四川省民政厅,全宗号 54,目录号 1,案卷号 1634,第 378—388 页。
⑥ 四川省档案馆·四川省民政厅,全宗号 54,目录号 1,案卷号 1634,第 422 页。
⑦ 四川省档案馆·四川省民政厅,全宗号 54,目录号 1,案卷号 1634,第 406 页。
⑧ 四川省档案馆·四川省民政厅,全宗号 54,目录号 1,案卷号 1634,第 402 页。

准所请在该县 1938 年度地方经费契税项下开支,因契税超收结余甚巨。①

**2. 民间筹资**

地方公款无法挪用时,县政府则向民间筹资。民间筹资方式主要是征收代役(工)金和周转款粮。这两项是解决国防工程工役款粮收入的明确规定的通行措施。此外,还有临时办法。

(1)代役(工)金

首先,分析代役(工)金的作用,以明了为什么要征收。代役(工)金为民工管理及补助医药、工具等项不敷之用。② 1939 年 11 月省府解释《征调民工须知》各点时,明确指出事后筹拨代工金填还的费用项目:先备款垫支的长员、兵夫旅食津贴;先行借垫的民工途中往返不敷的伙食费;因雨停工每名不敷之伙食费五分;不能按方工作,超出之伙食费;事先借款垫支的各中队炊爨器具等费。③

其次,研究有关对代役(工)金征收的明文规定,即其合法性。

政府明文规定征工各县(市)在办理工役中,征收代役(工)金,以填补拨款不足之数。1937 年四川省建设厅将"各县以办理征工如有垫支款项,签送省财政厅、民政厅,应饬先以怠工金挹注,倘再不敷即由各县政府查酌地方财力妥办弥补办法"④。"工竣后,如工程处所发经费不敷用时","依照规定筹收代工金,补还垫款"⑤。"贷工金弥补虚空"⑥。《国民工役法》第十八条规定,征工役、办工事的费用,以代役金拨充。⑦

① 四川省档案馆·四川省民政厅,全宗号 54,目录号 1,案卷号 1633,第 406 页。
② 重庆市档案馆·北碚管理局,全宗号 0081,目录号 3,案卷号 437,第 3 页。
③ 四川省档案馆·四川省建设厅,全宗号 115,目录号 6,案卷号 12014,第 9—10 页。
④ 四川省档案馆·四川省民政厅,全宗号 54,目录号 6,案卷号 7404,第 161 页。
⑤ 四川省档案馆·四川省民政厅,全宗号 54,目录号 6,案卷号 7404,第 172 页。
⑥ 四川省训练团编印:《工役法令》,1940 年,第 1 页。
⑦ 四川省档案馆·四川省民政厅,全宗号 54,目录号 6,案卷号 7404,第 72 页;成都市档案馆·成都市政府,全宗号 38,目录号 12,案卷号 1650,第 4 页;《国民工役法》,《四川省政府公报》第九十二期,1937 年出版,第 39 页。

1939 年为修筑温江皇天坝机场,航空委员会建筑西川机场委员特制颁发的《修筑温江皇天坝飞机场各市县征调民工须知》第二十二条规定:工竣后如工程处所发经费不敷用时,俟将收支计算书呈报核明,依其不敷之款,再依照规定筹收代工金补还垫款。①

1940 年 7 月 24 日四川省征工委员会第三次常务委员会会议议决:"各县在本年四月一日以前,确有垫款未清者,准其查明当日应出工而未征工之各户,酌收代役金,以资抵补。"故 1940 年 9 月四川省兼理主席蒋中正令德阳县县长周德修仍照代工金标准摊借,以归还借垫扩修太平寺机场民工伙食。②

基于代役(工)金的重要性、合法性,故以此为归垫途径,成为办理国防工役县普遍采用的措施。

1937 年广汉县征收代工金共银 21637.1 元。③ 1938 年璧山县为修筑白市驿机场而垫款 14904.03 元,以代工金归垫。④

1940 年邻水县征调 2 万名民工,修筑汉渝公路,垫款 6 万元,筹集代工金归垫。⑤

征收代役(工)金,贴补国防工程实际需要费用或归还垫款,实也为令行政策。

1938 年为修筑重庆广阳坝机场,四川省政府训令:各级队长旅食津贴办公费暨民工炊爨器具、旗帜、徽章、搭棚等费得由各县依照《收支代工金暂行规则》征收代工金,以备应用。⑥

1939 年 12 月至 1940 年 12 月,璧山县实征 800 人,修筑白市驿机场。该

---

① 四川省档案馆·四川省民政厅,全宗号 54,目录号 1,案卷号 1578,第 16 页。
② 四川省档案馆·四川省民政厅,全宗号 54,目录号 3,案卷号 7334,第 110—111 页。
③ 四川省档案馆·四川省民政厅,全宗号 54,目录号 4,案卷号 9438,第 87—88 页。
④ 四川省档案馆·四川省民政厅,全宗号 54,目录号 8,案卷号 10696,第 197—198 页。
⑤ 四川省档案馆·四川省政府征工事务管理处,全宗号 116,案卷号 450,第 34 页。
⑥ 四川省档案馆·四川省民政厅,全宗号 54,目录号 3,案卷号 7763,第 74 页。

县财委会借垫 18500 元,奉令准收代工金抵补,以筹归还。①

最后,再深入研究如何征收代役(工)金及实际征收情况:代役(工)金在一些工役款粮收入中所占份额、作用。

1937 年四川省自卫工程、筑路工程和水利工程共收代役金 288325 元,甚至出现折缴代役金人数大大超过服役人数,如遂宁筑路工程征用民工人数为 39750 名,而折缴代役金的人数竟为 85640 名。② 1937 年灌县奉令征用 140 人扩修成都凤凰山机场土方滚压工程,折缴代役金人数为 550 人,款数为 3900 元;征用 275 人整修该县水利,折缴代役金人数竟为 1200 人,款数为 60 万元③。

在修筑白市驿机场(1938 年 11 月至 1939 年 6 月底),公路以碎石方价较大(每方 5 元),征工各县皆有盈余。实用民石工将近 200 万工,实支伙食费 47 万余元(连公路在内)。除领得方价及各项补助费外,尚须赔垫方价 2 万余元,各项自支经费在外。④ 各县实赔款数共计 92069.8 元,其中合川县 35159.38 元、巴县 18712.62 元、铜梁县 14773.97 元、璧山县 5982.54 元、大足县 4639.78 元、江北县 4343.11 元、綦江县 4058.98 元、永川县 2678.62 元、江津县 1709.8 元、荣昌县 710.4 元、实验区 391.71 元。各县征收代工金以资弥补。⑤

代役(工)金既为法定通则,又被广泛应用。这样一来,有的则征收后,再呈报。1939 年 6 月四川省第四区行政督察专员王锡圭,转呈同年同月蒲江县县长谢从根呈《航空委员会建修新津机场蒲江县民工总队部造具建修机场收入计算书》予省府核示。

———————————

① 四川省档案馆·四川省政府征工事务管理处,全宗号 116,案卷号 450,第 81 页。
② 四川省档案馆·四川省民政厅,全宗号 54,目录号 6,案卷号 7404,第 141 页。
③ 四川省档案馆·四川省民政厅,全宗号 54,目录号 6,案卷号 7404,第 140 页。
④ 重庆市档案馆·北碚管理局,全宗号 0081,目录号 3,案卷号 437,第 200—201 页。
⑤ 重庆市档案馆·北碚管理局,全宗号 0081,目录号 3,案卷号 437,第 200 页。

表 8-12　航空委员会建修新津机场蒲江县民工总队部造具建修机场收入计算书

（自 1938 年 11 月 1 日起至同年 12 月 12 日止）

| 科目 | 两个月另十二日收入计算数 |
|---|---|
| 第一款　民工总队部经费 | — |
| 第一项　工程处伙食津贴 | 3752.01 |
| 第二项　县财委会拨款 | 2830.31 |
| 合计 | 6582.32 |

注:本计算全部收入数目除在航空工程处领取民工伙食津贴外,不足之数暂由县财委会就地方款项下垫支,已另筹代工金如数归还。

资料来源:四川省档案馆·四川省民政厅,全宗号 54,目录号 4,案卷号 10888,第 152 页。

由表 8-12 可见,代工金数额虽少于工程处拨款,但在收入中也不可小觑。同时,垫还了县财委会支出的钱款而在一定程度上略微资助了地方开支。筹集的代工金,在特定情况中,填补了国防工程下拨款入不敷出部分。这实质上从微观层面具体显示了民众在战争中的财力物力贡献。

1939 年 1 月 5 日至 2 月 5 日,崇宁县征调 1600 名民工修筑彭宝路路面。经费来源:各联保筹集代工金 18119.98 元,四川公路局应发津贴 2499.3 元(只发下现款 200 元)。竣工后,将现存、欠缴、挪用之款付还财委会存款外,彭宝路代工金实应存 7754.5 元。[1]　可见,代工金在此次工程经费中,占绝对优势。1938 年 12 月至 1939 年 1 月彭县民工 6000 名修筑公路。工程处发津贴 6580 元,彭县筹代工金 12312.2 元。[2]　代工金的数额近于工程处所发款项的二倍。

1940 年梁山县征工修筑梁山机场。该县全部工款不过 16530 元,自筹的变相代工金在 3 万元以上。[3]

代役(工)金有时如此举足轻重,如何征收? 下文剖析有关代役(工)金征收上的政策规定和各县(市)的实际措施。

战时,中央和地方对代役(工)金的征收对象、数目、方法和支配程序等都

---

[1]　四川省档案馆·四川省民政厅,全宗号 54,目录号 7,案卷号 10031,第 89—100 页。

[2]　四川省档案馆·四川省民政厅,全宗号 54,目录号 7,案卷号 10275,第 77 页。

[3]　四川省档案馆·四川省政府征工事务管理处,全宗号 116,案卷号 36,第 46 页。

制定了重要的政策。相关重要法规有《国民公役法》（1937 年 7 月）、《国民工役法施行细则》（1937 年 10 月）、《修正四川省非常时期征工服役暂行办法》（1942 年 3 月）、《四川国防工程征工各县（市）办理代役金实施办法》（1942 年 10 月）、《四川省各县（市）地方建设征工服役暂行办法》（1942 年 11 月）。

《国民工役法》第七条规定，因职业或其他关系不能应役者，得觅人代役或纳相当代役金，其数额由县市政府酌定，每日不得超过 0.5 元。① 征工以亲身服役为原则。每保缴纳代役金的名额，不得超过该保应征民工名额的半数。② 《国民工役法施行细则》第六条规定，人民缴纳代役金时，应向乡镇区公所或联保主任办事处，陈明理由，或呈附证明文件，转请报县市政府核准，否则仍以抗不应征论。请求经核准后，乡镇区公所或联保主任办事处应将其姓名、事由、住址公布，并备簿册登记，以凭考查。③

《修正四川省非常时期征工服役暂行办法》第八条规定，"凡应征壮丁，如因职业或其他关系，不能亲身服役者，得缴代役金，免其服役，须顺次下推一名递补，仍以一次征足该甲应征工额为止。每保缴纳代役金之名额不得超过该保应征民工名额之半数。代役金，应按本次工役预定之日数，每日以当地两市升米价为标准，由县府召集各机关法团，议定征收各乡保所集之代役金，应储作补助工具费及分发赤贫工人赡养费之用"④"依此条规定，省府制定《四川

---

① 四川省档案馆·四川省民政厅，全宗号 54，目录号 6，案卷号 7404，第 71 页；成都市档案馆·成都市政府，全宗号 38，目录号 12，案卷号 1650，第 3 页；《国民工役法》，《四川省政府公报》第九十二期，1937 年出版，第 38 页；何应钦讲：《兵役与工役》，1940 年，未公开出版，原件存于重庆市图书馆民国文献阅览室，也可见国家图书馆南区缩微文献阅览室，第 11 页；四川省训练团编印：《工役法令》，1940 年，第 19 页。

② 四川省档案馆·四川省建设厅，全宗号 115，目录号 2，案卷号 3604，第 99 页。

③ 四川省档案馆·四川省民政厅，全宗号 54，目录号 6，案卷号 7404，第 74 页；四川省训练团编印：《工役法令》，1940 年，第 23—24 页。

④ 中国第二历史档案馆·国民政府行政院，全宗号二，案卷号 8384，第 30—31 页，缩微胶卷号：16J-1408；四川省档案馆·四川省建设厅，全宗号 115，目录号 2，案卷号 3604，第 99 页；四川省档案馆·四川省特种工程征工处，全宗号 116，案卷号 145，第 43 页；四川省档案馆·四川省特种工程征工处，全宗号 116，案卷号 20，第 6 页；重庆市档案馆·北碚管理局，全宗号 0081，目录号 4，案卷号 1642，第 5 页；《修正四川省非常时期征工服役暂行办法》，《四川省政府公报》第二百九十九期，1937 年出版，第 7 页。

国防工程征工各县（市）办理代役金实施办法》，详细规定了代役金的征收程序和支用分配。请免工役人或其家长备具申请书，送出该管保甲长呈由乡镇公所核定，并转呈县政府备查。县政府依《修正四川省非常时期征工服役暂行办法》规定，召集当地各机关法团，议定本次代役金米价折合法币的金额，于下令征调时，同时公布。各县（市）征收代役金，由乡镇公所主办，保办公处协助。每保每次缴纳代金的名额，不超过该保本次应征民工名额的半数。各乡镇征用民工完竣后，立即造具请免工役壮丁清册，连同所收的代役金，呈解县（市）政府核收，并分级榜示公布。征款限期，由乡镇镇公所决定公布，以在各乡镇民工队部集中出发前五日缴清为限。各县（市）工役代役金，由该县（市）政府存储于县（市）银行，以80%作为赤贫民赡养费，以20%作为用具补助费。各县（市）应征之民工如确系赤贫，在服役期间，其家庭生活无法维持，得请领赡家费。由该管乡镇保甲长查核属实，出具证明书，呈由县（市）政府一次核发，金额由县（市）政府斟酌情形决定。县（市）政府将每次征收代役金数目，保管情形及动用经过，呈报省政府查核。征收代役金，由县（市）政府依照规定式样，制备收据，盖印发交乡镇公所转给缴款人收执，经手人并于收据上加盖名章，以便查核。县（市）政府分配赤贫民工赡家费，除榜示公布，并令主管乡镇公所同时公布外，应于工程完竣后，编造清册，连同代役金收支凭证，遵照《四川省各县征工用款报销须知》第三项，专案呈报省政府核销。① 该法第三十三条规定，"应领各费不敷支出时，县政府召集各公共法团开会讨论在所收代役金项下清结补还办法，呈准省政府核定拨补。由县召集各公共法团开会，议具清结补还办法，呈请省府

---

① 四川省档案馆·四川省特种工程征工处，全宗号116，案卷号22，第113—114页；重庆市档案馆·北碚管理局，全宗号0081，目录号4，案卷号1640，第8页；重庆市档案馆·四川省第三区行政督察专员公署，全宗号0055，目录号3，案卷号254，第6—7页；《四川国防工程征工各县（市）办理代役金实施办法》，《四川省政府公报》第三百五十期，第8页。

核定。①

在遵循法规的基础上，各县（市）征收代役（工）金，依实际情况又有不同的征收标准，如按每人、每工、每户、每日、每保、每区、经济状况或保甲经费。下面从工程分类，具体分析各县如何运用这些标准，征收代役（工）金。

①公路

1937 年 6 月璧山县为整理川黔公路遂壁段而征调民工，规定"富室有不愿工作者，得自请强壮勤能之人代工，或自请其佃户代工。其代工费定每日 0.3 元，由雇工人按工先算给代工。如系佃户代工，亦可在应纳租谷或佃金内坐扣。"②

1938 年军事委员会委员长行营征集民工修筑川康公路，规定被征民工不能亲身到工得雇人自代，或出代工金交保长代雇或作补贴该队伙食之用。代工金每工单价由县筑路委员会酌定，以不超过 0.3 元为原则。③

行营电令彭宝公路 1939 年 1 月 5 日至 2 月 5 日完工。省府令彭县，除领津贴外，不敷之数由县财务委员会就地方公款内挪用，并遵照规定筹代工金归垫。④ 县财委会印制修筑彭宝公路代工金三联单据，加盖县印。根据《征收代工金条例》，每工征收 0.3 元，自三工 0.9 元起征。其不能负担三工者，概予豁免。计分 0.3 元、0.9 元、1 元、0.5 元、3 元五种收据，配发各联保给据征收，以利工程而济急需。⑤ 公路局估计崇宁县 3.2 万工。该县略予增加，而向恒产

① 中国第二历史档案馆·国民政府行政院，全宗号二，案卷号 8384，第 47—48 页，缩微胶卷号：16J-1408；四川省档案馆·四川省建设厅，全宗号 115，目录号 2，案卷号 3604，第 104 页；四川省档案馆·四川省特种工程征工处，全宗号 116，案卷号 145，第 49 页；四川省档案馆·四川省特种工程征工处，全宗号 116，案卷号 20，第 11 页；重庆市档案馆·北碚管理局，全宗号 0081，目录号 4，案卷号 1642，第 10 页；成都市档案馆·四川省第一区行政督察专员公署，全宗号 134，目录号 5，案卷号 278，第 135 页。

② 重庆市档案馆·四川省第三区行政督察专员公署，全宗号 0055，目录号 5，案卷号 7，第 56 页。

③ 四川省档案馆·四川省民政厅，全宗号 54，目录号 6，案卷号 8019，第 121 页。

④ 四川省档案馆·四川省民政厅，全宗号 54，目录号 8，案卷号 10890，第 58 页。

⑤ 四川省档案馆·四川省民政厅，全宗号 54，目录号 8，案卷号 10890，第 105 页。

者征收代工金 19040 元作为筑路经费开支。各保长按照该保摊派名额,共需经费一次筹足,出发前一日,交由联保主任转缴区署转缴县府解送。如有应出代役金而抗拒者,由联保主任报请区署转请惩办。代工金之收支保管由征工会议推举事务主任负责办理,由县府监督。①

1940 年西昌县为在 10 月完成拖乌、乌大、建泸三段公路工程,县府特于 7 月 22 日召开第四十三次会议,决议征民工 9000 名、工粮 9000 石、代工 9000 工(以每名 60 元计算,筹款 57.6 万元)。②

修筑公路征收代工金,典型体现在 1938 年征工各县为川滇公路解决经费问题上。

隆昌县、泸县、纳溪县、叙永县、古蔺县、合江县、古宋县奉令修筑川滇公路川境路线。泸县民工伙食连同管工人员伙食及一切必要开支,共需款 21.4 万余元。除应领民工奖金约 8 万元外,其余不敷 13 万余元,均由地方筹集。泸县采用征收代工金之法筹集资金。规定凡未应征筑路之壮丁一律缴纳代工金。按各壮丁家庭经济状况,分为 3 元、2 元、1 元三种征收。多者负担 3 元,少者负担 2 元或 1 元,赤贫者免收。先就富户未应征壮丁及漏报壮丁与据报役龄壮丁者征收。如能就负担较多之户,收足 13 万余元之数即不再收,统由筑路委员会开收据,注明数额(分 3 元、1 元两种,3 元系蓝字,1 元系黑字),发交各区署转发各联保办公处后征收。③ 代工金之数(13 万元)远超过工程处所发民工奖金之数(8 万元)。唯纳溪县、叙永县、古蔺县三县或壮丁稀少,或路线过长而地方贫瘠,有待于财力之援助。第七区行政督察专员并泸县县长程懋型召集会议,商定协助纳溪县、叙永县、古蔺县筑路办法。合江县帮助纳

---

① 成都市档案馆·四川省第一区行政督察专员公署,全宗号 134,目录号 8,案卷号 98,第 83—89 页。

② 中国第二历史档案馆·国民政府行政院,全宗号二,案卷号 5178,第 144 页,缩微胶卷号:16J-1270。

③ 中国第二历史档案馆·国民政府,全宗号一,案卷号 6646,第 51 页,缩微胶卷号:16J-2706。

溪县修筑 20 公里,共需 40 万余工,并自筹 6.5 万余元应用。古宋县帮助叙永县修筑 10 公里,共需 13 万余工,并自筹 1.6 万余元应用。另由隆昌县、泸县各帮助叙永县建筑 10 公里。该两县均因修筑县境公路,征用民工。且叙永县有壮丁 5 万余人,仅需财力接济,分别以 2.6 万余元及 1.7 万余元代工。富顺县帮助古蔺县修筑 20 公里,因距离过远,且古蔺县仅需财力协助,故以 6.2 万余元代工。所有帮工人数分两期征集。帮助经费,除泸县因修筑县境公路,曾已布告征收代工金 13 万余元,此次协助叙永县 1.7 万余元,拟在 1938 年及 1939 年发还田赋附加之善后公债计 10%。① 具体情况详见表 8-13。

表 8-13　川滇东路邻县帮工数量约估

| 原任县名 | 协助县名 | 里程长度(公里) | 共需工数(个) | 工人伙食费(每工每日0.2元) | 共需款数(元) | 行营津贴(元) | 县自筹代工金(元) |
|---|---|---|---|---|---|---|---|
| 纳溪 | 合江 | 19.408 | 466762 | 93352 | 102687 | 36998 | 65687 |
| | | 18.483 | 439311 | 87862 | 96648 | 34829 | 61819 |
| 叙永 | 隆昌 | 10 | 195332 | 39066 | 42973 | 16691 | 26282 |
| | 泸县 | 10 | 144210 | 28842 | 31726 | 13784 | 17942 |
| | 古宋 | 10 | 135992 | 27198 | 29918 | 13019 | 16899 |
| | | 75 | 1374010 | 274802 | 302282 | 119745 | 182537 |
| 古蔺 | 富顺 | 20 | 460042 | 92008 | 101209 | 38660 | 62549 |
| | | 35 | 919890 | 183976 | 202376 | 73257 | 129119 |
| 隆昌 | | 9.078 | 125156 | 25031 | 27534 | 9124 | 18410 |
| 泸县 | | 66.982 | 1024671 | 204930 | 225423 | 76640 | 148777 |

注:笔者根据档案资料改编。

资料来源:四川省档案馆·四川省民政厅,全宗号 54,目录号 6,案卷号 7633,第 12—13 页;中国第二历史档案馆·全宗号二(3),案卷号 3644,第 14 页,缩微胶卷号:16J-2061。

从表 8-13 中可以看出,5 县在担负该县或协助他县筑路自筹的代工金数都远多于行营津贴,一般为一倍以上,多则二倍。可见,代工金有时在工役经

---

① 四川省档案馆·四川省民政厅,全宗号 54,目录号 6,案卷号 7633,第 10—11 页。

费来源中占有极其重要的地位。如为修筑经过县境内的川滇公路路段，隆昌县自筹代工金18410元，而行营津贴为9124元；泸县自筹代工金148777元，而行营津贴为76640元。可见，两县的自筹代工金皆为行营津贴的二倍。合江县助纳溪县筑路，自筹代工金65687元、行营津贴36998元，代工金是行营津贴的近1.8倍。隆昌县叙永县溪筑路，自筹代工金26282元、行营津贴16691元；富顺县助古蔺县筑路，自筹代工金62549元、行营津贴38660元。可见，两县自筹代工金是行营津贴的近1.6倍。

②机场

1937年郫县奉令征调民工扩修成都凤凰山机场，计实支出洋25252.48元。除在机场工程处领有津贴洋9949.94元外，实由县金库垫支15302.54元。省府训令，以保甲费及其他收款成例为标准，征收代工金，以归垫。① 故此代工金全部为归还县金库垫支民工费用。

1937年年底德阳县奉省府令，扩修凤凰山机场，民工费用饬由征收代工金，以资归垫县财务委员会垫支民工伙食费1万元。1938年10月7日德阳县召集机关法团开临时行政会议，关于征收代工金办法，经众议决：于本年征收下期保甲捐时，于票面加盖戳记，附征代工金1万元归还。田地产以正粮0.07元起征，完全由业户担负，以免苛扰佃农。同年11月16日，省府核准此议决②。

1937年成都机场划定广汉民工工区。除工程处按每公方给津贴0.15元，共可领2千余元，不敷约8千元。该县预备费1937年度仅1.3万余元。若照令弥补，将影响全年度计政。③ 依照《国民工役法》第七条规定，同年11月省府准予广汉县对民工津贴不敷之数采取对该县每户征收代工金0.3元作

① 四川省档案馆·四川省民政厅，全宗号54，目录号4，案卷号9438，第41—42页。
② 四川省档案馆·四川省民政厅，全宗号54，目录号3，案卷号7334，第213页；四川省档案馆·四川省民政厅，全宗号54，目录号4，案卷号9438，第6—9页。
③ 四川省档案馆·四川省民政厅，全宗号54，目录号6，案卷号7749，第108页。

为弥补。[①]

1937年至1938年新都实验县先后奉省府电令,三度征工修筑成都南北两郊机场。奉令扩修之初,以感于民工每日所得津贴不敷伙食,乃遵照省府1937民字第三五四号训令,征收代工金之原则,召集各区联保开会议决,第一次按甲筹募3元;第二次按田,每亩(旧亩)出米1升折洋0.11元,总计共实收到16886.044元。[②]

1937年至1938年扩修成都凤凰山机场。省府令金堂县依照保甲经费标准筹集8000元代工金。[③] 什邡县政府造具的扩修成都凤凰山机场征调民工经费预算书,用数与领数比较,相差14530.2元。什邡县县长召集机关法团会议,经议决不敷之数在1937年上期保甲经费内附加代工金1倍,以作贴补。以全县保甲经费收数计算,约可附收1.68万元,尚余2269元,拟作为添补民工工作器具费。[④] 彭县先后征调民工7500人修筑凤凰山机场,除在工程处所领经费不计外,尚垫支口食连同征调民工往返伙食以及民工总队部搭盖工棚、添置工作器具等一切开支,约为2万元。省府明令,以保甲经费收款成例为标准,设法筹还。县府印制征收扩修机场代工金三联收据,计0.6元1.37万张,0.3元4.1万张,共计20520元,加盖县印。根据1936年各区各联保所报保甲经费定数,分发各区募收代工金。[⑤] 该县已收代工金17162元,除发还财委会挪垫不敷之款外,计应实存未收代工金3100余元。省府令彭县照规定继续追收,移作1938年修筑太平寺机场的民工费用,因规定支给土方津贴及与民工在途口食两种。[⑥] 华阳县1937年11月19日呈,迄呈文在凤凰山机场工作已50余日,前40日中每日连同队长民工等计算2300人至2500人,从11月上旬

---

① 四川省档案馆·四川省民政厅,全宗号54,目录号6,案卷号7749,第106页。
② 四川省档案馆·四川省民政厅,全宗号54,目录号4,案卷号9438,第111页。
③ 四川省档案馆·四川省民政厅,全宗号54,目录号6,案卷号7749,第110页。
④ 四川省档案馆·四川省民政厅,全宗号54,目录号6,案卷号7749,第133页。
⑤ 四川省档案馆·四川省民政厅,全宗号54,目录号8,案卷号10702,第55页。
⑥ 四川省档案馆·四川省民政厅,全宗号54,目录号7,案卷号9020,第78—81页。

起因加工建筑每日约计 2300 人,其间不敷经费 2.6 万元。财政厅令该县以保甲经费或其他收款成例为标准征收代工金,而驳回该县呈文请求随粮附加之议。① 郫县为开支民工费用而征收代工金 15302.54 元。② 省府准四川省省会警察局缴纳代工金,每工 0.3 元。③ 1937 年 10 月 11 日开工至 1938 年 2 月 16 日,华阳县征调民工扩修成都凤凰山机场。时经 4 月,工达 17 万余名之多,共去洋 32075 元。收入方面,领得土方津贴 12375.31 元,罚金 18.43 元,共筹代工金 22247.5 元(每保 10 元),总共收入 34641.24 元。收支相较则存现款 2566.24 元,由财委会接收保管。④ 代工金是工程处所发土方津贴的近 2 倍,保障了修筑期间所需经费且有余。简阳县奉令于 11 月 12 日征足民工 1500 名,编为十二中队,送往机场工程处验收工作。工作以来,除领得工程处所得津贴外,已由该县财委会垫用 5000 多元。遵照民、建两厅决议,被征各县民工不敷费用准由各县自行筹集。简阳县在全县 1618 保中,每保征取代工金 11 元,共计可收 17798 元,作为民工中途往返及到场工作,与队长津贴、工具补充、医药消耗及其他费用之需。由县统筹收支,事竣以后,再为检据报核,并由县印制三联收据征收。⑤

1938 年 1 月,四川省政府令璧山县政府征调民工 1000 名,修筑重庆广阳坝机场,并饬依照《收支代工金暂行规则》,征收代工金,以备应用。奉令后,省府当经令饬财委会遵照奉颁暂行规则,议决照暂行规则第二条:每工每日征洋 0.3 元之额数征收。由财委会制就收据,送府会印,分发各区。收缴时,财委会保管,发给民工大队部支付。⑥

1938 年《征工修筑白市驿机场计划大纲》中规定,凡应服工役而不愿服工

---

① 四川省档案馆·四川省民政厅,全宗号 54,目录号 6,案卷号 7750,第 81、83 页。
② 四川省档案馆·四川省民政厅,全宗号 54,目录号 8,案卷号 10702,第 88 页。
③ 成都市档案馆·成都市政府,全宗号 38,目录号 12,案卷号 1209,第 114 页。
④ 四川省档案馆·四川省民政厅,全宗号 54,目录号 8,案卷号 10702,第 49—50 页。
⑤ 四川省档案馆·四川省民政厅,全宗号 54,目录号 6,案卷号 7750,第 120—121 页。
⑥ 四川省档案馆·四川省民政厅,全宗号 54,目录号 3,案卷号 7763,第 18 页。

役或未被征调服役者,得改征收代役金。凡各县奉准征收代役金及罚金应由县政府制发四联收据:一联发给纳款人,一联缴呈县政府,一联转呈机场建筑委员会,其存根一联存区署备查。① 第三行政督察区专员沈鹏令合川县、綦江县、巴县、江北县等征工各县,以每保 15 元为标准,征收代役金,因嘉陵江三峡乡村建设实验区署情形特殊,每保(共有 128 保②)25 元。征收的代工金专作民工旅费、奖金、器具及事务费之用。③ 綦江共收入代工金计 8895 元。④ 合川每保(共有 785 保⑤)派征代工金 40 元(未经呈准,自行派收)⑥,收各区署实验乡筹定应缴代工金 49720 元(经费收入共 124739.54 元)。⑦ 嘉陵江三峡乡村建设实验区署估计本区应担任征做若干名。统计本区壮丁除免役缓役外,应有若干壮丁摊做若干工。每工依保甲经费调查,按贫富分等,征收代役金:甲等 0.5 元;乙等 0.4 元;丙等 0.3 元;丁等 0.2 元。依每一壮丁应担负工日征收代役金额。代役金总数以能完成修筑机场及其用具等费为准。制征收代役金以交各联保,以实征《国民工役法》办。自愿受征合格作工者,作工一日给资 0.35 元至 0.5 元。被抽签征工合格而自不愿受征者,要加倍征收免役金额,此项金额给予自愿受征而合格者,以作为奖励。⑧

1938 年合江县奉令征调民工 1000 名,到广阳坝机场工作。该县地方经费拮据万分,从当年 4 月 1 日起各机关应领经费,均系上年成例暂支八折,须俟秋后收入充裕,再行补足。尚感现状难维,实属无款可挪,以津贴民工。不得已,由县府制发三联收据,通饬各区联保,每保垫洋 15 元,按照现定征收代

① 重庆市档案馆·北碚管理局,全宗号 0081,目录号 3,案卷号 437,第 3 页。
② 四川省档案馆·四川省民政厅,全宗号 54,目录号 6,案卷号 7562,第 193 页。
③ 重庆市档案馆·北碚管理局,全宗号 0081,目录号 3,案卷号 437,第 162 页。
④ 重庆市档案馆·北碚管理局,全宗号 0081,目录号 3,案卷号 437,第 192 页。
⑤ 四川省档案馆·四川省民政厅,全宗号 54,目录号 6,案卷号 7562,第 193 页。
⑥ 重庆市档案馆·北碚管理局,全宗号 0081,目录号 3,案卷号 437,第 174 页。
⑦ 重庆市档案馆·北碚管理局,全宗号 0081,目录号 3,案卷号 437,第 170 页。
⑧ 重庆市档案馆·北碚管理局,全宗号 0081,目录号 3,案卷号 437,第 57—58 页。

工金,归还原派垫款,并将前此收缴财务委员会数目列单报核。①

1938年邻水县奉令征工1000名,修筑重庆广阳坝机场。在工程处应领挖方经费之外,实垫支洋13000元。此项支款系由县财委会在外挪借及暂挪各机关、学校经费支付。同年7月9日省府批准该县收代工金归还。此法是照省府前令颁发该县《扩修成都凤凰山飞机场民工津贴办法》第四项之规定,在县征收保甲经费收据上,加盖条戳,附带征收代工金。为广阳坝机场征收代工金的具体操作办法为,每分粮附征0.0225元,于1938年征收保甲经费时,收据上加盖条戳,附带征收。②

1938年德阳县奉令建修双流双桂寺机场。在工程处领用土方价款14449.81元③,在地方公款项下挪垫1.3万元④。1939年省府令德阳县照建筑凤凰山机场归垫先例,按保甲经费数目摊收代工金13057.77元,以资归垫。⑤ 怎么摊征?摊征代工金具体办法,自占粮七分以上起数,查七分以上粮额,共计7896.3743两;又房屋估价工商资本以100元作粮七分,共计得粮264.735两。两项合计得粮8161.1093两,以应征代工金13000元平均摊算,每粮1两,应摊征代工金1.6元。计共摊得洋13057.77元。⑥

荣昌县1938年11月至1939年7月征工修筑白市驿机场,1939年12月至1940年8月底征工扩修该机场,两次由财委会共垫洋16000余元。照保甲等级及地方贫富为标准,征收代工金归垫。⑦

1939年,什邡县征工修筑双流双桂寺机场。省府查该县征工修筑双桂寺机场,关于民工经费收支计算,尚未据报。所有应由工程处发给经费及不敷数

---

① 四川省档案馆·四川省民政厅,全宗号54,目录号3,案卷号7763,第2—4页。
② 四川省档案馆·四川省民政厅,全宗号54,目录号3,案卷号7763,第73—75页。
③ 四川省档案馆·四川省民政厅,全宗号54,目录号1,案卷号1633,第373页。
④ 四川省档案馆·四川省民政厅,全宗号54,目录号1,案卷号1633,第371页。
⑤ 四川省档案馆·四川省民政厅,全宗号54,目录号1,案卷号1634,第369页。
⑥ 四川省档案馆·四川省民政厅,全宗号54,目录号1,案卷号1633,第28—38页;四川省档案馆·四川省民政厅,全宗号54,目录号1,案卷号1634,第371—374页。
⑦ 四川省档案馆·四川省政府征工事务管理处,全宗号116,案卷号161,第46—47页。

目,究竟若干,未经核明,所请派收代工金归还垫款之处,本与规定不合。唯据称修筑机场工程,该县财务委员会垫支过巨,均属实情,省府核准征收 15000 元代工金归垫。此项核准的代工金随同保甲经费代征。什邡县保甲经费自 1939 年上季起,即奉省令加盖戳记于粮票上,随同粮税并票附征。因保经既系随粮征收,核准的代工金数额,自应遵令按照县属粮额摊征,而并入 1939 年下季粮税办理。县属可摊征粮额为 5815 两,每两附征 2.6 元,合计约收 15100 元。①

1939 年,崇庆县在修筑温江皇天坝机场时,不敷民工经费 3237.95 元。省府准如请,就该县修筑太平寺机场民工代工金余款 3313.17 元项下,移用归垫。②

1940 年乐至县奉令征调民工 2000 名,修筑双流马家寺机场。实共征民工 2384 名,每名每日拨给伙食津贴 0.4 元,以两个月计算,每名为 24 元,合计 57216 元。根据征工筹代工金之规定,由各保筹集足数,即以此为民工伙食津贴。③

1941 年大足县征调民工 2000 名,修筑登云桥机场。应征壮丁如因职业或其他关系,不能亲身服役者,得按工役预定日数,每日缴纳代役金 4 元,免其服役。此项代役金由乡镇公所统收,制给收据,备作优待民工的开支,并分次表报县府备查。④

1937 年 7 月国民政府公布的《国民工役法》是征收代役(工)金的基本法律依据。四川省政府 1939 年 2 月转发建筑西川机场航空委员会制定的《修筑飞机场各县征调民工须知》、1940 年 2 月成都行辕订颁《四川省非常时期征工服役暂行办法》和 1942 年四川省政府制颁的《修正四川省非常时期征工服役

① 四川省档案馆·四川省民政厅,全宗号 54,目录号 1,案卷号 1634,第 357—360 页。四川省民政厅,全宗号 54,目录号 1,案卷号 1633,第 317—321 页。
② 四川省档案馆·四川省民政厅,全宗号 54,目录号 1,案卷号 1580,第 439—441 页。
③ 四川省档案馆·四川省政府征工事务管理处,全宗号 116,案卷号 209,第 24—25 页。
④ 四川省档案馆·四川省特种工程征工处,全宗号 116,案卷号 117,第 90—91 页。

暂行办法》《四川国防工程征工各县(市)办理代役金实施办法》。

这些法令对代役(工)金的征收作了原则的规定。具体征收则操之于征工各县。

从项目上,代役(工)金主要来源于田赋、保甲捐、保甲经费。如 1937 年 10 月至同年 12 月,双流县征工扩修凤凰山机场,收入经费为 1763097 元,其中在田赋附加征收代工金 1637229 元[①](按粮计成,每两征收代工金 0.1 元[②])。可见,代工金在此次征工经费来源中占绝对分量。征工修筑机场垫支公款,遵照规定,应筹代工金归还。其征收办法多以保甲捐标准,制定记名票据,发交各区联保负责收缴。[③] 1938 年嘉陵江三峡乡村建设实验区为修筑白市驿机场,依每一壮丁应担负工日征收代役金额。1939 年什邡县征调民工 1912 名,赶筑双流城外附近双桂寺机场。经结算,财务委员会及各联保设法垫支 22937.2 元。省府核准,依照核定支付预算数额内,按收保甲经费之标准,全县先行摊收代工金 15000 元,妥为保管,以备归还垫款之用。以核定之 15000 元按粮计摊,每两附征 2.6 元,合计约收 15100 元。[④]

从方式上,征工县份主要是采用不同标准如按区、保、壮丁人数、贫富状况等征收代役(工)金。

1937 年简阳县扩修成都凤凰山机场。民建两厅召集专员、县长会议议决案,每保筹代工金 10 元。第一区至第六区共 1618 保,则共筹代工金 16180 元。[⑤] 同年 11 月,彭县奉令征收扩修成都凤凰山机场代工金。该县共印制红色收据、绿色收据二种。红色收据征洋 0.6 元,绿色收据征洋 0.3 元。实据各

---

① 四川省档案馆·四川省政府征工事务管理处,全宗号 116,案卷号 203,第 7 页。
② 四川省档案馆·四川省政府征工事务管理处,全宗号 116,案卷号 203,第 5 页。
③ 四川省档案馆·四川省政府征工事务管理处,全宗号 116,案卷号 173,第 66 页。
④ 四川省档案馆·四川省民政厅,全宗号 54,目录号 1,案卷号 1633,第 317—321 页;四川省档案馆·四川省民政厅,全宗号 54,目录号 1,案卷号 1634,第 358—359 页。
⑤ 四川省档案馆·四川省民政厅,全宗号 54,目录号 4,案卷号 9438,第 71—73 页。

区缴到洋 20416.8 元。①

1939 年修筑白市驿机场的永川、江北、江津、巴县、大足、璧山、合川、铜梁、荣昌、綦江各县，皆以每保 15 元为标准征收工金。嘉陵江三峡乡村建设实验区以情形特殊，每保 25 元为标准征收工金。②

1939 年 12 月至 1940 年 8 月，荣昌县迭次奉令征送民工建筑白市驿机场。所垫各级队长伙食津贴、办公与垫付民工伙食等必要费用，共计洋 16000 余元。该县就各镇乡贫富，以为摊征代役金等级标准，综计全县应征总数为 16400 元；而未遵命省府训令：查明当时应出工，而未出工之各户，酌收代役金，以资抵补③。因训令触及地方一些士绅、地主利益。

1940 年彭水县实征 3500 余人，修筑秀山机场。因方价不敷，垫款 47000 元，以应出工而未征工之各富户，酌收代役金归垫。④

1941 年安岳县奉令征调民工 4000 名，修筑大足机场。各乡镇代役金共计征收 18 万元。以未服役壮丁数目为标准，并参酌各乡镇富力分配之。⑤

(2)筹周转款粮

四川省政府明确规定：各征工县府在未领得应得方价及各项补助费以前，为便利工程计，筹集周转款粮。⑥ 周转款粮实际上大多为临时据需用而向民间强行摊派。以何种具体方式筹，则无定则。

1938 年铜梁县第二区建筑广阳坝机场，收各乡镇周转费洋 5899.6 元，区属旧有 301 保，每保以 19.6 元结算。⑦

1941 年邛崃、金堂两县修筑新津特种工程。邛崃因方价不敷，且地方财

---

①　四川省档案馆·四川省民政厅，全宗号 54，目录号 4，案卷号 9438，第 3 页。

②　重庆市档案馆·北碚管理局，全宗号 0081，目录号 3，案卷号 437，第 162 页。

③　四川省档案馆·四川省政府征工事务管理处，全宗号 116，案卷号 524，第 155、204 页。

④　四川省档案馆·四川省民政厅，全宗号 54，目录号 1，案卷号 1998，第 31—32 页。

⑤　四川省档案馆·四川省政府征工事务管理处，全宗号 116，案卷号 227，第 14 页。

⑥　四川省档案馆·四川省政府征工事务管理处，全宗号 116，案卷号 242，第 72 页。

⑦　重庆市档案馆·四川省第三区行政督察专员公署，全宗号 0055，目录号 5，案卷号 148，第 138 页。

政困难,向民间按田亩等级征收周转金。① 金堂县共领工粮 399.724 市石、工款 27313.83 元②,分别支付各队民工及工程包商。因欠伙食不敷甚巨,而筹借周转金,以资垫赔。此项周转金筹集办法系以每保 500 元,全县共 729 保计算。派款办法,各区城市以房捐为标准,乡间以田地亩数为标准,分别摊派。以上两项,均系主客分担各半。总计 364500 元,实收款数为 245067.68 元。遵还特种工程金堂县民工工作促成委员会在公款项下挪借 3 万元外,余作源源接济机场民工之需用。③ 周转金是工款的 7.5 倍多。周转金收入情况详见表 8-14。

表 8-14　各区周转金收入情况　　　　　（单位:元）

| 地区＼周转金 | 原筹 | 已缴 | 欠缴 |
|---|---|---|---|
| 一区 | 93500 | 85019.90 | 8480.10 |
| 二区 | 99500 | 69066.98 | 30433.02 |
| 三区 | 104000 | 55657 | 48343 |
| 四区 | 67500 | 35323.80 | 32176.20 |
| 合计 | 364500 | 245067.68 | 119432.32 |

资料来源:四川省档案馆·四川省民政厅,全宗号 54,目录号 4,案卷号 9528,第 55 页。

1941 年华阳县府征工 11120 名,修筑特种工程。主席核准,向地方筹借 40 万元,以资周转。④ 具体方法:按粮每两摊 60 元,全县粮额为 7500 余两,除 4 分以下之中粮及公粮、学粮、慈善粮共 400 余两不摊外,约可摊 40 万元,实

---

① 四川省档案馆·四川省政府征工事务管理处,全宗号 116,案卷号 236,第 39 页。

② 四川省档案馆·四川省政府征工事务管理处,全宗号 116,案卷号 236,第 42 页。另一种记载:收入工程总单价计法币 944536.85 元,工粮 7094.18 石。源于四川省档案馆·四川省民政厅,全宗号 54,目录号 4,案卷号 9528,第 44 页。

③ 档案资料梳理、归纳。四川省档案馆·四川省政府征工事务管理处,全宗号 116,案卷号 236,第 132—133 页。四川省政府征工事务管理处,全宗号 116,案卷号 237,第 74、78 页;四川省档案馆·四川省民政厅,全宗号 54,目录号 4,案卷号 9528,第 55 页。

④ 四川省档案馆·四川省政府征工事务管理处,全宗号 116,案卷号 476,第 99 页。

收 358000 余元。①

1941 年简阳县征工修筑新津机场,每保派 100 元周转费,时有 1320 余保,则共派 13200 余元。②

在摊派征收中,有的甚至运用武装力量。如 1941 年郫县征工修筑新津机场。该县特种工程委员会令饬 20 亩以上住户,每亩筹填不敷工米新双斗一升,用四舍五入法,以亩以升为单位,填据发交各乡镇收集交运,以资周转。全县 20 市亩以上田亩,共约 24 万亩,计算可筹集 2400 双石。所有增搭工棚费用、工场所需现款、运输工粮等费,均就此米变价开支,不另筹派。③ 德原乡派兵追缴。④

1941 年邛崃县奉令修筑新津特种工程,因规定工价万难足交,尤以修筑跑道。至同年 3 月 26 日,挪借食米已达 1000 余新双市石,价值 30 余万元,而筹集特种工程周转金。上田每亩征收 0.8 元,中田及上土每亩征收 0.5 元,下田及下土每亩均征收 0.2 元。至土地畸零之数,不满 1 亩者,仍以 1 亩计算。⑤

1941 年,新津县征工修筑新津特种工程中,向地方筹借周转金 232031.96 元、周转米 1260 市石。⑥

1941 年 1 月至 4 月,彭县征工修筑新津特种工程。议定筹集周转费 30 万元,制发票据,分向地方粮民摊筹。规定每亩纳费 1 元,河坝以 2 亩合 1 亩,山地以 3 亩合 1 亩。该县组织成立的民工救济委员会收入 46763 元,余为各乡收作维持本队民工口食之用,迄 1942 年尚有多数乡镇未缴票根结账。确实

① 四川省档案馆·四川省民政厅,全宗号 54,目录号 4,案卷号 9528,第 91 页。
② 四川省档案馆·四川省政府征工事务管理处,全宗号 116,案卷号 237,第 100 页。
③ 四川省档案馆·四川省政府征工事务管理处,全宗号 116,案卷号 237,第 190 页;四川省档案馆·四川省民政厅,全宗号 54,目录号 4,案卷号 9528,第 92 页。
④ 四川省档案馆·四川省政府征工事务管理处,全宗号 116,案卷号 237,第 142 页。
⑤ 四川省档案馆·四川省政府征工事务管理处,全宗号 116,案卷号 237,第 123、126—127 页。
⑥ 四川省档案馆·四川省民政厅,全宗号 54,目录号 4,案卷号 9528,第 63 页。

数字无从查悉。①

1942年安岳县奉令征调民工2800名修筑大足机场,遵于同年4月1日征足送交机场。开工后,应领各款常难接济。兼以应征民工颇多乙级壮丁,到机场后,有疾病死亡,以致每日工作不能达到规定能率,所领方价不敷民工食用。迄至6月,亏折之款达89600余元。旋奉机场工程处会字第四五号代电,以本县民工亏折甚巨,饬即筹借周转金接济。同时本府建设科长兼民工总队副总队长廖文仲亦由机场函电催款,谓民工解体堪虞。县长以机场关系重要,乃饬征收处遵照筹垫,借资周转。当时因地方金融枯窘,筹款困难,仅由县征收处筹垫周转金53000元,汇交总队部承领济用。②

永川县1942年4月8至同年7月8日,建筑大足机场,垫支周转金33930元③。

筹周转款粮比较典型,以1944年办理国防工役,较集中突出,因此次工程,工率过高而工价过低这一矛盾十分尖锐。1944年川西特种工程所需之工粮工款概系照标准工给价,每一标准工得米1市升2合,又工资及副食费20元。但所订标准过高,往往需2人以上或3人,始能做够一标准工。兼以工程紧急,漏夜抢修,每一民工食米每日在1市升5合以上。④ 据工程处验收结果,1944年1月17日至1月31日,蒲江县应作55440个标准工,仅完成7960个标准工,尚欠47480个标准工。⑤ 可见规定远高于实际。因单价过低,邛崃机场各县民工总队长上呈四川省政府兼主席蒋介石,祈核比照物价增加单价。因为"邛崃米价每石激涨至66元,每工火食已达0.5余元。而点工单价0.33元,雨工及单报津贴仅0.25元。似此单价与物价悬殊。不特各县赔累无名,

---

① 四川省档案馆·四川省民政厅,全宗号54,目录号4,案卷号9528,第98页。

② 四川省档案馆·四川省政府征工事务管理处,全宗号116,案卷号234,第176—177页;四川省档案馆·四川省民政厅,全宗号54,目录号4,案卷号9528,第139页。

③ 四川省档案馆·四川省政府征工事务管理处,全宗号116,案卷号234,第125页。

④ 四川省档案馆·四川省政府征工事务管理处,全宗号116,案卷号324,第37页。

⑤ 四川省档案馆·四川省政府征工事务管理处,全宗号116,案卷号373,第63页。

亦且罗掘俱穷,垫无可垫。目前工程处领款已完,若不比照物价增加上项单价,无粮自溃,停工堪虞。"①

办理此次国防工役的县则筹款粮。下文是部分县具体筹款粮情况。

1944 年修筑广汉机场的 6 县,即广汉县、德阳县、罗江县、什邡县、金堂县、新都县,筹集周转金等费,大多在乡者,以田地为对象,在城者,以住户为对象征收,数额颇不一。据查,田地多者,每亩征至六七百元,少者亦数十元;住户则有多至数千元者,即贫苦之家亦征数百元之多。②

1944 年川西"特种工程"第二直属民工总队部开办时,就彭县积谷款借用两百万元,预备为周转金。③

1944 年夹江县征工修筑特种工程之初,由征工委员会函县仓库借拨 2000 市石周转米,作为民工来程途中及到工后五日内之食米周转。同时,由各乡镇按照民工配额及人数,向富户筹垫民工来程途中及到工后五日内之副食费周转金 2935100 元④。

1944 年大邑县征工修筑特种工程所需经费,在开工之初,卖优待积谷一千市石与粮政局,合法币 100 万元,作周转金;由县府制垫工粮据,拨 2000 市石,作各乡来程及初期开工周转米。⑤ 同年名山县征工参与修筑邛崃机场,就县中每保筹借周转米 10 市石。全县 171 保,共借 1710 市石,以补救民工食米之不足。⑥

1944 年新都县禾兰乡第二保奉令修筑广汉机场。时任保长陈学卿以户或亩为对象,前后 4 次派募民工贴补米,共 5 双市石正。⑦

---

① 四川省档案馆・四川省政府征工事务管理处,全宗号 116,案卷号 263,第 65 页。
② 四川省档案馆・四川省民政厅,全宗号 54,目录号 3,案卷号 7477,第 10 页。
③ 四川省档案馆・四川省政府征工事务管理处,全宗号 116,案卷号 324,第 104 页。
④ 四川省档案馆・四川省政府征工事务管理处,全宗号 116,案卷号 324,第 66 页。
⑤ 四川省档案馆・四川省政府征工事务管理处,全宗号 116,案卷号 324,第 32 页。
⑥ 四川省档案馆・四川省政府征工事务管理处,全宗号 116,案卷号 324,第 38 页。
⑦ 四川省档案馆・四川省民政厅,全宗号 54,目录号 2,案卷号 5612,第 252 页。

1944 年郫县为办理国防工役,准备以 2200 万元作周转金。来源有三:拉借积谷 1896 市石;拉用积谷款及县库余款 300 万元;代周转米 4000 市石,由征工委员会向全县每年收益在 13 万元以上者借。所有款米收支均系征委会财务组负责办理,将来工程完结,算明确数后,再由该会筹商归还方法。①

1944 年在修筑川西特种工程中,民工每日食米遵照规定,每名仅领一市升二合,多数不能得饱。但为工程推进计,丹棱县按照完成标准工数 334400 工,津贴食米计每一个工,除领发 1 升 2 合外,另由地方津贴四合,共为 1 市升 6 合,则计应贴补 1337 市石 6 斗。已筹得周转粮 1036 市石,所有不足 301 市石六斗之数,动用积谷加工以供应。②

同时,虽然政府规定各县所筹周转粮款,即应在所领方价内迅予归还、报核。但各县所筹周转粮款如因正当赔累,不能自方价内归还者,得申述原因,自行拟定筹还办法,呈请省府核示办理。③

这样,在燃眉现实下,办理国防工役有的县份则借款粮。

### 3. 借款粮

县府无公款可垫、民间筹资又难以应急时,则借/贷款,且为省府允准。1941 年华阳县奉令征工修筑新津机场。因民工口食不敷,省府核准该县向地方借垫 40 万元,以资周转。④ 县府则向银行、商号、私人、乡镇等借款。

1938 年 12 月,金堂县奉令征调民工 3000 名,赴双流修筑机场。开工之初,该县向富绅借款 5000 元,维持民工伙食。⑤

为修筑巴山山脉防御工事,1938 年 12 月 15 日,奉节县以地方田赋、契

---

① 四川省档案馆·四川省政府征工事务管理处,全宗号 116,案卷号 324,第 16 页。
② 四川省档案馆·四川省政府征工事务管理处,全宗号 116,案卷号 324,第 28—30 页。
③ 四川省档案馆·四川省政府征工事务管理处,全宗号 116,案卷号 236,第 52 页或 62 页或 107 页。
④ 四川省档案馆·四川省政府征工事务管理处,全宗号 116,案卷号 237,第 38 页。
⑤ 四川省档案馆·四川省民政厅,全宗号 54,目录号 1,案卷号 1632,第 55 页。

税、肉税各附加收入,作抵押品,向四川省银行驻奉节办事处借款。① 虽然省府 1938 年 12 月 30 日电令"所请向省银行借款""应不准行,仰即遵照",但事实上省款严重不敷支用,奉节县不得不多次以 15%的高额息金向四川省银行借贷。

表 8-15 奉节县财务委员会造具遵令垫支巴山山脉防御
工事旅食费抵借四川省银行本息一览表

| 款之来源 | 抵借数目<br>(元) | 息金<br>规定 | 起讫日期 | 付给息金数<br>(元) |
|---|---|---|---|---|
| 四川省银行驻奉节办事处 | 5000 | 15% | 1938 年 12 月 15 日—1939 年 4 月 21 日 | 312.5 |
| | 7000 | | 1938 年 12 月 15 日—1940 年 11 月 14 日 | 2415.0 |
| | 1000 | | 1939 年 4 月 21 日—1940 年 5 月 5 日 | 75.0 |
| | 7000 | | 1939 年 5 月 6 日—1940 年 3 月 18 日 | 1095.5 |
| | 7000 | | 1940 年 3 月 18 日—1941 年 9 月 18 日 | 1890.0 |

注:笔者梳理归纳据档案文字内容自制。

从表 8-15 可以得出,1938—1941 年,奉节县向省银行总计抵借 27000 元,应付息金 5788 元,合计 32788 元。"地方受款机关即无款供给,影响所及,停顿堪虞"。②

1938 年 4 月遂宁县召开整理简渠公路会议,议决筑路不敷经费的解决办法。该县筑路不敷经费约 9 万元,按本额摊筹代工金。在代工金未摊筹以前,向在重庆的华洋义赈会或其他金融机构贷 9 万元,定于本年 12 月内付还,以济急需。③

蒲江县 1938 年 11 月奉令修筑川康公路南龙段,同年 12 月开始,1939 年 2 月结束。在筑路期间,该县县长向人民、商人勒筹借垫银钱、谷米等费在 10

---

① 四川省档案馆·四川省民政厅,全宗号 54,目录号 6,案卷号 7723,第 147 页。

② 四川省档案馆·四川省建设厅,全宗号 115,目录号 1,案卷号 1228,第 87 页。

③ 四川省档案馆·四川省民政厅,全宗号 54,目录号 7,案卷号 10026,第 59 页。

万元以上。①

1939年崇庆县奉令征工修筑邛崃机场工程。该县财务委员会收不应支，地方各项经费已欠付数月，无款垫支机场用费。省府核准:所需民工旅食用费,在省银行崇庆办事处息借1万元。②

1939年遂宁县奉令征工5000名,扩修遂宁机场。工程完竣,民工伙食费超出洋1万余元。是项垫款系由各区区长向各银行、商店息借,由县府担保,限期归还。③

华阳县1939年3月1日开工修筑皇天坝机场,6月6日完竣,共计工作3个月6日。在工程处领洋11591.5元,总计支出洋33995.05元,因事关国防,由该县财委会在外息借垫用,总计垫去法币25500元。④

为扩修太平寺机场及补修外北两处机场,华阳县财务委员会实际垫民工伙食费洋4500元。唯查此项工程,现在不能一时告竣,所有伙食费一项,仍继续垫挪,以济要需。殊各项解款支款在急,该会尚得借款开支。对于此项工程,民工伙食费实属无款再垫。四川省政府核准华阳县财务委员会向外息借现金垫支。⑤ 其借款具体情况见表8-16。

**表8-16 华阳县财务委员会造报垫支扩修太平寺及
补修外北两处机场民工伙食费借款**

| 借款人姓名 | 借款起止时间 | 借来金额（元） | 每月利率（分） |
|---|---|---|---|
| 四川省银行成都分行 | 1939年12月22日起至1940年3月31日止 | 10000 | 1 |
| 张定华 | 1939年11月31日起,活期 | 1500 | 1.6 |
| 张定华 | 1940年3月1日借,还款日期不定 | 2500 | 1.6 |

① 四川省档案馆·四川省民政厅,全宗号54,目录号6,案卷号7434,第188页。
② 四川省档案馆·四川省建设厅,全宗号115,目录号6,案卷号12013,第60、64页。
③ 四川省档案馆·四川省民政厅,全宗号54,目录号1,案卷号2154,第112—113页。
④ 四川省档案馆·四川省民政厅,全宗号54,目录号1,案卷号1579,第323、336页。
⑤ 四川省档案馆·四川省政府征工事务管理处,全宗号116,案卷号173,第46、52页。

续表

| 借款人姓名 | 借款起止时间 | 借来金额（元） | 每月利率（分） |
|---|---|---|---|
| 贾德厚 | 1940 年 3 月 11 日借,还款日期不定 | 15000 | 1.6 |
| 合计 | | 29000 | |

注:笔者依据档案内容而编制。

资料来源:四川省档案馆·四川省政府征工事务管理处,全宗号 116,案卷号 173,第 50、53 页。

从表中可知,1939 年 12 月 22 日至 1940 年 3 月 31 日,华阳县向四川省银行成都分行和私人共借 29000 元。其中 1 万元为银行借款,占总借数的 34%,每月利率为 1 分;1939 年 11 月 30 日、1940 年 3 月 1 日和 1940 年 3 月 11 日向私人共借 19000 元,占总借数的 66%,月利率高达 1.6 分。

1939 年灌县奉令垫支修筑皇天坝机场民工伙食,从当年 3 月至 5 月,共垫支 5050 元。其中 3 月 15 日及 21 日之 3500 元系向商号息借而来,每月 1.2 分,至 5 月 15 日止,该息银 84 元。5 月 1 日之 1000 元亦系息借,利率相同。至 15 日,该息银 6 元以上。共计息银 90 元。其余均由灌县财务委员会无息垫付。①

德阳县财务委员会 1939 年奉令垫支培修凤凰山机场民工伙食费 7500 余元,1940 年遵垫扩修太平寺机场民工伙食费 41000 元,合计共垫支 48000 余元。日久,未奉拨还,以致各受款机关应领经费不敷开支。1940 年 7 月 1 日起,德阳县向四川省银行支用洋 1 万元,月息 0.012 元。8 月透支足额,复因本月收数细微,垫支过巨,迫不得已,财务委员会将前交省银行保存救国公债未退之款 4700 元及兵役协会之优待金 9000 元,仍照银行利率,按月计算,暂行取用,以济地方要需,并定期 3 月内归还。即届秋收,附税收入填注。②

1939 年大邑县为济急需的征工修建温江机场各项费用,每月以 0.015 元

① 四川省档案馆·四川省民政厅,全宗号 54,目录号 1,案卷号 1579,第 254 页。
② 四川省档案馆·四川省民政厅,全宗号 54,目录号 3,案卷号 7334,第 93 页。

341

行息,借洋 4000 元。四川省政府指令第四区行政督察专员公署,"大邑县地方收入甚微,查核尚属可行,应准照办"①。

什邡县先后奉令征派民工,修筑双桂寺及凤凰山机场,1939 年 10 月方告完工。该县财委会陆续垫支各款已达 2 万余元之巨,尚无法归还。又奉令征工,同年 11 月扩修太平寺机场。唯所需款项,查照先后修筑各地机场成例,须先筹备的款垫支。征调须知第二十条规定,饬由财务委员会设法支应。而什邡县本年第一预备费核定为 1 万元,因地方要务开支,早已不敷。实无法可以再挪垫。11 月 8 日省府"准由该县府暂时息借支拂,以利进行"②。

1939 年至 1940 年仁寿县奉令调工扩修新津机场,唯一教经之学谷亦抵押省行贷款 1.2 万元。③

1940 年城口县奉四川省政府暨第五战区司令长官之令,破坏大巴山阵地前至汉白公路间之相连道路。该县府饬财委会转向县银行贷款 2000 元,以备紧急支付于征工伙食、购买炸药、制备器具等费。④

1940 年酉阳县征送民工,赶筑秀山机场。民工每工每日所获工价至多不过 0.3 元。而秀山米价又确较高昂。每工每日需伙食 0.4 元以上。为顾全工程进行顺利,时任县长冯英令向殷实富绅每名借垫伙食洋 1.5 元,即由各乡自行采购食米运秀山接济。⑤

1940 年 7 月至 1941 年 4 月 13 日,三台县征工担修双流彭家场机场,息借10 余万元。⑥

1941 年大邑县征工 2000 余人,修建崇庆王场机场南部工程。因民工工作效率不能作完规定工程,为接济民工工粮,由县府及财委会出具借条,先后

---

① 四川省档案馆・四川省民政厅,全宗号 54,目录号 1,案卷号 1578,第 129—132 页。
② 四川省档案馆・四川省建设厅,全宗号 115,目录号 6,案卷号 12013,第 47—49 页。
③ 四川省档案馆・四川省政府征工事务管理处,全宗号 116,案卷号 501,第 26 页。
④ 四川省档案馆・四川省政府征工事务管理处,全宗号 116,案卷号 285,第 92—93 页。
⑤ 四川省档案馆・四川省政府征工事务管理处,全宗号 116,案卷号 200,第 99—100 页。
⑥ 四川省档案馆・四川省政府征工事务管理处,全宗号 116,案卷号 257,第 170 页。

向各乡镇殷实富绅筹借 13 万元。①

　　1941 年新繁县修筑特种工程(扩修新津机场),所需周转费第一次向本县富绅息借 10 万元。县府统筹向县中 20 亩以上富绅分别摊借足额,日后在工方津贴项下归还。财委会制备 5 元、10 元、50 元息借证三种,送交县府盖印后,转发各乡镇摊收。息借证式样由县府规定。摊借的款以月利一分行息,6 个月为期,并由县府及财委会负责归还。② 10 万元用罄,而前方工程需款甚急,该县继续筹借,以资接济。再筹周转金 12 万元,向本县有田 10 亩起的粮民分别摊借足额,日后收得土方经费项下归还。财委会制备 30 元、10 元、5 元、1 元四种票据,送呈县府盖印后,发交乡镇摊收。摊借之款利息和期限仍照第一次。摊派标准从有田 10 亩起,每亩摊借 1 元,10 亩以下不再摊借。此项借款如系客业,则由佃户先行垫缴。③ 除高额息借外,还直接借款粮:借入县府保管之义教战工军粮等公款一共 74218.22 元;借入工程处款 9758.18 元;借入积谷 2580 单市石,四四折碾成米 1035.2 市石。④

　　1941 年金堂县修筑新津特种工程时,因周转金系陆续收集,难应急需,故向聚兴诚银行等处暂借款项,应时垫支。⑤

　　1941 年简阳县为赶修新津机场,向各乡镇富绅巨商筹借 35500 元。⑥

　　1941 年金堂县征工修筑新津特种工程。其借款收入见表 8-17。

---

　　① 四川省档案馆·四川省政府征工事务管理处,全宗号 116,案卷号 269,第 165—166、180—181 页。

　　② 成都市档案馆·四川省第一区行政督察专员公署,全宗号 134,目录号 8,案卷号 124,第 38—39 页。

　　③ 成都市档案馆·四川省第一区行政督察专员公署,全宗号 134,目录号 8,案卷号 124,第 151—152 页;四川省档案馆·四川省政府征工事务管理处,全宗号 116,案卷号 237,第 24—25 页;四川省档案馆·四川省民政厅,全宗号 54,目录号 4,案卷号 9528,第 16 页。

　　④ 四川省档案馆·四川省民政厅,全宗号 54,目录号 4,案卷号 9528,第 16 页。

　　⑤ 四川省档案馆·四川省政府征工事务管理处,全宗号 116,案卷号 236,第 132 页。

　　⑥ 四川省档案馆·四川省政府征工事务管理处,全宗号 116,案卷号 261,第 14—15 页。

表8-17　金堂县征工修筑新津特种工程借款　　　　（单位:元）

| 借款来源 | 金额 |
|---|---|
| 省银行 | 30000 |
| 聚兴诚银行 | 10000 |
| 财委会 | 22810 |
| 购军粮款 | 67200 |
| 军运费 | 53749 |
| 太平寺机场余款 | 10600 |
| 合计 | 194359 |

资料来源:四川省档案馆·四川省民政厅,全宗号54,目录号4,案卷号9528,第55页。

1942年铜梁县在修筑白市驿机场时,借用兵工署米款32821.71元。[1]

安岳县于1942年奉令征调民工2800名修筑大足机场。该县公款困难,代役金复未收有成数,该县府遂饬本县经收处先后息借法币53000元,兑交总队部备用。[2]

1944年丹棱县先后奉调民工人数计共5180名,每名携带来程3日粮4市升8合,食费在内,计共筹得来程粮248市石6斗4升,系由各乡镇长分别向殷实富绅暂行借垫。民工集中粮无论途程远近,均按名自带1日口粮1市升6合计,共筹得集中粮82市石8斗8升,亦由各乡镇借垫。[3]

1945年忠县奉令征调民工5000名赴梁扩修机场,换工路费共计在1亿元以上,纯由各乡镇暂借。[4]

乡镇则往下摊派,而得款粮。

### 4.摊筹款粮

1937年简阳县奉命征送民工扩修成都凤凰山机场。据《简阳县县政府造

---

[1]　四川省档案馆·四川省政府征工事务管理处,全宗号116,案卷号242,第76页。

[2]　四川省档案馆·四川省民政厅,全宗号54,目录号4,案卷号9528,第139页;四川省档案馆·四川省政府征工事务管理处,全宗号116,案卷号234,第146页。

[3]　四川省档案馆·四川省政府征工事务管理处,全宗号116,案卷号324,第26—27页。

[4]　四川省档案馆·四川省民政厅,全宗号54,案卷号2082,第407页。

报扩修成都凤凰山飞机场收入计算书》①。该县一至六区各区按保摊派代工金及 25 日伙食费：每保 25 天伙食费每日 0.15 元；每保筹代工金 10 元，系遵民建两厅召集专员、县长会议议决案办理。此项收入共 19885.08 元，占收入总数 32278.82 元的近 62%。

1938 年大邑县奉令征民工修筑新津机场。第一次核定共计去洋 6172.13元，除所领工程处土方、水沟价款及民工奖金共洋 3246.56 元外，财委会垫款2925.57 元。因无公款动支，而由县属各保摊筹归垫。②

1938 年 12 月，金堂县奉令征调民工 3000 名，赴双流修筑机场。该县组织收支委员会，筹集民工伙食补助费、工作用具、炊爨器具及医药杂费等项 4万元。筹款办法，以粮额分派于各区，由各区分派于各联保。③

1940 年德阳县扩修太平寺机场。该县民意咨询委员会第十一次会议决议：县财委会从三分以上粮额，向富绅摊征代工金，垫支民工伙食费。以粮额7500 两照摊，每两摊征洋 4.2 元，合计共摊征洋 31500 元。④

1940 年 5 月至 1941 年 4 月，三台县奉令征工建修双流彭镇机场。收入总额 643381.50 元，其中三台县各乡募集救济民工捐款 121000 元。⑤

1940 年简阳县为接济建筑新津机场民工口食，向本县富绅息借 6 万元，利率月利 0.015 元，按区分配借款数目：一区 12000 元、二区 9000 元、三区12000 元、四区 9000 元、五区 12000 元、六区 6000 元。⑥

除了摊派款粮外，还强征用品。1940 年三台县奉令征调 3500 名民工，修筑双流机场。同年 9 月，该县征工委员会第四次会议决议募捐，救济民工。按各联保旧有保数，共 1222 保，每保募富绅国币洋 40 元，并向富绅征募旧棉衣

① 四川省档案馆·四川省民政厅，全宗号 54，目录号 4，案卷号 9528，第 71—73 页。
② 四川省档案馆·四川省民政厅，全宗号 54，目录号 4，案卷号 10880，第 57、66 页。
③ 四川省档案馆·四川省民政厅，全宗号 54，目录号 1，案卷号 1632，第 55 页。
④ 四川省档案馆·四川省民政厅，全宗号 54，目录号 3，案卷号 7334，第 89—90 页。
⑤ 四川省档案馆·四川省民政厅，全宗号 54，目录号 4，案卷号 11148，第 52—53 页。
⑥ 四川省档案馆·四川省政府征工事务管理处，全宗号 116，案卷号 501，第 34—35 页。

2 套,以旧有联保管辖保数为单位(例如,过去联保管辖为 20 保,现并为 15 保,应以 20 保计算、募足)。在最短期内,如额强迫募足缴县征工委员会,专送双流机场备用。募捐票据由县征工委员会印制,每张注明国币洋 2 元整;同年 10 月省府核准备查。①

1944 年 3 月绵阳县呈报摊筹工粮情形。该县此次征工 15000 人扩修机场。工粮筹措以 42 日计,每日每工以 8 市合为标准;由乡镇斟酌地方情形分筹;共筹征工粮 5040 市石②。

1944 年灌县奉令参加特种工程,地方共筹周转金及民工副食费 2400 万元。计按大粮一两派 5000 元。全县大粮 4500 两,共派 2250 万元。城区商帮共派 100 万元,加征城区房捐一年,共 50 万元。三项共筹足如上数。③

1944 年丹棱县为修筑川西特种工程,而筹集民工周转粮。按照征调民工 5180 名,每名每日 2 市升计算,共筹 10 日周转粮 1036 市石。由征工会负责统筹,向各乡镇富绅借垫,以作民工到达工地后食米及每日超出不敷食米开支。④

1945 年为扩修梁山机场,达县往返民工每人由乡派筹旅食费 1200 元、米 20 斤、安家费 2000 元。⑤

**5. 省府核销**

为办理国防工程工役,县府开支的款,有时省府审核而依规定核销。

1937 年成都县奉令扩修凤凰山机场,全部支出合计 48321.836 元。省府核销 4228.953 元。⑥

1938 年 6 月 13 日,四川省政府指令璧山县政府,因查同年 6 月 5 日所呈

---

① 四川省档案馆·四川省政府征工事务管理处,全宗号 116,案卷号 163,第 92、213、216 页。
② 四川省档案馆·四川省政府征工事务管理处,全宗号 116,案卷号 319,第 5—6 页。
③ 四川省档案馆·四川省政府征工事务管理处,全宗号 116,案卷号 324,第 57 页。
④ 四川省档案馆·四川省政府征工事务管理处,全宗号 116,案卷号 324,第 28 页。
⑤ 四川省档案馆·四川省民政厅,全宗号 54,目录号 1,案卷号 2079,第 77 页。
⑥ 四川省档案馆·四川省民政厅,全宗号 54,目录号 4,案卷号 9438,第 19、101—102 页。

计算书列收支各项费用洋 13221. 34 元,尚无不合。附资粘据,亦属相符,准予核销。①

据 1939 年 1 月仁寿县政府造报《第一次建筑新津飞机场支付计算书》(1938 年 10 月 6 日起至 11 月 16 日止),第一次修筑新津机场用费 14170. 714 元。省府予核示后,同年 10 月 20 指令县府,准予核销,因此次县地方款内挪移垫付 5174. 494 元②。

1939 年 9 月 14 日省政府据温江县政府呈报,而下令该县府"列支总队部食米新双斗 5 石零 4 升 1 合 1 勺,总平均每斗单价 2. 323 元,合计 117. 126 元,核与总队部职员旅食津贴包括伙食费在内之规定不符,应予如数剔除外,其余列支各项,尚无不合。列收工程津贴,核与工方表报数目属相符,准予核销"③。

1939 年省府核销新都实验县修筑凤凰山机场经费 24942.78 元、修筑太平寺机场经费 7991.43 元,共计 32935. 21 元。④ 1939 年大邑县暂时每月以 0.015 元行息,借洋 4000 元,支付修筑温江机场各项费用。四川省政府核准所付息金,列入计算报销,因其地方收入甚微。⑤

1941 年双流县征工建修新津机场。工款准予核销国币 592319. 75 元,工粮准予核销 7932 石 4 斗 7 升 3 合。⑥

1941 年郫县征工修筑新津机场,支款共 989307. 68 元,报销 103514. 9 元。⑦

1942 年 5 月省府核准彭山县财委会为修筑乐西公路先后垫款计 22838. 25 元,悉数在 1941 年度第二预备金项下核销。⑧

--------

①　四川省档案馆·四川省民政厅,全宗号 54,目录号 3,案卷号 7763,第 120 页。
②　四川省档案馆·四川省民政厅,全宗号 54,目录号 4,案卷号 10880,第 73—74 页。
③　四川省档案馆·四川省民政厅,全宗号 54,目录号 1,案卷号 1633,第 401—202 页。
④　四川省档案馆·四川省民政厅,全宗号 54,目录号 4,案卷号 9438,第 110 页。
⑤　四川省档案馆·四川省民政厅,全宗号 54,目录号 1,案卷号 1578,第 129 页。
⑥　四川省档案馆·四川省民政厅,全宗号 54,目录号 4,案卷号 9528,第 89 页。
⑦　四川省档案馆·四川省民政厅,全宗号 54,目录号 4,案卷号 9528,第 92 页。
⑧　四川省档案馆·四川省政府征工事务管理处,全宗号 116,案卷号 242,第 65—69 页。

以上分类的归垫方式,只是为了宏观上的研究而依档案资料作出的,但现实中,往往是综合采用且错综复杂,不是单一方式而解决款粮。

1938年至1939年广汉县奉令征调民工修筑双桂寺机场、整修凤凰山机场、扩修太平寺机场。该县财务委员会所管地方经费挪借法币84587.52元。省府第四二零次省务会议决议,准由广汉县在1940年夏季,按粮额摊收代工金,归还征工垫款。每粮一两,全县粮额6940两,可征83280元。其不足之数,一俟结束,复请即由地方预备费项下支给。①

1941年,金堂县在征工修建新津机场特种工程中,以垫款急迫,周转不灵,始向银行借款,复行挪用军粮与公款达194300余元。而一面须还债至急,一面又须继续垫款。乃援各县例,呈准省府由民工促成委员会经手,向地方筹借周转金。每保摊借500元。全县729保,共计派筹364500元。至1942年9月止,总共收入245067.68元。②

1941年邛崃县担修新津特种工程,筹借款粮情况:向地方筹借周转金208820.64元,借用地方公款24504元,挪用工粮价款92902元,挪用工粮运费10000元,挪用工粮315.573市石。③

1941年新都县为修筑新津特种工程概由公家拨垫,未向民间摊筹。自兴工至完工之地方垫款,总数为210824元,又食米389.468市石。所垫款粮来源及去向:(1)指定由县财委会垫款5万元。(2)代平准处提购二成食米,下存之余米212市石有余,变价除本金外,余款悉数拨作周转金。又该县仓储管理委员会前报积谷翻捣余斗106石有余,同时变价拨作周转金之用。计此,两项共垫款2万元。(3)于承领购买积谷价款项下垫用7.5万元。(4)交民工带往机场预备初到7日之工米,共垫食米389市石4斗6升8合。(5)粮食管

---

① 四川省档案馆·四川省政府征工事务管理处,全宗号116,案卷号503,第22—42页;四川省档案馆·四川省民政厅,全宗号54,目录号1,案卷号1634,第343页。两资料略有出入,甄别,选择前者。
② 四川省档案馆·四川省民政厅,全宗号54,目录号4,案卷号9528,第45页。
③ 四川省档案馆·四川省民政厅,全宗号54,目录号4,案卷号9528,第62页。

理局没收王祥厚等存谷价款,明令应以半数拨充平价资金,计于此款内挪垫 3 万元。(6)各大队自垫民工回程旅费 35824 元。①

1941 年双流县征工建修新津特种工程。1942 年案准核销国币 592319.75 元。内借垫费 120245.85 元,准在 1942 年地方总预备费项下如数动支归垫,不另筹集,以省手续。关于工粮部分,准予核销工粮 7932 石 4 斗 7 升 3 合,内借垫粮 2628 石 1 斗 4 升 2 合(折谷 597305 石),准在 1941 年度征收积谷时,附征借垫谷 597305 石,以资金归还。②

1942 年 1 月至 8 月,新繁县征调民工 6336 名,修筑新津机场。县府及财委会以月利一分行息,6 月为期,同年 1 月向县中 20 亩以上富绅,用息摊借 10 万元③;同年 3 月,从有田 10 亩起,每亩摊借 1 元,再筹周转金 12 万元④。

1944 年夹江县征工修筑特种工程之初,民工因能率不及标准赔累之副食费,由征工委员会决议挪用积谷价款 826666 元,县库紧急支付 30 万元⑤。

造成承办国防工役的县府垫款、赔累的原因是什么呢?依据档案资料,从表面和实质两个层次进行探析。

表面原因是工款不敷口食等支出之需。此现象是在两对矛盾共同作用下而凸显。

第一对矛盾是工程处规定的工率过高而工价过低。

"民工工率细微,不能做足规定标准,已成各县共有之弱点。"⑥事实上,工程处也清楚规定工率远高于实际的情况。如 1940 年崇庆县王场机场工程处呈空军第一总站报告:据数月来统计,每名每日仅作 0.3—0.5 公方,与规定

---

① 四川省档案馆·四川省民政厅,全宗号 54,目录号 4,案卷号 9528,第 12 页。
② 四川省档案馆·四川省民政厅,全宗号 54,目录号 4,案卷号 9528,第 89 页。
③ 四川省档案馆·四川省政府征工事务管理处,全宗号 116,案卷号 237,第 24—25 页;四川省档案馆·四川省民政厅,全宗号 54,目录号 4,案卷号 9528,第 16 页。
④ 四川省档案馆·四川省政府征工事务管理处,全宗号 116,案卷号 237,第 110—111 页;四川省档案馆·四川省民政厅,全宗号 54,目录号 4,案卷号 9528,第 16 页。
⑤ 四川省档案馆·四川省政府征工事务管理处,全宗号 116,案卷号 324,第 66 页。
⑥ 四川省档案馆·四川省政府征工事务管理处,全宗号 116,案卷号 157,第 78 页。

应作 1.25 公方,相去甚远。① 虽然四川省征委会所订征工指导事项之一规定,民工食米由工程处按日发给。而工程处发给的依据则是民工所作方数,其中虚空往往实由征工县府填垫。

1937 年,四川省政府令省会警察局、崇宁县、温江县、成都县等 19 县,扩修成都县凤凰山机场。政府日给民工 0.15 元之代价,然必须掘一土方公尺之泥土,始克领得。"国立四川大学"前往访问,所见事实是寒冬日短,风霜期中,虽竭力经营,殊难完竣。② 如成都县民工平均工作效率,仅能达到 0.5—0.6 公方。③ 另据《扩修成都凤凰山飞机场各队自开工起到 10 月 25 日止工作成绩比较表》,民工每日每工所得津贴第一名崇宁县,为 0.14 元,也无法达到规定日工作量,较少者新都县为 0.03 元。④ 民工口食照规定,按土方每 1 公方由工程处发给津贴洋 0.1 元。因是 1 日所得,不敷每名工 1 日之食。于是民工口食 1 项,不能不由地方贴补。⑤

1938 年,彭山、大邑、新津、眉山、邛崃、蒲江、仁寿数县征工修筑新津机场。工程处规定:每工日作 1 公方之土方即可给予津贴 0.2 元。同年 10 月,修筑新津机场工程处向省政府呈报:各县民工只能作到 0.3—0.4 公方;所得津贴不过 0.06 元乃至 0.08 元而已,实已不敷伙食。仁寿县,10 日来,实到 1000 余之民工,仅作到 3000 余之毛土方。故各县县政府均挪垫有相当款项,多至数千元,少亦 1000 余元不等。如眉山县垫支民工伙食费洋 2430 元。⑥

1938 年什邡县征调民工,赶筑双流双桂寺机场。依工程处规定,每人每日作工 1 方,准给工资 0.2 元。但每民工每日至多作工半方,甚至 1/3 方,而

① 四川省档案馆·四川省政府征工事务管理处,全宗号 116,案卷号 269,第 29 页。
② 四川省档案馆·四川省建设厅,全宗号 115,目录号 3,案卷号 4524,第 143 页。
③ 四川省档案馆·四川省民政厅,全宗号 54,目录号 4,案卷号 9438,第 19 页。
④ 四川省档案馆·四川省建设厅,全宗号 115,目录号 3,案卷号 4524,第 19 页。
⑤ 四川省档案馆·四川省民政厅,全宗号 54,目录号 4,案卷号 9438,第 41—42 页。
⑥ 四川省档案馆·四川省民政厅,全宗号 54,目录号 3,案卷号 8283,第 125、129、158 页。

总队部为顾全民工生活,仍按日给发0.2元,以资维系。①

1938年仁寿县奉令征民工,开赴新津修筑机场。计自10月4日开工之日起,至11月16日竣工。挖方之时,民工须尽3人之力,始能完成1土方。而每方工价又仅0.245元。收支相抵,每方即须垫付口食约0.2元。填方之时,民工工作效能逊于挖滥田。总计全部工程耗工75895个,实垫民工口食2615元有余。②

1938年邛崃县奉令征调民工800名,分配土方16000余公方。工程处规定,每名1日作完土方1公方,给津贴0.4元。民工每名每日只能作0.5公方或0.4公方,每方作完毛方之后,须加细工修整,故两日始能完成每人每日作一方之规定,则民工伙食应不敷洋1600元。③

1939年灌县原征1300名民工,扩修皇天坝机场时,工作效率照预定标准,每日收效0.34公方。应领津贴不敷,垫款26288.62元。④

1938年10月1日至1938年12月15日,建修旧县机场。邛崃县每工一名每日只能作规定土方的0.5公方或0.4公方。因时间延长,所领津贴共不敷570余元。⑤

1939年至1940年,大邑县征调3100名民工,修筑机场。民工完成125600土方,工作效率只达到规定的0.5公方,而垫款17286.18元。⑥

1940年征调梁山、开县、大竹、垫江四县民工,扩修梁山机场。每一土方津贴伙食费0.2元。此次工程填压沟塘、河流取土,运距远至700公尺,进行

① 四川省档案馆·四川省民政厅,全宗号54,目录号1,案卷号1633,第325页。
② 四川省档案馆·四川省民政厅,全宗号54,目录号4,案卷号10880,第71页;四川省档案馆·四川省民政厅,全宗号54,目录号4,案卷号10888,第44页。
③ 四川省档案馆·四川省民政厅,全宗号54,目录号3,案卷号8283,第142—143、180页。
④ 四川省档案馆·四川省政府征工事务管理处,全宗号116,案卷号450,第5页。
⑤ 四川省档案馆·四川省民政厅,全宗号54,目录号4,案卷号10888,第87页。
⑥ 四川省档案馆·四川省政府征工事务管理处,全宗号116,案卷号450,第26页。

迟滞。每工所作不及半公方,以致完成之日,各县无不垫款数千元。①

　　1940年12月,航空委员会修筑白市驿机场工程处呈报《各县民工工作统计比较表》,依据实情,结论为自本年9月开工至11月底之工作,"尚不及理想标准六天之数,实做1/17"②。

　　1940年双流彭家场机场铲草非1人用锄,2人挑运不能为功。每百平方公尺的待遇为1X。如此待遇,何能足3人1日之食。作细工尤为困难。每百平方公尺的待遇为3X,间有工作1日而不能得1/3的待遇。③ 该机场工程处规定土方非民工1日能力所能做足,盖每日能率为1.25公尺。设使1人挖土、3人担土,此4人必作到5立方公尺的土方,每人始能得到2X的待遇。且黏湿土质,纵使精强者,亦难做足。况民工悉为乙级壮丁,非全为精强者。④

　　1940年彭水县征工修筑秀山机场。工作地点因运距过远,民工运土至800公尺以外,以作填方,身体最强者,每日能运20余次,约行80华里,终日奔波,往返耽延,工作无几。除夫差病假以外,约计6人方能做成1方。此6人所得方价不过2.04元,而6人日食至少4.2元,相差2元有奇。方价所得,不能维持日食。5月19日开工,至12月29日,已做成土方21742方,而赔累达47000余元。⑤

　　1940年四川省征工修筑双流双桂寺机场。据该场绵竹县建设科长、民工总队长李建猷同年6月10日报告,每工不能完成1方之1/2。以两工完成1方计,则每日伙食费实已支去0.9元。四川省征工委员会所给者,每方仅0.5元左右。⑥

---

　　① 四川省档案馆·四川省政府征工事务管理处,全宗号116,案卷号36,第150页。

　　② 重庆市档案馆·四川省第三区行政督察专员公署,全宗号0055,目录号5,案卷号142,第60—62页。

　　③ 四川省档案馆·四川省政府征工事务管理处,全宗号116,案卷号164,第8页。

　　④ 四川省档案馆·四川省政府征工事务管理处,全宗号116,案卷号164,第8页。

　　⑤ 四川省档案馆·四川省民政厅,全宗号54,目录号1,案卷号1998,第27—29页。

　　⑥ 四川省档案馆·四川省政府征工事务管理处,全宗号116,案卷号157,第8页。

1941 年修筑新津机场,因规定之效率高。故彭县、简阳、新都、华阳等 11 县民工常不能达到每日 1 标准工者。如金堂县民工每 5 日仅能修足规定 3 日之工程。① 新津特种工程总管处接民工管理处通报:各县民工挖土运石能率缓,较铲草工作为好。但日所得待遇,仍不足以果腹。② 同年郫县奉令动员民工 6000 名,修筑新津特种工程,实际送场 9000 名之多。在工场所领工粮,纯系按方发给。因规定能率较高,民工能力较低,多不能达到规定应作工方能率:规定土方,民工 1 日仅能作 1/2。按工给米,实难饱腹。又加伙夫运夫杂差病工等,仍须消耗粮食,致每日所领不敷实际开支。③

安岳县于 1942 年 3 月奉令征调民工 2800 名修筑大足机场,4 月 3 日动工,8 月 18 日完工。总队部于工程进行期中,民工工作能率据工程处及总队部考查,仅达规定工作能率 7/10。工程结束后,该县实垫法币 35607.95 元。④

1944 年在修筑川西特种工程中,工程处柳维垣处长面谕罗江县县长,"各县民工至高仅能做到能率 7/10,应赔垫工程款 3/10"⑤。

1945 年梁山县、大竹县、垫江县、达县、开江县、万县、忠县七县共额征 35000 人,修筑梁山机场。各县民工即以担负 60 个标准工而论,自 6 月初开工截至 7 月 15 日止,平均不过仅完成 29.6%。事实上,2 民工不能作 1 标准工。每 1 标准工待遇,工程处定日发米 2 市斤,钱 70 元。现民工每人日暂发米 2.4 市斤(才敷吃)、钱百元。2 个民工日发米 4 市斤 8 两、钱 200 元。办理此次国防工役的七县则因工价低、工率高,"是每一标准工须赔累 2.8 斤、钱 30 元"⑥。5 月底开工,7 月 5 日机场发生真性霍乱时疫。各县民工因天气炎

① 四川省档案馆·四川省政府征工事务管理处,全宗号 116,案卷号 236,第 131 页。
② 四川省档案馆·四川省政府征工事务管理处,全宗号 116,案卷号 476,第 50 页。
③ 四川省档案馆·四川省政府征工事务管理处,全宗号 116,案卷号 237,第 13—14、83 页。
④ 四川省档案馆·四川省民政厅,全宗号 54,目录号 4,案卷号 9528,第 138—139 页。
⑤ 四川省档案馆·四川省政府征工事务管理处,全宗号 116,案卷号 324,第 90 页。
⑥ 四川省档案馆·四川省民政厅,全宗号 54,目录号 1,案卷号 2083,第 5、48 页;四川省档案馆·四川省民政厅,全宗号 54,目录号 1,案卷号 2079,第 53 页。

热,时疫流行及工作日期过长,体力不支,工作效率无一能够达到规定标准。各县民工即以担负 60 个标准工而论,平均不过仅完成 29.6%。四川省政府特派梁山机场督导员傅正恂据实呈报,"将来各县赔累,至为堪虞"①。

"查征工各项单价,每感不敷。过去征工县份无不赔累甚大"②。

1937 年扩修成都凤凰山机场。民工伙食,照规定日支 0.15 元;而事实上因米价高涨,各县民工,均食不果腹。经专员县长会议之便,由建设厅召集有关各县长等商补救办法,决议不敷伙食,由各县自行设法弥补。如简阳县由 0.15 元,增至 0.17 元,乃至 0.18 元。③

1938 年四川省政府令江北、巴县、璧山,铜梁、合川等 10 县征工修筑重庆广阳坝机场。工程处规定每 1 公方给伙食 0.15 元,米价过高,不得一饱。各县均增为 0.2 元。璧山县不敷数 8648.8 元,该县府以收代工金补助,每工日食亦增为 0.2 元④。

1937 年至 1938 年彭县先后征调民工 7500 人修筑凤凰山机场,工作时间长达 3 个月。民工每日工作所得工价,只在 0.05 元左右,而每日每人之口食至低约需津贴 0.15 元乃至 0.17 元。⑤ 面对现实的矛盾,征工县份不得不设法筹补工粮。1940 年酉阳县民工修筑秀山机场。每工每日所获工价至多不过 0.3 元。而秀山米价又确较高昂。每工每日需伙食 0.4 元以上。品迭不敷甚巨。酉阳县政府则令各乡照所送民工人数,向殷实富绅每名借垫伙食洋 1.5 元,即由各乡自行采购食米运秀接济。⑥ 皇天坝机场扩修工程自 1939 年

① 四川省档案馆·四川省民政厅,全宗号 54,目录号 1,案卷号 2083,第 45、48 页。
② "四川省一九四〇年度岁入岁出概算书",中国第二历史档案馆·国民政府行政院,全宗号二(3),案卷号 1031,缩微胶卷号:16J-1781,第 460 页;"四川省一九四〇年度施政计划及各有关部会审核意见",中国第二历史档案馆·国民政府行政院,全宗号 2,案卷号 4616,缩微胶卷号:16J-1241,第 81 页。
③ 四川省档案馆·四川省民政厅,全宗号 54,目录号 4,案卷号 9438,第 31 页。
④ 四川省档案馆·四川省民政厅,全宗号 54,目录号 3,案卷号 7763,第 23 页。
⑤ 四川省档案馆·四川省民政厅,全宗号 54,目录号 8,案卷号 10702,第 55 页。
⑥ 四川省档案馆·四川省政府征工事务管理处,全宗号 116,案卷号 200,第 99—100 页。

10月开工,历时半年有余,以各项单价过低,民工工率较小。但至开工以来,食米每石价至低为35—36元,至高价为85—86元。土方单价虽由0.3元增至0.4元,其他纵有增加,然终不及食米由一倍增至数倍。各县为维持民工生活及工率计,唯有尽量挪垫。①

1939年广汉县奉令征调民工1500名,扩修太平寺机场。工程处规定民工每名每日伙食工资支出为0.3元,但最低生活费为0.5元。各项经临费用,由财委会设法垫支洋2万余元。②

1940年邛崃县修筑邛崃机场。开工以来,因规定工价不敷开支,垫累不堪。③

1940年秀山县建筑秀山机场。该县民工分配土方26万余公方。规定每公方给工价0.4元,运距费超过义务运距外,每百公尺给价0.1元及0.15元。当土方完成2/3以上时,因工价低,致各乡均有亏累。"如第二区肖塘乡因统筹伙食亏累在2000元以上。余如龙池、清溪在7月以前,亦各亏洋数百元。"④

1940年德阳县奉命征工扩修太平寺机场。工具填制消耗费,照征工须知第十五条规定:"点工工方每工0.02元及省府训令附发单价表规定每工0.03元,均不敷用"⑤。

1941年建修新津机场特种工程,11县垫款情况见表8-18。

表8-18　1941年新津机场征工县垫款

| 序号 | 县份 | 征调人数(人) | 垫款数(万元) |
| --- | --- | --- | --- |
| 1 | 新繁 | 4500 | 20余 |
| 2 | 双流 | 5000 | 30余 |
| 3 | 新津 | 5500 | 60余 |

① 四川省档案馆·四川省政府征工事务管理处,全宗号116,案卷号171,第31页。
② 四川省档案馆·四川省建设厅,全宗号115,目录号6,案卷号12014,第80—83、97页。
③ 四川省档案馆·四川省政府征工事务管理处,全宗号116,案卷号263,第133页。
④ 四川省档案馆·四川省民政厅,全宗号54,目录号1,案卷号1998,第116页。
⑤ 四川省档案馆·四川省民政厅,全宗号54,目录号3,案卷号7334,第76页。

续表

| 序号 | 县份 | 征调人数（人） | 垫款数（万元） |
|---|---|---|---|
| 4 | 温江 | 5500 | 30 余 |
| 5 | 华阳 | 8000 | 30 余 |
| 6 | 邛崃 | 9000 | 30 余 |
| 7 | 郫县 | 6000 | 40 余 |
| 8 | 新都 | 6000 | 20 余 |
| 9 | 金堂 | 9000 | 50 余 |
| 10 | 彭县 | 8000 | 20 余 |
| 11 | 简阳 | 10000 | 27 余 |

注：根据查询各县民工总队部结账人员谈话内容，由文字制成。
资料来源：四川省档案馆·四川省民政厅，全宗号 54，目录号 4，案卷号 9528，第 36—37 页。

上表中县份为修建机场，除了垫款外，有些还垫米。如 1941 年 1 月至 5 月，新都县在修筑新津特种工程中，"概由公家拨垫工款 210824 元，又食米 389. 468 市石"①。1941 年 1 月至 8 月，新繁县征调民工 6336 名，修筑新津机场，地方垫款为 260920. 06 元，米为 1135 市石 2 斗。② 1941 年邛崃县修筑新津特种工程时，该县民工总队部挪用工粮 315 市石 5 斗 7 升 3 合及粮款 8 万余元，之所以挪用粮款系以民工工作效率及规定方价过低，所得方价不敷食用，资以弥补，而维持工作者。③

1945 年扩修梁山机场。民工待遇方面，根据规定，工作能率按方给价，每人每日给照当时当地两市升米粮之给养，以支其工作所需之体力，不另发给工资。④ 各县深感赔累过巨。⑤ 因开工不久，梁山、大竹、垫江、开江四县因民工食不饱，而自行加发 4 两⑥。

---

① 四川省档案馆·四川省民政厅，全宗号 54，目录号 4，案卷号 9528，第 12 页。
② 四川省档案馆·四川省民政厅，全宗号 54，目录号 4，案卷号 9528，第 16 页。
③ 四川省档案馆·四川省政府征工事务管理处，全宗号 116，案卷号 236，第 38—39 页。
④ 四川省档案馆·四川省民政厅，全宗号 54，目录号 1，案卷号 2081，第 52 页。
⑤ 四川省档案馆·四川省民政厅，全宗号 54，目录号 1，案卷号 2081，第 129 页。
⑥ 四川省档案馆·四川省民政厅，全宗号 54，目录号 1，案卷号 2083，第 24 页。

1945 年 5 月 2 日四川省泸县特种工程民工管理处第十次会议指出,各项工程所规定之各单价甚低,民工赔累不堪。①

第二对矛盾是实发数少于客观需要。

1938 仁寿县奉令征民工,开赴新津修筑机场。自 10 月 4 日开工之日起至 11 月 16 日,以每日 1000 余名之民工,共耗费 3300 余元之金钱,而所作之工程未及 1/5,所得工价更仅只有 500 余元。总计此次工程用费,除工程处领得外,该县实赔垫 5174.494 元。②

1938 年 10 月 4 日至同年 11 月 16 日,仁寿县第一次建筑新津机场,统计实支旅食公杂费 14170.714 元。除工程处拨来工价、旅食共 8996.22 元外,实不敷洋 5174.494 元,系由县地方款内挪移垫付。③ 其中两项超支之数具体原因:省府规定,民工旅食费只限于由区署到机场,至于由保到联保办公处,再由联保办公处到区署,原案则无规定。在实际上,均须开支伙食费。仁寿县每名给予 0.1 元,以资补助。计全县 3000 名,共需洋 300 元。此项经费,县府令饬财务委员会先行垫发,各区署领用。至于民工往返旅食费,省府规定,每名每百里给洋 0.15 元。县府查此项规定,实有不敷,故增为每名每百里 0.2 元。照数列入预算,亦已照预算开支。④

事实上,机场工程开始之际,关于民工之往来旅食及各队长、组长因公旅食与购置标帜、炊具以及搭棚、医药、办公费等项,具为规定所无,俱须预行设备,在需款遂不得不先由地方垫付。工程处所发津贴均于收方时给领,未领得之前,更不能不由地方预垫。⑤ 这样,此对矛盾,很快显露。所以,1938 年四川

---

① 四川省档案馆·四川省民政厅,全宗号 54,目录号 1,案卷号 1899,第 123 页。

② 四川省档案馆·四川省民政厅,全宗号 54,目录号 4,案卷号 10880,第 70—72 页;四川省档案馆·四川省民政厅,全宗号 54,目录号 4,案卷号 10888,第 43—45 页。

③ 四川省档案馆·四川省民政厅,全宗号 54,目录号 4,案卷号 10880,第 43—46、70—72 页。

④ 四川省档案馆·四川省民政厅,全宗号 54,目录号 1,案卷号 1578,第 141 页。

⑤ 四川省档案馆·四川省民政厅,全宗号 54,目录号 4,案卷号 9438,第 41—42 页。

省政府电函成都航空委员会,涉及经费。"关于民工工资、往返口食、普通工具及管理民工所设各级队长职员之旅食办公等费,应请查照实际需要,规定数额,以足敷用。由工程经费项下开支,俾免由地方筹款弥补,籍示体恤。"①

在国家财政困难而战时开支浩大时局中,地方筹款以弥补下发工程费之实需缺口,具有存在的巨大力量。虽然省府在公函中,指出"事实上,各县地方财政均属拮据异常"②。但县府依然只有被迫垫款,解决实需的款粮。

1939年在扩修温江皇天坝机场工程中,征工县份财委会垫款情况:彭山2566.32元③、眉山3884.48元④、灌县5121.2元⑤、大邑7859.85元⑥、成都县7101.99元⑦、温江6917.6元⑧。1939年什邡县奉令征送民工,修筑凤凰山机场。县财委会挪垫伙食等费12600元。⑨

1940年绵竹县征调民工1500名,扩修双桂寺机场。全部工程概算,照0.54元一斗之米价,为6万多元。实际米价已高涨3倍以上,全部经费应增加为十七八万元以上,乃足敷用。至同年10月29日总队部共领6万余元(县府垫支2万元在外),工程完结尚需相当时间。工程处明知物价倍涨,概算不敷,但未奉有明文,无所依据而增发,以致总队部对于民工伙食极感困难。挪垫米价数千元之多,并且每次所领三五千元,不足偿借,坐视米价。⑩ 1942年合江机场工程处全部经费预算为6425457.76元。在呈会审核中,复以米价逐渐高涨(笔者注:预算时的米价可固定),而现款数字因米价之波动,殊难

① 四川省档案馆·四川省民政厅,全宗号54,目录号4,案卷号10882,第1—2页。
② 四川省档案馆·四川省建设厅,全宗号115,目录号6,案卷号12012,第132页。
③ 四川省档案馆·四川省民政厅,全宗号54,目录号1,案卷号1580,第368页。
④ 四川省档案馆·四川省民政厅,全宗号54,目录号1,案卷号1580,第398页。
⑤ 四川省档案馆·四川省民政厅,全宗号54,目录号1,案卷号1580,第410页。
⑥ 四川省档案馆·四川省民政厅,全宗号54,目录号1,案卷号1580,第414页。
⑦ 四川省档案馆·四川省民政厅,全宗号54,目录号1,案卷号1580,第422页。
⑧ 四川省档案馆·四川省民政厅,全宗号54,目录号1,案卷号1580,第427页。
⑨ 四川省档案馆·四川省民政厅,全宗号54,目录号4,案卷号9438,第179页。
⑩ 四川省档案馆·四川省政府征工事务管理处,全宗号116,案卷号157,第118页。

预计。①

四川省征工委员会认为,修筑机场征工各县垫款不易解决的原因是受限于预算。"由工程机关发款,未定地方协助经费之办法,但工程机关每受预算之限制,对于事先未顾及琐细之款项不易时常变更增加,故常不能敏活济用,各地垫款即不易解决。"②

事实上,造成垫款及不易解决的实质原因是中央和地方拮据的财政,突出表现为严重的财政赤字。国民政府"一九三七年的赤字已占国家支出百分之三十七,至一九四一年赤字更达百分之八十一"③。四川省 1938 年度普通地方概算,收支不敷。财政部拨付临时特别补助费每月 10 万元。④ 1939 年度预算收支不敷 1450 万元。⑤ 1940 年岁入岁出总概算收支不敷 425 万元。⑥ 四川省各县市地方财政预算,1940 年总数为 7000 余万元;1941 年总数为 21000 余万元,较上年度增加 200%。⑦ 1942 年四川省预算编入国家预算,即财政系统改为国家财政、县自治财政两级。这样虽增强了县财政的独立实力,但也意味着自付开支的加大。

造成办理国防工役县府筹垫的原因是错综复杂的。除了上述分析研究的主要方面外,还有略次但实存的因素。

第一,人员超额

事实上,民工配额一般是基本参考数。战时赶筑的机场常是国防特急工

---

① 四川省档案馆·四川省政府征工事务管理处,全宗号 116,案卷号 218,第 142 页。

② 四川省档案馆·四川省政府征工事务管理处,全宗号 116,案卷号 454,第 55 页。

③ Arthur N.Young, *China's Wartime Finance and Inflation 1937-1945*, Cambridge: Harvard University Press, 1965, p.20.

④ "四川、西康两省一九三六年——一九四一年地方经费",中国第二历史档案馆·国民政府,全宗号一,案卷号 602,缩微胶卷号:16J-2206,第 10—11 页。

⑤ "四川省一九三九年度经费概算书",中国第二历史档案馆·国民政府行政院,全宗号 2(3),案卷号 1029,缩微胶卷号:16J-1781,第 43 页。

⑥ "四川省一九四○年度岁入岁出概算书",中国第二历史档案馆·国民政府行政院,全宗号 2(3),案卷号 1031,缩微胶卷号:16J-1781,第 189 页。

⑦ 《中央日报》1941 年 5 月 7 日,第三版;重庆《大公报》1941 年 5 月 7 日,第三版。

程,限期异常迫切。从省府到基层的办理人员为依限完成,实际是尽量多征民工到场赶筑。人员超额是情理中之事。

中国在军备、武器落后的情况下,只得发挥人力优势。加之当局政策法规,超额势在必行。如1938年10月5日邛崃县奉调民工800名到达新津机场,嗣以办理较迟,时任县长汪仲夔恐难如限完竣,复征调民工400名于同月10日送场工作。① 修筑新津机场的仁寿县,虽额定1000名,眉山额征700名;两县实动员民工2000名。同机场的眉山县另增800名民工。加征民工费用只得就县库垫支。是项垫款,工程处长电告:"各县情形大都相同"②。

同时,因服役期内,民工逃亡、伤病及赶工等原因,实征数往往高于配额。超过规定的民工费用,事实上一般为征工各县承担。如1938年眉山县奉命扩修新津机场,额定征工名数为700名,实际动员1609名。超过额定民工909名。超额民工途程费共为336.6元。此项增加款项自无规定,而实际又无法不予开支。工程处均以未列是项预算,正请示航空委员会核办中为词,而拒拨发。迄至该县工程完竣,此项费用犹处悬无着。而此种款项,前由该县财委会借垫开支。③

1938年1月省府训令邻水县征工1000名,修筑重庆广阳坝机场。同年6月,为遵限竣工,时任县长张瑞微补征精壮民工1260名,由县属各区署派员率领到达机场工作。④

1938年10月至12月,邛崃县建修旧县机场,定额征送民工854名,为赶速完成,先后增调民工1400余人。⑤

1938年至1939年成都县奉令征调800名民工,修筑双桂寺机场。嗣因工作紧张,限期迫切,卒致增加民工至1062名,较额派超出262名,计共超支

① 四川省档案馆·四川省民政厅,全宗号54,目录号4,案卷号10542,第44页。
② 四川省档案馆·四川省民政厅,全宗号54,目录号3,案卷号8282,第124—125页。
③ 四川省档案馆·四川省民政厅,全宗号54,目录号3,案卷号8283,第163—164页。
④ 四川省档案馆·四川省民政厅,全宗号54,目录号3,案卷号7763,第106页。
⑤ 四川省档案馆·四川省民政厅,全宗号54,目录号4,案卷号10888,第86—88页。

民工往返旅费洋78.6元,系由财委会垫支。① 同类情况在1939年2月奉令修筑皇天坝机场中重现:额定民工600名,增加民工至968名。因而超支民工工食费332.4元,由财委会借垫。②

1938年合江县奉令征调民工1000名,到广阳坝机场工作。除第一次中途逃回及因烟癖、疾病遣回290余名不计外,实际到后作工者,共计1300余名③。

1938年3月5日合江县奉令征民工1000名,到广阳坝机场作工。所送民工1006名,除因病折回及中途逃亡192名外,实际到场作工者,仅有814名,非3个月不能完工。时间延长,弊害过大。乃决议"加派民工700名"④。

1938年四川省政府训令邛崃县征调民工800名,修筑新津机场。时任县长汪仲夔为顾及功令,依限完成计,增调民工400名,作工半月,以期如限告竣。而呈省府请予增加半月经费预算。1938年11月四川省政府指令邛崃县政府:应以征调实到人数计算,并自到场工作之日起,将准列支。⑤

1938年至1939年成都县奉令征调800名民工,修筑双桂寺机场。嗣因工作紧张,限期迫切,卒致增加民工至1062名,较额派超出262名。⑥

1941年邛崃县担修新津特种工程,原征民工9000名,因时有逃亡,赓即补充,实际征工1万余人;工程所在地的新津县,原征民工5500人,其他临时征发及补充逃亡,实际征工者近万人。⑦

1941年温江县奉令征调民工5500人赶修新津特种工程。按照全县现有326保,每保分配民工22名,总计全县共派民工6636名。照上峰县所派5500

---

① 四川省档案馆·四川省民政厅,全宗号54,目录号1,案卷号1634,第464—465页。
② 四川省档案馆·四川省民政厅,全宗号54,目录号1,案卷号1580,第421—422页。
③ 四川省档案馆·四川省民政厅,全宗号54,目录号3,案卷号7763,第3页。
④ 四川省档案馆·四川省民政厅,全宗号54,目录号3,案卷号7763,第3、84页。
⑤ 四川省档案馆·四川省民政厅,全宗号54,目录号3,案卷号8283,第67、70页。
⑥ 四川省档案馆·四川省民政厅,全宗号54,目录号1,案卷号1634,第464页。
⑦ 四川省档案馆·四川省民政厅,全宗号54,目录号4,案卷号9528,第62页。

名,超出 1136 名,以备补充逃亡、裁汰之用。此外,并另令每保准备 5 名,以防脱逃过多,用资递补。①

1939 年新都县奉令征调 400 名民工,修筑双流县双桂寺机场。截至同年 1 月 12 日止,该县在场作工民工,共有 523 名,超过规定额数 123 名。该场第一期工程,新都县首先完成,位居第一。② 这是超额征用民工的具体实效。

在修筑国防工程中,因事关国家军事大局,工作紧张,限期迫切,办理县府往往超出额征数征调人员,而工程处以额征数为发放劳务费的依据。则经费支出往往超出预算。依据实情,征工县份不得不自行垫款粮。1939 年成都县奉令修筑皇天坝机场。原预算本额定民工 600 名,共编六中队。实际该县增加民工至 968 名,随之而来的则是有关费用的超支:办理人员费用超出原预算 192 元,民工工食费超出 332.4 元。③

下文是 1941 年具体县份在承办机场国防工程前或进行中而加征民工的情况。加征实为不宜的政令。

长寿县奉令征工,扩修白市驿机场,额数原定 5000 名。以限期急迫,只得加征民工,以期便于超工用。④ 为修筑白市驿机场,邻水县原摊额 1100 名,但该县实加倍征送民工。⑤ 1941 年崇庆县征工修建崇庆王场机场南部工程,至同年 6 月 18 日,到场民工达 6800 余人,超过定额近 2000 人。⑥

1941 年郫县奉令征送民工 6000 名建筑新津机场。除郫筒镇共征 500 名外,其余 5500 人由 12 乡镇照现有保数分派,每保征派 20 人。各乡镇除按保各派 20 名外,并按保征调民工赤贫 1 名,交由郫筒镇组织特工队,由城内因职

---

① 四川省档案馆·四川省政府征工事务管理处,全宗号 116,案卷号 518,第 193 页。
② 四川省档案馆·四川省民政厅,全宗号 54,目录号 1,案卷号 1632,第 166 页。
③ 四川省档案馆·四川省民政厅,全宗号 54,目录号 1,案卷号 1580,第 421 页。
④ 四川省档案馆·四川省政府征工事务管理处,全宗号 116,案卷号 280,第 5 页。
⑤ 四川省档案馆·四川省政府征工事务管理处,全宗号 116,案卷号 280,第 19 页。
⑥ 四川省档案馆·四川省政府征工事务管理处,全宗号 116,案卷号 269,第 208 页。

业不能亲身服役之户给予工价,每日以 2 元为限。①

1941 年金堂县奉命征调 9000 民工,赶筑新津机场。该县照额数加征 1/2 民工,以期提前完成。各区乡镇长领知此项征工之重要,结果均按照预定征额加倍征送。②

1941 年泸县奉命征调 500 名民工,修筑白市驿机场。因机场工程紧急,该县府实已自行增派为 1800 名。③ 为修筑白市驿机场,巴县奉配额 700 名,继又奉专员电工程紧急,加倍征送。④

1944 年新津等九机场征工抢修。各县为赶工抢时,又多自动征。有县份应调民工 71920 人。后复遵照规定,自动征调原配数总数 1/3,实达 9 万余人⑤。1944 年洪雅县奉令征工抢修邛崃特种工程,额征民工为 6000 名。为弥补旷工或赶工,该县自动三次调往民工共 5130 名⑥。同年奉令担修彭山特种工程的温江县,动员民工原配额为 8520 名。实先后征调民工达 15000 人之多。⑦

民工加征,随之而来则是管理人员及其费用的增加。

1939 年成都县在修筑皇天坝机场中:较额定民工 600 名,多加民工 368 名。照民工须知章则,每百名为一中队,共编成九中队。照制定多设中队长 3 人、特务长 3 人、分队长 9 人,超出原预算 192 元,由财委会垫支。⑧

对民工超征及管理人员的增设,相应带来的费用增加问题。1945 年 7 月 2 日,四川省政府电督导梁山特种工程的督导员傅正恂和负责人时任处长霍

---

① 四川省档案馆・四川省政府征工事务管理处,全宗号 116,案卷号 518,第 88 页。
② 四川省档案馆・四川省政府征工事务管理处,全宗号 116,案卷号 518,第 74、134 页。
③ 四川省档案馆・四川省政府征工事务管理处,全宗号 116,案卷号 280,第 96 页。
④ 四川省档案馆・四川省政府征工事务管理处,全宗号 116,案卷号 280,第 78 页。
⑤ 四川省档案馆・四川省民政厅,全宗号 54,目录号 3,案卷号 7477,第 9—10 页。
⑥ 四川省档案馆・四川省民政厅,全宗号 54,目录号 3,案卷号 7477,第 39、41 页。
⑦ 四川省档案馆・四川省民政厅,全宗号 54,目录号 3,案卷号 7477,第 10 页。
⑧ 四川省档案馆・四川省民政厅,全宗号 54,目录号 1,案卷号 1580,第 421 页。

六丁:民工编制超出原编制之管理费应由各县自行设法①。这样一来,征工县府不得不垫款粮。

第二,核销数低于实支数

1938年大邑县两次征工修筑新津机场。1939年省府剔除第一次修筑新津机场民工经费中,超支民工伙食洋583.66元和超支医药费洋46.75元;第二次修筑新津机场民工经费中,中小队长津贴核减为180.8元,中队伙夫工饷核减为93.4元,民工伙食费减为936.6元,剔除搭棚费270元。②

1939年6月,四川省政府审核德阳县政府上呈的修筑双桂寺机场民工经费:核销数(临时门)25778.33元;计算数(临时门)25918.33元。③

第三,行政命令

在战时国家、地方经济财政困窘情况下,则以国家行政权令基层承担大局中的空缺。

1939年5月27日,四川省政府给成都航空委员会发电文中,陈述了此实情。"现值抗战最严重之际,对于人民固应使其踊跃出力输财,以为国用。唯国防军事建设经费系由国库开支,应属全民。如于工程所在地此责令各县征工修筑,其不敷经费须再由征工县份负担弥补,按之法令规定,既失平允,且恐贻民众以不良之印象。"④

1939年2月22日航空委员会建筑西川机场委员会第三次会议议决通过《修筑飞机场各县征调民工须知》。第一条规定:各县应征照命令征调民工,按《国民兵役法》之规定,就所属保甲内适龄男丁之精壮者,选送足额。应征民工如有老弱烟病充数,一经剔除遣返原籍,所有途程口食概不发给,即责该管保甲长个人担负。其被剔除之民工数仍由原保甲立即补

---

① 四川省档案馆·四川省民政厅,全宗号54,目录号1,案卷号2083,第21页。
② 四川省档案馆·四川省民政厅,全宗号54,目录号4,案卷号10888,第90—91页。
③ 四川省档案馆·四川省民政厅,全宗号54,目录号1,案卷号1633,第345页。
④ 四川省档案馆·四川省民政厅,全宗号54,目录号3,案卷号8283,第23页。

送足额。①

1939 年,简阳县征调民工 1000 名,整修成都凤凰山机场,并奉令预为垫摊伙食等费。工程尚未达 3/10,县财务委员会已遵令先后垫发 11000 余元。作工已逾 1 月,工程处又未按方给价,仅领津贴 300 余元。省府转县府呈文,电航空委员会转饬该场工程处迅予按方给价,以利工作。但令县府在未领得工价以前,仍设法垫支,以资维系。②

航空委员会为应军事需要,急需在西川一带添建若干机场,以增加抗战力量。1939 年 10 月 4 日航空委员会西川机场建筑委员会第一次委员会议决议,第一期机场工程为辟修邛崃机场,扩修皇天坝机场、太平寺机场、新津机场。由温江、彭县、新繁等 26 县,征调 39900 名民工修筑。民工各队应需旅食、办公器具等费,照《征调须知》第二十条规定:在工程处未发给以前,应由县府责成财委会暂时垫支分配应用③。

1939 年省府命令灌县办理国防工役:"征工扩修太平寺、皇天坝两机场。所有民工伙食费由该县财委会各垫支洋 5000 元,以利进行。"④

1939 年 12 月,时任四川省主席蒋介石指示:征工县份,因修筑机场确有不敷之费用,"应遵照通案规定,设法暂垫。于竣工后,造具支付计算书表呈报来府,再行核夺"⑤。

第四,扣发

1939 年遂宁县奉令征工 5000 名,2 月 1 日开工扩修遂宁机场。以工程浩

---

①　四川省档案馆·四川省建设厅,全宗号 115,目录号 6,案卷号 12012,第 35 页;四川省政府征工事务管理处,全宗号 116,案卷号 449,第 29 页;四川省民政厅,全宗号 54,目录号 6,案卷号 7404,第 169 页;重庆市档案馆·四川省第三区行政督察专员公署,全宗号 0055,目录号 5,案卷号 103,第 267 页。

②　四川省档案馆·四川省民政厅,全宗号 54,目录号 4,案卷号 9438,第 172—176 页。

③　四川省档案馆·四川省建设厅,全宗号 115,目录号 6,案卷号 12013,第 13 页。

④　四川省档案馆·四川省建设厅,全宗号 115,目录号 6,案卷号 12012,第 58—59、133—134 页。

⑤　四川省档案馆·四川省建设厅,全宗号 115,目录号 6,案卷号 12015,第 64—65 页。

大,复因种种困难关系,致超出民工伙食费洋 1 万余元。从转发经费的工程处来看,造成遂宁县赔垫的原因为:虽规定,但全未发给民工往返在途口食、工作器具消耗费、民工滚压伙食费暨各民工各队部办公费;因雨停工少发每工 0.05 元。①

1940 年,军事委员会对扩修的梁山机场规定,民工承做的土方概按每公方 0.4 元给价。工程完毕,空军第三总站乃宣布开江县划定区段,共有 24594 土方,但每方克扣 0.1 元,仅以 0.3 元计算,共发洋 7378.2 元。②

1943 年 7 月 16 日四川省政府指令安岳县在建筑大足机场时,"因民工工作未能达到规定能率而致赔累之款,应由地方负担"③。

1944 年邛崃机场民工之待遇照省府征工总处规定,每日每工能完成 1 标准工者,发给食米 1.2 升合、副食费 10 元、工资 10 元。但实际不能如数领足,因民工管处及各县总队部将各队 5 日收方应得之粮款扣发 1/2。④

在实际中,县府筹垫是多方原因交织造成的,本书的分析研究,只是纷繁复杂现象的粗略、主干归类研究。1940 年 10 月 20 日,屏山县第二次原征民工 2600 名(实到人数 9560 名),修筑乐西公路,作工 85 日。民工工作效率能到规定能率一成,而向富绅借垫约 36000 元。⑤ 可见,此次垫款原因有:民工超额和规定能率过高。

省府垫款粮,追根溯源,实为时势使然。1939 年德阳县奉令征工整修凤凰山机场。民工作工时间为同年 5 月 5 日至 7 月 13 日。征工正值栽秧车水,农忙之时间,雇工虽每日出资七八角,尚难雇到。该县机关法团士绅议决,民工工作期间工食费,每工日给 0.33 元(尚不及私人雇请工资之半),而工程处

① 四川省档案馆·四川省民政厅,全宗号 54,目录号 1,案卷号 2154,第 49—52、112—113 页。
② 四川省档案馆·四川省政府征工事务管理处,全宗号 116,案卷号 36,第 51 页。
③ 四川省档案馆·四川省民政厅,全宗号 54,目录号 4,案卷号 11148,第 130 页。
④ 四川省档案馆·四川省政府征工事务管理处,全宗号 116,案卷号 99,第 185 页。
⑤ 四川省档案馆·四川省政府征工事务管理处,全宗号 116,案卷号 450,第 22 页。

规定每工日给 0.3 元。省府依规定,核减所呈支出计算书列支民工工作期间工食费为 690030 元。省府权衡:以征调民工整修机场,事关抗战工作,苟如迟延,动误戎机。为顾虑民工生活,征募便利计,为市厘不扰,社会安全计,乃召集机关法团及地方士绅,开会讨论,议决民工伙食,每月发给 10 元,虽以规定日支 0.3 元,月计超支 10 元,但为数无多,且经地方众议许可,故照案发给。[①]这样省府核减之费由德阳县自行承担。1945 年忠县奉令征调民工 5000 名赴梁扩修机场。为完成使命起见,忠县实际上换工 3 次(规定中途换工 1 次)。因换工,支出民工旅食费 1 亿元以上。梁山 42 工程处未按照规定发给,纯由各乡镇暂借垫支。[②]

中央预算下拨的工程费主要依照当时物价尤其是米价而定,这在实际经费支出中,预算数低于实支数,因依据的标的在战时呈上升趋势而必引起实际上的超支。如 1942 年 3 月 20 日至 4 月 20 日,资阳县修筑简阳县周家坝机场预算数、实支数比较具体情况见表 8-19。

表 8-19 资阳县修筑周家坝机场民工所作工程总方价

(自 1942 年 3 月 20 日起至 1942 年 4 月 20 日止) (单位:元)

| 科目 | | | 预算数 | 实支数 | 超出数 |
|---|---|---|---|---|---|
| 项 | 目 | 名称 | | | |
| 1 | | 工程总方价 | 141311.07 | 150303.92 | 8992.85 |
| | 1 | 土方工程费 | 104893.18 | 112249.22 | 7356.04 |
| | 2 | 间隔土工程费 | — | 2086.03 | 2086.03 |
| | 3 | 筑堤夯工费 | 12972.86 | 14027.40 | 1054.54 |
| | 4 | 铲青苗费、铲草根费 | 4663.31 | 7639.32 | 2976.01 |
| | 5 | 借土运费 | 18781.72 | 20253.97 | 1472.25 |

注:笔者择《资阳县修筑周家坝机场民工总队部经费累计表》自制。

资料来源:四川省档案馆·四川省民政厅,全宗号 54,目录号 4,案卷号 11148,第 17、22 页。

---

① 四川省档案馆·四川省民政厅,全宗号 54,目录号 3,案卷号 7334,第 226—230 页。
② 四川省档案馆·四川省民政厅,全宗号 54,目录号 1,案卷号 2082,第 407 页。

由于 X 时价较预算时增加(X 为当地 1 市升米之时价)工程总方价超支8992.85 元,实支数都超过预算数。其中支付民工所作土方工程费超支最多,为 7356.04 元;最少为筑堤夯工费,为 1054.54 元。

## 三、国库拨款和县府垫款粮的共同运作

上文分别详细分析了各种款项在工役中的情况。实际中,国库拨款和县府多种形式的垫款共同运作,汇合而成所需的工役款粮,满足具体现实需求。

1937 年 9 月 23 日至 1938 年 1 月 16 日成都县扩修凤凰山机场。民工伙食及各项经费收入来源情况见表 8-20。

表 8-20　扩修凤凰山机场收入来源情况　　　　(单位:元)

| 科目 | 实收数 |
|---|---|
| 航空委员会扩修凤凰山工程处民工津贴 | 23175.501 |
| 代工金 | 19455.540 |
| 县财务委员会垫款 | 5690.795 |
| 合计 | 48321.836 |

由上表可见,此次成都县用款由工程款、代工金、垫款组成。代工金由各联保汇缴。

1937 年 10 月 10 日至年 12 月 10 日灌县扩修成都凤凰山机场土方滚压工程。征调约 140 人,作 13500 工,挖填 113672 公方。工役款:代役金为 3900元(550 人折缴)、省款补助 11507.814 元,县款筹措 15000 元。①

1937 年至 1938 年新都实验县县政府筹募款项,扩修凤凰山机场、修筑太平寺机场暨补修凤凰山机场。收扩修凤凰山机场工程处发给土方津贴10542.24 元,修筑太平寺机场工程处发给土方津贴 5881.18 元,扩修太平寺机场工程处发给代购工具费 1704.8 元。县府在省款补助费下垫支之扩修凤

---

① 四川省档案馆·四川省民政厅,全宗号 54,目录号 6,案卷号 7404,第 140 页。

凰山机场 741.65 元、县府在省款补助费项下垫支修筑太平寺机场 400.45 元、县政府在省款补助费项下垫支补修凤凰山机场 2500 元、各联保按甲或按亩征收的代工金 16886.044 元。① 可见该县府募款源于：工程款省款补助费、代工金。

1938 年蒲江县征调 500 名民工，于 10 月 1 日编队前往新津机场工区作工，同年 12 月 12 日完工。修筑经费全部支出为 6582.32 元，除在航空工程处领得伙食津贴 3752.01 元，其余不敷 2830.31 元，由县府财委会就地方科目项下挪移垫支。挪垫之数由筹代工金如数归还。②

1938 年郫县建筑太平寺机场，该县财委会奉令垫支代工金 3273 元。1939 年修彭宝公路、温江皇天坝机场，该县财委会奉令各垫支代工金 9523.73 元、7776.15 元。三项工程县财委会共垫支 20572.88 元，在 1940 年上期粮税项下附加归还。全县粮额五千两，以所垫支之数平均摊派，每粮一两附收代工金 4.12 元，由征收局代收拨付。③

1939—1940 年叙永县修筑川滇东路时，自筹代工金 10 万元，泸县帮款 17942 元，隆昌县帮款 26282 元，行营通知奖金工具、医药等项津贴共计 17.7 万多元，四项合计约 32 万多元。④

1939 年 11 月 10 日至 1940 年 8 月 4 日郫县征调 900 名民工辟修邛崃桑园镇机场，用去 86255.2 元，在工程处领来工款 75420.35 元，不敷 10834.85 元由县财委会垫付。归垫之数援皇天坝机场代工金旧例，按亩摊还。该县田 33 余亩，每亩附加 3 分，在 1941 年夏季田赋项下由征收局代收归垫。⑤

① 四川省档案馆·四川省民政厅，全宗号 54，目录号 4，案卷号 9438，第 114—116 页。

② 四川省档案馆·四川省民政厅，全宗号 54，目录号 8，案卷号 10888，第 48—49、152 页；四川省建设厅，全宗号 115，目录号 6，案卷号 12013，第 163 页。

③ 四川省档案馆·四川省民政厅，全宗号 54，目录号 2，案卷号 1709，第 489—490 页。

④ 四川省档案馆·四川省民政厅，全宗号 54，目录号 6，案卷号 7633，第 136 页。

⑤ 成都市档案馆·四川省第一区行政督察专员公署，全宗号 134，目录号 8，案卷号 99，第 85—86 页。

　　1940 年 4 月开县奉令征调民工前往宣汉协修汉渝公路,于同年 11 月完工。此间民工口食、管理、护送、补充、修理等各费总计 45000 元。开县在公路工程处领得 20000 元,挪用地方其他政费 25000 元。经县行政会决议,在全县田租每石征 0.1 元,约可征 39000 元,除弥补垫款外,余款拨作出征基金。①

　　1941 年大足县修筑登云桥机场,令各乡镇公所按在场工作民工,每名每月给予优待金 60 元,征收代役金。若代役金不足时,根据三区专署颁发《奉令修筑本区各机场计划大纲》总则第六条之规定,向富绅摊派发给。② 1941年扩修新津机场。郫县共收 299689.7 元:征工委员会经费 1140 元,仓储管理委员会借款 50000 元,财务委员会借款 48810.88 元,省府发来四川物价平准处存款 62502.32 元,售出周转工粮 137236.5 元。共收周转工粮 1928 石 6 斗 7 升 3 合:各乡镇周转工粮米 281 石 1 斗 9 升 3 合,各乡镇提取周转工粮米1547 石 4 斗 8 升,收借拨财委会周转米 100 石。③ 可见,周转工粮米实际来源于地方民众和财政中。国库拨款即工程费和平准处存款共 63642.34 元,占总收入的近 21%;借款共 98810.88 元,占总收入的约 33%;周转工粮款(实为地方财源)占总收入的约 46%。

　　1944 年,温江县征工委员会为担任特种工程筹措工粮工款,因民工工作效率照例不及标准,所领粮款,不敷食用;并且所需周转赔垫的工粮工款,数字相当庞大,任何摊筹方式,均缓不济急,于事有济,只有挪借积谷一法。工粮部分,在 1943 年所募集谷项下,挪借 2000 市石,价款 5000000 元(10000 市石每石 500 元)。工款部分挪借积谷 2000 市石,折法币 6309360 元,拨充公款。民工口食规定,每名每日领食米 1 升 2 合,温江县征工委员会根据考查结果,实在不敷食用,经决议每名每日增给食米、副食费 4 元。各级队部官长兵卒的食

---

米,每人每日 1 升 4 合,不在民工食米内匀支。各乡镇采用雇工制,雇工工资,由全县应服工役的人担负代工金(每工 50 元,后增为 60—70 元)①。同年双流县办理双流特种工程工款收入共计 47347513.89 元,其中应领全部工程费 37070727.299 元,经济费及开办费、工棚费等 2474929 元,变卖积谷价款 4577500 元(1400 市石),变卖及折出工粮价款 3244357.6 元。② 灌县办理新津、彭山特种工程工款收入共 50137054.60 元,其中应领全部工程费 29083751.60 元,开办费及经常费、工棚费及杂项收入 17314343 元,变卖器材、食米等收入 39160 元,借入积谷委员会会款、县参会会款 3699800 元。③ 成都县办理凤凰山特种工程,工款收入共计 31806688.47 元,其中应领全部工程费为 17479180.47 元,经常费及开办费、工棚费等 2063.481 元,自筹周转金 8700000 元,挪借各乡代工金 3564027 元。④

# 第二节　对地方的影响

国防工役款粮,对具体办理县份的影响主要有三种情况。

第一种常见情况是直接增加地方财政重负而妨碍庶务。

从县府垫款、多方归垫的实情、来源及原因的分析可知,国防工程工役款粮直接加重了地方财政负担。对此,全民族抗战不久,高层机构就不讳此情况。1939 年 7 月 11 日国防最高委员会秘书厅公函中,实陈了兴修机场中,主办区县赔垫之累。"在地方财政枯窘,无力赔垫,亦系实情。唯此项赔垫之款,系在核定预算以外,事前未经呈奉核准,似未便由中央拨补。而省府预算各有一定用途,恐亦难令其另行筹拨。"⑤

① 四川省档案馆・四川省特种工程征工处,全宗号 116,案卷号 41,第 103—104 页。
② 四川省档案馆・四川省民政厅,全宗号 54,目录号 7,案卷号 9014,第 13 页。
③ 四川省档案馆・四川省民政厅,全宗号 54,目录号 7,案卷号 9014,第 21 页。
④ 四川省档案馆・四川省民政厅,全宗号 54,目录号 7,案卷号 9014,第 39 页。
⑤ 四川省档案馆・四川省建设厅,全宗号 115,目录号 6,案卷号 12014,第 46 页。

1938年邻水县奉令征工1000名，并携工具前往广阳坝机场作工。在工程处照挖1公方领洋0.15元计算，应领民工伙食之数无多。县财委会在外挪借及暂挪各机关、学校经费13000元，垫支费用。①

1938年10月修筑新津机场工程处呈省主席，报告征工修筑该场的各县县政府均挪垫有相当款项，多至数千元，少亦1000余元不等。②

1938年、1939年广汉县建修双桂寺及凤凰山机场，除领土方之款外，尚垫支35180.94元，已挪用地方各机关、学校1个月以上之经费③。向省银行借贷4万元，以4个月为期，用维现状。垫款以粮税为摊收标准，由征收局于1940年收粮时，每两收12.28元，摊征归垫。④

1939年遂宁县征工5000名，扩修遂宁机场。因工价不敷民工伙食费，县府先后向省银行息借8400元，由财委会垫支400元，由五区区长蓝家沛向商店息借3000元，三、四两区挪移筑路奖金600元，合计12400元。⑤

1939年3月4日，华阳县陆续送足2000人名额，修筑皇天坝机场。同年7月5日修建完竣。经工程处核收，唯因完工证领款单及一切有关单据，未经工程处发下，故直至7月17日尚未申报。但该项民工费用，前奉令修筑，因事关国防，权由县财委会在外息借垫用，总计已垫去法币25500元。兹为日已久，而前项垫款因未呈经核准，无从筹集归还。且近值空袭紧张，人民奉令疏散。对于一切税款，收入寥寥，维持现状，尤感不足，何有余存归借垫款。近又奉令整修凤凰山机场，所有民工费用，亦均由财委会暂垫。县财力有限，实已无力肩此巨款。⑥ 皇天坝机场扩修工程自1939年10月开工，历时半年有余，参加各县因垫累不堪，由专署呈请省府转航空委员会西川机场建筑委员会如

---

① 四川省档案馆·四川省民政厅，全宗号54，目录号3，案卷号7763，第74—75页。
② 四川省档案馆·四川省民政厅，全宗号54，目录号3，案卷号8283，第129页。
③ 四川省档案馆·四川省建设厅，全宗号115，目录号6，案卷号12014，第81页。
④ 四川省档案馆·四川省建设厅，全宗号115，目录号6，案卷号12014，第95—97页。
⑤ 四川省档案馆·四川省民政厅，全宗号54，目录号1，案卷号2154，第98—99页。
⑥ 四川省档案馆·四川省民政厅，全宗号54，目录号1，案卷号1579，第247、322—323页。

数归垫。①

四川省第三区行政督察专员公署奉令负责 1938 年 11 月至 1939 年 6 月修筑白市驿机场及公路,征调承川巴县等 13 县民工,计达万余,历时半载以上,关于民工工资、工具及管理费,规定价额过低,均感不敷。致由征工各县筹款弥补,为数颇巨。地方财力已感困难。②

1940 年航委会则郑重声明:本会只能在预算以内支付工款,或预先通融借支应领之各项津贴。如因所定单价过低,亦只能根据事实酌量增加,呈请上峰核定。除此之外,则非本会职权所及。③ 征工各县不得不承担中央拨付的款粮现实缺口。1940 年简阳县奉令征工扩修新津机场。该县财务委员会奉令饬实共垫洋 52203.65 元,连同双桂寺机场垫款 12776.064 元、凤凰山机场垫款 12695.362 元,总计 77620 余元。④ 1940 年四川省征工委员会第一次委员会会议上,就指出修筑机场征工各县"赔累颇巨,多者在 5 万元以上,少者亦在万元左右。"⑤

1941 年 4 月简阳县如限完成分配的新津机场整修主要工程。除民间垫累不计外,由县财委会支付达 20 余万元。该县本年度总预算相差 60 余万元尚无妥善办法。⑥ 1944 年温江县奉令担修彭山特种工程,动员民工原配额为 8520 名。因工程浩大,工程处先无精确计算,实先后征调民工达 15000 人之多。代工金超出亿元以上。县征工委员会挪借 32 年度筹募积谷白米 2000 双石,以资工粮。工款犹不敷用,而将政府价购积谷 1 万市石法币 500 万元全数挪用。⑦ 同年夹江县征工修筑彭山机场。工程完竣后,所有结余即工款

① 四川省档案馆·四川省政府征工事务管理处,全宗号 116,案卷号 171,第 31 页。
② 四川省档案馆·四川省政府征工事务管理处,全宗号 116,案卷号 449,第 23—24 页。
③ 四川省档案馆·四川省政府征工事务管理处,全宗号 116,案卷号 175,第 59 页。
④ 四川省档案馆·四川省政府征工事务管理处,全宗号 116,案卷号 501,第 124—125 页。
⑤ 四川省档案馆·四川省政府征工事务管理处,全宗号 116,案卷号 455,第 46、52 页。
⑥ 四川省档案馆·四川省政府征工事务管理处,全宗号 116,案卷号 508,第 184 页。
⑦ 四川省档案馆·四川省民政厅,全宗号 54,目录号 3,案卷号 7477,第 10—11 页。

1788905.65 元、工粮(黄谷)1000 市石,经该县扩大县政会议决议,应将前向民间筹借之周转金悉数退还,并组织"四川省特种工程夹江县退还周转金委员会"负责办理。该县向民间筹借周转金共计 1000 余万元,全数退还也不敷。①

1944 年新津等九机场征工抢修。民工食粮规定每工发给食米 1 升 2 斛,连同副食共仅 2 市升,即民工勉力从事,如果达到工程标准,每工亦须赔累食粮 7 斛左右。以广汉机场 800 余万工方计,食粮一项赔垫已达 5600 余石,其他赔垫犹未计入数内。原办法请求豁免预借军粮,当蒙俯准。又如各县筹集周转金、伙食赔累等费,大多在乡者,以田地为对象,在城者,以住户为对象征收,数额颇不一。据查,田地多者,每亩征至六七百元,少者亦数十元;住户则有多至数千元者,即贫苦之家亦征数百元之多。即以最低数字估计,每县平均约计田地 40 万亩,城市住户 1 万户,每亩地平均负担 80 元,每住户负担 1000元,每县负担已达 4200 万元。6 县总和达 252000 万元之巨。②

王场机场工程,1940 年至 1941 年,中江担修北半部,崇庆、大邑担修南半部。崇庆县、大邑县先后向民间借垫挪借公学积谷,又复由各乡镇民工自带食米作工,总计赔至 80 万元以上。在财政已极度困难的情况下,复奉省府电令,续修中江未完工程。航委会秘书面谕:该项工程由崇庆县担修三成,大邑县担修七成。大邑县除应得此项工程费 14 万元外,津贴赔累款达 20 万元。③

因筹垫国防工役款粮而增加地方财政支出,则间接影响地方政务运转。此为必然结果,因钱财为政务运转动力。如 1938 年广汉县奉令建修双流双桂寺机场,1939 年培修凤凰山机场。两项工程共垫支洋 35180.94 元。此项垫款概系财委会所管地方经费内挪借而来。因垫款挪用过多,致使 1939 年各机

---

① 四川省档案馆·四川省政府征工事务管理处,全宗号 116,案卷号 398,第 125 页。
② 四川省档案馆·四川省民政厅,全宗号 54,目录号 3,案卷号 7477,第 7—9 页。
③ 四川省档案馆·四川省政府征工事务管理处,全宗号 116,案卷号 263,第 15、32 页。

关三程应补经费，竟成问题。而当年预算因入不敷出，几至无法编造。[①] 1939年简阳县征调民工 1000 名，整修成都凤凰山机场，并奉令预为垫摊伙食等费。工程尚未达 3/10，县财务委员会已遵令先后垫发 11000 余元。但仍令县府在未领得工价以前，仍设法垫支，以资维系。唯财委会近来收入，除粮税一宗，稍有收入外，其契、肉两税，几于不能收拨。综合来数，犹不足支配。县中学校与各机关而民义两教，又届请领之期，以此行将断绝之来源。呈请将机场款项暂缓垫支，但省府仍令"在未领得工价以前，仍设法垫支，以资维系"[②]。

1939 年灌县奉令征工，扩修太平寺、皇天坝两机场。该县财务委员会先后已垫付彭宝路、太平寺、皇天坝机场 7900 余元。四川省政府公函航委会西川机场建筑委员会确证该县"垫不胜垫，自属实情"[③]，但事关国防大计，建设厅仍下令"所有民工口食，着由该会各垫洋 5000 元，以利进行。"灌县财务委员会则上呈省政府"势必挪移其他经费，而影响地方政务。"[④]因地方各项公款关系政务推行。

但并不是所有办理国防工役的征工县份在修建国防工程中款粮都入不敷出，还有其他两种情况。

第二种情况是款粮收支平衡或略有盈余。

1938 年仁寿县第二次奉令征调民工 800 名，开赴新津修筑机场。竣工，工程处发下工价及旅费 1795.15 元，除开支民工往返旅费及伙食 1467.691 元外，余剩 327.459 元，可以移作各级队长旅食及公杂之用，收支品迭仅不敷 0.131 元。故 1939 年 2 月 21 日，仁寿县政府呈报省府"此次工程该县不垫分厘"[⑤]。

————————

①　四川省档案馆・四川省民政厅，全宗号 54，目录号 1，案卷号 1634，第 501 页。

②　四川省档案馆・四川省民政厅，全宗号 54，目录号 4，案卷号 9438，第 172—176 页。

③　四川省档案馆・四川省建设厅，全宗号 115，目录号 6，案卷号 12012，第 132 页。

④　四川省档案馆・四川省建设厅，全宗号 115，目录号 6，案卷号 12012，第 133—134 页；四川省档案馆・四川省建设厅，全宗号 115，目录号 6，案卷号 12013，第 52—53、58—59 页。

⑤　四川省档案馆・四川省民政厅，全宗号 54，目录号 4，案卷号 10880，第 89—90 页。

1938 年邛崃县修建新津机场,收支相较,结存 30.97 元而退还县财委会。①

1938 年崇庆县奉命征调民工 1500 名修建太平寺机场,略有盈余。1939年,省府批准可用此款,暂行垫支为建修温江机场所有民工口食等费,在工程处未发给以前。②

1938 年眉山县修筑新津机场,先后动员民工 1609 名,兴工 28 日(9 月 30日开工,10 月 27 日完工),共作工 16199 个。民工每日所得工价,除伙食消耗外,尚余 300 余元。③

1938 年,德阳县奉令修建双流双桂寺机场,计工作两个月。据时任县长周德修 1939 年 6 月 16 日呈省府审核《四川省德阳县民工总队部修筑双桂寺机场收支计算书》,收支平衡:25918.33 元④。

1938 年 12 月 27 日至 1939 年 2 月 5 日,新都县奉令修筑双流双桂寺机场,民工总队部收支结存 15.705 元,由县府如数收存,拨作今后地方公用,呈准省府后动支。⑤

1938 年 12 月 20 日至 1939 年 3 月 20 日,金堂县修筑双流双桂寺机场,民工经费结存法币 12.81 元⑥。

1938 年璧山县奉令征调民工 1000 名,修筑重庆广阳坝机场,收支相较,实结存洋 809.91 元。⑦

1939 年温江县政府奉令修筑双桂寺机场,据时任县长王国潘呈报,收支平衡。⑧

① 四川省档案馆·四川省民政厅,全宗号 54,目录号 4,案卷号 10888,第 80 页。
② 四川省档案馆·四川省民政厅,全宗号 54,目录号 1,案卷号 1578,第 34—35 页。
③ 四川省档案馆·四川省民政厅,全宗号 54,目录号 3,案卷号 8283,第 197—198 页。
④ 四川省档案馆·四川省民政厅,全宗号 54,目录号 1,案卷号 1633,第 349 页。
⑤ 四川省档案馆·四川省民政厅,全宗号 54,目录号 1,案卷号 1634,第 483 页。
⑥ 四川省档案馆·四川省民政厅,全宗号 54,目录号 1,案卷号 1634,第 516—517 页。
⑦ 四川省档案馆·四川省民政厅,全宗号 54,目录号 3,案卷号 7763,第 18 页。
⑧ 四川省档案馆·四川省民政厅,全宗号 54,目录号 1,案卷号 1633,第 422 页。

1939 年 2 月 1 日至同年 5 月 31 日,遂宁县扩修机场民工总队部计共领 476 元,实支 464.25 元外,尚结余 11.75 元①。

1939 年 11 月 16 日至 1940 年 4 月 15 日,德阳县征工扩修太平寺机场。各项支付合计 61996.42 元。除已向工程处领用 21000 元外,其余 41000 元,概由县财委会先后挪垫支付。旋经品迭,实尚存 3.58 元②。

1939 年 12 月 1 日至 1942 年 1 月 31 日,璧山县修筑白市驿机场,结存 12000 元③。

1939 年 11 月 1 日至 1940 年 2 月 4 日,彭山县奉令征工扩修新津机场,所有收入来源于工程处领款 25566 元,支出 24427.25 元,结余 1138.75 元。④

1940 年乐至县征工抢修双流马家寺机场,结余款额为 13094.98 元。⑤

1940 年 5 月至 1941 年 4 月,三台县奉令征工建修双流彭镇机场,实余存洋 6024.712 元⑥。

1940 年 12 月至 1941 年 6 月,华阳县奉令征工,补修太平寺机场,获利 42295.97 元⑦。

1941 年,郫县修筑新津特种工程,购办工粮盈余 64900 余元⑧。

1941 年简阳承办国防工程:建修新津机场。工粮收支实存 4 市升。⑨

1941 年 3 月 15 日至 1942 年 1 月 31 日,武胜县征工修筑白市驿机场,结

---

① 四川省档案馆·四川省民政厅,全宗号 54,目录号 1,案卷号 2154,第 122—126 页。

② 四川省档案馆·四川省民政厅,全宗号 54,目录号 3,案卷号 7334,第 122—123、130—131 页。

③ 四川省档案馆·四川省民政厅,全宗号 54,目录号 4,案卷号 11148,第 111、114 页。

④ 四川省档案馆·四川省政府征工事务管理处,全宗号 116,案卷号 501,第 144、151 页。

⑤ 四川省档案馆·四川省民政厅,全宗号 54,目录号 4,案卷号 11148,第 184 页。

⑥ 四川省档案馆·四川省民政厅,全宗号 54,目录号 4,案卷号 11148,第 62 页。

⑦ 四川省档案馆·四川省民政厅,全宗号 54,目录号 4,案卷号 11148,第 35—43 页。

⑧ 四川省档案馆·四川省政府征工事务管理处,全宗号 116,案卷号 281,第 124—1130 页;但四川省档案馆·四川省政府征工事务管理处,全宗号 116,案卷号 281,第 222 页。清算共成立数工款收方 1035780.26 元、支方 674689.37 元,盈 361090.89 元;工粮收方 9662.957 石,支方 7685.121 石,盈 1977.836 石。

⑨ 四川省档案馆·四川省民政厅,全宗号 54,目录号 4,案卷号 9528,第 34 页。

存款 594.29 元①。

合江县于 1942 年 8 月奉令修筑本县菜坝机场,于 1943 年 7 月工程完竣。全部结束,共向工程处结算具领各项工款 1832342.07 元,共计支出各项工款 1811544.61 元,品迭结余工款 20797.46 元。结余工款由县库保存,作工役准备金。②

第三种情况是中央下拨款粮,有较多盈余之时,则能在一定时期有限地资助地方庶务发展。

中央下拨款粮给办理国防工役县份,在实际开支中偶有入超溢支。盈余款粮情况及其对地方庶政的资助比较特殊,典型地体现于 1944 年川西特种工程县份全部款粮收支数字及余存款粮处理情形,虽然并不是所有经办县份有结余款粮。

1943 年 8 月美国空军部队拟订麦特洪(Matterhon)计划,即从中国成都起飞的 B29 型轰炸机特种部队轰炸日本。为使这一计划在尽早的可行日期实现,美国前后共提供了 12 亿美元。③ 同时,中国政府调集了大量工粮。1944 年四川省粮政局奉令调配特种工程工粮米 342371 市石,来源于储运局四川各区办事处、临时购买邛崃优待谷、截留运济陪都米。各县机场工粮除已分别调配外,再调配准备粮 43600 市石,以资弥补各项折耗及意外之需。依人数和天数,按每人每日发米 1 升 2 合,第一期和第二期民工 239250 人、应领食米 299834.28 市石;各级民工队部员工 24124 人,应领食米 27397.87 市石。④ 可见,此次工程的款粮收入有稳定、可靠的来源:此次特种工程之款,纯为盟邦所出。食粮方面,亦系政府拨发 90 万石,并其他如工棚、竹草、鸡公车、板车、卡

① 四川省档案馆·四川省民政厅,全宗号 54,目录号 4,案卷号 11148,第 9 页。
② 四川省档案馆·四川省民政厅,全宗号 54,目录号 4,案卷号 11148,第 165—166 页。
③ Arthur N.Young, *China and Helping Hand 1937-1945*, Rainbow-bridge Book, 1972, p.379.
④ 此资料是笔者综合归纳,来源于四川省档案馆·四川省政府征工事务管理处,全宗号 116,案卷号 332。

车等以及民工来往伙食及工资,均由公家照发。① 本书选择修建此次工程的部分县份,具体研究国防工程款粮收入对地方庶政、民生的挹注情况。

表 8-21　1944 年办理特种工程款粮完竣情况

| 县别 | 收入 | | 支出 | | 存余 | |
|---|---|---|---|---|---|---|
| | 工款(元) | 工粮(市石) | 工款(元) | 工粮(市石) | 工款(元) | 工粮(市石) |
| 彭山 | 41532036.00 | 14692.366 | 40797236.92 | 14426.490 | 734779.08 | 266.317 |
| 灌县 | 50137054.60 | 14548.245 | 42631402.00 | 13100.250 | 7505652.60 | 1447.996 |
| 金堂 | 63003345.97 | 29448.506 | 39689208.00 | 23423.866 | 23314137.90 | 6024.640 |
| 什邡 | 57229962.27 | 16390.499 | 57227662.27 | 16390.499 | 2200.00 | — |
| 成都 | 31806688.47 | 7257.289 | 29251650.44 | 7257.289 | 2555038.03 | — |
| 新繁 | 17154507.50 | 6628.188 | 19794507.50 | 6571.829 | 264000(赔) | 317.631 |
| 郫县 | 46994698.51 | 20991.474 | 40019272.82 | 16662.379 | 6974425.69 | 4336.778 |
| 彭县 | 35028736.82 | 9081.679 | 28365186.38 | 8303.995 | 6663550.44 | 777.684 |
| 崇庆 | 123549671.00 | 37517.892 | 110138765.00 | 35275.472 | 13410906.00 | 22424.200 |
| 温江 | 49436101.05 | — | 49139056.50 | 17420.873 | 297044.55 | |
| 新津 | 33795276.00 | 10688 | 29772458.00 | 10663.165 | 4022818.00 | 24.835 |
| 德阳 | — | — | — | — | 4316509.73 | 2300.870 |
| 蒲江 | — | — | — | — | 10362961.36 | 2618.680 |
| 新都 | 51247499.05<br>(领款筹款<br>合计数) | — | 48142130.34 | | 3105168.69<br>(县乡两级<br>会计数) | — |

资料来源:笔者根据不同档案馆收藏的多卷档案内容自制。

上表中德阳县建修广汉特种工程,盈余款米,经县临时参议会常务会议决:"以全部经费百分之四十作文化建设,百分之三十作水利建设基金,又百分之三十为培植地方武力经费。"② 该县东美乡、天绿乡、八角乡皆有结余粮款,且动支情况报呈省府后都获准。东美乡结余款米共领得款 895284 元,共领米折黄谷 196 石 4 斛。特工余款 30 万元作造产基金,27 万元作中心学校

①　四川省档案馆·四川省民政厅,全宗号54,目录号2,案卷号5611,第9页。
②　四川省档案馆·四川省民政厅,全宗号54,目录号3,案卷号7164,第8、54页。

379

基金,325284 元作修理废枪及添购子弹之费用。所领黄谷,完全交保管委员会妥为保存,作为东美乡公粮,将来若有正当之需要,俟议决后,再专案报请动支。① 天绿乡动支特工余款 15 万元,作为乡镇造产基金。② 八角乡结余粮款全部拨作建筑乡公所经费,其中余款共 273403.4 元③。

上表中新津县结余工款支出情况详见表8-22。

表8-22　新津县县政府造呈处理特种工程工款赢余收支对照表(1944年10月)

| 收方(元) | 摘要 | 支方(元) |
|---|---|---|
| 4022818.80 | 新津特种工程余款 | |
| | 男中校补助费 | 400000 |
| | 女中校补助费 | 400000 |
| | 女师校补助费 | 200000 |
| | 县银行补助费 | 500000 |
| | 农场补助费 | 300000 |
| | 救济院补助费 | 200000 |
| | 公教合作社提倡股款 | 500000 |
| | 方兴乡大火抚恤金 | 200000 |
| | 民教馆培修费 | 74000 |
| | 各中心学校培修费 | 90000 |
| | 十三工程处赔偿工具 | 773228.63 |
| | 征工委员会奖金 | 60000 |
| | 财务组奖金 | 50000 |
| | 民工总队部奖金 | 120000 |
| | 结余存参议会款 | 155590.17 |
| 4022818.80 | 合计 | 4022818.80 |

资料来源:四川省档案馆·四川省民政厅,全宗号54,目录号4,案卷号10018,第84页。

从表8-22可见,此次工款盈余较多而较大范围地资助了地方发展、建设。

---

① 四川省档案馆·四川省民政厅,全宗号54,目录号3,案卷号7164,第27—30页。
② 四川省档案馆·四川省民政厅,全宗号54,目录号3,案卷号7164,第37页。
③ 四川省档案馆·四川省民政厅,全宗号54,目录号3,案卷号7164,第45—46页。

表8-22中新都县修筑广汉机场工作结束后,因附近居民受灾。该县曾承认捐助5万元,汇缴广汉县政府转发,以资救济。①

表8-22中金堂县于广汉特种工程结余费项下支拨600万元作筹农校基金。②

可见,国防工程工役的款粮收入对征工县份的影响是"双刃剑",实则一定程度上具体反映了中央对地方的双重性影响。

# 第三节　存在的弊端

从上面研究可以看出,中央拨款和县府垫款大体上解决了国防工程工役中的款粮开支,从物质上保障了工程的修建。但款粮收入中也存在弊端:体制缺陷、人员贪污、经济纠纷。

首先是体制的不健全,主要体现于款粮收支中审核、监督存在漏洞,而出现失控、紊乱的情况。

1940年在航空委员会西川机场建筑委员会第七次委员会会议上,四川省民政厅、建设厅及四川省政府所派出的代表等称,各县所担工程进展不一,究竟筹垫若干,无凭审核,仅据各县报称。③ 如同年仁寿县民工担任协修双桂寺机场加油便道工程,共计完成1568.45公方土方,共领用国币10365.1元。但自工作以来,所有方价及应领之途程旅食费与阴雨、空袭等停工待遇,仁寿县与主办机关空军第五十五站从未结算。故该县究竟超支若干,所派督导员宋星桥、张希"竟无从澈(今:彻)查"④。

1941年,金堂、温江、新都等11县,奉令修建新津特种机场工程。各县一

---

① 四川省档案馆·四川省民政厅,全宗号54,目录号2,案卷号5612,第245页。
② 四川省档案馆·四川省民政厅,全宗号54,目录号3,案卷号8284,第118—119页。
③ 四川省档案馆·四川省政府征工事务管理处,全宗号116,案卷号175,第59页。
④ 四川省档案馆·四川省政府征工事务管理处,全宗号116,案卷号157,第102—104页。

切均以争取时间为主要,故对于各项手续不能尽依法令而行。上自承办者,下至被征者,均已层层脱节,因而上下交困,流弊丛生。故依照一般会计法令,该机场各县用款情形,当无法核销。各县筹措周转金,并非因周转不灵而筹措,实因已知赔累之不可避免,不得不设法取之于人。一可偿还已经挪用之各项垫款,二可继续垫用各款。于是巧立名目,美其名曰周转,以暂向民间筹借,俟方价后归还为辞。工程结束后,所得之方价不够开支。于是此项周转金亦无归还之日矣。① 如金堂县 1942 年春季行政会议议决,不筹不还。② 同时还存在深层根源上的混乱情况。督导员金奉筑等分赴担任新津特工等特工 11 县查征工用款结报情形。金奉筑调查新繁县,在其呈的报告中反映一情况:工程处对新繁县征工各项费用及工款之给予,总计款为 457905.71 元,米为 4243.57 市石。工程在陆续进行中,工程处常示该县以领米领款之数字令照其指示之数字照少数项目,限期分别赶造报销。新繁县于经领各项米款中,业经对特工委员会报销并奉到审核通知书者,有薪饷、医药费、工具补充费、来回程旅费、卧草费等款。唯其所发米款之敷用是否;及地方筹垫之若干万元不过问者,不许增列,故各项所垫款米等于虚悬无着。③

　　1941 年四川新津建修特种工程,由成都附近 10 余县、民工 10 万余人担任。所有建修工程需用器具、材料及民工伙食等项,中央均拨有巨款交特种工程委员会工程处分别按照各县调集民工数量与所任工程,合理配交各县承领。特种工程委员会工程处对承修各县应领、已领各款数字,至 1942 年 8 月未公布。④ 1941 年温江县奉办建筑新津机场。同年,县长更换,而工程未完。前任移交有关筹借周转金暨采购特种工粮、举办征工原卷各一案。现任令员逐一详查,文稿缺漏未交甚多,清理殊感困难,无从着手继续办理。⑤ 1942 年永川

　　① 四川省档案馆·四川省民政厅,全宗号 54,目录号 4,案卷号 9528,第 47—50 页。
　　② 四川省档案馆·四川省民政厅,全宗号 54,目录号 4,案卷号 9528,第 45—46 页。
　　③ 四川省档案馆·四川省民政厅,全宗号 54,目录号 4,案卷号 9528,第 16 页。
　　④ 四川省档案馆·四川省政府征工事务管理处,全宗号 116,案卷号 236,第 97—99 页。
　　⑤ 四川省档案馆·四川省政府征工事务管理处,全宗号 116,案卷号 508,第 155 页。

县完结大足机场工程后,该县民工总队部奉令与工程处结账外,并依照《四川省各县征工用款报销须知》第二项规定,分别造具会计报告各四份,连同单据、粘存簿及工务处或工务委员会验收结算单。但永川县却面临着究应转送何处核示的问题。① 四川省政府秘书处1944年派员临时视察当年参加特种工程县份的征工、征费情形。据报告,款粮收入上存在严重弊端。如组长赵秉衡视察新都、金堂、广汉、什邡、罗江、德阳、绵阳等县后,在报告中指出所察县派款情形。各县参加行程工程因周转需费和民工工作效率不够标准,所领款米不敷,均向民间筹款。新都、广汉、金堂、什邡、绵阳五县仅定原则,悉由乡镇各自酌派。收支名目、标准、派额、用途均无一定,款发据稽核不严,流弊极多。② 下文深入研究具体县份,以明了国防工役中款粮收支基层紊乱实况。

1941年,华阳县、郫县征工修筑新津机场。1942年,四川省征工事务管理处督导员韩树栋奉命从速结报各县领支粮款账项。韩树栋奉命后,赴华阳县、郫县,到城乡切实清查。遵照规定,分别办理结报,而呈报难以限期结报的原因,实为收支紊乱之象,较大者有五:(1)当时工程紧迫,惧误延限。关于人财物均系临时强拉,移东补西,以应急需,不及从容准备。规章手续势难尽合。款米移挪,尤多套搭。人员亦均杂凑。(2)事务繁杂牵连,责任重大,人事屡变。时过境迁。离职者,无从追诘。仅存人员亦支吾推诿,畏代人负责。(3)整场工程延长,直到1942年4月间始得结账,且未领有工程处结账表,核对数字无可依据。(4)向整工处结账后,所造报销仅系总队部对县府者。现在始知应遵省颁报销须知,另行改造,追补手续极繁。但责任人员不愿代经手人员负责,中间均多一层移交手续,仅存之经手人员又多非负责之人,各有推卸之词。结束进行上,自多枝节。(5)粮款之出入当时为临急应变,既多层累挪垫,折转套搭,又人事变迁频繁,案卷簿记颠倒紊乱。事后清理,牵涉自多。华阳县原报销书据,多自为系统。单位名别互相牵涉,不易分析综合。即当时

①　四川省档案馆·四川省政府征工事务管理处,全宗号116,案卷号215,第133—134页。

②　四川省档案馆·四川省政府秘书处,全宗号41,目录号1,案卷号4003,第47页。

经办人王东云本人依表核算,亦不能指出共总收支款米之确数。①

直到 1943 年,省府也无法审核领款数目,因工程款粮或盈或亏及其处理办法,未据呈明。省府令补报来府,再行核夺。时任县长呈:"此案经费收支数目甚大,且非县长事前经手。兹以交接关系,事后代为汇编,眉目不清,办理困难"②。

1941 年 1 月至 5 月,新都征工修筑新津特种工程。根据新都总队部领用粮款收据存根,查知曾作无数字之挖填碎石、卵石、运土等公方,特工委员会未给结算清单,颇似未经结具。故各种工作公方之多寡,概无确实数字可以稽查。工程有种类及项目可查,但无工方数字。③ 但各项费用及工款按规定,是依工方数领取、下发。混乱的事实使得无法查核账面上所记载工款、工米的准确性。

1941 年 1 月至 8 月,新繁县征工修筑新津特种工程。特工委员会对于结账,未给结算清单。故各种工程概无确实数字可以稽考。"虽已结算者,似未经结算。结报与清查至感困难。"④

不容置辩,人事变动、战乱的时局客观上造成款粮收支的混乱。

新繁县征工补修凤凰山及太平寺机场用款收支情形,迄 1942 年未据报核销。征工用款垫累,尚系该县康任以前赵、陈两前任经办事件,而康现任汶川县县长。⑤

为修建新津机场,简阳县民工总队部额征民工 1 万人。以有限期间担负特种工程,责效心切,故侧重工程之推动,以致关于会计部分事宜,人员仅设置 3 人。既感不敷,每日批发米款,又有应接不暇之势。经管人员为求迅速,以

---

① 四川省档案馆·四川省民政厅,全宗号 54,目录号 4,案卷号 9528,第 90—91 页。
② 四川省档案馆·四川省民政厅,全宗号 54,目录号 4,案卷号 9528,第 113、116 页。
③ 四川省档案馆·四川省民政厅,全宗号 54,目录号 4,案卷号 9528,第 11—12 页。
④ 四川省档案馆·四川省民政厅,全宗号 54,目录号 4,案卷号 9528,第 15 页。
⑤ 四川省档案馆·四川省政府征工事务管理处,全宗号 116,案卷号 267,第 13 页。

赴事功计,对报工单据核算出现疏虞。1942 年简阳县建修新津机场特种工程清算委员会审核建修新津机场账目部分档卷,所有 1941 年 1 月至 8 月各项单据粘件,查出数字不符之单据计 100 张之多。总共收入公款计 1178690. 88 元,支出公款计 1445116. 72 元,品迭不敷垫支款项计 266416. 84 元。①

混乱的款粮收支情况,反过来造成审核困难。

1941 年 1—4 月,彭县征工修筑新津特种工程。作有铲草、土方、水沟、滚压、运石等工作。特委会对于结账,未给结算清单,故各种工程,概无确切数字可以稽考。这期间,彭县议定筹集周转费 30 万元,实则民工救济委员会仅收入 46763 元,余为各乡收作维持本队民工口食之用。"直到 1942 年 11 月,尚有多数乡镇未缴票根结账,确实数字无从查悉。"②

1942 年,临时组织的清算委员会清算 1941 年建修新津机场特种工程账目时,因间有部分账目无单据,而无从查核。③ 督导员陈士良报告温江县担修新津特种工程征工用款结报事项及周转金筹借支用情形。对于温江县赔累总数则是估计,因在各乡镇保者,尚无法统计,只能就县府查其概数,照所用去之周转金及挪用之款估计,亦在 20 万元以上。进一步调查筹借周转金混沌的情形。1941 年省府批准该县就地筹借周转金,其筹借金额全县共为 50 万元。县府印制收据。约五亩以上之地主,每亩筹借 2 元。截至 1942 年 9 月止,查阅县府收支账目表,仅收 18.6 万元,支出 14.1 万余元,尚存 4.5 万余元,其余尚未收到之 31.4 万余元,据闻尚有少数欠在民间外,大部分握在各乡镇保长手中。而各乡镇又以民工总队部所欠之工粮工款必须抵缴,故现在多数乡镇既未与民工总队部结算清楚,即应缴周转金,亦无法继续催收。此项周转金则不筹不还,即县府对于已收者,既不能筹还;未收者,又不能再收。④ 然一般而

---

① 四川省档案馆·四川省民政厅,全宗号 54,目录号 4,案卷号 9528,第 39—41 页。
② 四川省档案馆·四川省民政厅,全宗号 54,目录号 4,案卷号 9528,第 97—98 页。
③ 四川省档案馆·四川省民政厅,全宗号 54,目录号 4,案卷号 9528,第 35 页。
④ 四川省档案馆·四川省民政厅,全宗号 54,目录号 4,案卷号 9528,第 47、57—58 页。

论,以各乡镇经收此款时,均已在政府所欠之摊购买公粮欠款项下扣除。甚有:款已扣收,尚未给收据者。

不完善的制度导致款粮审核困难、支出不清、流失严重。

1938 年 12 月 28 日,广汉县开工修筑双桂寺机场,一切开支,均照省府指示编呈之预算办理。1939 年 2 月 10 日,始奉到省府核定预算指令。"在此前,警察津贴、各级队长津贴、民工口食及炊爨、夫役口食等皆预算未经核定,即行开支,不免有各项预算数与核定数不符之处,有已支无法索回之苦。"①

1939 年德阳县奉令征工整修凤凰山机场。1940 年省府令德阳县补送民工伙食费及各级队长所领茶水费、灯油费的开支细账。县长呈:细账由各中队长自行保存。现已时过境迁,无从检报,确属事实困难。②

1941 年 1—4 月,彭县征工修筑新津特种工程。对于工账报销,同年 9 月呈报县府。至 11 月始奉到省府颁发《征工用款报销须知》,经县府转令遵照。事实上,规定应办各种表册,无法补齐造齐,且工程业已完竣,员役亦经遣散,一时不易补齐印章。且呈报在先,所有单据已随文附缴,实难照式办理。所以,此项报销,既未参酌报销须知办理,复无特委员及整场处之结算清单核对,审核不无困难。③

修筑机场时,临时组设的人员和机构,依照规定,在工程结束后即撤除。客观上,造成无法严查经费支出,甚至无法清理。如 1939 年成都县奉令修筑皇天坝机场。该县在造报修筑皇天坝机场民工经费支出计算书据时,因人事变迁,无法清理民工工食开支细账、器具购置细账。工程中增加民工,因当时工程紧急,工程处历未发给是项证明单。且工程处裁撤。无法补呈。④

是经办人员的舞弊和贪赃枉法行为。此为办理战时国防经济建设工役款

---

① 四川省档案馆·四川省民政厅,全宗号 54,目录号 1,案卷号 1634,第 468—469 页。
② 四川省档案馆·四川省民政厅,全宗号 54,目录号 3,案卷号 7334,第 224—230 页。
③ 四川省档案馆·四川省民政厅,全宗号 54,目录号 4,案卷号 9528,第 108—109 页。
④ 四川省档案馆·四川省民政厅,全宗号 54,目录号 1,案卷号 1580,第 490 页。

粮中遍存实情。

1939 年什邡县征调民工 1912 名,修筑双流县双桂寺机场。1939 年 9 月 2 日,四川省政府令什邡县政府,民工因老弱烟病加以剔除,或潜行逃亡另行补送所需伙食费,应责由该管保甲人员自行赔垫,不准列支。①

四川省第四区行政督察专员王锡圭 1939 年 9 月 3 日呈省政府,指出筹代工金中不可不考虑的问题:人民富力本难调查,摊派代工金之所根据;承办人员不敢得罪巨室,重重苛派,均收诸谨懿平民,偏枯不平,难以稽核;并反映实施中客观存在的现实弊端:保甲人员良莠不齐,派款琐细,不免发生浮派勒收之弊。②

1943 年至 1944 年新都县在修筑特种工程时,各乡镇均筹有款米。县府既无明令规定;征工委员会亦未定有统筹办法,全由各乡镇自行筹派。而筹派方式又不一致。有由乡镇统派者,有由各保分筹者,有给收据者,有未给收据者。当时因工程紧急,一切手续均不完备。工程完结后,各乡镇补造账目、补具单据,自亦难昭严实。该县县长对于各乡镇筹派款米一任自收、自支、自核、自报(该县县长 1944 年 12 月 24 日申辩签呈亦自承认)。③ 视察室组长陈德纯 1945 年 2 月 28 日于视察室报告实地调查新都县在修筑特种工程中的款粮收支情况,结论是"该县特种工程自筹款米,手续不完备,单据不齐全,收支不适当,报销不合理。事先听其浮收,事后颗粒毫未归还,均属实情。而县乡镇账目曾分别照规定经过审核,榜示公布,亦系事实"④。从县府到乡镇对款粮收支都是一片混乱状态。

1944 年德阳县寿丰乡奉修广汉特种工程。该乡长向每保摊筹款洋。工程结束后,该乡长向县府报账,收入栏所列各保筹款(包括 21 保)来洋 126 万

---

① 四川省档案馆·四川省民政厅,全宗号 54,目录号 1,案卷号 1634,第 390 页。
② 四川省档案馆·四川省民政厅,全宗号 54,目录号 1,案卷号 1580,第 398 页。
③ 四川省档案馆·四川省民政厅,全宗号 54,目录号 2,案卷号 5611,第 151—153 页。
④ 四川省档案馆·四川省民政厅,全宗号 54,目录号 2,案卷号 5611,第 154 页。

元,实已收入 1349820 元。收多报少,侵吞入私囊。①

　　省政府虽明令应恪遵规定,先行造具预算呈核,务须严禁保甲人员借口筹粮派款,致予法究。② 从中央到地方,法律上做了原则性的严惩规定。如 1938 年 8 月内政部公布的《各省市国民工役工作成绩考核及奖惩办法》,第九条规定,办理人员旷废职守,或有借端舞弊情事者,则惩戒。③ 1939 年 2 月航空委员会建筑西川机场委员会第三次会议议决制颁《修筑飞机场各县征调民工须知》第二十三条规定,不得于赴工前即收代工金及任由各保甲自筹口食、工具等费,违则重惩。④ 为配合此,1939 年 4 月、5 月省政府下同样电文令,规定:所有不敷之款,俟竣工造具计算呈核,再行酌定筹拨归垫,不得任由保甲自筹口食、工具等费,致滋流弊。⑤

　　1942 年 10 月公布的《四川省各县(市)办理国防工程工役各级人员奖惩办法》第七条规定,侵蚀公款工粮营私舞弊,经告发查明有据者,予以惩处。⑥

　　但这些规定,在现实中受挫。1941 年酉阳县丁市乡奉令赶征民工,修筑秀山机场。3 月 7 日各工到达。该乡奉命民工只带途间伙食,不得擅派分文。在此严重限令之下,各民工到场工作,不给伙食费用,而纷纷返乡。⑦

　　虽然开工前,省府电梁山特种工程民工管理处处长:该民管处将应得待遇负责统领,转发各县覆实发放,不得稍有中饱克扣等弊发生。并一面严饬征工

----

　　① 四川省档案馆·四川省民政厅,全宗号 54,目录号 3,案卷号 7164,第 67—68 页。

　　② 四川省档案馆·四川省民政厅,全宗号 54,目录号 4,案卷号 10882,第 9 页。

　　③ 四川省档案馆·历史资料,四川省政府秘书处法制室编印:《战时法规汇编》(民国二十八年一月一日)。

　　④ 四川省档案馆·四川省民政厅,全宗号 54,目录号 6,案卷号 7404,第 172 页;四川省档案馆·四川省参议会,全宗号 49,目录号 2,案卷号 2319,第 33 页;重庆市档案馆·四川省第三区行政督察专员公署,全宗号 0055,目录号 5,案卷号 103,第 271 页;重庆市档案馆·北碚管理局,全宗号 0081,目录号 4,案卷号 295,第 14 页;四川省档案馆·四川省建设厅,全宗号 115,目录号 6,案卷号 12012,第 37 页;四川省档案馆·四川省政府征工事务管理处,全宗号 116,案卷号 449,第 31 页。

　　⑤ 四川省档案馆·四川省民政厅,全宗号 54,目录号 1,案卷号 2154,第 28、33 页。

　　⑥ 四川省政府秘书处编译室:《四川省政府公报》第三百五十期,第 7 页。

　　⑦ 四川省档案馆·四川省民政厅,全宗号 54,目录号 1,案卷号 1998,第 219—220 页。

各县不得借词自筹派款粮,致生纠纷为要。① 但实际上,征工县府在未领得工程处拨款,就预先筹划而谋定款粮。1944 年崇庆县奉办特种工程于民工出发时,遵照规定,每名筹周转金 100 元,由征工委员会印制收据,交各乡镇收缴。同年至 3 月 30 日收 11 万余元②。1945 年江津县奉令征工 19000 人,修筑泸县机场。《江津县政府奉令修筑泸县机场征工补充暂行办法》第五条规定:民工前往机场途中及到达工地后 5 日内之食米,由本府就指定集中地点积谷项下借拨;钱由乡镇每保暂垫 1 万元,由乡镇长收交民工总队部转发各大队统一。③《垫江县三十四年征工扩修梁山机场实施办法》规定:民工食米遵照专署电示,就县拨用军粮。每工带足 3 市斗,运到工地食用。由各乡长出具借领,向储运处借拨。民工副食旅费及一应开支不敷周转时,经会议决就地方现有公款先行借用。④

事实上,在事人员致予法究的行为并不鲜见。

1938 年至 1939 年成都县奉令征调民工,修筑双桂寺机场。该县造报核销的机场民工经费计算书据中,购买公物的凭证单据,由经手人出具证明者,为数不少。⑤

修筑机场中,管理人员浮报民工数目(俗称"吃缺空")几成普遍现象。⑥ 如 1939 年温江县修筑皇天坝机场。经 2 月 4 日起至 5 月 5 日止,据工程处核转各县实到民工人数表列,该县报告实到民工累积数 103126 名。据该县民工总队部会计组日报表列,实到民工人数 112915 名。两数字相差 9789 名。⑦

① 四川省档案馆·四川省民政厅,全宗号 54,目录号 1,案卷号 2081,第 33 页。
② 四川省档案馆·四川省政府征工事务管理处,全宗号 116,案卷号 324,第 36 页。
③ 四川省档案馆·四川省民政厅,全宗号 54,目录号 3,案卷号 8434,第 149 页。
④ 四川省档案馆·四川省民政厅,全宗号 54,目录号 1,案卷号 2081,第 191 页。
⑤ 四川省档案馆·四川省民政厅,全宗号 54,目录号 1,案卷号 1634,第 462 页。
⑥ 四川省档案馆·四川省民政厅,全宗号 54,目录号 4,案卷号 9528,第 45 页。
⑦ 四川省档案馆·四川省民政厅,全宗号 54,目录号 1,案卷号 1580,第 425 页。

1940 年至 1941 年璧山县修筑白市驿机场,民工总队部前后两任会计均亏挪公款,无法追缴。①

1941 年 1—4 月,彭县征工修筑新津特种工程。民工总队部将工程处指派公方,比例分配所辖各队,而所得方价,亦由各队领用。款米如有不继,则须自行设法维持。各乡镇长经收周转费,每多截留自用。②

1941 年简阳县民工修筑新津机场,民工总队部副施国藩吞噬公款。③

新都县长冉崇亮在办理特种工程中,摊派全县 200 余万之巨款,而吞没之数占 1/3。并盗卖工粮米 80 石。④

对经办员的徇私枉法,当局虽知,然束手无策。1941 年 5 月国民政府军事委员会委员长侍从室第三处函四川省政府,转报新津旧县机场在事人员的违法实情,并请查明严惩。四川省新津旧县机场开工以来“民工各队长对于给养,多不依法办理,中饱菜钱,减发食米情事,时常发生。应请派员明密严查,一经发觉,依法严惩,以杜弊端,而维工程进行。”⑤1941 年省府令华阳县政府查询在建筑新津机场中,民工工资、米津均被队长吞没案。同年 8 月,时任县长方劲益呈复,实难经办。因该管大队长张子华等有无贪污中饱情事,因事过境迁,委难查究。且该张子华原任本县国民兵团团附,现又奉令调往南充,遂致无从着手侦察,以明虚实。⑥

这样一来,对于侵吞款粮,禁而实不止。

1942 年铜梁、永川两县征工修筑大足登云桥机场,经办人员盗卖工粮。⑦ 1944 年仁寿县慈航乡 700 名民工,建筑彭山机场。该民工大队长“朦(今:蒙)

---

① 四川省档案馆·四川省政府征工事务管理处,全宗号 116,案卷号 284,第 47—48 页。
② 四川省档案馆·四川省民政厅,全宗号 54,目录号 4,案卷号 9528,第 100 页。
③ 四川省档案馆·四川省政府征工事务管理处,全宗号 116,案卷号 281,第 194—195 页。
④ 四川省档案馆·四川省民政厅,全宗号 54,目录号 2,案卷号 5615,第 137、141 页。
⑤ 四川省档案馆·四川省政府征工事务管理处,全宗号 116,案卷号 261,第 42—43 页。
⑥ 四川省档案馆·四川省政府征工事务管理处,全宗号 116,案卷号 261,第 62、64 页。
⑦ 四川省档案馆·四川省政府征工事务管理处,全宗号 116,案卷号 234,第 16 页。

吞 1489558 元、米 52 石八斗"①。1944 年金堂县民工总队长及各大队与各区乡镇长等,假国防工程,贪婪肥私。② 当时的民言生动反映了基层人员的贪污情形。"乡保长、泥巴官、官虽小、膘肥好"③。如 1944 年新都县办理工程上下人员造屋置产、狂嫖滥赌者,比比皆是。④

铜梁县第二区区长在 1938 年修筑广阳坝机场时,侵吞款项 4000 余元,不包括浮支滥费,而该县县长包庇纵容,延案不理。⑤ 1941 年修筑新津特种工程中,征工县份简阳被贪蚀实有 20 余万元之多,其中县府勒派各乡民修筑机场周转费 14 万元。⑥ 1943 年至 1944 年新都县在修筑特种工程时,各乡镇均筹有款米。县府既无明令规定,征工委员会亦未定有统筹办法,全由各乡镇自行筹派。而筹派方式又不一致。有由乡镇统派者,有由各保分筹者,有给收据者,有未给收据者。

1944 年四川省绵阳县东林乡奉令修机场。计本乡 13 保,每保遵派民夫 30 名,限定 42 日完工。政府规定:每夫一名每日津贴米薪单市升 1 升 2 合,以 42 日算,计 1 人该为 5 单市斗 4 合。每夫 1 名津贴洋以 42 日计算,该为 980 元。事实上,民工并未得到规定的款米。时任乡长勒收摊派款米以支民工费用:派米旧大斗 7 石 3 斗 6 升、副食费 8600 元、柴 5000 斤。⑦

1944 年广汉绿民乡自奉建筑机场,乡长萧楷即令民工自备一切,更筹收周转金 20 万有零、副食米 30 石有零、赔累费 10 余万元。工程结束后,不退不还不算。⑧

① 四川省档案馆·四川省民政厅,全宗号 54,目录号 4,案卷号 10018,第 169—170 页。
② 四川省档案馆·四川省政府征工事务管理处,全宗号 116,案卷号 84,第 77—81 页。
③ 新津县政协文史组:《三修新津飞机场》,中国人民政治协商会议四川省成都市委员会文史资料研究委员会编印:《成都文史资料选辑》(总第十一辑),1985 年,第 161 页。
④ 四川省档案馆·四川省民政厅,全宗号 54,目录号 2,案卷号 5611,第 9 页。
⑤ 四川省档案馆·四川省民政厅,全宗号 54,目录号 8,案卷号 10421,第 135—136 页。
⑥ 四川省档案馆·四川省政府征工事务管理处,全宗号 116,案卷号 508,第 146 页。
⑦ 四川省档案馆·四川省民政厅,全宗号 54,目录号 4,案卷号 10019,第 54—55 页。
⑧ 四川省档案馆·四川省民政厅,全宗号 54,目录号 4,案卷号 10019,第 182 页。

　　1945 年合江县五通乡乡长洪鲁池派泸县特种工程周转金 226.5 万元,有据可查。工程完成,工粮领清,借款横估不给。①

　　对此,当局也实施了一些相应实际措施。1941 年,南充都尉坝机场工程处所属西充县府民工总队部发给各联队民工食米,改小量器,从中舞弊,图饱私囊。该部庶务鲜继全经四川省第十一区保安司令部军法判决:减处有期徒刑五年,褫夺公权 5 年。追缴鲜继全因舞弊所侵蚀之食米 60 市石 4 斗归公。② 1941 年 4 月,四川省征工事务管理处催保安处迅将乐西公路粮站站长杨竹苏工粮舞弊案依法判决。③

　　最后是经济纠纷的迭起:承办国防工役县府与主办而承转发机构因款粮矛盾屡起。

　　一方面,有关机构延迟转发款。

　　1938 年眉山县扩修新津机场,实际动员 1609 名。此项民工途程费,照省府规定,共为 336.6 元。再三交涉,工程处均以未列是项预算,正请示航空委员会核办中为词。至该县工程完竣,此项费用犹处悬无着。④

　　1938 年通江县县长奉命挪垫巴山设防民工伙食费 1661.07 元。直至 1941 年川康绥靖公署仍未发下该款。⑤

　　1938 年 1 月至 1939 年 8 月航空委员会修筑重庆航空站机场工程处负责办理修筑重庆广阳坝机场,应领方价、旅费、推墙、石方、抚恤及处内经常开支等项,计 16 万余元。先后转向前航空站、行营领得者合计 11.2 万元,尚差 5 万余元。虽迭经呈请未蒙汇发,致各县粘据无法取齐,因而计算亦无凭呈报。⑥

--------

① 四川省档案馆·四川省民政厅,全宗号 54,目录号 7,案卷号 9392,第 68 页。
② 四川省档案馆·四川省政府征工事务管理处,全宗号 116,案卷号 308,第 172 页。
③ 四川省档案馆·四川省政府征工事务管理处,全宗号 116,案卷号 476,第 107 页。
④ 四川省档案馆·四川省民政厅,全宗号 54,目录号 3,案卷号 8283,第 163 页。
⑤ 四川省档案馆·四川省政府征工事务管理处,全宗号 116,案卷号 285,第 6 页。
⑥ 重庆市档案馆·四川省第三区行政督察专员公署,全宗号 0055,目录号 5,案卷号 148,第 174 页。

1939 年 8 月,荣昌县呈第三区专员专署:荣昌县应领白市驿机场公路方价余款及火药、工具、旅费等计洋 5624.28 元,及机场方价余款计洋 710.4 元,共计洋 6334.68 元,又前广阳坝机场欠领余款 2703 元,总计洋 9037.68 元。现在 1939 年过半,地方经费收入短绌,确系实情。请转航委会拨发该县垫支机场费用,俾资归垫。[1] 1942 年建筑秀山机场工程处应补秀山县土方款及雨天警报津贴等费,共 25 万余元,曾经该县机关法团转请,并由省政府电该处拨发。直至 1943 年尚未照发。[2]

1940 年彭水县征工修筑秀山机场。秀山机场工程处对于民工应得方价,积欠 1.5 万余元之多[3]。

1940 年 7 月至 1941 年 4 月 13 日,三台县征工担修双流彭家场机场。该县应领之工价费及各项津贴总计 331453.87 元,已领回 480792 元,尚欠 50661.87 元。工程结束,事隔数月,而此应领之欠款虚悬未发。[4]

1940 年 4 月至 1941 年 4 月绵竹县奉调民工抢修双流双桂寺机场。交工已逾 5 月,因航空委员会未核定施工期间之平均米价,故绵竹应领工款无法结算。[5]

1941 年 3 月 15 日至 1942 年 1 月 31 日武胜县征工修筑白市驿机场。至 1943 年 8 月白市驿机场工程处仍未补发该县应领各种余存经费共 66515.97 元。[6]

1944 年华阳县奉令征工修筑新津机场,所有工棚业经搭盖完竣,其应领之工棚费共该法币 270 万元。除前已领得 135 万元外,下余之 135 万元,尚未

① 重庆市档案馆·四川省第三区行政督察专员公署,全宗号 0055,目录号 5,案卷号 140,第 147 页。

② 四川省档案馆·四川省民政厅,全宗号 54,目录号 4,案卷号 9528,第 6—8 页。

③ 四川省档案馆·四川省民政厅,全宗号 54,目录号 1,案卷号 1998,第 102 页。

④ 四川省档案馆·四川省政府征工事务管理处,全宗号 116,案卷号 257,第 170 页。

⑤ 四川省档案馆·四川省政府征工事务管理处,全宗号 116,案卷号 260,第 94—98 页。

⑥ 四川省档案馆·四川省民政厅,全宗号 54,目录号 4,案卷号 11148,第 8 页。

领。同年3月华阳县呈四川省特种工程征工总处迅拨发归垫。①

出现此状况，一定时期具体根源于负责机构。如1942年6月，征工事务管理处督导员报告，白市驿机场结账手续，因航空委员会欠发工程方价60余万，征工各县与工程处应办结束事项无法办理。②

国防建设中的经济纠纷，实源于战时从中央到地方的经济困境。1939年遂宁县奉令征工扩修遂宁机场。工程未完，经费已用罄，不敷之民工伙食费一再商请遂宁空军转请航委会增加，均以碍难转请答复。由区署转请总站，亦无结果。所差1/4工程，经费欲筹之于人民，既碍于法令，欲取用于地方经费，遂宁发展经费尚负债9万余元，为事实上所不能。民工口食不敷甚巨，挪垫8000元，应县府呈请，1939年6月3日省府转电成都航空委员会拨现款接济。③

对经济纠纷，有关部门进行了协调。

1939年4月29日四川省政府公函航空委员会，将名山县征赴雅安担任修场民工所需一切费用，先行规定。同年6月航空委员会公函回复省府：(一)民工往返在途口食，每30华里支给洋0.1元；(二)普通工具由民工自备，特种工具由工程处补给；(三)各级队长旅食办公费由工程处统筹办理，在管理费项下列报。以上三项，请转饬遵照，并饬名山县府迅派工前往协修，以利军用为荷。④

1940年双流机场民工生活困苦。四川省征工委员会令每名按日发给1.6X待遇。但双流彭场机场工程处不予照办。⑤

1941年4月四川省征工事务管理处电请交通，转饬全国公路总管理处，

① 四川省档案馆·四川省政府征工事务管理处，全宗号116，案卷号74，第29页。
② 四川省档案馆·四川省政府征工事务管理处，全宗号116，案卷号234，第69页。
③ 四川省档案馆·四川省民政厅，全宗号54，目录号1，案卷号2154，第40—52、112—113页。
④ 四川省档案馆·四川省民政厅，全宗号54，目录号3，案卷号8283，第56页。
⑤ 四川省档案馆·四川省政府征工事务管理处，全宗号116，案卷号164，第177—182页。

核发江北县奉令征调民工修筑汉渝公路渝竹段,尚应领发方价 8 万余元。①
四川省征工事务管理处 1941 年度 2 月施政报告中,汇报了处理乐西公路工程
处欠发各县民工工资及病工杂工等口食暨运输口食等项办法,"爰经签请兼
理主席电请交通部转饬工程处如数清发,俾早结束"②。

1941 年长寿县奉令征工,扩修白市驿机场,而垫支民工途程费约计
8005.6 元。虽奉机场工程处令准补发,但迟迟不下发。省府在该县呈请下,
转函白市驿机场工程处,"查核补发为要"③。

转发款中,出现推诿、扣押、克扣等情况。

1939 年遂宁县政府奉命征调民工 5000 名,扩修遂宁机场。并奉省府电
饬依照军事委员会颁发《战时军事机关或部队征用民夫暂行办法规定》,扩修
机场民工总队部经费由工程经费内开支。该县府迭经会商遂宁机场扩修工程
处,结果只承认队长口食津贴 25 人,其余均不承认。④

1940 年至 1941 年崇庆、大邑担修王场机场工程南半部。1941 年 5 月 12
日,工程处处长贺书林、省征工管理处督导员贺嵩山召集崇庆、大邑两县长,及
两县总队部,在工程处议决,应得工程费可按照规定发给外,并统给津贴 20 万
元,其中崇庆县领用 6 万元,大邑县领用 14 万元。同年 8 月 1 日以前,大邑县
完成该场工程南部。两县长面请工程处贺处长拨款。大邑县县长得答称:本
场工程费自 1941 年 8 月 1 日起,应照四川省服役征工修正办法,即不能拨发
此款等语。崇庆县得到批复为:查各项单价既经按照新奉办法实施核算,工程
上当无赔累。所请应毋庸议。⑤

---

① 四川省档案馆·四川省政府征工事务管理处,全宗号 116,案卷号 476,第 107 页。
② 四川省档案馆·四川省政府征工事务管理处,全宗号 116,案卷号 476,第 53 页。
③ 四川省档案馆·四川省政府征工事务管理处,全宗号 116,案卷号 280,第 3 页。
④ 四川省档案馆·四川省民政厅,全宗号 54,目录号 1,案卷号 2154,第 29、34 页。
⑤ 四川省档案馆·四川省政府征工事务管理处,全宗号 116,案卷号 263,第 15—16、32—
33 页。

1940 年邛崃县修筑邛崃机场。西川机场建筑委员会和省府互相推诿核发该县各级队长之津贴。①

1940 年 12 月至 1941 年 6 月，华阳县奉令征工，补修太平寺机场。当时该场各临时总站隶空军士校新设工程股指挥。华阳县民工总队部工作随时向该股请领款项开支。自 1940 年 12 月 23 日至 1941 年 6 月 12 日，实共领得 17.3 万元，该站应再付余款 58577.97 元。华阳县民工复员，适该站亦撤销，并入新津空军第十一总站。1941 年及 1942 年，该县迭经派员洽领，亦系直接迳函该站公函已有七八次之多。1943 年 8 月该县仍在呈请省府函新津空军第十一总站清结此案。②

安岳县于 1942 年 3 月奉令征调民工 2800 名修筑大足机场，4 月 3 日动工，8 月 18 日完工，应领工款计法币 952520.56 元。后因所作工程，大足机场工程处尚未呈请航委会验收，致扣押应领工款 1 万元。③

1945 年主持修筑梁山机场的第四十二工程处对军事委员会工程委员会所定办法，多不履行。如领病工伙食费，民工数目原定照各县记录，由民管处核定。强迫各县承认连伤亡抚恤费仅给标准工 9.5%。④

另一方面，征工县份又结欠工程处款、粮。

1941 年彭县、简阳、新都、华阳、温江等 11 县奉调民工修筑新津机场。同年工程先后陆续完竣，但简阳、新繁、金堂民工总队部结欠新津机场工程处公款未能清偿。简阳县民工总队部结欠借款 12803.43 元，新繁县民工总队部结欠借款 8171.5 元、工具损失赔偿费 1586.6 元，金堂县民工总队部结欠借款 22657.73 元、工具损失赔偿费 9000.62 元、存工粮 20 余市石。温江县尚欠整

---

① 四川省档案馆·四川省政府征工事务管理处，全宗号 116，案卷号 263，第 133 页。
② 四川省档案馆·四川省民政厅，全宗号 54，目录号 4，案卷号 11148，第 35—43 页。
③ 四川省档案馆·四川省民政厅，全宗号 54，目录号 4，案卷号 9528，第 138 页。
④ 四川省档案馆·四川省民政厅，全宗号 54，目录号 1，案卷号 2079，第 106 页；四川省档案馆·四川省民政厅，全宗号 54，目录号 1，案卷号 2082，第 440 页。

场处工款 54005 元、存米 175. 2 市石余。①

仁寿县奉令修筑乐西公路,赔累甚巨:垫民工恤金 18390. 98 元、向省政府借民工旅食费 20000 元,共计 38390. 98 元。1942 年 1 月呈省政府,请准予动支该县 1942 年地方预备金分别缴还借款暨恤金,未获核准。省府令仁寿:按照规定,向工程处请领转发民工恤金,并克速清缴向省府借领之款。②

1940 年 1 月交通部电令乐西公路工程处拨款 31 万元,向乐峨等县购派工粮。当以定金 5 万元交乐山县县长采购工粮 4000 双石;以 10 万元定金交峨眉县县长采购工粮 14000 双石,均以当时米价定为每双市斗为 4 元,外加采购、运输、管理、折耗等费每双斗 0. 8 元,连同米价,共 4. 8 元。峨眉县实收 7000 双石、乐山县实收 2000 双石。嗣因米价上涨,该两县县长无法将定金数交出,并无法上缴欠工程处工粮 3504 双石。③

在工款核算上,双方也存在不少分歧、冲突、对峙。

1939 年彭山县修筑乐西公路,认为垫赔最大原因是工程计少收 2 万公方,即无形亏赔 32000 元。④

1941 年 1 月至 8 月,新都、新繁两县征工,修筑新津特种工程。其赔累因素,大抵相同。在特种工程进行中,工程处 5 日估计收方 1 次,发出估计收方通知单,照此标准领用米款。领米领款时,复将此通知单收去。至完工终未作

---

① 四川省档案馆·四川省政府征工事务管理处,全宗号 116,案卷号 271,第 46 页;四川省档案馆·四川省政府征工事务管理处,全宗号 116,案卷号 215,第 94—96 页。案卷号 215,第 95 页,新繁结欠借款为 38000 元。金堂应赔工具损失费另一数目为 8983. 5 元,见四川省档案馆·四川省政府征工事务管理处,全宗号 116,案卷号 236,第 133 页。简阳欠工程处公米公款数目有不同记载:欠特委会工粮处公米 492. 32 石;欠整场处法币 12500 余元。资料源于四川省档案馆·四川省民政厅,全宗号 54,目录号 4,案卷号 9528,第 37 页。温江欠款米,资料源于四川省档案馆·四川省民政厅,全宗号 54,目录号 4,案卷号 9528,第 46 页。

② 四川省政府征工事务管理处,全宗号 116,案卷号 242,第 5、9 页。

③ 四川省档案馆·四川省政府征工事务管理处,全宗号 116,目录号 1,案卷号 455,第 146 页。

④ 四川省档案馆·四川省政府征工事务管理处,全宗号 116,案卷号 242,第 49 页。

过精确之验方收方,复未给予结算单。故皆认为所作之公方,尚未收足。①

综上所述,抗战时期国防工程工役款粮的收入来源于中央拨款和县府垫款。中央拨款是整体上的相对主导,但时有不敷实际开支。在客观现实和政府行政的双重压力下,征工各县不得不增足适履地动支地方公款、筹集代工(役)金和周转金和借款。这必然在一定程度上给地方财力带来重负。但款粮收入也有结余之时,则在一定范围内有限地挹注了地方建设项目。工役款粮收入对地方的影响,某些角度上具体反映了中央对地方的双重作用。造成征工县份垫款并难解决的表面原因是工价不敷口食,实质则是捉襟见肘的财政。虽然国防工程工役款粮收入中存在体制、人员、经济的弊端,但大局上,不同级别、不同项目、不同方式的款粮收入大体上提供了国防工程工役中民工及民工各级队部人员所需的基本开支,保障了战时国防工程的修建,因而一定时期内符合了时局所需。

---

① 四川省档案馆·四川省民政厅,全宗号54,目录号4,案卷号9528,第19页。

# 第九章　抗战时期西南国防工役的劳务费运行机制

　　第八章侧重分析了国防工役得以推行,即征调、管理民工,实现构筑紧急国防工程的经济基础——款粮收入。本章以此为基础,深入剖析款粮如何支付劳力,以及国防工役得以运行的人力因素。国防工程劳务费的支出不仅关系国家财政收支,还直接影响地方财政、庶务,以及劳动者的切身利益,进而影响国防工程的修筑情况。鉴于劳务费的重要性、复杂性,中央和地方政府均有宏观方面和微观方面的规定。

　　笔者运用分析归纳法,研究国防工程劳务费的支出情况。此问题关系到国计民生。首先以1938年双流、温江两县收支情况为例,鸟瞰本章研究的内容(见表9-1、表9-2)。

表 9-1　双流县修筑双桂寺机场收支经费对照表①

（1938 年 12 月 26 日—1939 年 3 月 14 日）　　　　　　（单位:元）

| 科目摘要 | 收入 | 支出 | 合计 |
|---|---|---|---|
| 双桂寺机场工程处发给经费 | 12044.55 | | 27519.1 |
| 财务委员会垫支经费 | 15474.55 | | |

---

① 四川省档案馆·四川省民政厅,全宗号 54,目录号 1,案卷号 1634,第 383 页。

续表

| 科目摘要 | 收入 | 支出 | 合计 |
|---|---|---|---|
| 各级队部经费 | | 2660.62 | |
| 民工津贴 | | 24023.26 | 27519.1 |
| 临时费 | | 835.22 | |

表 9-2　1940 年温江县政府奉令修筑双桂寺机场收支对照总表①

（单位：元）

| 科目 | 收入 | 支出 | 合计 |
|---|---|---|---|
| 双桂寺工程处收款 | 8935.05 | | |
| 温江县财委会垫款 | 4245.297 | | 13180.347 |
| 总队部职员旅食津贴 | | 2260 | |
| 民工伙食 | | 10097.532 | |
| 办公费 | | 319.315 | 13180.347 |
| 购置费 | | 353.500 | |
| 特别费 | | 150 | |
| 收支无存 | | 0 | |

　　表 9-1、表 9-2 简明扼要地反映了国防工役中的重要方面：劳务费运行机制的内涵，即收支。总体上此次办理国防建设工程，两县收支平衡。两县工款收入渠道都源于两处：一是工程处转发的中央的拨款；二是本县财务委员会的垫款。但款额有异。双流县垫款超过拨款；温江县拨款远超过垫款。支出主要是两大对象：一是临时组设的管理民工的各级队部所需开支费用；二是服役民工费用。下文将从宏观上深入研究这两个方面的具体内容。

# 第一节　劳务费的收入

　　大局上看，因国防工程事关战局而在一定程度上维系着国家的安危，在战

---

① 四川省档案馆·四川省民政厅,全宗号 54,目录号 1,案卷号 1634,第 422 页。

时极为重要,所以劳务费来源于国家,即中央财政预算下拨的工款和征工县府垫款。

1938年仁寿县奉令征民工,开赴新津修筑机场。第一期自10月4日开工之日起,至11月16日竣工。统计实支旅食公杂费14170.714元。除工程处拨来工价、旅食共8996.22元,实不敷洋5174.49元,系由县地方款内挪移垫付。[①]

1938年12月26日,新都县奉令修筑双流双桂寺机场。自27日兴工至1939年2月5日完工止,领工程处津贴洋2795.21元,收本县财委会借来洋500元整。[②]

1939年新都县奉令征工修筑温江皇天坝机场。该县民工总队长共领得工程处前后来土方津贴费、办公费、民工在途伙食费暨各项工程费等法币4232.89元,又本县财务委员会借垫来法币262.28元,共收来法币4495.17元。[③]此次,工程费占总收入的96%。

1941年1—4月,彭县征工修筑新津特种工程。彭县领入工款为936074.44元,地方垫款为145506.34元,总计两项为1075580.78元。地方垫款,全数陷于赔累。[④]国库拨款占总收入的87%,地方垫款占13%。

## 一、中央拨款

中央拨款中包含劳务费,工款由机场的主办机构承领、转发于承建县相关负责机构。

1938年航空委员会扩修成都凤凰山机场工程处发款给担修县份:双流县

---

①　四川省档案馆·四川省民政厅,全宗号54,目录号4,案卷号10880,第72页;四川省档案馆·四川省民政厅,全宗号54,目录号4,案卷号10888,第46页。
②　四川省档案馆·四川省民政厅,全宗号54,目录号1,案卷号1634,第483页。
③　四川省档案馆·四川省民政厅,全宗号54,目录号1,案卷号1580,第514页。
④　四川省档案馆·四川省民政厅,全宗号54,目录号4,案卷号9528,第99页。

法币 10004.11 元①;金堂县法 10291.62 元。②

1938 年的《征工修筑白市驿机场计划大纲》中规定各县民工伙食呈请航委会预发周转伙食费 1 万元,于开工前由本会具领转发。此项周转费将来由工款内扣算。③ 1945 年泸县、隆昌、叙永、江津、合江、荣昌、富顺共额征 8.6 万名民工,修筑泸县特种工程中。7 县重病民工担架费合计 17812180 元。此费由四十三工程处凭据拨交民工管理处,再由民工管理处转发各县民工总队部。④

《四川省非常时期征工服役暂行办法》第二十一条规定,各县办理工役的各级征工管理人员的伙食、津贴及其办公开支,由工程机关发给,其数额不得超过其担任工程全部方价的 5%。⑤ 这从法律上规定了国防工程工役管理人员的费用源于主办工程机关所拨发的工程费,并在预算中专列"管理费"项。

1937 年 9 月扩修成都机场。行营,省府民、财、建三厅及机场共同组织工程处,负责办理。工程处旅费、薪工及必要的办公费用统由航委会工费项下支给。⑥

1938 年白市驿机场建筑委员会事务费(公杂费与医药及职员薪旅暨工程人员公旅费)按全部工程费(预算总数为 544100.3 元⑦)5%造具预算,呈请航委会拨发之。⑧ 1938 年广阳坝机场工程事务费(包括办公费、职员伙食及津

① 四川省档案馆·四川省民政厅,全宗号 54,目录号 4,案卷号 9438,第 39 页。
② 四川省档案馆·四川省民政厅,全宗号 54,目录号 4,案卷号 9438,第 79 页。
③ 重庆市档案馆·北碚管理局,全宗号 0081,目录号:3 案卷号 437,第 5 页。
④ 四川省档案馆·四川省民政厅,全宗号 54,目录号 1,案卷号 1900,第 74—75 页。
⑤ 中国第二历史档案馆·国民政府行政院,全宗号二,案卷号 8384,第 17 页,缩微胶卷号:16J-1408;四川省训练团编印:《工役法令》,1940 年,第 15 页。
⑥ 成都市档案馆·成都市政府,全宗号 38,目录号 12,案卷号 1208,第 14 页。
⑦ 四川省档案馆·四川省民政厅,全宗号 54,目录号 8,案卷号 10696,第 162 页。
⑧ 重庆市档案馆·北碚管理局,全宗号 0081,目录号 3,案卷号 437,第 3 页。

贴、舆马费、设备购置、宣传费）3996.72 元,占工程费 134051.68 元的 3%,符合规定。① 1938 年航空委员会主持修筑华阳县太平寺机场,特设工程处。工程处旅费、薪工及必要的医药、抚恤、办公费用统由航委会工程费项下支给。②

　　1940 年交通部长张嘉敖上呈行政院秘书处,请求第二次追加乐西公路工款 197 万元,其中管理费为工程经费的 3.8%即 72.4 万元。③ 1940 年 5 月至 1941 年 11 月泸县修筑白市驿机场,领得工程处机场经费近 65 万元,其中管理费 1.8 万元（占总经费的 2.8%）。④ 在修筑乐西公路时,西康民管处经费 1 万元（每月 1 千元以 10 个月计）和四川民管处经费 4110 元（每月 411 元以 10 个月计）在工程费内开支。⑤

　　1944 年美国要求国民政府扩修梁山机场。管理费照全部工资 5%计算。⑥ 若管理费超过担任工程全部方价 5%时,仍由工程机关核定预算案发给。⑦

　　1938 年 12 月—1939 年 2 月蒲江县修筑川康公路南龙段,筑路经费为 78479.07 元,其中筑路委员会的经费为 6174.47 元⑧,约占 8%。1939 年 11 月 10 日—1940 年 8 月 4 日郫县征调 900 名民工辟修邛崃桑园镇机场。⑨ 支出 86255.2 元,其中管理费 2179 元,工程费 34815 元⑩,管理费占工程费的

　　① 重庆市档案馆·四川省第三区行政督察专员公署,全宗号 0055,目录号 5,案卷号 148,第 153 页。
　　② 四川省档案馆·四川省民政厅,全宗号 54,目录号 2,案卷号 1710,第 47 页。
　　③ 中国第二历史档案馆·国民政府行政院,全宗号二,案卷号 9167,第 61—62 页,缩微胶卷号:16J-1434。
　　④ 四川省档案馆·四川省民政厅,全宗号 54,目录号 8,案卷号 11116,第 76 页。
　　⑤ 中国第二历史档案馆·国民政府行政院,全宗号二,案卷号 8384,第 9 页,缩微胶卷号:16J-1408。
　　⑥ 四川省档案馆·四川省民政厅,全宗号 54,目录号 6,案卷号 8655,第 93 页。
　　⑦ 成都市档案馆·成都市政府,全宗号 38,目录号 12,案卷号 1651,第 71 页。
　　⑧ 四川省档案馆·四川省民政厅,全宗号 54,目录号 6,案卷号 7634,第 15 页。
　　⑨ 成都市档案馆·四川省第一区行政督察专员公署,全宗号 134,目录号 8,案卷号 99,第 85 页。
　　⑩ 成都市档案馆·四川省第一区行政督察专员公署,全宗号 134,目录号 8,案卷号 99,第 92—93 页。

6%。1942 年 11 月至 1943 年 6 月泸县建筑合江菜坝机场,管理费为 141009.36 元,工程费为 936171.2 元①,管理费占工程费的 15%。

管理人员的劳务费也有在方价(方价也来自工程费)内开支的,即不专门列项。如 1938 年在修筑白市驿机场时,各县大队长及中队长、分队长、伙夫、班长等给养在民工方价以内开支。② 各级队长薪费规定:大队长月支 30 元,中队长月支 20 元,分队长月支 16 元,大队部书记 1 人月支 14 元,传令 2 人各月支 6 元。③

1945 年 5 月 17 日,泸县特种工程、民管处十三次联席会议议决:各县民工来回程旅费先由工程处拨 9000 万元交民管处转发后,再办结算手续。④

但中央预算下拨的工款时有现实的缺口,而机场又事关国防,则中央、省府、工程处令担修县府垫款。

## 二、地方款项

因工程费不敷支出,征工各县往往自筹管理费。"凡应服工役而不愿服工役或未被征调服役者,得改征收代役金,作用为民工管理及补助医药工具等项不敷之用。"⑤各县征工筑路委员会经费,应于成立时造具预算书,由县长呈请公路总局核准,转报省府备案。此项经费由各县建设费内开支⑥,或由该县自筹的款开支。⑦

1938 年 1—10 月,江北县建筑广阳坝机场,民工大队部经费由工程处拨

---

① 四川省档案馆·四川省民政厅,全宗号 54,目录号 8,案卷号 11116,第 98—99 页。

② 重庆市档案馆·北碚管理局,全宗号 0081,目录号 3,案卷号 437,第 5 页。

③ 重庆市档案馆·北碚管理局,全宗号 0081,目录号 3,案卷号 437,第 61 页。

④ 四川省档案馆·四川省民政厅,全宗号 54,目录号 1,案卷号 1899,第 188 页。

⑤ 重庆市档案馆·北碚理局,全宗号 0081,目录号 3,案卷号 437,第 3 页。

⑥ 四川省档案馆·四川省建设厅,全宗号 115,目录号 3,案卷号 3604,第 215 页;《四川省政府各县征工筑路委员会组织条例》,《四川省政府公报》第三期,1935 年 3 月 21 日出版,第 58 页。

⑦ 《四川公路局各县筑路委员会组织条例》,见沈鹏:《永川县义务征工整理成渝公路工作汇编》,四川省第三区行政督察专员公署编印,1936 年,第 33 页。查阅于重庆档案馆。

款 14398.3 元,县财委会拨款 14349 元,合计 28747.3 元。①

1943 年 7 月 16 日,四川省政府指令安岳县在建筑大足机场时,因民工工作未能达到规定能率而致赔累之款,应由地方负担②。

1944 年为修筑特种工程,各县组建征工委员会。本会各组设干事 3—5 人,由县长调县政府职员兼任,不另支薪,其必要的公旅费各在各县本年度地方预算费项下开支,准其按据报销。③

## 第二节　劳务费的支出

本书国防工程劳务费支出涉及的主体对象是直接参与修筑工程的广大农民和管理民工的员役,1938 年 11 月 1 日—12 月 12 日蒲江县征工修筑新津机场。建修机场计算支出总数为 6582.32 元,其中民工作工期间伙食费 4601.69 元,占 70%。各中队民工自作工起和止,共计 26469 人,人均 0.17 元。办理人员中,直接管理民工的分队长月支 12 元,中队长、事务员、文书、督工员月支 16 元。④ 可见,民工的劳务费是极其低的,但纵向看:较战前义务劳动而言略有所得。

从表 9-3 中可知,食费总额 44179 元,占支出比例为 17%。

建筑新津机场跑道及扩场工程定自 1941 年 1 月 1 日开工,限 3 月底完成。因急要,为依限竣工,而制定有关款项支付。

---

① 四川省档案馆·四川省民政厅,全宗号 54,目录号 8,案卷号 10421,第 82 页。

② 四川省档案馆·四川省民政厅,全宗号 54,目录号 4,案卷号 11148,第 130 页。

③ 成都市档案馆·四川省第一区行政督察专员公署,全宗号 134,目录号 2,案卷号 181,第 28 页。

④ 四川省档案馆·四川省民政厅,全宗号 54,目录号 4,案卷号 10888,第 153—155 页;注民工伙食费比例和人均数为笔者据档案资料计算所得。

表 9-3　四川省德阳县民工总队部修筑双桂寺机场收出计算书①

（1938 年 12 月 30 日—1939 年 3 月 14 日）　　　（单位：元）

| 科目 | 支出数 |
|---|---|
| 第一款修筑双桂寺经费 | 25918.33 |
| 队长旅食费 | 4035.32 |
| 民工兵夫口食 | 40143.68 |
| 办公费 | 820 |
| 旗帜床草 | 80 |
| 杂支 | 78.10 |
| 工具消耗 | 642.49 |
| 购置 | 196 |
| 犒赏奖金 | 744.80 |

从表 9-4 可见民工医药费是较低的。对于重要的食米，只作了弹性
规定。

表 9-4　征工各县开工前应领款项分配表②

| 项目 | 金额 | 备注 |
|---|---|---|
| 民工旅费 | 每 1000 名约 8000 元 | 以距离机场里程计算，远增近减 |
| 医药费 | 每 1000 名约 1000 元 | 每名月支 1 元 |
| 管理费 | 每 1000 名约 3000 元 | |
| 工具补充费 | 每 1000 名约 4000 元 | |
| 稻草费 | 每 1000 名约 2000 元 | |
| 县征工委员会经费 | 每月 380 元 | 先领 1 月 |
| 备注 | 如尚须民工携带食米，另行商定 | |

下文将深入研究劳务费的支出情况。

---

① 四川省档案馆·四川省民政厅，全宗号 54，目录号 1，案卷号 1633，第 349 页。
② 四川省档案馆·四川省政府征工事务管理处，全宗号 116，案卷号 518，第 49、56 页。

## 第三节　民工劳务费

民工劳务费主要是工价费、伙食费，其次为伤病死亡抚恤费，工具用具、工棚费。这是笔者为便于研究依据省府下发县府关于国防工程征工劳务费预算样式和档案资料而作的分类，但不是截然的区分，因费用间有交集，如民工劳务费中的工价中含有伙食费和其他费用。

抗日战争爆发后，服役民工劳动力的付出由义务依时渐变为有偿，虽有时支付是低廉的，但改变了战前无偿利用民力的状况，而一定程度补给了来自农村贫苦劳动力最低层次的基本生存需求，如直接给民工食米。1937 年 9 月 23 日—1938 年 1 月 16 日成都县扩修凤凰山机场。该县民工编制以联保为单位，每联保编一中队，故联保有大小，中队亦有大小，以致所发食米不同。民工自 1937 年 9 月 23 日起至 11 月 25 日止，每名民工每日发米 6 合；自 11 月 26 日起至 1938 年 1 月 16 日止，每名民工每日发米 7 合。合计支付民工食米 1548.27 石。[1]

除了直接给食米外，还发伙食津贴（实系指民工伙食而言），虽低于实际需要。如 1937 年扩修成都县凤凰山机场，规定民工每日支给伙食津贴 0.15 元。[2] 而事实上因米价高涨，各县民工，均食不果腹，影响工程进度。旋经专员县长会议之便，由建设厅召集有关各县长等商补救办法，决议不敷伙食，由各县自行设法弥补。简阳县各机关法团同意，由 0.15 元，增至 0.17 元，乃至 0.18 元。[3]

但也是不菲的支出。1938 年 12 月大邑县民工总队部造报第一次修筑新津机场支出经费计算书中，总数为 6172.130 元，各区队民工伙食费 3792.310

---

① 四川省档案馆·四川省民政厅，全宗号 54，目录号 4，案卷号 9438，第 31 页。

② 四川省档案馆·四川省民政厅，全宗号 54，目录号 4，案卷号 9438，第 14 页。

③ 四川省档案馆·四川省民政厅，全宗号 54，目录号 4，案卷号 9438，第 52 页。

元(民工每人每日支伙食费 0.15 元,合计三区队,共 25283.5 个半工)①,占支出总数的 61%。1938 年璧山县奉令征调民工 1000 名,同年 1—7 月修筑重庆广阳坝机场。竣工后,据《璧山县县政府民工大队部造呈申送民工建筑重庆航空站广阳坝机场支出计算书》②支出总数 13221.34,其中民工伙食费 10434.05 元,则比例约为 79%。

　　1939 年 1 月仁寿县政府造报《第一次建筑新津飞机场支付计算书》(1938 年 10 月 6 日起至 11 月 16 日止)③和《第二次修筑新津飞机场支付计算书》(1938 年 11 月 16 日起至 12 月 12 日止)④。第一次共征调民工 2200 名,支付民工作工期内,每工日给伙食 0.15 元,则总数为 11384.250 元。第一次修筑新津机场费用 14170.714 元,占支出总数的 80% 强。第二次征调民工 800 名,修机场计点工连同碾压工共作 7000 余工,每工伙食 0.15 元,支付民工伙食费 1053.091 元。修筑机场经费支付总数为 1795.281 元,则此比例约为 59%。

　　1938 年温江县征工增修皇天坝机场。征调民工 1000 名,每名每日给工食费 0.2 元⑤,则月可得 6 元。这逐渐改变了战前原则上政府对民工劳力无偿使用的情况。

　　除伙食费,有的工程渐增发津贴、工资及其他费用。1938 年 9 月开工扩修新津机场,并制定《修筑新津飞机场各县征调民工简则》⑥,规定:各县应征民工担任机场及其他关系机场之土方工程。每挖填土方 1 公方、倾填地点在 60 公尺以内者,给津贴 0.2 元。若超过 60 公尺,每 30 公尺,另加运费 0.015 元。如因雨停工,每名每日发给伙食费 0.15 元。1938 年省府训令征工修筑

---

① 四川省档案馆·四川省民政厅,全宗号 54,目录号 4,案卷号 10880,第 59—62 页。
② 四川省档案馆·四川省民政厅,全宗号 54,目录号 3,案卷号 7763,第 22—23 页。
③ 四川省档案馆·四川省民政厅,全宗号 54,目录号 4,案卷号 10880,第 73 页。
④ 四川省档案馆·四川省民政厅,全宗号 54,目录号 4,案卷号 10880,第 92 页。
⑤ 四川省档案馆·四川省民政厅,全宗号 54,目录号 4,案卷号 10882,第 18—21 页。
⑥ 四川省档案馆·四川省民政厅,全宗号 54,目录号 3,案卷号 8282,第 46 页。

重庆广阳坝飞机的县府：民工往来每站旅食及雨天停工每人给 0.15 元，暨医药、伤亡等费均由工程处发给。①

1939 年，扩修温江皇天坝机场，规定每日每名发给工资 0.1 元、食费 0.2 元。工资交由区队长转发，中队长承领，点名发给。食费则由特务长开支，油盐柴米之用。② 奉命征工修筑此机场的县府则依此造呈经费概算书。

战时民工劳务费有时是低廉的，但纵向看是有偿的。1938 年 11 月 1 日至 12 月 12 日蒲江县征工修筑新津机场。建修机场计算支出总数为 6582.32 元，其中民工作工期间伙食费 4601.69 元，占 70%。各中队民工自作工起止，共计 26469 人，则人均 0.17 元。办理人员中，直接管理民工的分队长月各支 12 元，中队长、事务员、文书、督工员月各支 16 元。③

可见，支付民工的劳务输出是极其低的。但渐有支付标准。1938 年 9 月新津、邛崃、大邑、蒲江、彭山、眉山、仁寿 7 县征工，每日 5000 名，扩修新津机场。《修筑新津飞机场各县征调民工简则》规定工价：各县应征民工担任机场及其他关系机场的土方工程。每挖填土方 1 公方、倾填地点在 60 公尺以内者，给津贴 0.2 元。若超过 60 公尺，每 30 公尺，另加运费 0.15 元。如因雨停工，每名每日发给伙食费 0.15 元。④ 征工县份大多按每工 0.15 元发给民工伙食费。如大邑县合计 3 区队，共 25283.5 工，则支 3792.525 元。⑤ 仁寿 2 次征调民工，共作 8 万余工，发给民工伙食费 12000 余元。⑥

1938 年 12 月省府令双流、华阳、成都、新都、温江、新繁、广汉、德阳、金堂、什邡、简阳 11 县，共征调民工 2 万名，赶筑双流双桂寺机场。工作期限约

① 四川省档案馆·四川省民政厅，全宗号 54，目录号 3，案卷号 7763，第 74 页。
② 四川省档案馆·四川省民政厅，全宗号 54，目录号 1，案卷号 1580，第 489 页；四川省档案馆·四川省民政厅，全宗号 54，目录号 1，案卷号 1578，第 13 页。
③ 四川省档案馆·四川省民政厅，全宗号 54，目录号 4，案卷号 10888，第 153—155 页。
④ 四川省档案馆·四川省民政厅，全宗号 54，目录号 3，案卷号 8282，第 45—46 页。
⑤ 四川省档案馆·四川省民政厅，全宗号 54，目录号 4，案卷号 10880，第 60 页。
⑥ 四川省档案馆·四川省民政厅，全宗号 54，目录号 4，案卷号 10880，第 73、92 页。

1 个月。民工津贴,除特殊工程或零星工作不能按方计算者,即照每工给价 0.2 元。挖填土方 1 公方给津贴 0.2 元。[①] 凡运土距离在 60 公尺以外,超过 30 公尺,由航空委员会给运费 0.02 元。填方八折以挖方计。[②]

为规范管理民工劳务费,对其从中央、地方制颁相关法规。1938 年 6 月国民政府军事委员会令颁《战时军事机关或部队征用民夫暂行办法》。该法第十三条规定,"征用民夫颁给工资,每日 0.3 元,按日计算"[③]。

1939 年 1 月民政厅、建设厅发布改善民工待遇办法。(1)超运费:每立公方除 60 公尺内不计运费外,每超运 30 公尺,原定运费 0.015 元,今拟改为 0.02 元。(2)工具消耗费:原无津贴,今后拟规定如下:以包方计每立公方拟支给 0.02 元;以点工计,每工亦拟支给 0.02 元。[④] 1939 年 2 月 20 日航空委员会建筑西川机场委员会第三次会议议决制颁《修筑飞机场各县征调民工须知》。该须知规定民工工食费:(1)民工工作期间工食费由总队部按每名每日发给 0.3 元。因雨停工时,只发伙食费 0.2 元,交中队部承领。除按每名每日 0.2 元发交特务长统办该中队民工伙食外,其余 0.1 元于每晚发给民工,作为工资。其伙食账目每日一给。如有剩余,仍摊给民工。采买及炊烧均轮派民工担任,不专设伙夫。(2)民工担任机场土方工程及其他有关机场的附属工程,每挖填土方 1 立公方,倾填地点在 60 公尺以内者,给费 0.2 元,如超运,每 30 公尺,另给运费 0.02 元。(3)民工往返在途伙食 30 里以内(每区署所在地至机场或由机场返至区署所在地),每名发给 0.05 元;30—50 里以内每名发给 0.1 元;50—100 里以内每名发给 0.15 元。由总队部向工程处领给(民工

---

① 四川省档案馆·四川省民政厅,全宗号 54,目录号 1,案卷号 1632,第 1—2 页;四川省民政厅,全宗号 54,目录号 1,案卷号 1633,第 277 页。

② 四川省档案馆·四川省民政厅,全宗号 54,目录号 1,案卷号 1632,第 69 页。

③ 四川省档案馆·四川省民政厅,全宗号 54,目录号 6,案卷号 7404,第 19 页;重庆市档案馆·四川省第三区行政督察专员公署,全宗号 0055,目录号 2,案卷号 316,第 66 页;重庆市档案馆·北碚管理局,全宗号 0081,目录号 2,案卷号 91,第 26 页;《战时军事机关或部队征用民夫暂行办法》,《四川省政府公报》第 124 期,1938 年 8 月 1 日出版,第 12 页。

④ 四川省档案馆·四川省民政厅,全宗号 54,目录号 3,案卷号 7404,第 165 页。

往返在途口食只各发1次,换工不计)。① 1940年航空委员会西川机场建筑委员会督修温江、新津、邛崃、太平寺这4个机场。民工工食费,规定每名发给0.3元。②

民工劳务费在战时有了重大改进,突出表现为工价核算的详细、法规化。

## 一、工价（主要包含工食、工资）

各县应领津贴,依工程单价、民工所作工程数量计算。

仁寿县政府造呈第二次修筑新津机场收入计算书(1938年11月16日—12月12日)见表9-5。③

表9-5 仁寿县政府造呈第二次修筑新津机场<br>收入计算书(1939年1月造报)

| 科目 | 收入数 | 备注 |
| --- | --- | --- |
| 第一款工程处发来经费 | 1795.150 | |
| 第一项工程处发来经费 | 1795.150 | |
| 第一目工价 | 1300.00 | 计点工5000工、碾压6万平方公尺 |
| 第二目民工往返旅食费 | 480.00 | |
| 第三目因雨停工补助伙食费 | 15.15 | |
| 合计 | 1795.15 | |

由表9-5可见该县收入工款,工价份额占72%。

1940年5月三台县奉令征工建修双流彭镇机场。修建期间,收入情况见表9-6。

---

① 重庆市档案馆·四川省第三区行政督察专员公署,全宗号0055,目录号5,案卷号103,第268—270页;四川省档案馆·四川省建设厅,全宗号115,目录号6,案卷号12012,第36—37页;四川省档案馆·四川省民政厅,全宗号54,目录号6,案卷号7404,第170—171页。

② 四川省档案馆·四川省民政厅,全宗号54,目录号3,案卷号7334,第78页。

③ 四川省档案馆·四川省民政厅,全宗号54,目录号4,案卷号10880,第94页。

表9-6 三台县民工总队部、征工委员会建修双流
彭家场机场工程收入计算书①

（1940年7月15日—1941年5月）

| 款 | 项 | 目 | 科目 | 计算数 |
|---|---|---|---|---|
| 1 | | | 收入总额 | 643381.50 |
| | 1 | | 工程处发给工价 | 522381.50 |
| | | 1 | 机场土方费 | 108826.86 |
| | | 2 | 土方运费 | 139226.43 |
| | | 3 | 铲草费 | 9977.73 |
| | | 4 | 草皮运费 | 13787.40 |
| | | 5 | 整理场面费 | 14513.06 |
| | 2 | | 各乡募集救济民工捐款 | 121000.00 |

从表9-6可见收入总额643381.50元,其中工程处发给工价522381.50元,占收入总数的81%。由此可知:工价是征工县因修筑国防工程所能领得中央财政预算下拨工款量的多寡,而影响到地方财政收支。

金堂县建修双流双桂寺机场计自1938年12月20日开工起到1939年3月20日完工止,共计3个月。该请领工款数,则是据《航空委员会建筑双流双桂寺机场金堂县土方工程津贴结算表》(1939年4月15日)②核算结果:金堂县应得土方津贴、运距加价总数12841.38元。

1939年成都县奉令修筑温江皇天坝机场,工程处发给补助津贴3509.2元。此款数额核发依据详见表9-7。

表9-7 成都县民工总队部完工证明单③

| 工程类别 | 工区 | 数量 | 单价(元) | 计价(元) |
|---|---|---|---|---|
| 机场土方 | 4 | 4207立方米 | 22元/立方米 | 925.54 |

① 本表摘录的是主要项目,源于四川省档案馆·四川省民政厅,全宗号54,目录号4,案卷号11148,第52—53页。
② 四川省档案馆·四川省民政厅,全宗号54,目录号1,案卷号1634,第527页。
③ 四川省档案馆·四川省民政厅,全宗号54,目录号1,案卷号1580,第423页。

续表

| 工程类别 | 工区 | 数量 | 单价(元) | 计价(元) |
|---|---|---|---|---|
| 机场土方运费 | 4 | | | 476.98 |
| 机场特殊工程 | 4 | | | 248.79 |
| 机场铲除青苗 | | | | |
| 排洪沟 | | | | |
| 排水沟 | 92—113 | 4968.4立方米 | | 1093.05 |
| 灌溉沟 | | | | |
| 交通路 | | | | |
| 推机道 | | | | |
| 点工(需用工具) | | | | |
| 点工(无需工具) | | 1907工 | 20/工 | 381.40 |
| 因雨津贴 | | 40工 | 15/工 | 6.00 |
| 总队部办公费 | | | | 317.44 |
| 民工途间往返口食 | | | | 60.00 |
| 合计 | | | | 3509.20 |

这样,进而在一定程度上影响到该县财政收支状况。

如新繁县于1938年12月奉令征调民工500名前往双流修筑双桂寺机场。该县民工总队部自1938年12月25日筹备成立起,至1939年3月9日完工止,所有各级队部长员津贴、办公、杂支、医药、奖励、设备费用,筹备时总队部职员旅费、废历年节各中队民工奖励费、民工途程伙食费暨赶办工程所增队长旅食费等,共在承领的土方津贴项下开支法币1327.948元。[①] 领款依据见表9-8。

---

① 四川省档案馆·四川省民政厅,全宗号54,目录号1,案卷号1634,第366—367页。

表 9-8　新繁县附属各项工程津贴结算表①

| 列次 | 种类 | 数量 | 单价（元） | 津贴（元） | 运距加费 | 合价（元） | 说明 |
|---|---|---|---|---|---|---|---|
| 1 | 累计点工 | 996 工 | 0.20 | 199.20 | | 199.20 | 如拆墙、挖三合土、挖粪池、挖竹兜、在水沟滚压等工，均以点工计 |
| 2 | 工具消耗费 | 8598.20 | 0.02 | 172.10 | | 172.10 | 每公方津贴洋 0.02 元，点工每工津贴洋 0.02 元 |
| 3 | 铲草津贴 | 56250 立方米 | 0.00064 | 36.00 | | 36.00 | 按 2500 立方米，以 8 名点工计 |
| 4 | 因雨暨警报停工津贴 | 2665 人 | 0.15 | 399.75 | | 399.75 | 每日每人津贴伙食费 0.15 元 |
| 5 | 拉运石滚津贴 | 2 个 | 10.00 | 20.00 | | 20.00 | 由太平寺拉运至双桂寺机场，每个津贴洋 10 元 |
| 6 | 往返途程口食津贴 | 500 人，计九餐 | 0.45 | 225.00 | | 225.00 | 每 30 华里发给每名伙食费 0.05 元（概以县城起算） |
| 7 | 各队部办公津贴 | 按平均人数 380 人计 | 40.00 20.00 10.00 | 233.00 | | 233.00 | 按 100 名为一中队；二中队为一大队。每县设一总队。总队每月津贴 40 元，大队每月津贴 20 元，中队每月津贴 10 元 |
| 8 | 特殊工程津贴 | 244.25 立方米 | 0.20 | 48.85 | | 48.85 | 系机场内特高出地面如坟墓、土堆房屋、地基等 |
| | | 1056.70 立方米 | 0.20 | 211.34 | 105.67（150 米） | 317.01 | |

　　华阳县 1939 年 3 月 1 日开工修筑皇天坝机场，6 月 6 日完竣，共计工作 3 个月 6 日。在工程处领洋 11591.5 元。② 其领款凭证则是下面完工证明单（见表 9-9）。

---

　　① 四川省档案馆·四川省民政厅，全宗号 54，目录号 1，案卷号 1633，第 278 页。
　　② 四川省档案馆·四川省民政厅，全宗号 54，目录号 1，案卷号 1579，第 336 页。

表 9-9　华阳县民工总队部完工证明单①

| 工程类别 | 工区 | 数量 | 单价 | 计价（元） |
|---|---|---|---|---|
| 机场土方 | 8 | 13050 立方米 | 22.4 元/立方米 | 2871 |
| 机场土方运费 | 8 | | | 710.46 |
| 机场特殊工程 | 8 | | | 661.35 |
| 机场除青苗 | | | | 1612 |
| 灌溉沟 | | 5161.7 立方米 | 22.4 元/立方米 | 1135.57 |
| 推机道 | | 1595.79 立方米 | 22.4 元/立方米 | 351.07 |
| 点工（需用工具） | | 4526 工 | 224 元/工 | 995.72 |
| 点工（无需工具） | | 8592 工 | 204 元/工 | 1718.40 |
| 因雨津贴 | | 2309 工 | 15 元/工 | 346.35 |
| 总队部办公费 | | | | 693.88 |
| 民工途间往返口食 | | | | 495.70 |
| 总计 | | | | 11591.50 |

　　1939 年新都县奉令修筑皇天坝机场。同年 3 月 3 日即正式开工，计共作工 40 日，共领得工程处前后收来土方津贴费、办公费、民工在途伙食费暨各项工程费等法币 4232.89 元，又本县财务委员会借垫收来法币 262.28 元，共收来法币 4495.17 元；共支出各队民工工食费、奖励费、在途伙食费及员役旅食津贴费、各级队长办公费、工具补充费等，共支出法币 4495.17 元。收支平衡、无存。② 工程处转拨发给新都县的款，据《新都县民工总队部完工证明单》③，深入研究，而具体理解工价的内涵和重要性。

---

①　四川省档案馆·四川省民政厅，全宗号 54，目录号 1，案卷号 1579，第 337 页。
②　四川省档案馆·四川省民政厅，全宗号 54，目录号 1，案卷号 1580，第 514 页。
③　四川省档案馆·四川省民政厅，全宗号 54，目录号 1，案卷号 1580，第 515 页。

抗战时期西南国防经济建设的工役研究

表9-10反映了新都县在修建国防工程中能领得中央拨款数额依据。从表中可见,来款主要是工价所得。1940年5月—1941年4月,三台县奉令征工建修双流彭镇机场。收入总额643381.5元,其中工程处发给工价522381.5元。① 故对其核算极其重要。从上表可见民工所作工程数量及相应方价直接影响工价量的大小。

表9-10　新都县民工总队部完工证明单

| 工程类别 | 工区 | 数量 | 单价 | 计价(元) |
|---|---|---|---|---|
| 机场土方 | 5 | 4602立方米 | 22元/立方米 | 1012.44 |
| 机场土方运费 | 5 | | | 519.28 |
| 机场特殊工程 | 5 | | | 291.43 |
| 机场铲除青苗 | | | | |
| 排洪沟 | | | | |
| 排水沟 | 113—126 | 3771.4立方米 | 22元/立方米 | 829.71 |
| 交通路 | | 2358.7立方米 | 22元/立方米 | 518.92 |
| 推机道 | | | | |
| 点工(需用工具) | | 1283工 | 22元/工 | 282.26 |
| 点工(无需工具) | | 2334工 | 20元/工 | 466.80 |
| 因雨津贴 | | 59工 | 15元/工 | 8.05 |
| 总队部办公费 | | | | 153.20 |
| 民工途间往返口食 | | | | 150 |
| 总计 | | | | 4232.89 |

每项工程单价程序上由主办单位规定。如1938年新津、邛崃、大邑、蒲江、彭山、眉山、仁寿7县征工,修筑新津机场。民工所作各项工程津贴,规定见表9-11。

---

① 四川省档案馆·四川省民政厅,全宗号54,目录号4,案卷号11148,第52—53页。

表 9-11　1938 年修建新津机场工程单价表①

| 工程种类 | 单价(元) |
|---|---|
| 挖填土方 | (二工区)0.215、(六工区)0.260、(五工区)0.275、(四工区)0.290 |
| 挖土方 | (三工区)0.230、(十工区)0.215、(八工区)0.200、(一工区)0.245 |
| 挖排水沟 | 0.200 |
| 滚压 | 0.005 |
| 特工 | 0.200 |
| 灌溉沟 | 0.200 |
| 排水沟 | 0.200 |

注:特工系包括挖压基、树根、竹节兜、石坟、铲草、排水、填水沟等工程者。

　　1939 年 6 月,航空委员会公函四川省政府,令名山县府迅派工前往雅安县协修机场,回应四川省政府而先行规定任修场民工所需一切费用三项:民工往返在途口食,每 30 华里支给洋 0.1 元;普通工具由民工自备,特种工具由工程处补给;各级队长旅食办公费由工程处统筹办理,在管理费项下列报。②

　　1940 年 4 月在召开的行政院第四六三次会议上,交通部部长张嘉璈呈《乐西公路工程单价说明书》中,民工普通土每公方单价即方价 0.384 元,当时粮价每市斤 0.15 计算。③ 1941 年 4 月张嘉璈呈送行政院 1940 年度乐西公路工程经费第二次追加预算单价说明,因米价为每市斤 0.5 元,则方价为 1.193 元;民工普通土单价川境每方单价为 3.365 元,康境每方单价为 2.677 元。④

　　在战争特殊时局下,为应战局亟须的国防工程及时完工,而顾念民力,以提高民工生产积极性,并协调与地方关系,以利工程修建,当局、工程负责单位

---

① 此表是笔者根据档案内容自制,选摘了部份内容。资料来源于四川省档案馆·四川省民政厅,全宗号 54,目录号 4,案卷号 10880,第 49—55 页。
② 四川省档案馆·四川省民政厅,全宗号 54,目录号 3,案卷号 8283,第 56 页。
③ 中国第二历史档案馆·国民政府行政院,全宗号二,案卷号 9166,第 72 页,缩微胶卷号:16J-1434。
④ 中国第二历史档案馆·国民政府行政院,全宗号二,案卷号 9167,第 54 页,缩微胶卷号:16J-1434。

也不得不依势提高劳务费支付数额。

1939 年 7 月，航空委员会参照四川省政府同年 5 月意见，提高修筑机场规定单价，并规定津贴：（一）土方单价增为 0.2 元，免费运距 60 公尺。在 60 公尺以外，每超运 30 公尺，加运费 0.02 元。（二）工具消耗每公方另加给 0.02 元。（三）滚压费每平方公尺订为 0.005 元。（四）如遇石方非民工所能挖掘者，得临时呈准本会招商承办。（五）民工往返在途伙食每 60 华里每名津贴 0.05 元。里程长短以征工县城至工作地为标准。各区民工里程由县府统筹规定。（六）因雨停工，每日津贴伙食 0.15 元，半日津贴 0.075 元。（七）总队部办公津贴每月给 40 元（每县仅成立一总队部）。大队部办公津贴每月给 20 元、中队部办公津贴每月给 10 元（以民工 100 名编为一中队，三中队编为一大队）。（八）另星点工，每口每名给 0.2 元。以上各项津贴总数连同工程事务费，不得超过土石方总价的 3%。据此，四川省政府除令会同彭山县府编造预算外，还令该县征工修筑彭山机场。①

1937 年 9 月，军事委员会办公厅公函航空委员会，"查土方超运费原定为每 20 公尺加给运费 0.01 元，期为体恤民工起见。由西川建筑机场委员会与绥靖公署贵府民建两厅代表及专员县长共同改订，将超运费改为每 20 公尺加给 0.02 元"②。

1939 年 12 月 2 日，航空委员会西川机场建筑委员会第三次委员会会议通过《航空委员会西川机场建筑委员会建筑机场附带单价表》③。该表整体上提高了单价，虽是有限的，具体内容如下。

1. 点工每日伙食津贴原定 0.2 元，拟改为每名每日 0.3 元，由工程处点名照发。唯每百名增伙夫 5 名，及小队长 3 名，共 8 名之伙食津贴。

2. 工具消耗津贴原定每工/公方加 0.02 元，拟改为 0.03 元。

---

① 四川省档案馆·四川省民政厅，全宗号 54，目录号 3，案卷号 8283，第 37—39 页。
② 四川省档案馆·四川省建设厅，全宗号 115，目录号 6，案卷号 12014，第 47 页。
③ 四川省档案馆·四川省建设厅，全宗号 115，目录号 6，案卷号 12015，第 50 页。

3. 途间伙食津贴原定每 30 华里 0.05 元,50 华里 0.1 元,100 华里 0.15 元。拟改为每 30 华里 0.08 元,50 华里 0.16 元,100 华里 0.24 元分。

4. 因雨或警报津贴,原定每日 0.15 元,拟改为 0.25 元。

5. 土方运费,原定除 60 公尺外,每增运 30 公尺,每公方加 0.02 元,拟改为除 60 公尺外,每增运 10 公尺,每公方加 1 分。

6. 据邛崃机场发现坚隔土。坚隔土照土方单价加 1 倍计算。

7. 民工卧垫稻草,原无是项规定,但为事实上所不可少,拟每人规定发国币 0.1 元,以 1 次为限。

1939 年扩修遂宁机场。机场土方工程,民工作工口食原定每工每日发给国币 0.12 元。遂宁机场扩修工程处据各民工区队长提议:现因抗战关系,物价高涨。2 月 7 日该处于第二次处会决议,改为每工每日给伙食 0.14 元,按各单位民工之多寡,每 3 日统计,发给各单位负责人正式盖章具领。即自同年 2 月 8 日起实行。①

但工程处支付、规定的单价也有低于实需的实况。

成都航空委员会 1939 年 5 月致电四川省政府,转饬彭山县府兴修彭山城北洪山寺机场、邛崃县府修筑新辟机场,并抄送预算开支标准节目 1 份。四川省政府指出:查附送建场预算开支标准节目所列土石方价及夯压费均属过低,实不敷用。又民工往返口食及普通工具经费,亦未规定,尤属无复支付。但为事实所属,均非开支不可。②

1939 年仁寿县奉令征调民工 3300 名,扩修新津机场。工程处每名每日所发之伙食费 0.02 元,以致民工终日劳动,不得一饱。而省府颁行的《征调民工须知》第十二条业已明白规定为 0.03。③

1939 年德阳县奉令征工整修凤凰山机场。民工作工时间为同年 5 月 5

① 四川省档案馆·四川省民政厅,全宗号 54,目录号 1,案卷号 2154,第 13—14 页。
② 四川省档案馆·四川省民政厅,全宗号 54,目录号 3,案卷号 8283,第 22—23 页。
③ 四川省档案馆·四川省建设厅,全宗号 115,目录号 6,案卷号 12015,第 5—8 页。

日至 7 月 13 日。征工正值栽秧车水，农忙之时间，雇工虽每日出资 0.7—0.8元，尚难雇到。该县机关法团士绅议决，民工工作期间工食费，每工日给 0.33元（尚不及私人雇请工资之半），而工程处规定每工日给 0.3 元。省府依规定，核减所呈支出计算书据列支民工工作期间工食费为 690030 元。[①] 核减之费事实上由德阳县自行承担。

1939 年广汉县奉令征调民工 1500 名，扩修太平寺机场。工程处规定民工每名每日伙食工资支出为 0.3 元，但最低生活费为 0.5 元[②]，实则农村工食每日 0.7 元[③]。

1939 年 11—12 月，温江县、彭县、崇宁县、新繁县、灌县征工担修皇天坝机场。工程完交结账，以工程处 1938 年规定土方、特殊工、工具消耗、点工、办公费、雨工等各项单价为准。而各物价格 1939 年较 1938 年高涨至 2/5—3/5。各队民工伙食，1938 年省令规定每日每工伙食 0.2 元，工资 0.1 元。各县到场工作 2 月，此地米价由 30 元（旧市斗）涨至 38 元，小菜油盐柴各价较上年均超涨至 60%。事实上，民工每日每名伙食已超出 0.3 元。[④]

1940 年彭水县奉令征工 2000 名，协筑秀山机场。民工旅费，工程处只承认每百里每人发洋 0.24 元；雨天每人津贴 0.25 元。现在沿途伙食每人每日至少需洋 0.5 元。民工津贴，系按方计算，每方运至 75 公尺处填筑完善后，发洋 0.4元。考民工能力，最精壮者，每日认真工作，每名可望得 0.3 元，实难维持伙食。[⑤]

仅据工程单价和数量而计算得的工价，实是名义工价。实际工价还受制于当时米价。故 1940 年 2 月委员长成都行辕订颁《四川省非常时期征工服役暂行办法》第十三条详细规定了工价的核算方法。工价 = 2X/能率（X 为当地一市升米之价值）[⑥]。规定这个公式的目的是"期能免除各县赔累，暨工程经

① 四川省档案馆·四川省民政厅，全宗号 54，目录号 3，案卷号 7334，第 226—230 页。
② 四川省档案馆·四川省建设厅，全宗号 115，目录号 6，案卷号 12014，第 80—83 页。
③ 四川省档案馆·四川省建设厅，全宗号 115，目录号 6，案卷号 12013，第 88 页。
④ 四川省档案馆·四川省建设厅，全宗号 115，目录号 6，案卷号 12015，第 29、103—104 页。
⑤ 四川省档案馆·四川省政府征工事务管理处，全宗号 116，案卷号 200，第 82—83 页。
⑥ 中国第二历史档案馆·国民政府行政院，全宗号二，案卷号 8384，第 14 页。

费之无限制增大"①。依此,《修正非常时期各县抢修机场民工大队组织暂行办法》规定,民工在服役期内的所得方价,"依工程所在地之平均米价为标准,由工务委员会查报四川省政府核定之,但民工所做工程,仍以按方给价为原则"②。这样,对于民工劳务费核算系按民工工作能率,以米价结算方价。则有现实意义的实惠。依此法规,则1940年建筑秀山机场,该机场工程处规定以 X 为 0.28 元,并报请航委会备查。③

梁山县1943年征调民工51304工,每名民工日照2X之米价发给工资。④

战争中随着时局变化,粮食取代货币成为核心价值。国防工役劳务费支付有时则统一为配给食米。

1941年3月—1942年1月武胜县征工修筑白市驿机场。1941年5月16日—5月24日,该县共得工米7400.36市升,平均米价2.67元,折合应得方价19758.96元。⑤

1944年遂宁县奉令征调民工1200名,赶筑遂宁机场作战工程。所有待遇,中分队长及民工每人每日给食米2市升。⑥

1945年在修泸县特种工程时,民工每日每人食米量碛米为1.32升。⑦ 同

① 中国第二历史档案馆·国民政府行政院,全宗号二(3),案卷号4616,第81页;中国第二历史档案馆·国民政府行政院,全宗号二(3),案卷号1031,第460页。
② 中国第二历史档案馆·国民政府行政院,全宗号二,案卷号8384,第35页,缩微胶卷号:16J-1408;四川省档案馆·四川省建设厅,全宗号115,目录号2,案卷号3604,第100页;四川省档案馆·四川省特种工程征工处,全宗号116,案卷号145,第44—45页;四川省档案馆·四川省特种工程征工处,全宗号116,案卷号20,第7页;重庆市档案馆·北碚管理局,全宗号0081,目录号4,案卷号1642,第7页;《修正四川省非常时期征工服役暂行办法》,《四川省政府公报》第二百九十九期,1939年出版,第8页。
③ 四川省档案馆·四川省民政厅,全宗号54,目录号1,案卷号1998,第128页。
④ 四川省档案馆·四川省民政厅,全宗号54,目录号8,案卷号10697,第18页。
⑤ 四川省档案馆·四川省民政厅,全宗号54,目录号4,案卷号11148,第11—12页。
⑥ 四川省档案馆·四川省民政厅,全宗号54,目录号1,案卷号2155,第28—29页;四川省档案馆·四川省民政厅,全宗号54,目录号1,案卷号2155,第14页。
⑦ 四川省档案馆·四川省民政厅,全宗号54,目录号1,案卷号1899,第10页。

年,梁山机场工程处对民工待遇按每一标准工发食米 2 市斤。[①]

从工价核算公式中,可知,能率是影响的一个重要因素。为此《四川省非常时期征工服役暂行办法》规定了民工能率(见表 9-12)。

表 9-12　民工每人每日所能工作之标准能率表

| 工作类别 | | 每人每日工作能率 | 每单位工程之方价 | 备考 |
| --- | --- | --- | --- | --- |
| 填挖普通土方 | | 1.25 公方 | 1.6X | 运距 60 公尺以内 |
| 挖坚隔土(石谷) | | 5/8 公方 | 3.2X | |
| 挖软石(坚石谷) | | 5/12 公方 | 4.8X | |
| 采集鹅卵石或粗砂 | | 1/2 公方 | 4X | |
| 敲捶碎石 | | 1/4 公方 | 8X | 敲碎 3 公分至 5 公分 |
| 敲捶卵石 | | 1/6 公方 | 12X | |
| 铺压路面 | | 6 平公方 | 1/3X | 铺厚 20 公分 |
| 翻修路面 | | 4 平公方 | 1/2X | |
| 远运或搬运材料 | 肩挑 | 400 公斤 1 公里 | 8X | 即每人挑 30 公斤行约 13.33 公里往返 |
| | 抬运 | 500 公斤 1 公里 | 3.2X | 即每人抬 30 公斤日行约 17 公里往返 |
| | 车运 | 1500 公斤 1 公里 | 2.3X | 平车或鸡公车载 100 公斤日行约 15 公里往返 |

注:X 为当地一市升米之价值,平均米价由征工委员会与工程机关会同调查决定。
资料来源:中国第二历史档案馆·国民政府行政院,全宗号二,案卷号 8384,第 11—12 页,缩微胶卷号:16J-1408;四川省训练团编印:《工役法令》,1940 年,第 9—10 页。

《修正四川省非常时期征工服役暂行办法》对各项民工待遇概以施工期内之平均米价算发,但工米如一次购足时,则平均米价概不能变更,以致民工除 1.2X 食米外,所有 0.8X 柴菜工资各费时感不敷。各项民工待遇,除 1.2X 食米外,其应得 0.8X 柴菜工资各费仍按施工期内市面每旬之平均米价算发。[②] 民工所做

① 四川省档案馆·四川省民政厅,全宗号 54,目录号 1,案卷号 2083,第 12 页。
② 四川省档案馆·四川省特种工程征工处,全宗号 116,案卷号 22,第 12 页。

工程方价的计算方法没有变动,但民工每日工作能率较前更为详细(见表9-13)。

表9-13　民工工作能率及待遇表①

| 工作类别 | | 每人每日工作能率 | 单位之价值 | 备考 |
|---|---|---|---|---|
| 填挖普通土方 | | 1.25公方 | 1.6X | 运距60公尺以内者免费,超过60公尺者每10公尺之超运每公方另加0.03X之运费 |
| 挖冬田稀泥 | | 5/6公方 | 2.4X | 运距60公尺以内者免费,超过60公尺者每10公尺之超运每公文另加0.12X之运费 |
| 挖坚隔土(石谷) | | 5/8公方 | 3.2X | 照填挖普通土方计算运费 |
| 挖白灰三合土 | | 1/2公方 | 4.0X | 运距60公尺以内者免费,超过60公尺者每10公尺之超运每公方另加0.088X之运费 |
| 挖软石(坚石谷) | | 1/2公方 | 4.8X | |
| 采集鹅卵石沙 | 河滩 | 2/3公方 | 3.0X | |
| | 河中 | 1/2公方 | 4.0X | |
| | 水中 | 1/3公方 | 8.0X | |
| 敲捶碎石 | 7公分以下 | 1/4公方 | 8.0X | |
| | 5公分以下 | 1/5公方 | 10.0X | |
| | 3公分以下 | 1/8公方 | 16.0X | |
| 敲捶鹅卵石 | 5公分以下 | 1/8公方 | 12.0X | |
| | 3公分以下 | 1/9公方 | 18.0X | |
| | 2公分以下 | 1/13公方 | 26.0X | |
| 铺路面 | 厚30公方 | 10平方公尺 | 1/5X | 滚压工另加 |
| | 厚20公方 | 16平方公尺 | 1/8X | |
| | 厚10公方 | 20平方公尺 | 1/10X | |
| 滚压路面 | 滚重3公吨以下每滚一次 | 80平方公尺 | 1/40X | 铺工费照土顷另加,路面滚压次数在一次以上者,照次数计算 |
| | 滚重5公吨以下每滚一次 | 50平方公尺 | 1/25X | |

① 笔者只摘引了部分内容。

续表

| 工作类别 | | 每人每日工作能率 | 单位之价值 | 备考 |
|---|---|---|---|---|
| 翻修路面/翻挖土 | | 12 平方公尺 | 1/6X | |
| 材料远运或搬运 | 肩挑 | 400 公斤1 公里 | 1/200X | 即每人挑 30 公斤,日行约 13.3 公里往返 |
| | 抬运 | 500 公斤1 公里 | 1/250X | 即每人抬 30 公斤,日行约 17 公里 |
| | 车运 | 1500 公斤1 公里 | 1/750X | 平车或鸡公车载 100 公斤,日行 15 公里往返 |

资料来源:中国第二历史档案馆·国民政府行政院,全宗号二,案卷号 8384,第 49—50 页,缩微胶卷号:16J-1408;四川省档案馆·四川省建设厅,全宗号 115,目录号 2,案卷号 3604,第 105 页;四川省档案馆·四川省特种工程征工处,全宗号 116,案卷号 145,第 50—51 页;四川省档案馆·四川省特种工程征工处,全宗号 116,案卷号 20,第 12 页;重庆市档案馆·北碚管理局,全宗号 0081,目录号 4,案卷号 1642,第 11—12 页;成都市档案馆·四川省第一区行政督察专员公署,全宗号 134,目录号 5,案卷号 278,第 136—137 页。

从表 9-12 和表 9-13 可以看出,在计算民工方价时,工程所在地的平均米价是唯一的因变量。表 9-13 较表 9-12 规定民工工作类别、每人每日工作能率更为细化,而方价总体上降低,即民工所得减少。表 9-12 总列了"采集鹅卵石或粗砂"的能率和方价,表 9-13 则更具体规定了来源不同而能率及单位方价也不同。"采集鹅卵石沙"的每人每日工作能率,来源河滩则为 2/3 公方、河中 1/2 公方、水中 1/3 公方;每单位工程之方价分别为 3.0X、4.0X、8.0X。"敲捶碎石""敲捶卵石"表 9-12 只规定了能率和方价,表 9-13 则规定了石块大小不同而能率、方价则不同。如民工敲捶碎石 7 公分能率为 1/4 公方,5 公分以下为 1/5 公方,3 公方以下为 1/13 公方;相应的方价分别为 8.0X、10.0X、16.0X。敲捶鹅卵石,表 9-13 规定了民工能率 5 公方以下为 1/8 公方,3 公方以下为 1/9 公方,2 公分以下为 1/13 公方;相应的方价分别为 12.0X、18.0X、26.0X。对于铺压路面,表 9-12 总规定了能率和方价。表 9-13 分为铺路面和滚压路面,铺路面又依厚度规定了能率和方价;滚压路面依滚重吨数规定了能率和方价。表 9-12、表 9-13 填挖普通土方和挖坚隔土

（石谷）每人每日工作能率、每单位工程之方价相同即分别为 1.25 公方、1.6X
和 5/8 公方、3.2X。挖软石（坚石谷）每人每日工作能率表 9-12 为 5/12 公
方，表 9-13 提高为 1/2 公方，但每单位工程之方价相同即 4.8X，实则民工所
得降低"翻修路面"表 9-13 的能率规定是表 9-12 的 3 倍，方价表 9-12（1/
2X）远大于表 9-13（1/6X）。"材料远运或搬运"表 9-12、表 9-13 分类规定的
能率相同，但方价却不同。方价表 9-12 规定肩挑、抬运、车运分别为 8X、
3.2X、2.3X；表 9-13 则分别为 1/200X、1/250X、1/750X。

凡未列入能率表内的工作，由省政府同主管工务机关代表按照实际情形，
随时商定。每一单位民工工作开工后，每 5 日内，经工程人员检验工作成绩，
不及能率的，得按成减发待遇，如民工工作能率有超过规定能率，多作的工，除
按方发给待遇外，另由工程机关予以奖金或其他奖品。① 在核算工价时，除依
据民工每日工作能率及待遇表的规定外，还参酌民工远运或搬运材料的能率。
其能率按各种材料的单位、重量计算。② 表 9-14 内容《四川省非常时期征工
服役暂行办法》和《修正四川省非常时期征工服役暂行办法》规定相同。

表 9-14　民工搬运材料单位重量计算标准表

| 材料类别 | 钢料 | 木料 | 粗砂 | 砾石 | 碎石 | 泥土 | 砖 | 石料 |
|---|---|---|---|---|---|---|---|---|
| 每公方重量（公斤） | 7.8 | 800 | 1.75 | 1.75 | 1.75 | 1.6 | 2 | 2.6 |

资料来源：中国第二历史档案馆·国民政府行政院，全宗号二，案卷号 8384，第 51 页，缩微胶卷号：
　　　16J-1408；四川省档案馆·四川省建设厅，全宗号 115，目录号 2，案卷号 3604，第 106 页；四
　　　川省档案馆·四川省特种工程征工处，全宗号 116，案卷号 145，第 51 页；四川省档案馆·四
　　　川省特种工程征工处，全宗号 116，案卷号 20，第 14 页；重庆市档案馆·北碚管理局，全宗号
　　　0081，目录号 4，案卷号 1642，第 13 页；成都市档案馆·四川省第一区行政督察专员公署，全
　　　宗号 134，目录号 5，案卷号 278，第 138 页。

这样对民工工价劳务费的核算则是按民工工作能率，依米价核定方价民
工劳务费中重要的工价则有了合理的现实性，同时也得到法律的保障。从此

① 四川省档案馆·四川省民政厅，全宗号 54，目录号 6，案卷号 7254，第 38 页。
② 中国第二历史档案馆·国民政府行政院，全宗号二，案卷号 8384，第 34 页，缩微胶卷号：
16J-1408。

计算公式中可见,方价受米价影响很大,而战时米价又是瞬息万变的。故米价的确定则对劳务费多寡有制约影响。该法规定作工期内之平均米价由征工委员会与工程机关会同调查决定。依此,1940 年 8 月西川机场建筑委员会所送太平寺机场米价调查表,平均核定德阳县民工 X 为 0.3006 元。①

依据工程量,核算公款、米。1941 年简阳县征工修筑新津机场。各种工程总计合 59.2741 万效率工,每工应得 2X 代价,共计该 118.5482 万个 X。每 X 以四程款计算,该法币 52.0612 万元;以六程米计算,该公米 7112 石 8 斗 9 升 2 斛②(笔者注:X 为当地一市升米之价值)。

可见工程数量直接影响承办国防工役县府领得款粮多少。这在实际中就必涉及收方时间的问题。对此规定条文实流于形式化。对于收方时间,航空委员会西川机场建筑委员会 1940 年 1 月第四次委员会议制定并通过第五案附件。该附件详细规定:工程处应按各县工作数量,每 5 日估方 1 次,发足工款。③ 1940 年 2 月委员长成都行辖订颁的《四川省非常时期征工服役暂行办法》第十四条内有规定:每 1 单位民工工作开工后 5 日内,工程人员检验其所做成绩,依规定能率发给民工。④ 但现实中,此项规定不具操作性。如 1941 年西充县奉令征工修筑都尉坝机场。工程处仅于开工时,发给 5 日收方表,随因手续麻烦,不合实际,即停止发给。至各期所领粮款均于领款粮时出具临时收据为凭。及至工程完毕,始得正式结算出具。各项印领由工程处发给。遵照《征工用款报销须知》第五条规定,连同 5 日收方凭单、各期所领粮款存根,一并报核。西充县只有民工应领各项劳务费表 1 份,未经分期出具,故是项

---

① 四川省档案馆·四川省民政厅,全宗号 54,目录号 3,案卷号 7334,第 105 页。
② 四川省档案馆·四川省民政厅,全宗号 54,目录号 4,案卷号 9528,第 36 页。
③ 四川省档案馆·四川省民政厅,全宗号 54,目录号 3,案卷号 8284,第 16 页。
④ 中国第二历史档案馆·国民政府行政院,全宗号二,案卷号 8384,第 13 页;四川省档案馆·四川省公路局,全宗号 130,目录号 3,案卷号 5280,第 66 页;四川省档案馆·四川省建设厅,全宗号 115,目录号 1,案卷号 1771,第 18 页。

5 日收方表无从检核。① 甚至出现工程处延不验收工程的情况。1942 年 9 月,简阳县奉命办理国防工役,征用民工修筑简阳机场。机场主要工程完成时,工程处令留民工负担 1 周整场工作。时逾 4 月,工程亦告完竣,但仍未验收。②

工程处简化收方为估方。1945 年扩修梁山机场工程处每 5 日估方 1 次,每 15 日(月中与月底)收方 1 次。③ 为此,1945 年 7 月 2 日,四川省政府电令梁山特种工程的督导员傅正恂和处长霍六丁、强调务坚持每 5 日收方给价办法,不能估方,免滋流弊。④

## (一) 工资

对民工工资规定的重要法规及其相关内容。全民族抗战爆发不久,1938 年 6 月国民政府军事委员会令颁《战时军事机关或部队征用民夫暂行办法》。该法第十三条规定,"征用民夫颁给工资,每日 0.3 元,按日计算"⑤。这是对服役民工劳务费里程碑的法规:由义务转为有价。战争中,又依时改进。1939 年 1 月民政厅、建设厅发布改善民工待遇办法。(1)超运费:每立公方除 60 公尺内不计运费外,每超运 30 公尺,原定运费 0.15 元,今拟改为 0.02 元。(2)工具消耗费:原无津贴,今后拟规定如下:以包方计每立公方拟支给 0.02 元;以点工计,每工亦拟支给 0.02 元。⑥ 1940 年 2 月委员长成都行辕订颁《四川省非常时期征工服役暂行办法》。6 月公布《非常时期各县抢修机场民工大

① 四川省档案馆·四川省民政厅,全宗号 54,目录号 4,案卷号 11148,第 174 页。
② 四川省档案馆·四川省政府征工事务管理处,全宗号 116,案卷号 508,第 184—185 页。
③ 四川省档案馆·四川省民政厅,全宗号 54,目录号 1,案卷号 2083,第 23 页。
④ 四川省档案馆·四川省民政厅,全宗号 54,目录号 1,案卷号 2083,第 21 页。
⑤ 四川省档案馆·四川省民政厅,全宗号 54,目录号 6,案卷号 7404,第 19 页;重庆市档案馆·四川省第三区行政督察专员公署,全宗号 0055,目录号 2,案卷号 316,第 66 页;重庆市档案馆·北碚管理局,全宗号 0081,目录号 2,案卷号 91,第 26 页;《战时军事机关或部队征用民夫暂行办法》,《四川省政府公报》第一百二十四期,1938 年 8 月 1 日出版,第 12 页。
⑥ 四川省档案馆·四川省民政厅,全宗号 54,目录号 3,案卷号 7404,第 165 页。

队组织暂行办法》。8 月四川省兼理主席蒋中正公布《四川省政府关于征工服役指导事项（之一）》，详细拟定民工普通工具之补充与修理、雨天、空袭、疾病时之伙食费，埋葬费、抚恤费之发给。1942 年 3 月颁行《修正四川省非常时期征工服役暂行办法》。这些法规对民工的待遇核算标准和发放进行了较为全面、详细的规定。因物价高涨，1942 年修正《战时军事机关或部队征用民夫暂行办法》有关民工待遇的条文。第十三条修正为：征用民夫工资每人每日核发标准（1）川康滇区，木石工 5.6 元，土工 3.6 元；（2）粤桂黔区，木石工 5 元，土工 3.3 元；（3）鲁冀豫鄂陕区、甘青宁晋绥新区，木石工 24.5 元，土工 3 元。（4）其余地区，木石工 3.6 元，土工 2.4 元。[①] 渝江师管区司令部奉军政部电，依当地情况，将第十三条条文修正为，征用民夫工资每日以 2 市斤米或 2 市斤面（江北各省），照军粮代金价格按月计算，折发代金。木石工增加 1/2 发给。[②]

但对民工工资的实际支付，实存克扣、变通的情况。如 1939 年彭山县、眉山县、灌县等征工扩修温江皇天坝机场。工作期间，民工口食依照规定，每名每日发给 0.2 元。彭山县以地方经费困难，每名每日只发给工食费 0.22 元。自 3 月 2 日机场，至 6 月 7 日工作完竣，累计共有民工 30167 名，而支出民工工食费共 6636.74 元。[③] 眉山县嗣经全体队长会议议决，每名每日发给菜钱 0.004 元、米 7.5 勺，合计适为 0.2 元左右。民工工资因工程处领款困难，财委会垫款常不接济，不能按每人每日 0.1 元的规定发给，眉山县仅于必要时按当日工作人数，照每人 0.1 元发放共发 4 次。内有 1 次，系遣散民工时所发。当日作工半日者发 0.005 元，未作工者 0.002 元。前后共发 446.29 元。[④]

1939 年 11 月西川添建第一期机场工程为辟修邛崃机场，扩修皇天坝机

---

① 重庆市档案馆·北碚管理局，全宗号 0081，目录号 4，案卷号 1642，第 15 页。

② 重庆市档案馆·北碚管理局，全宗号 0081，目录号 4，案卷号 1637，第 1 页；重庆市档案馆·北碚管理局，全宗号 0081，目录号 4，案卷号 1642，第 2 页。

③ 四川省档案馆·四川省民政厅，全宗号 54，目录号 1，案卷号 1580，第 375 页。

④ 四川省档案馆·四川省民政厅，全宗号 54，目录号 1，案卷号 1580，第 415 页。

场、太平寺机场、新津机场。11月21日航空委员会西川机场建筑委员会临时会议通过《监督发放修场民工工资办法》①。具体规定：

一、工程人员于全场面积，按照方格法测算其土方就绪后，应将各方格顺次编号，以便检查。

二、按全场土方数量与各县征工名额比例，分配各县应担任土方数量及划定工作区域，附同图单，分批发交各县民工总队部，转分各队工作，以便分批收方清账。

三、各县民工总队部于领到工作分配单后，随即详细分配于所属各队。以一中队或区队为单位，并将详细工作分配情形，书面报告，送工程处备查。

四、工程处即按照民工总队部送来工作分配报告书，计算该总队应得方价费，总价填单，通知民工总队部备具印领，向工程处预领工款1/10。

五、工程处于工作期间，应根据各县工作进展情形，每5日收方1次，预支工款、民工伙食发交各县民工总队部，具领后，应即转发所属各队。唯场面坡度、施工结果，按原设计，最大出入不过超过3公方，则责成民工队修整。

六、总队部于领得工款之次日，应随即将分配于所属各队之工款及扣还垫款之某项费用数目，一面列表呈报工程处，并注明领发日期，以资查对；另一面于该县工区内设立之公告牌上公告之。

七、各区队部或各中队部于领得总队部工款之次日，应将工款分配情形，向民工说明之。

八、工程处于接到各县民工队部工款收支报告后，应随即汇转总收支表公布于每县工区内之公告牌上，以示公开。

九、由航委会西川机场建委会、四川省政府专署及有关机关各派一员，组织督察队，轮赴各个机场，按照工程处所汇编之工款统计报告，分向各民工总队部查询核对。

---

① 四川省档案馆·四川省建设厅，全宗号115，目录号6，案卷号12014，第40页。

十、如民工各级队部不遵照规定办法办理,即作渎职议处。若查有开支民工实得与所报不符,即作舞弊论罪,当即送交县府法办。

工食费发放中也存在克扣。1939年2月25日彭山县奉命征调民工800名,开赴温江县,担任修筑皇天坝机场工程。民工在工作期间,规定每名每日发给工食费0.3元。本县因地方经费困难,每名每日只发给工食费0.202元。自3月2日机场建设开工至6月7日工作完竣,累计共有民工30167名,支付6636.74元。①

（二）工粮

全民族抗战期间,国防工役劳务费支出中民工伙食费占大宗(下文中,伙食费占总数比例数为笔者计数所得),因其在战时中国实为一极其重要、棘手的现实问题。如1938年1—4月璧山县征工修筑重庆广阳坝机场。民工大队部支出总额为13221.34元,其中民工伙食费为10434.05元②,占79%。1938年11月1日—12月12日蒲江县征工修筑新津机场。建修机场计算支出总数共6582.32元,其中民工作工期间伙食费4601.69③,占70%。1939年1月仁寿县政府造报第一次建筑新津机场支付计算书(1938年10月6日—11月16日),用费总额为14170.714元,其中民工伙食费11384.250元④,占80%。1939年9月16日温江县政府造呈增修皇天坝机场民工总队部暨征工经费月份支出预算书,金额总额为8250元,其中民工工食费为6000元⑤,占总数近73%。

新都县1939年2月5日完工双流双桂寺机场。同年9月29日,县长罗远猷遵命,呈当时省政府民政厅厅长胡次威《新都县修筑双流双桂寺飞机场

---

①　四川省档案馆·四川省民政厅,全宗号54,目录号1,案卷号1580,第375页。

②　四川省档案馆·四川省民政厅,全宗号54,目录号3,案卷号7763,第21页。

③　四川省档案馆·四川省民政厅,全宗号54,目录号4,案卷号10888,第153—155页。

④　四川省档案馆·四川省民政厅,全宗号54,目录号4,案卷号10880,第73页。

⑤　四川省档案馆·四川省民政厅,全宗号54,目录号4,案卷号10882,第18—21页。

民工总队部收支对照表》①。据表计算,民工各项食费共计 2634.51 元,占支出总数比例近 80%。

　　1939 年 9 月 3 日,四川省第四区行政督察专员王锡圭转呈《眉山县修筑飞机场收支对照表》②于省府。据表:支出民工工食及旅食费:民工往返旅食费 2123.70 元;民工工食费 9216.87 元。两项主要民工食费共计 11340.57元,总支出合计 13501.67 元。据此计算出,民工食费占支出近 84%。

　　民工伙食费是一个复杂而又具体现实的开支,主要分为往返途程、工作、雨天、空袭、病工。同时,工粮又是一个动态的变数,因战时米价不断地变动,且工程主办机构是不同的。故本书采用分析归纳法研究典型,以提升共性。

　　首先,分析工粮是如何采办的,因这直接关系民工伙食的供应。

　　民工所需粮米一般由工程机关发款交征工各县购办。如 1940—1941 年西康省修筑雅富公路时,民工所需粮米由雅富公路工程处发购粮费 75 万元,交各县筑委会购办。③ 1941 年 1 月初郫县奉令征调民工 7000 名赴新津修筑特种工程,并按 7000 人数发下 7 日工粮款 5 万余元,饬在县购粮 500 余市石,由民工自行带往。④ 又奉令派购工粮 14000 市石(合 7000 双石)。该县照征购军粮办法派购。⑤ 1 月 8 日根据市价,收购价规定每双石 215 元。当时只领到价款 45 万元,悉分发各区乡派购。先交售户一二成定金。自 1941 年 1 月19—22 日,已收购 4000 余市石。⑥ 1941 年在扩修新津机场时,崇庆县完成派购工粮 8000 市石。工粮处拨发 40 万元,尚欠 44 万元。⑦ 秀山机场 1944 年

　　①　四川省档案馆·四川省民政厅,全宗号 54,目录号 1,案卷号 1634,第 485—490 页。

　　②　四川省档案馆·四川省民政厅,全宗号 54,目录号 1,案卷号 1580。

　　③　中国第二历史档案馆·国民政府行政院,全宗号二,案卷号 9175,第 84 页,缩微胶卷号:16J-1435。

　　④　成都市档案馆·四川省第一区行政督察专员公署,全宗号 134,目录号 8,案卷号 124,第165 页。

　　⑤　成都市档案馆·四川省第一区行政督察专员公署,全宗号 134,目录号 8,案卷号 124,第99 页。

　　⑥　成都市档案馆·四川省第一区行政督察专员公署,全宗号 134,目录号 8,案卷号 124,第73 页。

　　⑦　成都市档案馆·四川省第一区行政督察专员公署,全宗号 134,目录号 8,案卷号 124,第52 页。

10月25日开工,征粮不敷配拨。秀山县政府照市价代购,价款及交接手续由机场工程处与秀山县政府洽办。①

1940年四川省政府兼理主席蒋介石规定:自本年4月1日起,依照《四川省征工服役暂行办法》,民工食粮由工程处先行发款预购,交由各县定购全工程所需之食粮。但在实际执行中,因现实情况而有变通。如同年建筑秀山机场,因被征工之县份距离秀山太远,交通复至不便;且自统制食粮之后,大量购买既非易事,价格复日渐增涨。故四川省政府函全国粮食管理局,由该局令秀山县府拨谷2万市石,作建筑秀山机场民工伙食,价款由工程处一次拨付归还。②

1940年5月23日四川省征工委员会召集第二期机场征工区内各县长会议,规定各机场米粮价格和采购办法。乐至县民工作工地之米价,规定新双斗每石为54元,每1市升为0.2元,运费在内。三台、绵竹、安岳、中江等县工食米价暂以上列价格为标准。如采购时确有不敷情事,准专案拟请核定。各县购办民工米粮由主办工程机关核算各县民工应作工之时间及方价,先在应给民工待遇费内拨给全部米价交各县长具领。各县领得米款后,应立即将米粮购定。各县民工应需米粮由各县县长负责派员分赴机场按日期、地点、种类及定购之数量、价格后,报告本会以便派员考查,定每石运程10里给脚力0.8元,由工程机关核发。③ 1940年8月5日,四川省征工委员会与航空委员会商定各机场临时采购民工食米手续三项。第一项,民工食米由征工各县政府会同工程主办机关及征工委员会派员采购,其不能一次购齐者得陆续向附近地方购买,但价格须依实在之市价,不得浮报。米价及运费由工程机关按需要照付,由征工县政府负责运达工地。工程完竣后以总平均购价为米价,每次购米之日期、地点、数量、价格、每斗重量及经费之账户,均须记载以便随时派员复

---

① 四川省档案馆・四川省民政厅,全宗号54,目录号6,案卷号8654,第81页。
② 四川省档案馆・四川省民政厅,全宗号54,目录号1,案卷号1998,第107—109页。
③ 四川省档案馆・四川省特种工程征工处,全宗号116,案卷号17,第55—56页。

查,如查有浮报即依情节轻重分别惩处。第二项,由省府通令各征工及工地附近县府对于采购工米事应尽量予以便利并切实协助。第三项,督导委员负责随时考查各部购米有无流弊应。① 1940 年 8 月 21 日四川省兼理主席蒋中正公布《四川省政府关于征工服役指导事项(之一)》,规定米款事宜。工程处划分工段,以联队为单位配发米款,但总区队部必须切实监督指挥工程。完毕时,其工款收支报销仍由总队部负责汇办。各征工县(市)在工区各组织工米采购委员会,由工程处及民工总区联队部各派代表一人会同组织,专负采购工粮责任。②

1942 年工粮供应由省府航空委员会同粮食部,依据军粮供应办法,在征收实物项下拨发函储运事项,由粮食储运总局负责办理。③

其次,具体分析工粮包含的内容。

### 1. 往返途程旅食费

《国民工役法》第十三条规定,工役地点以居住所所的附近为原则。在居住所 5 公里内,不发给养;在 5 公里以外,应发给养。④

《战时军事机关或部队征用民夫暂行办法》第十四条规定,征用远地民夫,须由征用机关或部队酌给来往伙食费,并派员监护。⑤ 民工的往返路途费

---

① 重庆市档案馆·北碚管理局,全宗号 0081,目录号 4,案卷号 294,第 13 页;四川省政府秘书处法制室编印:《四川省现行法规汇编》(第二册),1940 年,第 724 页。

② 四川省档案馆·四川省特种工程征工处,全宗号 116,案卷号 17,第 19 页;重庆市档案馆·北碚管理局,全宗号 0081,目录号 4,案卷号 900,第 15 页;成都市档案馆·四川省第一区行政督察专员公署,全宗号 134,目录号 5,案卷号 278,第 98 页。

③ 四川省档案馆·四川省特种工程征工处,全宗号 116,案卷号 22,第 20 页。

④ 四川省档案馆·四川省民政厅,全宗号 54,目录号 6,案卷号 7404,第 72 页;成都市档案馆·成都市政府,全宗号 38,目录号 12,案卷号 1650,第 4 页;《国民工役法》,《四川省政府公报》第九十二期,1937 年出版,第 38 页;四川省训练团编印:《工役法令》,1940 年,第 20 页。

⑤ 四川省档案馆·四川省民政厅,全宗号 54,目录号 6,案卷号 7404,第 19 页;重庆市档案馆·四川省第三区行政督察专员公署,全宗号 0055,目录号 2,案卷号 316,第 66 页;重庆市档案馆·北碚管理局,全宗号 0081,目录号 2,案卷号 91,第 26 页;《战时军事机关或部队征用民夫暂行办法》,《四川省政府公报》第一百二十四期,1938 年 8 月 1 日出版,第 12 页。

依路程里数计算。"关于征工火(今:伙)食应在工前发给。"①

具体工程有实施细则。1938年修筑太平寺机场工程处发给民工途程口食,每名每餐以0.005元计,30里(自县城起至机场止)以1餐计;50里以2餐计;100里以3餐计。② 同年为修筑重庆空军站机场,巴县、江北、永川等12县民工每名由航空委员会发张津贴旅费0.15元,每60华里为1日计算。③ 1938年新津、邛崃、大邑、仁寿等7县征工扩修新津机场。《新津飞机场各县民工领队报到须知》规定:民工途程口食每名每餐以0.005元计,30里(自县城起至机场止)以1餐计,50里以2餐计,100里以3餐计。唯须到场点验后,始能由工程处照发。④ 实际,征工县份领得工程处款项后,每名发给路费0.15元至0.2元。如大邑县2次征调民工,路费按每名民工0.15元发。第一次,先后遣散民工共1103名,支165.450元。⑤ 没有民工由县到机场路费。第二次,各队民工先后由县机场计共715名,则支107.250元;工作完竣,先后遣散民工计701名(中途逃跑者不在内),支105.150元。⑥ 仁寿县第一次征调民工1137名,由籍田镇至旧县机场,每名支伙食0.2元,则共支227.400元;⑦第二次也是每人0.2元,往返旅食费共支414.6元⑧。

《四川省非常时期征工服役暂行办法》第十六条规定,民工被征民工往返途程旅食费以区公署为出发点,30华里以内每名给予1/3日之待遇,30—60华里以内给予2/3日之待遇,60—90华里以内给予一日之待遇,90华里以外每30华里加给1/3日之待遇费。除前项规定外,被征民工在区署集合期内每

---

① 四川省档案馆·四川省民政厅,全宗号54,目录号6,案卷号7404,第143页。
② 四川省档案馆·四川省民政厅,全宗号54,目录号7,案卷号9020,第25页。
③ 重庆市档案馆·四川省第三区行政督察专员公署,全宗号0055,目录号5,案卷号148,第154页。
④ 四川省档案馆·四川省民政厅,全宗号54,目录号3,案卷号8282,第47页。
⑤ 四川省档案馆·四川省民政厅,全宗号54,目录号4,案卷号10880,第62页。
⑥ 四川省档案馆·四川省民政厅,全宗号54,目录号4,案卷号10880,第84页。
⑦ 四川省档案馆·四川省民政厅,全宗号54,目录号4,案卷号10880,第73页。
⑧ 四川省档案馆·四川省民政厅,全宗号54,目录号4,案卷号10880,第92页。

名应给 1 日之待遇费。① 1945 年 5 月 17 日,四川省泸县特种工程、民管处十三次联席会议议决:"民工来回程旅费照《四川省非常时期征工服役暂行办法》之规定办理;并作出操作规定:民工集中以征工各县之各乡镇为集中地点,集中之日,每民工给与 2 市升米、一日之待遇(食米 1.2 市计,副食费国币 80 元)。"②

《修正四川省非常时期征工服役暂行办法》第二十二条规定,被征民工往返途程的旅食费,由工务委员会发给,经各县乡镇公所为出发地点,30 华里以内每人给予 1 日方价的待遇,30—60 华里以内每人给予 2 日的待遇,60 华里以外每 30 华里加给 1/2 日的待遇。被征民工在乡镇公所集合期内,每名另给 1 日的集中费,均不在方价内扣除。民工赴指定所设粮站领运食米,在 15 华里以外均按 400 公斤/公里,给予 2X 待遇的规定发运输费,不在方价内扣除。③

1943 年对 1940 年颁布的《非常时期各县抢修机场民工大队组织暂行办法》进行修正后,颁布《修正非常时期各县抢修机场民工大队组织暂行办法》,第九条规定,民工到工旅费在 20 华里以内,不给;过 20 华里,每 10 华里每人给旅费 0.1 元。工作时如遇警报,不扣工资。解除后,须半小时内继续集合工作。④

———————

①　中国第二历史档案馆·国民政府行政院,全宗号二,案卷号 8384,第 15 页,缩微胶卷号:16J-1408。
②　四川省档案馆·四川省民政厅,全宗号 54,目录号 1,案卷号 1899,第 187—188 页。
③　中国第二历史档案馆·国民政府行政院,全宗号二,案卷号 8384,第 37 页,缩微胶卷号:16J-1408;四川省档案馆·四川省建设厅,全宗号 115,目录号 2,案卷号 3604,第 101 页;四川省档案馆·四川省特种工程征工处,全宗号 116,案卷号 145,第 45 页;四川省档案馆·四川省特种工程征工处,全宗号 116,案卷号 20,第 8 页;重庆市档案馆·北碚管理局,全宗号 0081,目录号 4,案卷号 1642,第 7 页;《修正四川省非常时期征工服役暂行办法》,《四川省政府公报》第二百九十九期,1939 年出版,第 8 页。
④　四川省档案馆·四川省特种工程征工处,全宗号 116,案卷号 17,第 23—24 页;四川省档案馆·四川省特种工程征工处,全宗号 116,案卷号 34,第 22—23 页;四川省档案馆·四川省民政厅,全宗号 54,目录号 6,案卷号 7611,第 21—22 页。

### 2. 工作期间

民工工作时的伙食由主办机关发给。

1938 年构筑大巴山脉防御阵地时,川康绥署把行营所拨之款直接发给主持工程的东、北两正面指挥部。民工的伙食即由各指挥部监督、办理。[①] 1939 年崇宁县奉省府令,征调民工 1600 名修筑彭宝路面。民工口食工价规定每工不得超过 0.35 元[②],由崇宁县府支发。1944 年梁山县征调 9 万民工修筑机场。每工每日由调用机关即航空委员会空军第三总站四十二工程处发给食米两市升。[③]

### 3. 雨天、空袭

1939 年遂宁县政府征调民工 5000 名,于 2 月 1 日扩修遂宁机场。遂宁机场扩修工程处在工程进行期内,如因空袭警报停工时,拟照雨天停工的规定,以 9 小时折合,给民工口食 0.1 元。[④]

1940 年 2 月颁布的《四川省非常时期征工服役暂行办法》第二十条规定,服役民工因雨或因特别事故不能工作时,应给伙食费,在工款内扣还。但雨日过多,方价内不能扣还时,得由工程机关在工程预备费项下酌量拨款补助。[⑤]如在修筑乐西公路时,6 万民工雨天伙食费每天每名 0.1 元[⑥],在工程费内开支。1940 年米价以 10 月为例,每斤 1 元。[⑦] 可见民工雨天的伙食费在规定上算优厚。

---

① 四川省档案馆·四川省民政厅,全宗号 54,目录号 6,案卷号 7723,第 70 页。
② 成都市档案馆·四川省第一区行政督察专员公署,全宗号 134,目录号 8,案卷号 98,第 88 页。
③ 四川省档案馆·四川省民政厅,全宗号 54,目录号 8,案卷号 10697,第 72、109 页。
④ 四川省民政厅,全宗号 54,目录号 1,案卷号 2154,第 5—6 页。
⑤ 中国第二历史档案馆·国民政府行政院,全宗号二,案卷号 8384,第 17 页,缩微胶卷号:16J-1408。
⑥ 中国第二历史档案馆·国民政府行政院,全宗号二,案卷号 8384,第 137 页,缩微胶卷号:16J-1408;重庆市档案馆·北碚管理局,全宗号 0081,目录号 4,案卷号 297,第 19 页。
⑦ [日]前田哲男:《从重庆通往伦敦、东京、广岛的道路——二战时期的战略大轰炸》,王希亮译,中华书局 2007 年版,第 269—270 页。

1940 年 8 月兼理主席蒋中正公布《四川省政府关于征工服役指导事项（之一）》,进一步规定了民工雨天空袭时的待遇发放方法。民工因雨不能工作时,每停工 1 小时给予伙食费 1.2X 之 1/8。如停工至 8 小时即为 1 日,给予口食 1.2X。由工程机关发给,不在工款内扣还。民工因警报停止工作时,每小时给予伙食费为停工日应得待遇(2X)之 1/8,时间增长依次递加。由工程机关发给,不在工款内扣还。因雨或空袭停工其时间及人数由工程处及民工总队部分别登记,随时查对。①

1942 年及其以后,服役民工因特殊故障,不能工作时,由工务委员会照规定分别给予民工伙食费,不在方价内扣除:(1)因雨或特别事故不能工作时,每停工 1 小时,给予伙食费 1.6X 的 1/8,停工 8 小时即为 1 天,给予伙食费 1.6X。(X 为当地 1 市升米的价值)。(2)因敌机空袭停止工作时,每小时给予伙食费 1.6X 的 1/8,时间增长得依次递加,不足 1 小时仍以 1 小时计算。(3)因雨或特别事故或空袭停工的时间及民工人数,由工务委员会和各县民工总队部分别登记,随时查对核报。②

**4.病工伙食费**

病工伙食费分全休和半休两种情况。民工在被征集中后,至工作完毕回县期内,遇有疾病或受伤,应由工务委员会配备中西药诊治,或发给医药费自行治疗。病工伙食费不在方价内扣除。经工务委员会派医官认可并发给证明的病工,分为全休或半休两种,全休的给予伙食费 1.8X,半休的给予伙食费 0.8X。如范围较小的工程,医药设备简单,不及时办理登记或发给证明单时,由工务委员会指定当地中西医官的证明,算给病工

① 四川省档案馆·四川省特种工程征工处,全宗号 116,案卷号 17,第 19 页;重庆市档案馆·北碚管理局,全宗号 0081,目录号 4,案卷号 900,第 15—16 页;成都市档案馆·四川省第一区行政督察专员公署,全宗号 134,目录号 5,案卷号 278,第 98 页。
② 中国第二历史档案馆·国民政府行政院,全宗号二,案卷号 8384,第 41—42 页,缩微号:16J-1408;四川省档案馆·四川省建设厅,全宗号 115,目录号 2,案卷号 3604,第 102 页;重庆市档案馆·北碚管理局,全宗号 0081,目录号 4,案卷号 1642,第 8 页。

伙食费。① 病工人数一律以医务所挂号为准，未挂号者一概剔除，不准列报，以杜谎报之弊。②

### （三）伤病死亡抚恤费

《战时军事机关或部队征用民夫暂行办法》第二十条规定，"已到征集地之民夫，有死亡者，其棺殓、运送或埋葬等事，应由征集机关部队妥为处理"。第二十一条规定，"关于征用民夫所需经费，由征用机关或部队在工程经费内开支"③。依这两条规定，成都航空委员会 1939 年 5 月为兴修彭山城北洪山寺机场、新辟邛崃机场，而制定《雇夫工伤亡给恤办法三项》④：一、因公殒命者，由地方政府或所在地本会各航空站场长证明，取得家属收据后，准给恤金 100 元；二、埋葬费 15 元；三、重伤（受敌机轰炸者为限）由军医机关或医院治疗证明，取得受伤本本人收据后，给予恤金 60 元，轻伤 30 元，一次为止，事后检同各种书表报会备案，款在工程费内列支。1940 年 3 月行政院院长蒋中正、内政部部长周钟狱、军政部部长何应钦签发《战时军事征雇民夫伤亡抚恤及埋葬费暂行办法》。第三条规定：征雇的民夫伤亡抚恤及埋葬费给与情况分为：轻伤给予一次恤金 10 元；重伤给予一次恤金 40 元，因而残废者给予一次恤金 60 元；积劳病故者给予一次恤金 80 元另埋葬费 15 元；因公殒命者（因

---

① 中国第二历史档案馆·国民政府行政院，全宗号二，案卷号 8384，第 37—38 页，缩微号：16J-1408；四川省档案馆·四川省建设厅，全宗号 115，目录号 2，案卷号 3604，第 101 页；四川省档案馆·四川省特种工程征工处，全宗号 116，案卷号 145，第 46 页；四川省档案馆·四川省特种工程征工处，全宗号 116，案卷号 20，第 8 页；重庆市档案馆·北碚管理局，全宗号 0081，目录号 4，案卷号 1642，第 7—8 页。

② 成都市档案馆·四川省第一区行政督察专员公署，全宗号 134，目录号 5，案卷号 184，第 9 页。

③ 四川省档案馆·四川省民政厅，全宗号 54，目录号 6，案卷号 7404，第 19 页；重庆市档案馆·四川省第三区行政督察专员公署，全宗号 0055，目录号 2，案卷号 316，第 66 页；重庆市档案馆·北碚管理局，全宗号 0081，目录号 2，案卷号 91，第 26 页；《战时军事机关或部队征用民夫暂行办法》，《四川省政府公报》第一百二十四期，1938 年 8 月 1 日，第 12 页。

④ 四川省档案馆·四川省民政厅，全宗号 54，目录号 3，案卷号 8283，第 53 页。

敌炮火或敌机炸击死亡同)给予一次恤金100元,另埋葬费15元。恤金及埋葬费由征雇民夫的主管机关及部队在工程费内支报(如属于运输者即由运输费内支给),不填发恤令。有权办理的机构:军事委员会(由办公厅或抚恤委员会办理)、委员长行营、军政部、海军总司令部、航空委员会、后方勤务部、军事运输总监部、绥靖公署、战区司令长官司令部、集团军总司令部。埋葬费应取据亲属之领据,如家属不在当地者可由征雇机关办理,埋葬后以商店收据报销。受伤者本人或死亡者之遗族受领恤金。① 遗族的顺序适用《陆军平战时抚恤暂行条例》第二十三条的规定,即死亡者之妻及子女(再醮或出嫁者不在内);妻及子女俱无者给其父母;父母俱无者给其祖父母及孙;上列遗族俱无者给其未成年之胞弟妹(给至其成年为止)。② 1943年军事委员会军政部修正《战时军事征雇民夫伤亡抚恤及埋葬费暂行办法》第三条的内容为:轻伤给予一次恤金100元;重伤给予一次恤金200元,因而残废者给予一次恤金300元;积劳病故者,给予一次恤金300元,因公殒命者,给予一次恤金400元;均应各给埋葬费100元。③

《四川省非常时期征工服役暂行办法》第十七条规定,民工在工作期内,遇有疾病或受伤,应设备医药诊治。其费用及口食由工程机关在工程费项下支付。第十八条规定,民工在工地死亡或重伤残废,由工程机关按照规定分别给予埋葬费及抚恤费:(1)在工作地与工棚内因病或因故死亡者给予棺埋费20元,一次抚恤费80元;因工作受重伤致残废者一次抚恤费50元。(2)在敌机空袭之下不及躲避惨遭毙命者给予棺埋费20元,一次抚恤费100元,因重伤致残废者一次抚恤费60元。(3)因抢护工程或抢护救器材奋不顾身致死亡或重伤残废者,除照前项规定外应由工程主管机关斟酌

① 重庆市档案馆·重庆市政府,全宗号0053,目录号2,案卷号623,第4—5页;《战时军事征雇民夫伤亡抚恤及埋葬费暂行办法》,《西康省政府公报》1940年第19期,第17—19页。
② 重庆市档案馆·北碚管理局,全宗号0081,目录号3,案卷号347,第6页。
③ 重庆市档案馆·北碚管理局,全宗号0081,目录号4,案卷号2137,第9页。

情形从优奖恤。①

　　1940 年 8 月 21 日颁发的《四川省政府关于征工服役指导事项（之一）》，更加详细规定了民工抚恤事宜。民工在工作期内遇有疾病或因公受伤经工程处医官核实，发给全休证明或半休证明单免工。伙食费应凭证明单具领，全休者补给伙食费 1.6X，半休者补给伙食费 0.8X，由工程机关发给，不在工款内扣还。民工在工作地或工棚内因公受重伤致残废者，其应领一次抚恤费须备具领务连同医官出具的伤残证明书，亲赴工程处具领。民工在工作地或工棚内因病或因故（包括征工服役暂行办法第十八条列各项致死原因）死亡者，其埋葬费须由主管分队长出具报告，连同医官出具的死亡书，由分队长特赴工程处具领，负责殓葬。民工在工地死亡抚恤费应由工程机关于发给埋葬费。县政府通知其遗族备具领状及保状各 3 份，亲赴县政府具领。民工在工作地或工棚内患病或受重伤，自愿回籍医治，而于途间或抵家 5 日内死亡者，仍给予埋葬费及遗族抚恤费，但须由其遗族出具报告连同原住地保甲长出具的证明书，呈该管县政府经查实后转请工程处一并汇发转给具领。县政府于转发民工抚恤费后，除将领保状各提 1 份存查外，并将其余二份转送工程处及省征工委员会备查。亡故者遗族领受恤金的顺序：亡故者之妻；未成年子女（但成年满 20 岁）而残废不能谋生者得领受；未成年孙子及孙女；其父母；其祖父母；其未成年同父弟妹。② 1940 年 12 月四川省兼理主席张群颁发《四川省政府关于征工服役指导事项（之二）》，规定"民工前往工地途间，救急医药应由工程处配备必须药品，分发备用"③。

<hr>

① 中国第二历史档案馆·国民政府行政院，全宗号二，案卷号 8384，第 16 页，缩微胶卷号：16J-1408。

② 四川省档案馆·四川省特种工程征工处，全宗号 116，案卷号 17，第 20—21 页；重庆市档案馆·北碚管理局，全宗号 0081，目录号 4，案卷号 900，第 17—18 页；成都市档案馆·四川省第一区行政督察专员公署，全宗号 134，目录号 5，案卷号 278，第 99—100 页。

③ 四川省档案馆·四川省特种工程征工处，全宗号 116，案卷号 17，第 87 页；重庆市档案馆·北碚管理局，全宗号 0081，目录号 4，案卷号 900，第 2 页；成都市档案馆·四川省第一区行政督察专员公署，全宗号 134，目录号 5，案卷号 278，第 113 页。

《修正四川省非常时期征工服役暂行办法》第二十五条规定:"民工在工地死亡、重伤或残疾,由工务委员会分 5 种情况给予埋葬费、抚恤费或治疗费(不在方价内扣除)。(1)在工作与工期内,因病或因故死亡的民工,给予棺埋费 120 元,一次抚恤费 160 元。因工作受重伤致残废的民工,一次抚恤费 160 元。(2)在敌机空袭下,不及躲避,惨遭毙命的民工,给予棺埋费 120 元,一次抚恤费 250 元。(3)因抢护工程或抢救器材,奋不顾身而死亡或重伤致残废的民工,除照前项规定外,由工务委员会斟酌情形从优奖恤。(4)民工因重伤治疗时间较长,应酌给予治疗费,并发给回程旅费,遣回治疗。(5)民工在工作地或工棚内患病,自愿回籍医治,而于途间或抵家 5 日内死亡,仍按第(1)项的规定,给棺埋费及抚恤费。"[①]

四川省国防工程征工各县(市)服役员工的抚恤、治疗、埋葬等费,除遵照《修正四川省非常时期征工服役暂行办法》规定标准发给外,支领程序依照《四川省国防工程征工各县(市)服役员工抚恤治疗埋葬等费支领办法》(1942 年 10 月颁布)。凡各县(市)服役员工,在工地因重伤致残废者,应由本人出具领据,经医官盖章证明,或各民工队部直属长官及工务处监工人员的证明,向工务委员会或工务处领到抚恤费。凡服役员工在工地因重任致残废而自愿回籍治疗者,除应领的抚恤外,并得请由主管队长转向工委会或工务处申请,酌发治疗费及回程旅费,仍由本人分别出具领据。在工地死亡的服役员工,棺埋费应由主管队长出具领据,经医官盖章证明,或各民工队部属长官及工委会工务处监工人员的证明,向工委会或工务处领取,并由主管队长负责棺殓。服役员工在工地患重病,受重伤,自愿回籍医治,而于途中或抵家 5 日内死亡者,其应领之棺埋费及抚恤费,须由

---

① 中国第二历史档案馆·国民政府,全宗号二,案卷号 8384,第 38—40 页,缩微胶卷号:16J-1408;四川省档案馆·四川省建设厅,全宗号 115,目录号 2,案卷号 3604,第 101—102 页;四川省档案馆·四川省特种工程征工处,全宗号 116,案卷号 145,第 46—47 页;四川省档案馆·四川省特种工程征工处,全宗号 116,案卷号 20,第 8—9 页;重庆市档案馆·北碚管理局,全宗号 0081,目录号 4,案卷号 1642,第 7—8 页。

其遗族出具报告,并取得住地保甲长盖章证明书各 2 份,呈由该管县(市)政府通知遗族,各具正副领据各 1 张领取。在工地死亡服役员工的抚恤费,由工委会或工务处于发给棺埋费 1 个月内,汇死亡民工的原籍县(市)政府领取。凡由县(市)政府转发的抚恤金、棺埋费,除收遗族所呈报告证明书各 1 份及副领据存查外,其余均须汇转工委会或工务处收存。①

服国防工役的农民因公受伤而死亡抚恤金,在战争中略有增加。1937 年制定的《扩修凤凰山机场征工实施规则》第二十四条规定:民工因公受伤身故者,由工程委员会发给烧埋费 6 元,并给抚恤费 20 元。1938 年 7 月 27 日民政厅厅长核示:民工受伤身故,仅给烧埋费 6 元。贱视民命,达于极点,非修正不可。故同年修筑重庆航空站机场,工程处抚恤办法规定:民工因作工受伤致死者,1 次给予抚恤费 20 元,另给埋葬费 16 元。② 1940 年 5 月—1941 年 4 月,三台县 3 次征工,动员民工 7000 人,建修双流彭镇机场。在机场病故民工 29 名,每名发烧埋抚恤 100 元③。

相对而言,民工医疗、伤亡抚恤费是非常少的。1938 年温江县征工 1000 名,增修皇天坝机场。在月支出预算书中,没有民工医药费。④ 1938 年 11 月 1 日—12 月 12 日蒲江县修筑新津机场,各中队民工自做工起止,共计 26469 人,医药费支出 63.55 元,而支出合计 6582.32 元。⑤ 可见,此项费用是极其有限的;但相对来说,还算账面上存在。

1939 年 2 月 22 日航空委员会建筑西川机场委员会第二次会议议决《修

---

① 四川省档案馆·四川省特种工程征工处,全宗号 116,案卷号 22,第 61—62 页;重庆市档案馆·四川省第三区行政督察专员公署,全宗号 0055,目录号 3,案卷号 254,第 22—23 页;重庆市档案馆·北碚管理局,全宗号 0081,目录号 4,案卷号 1640,第 4—5 页;《四川省国防工程征工各县(市)服役员工抚恤治疗埋葬等费支领办法》,《四川省政府公报》第二百四十九期,第 11—12 页。

② 四川省档案馆·四川省民政厅,全宗号 54,目录号 3,案卷号 7763,第 78—80 页。

③ 四川省档案馆·四川省民政厅,全宗号 54,目录号 4,案卷号 11148,第 48—49、62 页。

④ 四川省档案馆·四川省民政厅,全宗号 54,目录号 4,案卷号 10882,第 18—21 页。

⑤ 四川省档案馆·四川省民政厅,全宗号 54,目录号 4,案卷号 10888,第 153—154 页。

筑飞机场各县征调民工须知》该须知第十七规定:民工患病应就工程处所设疗所医治,各县民工总队部不得另行列支医药费。① 1939 年 10 月 14 日,案据扩修皇天坝机场崇宁县民工总队部副总队长张育新报告称:"窃职队近日以来,因天道反常,每有患病情事发生。既无医生诊断,又无简单药剂治疗。而工程处亦未有医务之设备,任其拖延。"②

1939 年 11 月西川添建第一期机场工程为辟修邛崃机场,扩修皇天坝机场、太平寺机场、新津机场。11 月 21 日航空委员会西川机场建筑委员会临时会议通过《航空委员会西川机场建筑委员会民工伤亡葬埋费抚恤费暂行办法》③。详细规定了相关事项。

一、民工倒毙役伤及病殁住宿地者,由该县总队部造报机场工程处。经派员查实后,即发葬埋 15 元。抚恤费 50 元应由工程处函知该县县政府转饬民工原亲家属亲自赴工程处,该县民工总队部证明具领。如民工原亲家属因路远不能亲自赴工程处具领时,得由民工总队部代为具领,并由工程处函知该县县政府备查。倘发现冒领情事,应总队部问责。

二、民工因病返里,须取得工程处诊治室医师所编的治疗报告证明单。如在两个星期内死亡者,得由民工家属提取此项证明单,并向原籍联保层报县府,转送工程处核。不虚,则始准发葬埋费 15 元、抚恤费 50 元,转交县府转发。

三、民工应征服役来往在途死亡,家属领保、切结,县府转请工程处核发葬埋费 15 元、抚恤费 50 元,交县府转发。

四、无尸体者,只发抚恤费 50 元。

五、以后如遇无名尸身,经工程处通报总队部,无人认领者,即由工程处

---

① 四川省档案馆·四川省民政厅,全宗号 54,目录号 6,案卷号 7404,第 170 页;重庆市档案馆·四川省第三区行政督察专员公署,全宗号 0055,目录号 5,案卷号 103,第 269 页。
② 四川省档案馆·四川省建设建厅,全宗号 115,目录号 6,案卷号 12013,第 138 页。
③ 四川省档案馆·四川省建设建厅,全宗号 115,目录号 6,案卷号 12014,第 39 页;四川省档案馆·四川省民政厅,全宗号 54,目录号 1,案卷号 1578,第 25 页。

掩埋。

六、如因敌机空袭不及躲避,惨遭毙命,由该县民工总队部呈报工程处查实后,除发给葬埋费 50 元外,从新发给抚恤费 80 元,并由工程处派护士将尸身验明,呈至本会备查。如身受重伤,而工程处诊治室不能医治者,得抬送附近医院医治,医药费由工程处核发。倘有受伤过重成为终身残废者,除医药外,发给血伤金 50 元。

七、不合以上手续者,概不发给。

修筑机场民工伤亡埋葬抚恤费由主办工程处核发。

1944 年进一步规范领取民工伤亡恤金事宜,省府特制颁《四川省特种工程工地服役民工伤亡恤金支领办法》①,本办法共九条,详细规定恤金支领办法。如第四条,工地因公死亡民工之恤金应由各管上部于收到死亡请恤报告表查核属实后,立即垫汇死亡民工之原籍县(市)政府,通知其遗族填具三联领据领款。第六条,工地因公负伤民工之恤金应由各管处部于收到负伤请恤报告表,查核属实后,立即垫发该管队部,转饬负伤民工出具三联领据亲领。

### (四) 工具、用具和工棚费

工具分为普通工具和特种工具。民工工作效能的增减,全看工具之齐否②,故省政府有指导性的法规,各项国防工程又有相应具体实施细则。

对于工具费、工棚费,1940 年制颁的《四川省非常时期征工服役暂行办法》作了明确、详细的规定。第十九条:民工住宿房屋应由征工县府与县征工委员会事先向当地居民商借,分配其工地附近(5 华里以内)。民房不敷分配时并应由工程机关会同县征工委员会盖工棚除具垫草所需费用由工程费项下

---

① 四川省档案馆·四川省民政厅,全宗号 54,目录号 1,案卷号 1900,第 10 页。
② 成都市档案馆·四川省第一区行政督察专员公署,全宗号 134,目录号 8,案卷号 124,第 146 页。

支付。第二十二条：普通工具如铁锄、扁担、土箕、绳索等，以由民工自带为原则，但必要时之补充或修理由县市征工委员会商向工程机关酌给补助费。第二十三条：特种工具如鹰嘴、十字镐、铁铲等概由工程机关购备，发给民工应用。工毕缴还，不得遗失。第二十四条：民工用具如衣被、卧具、雨具、炊具等，概由民工自行带备。①

特种工具一般由工程处制备。普通工具如锄头、扁担、鸳篼、绳索等，一般由各县应征民工自备。如有损坏，自行修理补充。工具消耗费，有时工程处发，多数情况由办理国防工役县府解决。

1939年2月航空委员会建筑西川机场委员会第三次会议议决制颁《修筑飞机场各县征调民工须知》。该须知规定民工工作器具之消耗，由工程处发给消耗费。以点工计，每工0.02元；以包工计，每公方0.02元；均由总队部承领，作为补充工具之用。②

1940年6月12日四川省征工委员会第一次委员会议议决，各县民工工具补充及修理费由工程机关发给，数额不得超过所担任工程全部方价的3%。③《修正四川省非常时期征工服役暂行办法》对民工的工具作了详细规定。普通工具如铁锄、扁担、土箕、绳索等以民工自带为原则。临时添置的工具及修理费等，由工务委员会按各县担任工程全部方价的3%概算预发补助，不在方价内扣除。特种工具如鹰嘴、十字镐、铁锤、石滚等由工务委员会购备，发给民工应用。用毕，仍缴还。如有遗失，即责

---

① 中国南京第二历史档案馆·国民政府行政院，全宗号二，案卷号8384，第14—16页；四川省档案馆·四川省公路局，全宗号130，目录号3，案卷号5280，第66—67页；四川省档案馆·四川省建设厅，全宗号115，目录号1，案卷号1771，第19—20页。

② 重庆市档案馆·四川省第三区行政督察专员公署，全宗号0055，目录号5，案卷号103，第269页；四川省档案馆·四川省建设厅，全宗号115，目录号6，案卷号12012，第36页；四川省档案馆·四川省民政厅，全宗号54，目录号6，案卷号7404，第170页。

③ 四川省档案馆·四川省特种工程征工处，全宗号116，案卷号17，第3、19页；重庆市档案馆·北碚管理局，全宗号0081，目录号4，案卷号900，第15页；成都市档案馆·四川省第一区行政督察专员公署，全宗号134，目录号5，案卷号278，第98页。

令赔偿。①

民工用具如衣被、卧具、雨具、炊具等概由民工自行带备。②

民工住宿由主办工程机关办理。如 1938 年修筑双流县太平寺机场的民工住所由航空委员会、太平寺机场工程处负责办理。③ 民工住宿房屋,如在工地 5 华里以内无适当民房可借用时,由各县民工队部搭盖工棚。工务委员会发给搭盖工棚所需的垫草费用,不在方价内扣除。如须用木板,由各县自行借用,如因公损失,由工程委员会照市价赔偿。④ 1938 年 12 月省府令双流、华阳、成都、新都、温江、新繁、广汉、德阳、金堂、什邡、简阳 11 县,共征调民工 2 万名,赶筑双流双桂寺机场。工作期间约 1 个月。住宿地点仅先就该场四周附近民房、庙宇自行觅借住宿。不敷时,再由工程处配备。⑤

如住宿工程处不能解决,则由担建县份承担。1938 年 9 月新津、邛崃、大邑、蒲江、彭山、眉山、仁寿 7 县征工,每日 5000 名,扩修新津机场,限 1 个月完

---

① 中国第二历史档案馆·国民政府行政院,全宗号二,案卷号 8384,第 46 页,缩微号:16J-1408;四川省档案馆·四川省建设厅,全宗号 115,目录号 2,案卷号 3604,第 103 页;四川省档案馆·四川省特种工程征工处,全宗号 116,案卷号 145,第 48—49 页;四川省档案馆·四川省特种工程征工处,全宗号 116,案卷号 20,第 10 页;重庆市档案馆·北碚管理局,全宗号 0081,目录号 4,案卷号 1642,第 10 页;成都市档案馆·四川省第一区行政督察专员公署,全宗号 134,目录号 5,案卷号 278,第 135 页;《修正四川省非常时期征工服役暂行办法》,《四川省政府公报》第二百九十九期,第 10 页。

② 中国第二历史档案馆·国民政府行政院,全宗号二,案卷号 8384,第 17 页,缩微胶卷号:16J-1408;四川省训练团编印:《工役法令》,1940 年,第 15 页。

③ 四川省档案馆·四川省民政厅,全宗号 54,目录号 7,案卷号 9020,第 90—91 页。

④ 中国第二历史档案馆·国民政府行政院,全宗号二,案卷号 8384,第 46—47 页,缩微胶卷号:16J-1408;四川省档案馆·四川省建设厅,全宗号 115,目录号 2,案卷号 3604,第 103—104 页;四川省档案馆·四川省特种工程征工处,全宗号 116,案卷号 145,第 49 页;四川省档案馆·四川省特种工程征工处,全宗号 116,案卷号 20,第 10—11 页;重庆市档案馆·北碚管理局,全宗号 0081,目录号 4,案卷号 1642,第 10 页;成都市档案馆·四川省第一区行政督察专员公署,全宗号 134,目录号 5,案卷号 278,第 135 页;《修正四川省非常时期征工服役暂行办法》,《四川省政府公报》第二百九十九期,第 10 页。

⑤ 四川省档案馆·四川省民政厅,全宗号 54,目录号 1,案卷号 1632,第 5 页。

成。《修筑新津飞机场各县征调民工简则》规定:各县民工需用锄头、扁担、鸳
筐、绳索,由各县应征民工自备。如有损坏,自行修理补充。民工住宿地点由
主管工程机关指定民房、庙宇,分配各县备用。如须搭盖临时工棚,其棚费由
各县自行负担。[①] 如大邑县总部及 8 个中队各搭棚 1 所,每所去洋 30 元,2 次
征工共支工棚费 540 元。[②]

## 二、国防工程工役民工劳务费的实际发放

研究了有关国防工程工役中民工劳务费的规定后,下面考察较为重要的
国防工程工役中民工劳务费的实际发放情形。

### (一) 公路

#### 1. 川滇公路

1939 年为整修川滇公路,四川省公路运输管理局与四川省第七区行政督
察专员公署,制定了《交通部四川公路运输管理局隆赤段修补公路征工采集
砂石单价表》《交通部四川公路运输管理局征调民工伤死抚恤办法》。段长、
组长、民工的费用由工程处稽核拨款,县府承领转发。

各县政府依期开始征调民工时,将各段民工人数编为若干段、组(每段 10
组,每组 10 人为标准)。段长每日津贴 0.7 元,组长每日津贴 0.5 元。县府根
据工程处稽核各段组完成工作程度,分期发放。各段、组长会同工程处派员,
按照《交通部四川公路运输管理局隆赤段修补公路征工采集砂石单价表》散
发民工(见表 9-15)。[③]

---

① 四川省档案馆·四川省民政厅,全宗号 54,目录号 3,案卷号 8282,第 46 页。
② 四川省档案馆·四川省民政厅,全宗号 54,目录号 4,案卷号 10880,第 62、85 页。
③ 四川省档案馆·四川省民政厅,全宗号 54,目录号 8,案卷号 10628,第 50 页。

表 9-15　交通部四川公路运输管理局隆赤段修补公路征工采集砂石单价表

| 料价 | | | | 运费 | | | |
|---|---|---|---|---|---|---|---|
| 种类 | 地段 | 单位 | 单价（元） | 运距（公尺） | 给价范围 | 单位 | 单价（元） |
| 石子（2.5公方） | 蓝田坝至叙永 | 立方公尺 | 1.5 | 100 | 不给价 | 立方公尺 | 0.016 |
| 面砂（0.6公方） | | | 0.8 | 200 | 100公尺（每20公尺一椿，共5椿） | | 0.0135 |
| 石子（2.5公方） | 叙永至赤水河 | | 2.00 | 300 | 200公尺（每20公尺一椿，共10椿） | | 0.0130 |
| 面砂（0.6公方） | | | 0.9 | 400 | 300公尺（每20公尺一椿，共15椿） | | |

注：本单价连同起卸力等，一并在内，无论挑远、车运、水运均照本单价发给。

资料来源：四川省档案馆·四川省民政厅，全宗号54，目录号8，案卷号10628，第55页。

　　如民工所做方数超过规定时，仍由工程处照规定的单价补发。各县在按规定的情况下，对单价有依实情改变。如泸县修筑川滇公路，路线计长67公里，约需用1024671名民工，共征调民工2万名于4月8日上路工作。按照泸县生活程度，采用验方给价原则，发给伙食费。土方每公方0.15元，石谷每公方0.3元，碎石每公方0.6元，碎石运费每公方运距100公尺0.1元，开炸石料每公方0.3元。[①] 1937年上半年，每市斗米成都为1.25元，重庆为1.32元；每市斤面粉成都为0.1元，重庆为0.121元。[②] 农民应征筑路所得，在当时物价情况下也是不菲的收入。所以，川滇东路建设高峰时期，"民工达20万人，石工也不下2万人，士气旺盛，进展甚速"[③]。

　　在开工之前，由工程处按照各段民工担任砂石方总数的1/3，视各地生活情形，每方先行发给0.5元至0.7元，交由县府转交民工备办伙食。民工出工

　　① 中国第二历史档案馆·国民政府，全宗号一，案卷号6646，第51页，缩微胶卷号：16J-2706。

　　② 李竹溪、曾德久、黄为虎：《近代四川物价史料》，四川科学技术出版社1986年版，第111页。

　　③ 王立显主编：《四川公路交通史》（上册），四川人民出版社1989年版，第145页。

时,可领得出工旅费:每60华里津贴0.1元;不足60华里0.075。工作期间,因雨天不能工作,经工程人员许可,每人每日发给津贴0.15元。

采砂工具如泥箕、锄柄、担挑等,由工程处核定,每人补助0.1元。民工自备锄头、锹刮、大锤手。如无力自备时,工程处拨借。民工用毕归还,如有遗失,由县府负责向民工追缴赔偿。工程处如认为不能赔偿时,得在应发的方价内扣除费用。

民工前往工场工作,在沿路线民房居住。如无民房可住,由县政府会同工程处设法办理。①

民工因工伤亡抚恤,依《交通部四川公路运输管理局征调民工伤死抚恤办法》办理。征调的民工因服役受伤或致病由公家医治,残废或精神丧失者给予50元恤金。征调的民工因服役亡故,给予其遗族100元恤金,不另给埋葬费。民工病、伤、死亡抚恤费由主管机关分别发给。② 亡故者遗族领受恤金的顺序遵照《陆军平战时抚恤暂行条例》第二十三条规定、《四川省政府关于征工服役指导事项(之一)》第二十条规定。1939年12月,四川省主要市场(成都市、梁山、内江、自贡市、遂宁、绵阳、达县、宜宾、重庆、万县)平均米价为每市斤13元。③ 民工死亡时,100元的恤金只能购买近8市斤大米。可见,伤亡抚恤费是极其低的,但高于同时期贵州省川滇公路赤杉段毕节、威化两县征工采集石砂时,对民工的抚恤规定。当然其中有地区物价差异的原因。毕节县、威化县两县民工因公受伤致成废疾者,给予恤金30元,因公受伤致死者,给予恤金50元,另给埋葬费15元;因病死亡者,给予恤金30元,另给埋葬费15元。④

### 2. 川康公路

1938—1941年修筑的川康公路川境内雅天段的民工,工作时由工家按方

① 四川省档案馆·四川省民政厅,全宗号54,目录号8,案卷号10628,第50—51页。

② 四川省档案馆·四川省民政厅,全宗号54,目录号8,案卷号10628,第53—54页。

③ 李竹溪、曾德文、黄为虎:《近代四川物价史料》,四川科学技术出版社1986年版,第334—335页计算。

④ 中国第二历史档案馆·国民政府行政院,全宗号二,案卷号9171,第57页,缩微胶卷号:16J-1435。

发给普通奖金。各县筑路委员会照工程进况,分批向工区请领转发普通奖金。给发标准:土方每公方0.05元;石方每公方0.1元;路面砂及碎石每公方0.5元(碾碎0.5元)。① 民工因公伤亡者或成残废者,发给抚恤费:因工受伤或残废者给予30元;因工受伤致死者给予50元;因工致疾而死亡者给予30元,另给埋葬费15元。因工致伤、死亡的民工应由该民工所隶各级队长及该管工程段区长、监工证明属实后,由各县征工筑路委员会向工程处具领转发。② 川康公路的民工方价及伤亡抚恤,与川滇路相比,偏低不少。自1940年后,物价尤其米价飞涨。可见,民工的劳力相当于无偿使用。

**3. 乐西公路**

(1)方价:"川境内每人预计做26方每方须拨1.46元,康境每人预做60方,每方须拨0.71元。"③民工普通土每公方单价方价0.384元。照成都行辕颁布的《征工服役办法》,方价以当时粮价为根据,包括食粮、蔬菜、工资。按粮价每市斤0.15元计算,计需食粮0.22元(系平价购办),蔬菜、柴火0.077元,工资0.077元。坚隔土(石谷方)每公方单价方价0.768元,普通土方价之1倍。④

(2)工具费:乐西公路特种工具费每人1元,6万民工则6万元。普通工具修理补充费每公里补助20元,民工担修路段400公里,则共为8000元。⑤ 1940年追加乐西公路第二次款项1970万元,其中工具费每公里约计3000元(乐西公路自乐山至西昌长凡525公里)。⑥

---

① 四川省档案馆·四川省民政厅,全宗号54,目录号6,案卷号8019,第120页。
② 四川省档案馆·四川省民政厅,全宗号54,目录号6,案卷号8019,第126页。
③ 中国第二历史档案馆·国民政府行政院,全宗号二,案卷号9167,第54页,缩微胶卷号:16J-1434。
④ 中国第二历史档案馆·国民政府行政院,全宗号二,案卷号9166,第72页,缩微胶卷号:16J-1434。
⑤ 中国第二历史档案馆·国民政府行政院,全宗号二,案卷号9166,第81页,缩微胶卷号:16J-1434;中国第二历史档案馆·国民政府行政院,全宗号二,案卷号8384,第137页,缩微胶卷号:16J-1408;重庆市档案馆·北碚管理局,全宗号0081,目录号4,案卷号297,第18页。
⑥ 中国第二历史档案馆·国民政府行政院,全宗号二,案卷号9167,第60页,缩微胶卷号:16J-1434。

（3）伤亡抚恤费：修筑乐西公路时，6 万名民工抚恤奖金共 5 万元①，每名平均约 0.8 元。这是极其低的。乐西公路每死民工 1 名，由各县造具死亡表，分段出具证明书，总段给予 100 元，就地即行埋葬。物价高涨，百元甚少，草草烧埋尚能敷用。抚恤则徒有其名。瘴气笼罩，睡眠湿地，营养不良，风雪相推。故多霍乱、黄肿、伤寒、目痛等症，医药复不完备，不病则已，一病即危。民工对工作毫无兴趣，情绪极端消沉，息而不作，作皆强迫所为。②

（4）工粮：乐西公路工粮的办理较为典型，故选此为个案进行分析。

全路工粮概况。乐西公路全长 525 公里，川境内 198 公里，康境 327 公里。川境路险荒凉，不产米谷。③ 除川境乐山、峨眉两县业为产米之区，及康境宁属之西昌尚可自给外，其他各处食粮缺乏，须仰给于雅安、洪雅等地。山路崎岖，全恃背运。及第一、六两总段开工较早，民工粮由当地购办。二、七两总段约需 650 万市斤，川省民工管理处在乐山、峨眉等地统筹购运。康境三、四、五总段约需 900 万市斤。乐西公路工程处垫款，由各县自购。石工工粮请康省民工管理处及宁属屯垦委员会向西昌名山、珙雅等地购运 300 万市斤，以济工需。④

每工每日口粮。民工领取工粮是按照成绩以实物发给。如能达规定工作效率，每日可得米 1.2 市斤，依照粮管局与民管处之通令，每市斤米折重 1.5 市斤（1.2×1.5＝1.8 市斤），则每工口粮恰为 1.8 市斤。⑤ 在路工作人数达 10 万人，每日需粮达 20 万市斤。⑥

---

① 中国第二历史档案馆·国民政府行政院，全宗号二，案卷号 8384，第 137 页，缩微胶卷号：16J-1408。

② 四川省档案馆·四川省特种工程征工处，全宗号 116，案卷号 27，第 36 页。

③ 四川省档案馆·四川省特种工程征工处，全宗号 116，案卷号 27，第 24 页。

④ 中国第二历史档案馆·国民政府行政院，全宗号二，案卷号 9166，第 64 页，缩微胶卷号：16J-1434。

⑤ 四川省档案馆·四川省民政厅，全宗号 54，目录号 7，案卷号 9899，第 95 页。

⑥ 中国第二历史档案馆·国民政府行政院，全宗号二，案卷号 9166，第 64 页，缩微胶卷号：16J-1434。

采购。工程处特设立乐西公路工粮采运处,分途采运。1940 年米价上涨快。大量采购,必影响民食。采运处在采购区内各专署的配合下,按各段月需工米数量,分配附近路段各县,照市价采购。[①]

乐西公路川境工程开工之初,四川省民工管理处为预筹供应工粮,特于 1940 年 2 月召开征工会议,议决购储工粮办法。(1)乐西公路川境工粮须购储 65000 市石,约合 2 万新双石;(2)该项工粮指定由峨眉县摊购 14000 新双石,由乐山县摊购 4000 新双石,余由四川省民工管理处代购;(3)规定米价峨眉县为每新双斗 0.39 元,乐山为每新双斗 0.4 元(均较当时市价高 0.2 元),连其他购运费在内,每新双斗米价以 4.8 元为限;(4)由乐山公路工程处先付定金 1/3。5 月,米价日益上涨,每新双斗达 8—9 元。四川省民工管理处承省政府令,召集工程处、乐山和峨眉两县县长及地方士绅举行工粮会议,议决:(1)将乐山、峨眉两县认购工粮数量减少一半,即由峨眉县购 7000 新双石,由乐山县购 2000 新双石,两共 9000 新双石;(2)两县认购工粮统限 6 月底缴齐。四川省民工管理处购运工粮,工程处负责支付工粮价款。同年 10 月上旬,四川省民工管理处工程总站报告"共实收米 5696.5 新双石,已付价款 27 万余元。乐山、峨眉两县各存定金 3 万余元,四川省民工管理处存价款 8 万余元"[②]。乐山县奉令采购乐西公路民工工粮 2000 双市石。乐山县向全县乡镇摊购。1941 年该县欠缴乐西公路工粮 500 双市石。经会议决议,折半收缴 250 双市石,由乐山县府照每双市斗 66 元在市场统购缴纳。至 1943 年实收 1414 双市石。除有工粮现款 6114.13 元外,其未收工粮定金 6679.47 元及工粮价款 55638.7 元。1943 年,结算路款时,工程处将应退粮款 39375 元在路款内扣还。[③]

从整体上了解乐西公路工粮主要采购情况,表 9-16 将深入细节研究。

---

① 成都市档案馆·四川省第一区行政督察专员公署,全宗号 134,目录号 8,案卷号 100,第 163 页。

② 中国第二历史档案馆·国民政府行政院,全宗号二(3),案卷号 3644,第 270—272 页,缩微胶卷号:16J-2061。

③ 四川省档案馆·四川省民政厅,全宗号 54,目录号 7,案卷号 9899,第 25—27 页。

### 表 9-16 乐西公路工程处川境工粮收入分类分户统计表

（1940 年 4 月—1941 年 12 月）　　　　（单位：公斤）

| 类别 | 户名 | 收米机关 | | | | 小计 | 合计 |
| --- | --- | --- | --- | --- | --- | --- | --- |
| | | 民工管理处 | 民工储运总队部 | 川境粮补处 | 本处 | | |
| 各县摊派 | 峨眉 | 724736.44 | 15864 | 704 | | 741304.44 | |
| | 乐山 | 226378.00 | 18528 | | | 244906 | 986210.44 |
| 商米 | 各商号 | 632128.45 | 1142959.13 | | | 1775087.58 | 1775087.58 |
| 委托代购 | 峨眉 | 15081.50 | 144356.5 | 3296 | | 162734 | |
| | 洪雅 | | 156043.25 | | | 156043.25 | |
| | 青神 | | 193251.94 | | | 193251.94 | |
| | 民工管理处 | 758886.175 | | | | 758886.175 | |
| | 成都第一工程区 | | 481038.03 | | | 481038.03 | |
| | 储运总队部 | | 173581 | | | 173581 | 1925534.395 |
| 各县垫赔 | 宜宾 | | 42673.82 | | | 42673.82 | |
| | 峨眉 | | | | 4800 | 4800 | |
| | 眉山 | | 28920 | | | 28920 | |
| | 犍为 | | 15504 | | | 15504 | |
| | 屏山 | | 15976.5 | | | 15976.5 | |
| | 蒲江 | | 15323.87 | | | 15323.87 | |
| | 乐山 | | 24704 | | | 24704 | 191102.19 |
| 借拨军米 | 崇庆 | | 392500.89 | | | 392500.89 | |
| | 眉山 | | 375521.3 | | | 375521.3 | 768022.19 |
| 本处自购 | 魏汉生 | | 77808 | 227552 | 57120 | 362480 | |
| | 二总段 | | | | 12187.5 | 12187.5 | 374667.5 |
| 其他 | 斗称折余 | | 4380.92 | | | 4380.92 | 4380.92 |
| 总计 | | 2357210.565 | 3318935.15 | 231552 | 117507.5 | 6025005.215 | 6025005.215 |

注：购谷 87463.8 公斤。

资料来源：中国第二历史档案馆·国民政府行政院，全宗号二，案卷号 8381，第 220 页，缩微胶卷号：16J-1408。

从表 9-17 可以看出,1940 年 4 月—1941 年 12 月,乐西公路川境工粮来源是多样的:各县摊派(峨眉、乐山)、各商号商米(如杜承萱、协成、金星等)、委托代购(峨眉、洪雅、青神、民工管理处、成都第一工程区、储运总队部)、各县垫赔(宜宾、峨眉、眉山、犍为、屏山、蒲江、乐山)、借拨军米(崇庆、眉山)、乐西公路工程处自购及其他。每种方式所筹集的工粮数目都甚大。数目最多的是委托代购,为 1925534.395 公斤,占总量 6025005.215 公斤的 32%;其次是各商号商米,为 1775087.58 公斤,占总量的 29%。负担工粮(公斤)最多的县份是峨眉:摊派 741304.44 公斤、委托代购 162734 公斤、垫赔 4800 公斤,则共为 908838.44 公斤。次为眉山:垫赔 28920 公斤、借拨军米 375521.3 公斤,共为 404441.3 公斤。

因储运工粮、材料时常不济,交通部派专员组织川境粮料运输所。在 1940 年 9 月乐山第二期征工会议决议,成立工粮储运总队部。川境粮料运输所与储运总队部全处办公,由五区专员陈炳光兼总队长。[①] 乐西公路征工各县常于应征民工名额外,附征运粮民工每 1000 人另加 300 人,其运粮民工口食并入方价计算,影响原定民工待遇。四川省征工委员会第二次委员会议决议改善办法如下:(1)由民工管理处商同工程处增设粮站,并将粮站随同工地向前推进。(2)由民工管理处督饬征工各县组织工粮运输队,每 1000 名民工另征运输民工 300 名,但应由工程机关将需要名额事先规划,函请省府于征调民工时一次下令同时征调,已下令征调者即不再增加人数。(3)各县运输民工之待遇,由工程处依照征工服役暂行办法的规定,以每工运米 400 公斤发给运输费 2X(确照当地食米时价折算),运输工人之管理费、医药费、来往旅费,概照普通民工之支给办法办理。[②]

(二) 机场

首先是工程量的核算。工程人员按照方格法测算全场面积土方后,应将

---

① 四川省档案馆·四川省特种工程征工处,全宗号 116,案卷号 27,第 24 页。
② 四川省档案馆·四川省特种工程征工处,全宗号 116,案卷号 17,第 59 页。

各方格顺次编号,以便检查。按全场土方数量与各县征工名额比例,分配各县应担任土方数量及划定工作区域附同图单,分批发交各县民工总队部,转分各队工作,以便分批收方、清账。各县民工总队部在领到工作分配单后,详细分配于所属各队(以一中队或区队为单位),并将详细工作分配情形用书面报告送工程处备查(一中队或区队并限定担任土方块,得视土方块多寡,同时可担任发土方块以免烦琐)。工程处即按照民工总队部送来工作分配报告书,计算该总队应得方价并将总价填单,通知民工总队部备具印领,向工程处预领工款1/10,以资周转。工程处于工作期间应根据各县工作进展情形,每5日估方1次,预支工费民工伙食,发交各县民工总队具领后,应即转发所属各队,至收方时测定土方,计算给价。唯场面坡度、施工结果,按原设计最大出入不得3公分,否则责成民工队修整。总队部于领得工款之次日应随即将分配于所属各队之工款数目及扣还归垫之某项费用数目,一面列表呈报工程处并注明领发日期,以资查对;另一面于该县工区内设立之公告牌上公告之。各区队部或各中队部于领得总队部工款之交上,应将分配情形向民工宣布。工程处于接到各县民工队部工款收支报告后,应随即汇编收支表,公告于每县工区内之公告牌上,以示公开。由航委会西川机场建委会四川省政府专署及有关机关各派1员组织督察队,轮赴各机场,按照工程处所汇编之工款统计报告表,分别向各民工总队部查办核对。①

其次,具体分析有关重要机场的待遇实际发放情况。

### 1. 成都凤凰山机场

彭县1937年10月11日—1938年1月23日扩修成都凤凰山机场,实到作工民工138409天。民工在12月3日以前,每名日给口食0.15元。12月4日起每名日增加0.002元,则日给口食0.107元。唯以后留作修理工作之特

---

① 成都市档案馆·四川省第一区行政督察专员公署,全宗号134,目录号8,案卷号184,第73页。

务组民工,日给口食 0.107 地,津贴工资 0.1 元。①

### 2. 重庆白市驿机场

1938 年四川省第三区征工修筑白市驿机场。

方价。由航空委员会预定,无论挖土 1 方还是填土 1 方,每方均以 0.35 元计算,石方不分紧松,每方均以 0.9 元计算。②

给养。民工工作时期给养每日暂给伙食费 0.15 元,草鞋、工具等费 0.05 元。各县输送民工往返伙食以各县区署为起点,每名每 60 华里日给 0.15 元; 60 里以下 30 里以上,日给 0.1 元;不满 30 里者日给 0.006 元;以到达机场工作地点计算,但以来回 1 次为限。民工住所以借住 3—5 里以内附近庙宇及民房为原则。但附近如无房屋可以借住,必要时得加盖帐篷,其费用由航委员发给。③

抚恤。民工如有死亡,每名 1 次发给抚恤费 20 元,另给埋葬费 16 元;其因公受伤者除为之医治外,并给予相当抚恤。④

卫生。民工有疾病即送入疗养所治疗,如系传染病应送隔离所,如发现流行病疫应全体打防疫针。疗养所设管理员 1 人,看护若干人,归卫生科主管。除中医由本会聘请外,西医则呈请行营由军医处调用并函请红十字会派员协助,必要时得令县选送曾受看护训练之男女学生若干人担任看护。医生及护士均酌给津贴。所需药品除由公家供给外,再向各慈善团体及热心公益者设法劝募。⑤

### 3. 成都太平寺机场

1938 年修筑双流县太平寺机场。各县应征民工担任机场及其他关联机

---

① 四川省档案馆·四川省民政厅,全宗号 54,目录号 8,案卷号 10702,第 29 页。
② 重庆市档案馆·北碚管理局,全宗号 0081,目录号 3,案卷号 437,第 3 页。
③ 重庆市档案馆·北碚管理局,全宗号 0081,目录号 3,案卷号 437,第 5 页。
④ 重庆市档案馆·北碚管理局,全宗号 0081,目录号 3,案卷号 437,第 6 页。
⑤ 重庆市档案馆·北碚管理局,全宗号 0081,目录号 3,案卷号 437,第 6 页。

场的土方工程,每挖填土方 1 公方,倾填地点在 60 公尺以内者给津贴 0.2 元,若超过 60 公尺,每长 10 公尺另加运费 0.015 元。[1] 参加机场修筑的崇庆县规定民工口食及作工津贴支给方法。民工 1 名由县到达工程地点,每名每日支口食 0.15 元。第一、三、四、五各区规定 3 日,第二区 4 日到达作工。除工程处每日每工按工发给津贴外,由县府按每日每工津贴伙食 0.15 元。每日每工应领上述二项津贴,除伙食费用外,结存即作为民工作工津贴。每日每工应发给多少,由县府斟酌实际情形支给。该县民工所需工作器具筹集,由各区联保负责征集,遇有损坏,由县府负责赔偿。凡民工 1 名,应带扁担、锄头、鸳兜及碗筷、卧具等物,其不足数量由县府随时购置补充。[2]

### 4.重庆广阳坝机场

1938 年广阳坝机场全部工程土方,照航委会工程师表列数目计 439214 公方,每方工价规定 0.3 元,则土方工价(即民工所得)共为 131764.2 元。[3] 合川县征调 3400 余民工,其工资及伙食费 14714.4 元(则 6 个月每名 4.3 元,每月每人 0.72 元。[4] 1938 年合川的中等米价,每市石全年平均为 8.48 元[5](即 1 斤米为 0.07 元)。民工每人每月所得只能购买 10 多斤中等米,可见工价是比较低的。修筑机场本队共死民工 34 名。工程处照航空委员会规定每名 10 元发来抚恤金 340 元,除已发 20 元外,其余 320 元因别款不济接暂时挪用。埋葬费每名 6 元,由工程处检验发给,共计 204 元。征送民工及民工往返旅费:征送民工共 5 次,每人每日宿食 0.2 元。由合川送广阳坝机场,计程 4 日。遣散费每人 0.8 元,及请工在途宿食押送民工往返旅费,共计 3909.2

①　四川省档案馆·四川省民政厅,全宗号 54,目录号 7,案卷号 9020,第 23、30 页。
②　四川省档案馆·四川省民政厅,全宗号 54,目录号 2,案卷号 1711,第 216 页。
③　重庆市档案馆·北碚管理局,全宗号 0081,目录号 5,案卷号 148,第 152 页。
④　重庆市档案馆·四川省第三区行政督察专员公署,全宗号 0055,目录号 5,案卷号 148,第 133 页。
⑤　潘鸿声:《四川省主要粮食之运销》,中农印刷所 1941 年版,第 74 页。

元。[1] 1938 年为修筑重庆空军站机场,巴县、江北、永川、璧山、合川、铜梁、涪陵、长寿、邻水、江津、荣昌、合江 12 县共征调民工 13600 名,其往返旅费 12780 元;每 60 华里为 1 日计算,每名由航空委员会津贴旅费 0.15 元。[2]

**5. 赶筑双流双桂寺机场**

1938 年 12 月省府令双流、华阳、成都、新都、温江、新繁、广汉、德阳、金堂、什邡、简阳 11 县,共征调民工 2 万名,赶筑双流双桂寺机场。工作期限约 1 个月。

民工津贴,除特殊工程或零星工作不能按方计算者,即照每工给价 0.2 元。挖填土方 1 公方给津贴 0.2 元。凡运土距离在 60 公尺以外,超过 30 公尺,增加 0.02 元。工具消耗费,以包工计,每公方支给 0.02 元,以点工计,每工支给 0.02 元。[3]

工具工棚普通工具及食宿用物均由民工自备,特殊工具由工程处制备。住宿地点先就该场四周附近民房、庙宇自行觅借住宿。不敷时,再由工程处配备。[4]

**6. 辟修大中坝和旧市坝两机场及抢修白市驿机场**

1940 年四川省第三行政督察区奉令辟修大中坝、旧市坝两机场,抢修白市驿机场。

蒋介石手令,民工每挖填土 1 立公方,每工每日给 0.4 元。运距在 60 公尺以内者,给价 0.4 元。如运距超度,每增加 30 公尺,另给运费 0.02 元。松石仍由民工挖出,每一立公方给价 0.8 元,运距费照土方加 1/3。坚石由石工挖打,每一立公方给价 1.2 元。由民工挑运,其运距费照土方加倍给价。民工

---

① 重庆市档案馆·北碚管理局,全宗号 0081,目录号 5,案卷号 148,第 133 页。
② 重庆市档案馆·四川省第三区行政督察专员公署,全宗号 0055,目录号 5,案卷号 148,第 154 页。
③ 四川省档案馆·四川省民政厅,全宗号 54,目录号 1,案卷号 1632,第 1、69—70 页。
④ 四川省档案馆·四川省民政厅,全宗号 54,目录号 1,案卷号 1632,第 5 页。

奖励金,每中队月支不得超过 10 元,仍按实支实报。① 民工往返在途伙食,30
里以内(自联保至区署及区署所在地至机场或自返至联保)每名发给 0.1 元;
60 里以内,每名发给 0.2 元,其余照法递增。由总队部向工程处会计科领
给。② 为减轻地方负担,雨天伙食费也有不在方价内扣发。天雨停工,除发给
伙食费每工 0.25 元外,不另发工资零用。③ 民工因雨停工,所发伙食费,不在
方价内扣算。④

　　民工住宿地点由工程处筹备分配,指定各县备用,以借住附近 5 公里内民
房寺庙为原则,如不敷时,得搭盖草棚。民工需用谷草,由总队部购备发给。⑤
普通工具如锄头、扁担、鸳兜、绳索等应由民工自备,以后损坏,修理由总队部
向工程处承领工具消耗费,每工 0.02 元。民工应需被盖、席子、斗笠、蓑衣等
用具应由民工自备。炊爨器具及碗筷等,由总队部向工程处请领,按每中队 7
元的标准,统购分发各中队备用,但以一次为限。不敷之数,由各县在地方预
备费项下暂垫,事后检据报请工程处汇案请求发款归垫。需用特种工具如十
字锹、锯条、大锤、削子、炮錾、引针等,由工程处购备,借给各总队部,分发应
用,竣工时仍须缴还,如有缺少照价赔补。如用旧损坏,得调换新器以便使
用。⑥ 炊食器具由各县在地方预备费项下作正开支,竣工后应将可经保存的
各项器具,交由财委会保管,以作下次征工之需要。⑦

　　总队部附近地点,因各县自设民工疗养所,除由卫生股发给普通成药外,
凡民工有疾病或受伤,应即送入疗养所,延中西医诊治,或请卫生股派医生护
士前往治疗。如病加沉重,经医生许可,并得本人同意者,由工程处发资送

　　① 重庆市档案馆·北碚管理局,全宗号 0081,目录号 4,案卷号 294,第 131 页。
　　② 重庆市档案馆·北碚管理局,全宗号 0081,目录号 4,案卷号 294,第 129 页。
　　③ 重庆市档案馆·北碚管理局,全宗号 0081,目录号 4,案卷号 294,第 130 页。
　　④ 重庆市档案馆·北碚管理局,全宗号 0081,目录号 4,案卷号 294,第 131 页。
　　⑤ 重庆市档案馆·北碚管理局,全宗号 0081,目录号 4,案卷号 294,第 129 页。
　　⑥ 重庆市档案馆·北碚管理局,全宗号 0081,目录号 4,案卷号 294,第 130 页。
　　⑦ 重庆市档案馆·北碚管理局,全宗号 0081,目录号 4,案卷号 295,第 15 页。

回籍。①

民工死亡,遵照航委会颁发《建筑工程处理简则》和军委会铨恤汉字第六六三一号指令规定,每名一次发给抚恤费100元,掩埋费50元。除掩埋费发给总队部领取外,民工抚恤费则依照规定,发交原籍县政府转给遗族具领。民工因公受伤,除为之治疗外,重伤一次发恤金30元。如因伤成残废者,一次发给抚恤金60元,并遣送回籍。② 民石工医药费遵照规定,每名每月0.3元,编列预算,实支实报。③

### 7. 登云桥机场

1941年大足县登云桥机场工程处所需工粮,由航空委员会备款,交粮政局转发民食供应处照当地市价统筹代购。④ 开工前各县应领各项费用有卧草费、工具补助费和来程旅费。民工卧草费每名10市斤,照当地市价由工程机关先发全数。工具补助费按照《修正四川省非常时期征工服役暂行办法》第三十二条担任工程全部方价的3%概算预发补助。来程旅费按照暂行办法第二十三条计算里程由工程机关全部发给。⑤ 大足县政府在遵照相关法规的基础上,为保障机场工程的顺利完成,同年10月特制定《大足县政府修筑登云桥机场各县镇征送民工要则》。民工伤亡抚恤,遵照《修正四川省非常时期征工服役暂行办法》暂行办法第二十五条的规定办理。⑥

### 8. 梁山机场

1944年美国要求国民政府扩修梁山机场,以适应新型轰炸机B29升降。征工名额共为35000名。⑦ 每标准工价为310元,以食米2市斤,折合130元,

---

① 重庆市档案馆·北碚管理局,全宗号0081,目录号4,案卷号294,第129页。
② 重庆市档案馆·北碚管理局,全宗号0081,目录号4,案卷号294,第129页。
③ 重庆市档案馆·北碚管理局,全宗号0081,目录号4,案卷号294,第131页。
④ 四川省档案馆·四川省特种工程征工处,全宗号116,案卷号117,第140页。
⑤ 四川省档案馆·四川省特种工程征工处,全宗号116,案卷号117,第17页。
⑥ 四川省档案馆·四川省特种工程征工处,全宗号116,案卷号117,第92页。
⑦ 四川省档案馆·四川省民政厅,全宗号54,目录号6,案卷号8655,第189页。

外给工资、副食费 180 元,工棚费每名 700 元。医药费七县共计 400 万元,来回程旅费的发给,前 60 华里给 2 个标准工之待遇,以下每 60 华里给 1 个标准工之待遇,均以各县乡公所为出发地点,在乡公所集中,另发 1 日集中费(1 个标准工价)。唯来程配额人数发给,中途换人仅发来程旅费。病工口食及伤亡、抚恤照总工价 5%给予。工具补修费照总工价 9.5%发给。运米费亦以量程发给补助费。奖金每名 200 元计发(以发给各县系依工作竞赛及标准工数多少为准)雨工、空袭每小时算半休,每名给予 100 元补助费;逾 4 小时算全休,每名给予 200 元补助费,均以到工人数为准。管理员役的食米,每日每名也给予 2 市斤。民工代开山采石,每方给价为 2550 元。①

为防范贪污,1945 年伙食部分以中队为单位者,由分队长轮流经办,由非经理伙食之分队每日派代表 1 人为监厨。以分队为单位者,由班长担任。经费部分照预算开支报销,并由工程处督工员随时查访。② 民工伤亡抚恤等费用,由工程处按民工完成的全部标准工工资 9.5%拨发,由民工管理处统筹分发后,报请工程处核销。③ 抚恤费因病死亡者 4 万元,因伤致残者 3.5 万元。④

### 9. 川西"特种工程"

抗战中,四川征用民工修筑的 33 处机场中,以 1943 年 12 月—1944 年 5 月的川西"特种工程"民工待遇的规定、办理比较典型,故在考察以上重要机场的基础上,再进一步具体、详细地分析。

首先是方价。省政府发布命令,方价"按照所作方数计算。如能作到规定工作效率之方数,每人每日发食米 1 市升 2 合,发现金 20 元。超过规定能率者,另行按价发给"⑤。具体发放单价,规定见表 9-17。

① 四川省档案馆·四川省民政厅,全宗号 54,目录号 6,案卷号 8655,第 192 页。
② 四川省档案馆·四川省民政厅,全宗号 54,目录号 6,案卷号 8655,第 76 页。
③ 四川省档案馆·四川省民政厅,全宗号 54,目录号 6,案卷号 8655,第 162 页。
④ 四川省档案馆·四川省民政厅,全宗号 54,目录号 6,案卷号 8655,第 93 页。
⑤ "四川省政府命令",四川省档案馆·四川省特种工程征工处,全宗号 116,案卷号 93,第 38 页。

表9-17 "特种工程"按方给价办法

| 项目名称 | | 需工/公方 | 需米（升/公方） | 金额 |
|---|---|---|---|---|
| 土石方价 | 填、挖方 | 0.8 | 1.6 | 40元/公方 |
| | 坚隔土 | 1.2 | 2.4 | 60元/公方 |
| | 软石 | 2.4 | 4.8 | 120元/公方 |
| | 运价（30公尺以上） | — | — | 1元/10公尺 |
| 卵石 | 采价 | 2 | 4 | 100元/公方 |
| | 运价 | — | — | 1元/10公尺 |
| | 铺砌滚压 | 4 | 8 | 200元/公方 |

注：每升米以25元计算，运距照取土中心至弃土中心距离计算。
资料来源：四川省档案馆·四川省特种工程征工处，全宗号116，案卷号93，第39页。

病工"每人每日发食米1市升2合，发钱10元"。民工因大雨或空袭半日以上而停工，"伙食照病工发给"①。然而实际情况与政府规定则是南辕北辙。在邛崃机场，"民工待遇均以食米计算折发，每人标准为1升2合米"，"达不到标准相应扣减，超过1个标准工加奖食米0.6升"。② 在新津机场，郫县第一批"实际征调9480名，全系义务工，只给伙食，不给工资"③。彭山机场扩修，彭山县征调7620名民工，政府规定"按口津贴，每日每名20元，唯彭民工有领三四元者，有1元未领者"④。虽然，民工的工资在实际发放中，存在被克扣的问题，但关于工资的报酬规定在当时仍是可观的。那时官兵主食每人每日发大米25市两（笔者注：2升多点），副食每人每月发植物油1市斤、豆类2市斤、蔬菜20市斤、柴或煤30市斤。⑤ 参加机场建设的民工每日除发1升2

① 四川省档案馆·四川省特种工程征工处，全宗号116，案卷号93，第39页。
② 强兆馥：《川西四大机场和邛崃机场建筑经过略忆》，四川省邛崃县志编纂委员会：《邛崃县志》，四川人民出版社1993年版，第54页。
③ 蔡章选、张育新：《郫县、崇宁县民工参加修建新津、黄田坝等机场的情况》，中国人民政治协商会议四川省成都市委员会文史资料研究委员会编印：《成都文史资料选辑》（总第十一辑），1985年，第166页。
④ 四川省档案馆·四川省特种工程征工处，全宗号116，案卷号70，第262页。
⑤ 吴相湘：《第二次中日战争史》（下册），台北综合月刊社1974年版，第985页。

合的食米外,还可得 20 元现金,且没有战场上的巨大生命危险。1944 年 1—5
月,成都市的平均米价为 1 升 4.2 元,平均麦价为 1 升 3 元。① 一个在家务农
的农民是绝不容易得到这样高的劳动报酬的。所以,一些历史见证者在述说
"特种工程"给广大农民带来苦难的同时,仍会中肯地指出农民出工服役的
"待遇优厚"。②

　　其次是民工的伙食。民工的伙食依照非常时期征工服役办法,即"民工
所做工程,仍以按方给价为原则"③。全部所需工粮在开工前,由粮食部就各
工程所在地的县政府 1943 年度征借实物内,按各场需要数量如数划拨。④ 粮
食供应,由省粮食局负责。每一民工每日食白米 1 升 4 合计,30 余万民工每
日约需食米 7500 市石,每月需 22 万余市石。施工前后 5 月余,共计供应食米
100 余万市石,均由供应各县发动民工集运各机场。此项运米民工,先后亦达
一二十万人。⑤ 在《四川省卅三年征工修筑特种工程宣传大纲摘要》中宣传,
工作到达规定效率,民工每天即可得到食米 2 市升,吃三餐干饭外,尚有余。⑥
省府令文中规定,各级队长、队附及其他工作人员不得有克扣食米。⑦ 胡次威
在视察各机场后,"深觉各处伙食办法极不一致。每一民工每日有吃 1 升 2 合
者,有吃 2 升 3 合者,有吃 1 升 4 合者至 1 升 5 合者;有吃三餐者,有吃两餐

　　① 李竹溪、曾德久、黄为虎:《近代四川物价史料》,四川科学技术出版社 1986 年版,第
331 页。
　　② 彭福商:《修建双流双桂寺机场见闻》,四川省双流县志编纂委员会:《双流文史资料选
辑》(第四辑),四川人民出版社 1989 年版,第 115 页。
　　③ 四川省档案馆·四川省建设厅,全宗号 115,目录号 2,案卷号 3604,第 100 页。
　　④ 四川省档案馆·四川省特种工程征工处,全宗号 116,案卷号 93,第 37 页;成都市档案
馆·四川省第一区行政督察专员公署,全宗号 134,目录号 2,案卷号 181,第 116 页。
　　⑤ 周开庆:《四川与对日抗战》,台湾商务印书馆 1971 年版,第 261 页;张惠昌、於笙陔:《抗
战期间成都地区特种工程与美国空军的援助》,中国人民政治协商会议四川省成都市委员会文
史资料研究委员会编印:《成都文史资料选辑》(总第十一辑),1985 年,第 132 页。
　　⑥ 四川省档案馆·四川省特种工程征工处,全宗号 116,案卷号 69,第 21 页。
　　⑦ "四川省政府命令",四川省档案馆·四川省特种工程征工处,全宗号 116,案卷号 93,第
37 页;成都市档案馆·四川省第一区行政督察专员公署,全宗号 134,目录号 2,案卷号 181,第
116 页。

者;有吃稀饭一餐干饭两餐者,有吃干饭一餐稀饭两餐者;有中队长办理者,有由分队长办理中队长负责,负监督之责者。总之,均未依照规定实行。于此有一原则,每日若食米在1升3合以上而民工仍无得一饱,其中显有情弊。各大中队长应即以实考查,严密监督。如有盗卖公粮情事,应以军法治罪"①。但如何考查、监督并无制定任何实际有效的措施。如三民主义青年团四川支团干事会宣导工作人员指出,夹江多数民工队长克扣民工伙食,难以办理。② 特种工程征工处长胡次威、专员林维干到广汉机场视察后,鉴于恶劣的饮食,增加民工食米为1升3合6勺,工资为30元。各大队部向总队部照数承领,但民工饭食菜蔬仍有多数如往日。③ 民管处处长柳维垣提出变通的原则,"无论如何伙食一项,应做到打米有监察,厨房有监察"④。民工实际的伙食又是如何的? 扩修新津机场的郫县民工总队除得到省府拨给的工粮米外,县府还在本县范围内以周转公粮米的名义,无偿征调大米5910担,共20990市石1斗6升。按规定这两项都应该用在民工食用上,但由于县民工总部各级官员以虚报冒领、克扣定量、以次充好等手段,从中贪污粮款,致使民工无法吃饱。且食用的大米多属受潮霉变,又是掺杂有很多砂、石、虫、鼠屎的糙米,民工称为"八宝饭"。这种米已凝结成硬块,需用锄头挖开,煮饭的米汤也呈绿色,霉臭之味难闻。副食费被贪污,只能吃点用食盐腌过的蒜苗、酸菜之类。⑤ 扩建邛崃桑园机场时,民工伙食虽由政府供给,但从工程处发到各队,已被层层贪污,致使伙食粗劣不堪,饭杂粗糠,菜如饲料。加上卫生条件差,民工常患肚痛、腹泻及中毒性肠炎。官方文件对此也有透露:如"民工来自民间,天性纯朴,缺

---

① 四川省档案馆·四川省特种工程征工处,全宗号116,案卷号37,第8页。
② 四川省档案馆·四川省特种工程征工处,全宗号116,案卷号69,第27页。
③ 四川省档案馆·四川省特种工程征工处,全宗号116,案卷号84,第67页。
④ 四川省档案馆·四川省特种工程征工处,全宗号116,案卷号37,第10页。
⑤ 葵章选、张育新:《郫县、崇宁县民工参加修建新津、黄田坝等机场的情况》,中国人民政治协商会议四川省成都市委员会文史资料研究委员会编印:《成都文史资料选辑》(总第十一辑),1985年,第167页。

乏自治能力,而各队则利用此项弱点,对于给养不依法办理。如中饱菜钱,减发食米,均是直接剥削其生活享受,间接妨害其身体健康"①。可见,规定与实际南辕北辙。

再次是民工的住宿。民工的"工棚费,按照每一民工150元计算"②。民工住宿地点除充分利用工地附近的房屋外,必须搭盖工棚时,由各民工管理处按照实际需要数量,一面收置民工所携带的竹木稻草,另一面就地统筹采购(标准为每一民工150元)。开工前,各民工管理处同当地工程处指挥各县先期征送的竹木杂工,连夜赶搭。彭山县1944年1—3月两次领得工棚费共计114.3万元。③ 崇庆县两次领得工棚费270.6万元。④ 民工实际的住宿情况正如三民主义青年团四川支团干事会在广汉机场、彭山机场、夹江机场宣导后,其工作人员指出广汉县工棚"每有搭盖不善者,非特上漏下湿且偏仄不堪,一人所占位置仅一尺,空气既鲜流通,虫子亦累累皆是"⑤。郫县民工居住条件十分恶劣。上级原拨有工棚费,却被大小官员侵吞,而将民工安排在农民家里住。人多屋小拥挤不堪,卫生条件很差,以致大家身上虱多如蚁。⑥ 胡次威视察后,虽知"各地民工有住工棚者,有住房檐坎上者。但工棚多数不合要求,上不能避风雨,下不能避潮湿,影响民工身体健康至为重大";"反躬自问,于心何安? 务望各级负责人员切实注意,立即设法,无论如何总应做到,上避风雨,下避潮湿之地步"。⑦

最后是对于民工的伤亡抚恤。有明文规定,"甲、被敌机炸死者,照阵亡

① 张永春:《邛崃桑园机场修建纪实》,中国人民政治协商会议四川省成都市委员会文史资料研究委员会编印:《成都文史资料选辑》(总第十一辑),1985年,第182页。

② 四川省档案馆·四川省特种工程征工处,全宗号116,案卷号93,第38页。

③ 四川省档案馆·四川省特种工程征工处,全宗号116,案卷号113,第198页。

④ 四川省档案馆·四川省特种工程征工处,全宗号116,案卷号113,第217页。

⑤ 四川省档案馆·四川省特种工程征工处,全宗号116,案卷号69,第31页。

⑥ 葵章选、张育新:《郫县、崇宁县民工参加修建新津、黄田坝等机场的情况》,中国人民政治协商会议四川省成都市委员会文史资料研究委员会编印:《成都文史资料选辑》(总第十一辑),1985年,第168页。

⑦ 四川省档案馆·四川省特种工程征工处,全宗号116,案卷号37,第8—9页。

士兵抚恤。乙、在工病或因公殒命及致残者其抚恤另定之。丙、轻伤留场3日以上,经医生证明不能继续工作者,酌予给资遣数回家"①。在《四川省卅三年征工修筑特种工程宣传大纲摘要》中宣传,因公伤亡者,依阵亡及负伤办法从优给恤。② 剧烈繁重的劳动和恶劣的医疗,故民工伤亡病残很多,其中以简阳县的民工死得最多,前后死了数百人。③ 这是为B29飞机出现的第一批牺牲者。

对民工的伤亡抚恤多未按章办理。由于生活待遇低劣,工程紧张,致使民工病号日增,而机场医疗设备极为简陋。对于患病民工,听其呻吟于工棚,尚未卧床者,照常驱使于工地。因此轻病转为重病,重病每致死亡。死后,如无亲属领尸,则由工程处就近用稿荐裹葬了事。无抚恤可言。④ 郫县许多民工患病得不到及时治疗,特别是传染病,对他们的身体健康危害更大。患病轻者继续做工,重者让人抬回家了事。有的民工不是积劳成疾,就是病死在工地,有的在抬回家的路上就死去。仅2个月的工程期,郫县就共计死亡民工27人,伤残4人。死后所领得的抚恤金少得可怜,最高额为法币2200元(折合1斗5升米),最低才700元(折合6升米)。副总队长(县府军事科长,带薪人员)肖建贤在工地所领的月薪高达法币3万元之多(折合2石6斗米)。总队部的工作人员38人,每人每天额外补贴1升米,这笔钱不在月俸费项下开支,而是在民工的食米中克扣。⑤

此次工程虽然在待遇办理中存在问题,但是总体上现实的有利性仍比较

① 四川省档案馆·四川省特种工程征工处,全宗号116,案卷号93,第39页。
② 四川省档案馆·四川省特种工程征工处,全宗号116,案卷号69,第37页。
③ 新津县政协文史组:《三修新津飞机场》,中国人民政治协商会议四川省成都市委员会文史资料研究委员会编印:《成都文史资料选辑》(总第十一辑),1985年,第161页。
④ 张永春:《邛崃桑园机场修建纪实》,中国人民政治协商会议四川省成都市委员会文史资料研究委员会编印:《成都文史资料选辑》(总第十一辑),1985年,第181—182页。
⑤ 葵章选、张育新:《郫县、崇宁县民工参加修建新津、黄田坝等机场的情况》,中国人民政治协商会议四川省成都市委员会文史资料研究委员会编印:《成都文史资料选辑》(总第十一辑),1985年,第168页。

466

明显。如 1944 年,四川省政府第六次委员会决议豁免修筑特种工程各县捐款
办法:(1)享受豁免捐款权利者应以各县被征土地及实地参加工役人民或缴
代工金雇工应役之户为对象,不得以全县概括而论;(2)所有暂予豁免捐款部
分除国家战时需要者外,应以办理地方事务经费不敷与无着落,因而呈准临时
摊筹派募者为原则;(3)享受豁免上项捐款期间,暂以本年度为限。决议并强
调,各县不得豁免公债。① 所以,民工已征额数远远超过应征额数。这在历次
国防工程工役中是比较少见的。如 1940 年扩修白市驿机场工程。空军第一
路毛司令官签,四川省主席张群核准征调第三区永川、大足、铜梁民工各 1200
人,荣昌、璧山各 1000 人,邻区涪陵、泸县各 1500 人,邻水、长寿各 1000 人,合
共 10600 人。12 月 31 日专员沈鹏呈省主席,陈述各县民工到工情况。自 9 月
1 日复工以来,涪陵始终未到,最后改调武胜县民工 1500 人。长寿民工亦迟
至 12 月初方始到达。其他各县在场工作人数极寥寥。据工程处表报,迄 12
月中旬止,铜梁仅 99 名、大足 243 名、永川 373 名、荣昌 108 名、璧山 139 名、
泸县 338 名、邻水 79 名、长寿 195 名,合共 1574 名,不足原额 1/6。② 我们再
来看 1944 年川西"特种工程"的民工应征情况(见表 9-18)。

表 9-18　督导组各县征送川西"特种工程"民工
人数统计表(1944 年 3 月编制)③

| 制表时间 | 27 县应征民工人数(人) | 已送民工人数(人) |
|---|---|---|
| 3 月 1 日 | | 256485 |
| 3 月 2 日 | | 269480 |
| 3 月 8 日 | 279250 | 297162 |
| 3 月 20 日 | | 303592 |
| 3 月 21 日 | | 305706 |

① 四川省档案馆·四川省民政厅,全宗号 54,目录号 6,案卷号 7965,第 80 页。
② 重庆市档案馆·四川省第三区行政督察专员公署,全宗号 0055,目录号 5,案卷号 142,
第 113—114 页。
③ 本表是笔者根据档案资料内容编制,因页数较多且不连贯,无法详细标明。

续表

| 制表时间 | 27 县应征民工人数（人） | 已送民工人数（人） |
|---|---|---|
| 3 月 28 日 | 309250 | 314216 |

资料来源：四川省档案馆·四川省特种工程征工处，全宗号 116，案卷号 128。

根据 3 月对 2 月报告 27 县征送民工人数的统计，可以看出：2 月 27 县应征送 279250 名民工，从 3 月 1 号、3 月 2 号、3 月 8 号、3 月 20 号对报告 2 月的情况统计，已送民工人数呈明显上升趋势，且已送民工人数远超过应征民工人数。超过人数最多的为 3 月 21 号，超过 26456 名。

### （三）构筑防御工事

全民族抗战中，四川征用民工构筑防御工事中，以大巴山脉防御阵地为重，故有关征用机构对民工的待遇办理有比较翔实的档案资料。所以，选取构筑大巴山脉防御阵地（1938 年 11 月 — 1939 年年初）的民工来探究防御工事中民工的实际待遇。

1938 年 7 月 11 日，国民政府军事委员会委员长行营颁布《战时军事机关或部队征用民夫暂行办法》。规定征用民工"以不妨碍兵役为主，就兵役年龄内（31 岁至 45 岁）之壮丁"，"就地征用为原则"，"征用数目不得超过当地壮丁数量百分之一"。民工"工资每日 0.3 元按日计算"。征用民工"所需经费由征用机关或部队在工程经费内开支"[1]。所以在工作时，民工的伙食津贴由川康绥靖署拨款，正面指挥部转发[2]（共 17600 元[3]）。

结合档案资料，分析表 9-19 有关民工待遇的内容。（1）民工行程一律从征集县份之县城起至工作区止，每名每日 60 华里支伙食 0.2 元，不及 60 华里超过 20 华里仍作 60 华里计算。民工上路伙食费先行发给县府备用。到达工

---

[1] 四川省档案馆·四川省民政厅，全宗号 54，目录号 6，案卷号 7404，第 18—19 页。

[2] 四川省档案馆·四川省民政厅，全宗号 54，目录号 8，案卷号 10596，第 41 页。

[3] 四川省档案馆·四川省民政厅，全宗号 54，目录号 8，案卷号 10595，第 224 页。

作,名额不足时,除限征补之外,并处所发缺额费五倍的罚金。(2)民工工作时每名每日给工资0.3元(《军委会征用民工办法》第十三条),另给工具补偿费0.05元,则每名每日共给0.35元。① (3)各县民工驻扎地点所需工棚,每100人一次发洋30元。(4)民工医药卫生由各区军医在民工经费内开支,每区民工医药费拨助30元(7400名民工,分为25个区,则平均每个区296名民工,每人所得医药费约为0.1元)。各县民工炊具费每一中队一次支洋20元,共支洋1480元。民工设营费每队照营部1/5比例,列支洋40元,九县共应支洋2220元。② (5)修筑大巴山设防工事民工伤亡抚恤办法,依据《战时军事机关或部队征用民夫暂行办法》第二十条规定办理。在大巴山《民工服务细则》中规定,民工在工作期内如有死亡,照壮丁例从优抚恤。③ 川康绥靖主任公署设置东正面郭指挥部和北正面黄指挥部,并调补二十八集团军官员,在大巴山25个工作区负责工事,所以民工伤亡抚恤由所在工区的军部直接负责,依照军委会颁布《战时军事机关或部队征用民夫暂行办法》第二十条和行营颁发

表9-19　大巴山设防构筑工事征用民工经费预算表

| 类别 | 经费(元) | 备考 |
|---|---|---|
| 伙食 | 201600 | 每日每名伙食0.2元,民工共25200名,以90日计算 |
| 旅费 | 50400 | |
| 工资 | 468720 | 每日每人工资0.3元,25200人,以90日计 |
| 器具 | 25200 | 斧头、锯镰以每一民工配备器具以1元计 |
| 医药 | 1300 | 每区每月30元,以2个月计,共25个区 |
| 预备费 | 7474.2 | 以共计数1%为准 |
| 合计 | 754894.2 | |

资料来源:四川省档案馆·四川省民政厅,全宗号54,目录号8,案卷号10596,第6页。

① 四川省档案馆·四川省民政厅,全宗号54,目录号6,案卷号7723,第54页。
② 四川省档案馆·四川省民政厅,全宗号54,目录号6,案卷号7723,第76页。
③ 四川省档案馆·四川省民政厅,全宗号54,目录号8,案卷号10596,第41页。

《征集民工修筑川康公路实施办法》第四十条的规定,具体办法:因工受伤致残费给予 10 元,因工致病死给予 60 元(含埋葬费),因工受伤致死给予 100 元(含埋葬费)。① 万县 1938 年 12 月米价为 1 市升 7 元,1939 年平均米价为 1 市升 10 元。② 可见,民工的抚恤金是比较低的。

### 三、临时福利措施

除照规定民工应得的劳务费外,在作工期间,为激励民工,而依限竣工,办理工役的机构、当局也实行其他有针对性的临时福利措施,以稳定工程建设所必需的基本劳动者。

全民族抗战时期,郫县承办国防工程建设中,该县府习惯做法:每月犒劳服役民工两次,每人每次以半斤肉计算。③

大邑县第一期修筑新津机场(1938 年 10—11 月),该县民工奖金共为 525.6 元。县奖金 418.98 元,用于下列开支:奖励各民工牙祭 3 次,买猪肉共花去 328.9 元;奖励民工草鞋共 1020 双,每双 0.05 元,共花去 51 元;中秋节奖励各民工月饼,共花 30.08 元;民工小队长 3 人,督工尽职,成绩优异,各奖励 3 元,则合支 9 元。工程处奖金 106.62 元:双十节工程处奖励 57.42 元,工作完成工程处奖励 49.2 元。④

1944 年第三民工管理处各总队民工春节犒劳金为 96400 元,其中,眉山县 31440 元、彭山县 15240 元、仁寿县 35800 元、温江县 13920 元。⑤ 民工因公共福利所需之杂工以点工计,人数不超过民工人数 15‰;各级民工队炊事杂工以点

---

① 四川省档案馆·四川省民政厅,全宗号 54,目录号 6,案卷号 7723,第 175 页。
② 李竹溪、曾德文、黄为虎:《近代四川物价史料》,四川科学技术出版社 1986 年版,第 335 页。
③ 四川省档案馆·四川省民政厅,全宗号 54,目录号 1,案卷号 1578,第 92 页。
④ 四川省档案馆·四川省民政厅,全宗号 54,目录号 8,案卷号 10880,第 63 页。
⑤ 四川省档案馆·四川省特种工程征工处,全宗号 116,案卷号 113,第 226—227 页。

工计,人数不超过民工人数20‰。① 民工人数是远远超过各级民工队机构办事人员的数量,可以看出民工的公共福利待遇极其粗糙简单。同年华阳县在修筑新津机场时,2月29日由征工委员会联合本县各机关举行扩大慰劳,备猪肉8000斤,叶烟、河酒各3000斤,前往分发。3月12日复由征委会及地方士绅前往慰劳。每民工发慰劳金10元。前复慰劳费共140余万元。② 第四直属民工总队部慰劳民工,合计猪肉23900斤、纸烟21587支、草鞋15913双,共合法币246.8784万元。③ 第一民工管理处宣导第四队华阳慰劳团2月29日到工地,给民工每人发肉8两、酒2两、茶叶4两;3月12日发给每名民工慰劳金10元。3月29日民管处宣导科分发民工每人1支香烟。④ 广汉机场的德阳县、什邡等县发动学生参加筹募慰劳经费,每人赠送肉0.5斤、酒4两、草鞋1双,分别前往工程地点慰劳。民工受到关怀和鼓舞,均能争分夺秒,努力以赴。通过3个月的紧张工作,到4月中旬,整个工程,宣告如期完成。各县均相互欢庆,高兴异常。⑤

1944年时任主席张群发给四川省特种工程第四民工管理处民工春节犒赏金12.3908万元。该处按照民工每名2元的标准,全数发交该场各县即广汉、金堂、新都、德阳、什邡民工总队部转发。⑥

在民工劳务费支付中,实存规定形式化。1938年新津、邛崃、大邑、仁寿等7县征工扩修新津机场。《修筑新津飞机场各县征调民工简则》第九条规定:在场工作民工之医药、烧埋、抚恤费用由各工程处依照规定发给。⑦ 但事

---

① 四川省档案馆·四川省特种工程征工处,全宗号116,案卷号114,第115页。
② 成都市档案馆·四川省第一区行政督察专员公署,全宗号134,目录号2,案卷号181,第67—68页。
③ 四川省档案馆·四川省特种工程征工处,全宗号116,案卷号69,第87页。
④ 四川省档案馆·四川省特种工程征工处,全宗号116,案卷号69,第91页。
⑤ 於笙陔:《广汉机场与抗战》,载四川地区文史资料协作会议编:《抗战时期四川的交通》,云南人民出版社1992年版,第256页。
⑥ 四川省档案馆·四川省政府征工事务管理处,全宗号116,案卷号245,第252页。
⑦ 四川省档案馆·四川省民政厅,全宗号54,目录号3,案卷号8282,第46页。

实上,工程处医药有名无实,不能供应急需。[1]

# 第四节　员役劳务费

员役劳务费是组设管理民工的各级队部(主要包含总队部、区队、中队职员)的旅食费、管理费、办公费、津贴费。关于征用民工所需各费,原则宏观上依照《战时军事机关或部队征用民夫暂行办法》的规定,应由工程经费内开支。[2]

## 一、宏观规定的支付标准

工役管理人员的管理费虽然作了总额的限定,但由于编组预算对各县办理征役各级征工管理人员之伙食、津贴及其办公开支尚未详细规定,以致多数县市编呈预算,互有参差,无从审核。故1940年四川省政府制定月支管理费预算标准表,于同年4月开始执行(见表9-20)。[3]

表9-20　四川省非常时期服役民工月支管理费预算标准表

| 区别 | 职别 | 人数(人) | 月支津贴工食(元) | 备考 |
|---|---|---|---|---|
| 总队部 | 总队长 | 1 | 40 | |
| | 总队附 | 1 | 30 | |
| | 会计 | 1 | 25 | |
| | 事务员 | 1 | 25 | |
| | 录事 | 1 | 25 | |
| | 公差 | 2 | 28 | 月各支14元 |
| | 传令 | 2 | 28 | 月各支14元 |
| | 伙夫 | 1 | 12 | |
| | 办公费 | | 50 | |

---

① 四川省档案馆·四川省民政厅,全宗号54,目录号4,案卷号10888,第94页。
② 四川省档案馆·四川省民政厅,全宗号54,目录号1,案卷号2154,第8页。
③ 成都市档案馆·成都市政府,全宗号38,目录号12,案卷号1651,第69页。

续表

| 区别 | 职别 | 人数（人） | 月支津贴工食（元） | 备考 |
|------|------|-----------|-------------------|------|
| 区队部 | 区队长 | 1 | 30 | |
| | 事务员 | 1 | 25 | |
| | 录事 | 1 | 14 | |
| | 传令 | 1 | 14 | |
| | 办公费 | | 25 | |
| 联队部 | 联队长 | 1 | 25 | |
| | 特务长 | 1 | 20 | |
| | 办公费 | | 13 | |
| 分队部 | 分队长 | 1 | 20 | |
| 预备费 | | | 30 | |

注：预备费按一个联队预计，关于民工所用炊爨器具补足费及其他特别费。由各县适宜分配，但不得超过每联队30元之规定。

资料来源：成都市档案馆·成都市政府，全宗号38，目录号12，案卷号1651，第72页。

1942年颁布的《修正四川省非常时期征工服役暂行办法》中，更为详细地规定了办理人员支薪标准（见表9-21）。

表 9-21 征工各县各级民工队部每月经费支给标准表

| 级别 | 职别 | 人数（人） | 薪饷额每人支数（元） | 米津额每人支数 | 米单共计 |
|------|------|-----------|---------------------|---------------|----------|
| 总队部 | 总队长 | 1 | | | |
| | 副总队长 | 1 | 60 | 24X | 24X |
| | 总队附 | 1 | 60 | 24X | 24X |
| | 技工 | 1 | 50 | 24X | 24X |
| | 医务员 | 1 | 50 | 24X | 24X |
| | 会计员 | 1 | 50 | 24X | 24X |
| | 会计助理员 | 1 | 40 | 24X | 24X |
| | 勤务员 | 2 | 30 | 24X | 48X |
| | 录事 | 2 | 20 | 24X | 48X |

续表

| 级别 | 职别 | 人数（人） | 薪饷额每人支数（元） | 米津额每人支数 | 米单共计 |
|---|---|---|---|---|---|
| 总队部 | 公役 | 2 | 12 | 24X | 48X |
| | 传达 | 2 | 12 | 24X | 48X |
| | 伙役 | 1 | 12 | 24X | 24X |
| | 办公费 | | | | 100X |
| 大队部 | 大队长 | 1 | 60 | 24X | 24X |
| | 大队附 | 1 | 50 | 24X | 24X |
| | 会计员 | 1 | 40 | 24X | 24X |
| | 事务员 | 1 | 30 | 24X | 24X |
| | 录事 | 1 | 20 | 24X | 24X |
| | 公役 | 1 | 12 | 24X | 24X |
| | 传达 | 1 | 12 | 24X | 24X |
| | 伙夫 | 1 | 12 | 24X | 24X |
| | 办公费 | | | | 50X |
| 中队部 | 中队长 | 1 | 50 | 24X | 24X |
| | 会计员 | 1 | 40 | 24X | 24X |
| | 特务长 | 1 | 30 | 24X | 24X |
| | 分队长 | 3 | 30 | 24X | 72X |
| | 公役 | 1 | 12 | 24X | 24X |
| | 夫役 | 8 | 12 | 24X | 192X |
| | 办公费 | | | | 30X |

注:总队长由县长兼任,不另支薪津,但于每次出勤督工时,得由工务机关按照《四川省公务员出差旅费暂行规则》的规定发给费。总队部、大队部、中队部的人员由工务机关委派。如中队所辖分队数目有增减时,分队长人数也随之增减。本表仅为显示一般支给的标准。实际员役人数、能征调人数及当地生活情形,需要于准备征工时由四川省政府酌定,于征工命令内附发各级队部组织表(X 为当地 1 市升米的价值)。资料来源:中国第二历史档案馆·国民政府行政院,全宗号二,案卷号8384,第 52 页,缩微胶卷号:16J-1408;四川省档案馆·四川省建设厅,全宗号 115,目录号 2,案卷号 3604,第 244 页;四川省档案馆·四川省特种工程征工处,全宗号 116,案卷号 145,第 52 页;四川省档案馆·四川省特种工程征工处,全宗号 116,案卷号 20,第 15 页;四川省档案馆·四川省民政厅,全宗号 54,目录号 6,案卷号 7254,第 45 页;重庆市档案馆·北碚管理局,全宗号 0081,目录号4,案卷号 1642,第 14 页。

比较两表,可以看出《征工各县各级民工队部每月经费支给标准表》给予的待遇高于《四川省非常时期服役民工月支管理费预算标准表》,根本原因则是物价。《征工各县各级民工队部每月经费支给标准表》薪饷额每人支数依职别而异,但米津额每人支数都相同即为24X。把各级人员的待遇同米价直接相连,更符合实情,也更利于实行。如1944年抢修机场民工大队在工作期内,由当地空军站按工作人数,每人每日发给2市升米数的时价。[1]

## 二、实际发放情况

以规定为蓝本,工役管理人员的劳务费在发放中,又有具体情况的实际操作。

### (一) 旅食费

1938年新津县、邛崃县等7县征工扩修新津机场。中央航空委员会制颁《新津飞机场各县民工领队报到须知》第四条规定:总队长旅食费30元、区队长月支旅食费20元、中队长月支旅食费16元、小队长月支旅食费10元。[2]遵规定,奉令征工修该场的时任眉山县县长王锡圭依程序,1938年9月26日呈四川省政府主席王赞绪《眉山县政府奉令征工扩修新津机场临时支出经费预算书》(见表9-22)。

表9-22　眉山县政府奉令征工扩修新津机场临时支出经费预算书[3]

| 科目 | 金额(元) | 备考 |
| --- | --- | --- |
| 第一项队长附旅食费 | 320 | 总队长1员,支30元;总队附2员,区队长5员,各支20元;小队长5员,各支10元 |

---

①　四川省档案馆·历史资料:《四川省政府三十三年度政绩比较表》,第14页。

②　四川省档案馆·四川省民政厅,全宗号54,目录号3,案卷号8282,第47页。

③　《眉山县政府奉令征工扩修新津机场临时支出经费预算书》,有两种不同资料,分别见于:四川省档案馆·四川省民政厅,全宗号54,目录号3,案卷号8282,第70页;四川省档案馆·四川省民政厅,全宗号54,目录号3,案卷号8283,第193页。本书选择的是案卷号8282。

续表

| 科目 | 金额（元） | 备考 |
|---|---|---|
| 第二项工棚费 | 210 | 本县共征工 700 名,照奉颁《征工简则》第七条规定,每百名预算 30 元 |
| 第三项购置费 | 70 | 总队部购置费 20 元、区队部各 10 元 |
| 第四项办公费 | 45 | 总队部 30 元、区队部 15 元 |
| 第五项工具补充修理费 | 350 | 民工每百名预算 50 元 |
| 第六项预备费 | 100 | |
| 合计 | 1095 | |

从表 9-22 可见,该县预算支出较多的是工具修理费 350 元,占总支出的 32%;次为各级办事员旅食费 320 元,占总支出近 29%。

1938 年 10 月 26 日,仁寿县政府呈省政府《建筑新津飞机场民工费用支付预算书》。1938 年 11 月 18 日,省府令仁寿县政府,遵照核定开支。省府核定后的建场支付预算书见表 9-23。

表 9-23　仁寿县政府建筑新津机场支付预算书（更正后的）①

| 科目 | 支付预算数（元） | 备考 |
|---|---|---|
| 第一款修筑机场经费 | 1942 | |
| 第一项旅食费 | 1232 | |
| 第一目各级队长旅食费 | 920 | |
| 第一节总队长旅食费 | 30 | 总队长 1 人,额定月支 |
| 第二节总队附、区队长旅食费 | 120 | 总队附 2 员、区队长 5 员,月各支 20 元 |
| 第三节中队长旅食费 | 272 | 中队长 17 员,月各支 16 元 |

---

① 四川省档案馆·四川省民政厅,全宗号 54,目录号 3,案卷号 8283,第 114—115 页。

续表

| 科目 | 支付预算数（元） | 备考 |
|---|---|---|
| 第四节小队长旅食费 | 500 | 小队长 50 员,月各支 10 元 |
| 第二目伙夫工食 | 310.5 | 计 17 中队,每中队伙夫 4 名,总队部伙夫 1 名,共 69 名,每名每月支 0.45 元 |

比较上表,可见修筑同一机场,在同一规定下,仁寿县支出经费最多的是旅食费(即路费、食费)1232 元,占支出经费用 1942 元的 63%。

1939 年 2 月航空委员会建筑西川机场委员会第三次会议议决制颁《修筑飞机场各县征调民工须知》。第十一条规定:总队长月支 30 元(因公来往、舆马旅食费包括在内)。部队副队长、区队长、技士各月支 20 元。中队长、事务员、会计员、录事各月支 16 元。小队长、特务长月各支 12 元。传令、公差、伙夫月各支 6 元。①

1940 年航空委员会西川机场建筑委员会督修温江、新津、邛崃、太平寺 4 机场。对各级民工队部员役旅食津贴的规定:"总队长、区队长、中队长未变,中队所设的分队长和特务长每员月各支 12 元,区队所设录事每员月各支 16 元。民工 500 名以上,每 500 名设督察员 1 员,照区队长月各额支 20 元。每区设录事 1 员,月支 16 元。每中队设特务长 1 员,月支 12 元。并规定办公费标准:总队部每月支 40 元,区队部 20 元,中队部 10 元。"②

## (二) 办公费

1938 年 12 月省府令双流、华阳、成都、新都、温江、新繁、广汉、德阳、金堂、什邡、简阳 11 县,共征调民工 2 万名,赶筑双流双桂寺机场。工作期限约

---

① 重庆市档案馆·四川省第三区行政督察专员公署,全宗号 0055,目录号 5,案卷号 103,第 268 页;四川省建设厅,全宗号 115,目录号 6,案卷号 12012,第 36 页;四川省民政厅,全宗号 54,目录号 6,案卷号 7404,第 170 页。

② 四川省档案馆·四川省民政厅,全宗号 54,目录号 3,案卷号 7334,第 78—80 页。

1个月。各级队部办公津贴,总队部每月支给 40 元,大队部每月支给 20 元,中队部每月支给 10 元(以百人为一中队,二中队至三中队为一大队,全县为一总队);由航委会分别发给。①

1939 年 2 月航空委员会建筑西川机场委员会第三次会议议决制颁《修筑飞机场各县征调民工须知》。该须知第十九条第三项记载:总队部办公费每月 40 元,区队部每月 20 元,中队部每月 10 元。以上各项经费均由总队部向工程处每 5 日具领 1 次。不足应用时,并得预借。其各级部队办公用品均由总队部统一购制,随时由各级队长请领应用。②

(三) 津贴费/薪饷

彭县于 1937 年 10 月 11 日—1938 年 1 月 23 日扩修成都凤凰山机场,实到作工中队长 1353 天,组长 4542 天。遵照规定:代理总队长 1 员,日支津贴 1.5 元,总队附 2 员,日各支津贴 1 元;大队长每员日支津贴 0.8 元,中队长每员日支津贴 0.5 元,组长每员日支津贴 0.3 元。但中队长、组长之津贴系同民工口食合领。③

1938 年构筑大巴山脉防御阵地。征工县设大队长 1 人,若该县管辖 2 个工作区则另设大队副 1 人,依此类推。大队长月支办公津贴 60 元,大队副月支 50 元,一律日支伙食 40 元。中队长 10 人,月支旅食费 30 元,中队部办公费每月支 20 元;小队长 30 人,月各支旅食费 20 元;事务员 2 人,一人发 16 元,另一人发 12 元。④

---

① 四川省档案馆·四川省民政厅,全宗号 54,目录号 1,案卷号 1632,第 69—70 页。
② 重庆市档案馆·四川省第三区行政督察专员公署,全宗号 0055,目录号 5,案卷号 103,第 270 页;四川省档案馆·四川省建设厅,全宗号 115,目录号 6,案卷号 12012,第 37 页;四川省民政厅,全宗号 54,目录号 6,案卷号 7404,第 171 页。
③ 四川省档案馆·四川省民政厅,全宗号 54,目录号 8,案卷号 10702,第 29 页。
④ 四川省档案馆·四川省民政厅,全宗号 54,目录号 6,案卷号 7723,第 6—7、54—55、73、76 页。

　　1938 年崇庆县在修筑成都太平寺机场时,规定民工各级队长津贴支给:总队长 1 员月支 60 元,总队长副 1 员月支 30 元,书记兼隶事员月支 24 元,会计兼庶务 1 员月支 24 元,事务员 1 员月支 15 元,传令员 4 名月支 9 元,区队长每员月支 30 元,中队长每员月支 20 元,分队长每员月支 15 元。总队长或代理总队长旅费 13 元,医药费 20 元。每中队津贴设备费 5 元,作补助炊爨器具之用。①

　　1940 年四川省政府规定,各县征工委员会每月办公费 80 元至 120 元,出差旅费每月不超过 250 元。该项费用由主任委员从工程机关给领经费内拨用。委员及调派兼职人员均为无给职,不另支薪。② 同年航空委员会《非常时期各县抢修机场民工大队组织暂行办法》第九条规定,小队长日给津贴 0.6元,中队长 0.8 元,大队长 1 元。③ 1943 年对此法进行修正后,颁布《修正非常时期各县抢修机场民工大队组织暂行办法》,第九条修正为:分队长日支 3X 的津贴,中队长日支 4X 的津贴,大队长日支 5X 的津贴(津贴均按当地米价折合法币)。民工大队每队每日由工程处发办公费 1 元。工作在 1 个月以上者,每名发给 1X 的卧草费,并得增设事务员 1 人,照中队长日支 4X 的津贴。④

　　办理国防工役在事员,并不是一个恒数,而是在实际中有增加,而有具体劳务费支付标准。1940 年 1 月航空委员会西川机场建筑委员会第四次委员会议制定并通过第五案附件,规定民工 500 名以上,每 500 名设督察员 1 员。依此规定,1940 年德阳县派额 1600 名民工,扩修太平寺机场。故该县应设 2 员督察员,照区队长月各额支 20 元。⑤

---

　　① 四川省档案馆·四川省民政厅,全宗号 54,目录号 2,案卷号 1711,第 216 页。
　　② 成都市档案馆·成都市政府,全宗号 38,目录号 12,案卷号 1651,第 50—51 页。
　　③ 四川省档案馆·四川省特种工程征工处,全宗号 116,案卷号 34,第 7—8 页。
　　④ 四川省档案馆·四川省特种工程征工处,全宗号 116,案卷号 17,第 23—24 页;四川省档案馆·四川省特种工程征工处,全宗号 116,案卷号 34,第 22—23 页;四川省档案馆·四川省民政厅,全宗号 54,目录号 6,案卷号 7611,第 21—22 页。
　　⑤ 四川省档案馆·四川省民政厅,全宗号 54,目录号 3,案卷号 7334,第 76 页。

1941 年修筑大足登云桥机场。大足、荣昌、铜梁、永川各征调 2000 人，管理费薪饷各 6522 元，米津共计 7668X（X 为当地米价）。潼南征调 3000 人，管理费薪饷各共计 9538 元，米津共计 11272X（X 为当地米价）。①

建筑新津机场跑道及扩场工程定在 1941 年 1 月 1 日开工，限 3 月底完成。为依限竣工，而有效管理办事员则是重要途径，动力为劳务费。为此，定颁标准（见表 9-24）。

表 9-24　特种工程各县民工队部月支经常费标准表②

| 区别 | 职别 | 人数（人） | 额支数（元） | 合计数（元） | 备考 |
|---|---|---|---|---|---|
| 总队部 | 总队长 | 1 | | | 总队长由县长兼任，不支薪，但按到场次数及日期支给规定旅费 |
| | 副总队长 | 1 | 150 | 150 | |
| | 总队附 | 1—2 | 80 | 80—160 | |
| | 技士 | 1—2 | 75 | 75—150 | |
| | 会计员 | 1 | 60 | 60 | |
| | 会计助理员 | 1—2 | 40 | 40—80 | |
| | 事务员 | 3—5 | 25 | 75—125 | |
| | 录事 | 2—3 | 20 | 40—60 | |
| | 司号长 | 1 | 15 | 15 | |
| | 传达长 | 1 | 15 | 15 | |
| | 传令 | 4 | 12 | 48 | |
| | 公役 | 5 | 11 | 55 | |
| | 炊事 | 3 | 10 | 30 | |
| | 办公费 | | | 200 | |
| | 差旅费 | | | 200 | |
| | 开办费 | | | 150—250 | |
| 小计 | | 25—31 | | 1232—1598 | |

① 四川省档案馆·四川省特种工程征工处，全宗号 116，案卷号 117，第 17、20、23、26、29 页。
② 四川省档案馆·四川省政府征工事务管理处，全宗号 116，案卷号 518，第 46—48 页。

续表

| 区别 | 职别 | 人数（人） | 额支数（元） | 合计数（元） | 备考 |
|------|------|-----------|-------------|-------------|------|
| 大队部 | 大队长 | 1 | 70 | 70 | 独立大队同 |
| | 大队附 | 1 | 50 | 50 | |
| | 医师 | 2 | 40 | 80 | |
| | 事务员 | 1 | 25 | 25 | |
| | 录事 | 1 | 20 | 20 | |
| | 传令 | 1 | 12 | 12 | |
| | 公役 | 2 | 11 | 22 | |
| | 炊事 | 2 | 10 | 20 | |
| | 办公费 | | 60 | 60 | |
| | 开办费 | | 40 | 40 | |
| 小计 | | 2 | | 399 | |
| 中队部 | 中队长 | 1 | 50 | 50 | |
| | 分队长 | 4 | 35 | 140 | |
| | 特务长 | 1 | 30 | 30 | |
| | 事务员 | 3 | 25 | 75 | |
| | 录事 | 2 | 20 | 40 | |
| | 班目 | 16 | 20 | 32 | |
| | 传令 | 1 | 12 | 12 | |
| | 公役 | 3 | 11 | 33 | |
| | 炊事 | 10 | 10 | 100 | |
| | 办公费 | | 60 | 60 | |
| | 开办费 | | 40 | 40 | |
| 小计 | | 41 | | 612 | |

注:(1)各级队部除按上列标准支给薪饷外,并由特种工程委员会按照航空委员会规定,每员役各另发给食米1斗2升(市双斗)。

(2)运输中队部经费与本表所列中队部经费支给标准相同。

1944年为修筑川西特种工程,省府为此制定在事人员俸给表(见表9-25)。

表 9-25　俸给费表①

| 职别 | 员役预算人数（人） | 每人每月额支数（元） |
|---|---|---|
| 总队长 | 1 | |
| 副总队长 | 1 | 300 |
| 总队附 | 1—3 | 160 |
| 大队长 | 1 | 140 |
| 大队附 | 1 | 100 |
| 中队长 | 1 | 100 |
| 分队长 | 4 | 70 |
| 特务长 | 1 | 60 |

注：1. 总队长由县长兼任，不支薪，但得按到场之次数及日期支给规定旅费（约定每月到场 1 次，每次往返及 10 日）；

　　2. 副总队长以下各级人员食米日给 1 市升 6 合，在民工食米项下均支

资料来源：四川省档案馆·四川省特种工程征工处，全宗号 116，案卷号 93，第 45 页；成都市档案馆·四川省第一区行政督察专员公署，全宗号 134，目录号 2，案卷号 181，第 117—118 页。

## （四）抚恤

各县中分队长多系现任保甲长或联队附调充。

1937 年颁布实施的《扩修凤凰山机场征工实施规则》对于中分队长因公受伤身故，或积劳病故，如何抚恤，并未规定。1938 年 8 月 9 日，四川省政府指令修筑重庆航空站机场工程处抚恤办法，提出因领队作工积劳成疾而死亡者，民工分队长，1 次给予抚恤费 40 元，中队长 80 元。比照《四川省各县壮丁、队员丁伤亡抚恤表》内列，因殒命，给抚恤金：中队长 100 元，分队长 60 元之列，尚未超越。但限于 1 次。至烧埋费，不分中分队长，一律发给 16 元。②

## （五）无给

并不是办理工役的在事人员在临时任期内都有报酬，也有不给情况。

---

① 此表是笔者根据档案内容编制。

② 四川省档案馆·四川省民政厅，全宗号 54，目录号 3，案卷号 7763，第 78—81 页。

首先,来看规定。各县征工筑路委员会委员均为名誉职,除供给伙食及必要旅费外,不得有其他开支。① 省征工事务管理处签请四川省政府聘任的全体委员均为无给职。② 1940 年各县为建筑国防工程而按规定组设征工委员会。其委员及调派兼职人员均为无给职,不另支薪。③ 1944 各县市局原有常备民工总队改组为国民义务劳动服务总队。国民义务劳动总队由县市局长督饬民、建两科科长会同筹组,不支经费。④

其次,看具体情形。1937 年 9 月为扩修成都机场,行营及省府民、财、建三厅、机场组织扩修凤凰山机场工程处。各机关调派股务人员均为义务职,但在工作期间得照原服务机关规章支旅费或津贴。⑤

1939—1940 年叙永县担修川滇东路。一切管理人员,筑委会各委员、主任、各级队长均仅供应伙食,概为无给职。⑥

1939 年 10 月 29 日因军需而扩修新津机场,航空委员会西川机场建筑委员会同四川省政府,组织成立工程处。处长、副处长均为无给职。⑦

1944 年为修筑特种工程,各县组建征工委员会。征工委员会设主任委员 1 人,由县长兼任;副主任委员 2 人,由县参议会会长及县党部书记长兼任;委员 6 人至 8 人,由县长分别聘派县参议会副议长、县政府民政、建设两科科长及公正士绅 3 人至 5 人担任,均为义务职务。⑧ 白市驿机场建筑委员均为无

① 四川省档案馆·四川省建设厅,全宗号 115,目录号 2,案卷号 3604,第 215 页;《四川省政府各县征工筑路委员会组织条例》,《四川省政府公报》第三期,1935 年 3 月 21 日出版。
② 四川省档案馆·四川省特种工程征工处,全宗号 116,目录号 120,第 21 页;重庆市档案馆·北碚管理局,全宗号 0081,目录号 4,案卷号 918,第 19 页;成都市档案馆·四川省第一区行政督察专员公署,全宗号 134,目录号 5,案卷号 278,第 122 页。
③ 成都市档案馆·成都市政府,全宗号 38,目录号 12,案卷号 1651,第 50 页。
④ 四川省档案馆·历史资料:《四川省政府三十三年度政绩比较表》,第 14 页。
⑤ 成都市档案馆·成都市政府,全宗号 38,目录号 12,案卷号 1208,第 14 页。
⑥ 四川省档案馆·四川省民政厅,全宗号 54,目录号 6,案卷号 7633,第 136 页。
⑦ 成都市档案馆·四川省第一区行政督察专员公署,全宗号 134,目录号 8,案卷号 99,第 8 页。
⑧ 成都市档案馆·四川省第一区行政督察专员公署,全宗号 134,目录号 2,案卷号 181,第 27 页。

给职,但出席开会及巡查工程时,得酌支旅费。各科股及总队部、各级职员、专任者支薪,兼任者酌支旅食费。①

大巴山设防联合办公厅各级职员均为无给职。②

## 第五节　存在的问题及其影响

基于上文研究,抗战时期国防工役的劳务费运行机制中存在的问题及其相应影响,可作如下两个方面的概括。

### 一、入不敷出,而直接增加办理国防工役县府的财政负担、间接妨碍庶务开展

1938 年 3 月 5 日合江县奉令征调民工 1000 名,到重庆广阳坝机场工作。该县民工于 3 月 15 日由县起程前往,做工 2 个月,仅领得民工津贴 1250 元,尚不敷往返旅费及办搭棚、购置锄头、鸳兜、炊爨器具与疾病医药、死亡埋葬等支出费用。③ 1938 年邛崃县奉令征调民工 800 名修筑新津机场,除应领民工津贴 3200 元外,计各项支出约不敷洋 5101 元。④

1938 年 11 月 1 日—12 月 12 日,蒲江县征工修筑新津机场,动支县地方款 2830.31 元,除各级队长、丁夫旅食、办公、器具、医杂各费外,实垫支民工口食洋 849.68 元。

1939 年 3 月 15 日至 6 月底,灌县民工 500 名修筑皇天坝机场工程。该县总计支出民工途间口食、员役津贴、办公、购置等费用 9472.25 元。除工程处拨来津贴 4350.05 元外,不敷洋 5121.2 元。此项不敷数目,由该县财委会

① 重庆市档案馆·北碚管理局,全宗号 0081,目录号 3,案卷号 437,第 4 页。
② 四川省档案馆·四川省民政厅,全宗号 54,目录号 8,案卷号 10596,第 79 页。
③ 四川省档案馆·四川省民政厅,全宗号 54,目录号 3,案卷号 7763,第 3 页。
④ 四川省档案馆·四川省民政厅,全宗号 54,目录号 3,案卷号 8283,第 143 页。

借垫。[①]

　　1939 年 12 月 20 日—1940 年 7 月 12 日，三峡实验区奉令征工修筑白市驿机场。本区民石工伙食费零用费及垫付停工、不敷伙食费，修筑堡垒不敷伙食费等，共支 12519 元，而实得方价则仅 10454. 47 元，比较相差 2064. 53 元。[②] 1939 年广汉县奉令征调民工 1500 名，扩修太平寺机场。工程处规定民工每名每日伙食工资支出为 0. 3 元，但生活程度太高，地方情形特殊，广汉县在规定基础上增加 0. 2 元，由财委会设法垫支。[③]

　　1940 年秀山、黔江、彭水、酉阳四县，征工修筑秀山机场。土方价与运距费规定甚少。秀山食米盐柴等生活物品价高，民工原在各县起程时，所带食粮不多，日做工资，不能饱腹。每人日贴食费给 0. 25 元。以摊征工额计，各县月复垫食费约 15000 元。酉黔彭 3 县地方岁入短绌，实不堪此重负。秀山民工可返各乡镇筹购食粮，然以价高，亦有赔累。[④] 彭水县赴秀山机场民工大队第一中队 116 人，自 5 月 19 日开工，25 日收方，民工做工 7 日，仅得银 78. 82 元，即各民工平均每日每工所得只有 0. 096 元。当时伙食每日每人最低 0. 4 元，尚差 0. 3 元。如按民工总额 2000 名计算，月共差银 18000 元之多。[⑤]

　　1941 年修筑新津机场，上峰规定民工每日食米为单重 1 升 2 合，实际不能食饱。每一工棚亦非上峰规定之 40 元所能搭盖。[⑥] 工程处规定民工每名每日食米 6 双合，但实际委属不敷。邛崃、华阳等县，酌予增加每名每日半合，由地方负担，以免民工不饱，而利工作。[⑦] 这样款米入不敷出。1941 年郫县征

---

①　四川省档案馆·四川省民政厅，全宗号 54，目录号 1，案卷号 1580，第 410 页。
②　四川省档案馆·四川省政府征工事务管理处，全宗号 116，案卷号 524，第 148 页。
③　四川省档案馆·四川省建设厅，全宗号 115，目录号 6，案卷号 12014，第 83 页。
④　四川省档案馆·四川省政府征工事务管理处，全宗号 116，案卷号 494，第 50—51 页。
⑤　四川省档案馆·四川省政府征工事务管理处，全宗号 116，案卷号 200，第 85 页。
⑥　四川省档案馆·四川省政府征工事务管理处，全宗号 116，案卷号 237，第 70 页。
⑦　四川省档案馆·四川省政府征工事务管理处，全宗号 116，案卷号 237，第 41 页。

工修筑新津机场。入款共 986391.82 元,支款共 989307.68 元,共不敷 2915.86 元;入米共 4860.452 石,支米共 4860.4965 石,不敷 4 升 4 合。①

1942 年 1—8 月,新繁县征调民工 6336 名,修筑新津机场。民工数千人铲草 19 万余平方公尺,工程处所给款米仅数千元。此项亏累多至 7 万余元。②

国防工役给办理县府带来沉重的经济负担及政务推行的艰难,对此,有关部门也了然。

1938 年 2 月开县奉令征雇民工修筑黛溪要塞,同年 10 月结束,挪用地方行政、教育各费垫付 23200.19 元③,经省府会计处核定为 20921.34 元④。四川省政府因开县奉重庆行营电令,故此项工程依照《国民工役法》第十八条规定"其工事范围,涉及数县市者,则入省预算"⑤,令开县造具开支计算书据报销。省府以表报手续不合而拒不拨款。"自新县制实施,事业骤增,地方财力益感竭蹶"⑥,所以开县多次上呈省府,陈述地方财政因垫款重受影响。1940 年 5 月,建设厅长陈筑山、民政厅长胡次威上呈四川省兼理主席蒋介石,"此种垫付,历时两载,影响地方庶政颇巨,各情尚属实在"⑦。

1938 年 12 月 23 日四川省建设厅、民政厅公函建筑西川机场委员会,实陈 1937 年、1938 年修筑凤凰山及太平寺机场,工作器具至补充修理、各级队部办公用费、各级队长之津贴等,所需用费均为规定所无,而为事实所必须开支。故竣工之后,各县所报办理征工计算,超溢应得津贴,动辄数万之巨,具见确系实情。其势必须就地摊筹,以资弥补。不唯民力疲敝(今:惫),负担尤

---

① 四川省档案馆·四川省民政厅,全宗号 54,目录号 4,案卷号 9528,第 92 页。
② 四川省档案馆·四川省民政厅,全宗号 54,目录号 4,案卷号 9528,第 18 页。
③ 四川省档案馆·四川省民政厅,全宗号 54,目录号 6,案卷号 7722,第 117 页。
④ 四川省档案馆·四川省民政厅,全宗号 54,目录号 6,案卷号 7722,第 88 页。
⑤ 四川省档案馆·四川省民政厅,全宗号 54,目录号 6,案卷号 7404,第 72 页。
⑥ 四川省档案馆·四川省民政厅,全宗号 54,目录号 6,案卷号 7722,第 111 页。
⑦ 四川省档案馆·四川省民政厅,全宗号 54,目录号 6,案卷号 7722,第 99 页。

感不支①。

1944 年德阳县征调民工建修特种工程。所征调民工正额 9000 余人。为争取时间,而实际到场工作者,已达 12000—13000 千人,为时至 3 月之久。唯此次征工虽系按工给粮给价,而规定之工粮标准殊未适合民工食量。一般民工来自田间,食量多。大黎明而作,入夜方休。即使作足标准工,而领得之食米亦不敷用,加以工作技术优劣不齐,工作分配难易不等。每日工作,大半难达标准工作,以致工粮不敷甚巨,地方赔累太多。又副食费及工资米折发代金 20 元,亦与时价相差太远。地方亦须赔垫。"本县赔累数字估计已约在六七千万元,数目庞大惊人。"②

沉重的经济负担,进而妨碍地方政务推行。如 1940 年什邡县奉令修筑太平寺机场,计垫支款项约 9 万元,以致财政拮据万分。各机关学校应领经费多无法支给,影响政务推行。③

## 二、员役贪污,直接损害了民工的基本利益

1940—1941 年修筑秀山机场。为杜征工各县总区联队克扣民工工资、津贴、伙食专款情事,航空委员会西川机场建筑委员会 1940 年 1 月第四次委员会议制定并通过的第五案附件为杜各县各民工总队部对于民工伙食的流弊,规定:由总队部照省府规定,一律发钱,直达各中队,由各中队自理伙食。④ 负责临时主持该机场的四川省第八区行政督察专员史良令发布告严惩,并提出"准由民工具呈检举或密告来署,以凭查明追缴补发,并保障被告人不敢有报复行为"⑤。但事实上,迭据民工及第八区行政督察专员公署督工人员报

① 四川省档案馆·四川省民政厅,全宗号 54,目录号 1,案卷号 1632,第 6—7 页。
② 四川省档案馆·四川省政府征工事务管理处,全宗号 116,案卷号 86,第 136—137 页。
③ 四川省档案馆·四川省政府征工事务管理处,全宗号 116,案卷号 155,第 19—20 页。
④ 四川省档案馆·四川省民政厅,全宗号 54,目录号 3,案卷号 8284,第 16 页。
⑤ 四川省档案馆·四川省民政厅,全宗号 54,目录号 1,案卷号 1999,第 284 页。

告,民工多有做工二三期,竟未领到工资、津贴者。经查悉系由各总区联队长,具领转发上述款项,只层级取得经手人领据,既不公布,各期工作成绩与民工应得工资津贴,确定转发取据。复未严格稽查,有无舞弊情事,即认为已完清领发手续,以致克扣侵蚀,剥削民工,流弊百出,怨声载道。甚有各县民工预垫伙食,完工返家,迄未归还,以及途间伙食费亦未按照规定转发。民工流离乞食,所在多有。① 史良呈省主席张群解决之策。"一面严令征工各县政府派员清查过去领发工资、津贴及伙食费账目,如有克扣侵蚀情弊,即予查追赃补发,并依照非常时期公务人员贪污治罪条例,从重科罪,以儆贪婪,而张法纪。"②

政府征调各县民工修造机场,其中待遇有明文规定。每名民工给赶程费2元、被盖费4元、锄头费4元、草席费2元、撮箕费1元、周转费12元,日给食米2升2合。政府明文规定给民工的各费,金堂县民工无一人领给,且在机场动辄被队长鞭打,每天三餐食不能饱。县长召开演说,前来劝勉,总说困难当前,大家节衣缩食,其各队长节缩之米,将来散工卖的银,按人分配。殊至极低,终归无有。③

1944年温江县征调民工8000余名,修筑彭山机场。规定每名民工每日发给副食费28元。嗣因生活上涨,加至40元。该县自始至终每名每日实领14元。④ 同时还存在其他问题。该县运去熟米作为周转赔累之用,但发给民工时,则易以糙米。⑤

1944年邛崃机场民工就地而卧,垫草颇稀,因陋就简。上不足以蔽风雨,下不足避寒湿。调查者查询大中队长,大多不明了有工棚费款可用,而各县县

① 四川省档案馆·四川省民政厅,全宗号54,目录号1,案卷号1999,第285页。
② 四川省档案馆·四川省民政厅,全宗号54,目录号1,案卷号1999,第282页。
③ 重庆市档案馆·重庆市参议会,全宗号0054,目录号:1,案卷号367,第6页。
④ 四川省档案馆·四川省民政厅,全宗号54,目录号4,案卷号10019,第4页。
⑤ 四川省档案馆·四川省民政厅,全宗号54,目录号4,案卷号10019,第4页。

长则又支吾敷衍。①

1944年4月1日在召开的彭山机场督导员第十三次座谈会上,决议指出:各总队每籍民工工作效率不足标准,多未悉数发给。②

对经办民工劳务费支付中的贪污情事,从中央到地方及具体主办机构都提出,并制定了一些相应治理措施。1938年仁寿县奉命调民工800名,第二次修筑新津机场。为防范劳务费支出中的贪污并节源,而实行5项办法。(1)小队长每中队只设1人,作办理各中队伙食之用,督工全用班长制,只给伙食,节省开支。(2)每日分早、午点名2次,按照民工实到人数发给伙食,杜绝中队长冒名吃空之弊。(3)庶务开支一切费用,须经查实,加盖总队长或总队附私章后,始能生效,杜绝一切滥支之弊。(4)各级队长旅食费须以工作时间之长短发给,如工作半月者,即发给半月,不能因有预算而多支分厘。(5)各级队长办公费按日发给0.1元,作灯油茶水之用。多用者,自行负担。结果工程处发下工价及旅费1795.15元,除开支民工往返旅费及伙食1467.691元外,剩余327.459元,可以移作各级队长旅食及公杂之用。③

1942年行政院国防最高委员会第七十六次常务委员审核国民参政会第二届第二次大会一项提案:建议政府严密监督、管理各种民工津贴,因经手之人"以边省纸币作为国币发给之类,吞没侵蚀,数见不鲜"。同年4月8日四川省政府奉内部转行政院此案,令本省专(署、府、局、员)对于民工各项待遇之发放,尤应切实监督考核,务使工款不致虚糜,民工均获实惠,"不得有中饱侵蚀情事。否则定予查明,严惩不贷"④。

──────────

①　四川省档案馆·四川省政府征工事务管理处,全宗号116,案卷号373,第47—48页。
②　四川省档案馆·四川省政府征工事务管理处,全宗号116,案卷号310,第127页。
③　四川省档案馆·四川省民政厅,全宗号54,目录号4,案卷号10880,第89—90页。
④　本则资料是对档案资料内容的归纳概括。四川省政府征工事务管理处,全宗号116,案卷号230,第60—61、82、83页。

　　面对特种工程中款粮流失、混乱状况，为加强管理、监督，1944 年省府制颁《四川省特种工程征工各县领用暨自筹粮款结报办法》①。从原则上规定了对中央拨款粮和地方筹款粮监控、处置策略。摘主要条款，以窥大意：征工各县领用之粮款应于所担任之工程完成后半个月内，依照有关法令之规定，分别向各主管机关报销；征工各县自筹之粮款应于所担任之工程完成后 1 个月内，由征工委员会将收支账目结算清楚，造具报销表册，召开扩大县政会议公开核销后，由县政府会同征工委员会列榜公布，并呈报省府备查。征工各县领用及自筹粮款，其收支账目经核算，如有不实不尽、浮滥中饱情事，应分别报由主管机关依法处办。征工各县领用及自筹粮款除开支及归还借垫外，如有余粮余款，应分别交由县征收处、县公库专账保管，俾作县乡公益事业之用，并呈报省府备查。

　　1945 年 3 月 24 日四川省泸县特种工程民工管理处第四次科室会议上指出，民工食米有霉米，内中谷子甚多，且未发足数量。对此，同年 3 月 24 日四川省泸县特种工程民工管理处第四次科室会议上提出解决办法：以后各总队应转饬主管人，于接收时注意。如有上述事情，即予拒绝，同时由泸县特种工程民工管理处面请叙渝区分局，先将工粮米样检送，以便作领米时之标准。② 事实上，开工前制定的《泸县特种工程征工简则》规定，各级队长、队附及其他工作人员，对于民工，不得有克扣食米及非法虐待情事。③ 四川省政府为防止弊端，保障民工利益，特订颁《四川省泸县特种工程监督经理民工伙食办法》。该办法第九条规定，各级队长或经理伙食人员谎报人数，侵吞工米及亏挪副食

---

① 四川省档案馆·四川省政府征工事务管理处，全宗号 116，案卷号 84，第 153 页；四川省档案馆·四川省民政厅，全宗号 54，目录号 1，案卷号 2082，第 425 页；四川省档案馆·四川省政府征工事务管理处，全宗号 116，案卷号 488，第 85 页

② 四川省档案馆·四川省民政厅，全宗号 54，目录号 1，案卷号 1899，第 10 页。

③ 四川省档案馆·四川省民政厅，全宗号 54，目录号 1，案卷号 1899，第 37—38 页。

费者,查明,依军法治罪。[1] 但事实上,民工粥内掺糠,食不一饱。[2] 泸县、富顺、隆昌、荣昌、合江、江津、叙永合计额征 86000 名民工,为求保护民工健康,增强工作效率,迅赴事功起见,3 月 31 日,四川省政府训令泸县特种工程民工管理,对于民工医药卫生亟应予以特别重视,并检发《场地民工卫生设施及医疗工作指示事项》,令遵照经办。[3] 但修筑泸县特种工程,据官方统计,做工期间,病工人数 150655、死亡人数 108。[4]

1945 年征工扩修梁山机场。此次工程经费以工粮一项为数最大,且牵涉最多。省府下令:如有故意拖延,或贪污情事,定予依法惩办,决不宽容。[5]1945 年垫江县征工扩修梁山机场民工待遇按所做土方给价,每 1.25 土方给米 2 市斤,草鞋、零用费 60 元,菜油费 80 元,副食费 30 元。由总队部发米 2市斤,折价 300 元。为防范办理人员贪污情事,《垫江县三十四年征工扩修梁山机场实施办法》规定:民工伙食以 50 人 1 组为原则,由民夫公推人员办理。官长指导督促,不得克扣侵蚀,违则严办。[6]

虽对办理民工劳务费支出官员提出严查、严惩,并多方防微杜渐,但仍未能制止肥私枉法情况。究其根源实为国防工程的应时性,带来的国防工役中征用大量民工及其相应设置的管理机构的临时性、松散性,客观上一定程度上为其劳务费支出中经办员的贪污提供了土壤。《战时军事机关或部队征用民夫暂行办法》第十二条规定:工程完毕,所征民夫迅速遣散,不得抑留。[7] 事实

①　四川省档案馆·四川省民政厅,全宗号 54,目录号 1,案卷号 1900,第 4 页;四川省政府征工事务管理处,全宗号 116,案卷号 485,第 79 页。

②　四川省档案馆·四川省民政厅,全宗号 54,目录号 1,案卷号 1900,第 53 页。

③　四川省档案馆·四川省民政厅,全宗号 54,目录号 1,案卷号 1900,第 5—8 页。

④　四川省档案馆·四川省民政厅,全宗号 54,目录号 1,案卷号 1900,第 52 页。

⑤　四川省档案馆·四川省民政厅,全宗号 54,目录号 1,案卷号 2082,第 419—423 页。

⑥　四川省档案馆·四川省民政厅,全宗号 54,目录号 1,案卷号 2081,第 191 页。

⑦　重庆市档案馆·四川省第三区行政督察专员公署,全宗号 0055,目录号 2,案卷号 316,第 66 页;《战时军事机关或部队征用民夫暂行办法》,《四川省政府公报》第一百二十四期,1938 年 8 月 1 日出版,第 12 页。

上,为国防工程建设而征用的民工,在派定工作完成后,就陆续归农,实解散了。遵此规定,1941 年 2 月 7 日秀山机场工程处第十一次处务会议议决,各县摊任土方完成后,即行解散,并专案报请上峰备查。① 随之而来的是相应管理组织的不完善,撤销。1941 年简阳县征工建修新津机场特种工程,其民工总队部系临时组织,人事机构、管理组织皆未臻健全。1942 年简阳县建修新津机场特种工程清算委员会查出数字错误与报工单不符之单据,计百号之多。② 新津机场邛崃县民工总队部总队长李仲谋奉令于 1938 年 10 月 1 日率领民工修建新津机场。所有航空工程处两次派修挖填土方系于 11 月 18 日完成,水沟及滚压工作系于 12 月 6 日完成,随即结束经手事件。于 12 月 15 日撤销总队部返县。③

### 三、规定与实际脱节,民工实得缩减

1940 年 2 月委员长成都行辕订颁的《四川省非常时期征工服役暂行办法》第十四条内有规定:每一单位民工工作开工后 5 日内,工程人员检验其所做成绩,依规定能率发给民工待遇。④

1940 年 1 月航空委员会西川机场建筑委员会第四次委员会议制定并通过的第五案附件详细规定:工程处应按各县工作数量,每 5 日估方 1 次,发足工款。⑤

但现实中,此项规定不具操作性。如 1941 年西充县奉令征工修筑都尉坝机场。工程处仅于开工时,发给 5 日收方表 1 部,随因手续麻烦,不合实际,即

---

① 四川省档案馆·四川省民政厅,全宗号 54,目录号 1,案卷号 1998,第 128 页。
② 四川省档案馆·四川省民政厅,全宗号 54,目录号 4,案卷号 9528,第 39—40 页。
③ 四川省档案馆·四川省民政厅,全宗号 54,目录号 4,案卷号 10888,第 80 页。
④ 中国第二历史档案馆·国民政府行政院,全宗号二,案卷号 8384,第 13 页,缩微胶卷号:16J-1408;四川省档案馆·四川省公路局,全宗号 130,目录号 3,案卷号 5280,第 66 页;四川省档案馆·四川省建设厅,全宗号 115,目录号 1,案卷号 1771,第 18 页。
⑤ 四川省档案馆·四川省民政厅,全宗号 54,目录号 3,案卷号 8284,第 16 页。

停止发给。至各期所领粮款均于领款粮时,出具临时收据为凭。及至工程完毕,始得正式结算出具。各项印领由工程处发给。遵照《征工用款报销须知》第五条规定,连同5日收方凭单、各期所领粮款存根,一并报核。西充县只有民工应领各项待遇表1份,未经分期出据,故是项5日收方表无从检核。①1945年扩修梁山机场。工程处每5日估方1次,每15日(月中与月底)收方1次。②

工程处不依规定5日收方。弹性收方,实使民工劳务费收缩。

各地各项国防工役的劳务费以中央法规为准绳,在实施中则因地制宜地变通。从宏观看,抗战时期国防工役的劳务费运行机制虽存在客观问题,但在战争中应时修正改进后,实略有限地保障了民工生存最低层次所需和经办人员处理事务的基本必要费用。故一定程度上稳定了国防工程修筑中所必需的人力,而利工程修建。具有一定的时效性。

---

① 四川省档案馆·四川省民政厅,全宗号54,目录号4,案卷号11148,第174页。
② 四川省档案馆·四川省民政厅,全宗号54,目录号1,案卷号2083,第23页。

# 第十章　抗战时期西南经济建设工役

## 第一节　推行的社会背景

首先,随着战争局势逐渐明朗,国家越来越明确需要把重心转移到经济建设上,这是西南经济建设工役推行的时代需求。

1937年11月19日,国防最高会议决定:国民政府迁移重庆,领导对日长期抗战。20日,国民政府发表迁都重庆宣言,"本府兹为适应战况,统筹全局,长期抗战起见,本日移驻重庆。此后,将以更广大之规模,从事更持久之战斗"①。而"战争之胜负,每以后方对于前方物资供给之能否充裕为断"②。这迫使国民政府把经济建设的重心转移到四川。

1938年5月行政院长孔祥熙在全国生产会议上指出:抗战以来,政府所注意者计有三事,首要为"区域经济计划的厘订",所以"现在政府已斟酌四川各省的资源及交通,决定在四川境内,选择适当地点,为第一期要发展

---

①　吴相湘编著:《第二次中日战争史》(上册),台北综合月刊社1973年版,第410页。

②　中国第二历史档案馆编:《中华民国史档案资料汇编》第二编,第五辑,财政经济(五),江苏古籍出版社1997年版,第1页;杨树标等编:《中国国民党历次会议宣言决议案汇编》(第二分册),浙江省中共党史学会编印1985年版,第373页;秦孝仪主编:《中华民国重要史料初编——对日抗战期间》(第四编)第三册,台北中国国民党中央委员会党史委员会1988年版,第120页;国防部史政局编:《中日战争史略》(上册),台北正中书局1968年版,第63页。

的工业区域"①。10 月武汉失陷后,平汉、粤汉二线把中国分为二部。大体来说,西部诸省是后方,也是抗战的根据地。四川一省地大物博,又为后方重心所在。如西北诸省可视为左冀,四川诸省可视为右冀。因右冀方面距印度洋较近,有天然的海口,故在国防经济上尤居重要地位。中国经济建设以注重四川各省为其确定方针。② 1939 年 2 月,国民参政会第三次集会上,关于经济的决议有四项,其中之一为"积极的推进四川经济建设案"。③ 1943 年 6 月国民政府召集全国第二次生产会议,决议五项重点。其中之一为"粮棉增产与农田水利",划定川、陕、湘、豫、鄂五省为增产区域;并规定农田水利,应遵照《非常时期强制修筑塘坝水井》法令切实实施。④

其次,发展农业生产。这是西南经济建设工役推行的现实要求。

在推进西南经济的建设中,以四川为重。1938 年 1 月 28 日蒋介石致电重庆行辕主任顾祝同,指出"川省为抗日之国防根据地……发展地方,以增厚国家对外之力量"⑤。四川既为复兴民族根据地,系此非常时期,地方建设生产不容忽视。⑥ 四川征调民工服工役,进行垦荒、农田水利、造林等与提高农业生产密切相关的工事,"使抗战与建设同时并行,于艰苦困难中,以图最后胜利,复兴民族"⑦。因此,作为大后方重心的四川,征调农民服工役,发展农业生产为重点的地方建设,势在必行。

四川为什么在推行经济建设工役时,主要进行垦荒、水利和造林工事呢?

---

① 董文中:《中国战时经济特辑汇编》,上海中外出版社 1940 年版,第 18 页;沈雷春编:《中国战时经济志·中国战时重要经济文献》(20),台北文海出版社 1985 年版,第 24 页。

② 张其昀:《今后抗战之四川经济基础》,《四川边疆》1939 年第 5 期。

③ 沈雷春编:《中国战时经济志·中国战时的经济政策》(19),台北文海出版社 1985 年版,第 12 页。

④ 国防部史政局编:《中日战争史略》(上册),台北正中书局 1968 年版,第 73 页。

⑤ 周开庆编著:《刘湘先生年谱》,台湾四川文献研究社 1975 年版,第 206 页。

⑥ 重庆市档案馆·四川省第三区行政督察专员公署,全宗号 0055,目录号 5,案卷号 11,第 173 页。

⑦ 四川省档案馆·四川省民政厅,全宗号 54,目录号 6,案卷号 7404,第 8 页。

通过垦荒以发展农业生产,是抗战时期四川经济建设工役的重要工事。"抗战以来,军糈民食,供应浩繁,农产之能否增加,更有关于抗建之大业,唯是农产基于土地,欲求农产之增加,必谋所以尽地之利。"①所以,战时"开发荒地,实行增产,成为当前农业上的重要设施"②。1937 年 1 月,土地委员会在关于全国土地分配状况的调查报告中指出,调查四川省 23 县中官有荒熟地合计6211117.83 亩,每县平均 481336.893 亩,其中荒地 154205.964 亩,每县平均15420.596 亩③。而且,"四川边区,如宁属八县地域辽阔,土壤肥沃,徒以交通阻塞,莫为疆理","此外如雷马屏峨及松理懋等县,可垦之区域亦广"④。同年,土地委员会在关于全国土地利用状况的调查报告中,列出了所调查的各省荒地指数。西南重要省份荒地指数见表 10-1。

表 10-1 1937 年西南各省荒地指数

| 省别 | 调查县数 | 总面积(亩) | 荒地面积(亩) | 荒地占总面积(%) |
|---|---|---|---|---|
| 四川 | 12 | 30112110.000 | 3211421.214 | 10.66 |
| 广西 | 7 | 29778300.000 | 1701784.478 | 5.71 |
| 云南 | 27 | 94065390.000 | 10624488.663 | 11.29 |
| 贵州 | 25 | 72643725.000 | 8051217.966 | 11.08 |

资料来源:中国第二历史档案馆编:《中华民国史档案资料汇编》,第一编,第五辑,财政经济(七),江苏古籍出版社 1994 年版,第 530 页。

从表 10-1 可以看出,调查的县数、土地总面积、荒地面积、荒地占总面积的百分比从多至少依次为云南、贵州、四川、广西。荒地占总面积的百分比四

---

① 秦孝仪主编:《中华民国重要史料初编——对日抗战期间》(第四编)第三册,台北中国国民党中央委员会党史委员会 1988 年版,第 781 页。
② 中国第二历史档案馆编:《中华民国史档案资料汇编》第二编,第五辑,财政经济(八),江苏古籍出版社 1997 年版,第 219 页。
③ 中国第二历史档案馆编:《中华民国史档案资料汇编》第一编,第五辑,财政经济(七),江苏古籍出版社 1994 年版,第 13 页。
④ 中国第二历史档案馆编:《中华民国史档案资料汇编》第二编,第五辑,财政经济(八),江苏古籍出版社 1997 年版,第 9 页。

川与云南相差 0.63%，而四川只调查了 12 个县，云南是 27 个县。可见，四川荒地面积在四川地区并不算少。

农作物收获的重要保障之一是农田水利。农田水利为振兴农事之母。[①]当局政府强调，"农田水利，直接民生，似应列为首要，是所以保农田收获，而奠定国本者也"[②]。

四川位于半湿地带，河流错综。川康除成都平原外，概属山地梯田，赖雨水调匀，才便于稻作。各县普遍修筑塘堰，增加生产，消弭灾患，以增抗战力量，实为急切要图。[③] 1937 年 12 月省主席刘湘、建设厅长何北衡、民政厅长嵇祖佑令第三区行政督察专员公署，本年冬令工役应注重修筑塘堰，因"现值非常时期，更须增加粮食生产以资供应"[④]。1938 年 6 月经济部《关于战时水利建设方针的报告》中强调发展四川农田水利。"川省水源丰富，足资灌溉之区甚广，为增进后方生产，亟应发展农田水利"[⑤]。1943 年 7 月 29 日国民政府公布《兴办水利事业奖励条例》，所以多数县市以水利工事为重。

与农田、水利紧密相联的则是植树造林。"我国农业灾害之最重者，首推水旱。"[⑥]四川交通便利地域，林木多被砍伐，致水旱频繁，灾患无已，故育苗造林，成为林业要政。1935 年四川宜林地面积 90818 千市亩。[⑦] 在 1939 年 5 月

---

　　① 秦孝仪主编：《中华民国重要史料初编——对日抗战期间》（第四编）第三册，台北中国国民党中央委员会党史委员会 1988 年版，第 759 页。

　　② 中国第二历史档案馆编：《中华民国史档案资料汇编》第二编，第五辑，财政经济（八），江苏古籍出版社 1997 年版，第 428 页。

　　③ 重庆市档案馆·四川省第三区行政督察专员公署，全宗号 0055，目录号 5，案卷号 11，第 158 页。

　　④ 重庆市档案馆·四川省第三区行政督察专员公署，全宗号 0055，目录号 5，案卷号 11，第 163 页。

　　⑤ 中国第二历史档案馆编：《中华民国史档案资料汇编》第二编，第五辑，财政经济（八），江苏古籍出版社 1997 年版，第 377 页。

　　⑥ 中国第二历史档案馆编：《中华民国史档案资料汇编》第二编，第五辑，财政经济（八），江苏古籍出版社 1997 年版，第 6 页。

　　⑦ 中国第二历史档案馆编：《中华民国史档案资料汇编》第二编，第五辑，财政经济（八），江苏古籍出版社 1997 年版，第 481 页，划归西康地区内的宜林地面积未划出。

全国生产会议的大会宣言中,强调战时农林的重要性。"森林生产,关系工业原料及农田水利至巨,当此抗战时期,需用木材,尤为迫切……至若各省现有之荒山荒地有适于栽培特殊经济林者,应由中央统筹,督促地方政府造林,以期于最短期间,收普及造林之宏效"①。1943 年主计处关于四川森林面积估计:宜林地面积 605451000 公亩,占全省总面积 15%,占林地面积 30.6%。②"造林既足调节气候,有助水利,更可预储木材,兼利国防。今自应积极促进,拟于西北及四川各省选定地区开始进行。"桐树、乌桕、胡桃、樟脑、金鸡纳霜等经济林木生长迅速,产品可出口或为工业原料,且"均适于四川各省,务期大量栽培"。③

## 第二节　推行情况

以下介绍经济建设工役实施情况,即从相关法规变化过程,再到实际执行情况。

### 一、政策演变

全民族抗战初期,工役侧重国防工程。对于经济建设工役(也称"平时工役"),各县市多未依法推动,甚有国民工役计划图表迭经催办,也未据呈报省府。随着国防工程工役的逐渐减少,1942 年四川省政府法制室提出"今后自应策动各县市厉行平时工役,普遍实施三日义务劳动"④。

---

① 沈雷春编:《中国战时经济志·中国战时的产业动员》(19),台北文海出版社 1985 年版,第 49—50 页。
② 中国第二历史档案馆编:《中华民国史档案资料汇编》第二编,第五辑,财政经济(八),江苏古籍出版社 1997 年版,第 486 页。
③ 中国第二历史档案馆编:《中华民国史档案资料汇编》第二编,第五辑,财政经济(八),江苏古籍出版社 1997 年版,第 10 页。
④ 四川省档案馆·四川省特种工程征工处,全宗号 116,案卷号 11,第 2 页。

1942 年 1 月经济建设工役开始有计划的准备。依据《三十一年度施政计划》四门六纲一目寅类及《三十二年度施政计划》一门五纲二目一款,四川省政府令各县(市)利用农隙时间,征工举办地方建设。① 四川省举办征工服役,须遵照《国民工役法》及依照此法制定的《四川省非常时期征工服役暂行办法》。这两法主要针对国防工程工役。如《四川省非常时期征工服役暂行办法》第一条规定,四川省境内于非常时期征工服役,除适用《军事征用法》外,悉依本办法办理。第四条进一步说明,"非常时期征工服役,以与国防军事有关之各项工程为限"②。1942 年 3 月颁布的《修正四川省非常时期征工服役暂行办法》承袭了《四川省非常时期征工服役暂行办法》第一、四条规定。经济建设工役以事势的演进,每感不能推行尽利。征工事务管理处为适应事实需要,依据各县市实际情况,1942 年 10 月拟定《四川省各县(市)地方建设征工服役暂行办法》,"期与国防工程相辅而行"③,但仍重于国防工程工役。如该法第十八条规定,在经济建设工役与国防工程工役同时发生时,应尽先举办国防工程工役;凡参加国防工役之人民,在 1 年以内得免服经济建设工役。④

为动员人力,普遍实施国民 3 日义务工役,以增加战时后方生产起见,1943 年 1 月征工事务管理处特编制《四川省三十二年度实施国民工役办法大纲》,规定各县市局 1943 年以现有壮丁人数,准备 4/5 调服非常时期工役外,其余 1/5 一律课以 3 日的义务工役。⑤ 6 月四川省政府在对第三区的训令中,指示工役重心的转变和颁发《四川省各县市局推行工役注意事项》的原因。

---

① 《四川省政府施政报告》(三十一年五月至三十二年五月),四川省档案馆·四川省政府秘书处,全宗号 41,目录号 4,案卷号 9240,第 17 页。
② 中国第二历史档案馆·国民政府行政院,全宗号二,案卷号 8384,第 10 页,缩微胶卷号:16J-1408;四川省训练团编印:《工役法令》,1940 年,第 8 页。
③ 四川省档案馆·四川省特种工程征工处,全宗号 116,案卷号 22,第 120 页。
④ 四川省档案馆·四川省特种工程征工处,全宗号 116,案卷号 22,第 147 页。
⑤ 四川省档案馆·四川省特种工程征工处,全宗号 116,案卷号 11,第 7 页。

四川省国防工程已逐渐减少。今后动向除仍准备一部分民力随时动员为国服役外,自应集中力量举办地方建设,普遍实施 3 日之义务工役及 15 日以内之给养工役,以达成建立乡镇,完成新县制之使命。当年,省府审编《各县市局三十二年度施政计划》时,所有各县市局本年度应行推进之工役事项,分别列入。除国防工程工役仍应遵照前颁《修正四川省非常时期征工服役暂行办法》办理外,兹以经济建设工役亟待推进,特制订《四川省各县市局推行工役注意事项》。① 《四川省各县市局推行工役注意事项》明确提出,今后工役的动向。"本省过去征工业务侧重国防工程征工,除国防工程征工遵照中央指示随时饬令各县市局办理外,今后本省征工动向应以推进地方建设为主。"② 所以,在人员分配上,规定 1943 年各县市局应视现有全部壮丁,经常准备 1/5 人数,随时候命,紧急动员,③ 则 4/5 壮丁用于经济建设工役。并规定推进地方建设征工的三原则:光荣化、普遍化、生产化。④ 1943 年 11 月立法院第二百四十九次会议通过《国民义务劳动法》,12 月 4 日公布此法而废除 1937 年 10 月颁布的《国民工役法》。因为战事的胜利,有赖于军事,更有赖于经济,经济的发展,即必以人民的劳力为基础。《国民义务劳动法》的主旨是完成地方自治,增进地方造产,以奠立建国的基础。⑤ 在实际中,从壮丁人数分配上,已转向以经济建设工役为重,但法规上仍以国防工程工役为先。《国民义务劳动法》第十九条规定,经中央主管官署核准从事国防工程工役的民工免

① 重庆市档案馆·四川省第三区行政督察专员公署,全宗号 0055,目录号 3,案卷号 254,第 31 页。

② 重庆市档案馆·四川省第三区行政督察专员公署,全宗号 0055,目录号 3,案卷号 254,第 32 页;四川省档案馆·四川省民政厅,全宗号 54,目录号 6,案卷号 7975,第 91 页。

③ 重庆市档案馆·四川省第三区行政督察专员公署,全宗号 0055,目录号 3,案卷号 254,第 38 页;四川省档案馆·四川省民政厅,全宗号 54,目录号 6,案卷号 7975,第 100 页。

④ 重庆市档案馆·四川省第三区行政督察专员公署,全宗号 0055,目录号 3,案卷号 254,第 32 页;四川省档案馆·四川省民政厅,全宗号 54,目录号 6,案卷号 7975,第 91 页。

⑤ 四川省档案馆·四川省民政厅,全宗号 54,目录号 6,案卷号 7977,第 26 页;《推行义务劳动法——政院提示注意事项八点,已通令各省市政府遵办》,重庆《大公报》1944 年 1 月 7 日。

除义务劳动。① 为密切配合抗建工作,四川省政府1943年10月颁发《工役实施要点》,明白指示:1943年度上、中、下三季农暇,各县及每乡镇应报服务人数、工作时日及完成工事种类数量。审核各县市局三十三年度工作时,分别详为列入,并饬按月填具进度表报。1944年推行义务劳动之功过,即于年度终了时,依照各县市局实施成绩分别核定,厉行奖惩。②

　　1944年行政院兼院长蒋介石指示,国民义务劳动应与兵役同等重视。③ 同年,四川省政府制定《四川省政府三十三年度义务劳动实施办法》和《三十三年度各县市局工役实施要点》。在《四川省政府三十三年度工作计划》里,对壮丁在不同工役中的人数比例作了总体规划,更具体地反映了对经济建设工役的重视。经济建设工役实施征调限度:义务工役以本省现有壮丁5372325人,每人各服工役3日计算,共合16116975工,拟会同各主管机关以7180800工分配于水利工事,使增凿塘堰8976000立方公尺,以732000工分配于筑路工事,使完成乡道13464公里。以784000工分配于造林工事,使植树22440000株,以997832工分配于垦荒工事,使增辟耕地17952市亩,并以所余458343工从事公共造产、自卫灾患防护等工事。至给养工役,各县市局可按当地经济情形及实际需要,于本年农隙时期筹集的款,酌调民工服15日以内之给养工役。国防工程工役实施征调限度:准备本省现有壮丁1/5人数(约100万人),以备各项国防工事,或军事运输之紧急调用。④ 各县市遵照省府规定,计划工事人数分配比例。如《大竹县三十三年度实施义务劳动草案》中

---

　　① 四川省档案馆·四川省民政厅,全宗号54,目录号6,案卷号7970,第11页;四川省档案馆·四川省民政厅,全宗号54,目录号6,案卷号7975,第89页;《国民义务劳动法》,重庆《大公报》1943年12月5日。

　　② 四川省档案馆·四川省民政厅,全宗号54,目录号8,案卷号10480,第1、3页。

　　③ 四川省档案馆·四川省民政厅,全宗号54,目录号6,案卷号7404,第8页;四川省档案馆·四川省民政厅,全宗号54,目录号6,案卷号7678,第55、57页;四川省档案馆·四川省民政厅,全宗号54,目录号8,案卷号10480,第1页。

　　④ 《四川省政府三十三年度工作计划》,四川省档案馆·四川省政府秘书处,全宗号41,目录号4,案卷号9238。

规定,以全县民工 1/5 留候国防工程及军事运输的征调;以全县民工 4/5 举办地方建设事业。① 依此原则,全县征调人数和工数分配比例见表 10-2。

表 10-2　大竹县 1944 年国民工役计划表

| | 类别 | 单位 | 数量 | 全县征调人数 | 共作工数 |
|---|---|---|---|---|---|
| 本年全县总计 | 植树 | 株 | 906210 | 10069 | 30207 |
| | 垦荒 | 平方公尺 | 373680 | 10380 | 31141 |
| | 增凿塘堰 | 平方公尺 | 58233.75 | 15529 | 46587 |
| | 国防工程 | | | 9315 | 28053 |

资料来源:四川省档案馆·四川省民政厅,全宗号 54,目录号 8,案卷号 10954,第 83 页。

从人数上看,植树为 10069 人、垦荒为 10380 人、增凿塘堰为 15529 人、国防工程为 9315 人,则总计人数为 45293 人,经济建设工役人数即前三项占总数的 79%,国防工程工役人数占 21%。从工数上看,植树为 30207、垦荒为 31141、增凿塘堰 46587、国防工程 28053,经济建设工役工数和国防工程工役工数所占比例同与此相应的人数比例,遵循了原则规定。在从经济建设工役人数、工数来看,增凿塘堰为最多,分别为 15529、46587。

《四川省各县市局三十四年度国民义务劳动实施要点》中规定,本年度以 1/5 精壮义务劳动者为候命动员特种义务劳动,以 4/5 为普通义务劳动举办凿塘、筑路、造林、垦荒、水利、自卫等工事及其他地方福利事项。②

从政策规定的演变中,可以看出:1942 年经济建设工役开始被重视,1943 年壮丁人数以 4/5 用于国防工程工役,1/5 用于经济建设工役,1944 年和 1945 年则反之。经济建设工役工事中,总体上以直接增产农业的水利工事为重,但具体到县份时则有异。下面我们从整体和局部两个层面深入剖析经济建设工役的推行情况。

---

① 四川省档案馆·四川省民政厅,全宗号 54,目录号 8,案卷号 10954,第 76 页。
② 四川省档案馆·四川省民政厅,全宗号 54,目录号 7,案卷号 10274,第 54 页。

## 二、推行情况

首先,从整个战争时期工事成绩、征用人数和工数角度,从宏观上把握经济建设工役的实况。表 10-3、表 10-4 反映了抗战时期四川经济建设工役实施的概貌。

表 10-3　四川省历年推行经济建设工事成绩表①

| 年份 | 自卫 | 筑路 | 水利 | 地方造产 | 其他 |
|---|---|---|---|---|---|
| 1940 | 修筑碉堡及哨台 5 座 | 培修县道 98654 公里 | 开凿塘堰 418846 公分 | 栽植各种林木 109180 株 | |
| 1941 | 修筑碉堡及哨台 11 座,整修城墙 54 公尺 | 培修县道 305500 公里 | 开凿塘堰 5100 公分,修理河渠 1447126 公里 | 栽植各种林木 179676 株 | |
| 1942 | 构筑要隘 6 座,修筑碉堡及哨台 20 座,挖掘防空壕 860 公尺,整修城墙 196 公尺 | 培修县道 1046589 公里 | 开凿塘堰 3309 口,76102 公分;修理河渠 1915883 公里;修理河堤 100 公尺 | 栽植各种林木 528923 株 | |
| 1943 | 修筑碉堡及哨台 15 座,挖掘防空壕 50 道,建修城门 1 座 | 培修县道 2238200 公里,整修乡道 10248194 公里,建修桥梁 1 座 | 开凿塘堰 16533 口,91363 公分;整修堰渠 1958 道;修理河渠 9000 公里 | 栽植各种林木 2291353 株;垦殖公有田 10424 市亩 | 建筑公仓 12 座,协运军米 13500 包,运输军粮 10260 市石,搬运军器 300 担,搬运汽油 30 公吨 |
| 1944 | | 整修乡道 64013 公里 | 开凿塘堰 1212639 公分 | 栽植各种林木 1732771 株;垦殖公有田 3457.4 市亩 | 建筑公仓 3 座,协运军米 3900 包,运输军粮 7015 市石,修筑体育场 1 所 |

① 本表是笔者据文献资料编制。

| 年份 | 自卫 | 筑路 | 水利 | 地方造产 | 其他 |
|---|---|---|---|---|---|
| 1945 | | 培修县乡道10675公里 | 增凿塘堰13025877立方公尺 | 植树20041910株,垦荒28675市亩 | |

资料来源:1940—1944年资料来源于四川省政府统计处编印:《四川省统计提要》(民国三十四年辑),表25,第39—40页;对于1943年的工事成绩,另一资料记载为:垦殖公有田地10000市亩,开垦公有山地栽植茶桐桑竹树木1885853株,修筑水塘16517口,修筑塘堰1957道。资料来源于国民政府全宗号一,案卷号1660,第26页,缩微胶卷号:16J-2307。对于1944年经济建设工役的成绩另一说法,"已据呈报服务成果者计有二十四县。成绩:培修县道960公里,造林1888160株,增凿塘堰1303248立方公尺,垦荒3253市亩,其余各县市服务成果尚未据呈报……建筑战区岩路一条,协运前方军米10500包,又13568市石。"见四川省档案馆·历史资料:《四川省政府三十三年度政绩比较表》,第14—15页。1945年资料来源于四川省档案馆·四川省民政厅,全宗号54,目录号6,案卷号7678,第117页。

表10-4　四川省经济建设工役征用人数和工数(1937—1945年)

| 年份 | | 1937 | 1938 | 1940 | 1941 | 1942 | 1943 | 1944 | 1945 |
|---|---|---|---|---|---|---|---|---|---|
| 共计 | 人数 | 5144881 | 5100252 | 39172 | 25090 | 141291 | 515785 | 558682 | 2213227 |
| | 工数 | 14332530 | 14681917 | 390529 | 523085 | 3942269 | 3098792 | 17680 | 6803320 |
| 自卫 | 人数 | 227757 | 229161 | 1103 | 529 | 4942 | 850 | — | — |
| | 工数 | 2027531 | 2188500 | 3594 | 8170 | 13672 | 75400 | — | — |
| 筑路 | 人数 | 1921485 | 1896514 | 30463 | 14356 | 64127 | 271137 | 165471 | |
| | 工数 | 7488057 | 7735000 | 67889 | 219463 | 1732357 | 1584465 | — | — |
| 水利 | 人数 | 2926062 | 2909657 | 5844 | 8719 | 65169 | 213663 | 249907 | |
| | 工数 | 4718126 | 4662510 | 315108 | 289282 | 2078810 | 1305874 | — | — |
| 地方造产 | 人数 | 69577 | 64920 | 1762 | 1486 | 7053 | 26985 | 106103 | — |
| | 工数 | 98816 | 95907 | 3938 | 6170 | 117430 | 79803 | — | — |
| 其他 | 人数 | | | | | | 2550 | 19512 | |
| | 工数 | | | | | | 53250 | — | — |

注:地方造产包含植树和垦荒。
资料来源:1937年资料来源于四川省档案馆·四川省民政厅,全宗号54,目录号6,案卷号7404,第141页;1938—1944年资料来源于四川省政府统计处编印:《四川省统计提要》(民国三十四年辑)表24,第38页;1943年的经济建设工役人数、总工数和各项工事工数另一说法:服役壮丁数5429325,服役工数1085865,服役工数分配为筑路391038、造林106609、水利484305、自卫103913。此说法见四川省档案馆,四川省特种工程征工处,全宗号116,案卷号11,第18页。1944年征用民工人数,另一统计为309836人,见四川省档案馆·历史资料:《四川省政府三十三年度政绩比较表》,第14页。1945年资料来源于四川省民政厅全宗号54,目录号6,案卷号7678,第117—118页。

表10-3反映了战时经济建设工役的工事范围及各工事各年的办理成效。工事项目主要有自卫、筑路、水利和地方造产。自卫工事有防空洞、防空壕、碉堡、县城墙城堞、防火蓄水池,防水土堤等。筑路工事主要是乡县道、驿运道路基的加高、路面的放宽,沿路桥梁、涵洞的培补、整修等。水利工事主要是栽植新树,补植旧树,剪修行道树枝等。地方造产工事包括各种林木栽植和垦殖公有田地。表10-4反映了经济建设工役各工事各年征用人数及所完成的工数。

从征用民工进行经济建设工役的总人数看,1937年最多,为5144881人;1941年最少,为25090人。这也可从工事成绩来理解。总体上,1944年的工事成绩在所列年份中是最低的。1938年工数最多,为14681917;以1940—1945年为时间段考察,则工数最多的是1942年,为3942269。而1942年的工事种类、数量也不少。自卫工事征用人数、完成工数在1937年和1938年为多,而以1938年为高峰(人数229161人、工数2188500),因中国大片领土急剧沦陷。1940—1943这个时间段中,1942年种类、数量、征用人数都达到最高,因战事减少,1944年、1945年两年停止举办。筑路征用人数、完成工数在1937年和1938年为多。人数在1937年达到高峰,为1921485人;工数1938年为最多,7735000。因这两年华北、华东及沿海地区大片领土沦陷,大量物资、人员抢运到内地,故急需开辟交通。(县乡道)工事人数和工数在1940—1943年是曲线上升,但成绩呈急剧上升的趋势:1940年为98654公里、1941年就上升为305500公里,约为1940年的3倍;1942年又升至1046589公里,约为1941年的3倍;1943年飞升至12486394公里,达到最高(征用的人数也最多为271137,但工数低于1942年,居于第二),约为1942年的12倍。但1944年突减至64013公里,仅占1943年筑路里长的5%;1945年接着剧减至10675公里,占1944年的17%。筑路的变化与战局的变动密切相关。1940年1月1日,日本在《解决中国事变的绝密指导》中指出:"大约以1940年为目标,努力解决中国事变。"1月4日,日本陆军省军务局长武藤章在新年祝词中说："无论如何,今年要解决中国事变。"①1940—1942 年日军发动了旨在使重庆国民政府屈服的地面和空中进攻,并进一步封锁中国四川方向的国际交通线。1940 年 6 月日军占领宜昌,切断了四川与华中地区的补给;7 月迫于日本的压力,英国封锁重庆通往国际的唯一交通线——滇缅公路。1941 年重要港口香港被日军占领。被围困的国民政府为打破封锁,转而加强后方尤其是政府所在地四川省的交通,以保障军需民用尤其军用品的流通。所以,1940—1943 年筑路长度急剧增加。水利征用人数、工数在 1937 年、1938 年为多,最高年为 1937 年,人数达 2926062 人、工数达 4718126。1940—1945 年水利和地方造产工事总体上呈上升状态。水利以开凿塘堰公分来看,1940 年开凿塘堰 418846 公分,远高于 1941 年的 5100 公方,但在 1941—1945 年则逐年急剧上升,到 1945 年已升至 13025877 立方公尺,是 1940 年的 31 倍,人数也达到最多,为 249907 人。栽植各种林木,相对上一年来说,只有 1944 年 1732771 株,低于 1943 年 2291353 株,余皆高于上年,尤其是 1945 年为 20041910 株(为历年最多),是 1944 年的 11.6 倍。垦殖公有田从记载的数字来看,呈直线上升态势,1945 年最高,为 28675 市亩。1945 年地方造产人数最多,为 106103人。可以看出,抗战后期,经济建设工役侧重于增强经济,尤其是农业方面的工事。持久的战争使物价尤其是粮价飞涨,因此与增产农业有关的水利、林业、垦荒得到大力举办。

从表 10-4 还可看出,无论共计还是各项工事工役人数、工数,1938 年与1940 年都有巨大的断层(虽缺乏 1939 年的资料)。造成这种现象的原因是农村大量壮丁被征服兵役或国防工程工役。在征调兵役后,四川农家有 16.2%完全没有壮丁;因征调工役而完全失去壮丁的家庭占 14.9%。②

---

① 柳茂坤、钟庆安:《太平洋战争史话——"大东亚共荣圈之梦"》,海南出版社 2006 年版,第 154 页。

② 陈洪进、周扬声:《各省农村劳力征调概况》,重庆农林部农产促进委员会 1943 年版,第32 页。

表10-3、表10-4虽然有些年份的资料欠缺,但仍大体上反映了抗战中经济建设工役推行的工事成效、征用人数及所做工数的基本情况,以及从中反映的受战局影响的工事种类变化。

其次,以典型年份和县份为样本,从微观上分析抗战中经济建设工役的实施情况。

抗战时期,经济建设工役工事项目和服役人数的确定,实行因地而异的原则:(1)参照以往各年度各县市局办理国民工役的成绩及目前需要而定;(2)地域富庶、人口繁盛县份,以水利、筑路两项工事为主要业务,造林、自卫两项工事为次要业务;(3)地域边远、人口稀少县份,仅举办水利及筑路两项工事或以垦荒代替;(4)各市以筑路(城郊疏散路)及自卫(城内城郊防空工事及防空掩护工事)为主要业务,造林为次要业务;(5)主要业务服役壮丁应占全体应役者的80%,次要业务服役壮丁应占全体应役者的20%。①

1943年,全省计划动员142县(市)局单位,征用民工5437099人,完成铁路路基土方7341644公方、植树47994450株、水利挖塘堰土方9091080公方、自卫挖防空壕土方1956672公方。② 服役工数总计为16311297,其中水利工数为7272849,占总数的44%;筑路工数为5873306,占总数的36%;造林工数为1599815、自卫工数为1565327,两项工事皆占总数的10%。③ 从分配比例上可以看出,经济建设工役工事以水利、筑路为重,占总工数的80%,其中又尤以增产农业的水利更为重要,占总数的44%。

为推进经济建设工役,增加战时后方生产,征工事务管理处依据有关原则,从总体上规划了全省1943年工役工事服役人数分配比例(见表10-5)。

---

① 四川省档案馆·四川省特种工程征工处,全宗号116,案卷号11,第8页。
② 四川省档案馆·四川省特种工程征工处,全宗号116,案卷号11,第10页。
③ 四川省档案馆·四川省特种工程征工处,全宗号116,案卷号11,第12页。

**表 10-5　四川省 1943 年国民工役计划各项工事服役人数分配分组表**

（单位:%）

| 县（市）别 | 各项工事服役人数分配比例数 | | | |
| --- | --- | --- | --- | --- |
| | 水利 | 造林 | 筑路 | 自卫 |
| 成都市、自贡市（2 市） | | 30 | 50 | 20 |
| 温江、成都、华阳、巴县、大足、梓潼、灌县、江津、新津、双流、彭县等 56 县 | 50 | 10 | 30 | 10 |
| 眉山、名山、乐山、西充、渠县、大竹、合川、简阳、资阳、资中、乐至等 51 县 | 40 | 10 | 40 | 10 |
| 屏山、马边、雷波、汶川、平武、北川、峨边、沐川、昭化、洪县、城口等 23 县 | 50 | | 50 | |
| 北碚、青川、旺苍、武隆设治局 | 自拟计划 | | | |

资料来源:四川省档案馆·四川省特种工程征工处,全宗号 116,案卷号 11,第 16 页。

表 10-5 比较典型地体现了,在遵循原则规定的基础上,结合各县（市）大体实际情况,征工事务管理处规划具体的经济建设工役工事种类、人数分配比例。成都市、自贡市二市级行政区,经济条件较好,各为附近区域的经济核心,人口众多,商业性、消费性较为明显,故以 50% 的劳力筑路,次为造林（30%）、末为自卫（20%）。温江、灌县、巴县、江津等 56 县地区多为重要水利工程灌溉流域,故工数中以 50% 的劳力进行水利工事、30% 筑路,次为造林、自卫各 10%。眉山、名山、简阳、资阳等 51 县水利、筑路并重,服役人数分配上各为 40%;造林、自卫各为 10%。屏山、马边、汶川、峨边等 23 县地偏人少,经济落后,森林资源相对丰富,则只举办水利、筑路两项工事。为取得经济建设工役的实效,北碚、青川、旺苍、武隆设治局,自拟经济建设工役工事范围的人数分配。从总体工事人数分配上,反映了经济建设工役首为水利,在人数分配上,除成都市、自贡市没有分配外,所列县份中至少分配 40% 的劳力;次为筑路工事,分配 30%—50% 的劳力;最后为自卫工事,边远地区的县份没有进行此项工事,只有人口集中、经济富庶的成都市、自贡市以最高人数分配,即 20% 投入。各工事、各县市工役服役人数分配比例,反映了抗战后期经济建设工役围绕增产农业、发展基层经济的目标。

据《四川省三十二年度国民工役计划各县市动员人数分组表》显示，城口、雷波、北川、昭化、马边等 14 县征用民工 2000 人以下。中江、三台、宜宾、江津、泸县征用民工 2000 人以上。成都、新津、平武、沐川等 23 县征用民工 2001 — 4000 人。温江、峨眉、洪县、乐至、乐山等 23 县征用民工 4001 — 6000 人。青川、北碚、旺苍、武隆设治局自拟计划。①

另据 1943 年 9 月 16 日，四川省政府根据第一区至十六区所辖县局实地查报，制成《四川省各行政区卅二年下季及卅三年上季农忙起讫日程表》，全川农忙起讫平均日数：1943 年下季农忙时数为 8 月 25 日至 9 月 23 日，1944 年上季农忙时数为 4 月 23 日至 6 月 1 日。② 在调查的基础上，四川省政府令各行政专员兼区保司令公署、各县市局：各县（市）利用原有常备的民工总队组织，以各乡镇中队为单位，发动各乡镇全部壮丁的集体劳动，强制实施普遍的 3 日义务工役，完成各乡镇有实效的公益事业、生产建设，尤以特别注意与公共造产密切配合，以期建立乡镇财政，实现地方自治。③

全省各县市的经济建设工役的工事主要围绕与增加农业生产有关的筑路、水利、垦荒、造林而展开，但具体县份的个体情况是有差异的。所以，下面以具体县份、设治局来进一步分析经济建设工役在各地推行的实际情况。1944 年选择二县、一设治局，1945 年选择一县。经济建设工役在 1944 年、1945 年两年大规模地展开，尤其是 1944 年。所以，1944 年选择的县份多些。4 个自拟计划的设治局选川北偏远的旺苍县。三县中分别为丙等第十三区一等县的川西北县份绵阳、丙等第十六区、贫瘠的川西北县份汶川（中国四个羌族聚居县之一）、乙等第八区的川东县份涪陵。这些县份较鲜明地反映了不同地理区域和经济水平下，推行战时经济建设工役的具体实施情况（见表 10-6）。

---

① 四川省档案馆·四川省特种工程征工处，全宗号 116，案卷号 11，第 17 页。
② 四川省档案馆·四川省民政厅，全宗号 54，目录号 8，案卷号 10825，第 84 页；重庆市档案馆·四川省第三区行政督察专员公署，全宗号 0055，目录号 3，案卷号 254，第 3 页。
③ 四川省档案馆·四川省民政厅，全宗号 54，目录号 8，案卷号 10825，第 83 页。

表 10-6 旺苍设治局民国 1943 年国民工役举办工事计划表

| 工事类别 | | 水利工事 | 筑路工事 | 造林工事 |
|---|---|---|---|---|
| 工事名称 | | 开凿塘堰 | 修整城市路面及各乡镇道路 | 普遍造林 |
| 工事地点 | | 各区乡镇 | 城区及各乡镇 | 各乡镇 |
| 数量单位 | | 28000 立方公尺 | 738.95 公里 | 140000 株 |
| 日期 | | 1 月至 12 月 | 3 月至 6 月 | 2 月至 4 月 |
| 征调民工 | 人数 | 5872 人 | 8808 人 | 17617 人 |
| | 组织 | 照保分队 | | |
| | 征调办法 | 每三户一人义务征调 | 每二户一人义务征调 | 每户一人义务征调 |
| 备考 | | 1. 本局共十四乡镇壮丁为 8669 人 | | |
| | | 2. 开凿塘堰仅限于本年年度完成,于农隙时间办行之 | | |
| | | 3. 各项工事依义务征工 | | |

资料来源:四川省档案馆·四川省民政厅,全宗号 54,目录号 8,案卷号 10952,第 79 或 80 页。

表 10-6 反映了旺苍设治局自拟的 1944 年工役的情况,如工事类别、数量单位、征调民工(人数、组织、办法)。工事有水利、筑路、造林。于农隙时间,各工事按户征调民工,组织上照保分队,待遇上采取义务方式,即完全无偿使用民力。水利工事每 3 户 1 人,共征调 5872 人,在各区乡镇开凿塘堰 28000立方公尺。筑路工事每 2 户 1 人,共征调 8808 人,3 月至 6 月修整城市路面及各乡镇道路 738.95 公里。造林工事每户 1 人,共征调 17617 人,2 月至 4 月在各乡镇共植树 140000 株。三项工事共征调 32297 人,但该局十四乡镇壮丁为8669 人。用工数为壮丁数的近 4 倍,则可知是采用轮流服役的方式。该年旺苍设治局在工役上重于造林,其征调人数占总人次的近 55%,与工事原则规定(3)有出入。

下面来看与旺苍情况相近的汶川县 1944 年经济建设工役的具体实施情况(见表 10-7)。

表 10-7 四川省汶川县 1944 年国民义务劳动举办工事计划表

| 工事类别 | | 筑路工事 | 垦荒工事 | 造林工事 |
|---|---|---|---|---|
| 工事名称 | | 整修乡道 | 开垦公有荒地 | 种植树木 |
| 工事地点 | | 县府九乡镇分别举行 | 已划拨至乡镇辖区内公有荒地 | 县属九乡镇分别举行 |
| 工事数量单位 | | | 36 市亩 | 4500 株 |
| 日期 | | 6月1日至8月24日 | 9月24日至12月31日 | 1月1日至4月21日 |
| 经费 | 来源 | 本年度国民公役费开支 | | |
| | 预算金额 | 3900 元 | | |
| 预计 | 人数 | 3874 人 | 606 人 | 504 人 |
| 征调 | 组织 | 国民义务劳动总队 | | |
| 民工 | 征调办法 | 轮流服役 | | |
| 备考 | | 1. 经费 3900 元照规定用途支用,包括筑路、垦荒、造林全部工事在内 | | |
| | | 2. 现购置树苗、民工给养口食及必不可少之费用由地方自筹 | | |
| | | 3. 劳动服务人数暂定每人劳动 3 日计 | | |
| | | 4. 上列工事由各乡镇分别自行举行 | | |

资料来源:四川省档案馆·四川省民政厅,全宗号 54,目录号 8,案卷号 10952,第 88、89 页。

汶川是一偏远、贫瘠之县,故举办的经济建设工役,在工事规模、征用民工的人数和开支的费用上,都是比较有限的。在工事兴办中,汶川县多用民力,少用民财,即民工作工完全采用轮流方式。因交通不便,所以,县府 9 乡镇共征调 3874 人(占应征总数约 78%)整修乡道。筑路、垦荒、造林全部工事经费 3900 元,在年度国民公役费开支。各乡镇自筹购置树苗、民工给养口食及必不可少的费用。1944 年成都市米价平均为 1 市石 480 元。[①] 3900 元仅可购买 8 市石多点的米(即 975 市斤大米)。虽然汶川县米价比成都市低,但工役费的开支确实比较紧张。在工事数量、人数上与同年度同等行政级别丙等的绵阳相比较,是不在同一水平上的。

---

① 李竹溪、曾德久、黄为虎主编:《近代四川物价史料》,四川科学技术出版社 1986 年版,第 331 页。

下面我们分析经济条件和地理位置较好的一等县份绵阳1944年的经济建设工役情况(见表10-8)。

**表10-8　绵阳县1944年国民工役举办计划表**

| 工事类别 | | 水利 | 筑路 | 造林 | 垦荒 |
|---|---|---|---|---|---|
| 工事名称 | | 整修塘堰 | 整修乡村道 | 植树造林 | |
| 数量单位 | | 129600立方公尺 | 195公里 | 190000株 | 152亩 |
| 日期 | | 上季1月1日至4月21日;下季9月24日至12月31日 | 中季6月24日至8月24日;下季9月20日至12月31日 | 1月1日至3月15日 | 9月20日至12月31日 |
| 经费 | 来源 | 塘堰业主负担 | | | |
| | 金额 | 民工口食食米1658.88市石;民工工资(即乡镇造产资金)黄谷2073.60市石 | | | |
| 征调民工 | 人数 | 10368 | 32500 | 2126 | 2875 |
| | 组织 | 每组30人,共346组 | 每组50人,共650组 | 每组10人,共218组 | 每组10人,共分282组 |
| | 办法 | 每乡镇征调民工288人,每人以暂服役10日为限 | 由有关乡镇抽调民工服义务工役3日 | 每乡镇征调民工56名,每人服役2日 | 每乡抽调民工74人,各服役3日 |
| 备考 | | 各乡所收此项之'工役造产'资金,于每次工役完毕后10日内,由乡公所与乡镇造产委员会,将此次工事造产数额及分期收入数额,呈报县府查考。每年应将全年各乡所造之数额及分期收入之数额合并,汇报一次 | 本工事属义务征工,伙食与普通工具均由民工自带,特种工具由县国民工役费购用 | 本工事属义务征工,伙食、工具由民工自带,树苗由县农推所供给 | |

资料来源:四川省档案馆·四川省民政厅,全宗号54,目录号8,案卷号10543,第138—139页。

绵阳县民工已编队者共 53640 人。本年分配整修塘埝征调 10368 人，植树造林征调 2126 人，整修乡村路征调 32500 人，垦荒工事调 2875 人，其余 5829 人作为预备，候命国防工程服役及绵乡临时须作工事之用。① 绵阳用于国防工役的人数则低于总编队人数的 11%，更低于规定数的 20%。从征调人数上可见，水利、筑路为工役重点，其次为造林、垦荒。这种工事人数分配，遵照了工事原则规定(2)。各项工事的民工按乡镇征调，按组编制，主要在各季农隙时期服役。水利工事于上季 1 月 1 日至 4 月 21 日；下季 9 月 24 日至 12 月 31 日，每乡镇征调民工 288 人，每人以暂服役 10 日为限，共征调 10368 名民工，每组 30 人，共 346 组，整修塘堰 129600 立方公尺。筑路工事于中季 6 月 24 日至 8 月 24 日；下季 9 月 20 日至 12 月 31 日，由有关乡镇抽调民工服义务工役 3 日，共征调 32500 名民工，每组 50 人，共 650 组，整修乡村道 195 公里。造林于 1 月 1 日至 3 月 15 日，每乡镇征调民工 56 名，每人服役 2 日，共征调 2126，每组 10 人，共 218 组，植树 19 万株。垦荒工事于 9 月 20 日至 12 月 31 日，每乡抽调民工 74 人，各服役 3 日，共征调民工 2875 人，每组 10 人，共分 282 组，开垦荒地 152 亩。

做工期间的待遇，除了水利工事是给养征工，筑路、造林和垦荒皆为义务征工即伙食与普通工具均由民工自带，特种工具由县国民工役费购用。全县共有塘堰 43529 口，灌田 30 余万亩，多有年久失修、淤塞崩漏者亟待整修，依《国民工役法》给食征办法整修之。食米、代金由业主负担，并为配合乡镇造产委员会，收工资二市升黄谷作为造产金额。塘堰如系自耕者，此项工资由塘堰业主负担。如系佃农，业主负担民工伙食费，佃户负担工资。民工伙食费(1658.88 市石)于施工时，按日发谷。工资(黄谷 2073.60 市石)于塘堰整修后次年起，3 年内分期缴交各管乡镇造产委员会。② 凡被征之民工因故而不能服役者，须请人代役，但须给每代役者 1 市升 6 合米之伙食费及 2 市升黄谷之

① 四川省档案馆·四川省民政厅，全宗号 54，目录号 8，案卷号 10543，第 139 页。
② 四川省档案馆·四川省民政厅，全宗号 54，目录号 8，案卷号 10543，第 138 页。

工资。如有因做工而受重伤或死亡者,由县府专案呈请,动支县预备金支付。①

最后,我们来看川东经济、交通尚可的涪陵县 1945 年经济建设工役实施的情况(见表 10-9)。

表 10-9　涪陵县 1945 年国民义务举办工事计划表

| 工事类别 | | 水利工事 | 造林工事 | 筑路工事 | 造产工事 |
|---|---|---|---|---|---|
| 工事名称 | | 增凿塘堰 | 植树 | 整修乡道 | 垦荒 |
| 数量单位 | | 1092 立方公尺 | 1820000 株 | 910 公里 | 2.73 市亩 |
| 日期 | | 1 月 1 日至 9 月 20 日 | 2 月 2 日至 4 月 21 日 | 6 月 1 日至 8 月 24 日 | 9 月 24 日至 12 月 31 日 |
| 经费 | 来源 | 凿塘工程主食客工办法由受益田亩负担 | 劳动者就近家食 | | |
| | 金额 | | | | |
| 征召劳动者 | 服务范围 | 包括塘之引水道泄水孔及水闸等各种工程 | 包括培植森林保育幼苗等 | 就原有乡道加以整修或勘测简捷地段改修之 | |
| | 队别 | 大队 | 小队 | 大队 | 中队 |
| | 人数 | 每一乡镇上季各调 600 名,下季 367 名,全县 91 乡镇共 87360 人 | 每乡征调 67 人,全县 91 乡镇共调 6097 人 | 每乡镇调 500 名,全县 91 乡镇共调 45500 人 | 每乡 167 名,全县 91 乡镇共调 15197 人 |
| | 服务日期 | 每人服务 10 日 | | 每人服务 10 日 | |
| | 服务办法 | 轮流征调 | 同时服务 | 轮流征调 | 同时服务 |
| 备考 | | 全县 91 乡镇年可增凿塘 455 口 | | | 全县 91 乡镇年可增加粮食 2789 市石 |

资料来源:四川省档案馆·四川省民政厅,全宗号 54,目录号 7,案卷号 10274,第 36 页。

　　1945 年涪陵在全县 91 乡镇推行工役,举办的工事有水利、造林、筑路和

——————

①　四川省档案馆·四川省民政厅,全宗号 54,目录号 8,案卷号 10543,第 139 页。

垦荒。民工人数按乡镇分配,征调方式上有轮流和同时两种,组织上因工事不同而异。经费上,除水利外,其余皆采取义务征工。1月1日至9月20日的水利工事,轮流征调民工,每一乡镇上季600人、下季367人,则共为87360人。所征民工组成大队,每人服务10日,增凿塘堰1092立方公尺、455口。因水利工程受益的田主,需承担挖塘工程的费用,并负责外来劳工的伙食费。2月2日至4月21日的造林工事,每乡征调67人,共调6097人,组成小队,同时植树1820000株。6月1日至8月24日的筑路工事,轮流征调民工,每乡镇调500人,共调45500人,组成大队,每人服务10日,整修乡道910公里。9月24日至12月31日的造产工事,每乡167人,共调15197人,组成中队,同时垦荒2.73市亩,年可增加粮食2789市石。造林、筑路和垦荒的劳动者就近家食。从征调人数和待遇方式上看,此年涪陵重于增产农业的水利工事。

抗战后期地方建设工役更多的是义务运用劳力。

表 10-10 云阳县 1944 年度国民工役举办工事计划表①

| 工事<br>类别 | 地方建设工役 | | | | | |
|---|---|---|---|---|---|---|
| 工事<br>名称 | 增凿塘堰 | 植树 | 整修乡镇<br>道路 | 增凿塘堰 | 整修乡镇<br>道路 | 垦荒 |
| 工事<br>地点 | 县属 36 乡镇 | | | | | |
| 工事<br>标准 | 每人每日<br>掘土 1.25<br>立方公尺 | 每人每日<br>植树 30 株 | 每人每日<br>整修 0.002<br>公里 | 每人每日<br>掘土 1.25<br>立方公尺 | 每人每日<br>整修 0.002<br>公里 | 每人每日<br>垦荒 12 平<br>方公尺 |
| 工事 | 每乡镇 1451<br>立方公尺 | 每乡镇 5000<br>株 | 每乡镇 2<br>公里 | 每乡镇 551<br>立方公尺 | 每乡镇 1<br>公里 | 每乡镇 4<br>市亩 |

---

① 四川省档案馆·四川省民政厅,全宗号 54,目录号 4,案卷号 10542,案卷标题:四川省各县国民工役实施计划及预算表呈文与四川省民政厅指令(民国 1944 年),第 70 页。

续表

| 工事类别 | | 地方建设工役 | | | | | |
|---|---|---|---|---|---|---|---|
| 预计日期 | 开工 | 1月2日 | 1月2日 | 6月1日 | 9月31日 | 9月31日 | 9月31日 |
| | 完工 | 4月21日 | 4月21日 | 8月24日 | 12月31日 | 12月31日 | 12月31日 |
| 经费来源 | | 义务劳动费 | | | | | |
| 预计征调民工 | 人数 | 每乡镇各征调387人 | 每乡镇各征调56人 | 每乡镇各征调333人 | 每乡镇各征调147人 | 每乡镇各征调167人 | 每乡镇各征调7段 |
| | 组织 | 劳动服务各中队 | | | | | |
| | 征调办法 | 义务征工 | | | | | |

从表所列,所有工役进行的经济项目,都采用无偿劳动方式。

### 表10-11 自贡市1945年国民工役举办工事计划表①

| 工事类别 | | 筑路 |
|---|---|---|
| 名称 | | 滨江路 |
| 工事 | | 土方2300立公方,煤渣350立公方 |
| 日期 | 开工 | 春季3月10日至4月15日冬季 |
| | 完工 | 11月15日共3月 |
| 经费 | 来源 | 岁出经常门常时部分第十款第二预备金 |
| | 预算金额 | 18800元,测勘费 |
| 预计征调民工 | 人数 | 每月11493工,每日400人 |
| | 组织 | 共四中队,每中队100人,每分队10人 |
| | 办法 | 每保10人,以保长为分队长,以乡长为中队长 |
| 备考 | | 该路前呈请全部经费为4002600元。嗣奉本年度新预算,核减为300万元,相差甚巨。故始改用义务征工办法,以建路基土方 |

① 四川省档案馆·四川省民政厅,全宗号54,目录号4,案卷号10542,案卷标题:四川省各县国民工役实施计划及预算表呈文与四川省民政厅指令(民国1944年),第93页。

从 1944 年云阳县、自贡市工役计划表可看出,义务劳动为主,但辅以必要经费。如自贡市拨款 18800 元,用于测勘。云阳县 1944 年地方建设工役:增凿塘堰、植树、整修乡镇道路、垦荒,计划全为义务劳动。但据云阳县政府1944 年度岁出经常门常时部分预算数:国民工役经费 7800 元、工役医药费3800 元。①

# 第三节　征调机制

如何征调民工服工役,进行垦荒、农田水利、植树造林等地方建设? 下面将研究经济建设工役的征调机制。

## 一、征调机构和权责

县(市)政府于每年度开始前两个月,按照地方实际需要,拟定本年度地方建设征工服役实施计划表,连同预算图表,呈由省政府核定施行,并转内政部备案。② 省政府各有关厅、处派员组织地方建设工作审查委员会,审查委员会办理各县(市)地方建设计划、各报告的审核及指导事项。③ 省政府或事变发生的县(市)行政长官发布救灾防患的紧急征工命令。④ 省级征工业务,由省政府民政厅设科办理。属于县级者,由各县政府民、建两科会商办理,⑤社、教两科协助。⑥ 实施地方工役以县(市)政府为主持单位。范围较少,属于乡镇造产工事则由乡镇公所拟具计划,呈请县政府核定办理。若所举办的事业

---

①　四川省档案馆·四川省民政厅,全宗号 54,目录号 4,案卷号 10542,案卷标题:四川省各县国民工役实施计划及预算表呈文与四川省民政厅指令(民国 1944 年),第 67 页。

②　四川省档案馆·四川省特种工程征工处,全宗号 116,案卷号 22,第 147 页。

③　四川省档案馆·四川省特种工程征工处,全宗号 116,案卷号 22,第 149 页。

④　四川省档案馆·四川省特种工程征工处,全宗号 116,案卷号 22,第 148 页。

⑤　行政院编纂:《国民政府年鉴》(第二回)1944 年,第八章"四川省",第 6 页,无出版情况,查阅于江苏省图书馆。

⑥　四川省档案馆·四川省民政厅,全宗号 54,目录号 6,案卷号 7678,第 122 页。

与领县(市)有关,则会同主持。地方工役工事范围较广或需时较久,县(市)政府呈准后,组设临时事务所主持。① 如1944年度北碚管理局下季农隙征工,办理北碚市政未完工程。为推进征工事宜,组织征工委员会办理,人员组成为:北碚管理局2人,负联络登记之责(一任市政会,一任乡镇公所);镇乡公所1人、公正士绅3人,负调查登记之责。② 在《四川省政府三十三年度工作计划》里规定,各主管令各县市局依照《四川省各县市局推行工役注意事项》,配合省颁县市建设计划于农隙时期,由乡镇公所主持、实施地方建设工役。③

可见,地方建设工役由省府统筹,县府及乡镇公所分负设计、监督及执行之责。乡镇公所负第一层责任,县府负第二层责任,省府及专署负最后考核之责。④

## 二、征调原则

首先,在实行时间上,有关工役的重要法规作了规定。1937年7月17日公布的《国民工役法》规定,实施工役时期应在农隙、工余或假期举行,由该管县市政府酌量当地情形决定。⑤ 1942年11月24日颁布的《四川省各县(市)地方建设征工服役暂行办法》规定,除救灾、防患紧急事项外,以不妨碍农时为原则。服役人员以在每日8小时工作时间内完成规定能率的工作为准则。凡超过或不及规定能率者,得增减所服役日数。⑥ 1943年12月4日实施的

① 四川省档案馆·四川省特种工程征工处,全宗号116,案卷号22,第145页。
② 重庆市档案馆·北碚管理局,全宗号0081,目录号4,案卷号3260,第20页。
③ 《四川省政府三十三年度工作计划》,四川省档案馆·四川省政府秘书处,全宗号41,目录号4,案卷号9238。
④ 重庆市档案馆·四川省第三区行政督察专员公署,全宗号0055,目录号3,案卷号254,第32页;四川省档案馆·四川省民政厅,全宗号54,目录号6,案卷号7975,第92页。
⑤ 四川省档案馆·四川省民政厅,全宗号54,目录号6,案卷号7404,第72页;成都市档案馆·成都市政府,全宗号38,目录号12,案卷号1650,第4页;《国民工役法》,《四川省政府公报》第九十二期,1937年出版,第38页;四川省训练团编印:《工役法令》,1940年,第20页。
⑥ 四川省档案馆·四川省特种工程征工处,全宗号116,案卷号22,第147页。

《国民义务劳动法》规定,义务劳动应于农暇、业余或假期举办。①

其次,在征工对象和区域上,《四川省地方建设征工服役暂行办法》第五条规定,凡年满18岁至45岁之男子,每人每年均有在本乡镇服3日义务工役,及在本县(市)服15日以内给养工役的义务。在本籍以外,有职业者就于职业所在地服工役。②《国民义务劳动法》第十一条规定,劳动地点以其服务者之本乡镇为限。其在本乡镇以外,有职业者,应在其职业所在地参加。③

最后,在名额分配上,原则上是以各保人数的多寡为基本依据。除此外,也有按户、工作量、贫富甚至采用抽签的方式。如崇宁县奉四川省政府令,于1939年1月5日至2月5日义务修筑彭宝路面。该县共征1600名民工,第一、二区各派民工800名,由区长依照各保壮丁实数及住户贫富标准,分别征派。④ 1942年大邑轮次按保征工120人,培修大邑至新津公路30公里。⑤綦江县1943年在大春收获后到本年年底,照抽签法,抽调180名壮丁轮流服役于县区林场及公路旁植树一万株。⑥ 同年江津县建筑津柏公路。县政府令路线经过乡镇,视路线经过长短逐保每户征调精强壮丁1人。⑦

## 三、征调方法

首先,编订壮丁名册。各县应服工役的壮丁,由县政府令乡镇公所督同各

① 四川省档案馆·四川省民政厅,全宗号54,目录号6,案卷号7970,第10页;四川省档案馆·四川省民政厅,全宗号54,目录号6,案卷号7975,第88页;《国民义务劳动法》,重庆《大公报》1943年12月5日。

② 四川省档案馆·四川省特种工程征工处,全宗号116,案卷号22,第145—146页。

③ 四川省档案馆·四川省民政厅,全宗号54,目录号6,案卷号7970,第10页;四川省档案馆·四川省民政厅,全宗号54,目录号6,案卷号7975,第88页;《国民义务劳动法》,重庆《大公报》1943年12月5日。

④ 成都市档案馆·四川省第一区行政督察专员公署,全宗号134,目录号8,案卷号98,第87页。

⑤ 四川省档案馆·四川省政府秘书处,全宗号41,目录号4,案卷号9240,第17页。

⑥ 四川省档案馆·四川省民政厅,全宗号54,目录号8,案卷号10618,第45、46页。

⑦ 重庆市档案馆·四川省第三区行政督察专员公署,全宗号0055,目录号5,案卷号130,第26页。

甲于事前制定壮丁名册,以甲为单位。凡属适龄壮丁,不分贫富,应一律依其出生年月次序,编订该甲壮丁名册,按甲榜示公布,并将所编甲、乙壮丁数目,逐级实报县府统计备查。每年应编报1次。① 保甲长呈报区署所填壮丁名册。区署依照名册,分别统计,汇造全区壮丁调查统计清册及全区壮丁分类调查统计表各2份,呈报市县政府。市县政府将各区册表,汇成全市县壮丁调查统计清册及全市县壮丁调查分类统计表,以1份存案,以1份呈报省政府备查。② 乡镇公所按规定,常备民工总队,以便随时集中,迅速动员。③ 四川省政府编订了《廿六年份各县市壮丁统计》和《二十六年份各市县保甲统计》。

其次,实行不同的服役方式——轮流、同时。地方建设征工,动员时采轮流服役办法,分别施工,以免工事范围太小,不能同时容纳多人。④ 如1943年2月至3月金堂县动支1943年道路桥梁费5200元,遵照征工服役办法令饬各乡镇轮流征调乙级壮丁420名,每乡镇30人编组一队,修筑18公里县道。⑤ 但也有同时服役的方式。如1943年兴文县3月5日至15日,全县各乡镇各征调50人、共2000人同时植树,共六万株;11月3日至12日,全县各乡镇征调各238人,同时开垦所辖境内荒地48市亩。⑥

最后,实施免缓役。《四川省各县(市)地方建设征工服役暂行办法》详细规定了免缓禁役的情况。如第七条规定,肢体残废、心神丧失、有痼疾而不胜

① 中国第二历史档案馆·国民政府行政院,全宗号二,案卷号8384,第29—30页,缩微胶卷号:16J-1408;四川省档案馆·四川省建设厅,全宗号115,目录号2,案卷号3604,第98—99页;四川省档案馆·四川省特种工程征工处,全宗号116,案卷号20,第5—6页;四川省档案馆·四川省特种工程征工处,全宗号116,案卷号145,第42—43页;重庆市档案馆·北碚管理局,全宗号0081,目录号4,案卷号1642,第5页;《修正四川省非常时期征工服役暂行办法》,《四川省政府公报》第二百九十九期,1939年出版,第7页。
② 重庆市档案馆·北碚管理局,全宗号0081,目录号3,案卷号570,第9页;重庆市档案馆·重庆市政府,全宗号0053,目录号9,案卷号1014,第67页。
③ 四川省档案馆·四川省特种工程征工处,全宗号116,案卷号22,第147页。
④ 重庆市档案馆·四川省第三区行政督察专员公署,全宗号0055,目录号3,案卷号254,第37页;四川省档案馆·四川省民政厅,全宗号54,目录号6,案卷号7975,第99页。
⑤ 四川省档案馆·四川省民政厅,全宗号54,目录号8,案卷号10618,第198页。
⑥ 四川省档案馆·四川省民政厅,全宗号54,目录号8,案卷号10543,第104—105页。

工役的农民,出具医生诊断书,或 2 人以上的证明书,经保甲长查明属实后,免服工役。第八条规定,现任公务员、学校教职员及肄业学生得免服工役。第十条规定,应服工役期间,因患疾病或有婚丧的壮丁,可延服役。事后或下次工役时补足应服工役日数。①《国民义务劳动法》第十八条规定,在征召期内,若有疾病或婚丧大故者,得延缓服务,于事后补足。②

农忙时期实行减缓征工。农忙时期不下征工令,征调新工;已下征工令而未赴工地者,准其俟农忙期过后再行征调;斟酌工程性质是否急要,如非最急要者,即酌量减少或暂停。③

1940 年 3 月酉阳县奉令征工 2000 名,协助赶筑秀山机场。时任县长冯英用特电呈省府,减派民工 1000 名。5 月 25 日省府批复,"经规定 5 月 16 日起至 6 月 19 日止为本年上季农忙时间,准予在此期内缓征工役,一俟期满,仍须如额征送,仰即知照"④。

## 第四节　管理机制

大量的民工被征调后,是如何接受管理,以进行工事的呢? 接着分析经济建设工役的管理机制。

首先,考察民工的编制,因为民工是在编制的基础上被管理的。地方建设工役中民工的编制系统:"某某"县(市局)民工总队——"第几"大队——"某

---

① 四川省档案馆·四川省特种工程征工处,全宗号 116,案卷号 22,第 146 页。

② 四川省档案馆·四川省民政厅,全宗号 54,目录号 6,案卷号 7970,第 11 页;四川省档案馆·四川省民政厅,全宗号 54,目录号 6,案卷号 7975,第 89 页;《国民义务劳动法》,重庆《大公报》1943 年 12 月 5 日。

③ 四川省档案馆·四川省特种工程征工处,全宗号 116,案卷号 17,第 39 页;四川省档案馆·历史资料:《四川省现行法规汇编》(第二册),四川省政府秘书处法制室编印,1940 年,第 727 页;成都市档案馆·成都市政府,全宗号 38,目录号 12,案卷号 1651,第 45 页;成都市档案馆·四川省第一区行政督察专员公署,全宗号 134,目录号 5,案卷号 278,第 60 页。

④ 四川省档案馆·四川省政府征工事务管理处,全宗号 116,案卷号 200,第 28—29 页。

某"乡(镇)中队——"第几"分队——"第几"班。编制内容:(一)就原有保甲组织,以一甲为一班,设班长一人,由甲长任之(仍与民工同样工作)。一保为一分队,设分队长1人,由保长任之。(二)就原有乡镇组织,以一乡镇为一中队,设中队长1人,由乡镇长任之。(三)就原有之自治区,以一自治区为一大队,设大队长1人,由区长或县指导员任之。(四)以一县市局为一总队,设总队长、副总队长各1人,由县长兼任总队长,副总队长由县长遴派,统率该县市局各级民工队。(五)各县市局民工总队为一个常设性组织,平时仍各安己业,一遇征调即迅速动员。① 简言之,各县将该县所有甲、乙两级壮丁,就原有自治及行政组织,以一甲为一班,一保为一分队,一乡(镇)为一中队,一自治区为一大队,一县为一总队,一律加以编组成立。②

其次,研究管理民工的具体内容。在实际中,通过层层节制的变通的编制系统,民工主要接受工作上的管理。如铜梁县1937年12月1日各区乡同时开工修筑塘堰,至1938年2月底止完成。征调人工采取义务征工、业食佃工、业食民工三原则办理。联保主任兼大队长,精干保长兼中队长,保长兼分队长,甲长兼组长,层次监督,依照估计工程开凿新堰。工程完毕后,由中分队长邀集县府或区署派员复查。③ 各乡镇民工照总队、大队、中队组织。总队长由县长兼任,副总队长由建设科长兼任,总队附由区长指导员技士兼任。大队长由乡长兼任,大队附由乡队附兼任。中队长由保长兼任,中队附由保队附兼任。分队长由甲长兼任(二甲合编为一分队,两甲长分任正副分队长)。概尽义务,不支薪津。大队即以乡镇名称为番号(如高牙乡民工大队),中分队视各乡保甲多寡,顺序编制之。每中队自制一市尺正方白色队旗,一面上书写

---

① 重庆市档案馆·四川省第三区行政督察专员公署,全宗号0055,目录号3,案卷号254,第33页;四川省档案馆·四川省民政厅,全宗号54,目录号6,案卷号7975,第92—93页。

② 行政院编纂:《国民政府年鉴》(第二回),1944年,第八章"四川省",第6页。无出版信息,查阅于南江苏省图书馆。

③ 重庆市档案馆·四川省第三区行政督察专员公署,全宗号0055,目录号5,案卷号11,第142—143页。

"某某乡民工大队第某某中队"等字。各大、中、分队长负管理、维护民工及指挥、监督工作之责,副总队长、总队附亦须常在工作地点,指挥、监督并处理一切纠纷。① 1944年,安岳县为完成交通建设,修筑县道征调民工,特遵照省颁《各县市推行工役注意事项》及《征工服务指导事项》之规定,并参酌本县地方情形拟订安岳《征工筑路民工管理实施办法》。规定,民工管理事务除由民工各级队部负责办理外,并由本县政府及筑路委员会负责督导、考核之责。民工在工作期中,筑路委员会指派民工管理人员住工场,并办理调解民工纠纷;按日登记工作人数、病工人数及逃亡人数,通知发粮发款机关核发粮款;举行工作竞赛以期增进工作效率。② 1945年四川省第十二区各县运用国民义务劳动服务,从事以农田水利及修筑公路两项为限的经济建设。县府将全部工程划分若干段,每段设监工员一人、警兵若干人,负督促、指导民工之责。③

此外,民工也被施以素质训练。《四川省政府三十三年度工作计划》规定,服役民工已就业经编组成队者,一律施以机会训练。④《四川省各县市局推行工役注意事项》对训练规定,平常时期,民工以中队或分队为单位,就各乡镇中心学校或保国民学校实施训练,或于国民月会讲解工役法令,代替训练。服役时期,就服役地点,实际工作中施以军事及技术训练。训练目标:加强国家民族意识及爱护乡土观念,使之成为坚强之战士;养成负责任、守规律、明礼仪、知廉耻之习尚,使之成为健全之公民;增进工作效能,使之成为优秀之劳动者;提高技术水准,使之成为积极之生产者。⑤

---

①　重庆市档案馆・四川省第三区行政督察专员公署,全宗号0055,目录号5,案卷号130,第26页。

②　四川省档案馆・四川省民政厅,全宗号54,目录号8,案卷号10952,第71—72页。

③　四川省档案馆・四川省民政厅,全宗号54,目录号8,案卷号10480,第48—49页。

④　四川省档案馆・四川省政府秘书处,全宗号41,目录号4,案卷号9238。

⑤　重庆市档案馆・四川省第三区行政督察专员公署,全宗号0055,目录号3,案卷号254,第33—34页;四川省档案馆・四川省民政厅,全宗号54,目录号6,案卷号7975,第94页。

## 第五节　经费来源

　　工役中,民工的征调、管理和运用都需要财力即经费来运转。地方经济建设工役一般由县府担当。如据《四川省蒲江县三十年国民工役概况报告总表》,该县 1941 年修筑乐西公路,并未得省款补助,而是示筹县款。① 如何筹县款。下文将进一步分析经济建设工役中的经费来源。

　　首先,政策规定的经费为国民工役费和代役(工)金。

　　1942 年 11 月 6 日,第五九八次省务会议决议案通过:各县(市)地方总预算岁出经常门常时部分科目"经济及建设支出"款内,依照 20% 增列"国民工役费"②。各县(市)局地方建设工役经费,以不超过省府核定之各县市局国民工役费总额为原则。工役经费开支限于:工役行政费(包括组训、宣传、管理、奖励等费)、工具费(包括普通工具修理费及特种工具购置费两项)、医药费(包括服役民工及督导人员医药等费)。如服行 3 日义务工役之民工,为纯粹之义务劳动,不给任何待遇。服行 15 日以内给养工役之民工,每人每日仅给当地 1 市升 6 合米粮时价之代金,作为伙食费用(由所收代役金内支付,不得另向民间募派摊筹),概不另给工资。③ 1943 年四川省政府审编《各县市局三十二年度施政计划》时,在各县市局地方预算内,一律增列国民工役费。④各县市局举办各项工事,所需经费,应在各县市局本年度国民工役费项下动支,不得另筹经费。⑤

　　①　四川省档案馆·四川省民政厅,全宗号 54,目录号 3,案卷号 7902,第 125 页。
　　②　四川省档案馆·四川省民政厅,全宗号 54,目录号 4,案卷号 9418,第 131 页。
　　③　重庆市档案馆·四川省第三区行政督察专员公署,全宗号 0055,目录号 3,案卷号 254,第 35 页;四川省档案馆·四川省民政厅,全宗号 54,目录号 6,案卷号 7975,第 96 页。
　　④　重庆市档案馆·四川省第三区行政督察专员公署,全宗号 0055,目录号 3,案卷号 254,第 31 页。
　　⑤　四川省档案馆·四川省特种工程征工处,全宗号 116,案卷号 11,第 7 页。

国民工役费主要源于省府补助和地方财政。《四川省各县(市)地方建设征工服役暂行办法》第二十六条规定,县(市)政府应于每年度开始前,将举办工役所需费用、各项预算分别列入县(市)地方预算。在工事范围涉及数县(市)时,得分别列入各县(市)预算或非地方预算所能担负者,得呈请省政府或转请内政部补助。[①] 如1942年,庆符国民工役中,举办筑路和造林工事。省府补助经费,筑路为14.5万元、造林为200元。[②] 1943年綦江县在大春收获后到本年年底,抽调壮丁植树一万株。每名每日供给食宿费20元。所需经费在县预算预备费项下呈准动支1.8万元。[③]

为统一、简化、规范地方建设工役经费,1942年11月6日,兼理主席张群予以通过,会计长尤玉照为切合实际需要起见,比照各县政府公旅费编列标准,按照县属乡镇之多寡,分为六级,交由民政厅于审1943年各县市局地方总概算时,代予核列。计一级各县年列1万元,二级各县年列9000元,三级各县年列8000元,四级各县年列7000元,五级各县市年列6000元,六级各县市局年列5000元。但各县局财力如不胜负担时,仍可酌予减列(见表10-12)。

表10-12　四川省1944年度各县国民工役经费标准表[④]

| 等级 | 乡镇个数 | 年支数(元) |
|---|---|---|
| 一等 | 86个以上 | 10000 |
| 二等 | 71个至85个 | 9000 |
| 三等 | 56个至70个 | 8000 |
| 四等 | 41个至55个 | 7000 |
| 五等 | 26个至40个 | 6000 |
| 六等 | 25个以下 | 5000 |

除了县府预算政府明文规定征收代役金,作为工役经费。《四川省各县

---

① 四川省档案馆·四川省特种工程征工处,全宗号116,案卷号22,第149页。
② 四川省档案馆·四川省建设厅,全宗号115,目录号2,案卷号3604,第118页
③ 四川省档案馆·四川省民政厅,全宗号54,目录号8,案卷号10618,第45、46页。
④ 四川省档案馆·四川省民政厅,全宗号54,目录号4,案卷号9418,第134页。

(市)地方建设征工服役暂行办法》第十二条规定,征工以亲身服役为原则。如因职业或其他关系不能亲身应役者,得觅人代役或缴纳相当之代役金。代役金数额由县(市)政府酌定,但每人每日不得少于 2 市升米粮之代价。所收代役金应拨充工役经费,不得移作别用。① 在《四川省政府三十三年度工作计划》中规定,义务征工费用在各县市局地方预算内列支,给养征工费用在地方自筹工款及代役金项下支给。② 遵此规定,表 10-13 为 1944 年奉节县工役实施计划表③。

表 10-13　1944 年奉节县工役实施计划表

| 类别 | 筑路工事 | 植树 | 筑路工事 | 凿塘 |
|---|---|---|---|---|
| 工事名称 | 整修乡村道路 | 造林 | 整修乡村道路 | 开掘塘堰 |
| 工事数量 | 1. 安坪至吐祥 60 公里<br>2. 观灵镇至五马石 45 公里 | 每乡镇 5000 株 | 1. 甲高疑凶至吐祥 30 公里<br>2. 公坪至大寨 60 公里 | 每乡镇约 36 立方公尺,共 3000 立方公尺 |
| 预计日期 | 1 月 1 日至 4 月 21 日 | 1 月 1 日至 4 月 21 日 | 6 月 1 日至 8 月 24 日 | 9 月 24 日至 12 月 31 日 |
| 经费　来源 | 征收代役金 | | 征收代役金 | 征收代役金 |
| 经费　预算金额 | 2000 元 | | 5000 元 | 36000 元 |
| 预计征调民工　人数 | 安吐段 500 人,观五段 500 人 | 每乡镇征工 30 人 | 甲吐段征工 450 人,公土段征 900 人 | 每乡镇征 1500 人 |
| 预计征调民工　组织 | 以 30 人为一分队,每三分队为一中队,每中队设中队长一人,分队长三人 | | | |
| 预计征调民工　征调办法 | 凡年在 18 岁以下、45 岁以下壮丁均须服役 3 日 | | | |

从表 10-13 可见,奉节县 1944 年进行的工事经费都来源于"征收代役金",共 43000 元。

---

① 四川省档案馆·四川省特种工程征工处,全宗号 116,案卷号 22,第 146 页。

② 《四川省政府三十三年度工作计划》,四川省档案馆·四川省政府秘书处,全宗号 41,目录号 4,案卷号 9238,第 28 页。

③ 四川省档案馆·四川省民政厅,全宗号 54,目录号 4,案卷号 10542,第 23 页。

大足县政府 1943 年修筑塘堰,征收代役金。凡应征民工因故不到者,则缴纳代役金。全县共征民工 29821 名,以 1/3 收代役金,计 7455 名,每名照法令规定服役 3 日,应缴代金 12 元,总计约收入 89460 元。① 1944 年北川县征调 5675 人修筑 145 公里路,折缴代役金的人数为 4388,每人 20 元,则共计 87760 元。② 同年安县征工掘新塘,征收代金 25 元,共 3300 工,合计 8 万元。③

其次,在具体的工役办理中,因入不敷出,除规定的经费外,地方还拓宽经费来源。

**1. 贷款**

1944 年宣汉县轮流征调民工 30400 人次,修筑 114000 立方公尺塘堰,由中央贷款 20 万元。④ 1945 年南川在各乡轮流抽调民工筑堰,经费来源于银行贷款 600 万元。⑤ 1945 年北碚管理局征用劳力每保 10 人(共 130 保),每人工作 1 日,实施 8 个乡镇(区)的造产,9 万元的经费来源于合作社基金及贷款。⑥

**2. 业主支付**

铜梁县 1937 年 12 月 1 日各区乡同时开工修筑塘堰,至 1938 年 2 月底止完成。凡整补旧有塘堰,由佃户出工、业主负担伙食、材料等费用。⑦

1943 年 10 月至 1944 年 4 月万县举行"国民劳动服务水利季节",实行工役,征调民工修凿塘堰。中队、分队所需经费,以各乡镇修凿塘堰的成绩为开支标准:每整修一个旧塘堰,支督导费 50 元;完成一个新塘堰,准支督导费 100 元。各区指导员点验证明后,向全乡镇受益田亩之家照数筹集支付。各

①　四川省档案馆·四川省民政厅,全宗号 54,目录号 8,案卷号 10618,第 170 页。

②　四川省档案馆·四川省民政厅,全宗号 54,目录号 8,案卷号 10477,第 118、119 页。

③　四川省档案馆·四川省民政厅,全宗号 54,目录号 8,案卷号 10543,第 166 页。

④　四川省档案馆·四川省民政厅,全宗号 54,目录号 8,案卷号 10479,第 66 页。

⑤　四川省档案馆·四川省民政厅,全宗号 54,目录号 7,案卷号 10274,第 49 页。

⑥　重庆市档案馆·北碚管理局,全宗号 0081,目录号 4,案卷号 4134,第 139 页。

⑦　重庆市档案馆·四川省第三区行政督察专员公署,全宗号 0055,目录号 5,案卷号 11,第 142 页。

保修筑塘堰以各保自作为原则。①

1944 年绵阳上季 1 月 1 日至 4 月 21 日；下季 9 月 24 日至 12 月 31 日，每乡镇征调民工 288 人，每人服役 10 日，共征 10368 名民工，整修塘堰 129600 立方公尺。塘堰业主负担民工伙食米 1658.88 市石和民工工资（即乡镇造产资金）黄谷 2073.60 市石。② 同年荣县春季农隙及冬季农隙时，以保为单位轮流征调 9.3 万名民工，修筑塘埝及加高田埂 7000 口。民工食米由业主支付，每工食米为 3 市升。③

### 3. 自筹

地方建设工役经费除贷款、业主支付外，还来源于多种多样的"自筹"。

1942 年宜宾县国民工役举办工事为整修叙昆大道三十公里，经费来源于三护送社及地方捐筹，总计 10 万元。④

1944 合江县征调民工造林、筑路、垦荒，经费由各乡镇自行筹集。⑤ 1945 年丰都县利用上、中、下农隙，采用给养工役，举办水利、植树、筑路、垦荒和其他工事。每日每名给予本地 1 市升 6 合米粮时价代金 140 元。水利共征调民工 735 名，共做 30 天工，则需经费约 309 万元；植树征调民工 98 名，共做十五天工，则需经费约 21 万元；筑路征调 350 名民工，共做 30 天工，则需经费约 74 万元；垦荒、其他工事各征调 100 名民工，共做 15 天工，则各需经费 2.1 万元。⑥ 各乡镇公所会同中心校、乡镇民代表会，公开筹集征工经费，呈报县府核准转呈。⑦

最后，规定经费和地方筹资的共同运作。现实中，往往是多条经费来源之河，注入经费的水库，只是不同"河流"的途径、流量有差异而已。

---

① 四川省档案馆·四川省民政厅，全宗号 54，目录号 7，案卷号 9421，第 197—198 页。
② 四川省档案馆·四川省民政厅，全宗号 54，目录号 8，案卷号 10543，第 138 页。
③ 四川省档案馆·四川省民政厅，全宗号 54，目录号 8，案卷号 10953，第 51 页。
④ 四川省档案馆·四川省民政厅，全宗号 54，目录号 3，案卷号 7902，第 118 页
⑤ 四川省档案馆·四川省民政厅，全宗号 54，目录号 8，案卷号 10952，第 107 页。
⑥ 四川省档案馆·四川省民政厅，全宗号 54，目录号 7，案卷号 10274，第 53 页。
⑦ 四川省档案馆·四川省民政厅，全宗号 54，目录号 7，案卷号 10274，第 56 页。

1937—1938年灌县进行水利特修工程。工役经费包括3项,代役金、省款、县款。1200人折缴代役金,款数为1500元;省款补助6万元;县款筹措4.03万元。①

1943江安县征调民工600名掘塘及挖填塘堰(塘30口和堰12座)、800名填挖乡道路基(250市里)。所需经费水利工事由受益农民自筹外,向水利局农民银行借贷;筑路工事除由当地募筹外,由政府军粮拨用。② 1944年丰都国民工役举办筑路、凿塘、造林和垦荒工事。筑路委员会主持征调600名民工,整修甘鹅公路和乡村道路,所需经费3万元在地方经费项下开支。水利协会在各乡镇每处征调1000名民工,共计新修塘1000处,贷款100万元办理。农业推进所每处征调1000名,由县示范并利用学校公私团体学校造林30万株,请求补助2万元。粮食增产督导团在各乡征调100名,共拟垦4900千亩,请求补助4.9万元。③

## 第六节 民工的待遇规定和办理

经济建设工役的实现程度,最终取决于民力的运用程度。要运用民力,就必须解决待遇问题。

首先,分析经济建设工役中民工的待遇规定。在经济建设工役中,民工的待遇主要包括工资、食宿、伤病死亡抚恤费、工具费。待遇有两种方式:给养和义务。

以给养方式征用民工限于从事地方生产建设的工事。经中央饬令,地方举办的修筑道路、办理驿运、开辟水利等工事采用纯义务方式征用民工。义务工役每年必须普遍实施,只供应食宿不发给工资。给养工役由县(市)政府视需要,规定应征人数及征调范围,原则上每年必须举办1种以上的生产建设事业的给养工役。给养的标准由县(市)政府按照当地情形,主要参照米粮之时

---

① 四川省档案馆·四川省民政厅,全宗号54,目录号6,案卷号7404,第140页。
② 四川省档案馆·四川省民政厅,全宗号54,目录号8,案卷号10618,第205页。
③ 四川省档案馆·四川省民政厅,全宗号54,目录号8,案卷号10954,第67页。

价而酌定。每人每日最高不超过2市升米粮,最低不低于1市升6合米粮为根据,除发给伙食外还应发给工资。①

待遇发放核算的依据是劳动时间和工作能率。民工以日计,每年为十日,每日不得超过8小时;以时计每日至少1小时,每年80小时。如有特殊情形,经主管官署核准后延长时间,以日计每年不超过10日,以时计每年不超过80小时。② 但救灾、防患的紧急征调民工的命令,由省政府或事变发生的县(市)行政长官发布,关于民工服役日数、工役时数等,依事变的情况及事实的需要决定。给养、义务两种方式征用的民工在每天8小时工作时间内,以完成规定能率的工作为准则,超过或不及规定能率的民工得增减工作天数。③ 地方建设规定能率表对民工的工作核算标准大体上做了规定(见表10-14)。

**表10-14　地方建设规定工作能率表④**

| 工作类别 | 说明 | 工作单位 | 能率(每人每日工作单位) | 备考 |
| --- | --- | --- | --- | --- |
| 挖普通土或填方 | 填方不分土质皆视作普通土方 | 立方公尺 | 1.25 | 规定运距为60公尺,其超出者远运工在外 |
| 挖坚隔土 | 挖冬田稀泥挖凿石谷方 | 立方公尺 | 5/8 | |
| 挖软石 | 挖坚石谷方 | 立方公尺 | 5/12 | |
| 采集沙石 | 卵石与普通碎石 | 立方公尺 | 1/3 | |
| 槌成3至6公分之碎石 | 卵石与普通碎石 | 立方公尺 | 1/5 | |
| 槌成3公分以下之碎石 | 卵石与普通碎石 | 立方公尺 | 1/8 | |

① 四川省档案馆·四川省特种工程征工处,全宗号116,案卷号22,第145—146页。

② 四川省档案馆·四川省民政厅,全宗号54,目录号6,案卷号7970,第10页;四川省档案馆·四川省民政厅,全宗号54,目录号6,案卷号7975,第88页;《国民义务劳动法》,重庆《大公报》1943年12月5日。

③ 四川省档案馆·四川省特种工程征工处,全宗号116,案卷号22,第148页。

④ 四川省档案馆·四川省特种工程征工处,全宗号116,案卷号22,第164页。

续表

| 工作类别 | 说明 | 工作单位 | 能率（每人每日工作单位） | 备考 |
|---|---|---|---|---|
| 铺设 20 公分厚灌浆碎石路面 | 挖槽铺料灌浆等工一并在内 | 平方公尺 | 16 | 滚压工在外 |
| 铺设 10 公分厚灌浆碎石路面 | 挖槽铺料灌浆等工一并在内 | 平方公尺 | 20 | |
| 滚压路面或地坪 | 滚重平均 3 公寸每滚压一次 | 平方公尺 | 80 | |
| 翻挖旧路面 | 不分厚度 | 平方公尺 | 12 | 翻修工在外 |
| 筑土圬土 | 备料及夯筑工一并在内 | 立方公尺 | 1/4 | 规定抬料运距为60公尺，其超出者远运工在外 |
| 干砌片石 | 开料消料按砌石等工一并在内 | 立方公尺 | 1/5 | |
| 浆砌片石 | 开料消料按砌石等工一并在内 | | 1/6 | |
| 编设卵石竹笼 | 按填装卵石之方数计算 | | 1 | 采运卵石工在外 |
| 整修渠塘 | 清除淤积泥沙培修塘堤等 | 立方公尺 | 1.25 | |
| 植树 | 视树之大小、栽植深浅、取水远近等情形而定 | 株 | 10—50 | 搬运树苗运距为60公尺，其超出者远运在外 |
| 远运 | 所有超出 60 公尺运距者按北摊远运工 | 公尺公米 | 400 | |

注：凡本表未规定之工作能率由县（市）政府酌定之。

除因从事的工事项目不同而规定有给养、义务两种不同的方式外，还有其他待遇规定。服役人民及承办工役人员，如因工受伤患病或致死亡者，县（市）政府酌定标准，并分别发给医药费、棺埋费及恤金。民工自带普通工具，特种工具由县（市）政府或乡镇公所购办、分发给民工。工事完成后，民工归还特种工具，若遗失则赔偿。① 《国民义务劳动法》规定，劳动地点距离服务者

---

① 四川省档案馆·四川省特种工程征工处，全宗号116，案卷号22，第147页。

之居住所 5 公里以外者,应供给膳宿。①

其次,考察地方建设工役中民工的待遇办理。各县市在遵照法规的基础上,待遇的办理依实地情况又有不同的具体措施。

1938 年嘉陵江三峡乡村建设实验区署征工兴办地方建设,建筑地方医院和兴建北碚马路。每保征派土工一人,须身强力壮,年在 20 岁以上 35 岁以下,能肩重 100 斤以上者为合格,工作时间自 9 月至 12 月。待遇每月工资 9 元,除伙食 6 元外,可整余 3 元,每半月牙祭一次。② 1938 年四川省中等米平均每市斤约八分③,则民工月工资可购得 110 多斤中等米。这个报酬在当时也算是不低的。1939 年民工月工资男工平时为 3.96 元,忙时 5.75 元。④ 1938 年民工月工资是低于 1939 年的。因为战局的急剧恶化,四川更大量征调壮丁,应服兵役工役,加剧了劳动力的短缺。如第三区各县因密近陪都,频年征工事项,实较他县为多。所最感困难者,厥惟人力不敷分配。⑤ 所以,民工的工资在战时是呈上升趋势的。

1943 年大足县修掘塘堰预算民工伙食费 84460 元。全县编 32 个中队,每中队设给养工役 4 名,共 128 名,每名给 1 市升 6 合米价之代金,折合 22 元,每月支 84460 元。⑥

实际的待遇办理中也有为数不少的强制义务方式。抗战后期,各项物价较抗战前"平均增加百倍以上,各地方力资工价,因劳力缺乏,需要激增,较之

---

① 四川省档案馆·四川省民政厅,全宗号 54,目录号 6,案卷号 7970,第 11 页;四川省档案馆·四川省民政厅,全宗号 54,目录号 6,案卷号 7975,第 89 页;《国民义务劳动法》,重庆《大公报》1943 年 12 月 5 日。

② 重庆市档案馆·北碚管理局,全宗号 0081,目录号 10,案卷号 196,第 103 页。

③ 潘鸿声:《四川省主要粮食之运销》,重庆中农印刷所,民国三十年十二月初版,第 74 页。

④ "二十八年农工工资调查",四川省农业改进所编:《四川省农情报告》1940 年第三卷第二期。

⑤ 重庆市档案馆·四川省第三区行政督察专员公署,全宗号 0055,目录号 5,案卷号 142,第 8—9 页。

⑥ 四川省档案馆·四川省民政厅,全宗号 54,目录号 8,案卷号 10618,第 163 页。

物价上涨比率,尤有超过,劳工一日所得,恒在数十元,乃至百余元"①。内政部部长何键咨文中写道,"各地从事建设,当此经费困难之时,自应利用农隙时间,实施义务劳力制度,以资补救"②。1944年5月18日,四川省主席张群在行政会议上,对义务劳动提出重要指示。四川省18岁至50岁应服劳务男子估计在600万人以上,据现时每工每日约为180元计算,若能全数在本乡土义务劳动服务,则全年或完成价值100亿元至200亿元的地方建设事业。值此建设工作亟待展开而地方财力未臻充实之际,义务劳动的普遍推行实属刻不容缓。③ 同时,省政府倡导各地自治,而进行乡镇造产运动。

所以,1944年、1945年不少县(市)举办地方建设工役,多明确规定强制义务征调民工。《四川省乐至县三十三年度工役实施办法》④第五条提出,"本年普通义务征工,以全县现有壮丁为征调对象,务使每人每年均能为其所在乡镇之公共事业,义务服役3日,不给任何待遇"。第六条详细规定动员进程。征调由各乡镇公所主持,于本年度上、中、下三季农隙时,强制实施。依照下列起讫期间,动员推进:(甲)上季(自1月1日起至4月21日止)应各动员全部壮丁38%;(乙)中季(自6月1日起至8月24日止)应各动员全部壮丁29%;(丙)下季(自9月24日起至12月31日止)应各动员全部壮丁33%。第七条制定了工事范围及工程标准。本县国民义务劳动编制总数52480人,各服义务工役3日,共合157340工。动员时,轮流服役,分别施工:增凿塘堰,依照每人每日掘土1.25立方公尺标准工作,每保不得少于3口;实施造林;所有乡镇道路依照每人每日整修道路0.002公里的标准工作,每乡镇至少完成3公里。

《华阳县三十三年度国民义务劳动举办工事计划》中规定,征调民工以现

①　四川省档案馆·四川省民政厅,全宗号54,目录号7,案卷号9421,第168页。
②　四川省档案馆·四川省民政厅,全宗号54,目录号6,案卷号7404,第10页。
③　四川省档案馆·四川省民政厅,全宗号54,目录号6,案卷号7678,第57页。
④　四川省档案馆·四川省民政厅,全宗号54,目录号4,案卷号10542,第57—58页。

有全体壮丁为对象,以每人全年义务服役不超过 10 天为原则,并利用本年度上(1 月 1 日至 4 月 21 日)、中(6 月 1 日至 8 月 24 日)、下(9 月 25 日至 12 月 31 日)三季农隙时期,由乡镇公所强制实施,不给任何待遇,进行疏凿塘堰、植树造林、修筑道路。① 1945 年懋功利用上季农隙(1 月 1 日至 4 月 21 日,共 112 天)、中季农隙(6 月 1 日至 8 月 24 日止共 85 天)、下季农隙(9 月 24 日至 12 月 30 日共 99 天),征调民工 25500 名义务做 250500 工,整修 480 公里道路和修桥 2 座。②

# 第七节  实效和问题

战时经济建设工役之目的是充实国家实力。③ 从大局上来看,西南经济建设工役在一定程度上达到了此目的。以四川为视角,依据实施情况,从农田水利、农作物产量,经济作物情况,研究实际效果。

从表 10-15 可以看出,1942 年农田水利各项工程数和受益面积在所列年份中居前茅:开渠工程数 6 项、受益面积 107800 市亩,都列第一;筑坝工程数 43 项、受益面积 19238 市亩,次于 1940 年和 1939 年。当年,征用民工 65169 名,作工数 2078810④,修理的河渠最长为 1915883 公里。⑤ 1940 年筑坝和挖塘工程数和受益田亩面积为最多:筑坝工程数为 80 项、受益 46477 市亩;挖塘工程数为 1204 项、受益 64428 市亩。虽然 1940 年的水利工事征用人数最少,为 5844 人,工数也不算多,为 315108⑥,只开凿了较多的塘堰 418846 公分。⑦

---

① 四川省档案馆·四川省民政厅,全宗号 54,目录号 8,案卷号 10954,第 153 页。
② 四川省档案馆·四川省民政厅,全宗号 54,目录号 8,案卷号 10479,第 22 页。
③ 四川省档案馆·四川省民政厅,全宗号 54,目录号 6,案卷号 7975,第 101 页;重庆市档案馆·四川省第三区行政督察专员公署,全宗号 0055,目录号 3,案卷号 254,第 39 页。
④ 四川省政府统计处编印:《四川省统计提要》(民国三十四年辑)表 24,第 38 页。
⑤ 四川省政府统计处编印:《四川省统计提要》(民国三十四年辑)表 25,第 39—40 页。
⑥ 四川省政府统计处编印:《四川省统计提要》(民国三十四年辑)表 24,第 38 页。
⑦ 四川省政府统计处编印:《四川省统计提要》(民国三十四年辑)表 24,第 39 页。

表 10-15　四川省农田水利工程（已完成工程，1939—1945 年 6 月底）①

| 年别 | 开渠 | | 筑坝 | | 挖塘 | | 其他 | |
|---|---|---|---|---|---|---|---|---|
| | 工程数（项） | 受益面积（市亩） | 工程数（项） | 受益面积（市亩） | 工程数（项） | 受益面积（市亩） | 工程数（项） | 受益面积（市亩） |
| 总计 | 26 | 380100 | 233 | 113325 | 3837 | 161262 | 13 | 11000 |
| 1939 | 3 | 59800 | 49 | 21505 | — | — | 1 | — |
| 1940 | 2 | 24400 | 80 | 46477 | 1204 | 64428 | 5 | 3000 |
| 1941 | 3 | 34000 | 8 | 2830 | 463 | 14637 | 5 | 8000 |
| 1942 | 6 | 107800 | 43 | 19238 | 1175 | 46995 | 1 | — |
| 1943 | 6 | 105300 | 47 | 9255 | 1034 | 35202 | — | — |
| 1944 | 6 | 48800 | 3 | 420 | — | — | 1 | — |
| 1945 | — | — | 3 | 13600 | — | — | — | — |

农田水利工程的兴修对于农业抗灾能力的增强，农作物种植面积的扩大和农作物产量的提高都起了一定的作用。当然，农作物产量的提高还有其他重要的影响因素。接着考察抗战中四川农业产量的情况（见表 10-16）。

表 10-16　1938—1945 年四川农作物产量②　　　（单位：千市担）

| 作物名称 | | 1938 | 1939 | 1940 | 1941 | 1942 | 1943 | 1944 | 1945 |
|---|---|---|---|---|---|---|---|---|---|
| 冬作物 | 小麦 | 35884 | 26002 | 21830 | 22121 | 31758 | 25197 | 26380 | 24255 |
| | 大麦 | 15014 | 13448 | 10535 | 9878 | 11952 | 10483 | 11827 | 10427 |
| | 油菜 | 7457 | 7957 | 10947 | 6566 | 5697 | 5763 | 6079 | 4777 |

---

① 四川省档案馆编：《抗日战争时期四川省各类情况统计》，四川交通大学出版社 2005 年版，第 52 页。

② 只摘录了主要农作物的产量情况。四川省政府统计处编印：《四川省生产统计》（民国二十六年至三十七年九月，第四期），1948 年，第 3 页；《四川经济季刊》1946 年第二卷第二期；《四川统计月刊》1948 年第二卷第一期。该表数据与四川省档案馆编：《抗日战争时期四川省各类情况统计》，四川交通大学出版社 2005 年版，第 50—51 页，表 12"四川省主要农作物（续二）"中"冬作物"略有出入。

续表

| 作物名称 | | 1938 | 1939 | 1940 | 1941 | 1942 | 1943 | 1944 | 1945 |
|---|---|---|---|---|---|---|---|---|---|
| 夏作物 | 籼稻 | 123573 | 137729 | 60718 | 77614 | 82763 | 78172 | 95466 | 98151 |
| | 糯稻 | 8919 | 11602 | 7885 | 6780 | 7488 | 7621 | 8986 | 9466 |
| | 玉米 | 14430 | 26080 | 17717 | 21149 | 22767 | 19719 | 27513 | 25046 |

表 10-16 反映了抗战时期四川农作物产量整体上是曲线上升的,以重要冬作物小麦和夏作物籼稻为例进行分析。从表中可看出,在战争期间,1938年和 1939 年的小麦和籼稻产量处于波峰状态。小麦在 1938 年最多,为 35884千市担;籼稻在 1939 年达到高峰,为 137729 千市担,其次 1938 年为 123573千市担。1940 年的小麦和籼稻处于波谷,产量最低,分别为 21830 千市担和60718 千市担,虽然 1940 年水利工程尚可,但受春夏天气亢旱而减产。1937年和 1938 年水利工事的人数和工数在整个战争期间是比较多的。1937 年水利工事的人数和工数最多,分别是 2926062 和 4718126。[①] 其次是 1938 年的水利工事人数和工数,分别为 2909657 和 4662510。[②] 1941—1944 年水利工事服役人数呈上升趋势,各年依次为 8719、65169、213663 和 249907。[③] 这段时期的小麦和籼稻产量有升有降,但总趋势是上升的,以籼稻表现得较明显。籼稻 1941 年为 77614 千市担,1945 年增至 98151 千市担,较 1941 年增加20537 千市担。农作物产量的提高与政府推行地方建设工役,征用民工修筑农田水利、开垦荒地、植树造林不无重要关系。

战时四川的农产品尤其是粮食,为满足军粮民食需要、坚持持久抗战,挹注了重要的物质基础。战争最后胜利,系于民食,粮食之足与不足,在特殊时

---

① 四川省民政厅,全宗号 54,目录号 6,案卷号 7404,第 141 页。

② 四川省档案馆·资料四川省政府统计处编印:《四川省统计提要》(民国三十四年辑)表24,第 38 页。

③ 四川省档案馆编:《抗日战争时期四川省各类情况统计》,四川交通大学出版社 2005 年版,第 70 页。

刻可以决定最后的胜利。粮食为"战时经济第一原则之不可动摇者也"①。无
论从粮食的生产、消费还是征购数额来看,都以四川为最重要。② "粮食是抗
战中主要的物质条件之一,而四川供给的粮食,征粮购粮借粮总额在 8000 万
石以上。历年来四川贡献于抗战的占全国征粮总额的 1/3,而后征借亦自四
川始。"③1941 年后方 15 省粮食作物总产量折成稻谷额达 1224956786 市石,
四川总产量达 249051233 市石,约占全国总产量的 20%;1942 年后方 15 省总
产量达 1361625539 市石,四川总产量达 296422961 市石,约占全国总产量的
22.5%。又如 1941 年后方 15 省征购粮食合计约 4000 万市石,四川一省征购
合计超过 1200 万市石,约占全国征购总额的 30%;1942 年后方 15 省征购粮
食合计约 6000 万市石,四川一省征购合计超过 1600 万市石,约占全国征购总
额的 26.5%,④超收 40 余万石;1943 年度改征为借,截至 1944 年 3 月,征借将
近如额,各县已有超收。⑤ 当时全国的粮食部长徐堪谓:"四川出粮最多,计自
30 年度(即 1941 年度)起,至 34 年度(即 1945 年)止,5 年之间共征获稻谷
82285990 市石,占全国征起稻谷总量 38.5%,即就全国征起谷麦总量比较,亦
占 31.63%。"⑥

除粮食作物外,我国经济农产品偿债易货、换取外汇,于整个战略战争,实
有巨大贡献。⑦ 这与植树造林工事密切相关,以经济木油桐为例。四川为我
国产桐油二大省份(湖南与四川)之一,产地遍大江南北。全省产量每年约 76

①　[德]鲁屯道夫(Von General Ludendorf):《全民族战争论》,张君励译,上海中国国民经
济研究所 1937 年版,第 38 页。
②　施复亮:《四川粮食问题导论》,四川省银行经济研究处编:《四川经济季刊》1943 年第一
卷第一期。
③　《感谢四川人民》,《新华日报》1945 年 10 月 8 日。
④　施复亮:《四川粮食问题导论》,四川省银行经济研究处编:《四川经济季刊》1943 年第一
卷第一期。
⑤　《政绩比较表》(三十三年四月),四川省档案馆·四川省政府秘书处,全宗号 41,目录号
2,案卷号 4007,第 6 页。
⑥　徐堪:《抗战时期粮政纪要》,《四川文献月刊》1962 年第 11、12 期合刊。
⑦　国防部史政局编:《中日战争史略》(上册),正中书局 1968 年版,第 77 页。

万担。1936 年输出总值达 3100 万元,约占全国桐油总输出的 31%。抗战中为四川省出口货第一大宗。① 1938 年 12 月 30 日中美签订第一次(桐油)借款合约,以桐油作为偿债交易物资,总量为 22 万吨(每吨 2 千镑,自 1939 年 1 月 1 日起至 1943 年 12 月 31 日交付完)。② 1939 年中国桐油出口约 7300 万元。在政府统制之下,约占对美输出总额的 1/3。在英法封锁滇缅与滇越边境之前,重庆就是以它作为抵付由美购得的汽车和机件的主要物品。③

但是,经济建设工役在推行中,也存在不见成效的客观问题。如四川省《三十二年六月至十一月份施政报告》民政部分审查意见中指出,地方建设工役各县率多未切实际,以致费时耗力,鲜收实效。④ 1944 年北碚管理局大规模育苗造林:朝阳镇培植水竹 20 亩、金刚镇育苗 5 亩、龙凤镇培植水竹 12 亩、白庙镇育苗 6 亩、文星镇育苗 10 亩、二岩镇育苗 5 市亩、澄江镇育苗 15 亩。因夏季受天旱影响,育苗成活数仅及 1%。⑤ 1945 年 1—3 月北碚管理局龙凤乡农隙征工。全乡植树共计 9138 株,成活仅 1341 株;育苗共计 235140 株,成活仅 18452 株。⑥

抗战时期,大量的民工被征调后,在编制管理的基础上,从事以农业增产为主的地方建设工役。为开发和运用民力,当局政府对工役的经费和待遇依时进行了改进和规范。地方建设工役虽然存在不见成效之事,但其实施在大局上征调了地方建设工事中急需集中使用的大量人力资源,从而在抗战建国中发挥了极其重要的作用。究其根本原因则是此时的中国停留于农业经济阶段,工业化程度极微弱。农业经济关系中国经济全局。农业的盛衰,关系整个

① 朱起凤:《四川省在国防上之地位》,《黄埔》1939 年第 2 卷第 9 期,第 8 页。
② 何思眯:《抗战时期美国援华史料》,国史馆印行 1994 年版,第 51—60 页。
③ [美]埃德加·斯诺(Edgar Snow):《为亚洲而战》(the Battle for Asia)《斯诺文集》(3),新民译,新华出版社 1984 年版,第 133 页。
④ 四川省档案馆·四川省民政厅,全宗号 54,目录号 6,案卷号 7678,第 44 页。
⑤ 重庆市档案馆·北碚管理局,全宗号 0081,目录号 4,案卷号 4134,第 17 页。
⑥ 重庆市档案馆·北碚管理局,全宗号 0081,目录号 4,案卷号 4219,第 14 页。

国家经济的盛衰,更关系大多数国民的生死存亡。正如当时美国在华记者西奥多·怀特之言,"中国的基础在土地之中。只要下雨和出太阳,庄稼就会生长。无论日本海军如何封锁,都不能割断农民和土地的联系……日本想要打碎的体系弹性很大——受到打击时,它收缩了,但并没有破碎"①。可见,经济建设工役是政府在特殊时局下,运用国家职能,通过超经济强制手段实施的策略,而强化农民和土地的联系,从而在一定程度上增强了以农业为支柱的国家体系的内在弹性。因此,全民族抗战时期国民政府推行的地方建设工役,是政府与民众在抗战建国目标下的一次历史性互动。它不仅在战时军需民用物资的供给上起了一定的经济作用,而且其历史意义也是重大而深远的:它从历史微观的层面具体彰显了中国人民团结抗战的伟大力量。

---

① [美]西奥多·怀特、安娜·雅各布:《风暴遍中国》,王健康、康元非译,解放军出版社1985年版,第56页。

# 第十一章 结 语

## 一、研究结论

首先是全民族抗战时期西南国防经济建设工役,宏观上取得了一定的应急实效。这是研究的基本价值所在。

其次是工役的实效,实则深层次微观彰显了民众的伟力。这正是历史唯物主义史观的具体表现。进一步分析,国防经济建设工役还涉及的重要因素。其一是政府与民众的关系。抗日战争中,工役从历史微观的层面展示了政府与民众在大局上的互动关系:政府对民众的统制,而民众在民族大义上响应政府。从工役的实效上看,这种关系大体上是呈正向性的。其二是中央与地方的关系。在工役经费中,这种关系主要体现为中央对地方的双重影响——弱化、促进。

省政府通过工役,运用民力,在大局上达到了国民政府提出的工役目的,即完成战斗任务和充实国家实力。虽然工役在实际推行中存在客观的弊端,但大体上符合了现实亟须,并随着时局的变化而进行了修正、改进。在历史唯物主义史观的指导下,本书对区域社会经济史进行个案研究,主要采用了区域史、微观分析、实证分析和规范分析等历史学研究的基本理论与方法,同时也借鉴了有关学科的某些理论和方法。

最后是全民族抗战时期国防经济建设工役的推行在民族自卫战争的胜利

中发挥了特定的作用。主要体现在两个方面。从大局上看,正是工役的推行,才使国家亟须的国防工程如机场、公路、防御工事限期内竣工,而配合战局所需,而在一定程度上支持了战争。从地方建设上看,战时进行地方经济建设,正是运用工役而征用民力进行基础建设,如开荒植树造林、修筑农田水利工程。故工役在战时地方经济建设上也发挥了一定的作用。突出表现于战时四川在全国粮食供应上占巨大份额。简言之,战时四川工役在国家国防建设项目和促进地方经济建设中起了一定的效果。从大体上从两个方面可体现。一是全民族抗战前期四川工役推行的显著成就体现于赶修公路;抗战中四川工役的推行同时积极抢修国防工程中的机场;次为地方经济建设如农业生产中的植树造林、水利基础工事。二是战时地方建设工役的推行与当时倡导的地方造产结合。不管是战前还是战时工役,总体上一定限度地增强了国家国防和地方经济。

研究西南国防经济建设工役,一定层面彰显了民力的贡献和中国民众众志成城抗击侵略的伟力。


## 二、现实启示

历史不是简单的过去,而是或多或少地给现实以一定的启示。书中以西南典型的四川地区为考察中心,主要研究 1935—1945 年在国家急要国防工程和地方经济建设工役的情况。这对于今天我们探索如何开发社会发展中的重要人力资本——民工,以发展新时代的中国经济,略有启发。

首先,政府应宏观上妥善调配民力,推进宏观国防建设和当地经济建设,尤其当前的全面发展。目前,就业压力已成为民生的重大问题。在遵循市场经济规律的前提下,政府因地制宜地提供就业机会,实现劳动力资源就地向劳动力资本的转变,因势利导地实现人与物的有机结合,才能促进社会经济宏观和微观的协调发展。

其次,切实维护民工的利益,才能有效地激活潜力,调动生产力活的要素的积极性,从而取得巨大成效。在运用民力的过程中,政府除了建立完善的管理机构和可行的监督机制外,也要切实加强对办理人员的管理,保障民工在作工期间的正当权益,才能有持久可用的劳力资源。概言之,民众是建设、国防之本。在不同时期,国家、政府运用适宜的政策措施,就会取得实效。

所以,在开发建设西部过程中,挖掘西部丰富的各种资源如人力、自然环境,并推行符合实地情况的政策则能取得显著成果。西部丰富的人力资源已为建设事业提供了一个重要客观条件,在国家宏观调控和地方政府微观管理引导下,上下协调配合,则定能取得成效。

简言之,地方政府和中央政府步调一致,因时因地制宜调动西部人力资本,并优化人力与物力的匹配结合,合力产生强大的生产力。这样,西南地区才能在推动中国繁荣富强中,贡献出独特的人力和物力资源。

# 参 考 文 献

## 一、未出版的档案和历史资料

### （一）中国南京第二历史档案馆

**1.档案**

[1]《国防部史政局及战史编纂委员会》,全宗号七八七,卷宗数量:17030 卷宗。

[2]国史馆,全宗号三四,卷宗数量:2665 卷宗。

[3]国民党中央宣传部,全宗号七一八,卷宗数量:1036 卷宗。

[4]中央银行,全宗号三九六,卷宗数量:7093 卷宗。

**2.历史资料**

[5]国民政府中华民国统计局编制:《中华民国统计简编》,中央训练团印行,1941 年。

[6]《中华年鉴》。

[7]军事委员会委员长行营编:《军事委员会委员长行营政治工作报告》,1935 年。

[8]航空委员会防空监部编印:《二十八年度全国空袭状况之检讨》。

[9]行政院编:《国民政府年鉴〈一〉》《国民政府年鉴〈二〉》《国民政府年鉴第二回〈一〉》《国民政府年鉴第二回〈二〉》。

[10]财政部地方财政司编:《十年来之地方财政》。

[11]财政部四川财政特派员公署编印:《四川财政概况》。

[12]中央训练团编印:《中华民国法规辑要》,1941 年、1942 年。

[13]张嘉璈:《战时交通》,中央训练团党政训练班讲演录,1942年。

## (二) 四川省档案馆

### 1.档案

[1]《四川省特种工程征工处档案》,全宗号116,卷宗数量:151卷宗。

[2]《四川省民政厅档案》,全宗号54,9目,卷宗数量:11730卷。

[3]《四川省建设厅档案》,全宗号115,8目,卷宗数量:10970卷。

[4]《四川省公路局档案》,全宗号130,7目,卷宗数量:12820卷宗。

[5]《四川省政府秘书处档案》,全宗号41,4目,卷宗数量:10603卷宗。

### 2.历史资料

[6]胡嘉诏:《义务征工之要缔》。

[7]《三年来之四川公路》(民国二十七年至二十九年)。

[8]《川黔公路近况》。

## (三) 成都市档案馆

[1]《成都市政府》,全宗号38,卷宗数量:1960卷宗。

[2]《四川省第一区行政督察专员公署》,全宗号134,卷宗数量:1870卷宗。

## (四) 重庆市档案馆

### 1.档案

[1]《重庆市政府档案》,全宗号0053,29目,卷宗数量:10780卷宗。

[2]《重庆市参议会档案》,全宗号0054,卷宗数量:830卷宗。

[3]《北碚管理局档案》,全宗号0081,10目,卷宗数量:3700卷宗。

[4]《四川省第三区行政督察专员公署档案》,全宗号0055,卷宗数量:9307卷宗。

[5]《重庆市工务局档案》,全宗号0067,卷宗数量:8960卷宗。

### 2.历史资料

[6]社会部劳动局编印:《人力动员法规汇编》,1943年。

[7]贵州省地方行政干部训练委员会编印:《工役》,1942年。

[8]王光仁、林锡麟编:《战时各省粮食增产问题》,重庆:农产促进委员会印行,1942年。

[9]中国国民党中央执行委员会宣传部编印(重庆):《抗战六年来之财政金融》,

1943 年。

[10]俞飞鹏:《十五年来之交通概况》,1946 年。

[11]沈鹏:《永川县义务征工整理成渝公路工作汇编》,四川省第三区行政督察专员公署编印,1936 年。

## 二、出版的论著和论文

### (一) 论著

[1][德]魏布罗克(Pierre. Waelbroeck):《劳力供给与国防》,张永懋译,正中书局 1943 年版。

[2][德]何思曼(Hussmann):《德国工役制度》,王光祈译,中华书局出版社 1936 年版。

[3][德]克劳塞维茨:《战争论》(上、下册),杨南芳等译校,陕西人民出版社 2001 年版。

[4][德]鲁屯道夫(Von General Ludendorf):《全民族战争论》,张君励译,中国国民经济研究所 1937 年版。

[5][德]王安娜:《中国——我的第二故乡》,生活·读书·新知三联书店 1980 年版。

[6][美]N.Peffer:《二次世界大战战场在中国》(*Must We Fight in Asia*),铄渥译,中美出版公司 1939 年版。

[7][美]阿瑟·思·杨格(Arthur N, Young):《一九二七至一九三七年中国财政经济情况》(*China's Nation - Building Effort, 1927 — 1937, the Financial and Economic Record*),陈泽宪、陈霞飞译,中国社会科学出版社 1981 年版。

[8][美]埃德加·斯诺(Edgar Snow):《斯诺文集》(1—4 集),新民译,新华出版社 1984 年版。

[9][美]白修德、贾安娜:《中国的惊雷》(*Thunder out of China*),以沛、端纳译,新华出版社 1988 年版。

[10][美]保罗·波斯特:《战争经济学》,卢周米译,中国人民大学出版社 2010 年版。

[11][美]戴维·贝尔加米尼:《日本天皇的阴谋》(上、中、下册),杨品泉、陈亮等译,商务印书馆 1986 年版。

[12][美]费正清编:《剑桥中华民国史》(上、下卷),中国社会科学出版社 1994

年版。

[13][美]富兰克林·德·罗斯福:《罗斯福选集》,关在汉译,商务印书馆 1982年版。

[14][美]盖恩(M.J.Gayn):《太平洋争霸战》(*The Fight for the Pacific*),时与潮社编辑部编译,时与潮社 1942 年版。

[15][美]汉斯·摩根索:《国家间政治权力斗争与和平》(*Plitics among Nations the Struggle for Power and Peace*),徐昕等译,北京大学出版社 2006 年版。

[16][美]赫伯特·比克斯:《真相—裕仁天皇与侵华战争》,王丽萍、孙盛萍译,新华出版社 2004 年版。

[17][美]赫伯特·菲斯(Herbert Feis):《中国的纠葛:从珍珠港到马歇尔使华美国在中国的努力》(*The China Tangle the American Effort in China from Pearl Harbor to the Marshall Mission*),林海、吕浦、曾学白译,北京大学出版社 1989 年版。

[18][美]赫尔:《赫尔回忆录》,南京中央日报编辑部译,申报馆印行 1948 年版。

[19][美]柯白:《四川军阀与国民政府》,殷钟崃、李桂键译,四川人民出版社 1985年版。

[20][美]孔华润、沃沦·I.科恩主编:《剑桥美国对外关系史》(*The Cambridge History of American Foreign Relations*),王琛等译,新华出版社 2004 年版。

[21][美]罗伯特·达莱克(R.Dallek):《罗斯福与美国对外政策(1932—1945)》(上、下册),伊伟等译,商务印书馆 1984 年版。

[22][美]迈克尔·沙勒:《美国十字军在中国(1938—1945 年)》,郭济祖译,商务印书馆 1982 年版。

[23][美]乔伊·霍默:《在中国看到曙光》(*Dawn Watch in China*),刘玥等译,解放军文艺出版社 2016 年版。

[24][美]舍伍得:《罗斯福与霍普金斯:二次大战时期白宫实录》,福建师范大学外语系编译室译,商务印书馆 1980 年版。

[25][美]时代生活丛书编辑:《疯狂的岛国》(*Japan at War*),唐奇芳译,中国社会科学出版社 2004 年版。

[26][美]斯蒂生(E.L.Stimson):《远东的危机》(*The Far Eastern Crisis: Recollections and Observations*),马季廉译,大公报馆 1936 年版。

[27][美]威廉·李海:《我在现场》(*I was there*),马登阁等译,华夏出版社 1988年版。

[28][美]伊斯雷尔·爱泼斯坦:《中国未完成的革命》,陈瑶华、谢念非等译,新华

出版社 1987 年版。

　　[29][美]易劳逸:《蒋介石与蒋经国(又名,毁灭的种子:1937 — 1949)(*Seeds of Destruction*)》,王建朗、王贤知译,中国青年出版社 1989 年版。

　　[30][美]约翰·科斯洛:《太平洋战争(1941 — 1945)》,王伟等译,东方出版社 1985 年版。

　　[31][美]约翰·佩顿·戴维斯:《抓住龙尾——戴维斯在华回忆录》(*Dragon by Tall*),罗清、赵仲强译,商务印书馆 1996 年版。

　　[32][美]约翰·托兰:《日本帝国的衰亡》,郭伟强译,新华出版社 1982 年版。

　　[33][日]石射猪太郎:《石射猪太郎回忆录》,陈鹏仁编译,水牛图书出版事业有限公司 1986 年版。

　　[34][日]池田诚:《抗日战争与中国民众——中国的民族主义与民主主义》,中国人民抗日战争纪念馆编研部译校,求实出版社 1989 年版。

　　[35][日]服部卓四郎:《大东亚战争全史》(一至四册),张玉祥、赵宝库译校,商务印书馆 1984 年版。

　　[36][日]冈村宁次:《冈村宁次回忆录》,稻叶正夫编,中华书局 1981 年版。

　　[37][日]吉田裕:《昭和天皇与战争责任》,陈鹏仁译,水牛出版社 2001 年版。

　　[38][日]江口圭一:《日本帝国主义研究:以侵华战争为中心》,周启乾、刘锦明译,世界知识出版社 2002 年版。

　　[39][日]井上清:《天皇的战争责任》,吉林大学日本研究所译,商务印书馆 1983 年版。

　　[40][日]堀场一雄:《日本对华战争指导史》,王培岚等译,世界知识出版社 2017 年版。

　　[41][日]前田哲男:《从重庆通往伦敦、东京、广岛的道路——二战时期的战略大轰炸》,王希亮译,中华书局 2007 年版。

　　[42][日]日本防卫厅防卫研究所战史室:《中国事变陆军作战史》(第一卷第二分册),齐福霖译,中华书局 1981 年版。

　　[43][日]日本防卫厅研究所战史室:《中国事变陆军作战史》(第二卷第一分册),田琪之译,宋绍柏校,中华书局 1979 年版。

　　[44][日]日本防卫厅研究所战史室:《中国事变陆军作战史》(第三卷第一分册),田琪之译,宋绍柏校,中华书局 1981 年版。

　　[45][日]森武夫:《战时统制经济论》,陈绶荪译,国立编译馆出版 1935 年版。

　　[46][日]藤原彰:《日本侵华内幕》,陈鹏仁译,水牛图书出版事业有限公司 1996

年版。

[47][日]土肥原贤二刊行会编《土肥原秘录》,中华书局 1980 年版。

[48][日]丸山真男:《现代政治的思想与行动:兼论日本军国主义》,林明德译,联经出版事业公司 1984 年版。

[49][日]依田憙家:《日本帝国主义和中国》,卞立强译,北京大学出版社 1989 年版。

[50][日]重光葵口述:《重光葵外交回忆录》,天津市政协编译委员会编译,知识出版社 1982 年版。

[51][日]重光葵:《日本侵华内幕》,陈鹏仁译,黎明文化事业股份有限公司 1984 年版。

[52][苏]A. H. 科夫童—斯坦克维奇:《在中国土地上——苏联顾问回忆录(1925—1945)》,何智涛、李元吟等译,中国社会科学出版社 1981 年版。

[53][英]安东尼·艾登:《艾登回忆录:清算》,瞿同祖、赵曾玖译,商务印书馆 1976 年版。

[54][英]安东尼·艾登:《艾登回忆录:面对独裁者》(上、下卷),武雄等译,商务印书馆 1977 年版。

[55][英]安东尼·吉登斯(Giddens):《民族—国家与暴力》,胡宗泽、赵力涛译,生活·读书·新知三联书店 1998 年版。

[56][英]鄂康乐(Taid O'Conroy):《日本的威胁 he Menace of Japan》,陈烯谟译,正中书局 1940 年版。

[57][英]弗雷特·厄特利:《蒙难的中国——国民党战区纪行》,唐亮等译,解放军出版社 1987 年版。

[58][英]拉纳·米特:《中日战争(1937—1945):为生存而奋斗》,企鹅出版社 2013 年版。

[59][英]欧脱荚(Freda Utley):《日本的透视》,董之学译,上海生活书店 1937 年版。

[60][英]温斯顿·丘吉尔:《第二次世界大战回忆录》,时代文艺出版社 1995 年版。

[61][英]尤脱莱(Freda Utley):《日本在华的赌博》(*Japan's Gamble in China*),吴道存、毛起森译,商务印书馆 1939 年版。

[62][英]约翰·希克斯:《经济史理论》,商务印书馆 2009 年版。

[63][英]詹姆斯·贝特兰(James Bertram):《不可征服的人们—— 一个外国人眼

中的中国抗战》(*UNCONQUERED ——Journal of a Year's Adventures among the Fighting Peasants of North China*),李述一等译,求实出版社1988年版。

[64]《抗日战争研究》编辑部编:《抗日战争胜利五十周年纪念集:1945—1955》,近代史研究杂志社1995年版。

[65]《民国丛书》编辑委员会编:《民国丛书》(第一至五编),上海书店1989年版。

[66]卜凯主编:《中国土地利用》,金陵大学农业经济系1937年版。

[67]财政部财政科学研究所、中国第二历史档案馆编:《国民政府财政金融税收档案史料(1927—1937年)》,中国财政经济出版社1997年版。

[68]财政部财政年鉴编纂处编纂:《财政年鉴》(上、中、下),商务印书馆出版1935年版。

[69]财政部财政年鉴编纂处编纂:《财政年鉴第三编》,财政部财政年鉴编纂处出版1946年版。

[70]财政部财政年鉴编纂处编纂:《财政年鉴续编》,财政部财政年鉴编纂处出版1945年版。

[71]财政科学院、中国第二历史档案馆编:《民国外债档案史料》(第二卷),档案出版社1991年版。

[72]曹贯一:《中国战时经济政策》,商务印书馆1939年版。

[73]曾景忠等编著:《血色长空:空军抗战與抗日勝利紀實》,团结出版社2005年版。

[74]陈传钢编:《动员纲领与动员法令》,新知书店出版1938年版。

[75]陈红民主编:《中华民国史新论·经济·社会·思想文化卷》,生活·读书·新知三联书店2003年版。

[76]陈洪进、周扬声:《各省农村劳力征调概况》,农林部农产促进委员会印行1943年版。

[77]陈世松:《四川简史》,四川省社会科学院出版社1986年版。

[78]丞基:《脆弱的日本》,今日出版社1937年版。

[79]董文中编:《中国战时经济特辑》,中外出版社1940年版。

[80]复旦大学历史系日本史组编译:《日本帝国主义对外侵略史料选编(1931—1945)》,上海人民出版社1975年版。

[81]复旦大学历史系中国近代教研组编:《中国近代对外关系史资料选辑(1840—1949)》,上海人民出版社1977年版。

[82]高叔康:《战时经济建设》,商务印书馆1939年版。

［83］龚学遂:《中国战时交通史》,商务印书馆1947年版。

［84］关吉玉、刘国明:《田赋会要:国民政府田赋实况》,正中书局1944年版。

［85］关吉玉:《中国战时经济》,国民政府军事委员会行营1936年版。

［86］郭雄等编著:《抗日战争时期国民党正面战场》,四川人民出版社2005年版。

［87］何应钦讲:《兵役与工役》,1940年,未公开出版,中央训练团党政训练班讲演录,原件存于重庆图书馆民国文献阅览室、国家图书馆南区缩微文献阅览室。

［88］何应钦:《八年抗战之经过》,金文图书有限公司1982年版。

［89］贺国光:《参谋团大事记:国民政府军事委员会委员长行营》,军事科学院军事图书馆1986年版。

［90］候坤宏:《田赋征实》,国史馆1990年版。

［91］胡德坤:《反法西斯战争时期的中国与世界研究·第一卷·中国抗日战争与日本世界战略的演变》,武汉大学出版社2010年版。

［92］胡国华编辑:《四川省农村物价》,中农印刷所1941年版。

［93］胡焕庸:《四川地理》,正中书局1938年版。

［94］黄嗣崇:《战时工役制度》,汗血书店1936年版。

［95］黄友凡、彭承福等著:《抗日战争中的重庆》,西南师范大学出版社1986年版。

［96］黄玉章主编:《世界反法西斯战争中的中国抗战》,国防大学出版社1989年版。

［97］贾德怀编:《民国财政简史》,商务印书馆1941年版。

［98］姜鲁鸣、王文华:《中国近现代国防经济史(1840—2009)》,中国财政经济出版社2012年版。

［99］蒋百里:《蒋百里抗战论集》,新阵地图书社1939年版。

［100］蒋顺兴、孙宅巍主编:《民国大迁都》,江苏人民出版社1997年版。

［101］蒋纬国:《抗日御侮》(共十卷),黎明文化事业有限公司1978年版。

［102］蒋总统集编辑委员会编:《蒋总统集》,国防研究院1960年版。

［103］金家凤编著:《中国交通之发展及其趋向》,正中书局1940年版。

［104］金则人主编:《中日战争与国际关系》,上海杂志公司1937年版。

［105］邝松光:《各国国家总动员概观》,国民出版社1944年版。

［106］李竹溪、曾德文、黄为虎:《近代四川物价史料》,四川科学技术出版社1986年版。

［107］梁平县政协文史委员会黄埔同学会梁平联络组编印:《纪念抗日战争胜利五十周年专辑》,1995年版。

［108］梁桢:《国民工役》,商务印书馆 1941 年版。

［109］凌耀伦等编著:《中国近代经济史》,重庆出版社 1982 年版。

［110］刘凤翰:《抗日战史论集》,东大图书股份有限公司 1987 年版。

［111］刘青峰编:《民族主义与中国现代化》,香港中文大学出版社 1994 年版。

［112］刘庭华:《中国抗日战争与第二次世界大战统计》,解放军文艺出版社 2012
年版。

［113］柳茂坤、钟庆安:《太平洋战争史话——"大东亚共荣圈之梦"》,海南出版社
2006 年版。

［114］南京市政协文史资料委员会编:《蓝天碧血扬国威——中国空军抗战史
料》,中国文史出版社 1990 年版。

［115］内政部年鉴编纂委员会编:《内政年鉴》,商务印书馆 1936 年版。

［116］潘洵:《抗战时期四川后方社会变迁研究》,重庆出版社 2011 年版。

［117］潘洵等:《抗日战争时期重庆大轰炸研究》,商务印书馆 2013 年版。

［118］彭明总主编:《20 世纪的中国——走向现代化的历程》(经济卷 1900 —
1949),人民出版社 2010 年版。

［119］强重华:《抗日战争时期重要资料统计集(1931 — 1945)》,北京出版社 1997
年版。

［120］秦孝仪主编:《五十年来的中国》,中国国民党中央委员会党史委员会 1978
年版。

［121］秦孝仪主编:《中国农民银行四川省经济调查报告》,中国国民党中央委员
会党史委员会 1976 年版。

［122］秦孝仪主编:《中华民国重要史料初编:对日抗战时期》,中国国民党中央委
员会出版 1981 年版。

［123］秦孝仪主编:《中华民国重要史料初编——对日抗战期间(第四编)》,中国
国民党中央委员会党史委员会 1988 年版。

［124］全国政协文史资料委员会编:《全国政协文史资料存稿选编精选》,中国文
史出版社 2006 年版。

［125］日本历史学研究会编、金锋等译:《太平洋战争史》(第二卷),商务印书馆
1963 年版。

［126］日本历史学研究会编、金锋等译:《太平洋战争史》(第一卷),商务印书馆
1959 年版。

［127］荣孟源主编:《中国国民党历次代表大会及中央全会资料(上、下册)》,光明

日报出版社 1985 年版。

[128]沈雷春编:《中国战时经济志》,文海出版社 1985 年版。

[129]沈予著:《日本大陆政策史(1868—1945)》,社会科学文献出版社 2005 年版。

[130]沈云龙主编:《近代中国史料丛刊三编》,文海出版社有限公司 2006 年版。

[131]沈云龙主编:《近代中国史料丛刊续编》,文海出版社有限公司 1983 年版。

[132]沈云龙主编:《近代中国史料丛刊正编》,文海出版社有限公司 1973 年版。

[133]史全生主编:《中华民国经济史》,江苏人民出版社 1989 年版。

[134]谭刚:《抗战时期大后方交通与西部经济开发》,中国社会科学出版社 2013 年版。

[135]谭熙鸿:《十年来之中国经济》(上、中、下册),中华书局印行 1948 年版。

[136]汤重南等编:《日本帝国的兴亡》,世界知识出版社 1996 年版。

[137]唐润明主编:《抗战时期国民政府在渝纪实》,重庆出版社 2012 年版。

[138]唐学锋:《中国空军抗战史》,四川大学出版社 2000 年版。

[139]万仁元、方庆秋主编:《中华民国史史料长编》,南京大学出版社 1993 年版。

[140]汪敬虞主编:《中国近代经济史》(上、中、下),经济管理出版社 2007 年版。

[141]王洪峻编著:《抗战时期国统区的粮食价格》,四川省社会科学院出版社 1985 年版。

[142]王立显:《四川公路通史(上册)》,四川人民出版社 1989 年版。

[143]王亚南:《战时的经济问题与经济政策》,光明书局 1938 年版。

[144]吴相湘编著:《第二次中日战争史——1931—1945》(*The Second Sino-Japanese War——1931—1945*),综合月刊社 1973 年版。

[145]四川省档案馆编:《抗日战争时期四川省各类情况统计》,四川交通大学出版社 2005 年版。

[146]四川省人民政府参事室、四川省文史研究馆编:《抗日战争时期四川大事记》,华夏出版社 1987 年版。

[147]四川省省志委员会编印:《四川文史资料选辑(第三辑)》,1962 年版。

[148]四川省省志委员会编印:《四川文史资料选辑(第十辑)》,1963 年版。

[149]四川省双流县志编纂委员会:《双流文史资料选辑》(第四辑),四川人民出版社 1989 年版。

[150]四川省政协文史资料委员会编:《四川文史资料集粹(1—6卷)》,四川人民出版社 1996 年版。

［151］四川省中国经济史学会编：《抗战时期的大后方经济》，四川大学出版社1989年版。

［152］萧一平、郭德宏主编：《中国抗日战争全史》（上、中、下），四川人民出版社2005年版。

［153］谢世廉主编：《川渝大轰炸——抗战时期日机轰炸四川史实研究》，四川交通大学出版社2005年版。

［154］徐勇：《征服之梦——日本侵华战略》，广西师范大学出版社1993年版。

［155］许纪霖、陈达凯主编：《中国现代化史》，学林出版社2006年版。

［156］薛光前编著：《八年对日抗战中之国民政府（一九三七年至一九四五年）》，台湾商务印书馆股份有限公司1978年版。

［157］杨栋梁主编，王美平、宋志勇：《近代以来日本的中国观》（第四卷），江苏人民出版社2012年版。

［158］杨树标等编：《中国国民党历次会议宣言决议案汇编（一至四分册）》，浙江省中共党史学会编印1985年版。

［159］杨荫溥：《民国财政史》，中国财政经济出版社1985年版。

［160］虞宝棠编著：《国民政府与民国经济》，华东师范大学出版社1998年版。

［161］虞和平：《20世纪的中国——走向现代化的历程》（经济卷1900—1949），人民出版社2010年版。

［162］张经纬、汤重南主编：《近代日本的内外政策与东亚》，中国社会科学出版社2011年版。

［163］张其昀主编：《先总统蒋公全集》（一、二册），中国文化大学、中华学术，1984年版。

［164］张宪文等：《中华民国史》，南京大学出版社2006年版。

［165］张肖梅：《四川经济参考资料》，中国国民经济研究所1939年版。

［166］张肖梅：《中外经济年报》（第二回），中国国民经济研究所1940年版。

［167］张肖梅：《中外经济年报》，中国国民经济研究所1939年版。

［168］张效林译：《远东国际军事法庭判决书》，群众出版社1986年版。

［169］张振龙主编：《中国军事经济史》，蓝天出版社1990年版。

［170］章伯锋、庄建平主编：《抗日战争》，四川大学出版社1997年版。

［171］中国第二历史档案馆、四川联合大学经济研究所编：《中国抗日战争时期物价史料汇编》，四川大学出版社1998年版。

［172］中国第二历史档案馆编：《中华民国史档案资料汇编（第二编，第五辑），财

政经济》(五)、(八)、(十),江苏古籍出版社 1997 年版。

[173]中国第二历史档案馆编:《中华民国史档案资料汇编(第一编,第五辑),财政经济》(七),江苏古籍出版社 1994 年版。

[174]中国国民经济研究所编辑:《日本作战力》(*When Japan Goes to War*),商务印书馆 1937 年版。

[175]中国近代经济史丛书编委会编:《中国近代经济史研究资料》,上海社会科学院出版社 1985 年版。

[176]中国抗日战争史学会、中国人民抗日战争纪念馆编:《抗战时期的经济》,北京出版社 1995 年版。

[177]中国人民政治协商会议全国委员会文史资料研究委员会编:《工商经济史料丛刊(第一辑)、(第二辑)》,文史资料出版社 1983 年版。

[178]中国人民政治协商会议四川省成都市委员会文史资料研究委员会编印:《成都文史资料选辑(总第十一辑)》,1985 年版。

[179]中国人民政治协商会议四川省委员会、四川省省志编辑委员会编:《四川文史资料选辑》(第十一辑),1964 年版。

[180]中国社会科学院近代史研究所台湾史研究室编辑:《台湾光复六十五周年暨抗战史实学术研讨会论文集》,九州出版社 2012 年版。

[181]中央研究院近代史研究所编印(台北):《抗战建国史研讨会论文集(1937—1945)》,1985 年版。

[182]重庆市档案馆编:《抗日战争时期国民政府经济法规》,中国档案出版社 1992 年版。

[183]周斌、邹新奇编著:《中国的天空——中国空战抗日实录》,凤凰出版社 2009 年版。

[184]周春:《中国抗日战争时期物价史料》,四川大学出版社 1998 年版。

[185]周开庆:《四川与对日抗战》,商务印书馆 1971 年版。

[186]周美华编注:《蒋中正总统档案:事略稿本(33)》,国史馆 2008 年版。

[187]朱汇森主编:《中华民国史事纪要(民国二十六年七至十二月份)》,国史馆 1987 年版。

[188] Arthur N. Young, *China's Wartime Finance and Inflation 1937—1945*, Cambridge: Harvard University Press, 1965.

[189] Arthur N. Young, *China and the Helping Hand 1937—1945*, Rainbow-bridge Book, 1972.

## （二）论文

[1][美]柯伟林:《抗战时期的中国经济》,程雨辰译,卞历南校,《档案史料与研究》1997年第3、4期。

[2][日]井上清:《天皇与日本的侵华战争》,《抗日战争研究》1993年第2期。

[3][日]臼井胜美:《近代的中日关系》,陈鹏仁译,《近代中国》1986年第51期。

[4][日]臼井胜美作:《日本外务省与中国政策(一九三一至一九四一)》,陈鹏仁译,《近代中国》1984年第43期。

[5][日]菊池一隆:《日中战争史研究的现状及我见》,《中国现代史》2000年第12期。

[6][日]森岛守人:《日本侵华内幕——田中内阁与关东军》,陈鹏仁译,《中外杂志》1984年第35期。

[7]柏禹村:《国民党五届五中全会财政部财政报告》,《民国档案》1986年第3期。

[8]蔡志新:《孔祥熙的战时财政财政理论和战时财政政策》,《历史档案》2006年第1期。

[9]陈树涵:《近代日本侵略中国的深层原因》,《史学月刊》2003年第8期。

[10]丁则勤:《抗战时期的日本侵华政策及其演变》,《近代史研究》1987年第4期。

[11]胡越英:《川西B—29"特种工程"研究》,四川大学硕士学位论文,2000年。

[12]孔祥熙:《关于1937—1939年财政实况的密报》,《民国档案》1992年第4期、1993年第1期。

[13]陆大铖:《论蒋介石统一川政》,《档案史料与研究》1989年第2期。

[14]陆和健:《抗战时期西部地区农田水利建设述论》,《扬州大学学报》2004年第5期。

[15]陆民仁:《抗战时期的经济与财政》,《近代中国》1983年第35期。

[16]陆在俊:《日本全面侵华决策过程之探讨——以陆军军阀策谋为主(一八七四至一九三七)》,《近代中国》1984年第43期、1995年第105期。

[17]毛磊、项晨光:《抗战时期四川农村经济的矛盾发展》,《档案史料与研究》1998年第2期。

[18]潘洵:《论抗战大后方战略地位的形成与演变》《四川大学学报》2012年第2期。

[19]彭家贵、王玉娟:《抗战前夕四川大旱灾的报灾与查灾》,《社会科学研究》

2002 年第 2 期。

　　[20]秦兴洪、武岩、廖树芳:《论抗日战争中的中国农民》,《学术研究》2005 年第
8 期。

　　[21]社评:《抗战时期国民政府迁都重庆及明令以重庆为陪都经过》,《近代中国》
1980 年第 18 期。

　　[22]申燕、龙汉武:《略论抗战时期国民党民众动员政策》,《湖北社会科学》2005
年第 9 期。

　　[23]沈庆林:《评价抗日战争时期美国的对华援助》,《党史研究资料》1995 年第
4 期。

　　[24]双无:《非常时期四川财政鸟瞰》,《民间意识》1937 年第 18、19 期。

　　[25]宋长志:《抗日战争之攻略与战略》,《近代中国》1987 年第 60 期。

　　[26][苏]阿列克谢也夫作:《空战在中国》,国际宣传处译,《中国的空军》1939 年
第 26 期。

　　[27]孙海涛:《论抗战时期中华民族凝聚力的形成》,《辽宁大学学报》2002 年第
5 期。

　　[28]汤梓军:《抗战时期四川粮食动员研究》,《求索》2005 年第 10 期。

　　[29]唐启宇:《中国农民之收支》,《科学杂志》1996 年第 7 期。

## 三、报纸、期刊

### (一) 报纸

　　包括:《大公报》《新华日报》《中央日报》《申报》《民国日报》《国闻周报》《联合报》
《新新新闻》《新蜀报》《中外经济统计汇报》《中外經濟年報》《四川月报》《银行周报》。

### (二) 期刊

　　包括:《现代读物》(1937 年第 2 卷第 26 期—1945 年第 10 卷第 3—4 期)《新中华》
《中国的空军》《民意》《新建设》《经济周报》《贸易半月刊》《中央银行经济汇报》《四川
经济月刊》《建设周讯》《防空军人》《中国革命》。

策划编辑：郑海燕

责任编辑：张　燕　孟　雪　张　蕾　李甜甜

封面设计：石笑梦

版式设计：胡欣欣

责任校对：周晓东

**图书在版编目（CIP）数据**

抗战时期西南国防经济建设的工役研究 ／ 张莉著.

北京 ： 人民出版社，2025. 8. -- ISBN 978 - 7 - 01 - 027501 - 7

Ⅰ. E25

中国国家版本馆 CIP 数据核字第 2025SC2748 号

**抗战时期西南国防经济建设的工役研究**

KANGZHAN SHIQI XINAN GUOFANG JINGJI JIANSHE DE GONGYI YANJIU

张　莉　著

人民出版社 出版发行

（100706　北京市东城区隆福寺街 99 号）

中煤（北京）印务有限公司印刷　新华书店经销

2025 年 8 月第 1 版　2025 年 8 月北京第 1 次印刷

开本：710 毫米×1000 毫米 1/16　印张：35. 25

字数：500 千字

ISBN 978 - 7 - 01 - 027501 - 7　定价：178.00 元

邮购地址 100706　北京市东城区隆福寺街 99 号

人民东方图书销售中心　电话（010）65250042　65289539